中国信息化年鉴

2016

工业和信息化部　主管

《中国信息化年鉴》编委会　编

電子工業出版社

Publishing House of Electronics Industry

北京·BEIJING

图书在版编目（CIP）数据

中国信息化年鉴．2016 /《中国信息化年鉴》编委会编．—北京：电子工业出版社，2017.9
ISBN 978-7-121-32431-4

Ⅰ．①中…　Ⅱ．①中…　Ⅲ．①信息工作－中国－2016－年鉴　Ⅳ．①G203-54

中国版本图书馆 CIP 数据核字（2017）第 191194 号

主　　办：中国通信工业协会
协　　办：海尔集团
　　　　　北京宁远图志文化交流中心
责任编辑：李　敏
特约编辑：刘广钦　刘红涛
印　　刷：涿州市京南印刷厂
装　　订：涿州市京南印刷厂
出版发行：电子工业出版社
　　　　　北京市海淀区万寿路 173 信箱　邮编 100036
开　　本：880×1230　1/16　印　张：32.75　字　数：1128 千字　彩　插：20
版　　次：2017 年 9 月第 1 版
印　　次：2017 年 9 月第 1 次印刷
定　　价：480.00 元

凡所购买电子工业出版社图书有缺损问题，请向购买书店调换。若书店售缺，请与本社发行部联系，联系及邮购电话：（010）88254888，88258888。

质量投诉请发邮件至 zlts@phei.com.cn，盗版侵权举报请发邮件至 dbqq@phei.com.cn。

本书咨询联系方式：010-88254753 或 limin@phei.com.cn。

《中国信息化年鉴》编委会

北京市经济和信息化委员会　主任　张伯旭
天津市工业和信息化委员会　主任　李朝兴
河北省工业和信息化厅　副巡视员　宋进珠
山西省经济和信息化委员会　副主任　朱　鹏
内蒙古自治区经济和信息化委员会　副巡视员　荆玉林
辽宁省经济和信息化委员会　处长　胡　强
吉林省工业和信息化厅　副厅长　孙大维
黑龙江省工业和信息化委员会　副主任　刘爱丽
上海市经济和信息化委员会　副主任　邵志清
江苏省经济和信息化委员会　副主任　胡学同
浙江省经济和信息化委员会　副主任　吴君青
安徽省经济和信息化委员会　副主任　王灯明
福建省发展和改革委员会　副主任　吴亮碧
江西省工业和信息化委员会　副主任　王亦斌
山东省经济和信息化委员会　副巡视员　张忠军
河南省工业和信息化厅　副厅长　孟西林
湖北省经济和信息化委员会　副主任　卜江戎
湖南省经济和信息化委员会　副主任　李　球
广东省经济和信息化委员会　处长　肖良颜
广西壮族自治区工业和信息化委员会　巡视员、副主任　兰红星
海南省工业和信息化厅　总工程师　董学耕
重庆市经济和信息化委员会　副主任　马奇昌
四川省经济和信息化委员会　副主任　李建疆
贵州省经济和信息化委员会　常务副主任　马宁宇
云南省工业和信息化委员会　副主任　张建明
西藏自治区工业和信息化厅　厅长　徐　飞
陕西省工业和信息化厅　副厅长　蔡苏昌
甘肃省工业和信息化委员会　副主任　王海峰
青海省经济和信息化委员会　副主任　张洪溢
宁夏回族自治区经济和信息化委员会　副主任　张宏年
新疆维吾尔自治区经济和信息化委员会　副主任　苏国平
新疆生产建设兵团工业和信息化委员会　副主任　姜玉波
南京市经济和信息化委员会　副主任　郑加强
宁波市经济和信息化委员会　副主任　杜永华
西安市工业和信息化委员会　副主任　赵　平
济南市经济和信息化委员会　副主任　赵炳跃

广州市工业和信息化委员会　总工程师	饶　坚
成都市经济和信息化委员会　主任助理	台宪青
青岛市经济和信息化委员会　处长	张金凯
大连市经济和信息化委员会　处长	冯宇军
武汉市信息中心　主任	王留军
中国信息通信研究院　总工程师	余晓辉
上海贝尔股份有限公司　总经理	王建亚
中国电子科技集团公司　副总经理	王　政
大唐电信科技产业集团　副总裁	陈山枝
中国盐业总公司　董事会办公室主任	范　志
中国中钢集团公司　信息管理中心总经理	李　红
中国北车股份有限公司　信息管理部部长	王顺强
中国远洋海运集团有限公司　科技与信息化管理本部总经理	刘一凡
鞍钢集团公司　信息化管理部部长	贾凤泳
中国核工业集团公司　科技与信息化部副总工程师	田佳树

《中国信息化年鉴》编辑部

主　　任：黄　宁

编　　辑：武和平　李　军　张淑梅　胡国安　代淑敏　曹宝峡

刘　杰　赵鑫华

特约编辑：周夫荣　童春华

联系电话：010-56293293

传　　真：010-83293239

电子信箱：zgxxh@zgxxh.org.cn

《中国信息化年鉴》官方网址：www.zgxxh.org.cn

编辑说明

《中国信息化年鉴》是全面反映我国信息化建设实况的大型专业资料工具书。本年鉴由中华人民共和国工业和信息化部主管，中国通信工业协会主办，《中国信息化年鉴》编委会编辑出版，旨在总结中央及地方信息化发展的全面情况，聚焦工业化和信息化融合的实际问题，深入研究及探讨信息化发展面临的突出问题，集中展示我国信息化建设的成就与经验，分享两化融合带来的深刻产业变革，集纪实性、实效性与案例参考性为一体，为国家相关部委、各级人民政府、各类企事业单位及相关领域的信息化发展决策者提供强有力的信息支持与实例参考。

《中国信息化年鉴》自 2014 年起，每年编印一卷，重点记载上一年与当年我国信息化建设发展的整体情况及信息化与工业化融合的实际情况。2016 卷主要收录了 2015 年全年的相关资料，按内容分类编排，文章表述方式以条目为主；检索部分包括中文目录、图表索引。

《中国信息化年鉴 2016》共 10 篇和 1 个附录，包括内容如下。

（一）综述篇： 概述我国信息化发展总体情况。

（二）部委篇： 国家重点部委信息化建设与发展的最新进展情况及近期信息化工作重点和举措。

（三）地区发展篇： 全国各省、自治区、直辖市、计划单列市、新疆生产建设兵团及港澳台地区信息化发展情况。

（四）两化融合篇： 全国工业化和信息化融合的进展情况，先进城市推进两化融合进程中的主要做法和成效，示范企业的先进经验。

（五）专题研究篇： 国家信息化发展的焦点、热点、难点等方面的专家观点和研究报告。

（六）政策法规篇： 主要收录我国通过或颁布的关于信息化建设的纲要、法规、条例及地方政府推进信息化建设的政策措施等。

（七）先进典范篇： 重点介绍全国信息化建设优秀城市和先进典范单位以及信息化专家的经验和成果。

（八）信息化大事记： 记录国家、行业和地方的信息化相关事件，包括政策法规、重大技术变革、重要活动及会议等。

（九）国际资料篇： 介绍世界信息化发展现状及特点。

（十）基础数据篇：（1）历年信息化相关基础数据；（2）历年全国各省、自治区、直辖市、计划单列市、新疆生产建设兵团及港澳台地区信息化相关基础数据；（3）国际组织及世界各国信息化方面的相关统计数据。

（十一）附录： 信息化领域相关参考资料。

由于我们的水平及编辑力量有限，本年鉴肯定存在不足及需要改进的地方，恳请读者批评指正，以便在今后的工作中不断提高和完善，进而提高来年年鉴的整体编辑水平。

本年鉴在编撰过程中，得到了国家、地方、各企业信息化相关部门领导及专家学者的大力支持，使《中国信息化年鉴 2016》编撰工作得以顺利开展，在此一并表示诚挚的感谢。

《中国信息化年鉴》编辑部

2017 年 7 月

目　录

综述篇

中国信息化发展概况

《中国信息化年鉴》编辑部

2015年，我国信息化取得突飞猛进的发展。以云计算、大数据、物联网、移动互联网为代表的新一代信息技术创新应用快速深化，信息资源成为重要生产要素和社会财富；信息基础设施进入宽带普及提速的新时期，成为经济社会发展的关键基础设施；智能制造、精准农业、智慧城市不断向深层次发展，引领产业优化升级，孕育新的经济增长点；信息化深入发展推动形成全要素、高效率、跨时空的网络空间，网络社会、网上政府、数字化生活初具雏形；“互联网+”蓬勃发展，引发经济社会结构、组织形式、生产生活方式重大创新变革，对我国经济社会发展产生战略性和全局性影响。信息化正以前所未有的影响力、渗透力、创新力，引领我国经济社会全面迈入转型发展新时代。

信息基础设施建设取得实质进展。“宽带中国”战略加速推进。工信部发布了《关于实施“宽带中国2015”专项行动的意见》，39个城市（城市群）被确定为2015年度宽带中国示范城市。光纤接入用户净增5140.8万户，总数达1.2亿户，占宽带用户总数的56.1%，比2014年提高22个百分点；4G用户数呈爆发式增长，达到3.56亿户，比2014年年底增加2.59亿户。宽带提速效果日益显著。2015年全国平均接入速率达17.8Mbps，是2014年年底的2.7倍，网间宽带扩容600Gbps。8Mbps以上、20Mbps以上宽带用户总数占宽带用户总数的比重分别达69.9%、33.4%，比2014年分别提高29个、23个百分点；20Mbps及以上宽带用户总数占宽带用户总数的比重达27.5%，比2014年年末增加17.1个百分点。全国各地“提速降费”取得阶段性成效。2015年5月，国务院下发《关于加快高速宽带网络建设推进网络提速降费的指导意见》，要求加快推进宽带网络基础设施建设，进一步提速降费，提升服务水平。为贯彻落实国务院部署的宽带“提速降费”相关部署，工信部自2015年5月至今，连续四次督促提速降费。各地纷纷制定宽带“提速降费”方案，确保政策意见落到实处。三大电信运营商积极响应，通过开展“光进铜退”“闲时流量套餐”“夜间流量套餐”“流量转赠”“流量不清零”等多项举措提升网络速率，调低流量资费水平。在网络降费方面，三家企业推出了面向所有用户的套餐内流量当月不清零等多项优惠措施，取消了京津冀漫游费和长途费，降低了热点国家国际漫游资费。

在线政府建设开辟施政新渠道。政务服务在线渠道整合拉开帷幕。在载体融合方面，电子政务输出通道由PC端向手机、平板、可穿戴设备等移动终端迁移，政务微博、微信及APP等新媒体与政府网站以信息互通、服务互补加速发展。据腾讯研究院发布的《2015微信政务民生白皮书》显示，政务微信成为政府施政的新平台，截至2015年8月底，全国政务民生微信公众号的总量超过8.3万个，其中经认证的账号占总量的62.6%，涵盖公安、医疗、党政、人社、司法等54个领域。行政审批网上办理创新政府管理服务模式。李克强总理在2015年第一次国务院常务会议上提出要“推进行政审批网上办理”。作为新时期政府施政新平台，行政审批网络化是有效解决“审批难”“审批多”现象的有力抓手。互联网思维加速深化行政审批改革，多数审批事项实现网上办理，“浙江政务服务网”“i厦门一站式政务服务平台”“上海政府网”“北京政务服务网”等网上服务中心，以横向贯通各部门、纵向连接基层农村的一体化网上行政审批体系，推动政务服务模式由多门向一门、由网下分散服务向网上集中服务转变，实现了权力运作的有序、有效、“留痕”，为企业和群众提供了无缝对接的全流程政务服务。全民参与式治理，树立了政府治理现代化新风尚。随着电子政务服务质量的日益提升，公众参与式社会治理逐步成为电子政务主旋律。

“互联网+”打造现代农业发展升级版。“互联网+”农业相关政策密集落地。2015 年 5 月，自“互联网+”提出后，商务部首个发布《“互联网+流通”行动计划》，明确提出要推动电子商务进农村，培育农村电商环境。同月出台的《关于大力发展电子商务加快培育经济新动力的意见》提出要积极发展农村电子商务，解决电子商务发展过程中面临的深层次矛盾和重大问题，激发电子商务创新动力、发展活力。6月，财政部发布《农业综合开发推进农业适度规模经营的指导意见》，提出支持农业产业化龙头企业发展仓储及冷链物流设施，支持企业建立电子商务平台及信息化建设。7月，国务院发布《关于积极推进“互联网+”行动的指导意见》，提出推动“互联网+”现代农业，培育多样化，网络化现代生态农业模式。自国务院印发《关于积极推进“互联网+”行动的指导意见》以来，各地积极响应号召，纷纷制定相应发展计划。智慧农业如火如荼，物联网、云计算、互联网等信息技术及智能农业装备，在设施园艺、畜禽水产养殖、农产品流通及农产品质量安全追溯等领域的应用深度和广度不断扩大，为传统农业向现代农业转型升级提供有力支撑。电子商务快速从城市向农村扩展。9 月，农业部、国家发改委、商务部共同制定了《推进农业电子商务发展行动计划》，部署农村电子商务发展重点和方向。一方面，各地纷纷把农业电子商务推动传统农业转型升级的重中之重，农业电子商务成为发展农村经济、拓宽农民增收渠道、提升生活水平的重要抓手。目前全国农产品电商平台已逾3000家，有24个省市、31个地县在第三方电商平台设立了“特色馆”，河北、浙江、江苏、山东等地出现了各类淘宝村 212 家，农产品网络零售额达到 1000 多亿元。“互联网+农业综合服务”产业新模式广受欢迎。云农场将信息、农技、金融、物流等先进生产要素渗透到农资流通、农产品交易、农技服务、农业金融与保险、农村物流等各个环节，将互联网要素与整个农业生态体系进行全面融合，开创了“互联网+农业综合服务”产业新模式。

智能制造步入发展快车道。国家及各地政府纷纷加强政策布局，智能制造发展步入提速期。国家密集出台一批顶层设计和专项政策，2015 年 5 月 8 日，国务院发布《中国制造 2025》，提出了中国制造强国建设三个十年的“三步走”战略，部署九大战略任务，明确了智能制造作为两化深度融合的主攻方向。7 月，国务院发布《关于积极推进“互联网+”行动的指导意见》，提出要加快推动互联网与各领域的深入融合和创新发展，并重点部署了“互联网+”协同制造、“互联网+”创业创新、“互联网+”人工智能等九大工程。工信部组织开展了《2015 年智能制造试点示范专项行动》，部署实施 94 个智能制造专项项目，开启了我国智能制造发展的新篇章。10 月，工信部和国家标准化委员会发布《国家智能制造标准体系建设指南（2015 年版）》（征求意见稿），从顶层设计上解决阻碍行业发展的互联标准不统一问题，促进工业系统互联互通，释放工业大数据价值。12 月，工信部印发《工信部关于贯彻落实〈国务院关于积极推进“互联网+”行动的指导意见〉的行动计划（2015—2018 年）》，部署智能制造培育、新型生产模式培育等七大行动，全面支撑《中国制造 2025》实施和制造强国、网络强国建设。智能装备应用不断深化。随着智能生产单元、智能车间、智能工厂加快建设布局，智能装备在工业领域中的应用不断深化。越来越多的工业制造企业引入工业机器人生产线，促使工业机器人市场需求迅速扩张。国家安监总局发布“机械化换人、自动化减人”专项行动方案，提出到 2018 年 6 月底实现高危作业场所作业人员将减少 30%以上。目前，广东、山东、浙江、江苏、安徽等地纷纷部署“机器换人”计划，汽车、电子、食品饮料、化工、橡胶塑料和金属制品六大工业领域对工业机器人的需求量不断增加。IFR2015 年发布的统计数据显示，2015 年，我国工业机器人销量达到 6.52 万台，市场增速达 23.7%，成为全球最大工业机器人市场。同时，钢铁、有色、石化、汽车、轨道交通、电子、纺织等行业普遍加大对集成化、精密化、绿色化、高端化智能制造装备的需求，为智能制造装备提供了巨大的应用空间。

智慧城市发展进入新阶段。“智慧城市”首次写进国家层面政府工作报告。在 2015 年政府工作报告中，李克强总理提出要“发展智慧城市，保护和传承历史、地域文化。加强城市供水供气供电、公交和防洪防涝设施等建设。坚决治理污染、拥堵等城市病，让出行更方便、环境更宜居”。“智慧城市”一词首次被写进国家政府工作报告，引发社会各界的广泛关注。2015 年 3 月 25 日，国务院发布《关于落实〈政府工作报告〉重点工作部门分工的意见》，明确由住房和城乡建设部为首的 12 个部委局负责落实。智慧城市建设进入新阶段，管理和模式创新激发智慧城市建设活力。国务院和相关部委在推动 PPP 方面也密集出台了多项政策文件，引导 PPP 模式顺利实施。很多企业也朝着智慧城市运营商转型。2015 年开始 PPP 模式在全国范围内兴起，各地推出的PPP项目已超过 1800个，总投资额达 3.4 万亿元。“互联网+城市服务”成为智慧城市新动向。当前，以服务对象为中心的城市服务理念逐步落地，众多互联网企业进入到城市服务领域，不断创新公共产品和服务的交付模式和投递方式，“互联网+”为智慧城市特别是为城市公共服务的提升提供新动力。

网络社会初具雏形。网络社会初具雏形，推动公共服务加速向虚拟化、多样化、均等化方向发展。随着以云计算、物联网、大数据、移动互联网为代表的新一代信息技术创新发展和融合应用，传统的教育、医疗、社会保障、生活服务等公共服务方式向数字化、网络化转型步伐加快，在线教育、远程医疗、智慧社区等新型服务模式层出不穷，大大优化人们的学习、生活和工作方式，满足居民的个性化多样化需求。公共服务体系日益完善，普遍服务机制使得城乡数字鸿沟逐步缩小，有力推动基本公共服务均等化。信息技术创新应用与全民教育、终身教育理念不断融合，引发教育方式向网络化、数字化、个性化方向变革，推动优质教育资源均衡配置和开放共享，创新教育教学手段，有力促进教育公平和提高教育质量。据艾瑞咨询研究，2015 年我国在线教育市场规模达 1200 亿元，年复合增长率保持在 100% 以上。预计未来 5 年，我国在线教育行业年复合增长率将达 31.7%，其中移动端在线教育年复合增长率达 52%。信息技术应用驱动医疗救治向健康服务方向转化。新一代信息技术的创新应用和移动终端的快速普及，催生出在线医疗、远程医疗、移动医疗、网上预约等医疗服务新模式，为现代人群提供随时随地、高效便捷的个人健康跟踪服务和管理，满足民众多层次、多样化医疗卫生服务需求。北京、湖北、浙江等省市依托微信公众号，开展预约、挂号、缴费、查询报告等便民服务，切实提高了患者的就诊效率。

经济领域信息化

【工业领域信息化】

2015 年，在《中国制造 2025》和“互联网+”战略引领下，工业企业信息化建设与应用推广深入发展，两化融合加快推进，信息化基础建设不断夯实，信息技术新业态、新模式推动企业创新发展，企业转型升级、节能减排、降本增效成果显著。

（一）原材料工业

1．钢铁行业

钢铁企业继续完善信息化基础设施建设。根据中国钢铁工业协会统计数据，行业信息化资金投入近几年保持在每年50亿元左右；92.3%的企业制定了信息化发展战略；在用计算机总数约27.4万套，大中型服务器1886套，PC服务器13854套，工作终端257000套，独立存储设备1817套；七成企业建设了能源管理信息系统，系统中基本涵盖了数据采集、传输和监视功能；大部分企业生产制造执行系统（MES）已建立，约80%的企业生产线的MES覆盖率达到70%以上，在炼钢和热轧上覆盖率达到80%的以上，在高炉、烧结和冷轧上的覆盖率也达到了50%；70%的企业建设了烧结和炼铁的自动控制系统，已建基本具有高炉干法除尘自动控制系统、高炉炉顶余压发电（TRT）自动控制系统、高炉综合自动化系统和高炉热风炉自动控制系统；在信息安全方面，近半数企业采用了数据加密传输，七成以上企业的服务器端有入侵检测、网络边界防护及对网络出口安全审计，80%以上的企业划分了不同安全级别的网络区域，90%以上的企业都对（设备）网络准入进行了管控；在数据管理方面，约70%的企业建立了数据中心。

两化融合促进集团内部业务协同高效。集团管理信息化已经越来越受到重视，大部分钢铁集团企业重视信息化的整体性和管理规范性，规划从全局出发，以求用全局数据来支撑集团企业有效管控。山钢集团以统一的信息化规划和系统平台为支撑，不断推进信息化项目建设并深化信息系统的应用，提高了集团业务协同水平和管控能力；鞍钢集团逐步实现集团全业务、全流程的信息化管理，根据管理业务的优化和完善，优化原有的信息化系统，支撑企业全管理流程的业务需求；武钢集团推进集团管控一体化信息平台、“智慧武钢”移动办公系统应用，提升集团管控能力；中钢集团对集团管控界面和业务管理流程进行了全面梳理，深度优化信息系统应用架构和功能，使信息系统得以切实支撑集团管控和企业经营管理。

云计算、移动互联技术应用助推企业创新、多元化发展。部分钢铁企业利用新技术优化组织架构，创新管控模式，逐渐开展智慧制造。宝钢结合国家在智能制造方面的政策导向，选择钢铁制造核心环节“热轧1580车间”开展智能工厂试点，通过网络技术、知识自动化、大数据、工业软件技术的交叉融合打造流程工业智能工厂示范工程；马钢开展建设“基于云计算、物联网的能源环保云服务平台”，将实现能源生产和环境监测所需的远程实时监控、故障信息推送、故障点远程诊断等功能；福建三钢拓展公共信息服务功能，推进“互联网+”行动；包钢引入“互联网+钢铁”的概念，积极推进包钢电子商务的发展。

生产过程信息化基础持续夯实，信息系统应用继续深化。莱钢综合运用信息技术，提高工艺过程控制能力，通过自动控制模型，优化烧结机、高炉、转炉、精炼炉、加热炉的温度控制精度，通过MES、能源管控等信息系统，强化前后工序间的衔接，提高能源利用率；唐钢为提高质量管控水平，实现工艺流程的全面质量控制，建立了集质量跟踪、质量监控、质量评价和判定、质量问题朔源、质量趋势分析于一体的闭环质量管理信息平台；宣钢通过能源管控中心平台，实现了煤气不平衡量的实时监控，实现了高炉、焦炉及转炉煤气全管网压力的实时监控；本钢继续强化运维管理，持续开展厂区综合治理、物资全流程管控、生产运输保卫监控系统、三级计量、能源管控中心等各相关系统的完善及运维准备，逐步改造、完善支撑系统。

2．石油石化行业

2015年，中国石油化工集团公司（以下简称中国石化）信息化工作围绕转型升级、提质增效等中心任务，聚焦“智能制造”“互联网+”两大主题，开展信息化 “三大平台”完善提升工作，推进ERP大集中、智能化管线管理、智能工厂试点、统一电子商务与客户关系管理等重点项目建设，持续深化两化融合。完成了在燕山石化、茂名石化、镇海炼化、九江石化4家企业的智能工厂试点建设，初步形成中国石化智能工厂框架（1.0）。通过智能工厂建设，4家试点企业劳动生产率提升10%，外排污染源自动监控率达到100%。

完成了智能化管线管理系统推广建设，截至2015年年底，系统已覆盖50家企业的长输、厂际管线，涉及管线总里程3.38万千米，实现了对中国石化原油、成品油、天然气、化工产品等管线运营状态的实时监测、在线管理，提升了安全隐患治理和应急响应能力。打造“互联网+”新业态。搭建了统一的电子商务和客户关系管理平台，建成了客户中心、商品中心、订单中心等14个共享组件，建成了工业品、化工品、燃料油等专业电子商务，为培育“互联网+”新业态奠定了基础。油品销售企业运用微信、手机APP、电商网站等信息化手段，打造企业级移动电商服务平台，开发了微信支付、二维码结算、O2O、汽车服务、金融服务等多种服务形式，实现线上线下互动，提升了客户服务和精准营销能力。化工销售物流管理系统与铁路车辆信息、GPS等系统集成，实现了库存信息“产、销”实时联动、物流信息“内、外”无缝连接，提高了协同协作能力和物流响应速度。三大平台进一步完善提升：一是以ERP为核心的经营管理平台系统集中集成度进一步提高。2015年共完成股份公司51家企业推广ERP大集中，累计实现61家企业上线运行；资金集中管理系统实现了与26个国家和地区相关账户的银企直联；合同管理系统建起了系统运行监控子系统；工程电子招投标系统建成上线，已有10家企业12个工程建设项目开展了全流程电子招投标活动；完成了总部统一数据仓库（EDW）系统向HANA（内存计算）迁移，数据加载性能和处理能力得到显著提升；搭建了经营大数据分析平台。二是以数字化、智能化为方向，推进生产营运平台建设。2015年完成了安全管理系统推广，实现了集团公司企业全覆盖应用，对各企业的70余万个风险区域进行了标准化管理；总部应急指挥中心与企业应急指挥系统、应急指挥车实现信息集成；实现在炼化企业全面推广应用环境保护信息系统，910余套装置、1100余万个LDAR检测点纳入系统管理；完成7家炼化企业推广能源优化管理系统，累计在9家企业上线运行，有效促进了节能降耗、降本增效，燕山石化、扬子石化全年节约能源成本近千万元。三是以云技术为支撑，推进基础设施与运维平台建设。总部数据中心部署服务器达到3782台、存储总容量超过1300TB；建成了南京灾备中心，实现了资金集中、人力资源等10个重要系统的异地灾备；建设了统一的基础设施云，实现了软硬件资源的按需分配和应用系统快速部署，支撑了智能工厂、智能管网、客户关系管理等100多个应用系统的建设和运行；完成2个国内区域网络中心建设，累计建成境内外13个网络区域中心，建立了总部和企业两层架构的综合网管监控平台，提升了主干网运行稳定性及传输能力，总部及企业局域网达到10000Mbps，主干网总带宽超过10Gbps；完成了在总部和90多家企业推广建设统一移动应用平台，实现了业务审批、统计分析、外操巡检、客户服务等移动应用功能；强化信息安全管理，在27家企业部署网络准入控制系统，在34家企业实施了桌面安全管理，举办了ERP大集中系统应急演练活动。

2015年，中国石油天然气集团公司ERP应用集成、物联网和云技术平台建设等标志性工程进展顺利，全年完成联合监督信息系统、公共数据编码平台提升等10个项目，推进勘探与生产技术数据管理系统（2.0）、炼化物联网系统等24个项目实施，新启动ERP与FMIS融合（2.0）、灾难恢复系统建设（二期）、桌面安全管理系统（2.0）3个项目，50大集中信息系统深入应用，有效支持企业提质增效、转型升级。信息系统建设方面，ERP应用集成建设全面推进，完成了ERP 2.0、用户访问、报表分析、系统集成、非结构化数据、权限管理和自主开发7个平台在云计算环境中的部署实施，在16家企事业单位全面上线运行；油气生产物联网系统完成在塔里木油田的示范建设和上线运行，持续开展大庆、新疆试点油田的前端采集实施和系统部署，累计在5141口油气水井、208座站库完成施工；工程技术物联网系统建成应用，累计在2171支作业队伍现场实施，实现878口钻录井作业施工、22个物探施工和10156井次测井施工的现场数据采集、传输与技术支持，自动采集数据34亿条；车辆管理系统实现了3.5万台危化品运输车辆的集中调度和实时监控；完成云技术平台开发和安全加固，实现50多项功能需求，已经具备了1700台服务器、2400TB存储的服务能力，完成ERP等20个信息系统的云化实施。信息系统应用方面，在勘探与生产领域，信息系统管理了8个渠道的投资、10个类型的项目从设计、建设到投运的全过程，管理了近60年的33万口井和区块数据共计30亿条，2015年度为579个研究项目提供数据支持，数据服务量达到260TB；在炼油与化工领域，信息系统管理了专业分公司、26家炼化企业、1200多套装置的生产运行业务，利用系统在线监测生产异常情况，有效促进了装置长周期平稳运行，2015年装置平稳率比2014年提高了0.1%，达到99.4%；在销售领域，搭建微信服务平台"中油好客e站"，进一步拓宽客户服务渠道，利用微信及支付宝为加油卡充值，在上海、广州销售实现了微信支付加油；勘探开发、炼油化工、管道等信息系统在海外陆续建成应用；人力资源管控能力进一步提升，扩大了应用范围，新增管理2000余个境外机构单元；在办公管理方面，移动应用范围不断扩展，已有69个应用在移动平台上运行，业务覆盖总部机关、各专业分公司和各地区公司。信息技术基础设施建设方面，昌平数据中心完成33个信息系统入驻，累计部署54个信息系统、4219台套设备，吉林数据中心完成15个信息系统入驻，累计部署779台套设备；广域网总带宽达到283.3Gbps，整体可用率超过99.99%；海外网络扩容10条链路，累计接入185家分支机构；国内卫星小站805座，海外卫星小站60座，全年卫星数据吞吐量达1380TB；综合利用集团公司内部链路76条，折合节省年度链路租费8227万元；国家下一代互联网（IPv6）项目在大庆油田完成油气生产专网实施，覆盖13个采油厂、69个作业区、近800个小队。

2015年，中国海洋石油总公司（以下简称"中国海油"）继续坚持"业务驱动、IT引领"的信息化建设方针，加强信息系统顶层设计，支持协同发展，提高资源整合配置能力，促进业务降本增效和创新发展，在推动深化应用、促进管理提升和转变生产方式方面取得积极进展。加强基础能力建设。中国海油以顶层设计为抓手，强化基础平台架构管控，不断提高信息技术应用价值。制定总公司"十三五"信息化规划，提出"在持续推进数字海油的基础上，重点推动互联海油的建设，向智慧海油的愿景迈进"的战略目标，为业务转型升级打造信息化能力；依据信息系统"关停并转"的要求，实施Domino平台升级及OA深化整合，形成30个全球应用模板，积累敏捷高效的云化服务经验；基于"一套体系和一个品牌"的业务需求，推动加油加气一卡通系统试点建设，提升中国海油品牌整体形象，推动和支持销售终端业务协同发展；统一部署、建设和管理集团移动应用开发平台，推动业务降本增效和创新发展；依据信息安全总体规划，全面开展信息系统安全综合治理工作，从互联网出口、动态口令、终端安全三个方面落实防护和整改措施，提高网络和信息系统入侵防护能力，促进两化深度融合。中国海油围绕"整合数据资源、深化系统应用"的工作主线，促进两化深度融合，持续推进数字海油建设。基于支持准确经营决策分析，实施集团新物资标准发布暨数据清理和信息系统切换，提高了物资主数据质量，为大数据在生产运营管理的创新应用奠定数据基础；有限公司按照"智能油田"整体规划，推进了油田设备设施完整性系统和生产智能化试点实施，智能油田建设取得初步成果；炼化公司实施工程设计集成协同平台，逐步建立中下游工程图元库和信息规范，为中下游工程项目建设提供技术支持和"一体化交付"服务，促进"数字工厂"建设。支持海外业务发展。制定海外信息化规划，以用户为中心，以服务为导向，明确了海外信息化发展战略，确定了针对海外的"集团IT管全局协同，二级公司IT聚焦独特专业"的协同管控方式；加强海外信息化管控体系建设，开展尼克森公司IT整合专项工作，包括双方SAP系统支持资源整合，信息技术人员工作交流等；推动海外区域支持中心和海外呼叫中心建设工作，初步建立了总部、区域、当地组成的海外三级IT支持服务体系，进一步推进了覆盖全集团的IT海外三级服务支持体系建设。

3．煤炭行业

2015年，煤炭行业信息化在促进生产技术革新、煤炭贸易流通、企业减员增效、管理效率提升、行业监测预警、技术理念创新等方面都发挥了重要作用。

"互联网+煤炭"助力行业发展。开滦集团提出"互联网+"智慧开滦工作思路，不仅将推进"互联网+"作为集团节支降耗、提高劳动效率、推动转型升级的重要手段，而且要把"互联网+"做成产业，成为推动集团经济发展新的增长点；河南能化集团把“互联网+物资采购”纳入企业整体发展战略统筹，将采购平台升级为中原云商采购平台，集团总部和下属单位统一采购，节约采购资金高达 4.5 亿元；此外，山能集团、湘煤集团等积极利用“互联网+”平台开展职工培训、困难帮扶等。

煤矿智能化开采技术创新发展。“煤炭智能化掘采技术与装备”“863”重大项目通过技术验收；全国首家煤矿智能化开采技术创新中心在陕西省黄陵矿业公司成立，该中心将开展煤矿智能化技术集成创新和推广，以矿井灾害综合治理技术、智能化无人开采技术和精细化管理经验为核心，形成具有自主知识产权的煤矿智能化技术。

煤炭电商快速发展。神华集团进一步打通了产业链，实现了从客户到计划，到订单，再到发运的线上线下互联，线上煤炭交易比重超过 20%；陕煤化集团、徐矿集团、兖矿集团大力发展电商平台，不仅发展煤炭电商，还将此作为多元转型发展的重要方向。

积极探索大数据和移动应用。兖矿集团积极探索大数据技术应用，启动了 YK136 信息化工作暨大数据工程建设，正在完善大数据建设方案和搭建大数据技术平台测试环境；晋煤集团实现了矿井安全监测移动化，利用手机 APP 了解井下机电系统运行情况及安全检测数据。

3D 打印技术服务煤炭行业。神东煤炭集团采用 3D 打印技术修复 74 件刮板机和转载机链轮环，节约资金 530 万元。神华铁路货车公司计划在机车、货车检修和机车车辆设备配件的再制造等领域引入工艺级 3D 打印技术。

4．建材行业

2015 年，建材行业信息化建设继续围绕绿色制造、智能制造，促进产业转型升级，实现绿色低碳等方面持续推进，随着大数据、物联网、云计算等新一代信息技术与建材工业的不断融合，推进建材工业向数字化、网络化、智能化方向快速发展，行业两化融合工作和企业信息化建设取得新进展。

信息技术在建材生产过程环节的应用大大提高了生产精度与效率，实现了生产过程的自动化。主要建材子行业如新型干法水泥生产线、玻璃生产线的自动化控制系统已达到了国际先进水平。大中型水泥企业生产线几乎全部采用了 DCS（集散控制系统）作为控制、监视与管理的重要手段，将计算机技术、网络技术和先进的控制技术相结合，实现了对窑、磨等生产现场情况的监视和控制，一些集团企业实现了对集团分布在全国各地生产线的生产调度和现场监控。中国的浮法玻璃生产技术和电气自动化水准已经有了较大的提高，国内浮法玻璃企业通过自动控制技术、信息技术、网络技术实现了原料配料控制系统、三大热工（熔窑、锡槽、退火窑）的分布式控制，提高了窑炉的熔化效率、玻璃质量，延长了窑龄，降低了能耗。

通过与信息技术的融合，建材行业的节能减排工作取得了积极进展。部分建材企业应用能源管理系统，建立能源管理中心，通过利用自动控制、计算机网络和数字化计量技术，加强对水、电、煤、气等主要能源的实时监测、精确控制和集约利用，进一步提高能源设备、能源计划、能源平衡、能源预测等方面的管理水平。通过物联网技术对污染物排放进行实时控制，监测主要废气排放点的外排放废气中污染因子的浓度和流量、污染物排放总量、大气质量指标等数据，建立主要污染物排放自动连续监测和工业固体废弃物综合利用信息管理体系。

加强重点信息化项目推进。2015 年工业和信息化部颁布的 46 个智能制造试点示范项目中，建材行业有两个，分别是中国联合水泥集团有限公司的“水泥智能工厂试点示范项目”和泰山玻璃纤维有限公司的“玻璃纤维智能工厂试点示范项目”；针对水泥行业在生产监测和管控集成应用方面存在的突出问题，开展了“水泥行业基于在线监控的管控集成试点项目”，研究解决有关管控集成共性关键技术；组织实施“建材行业中小企业工业云平台建设项目”，主要围绕建材企业设计研发、企业管理、设备管理、学习培训等核心领域，综合利用云计算、大数据建设建材中小企业云应用服务平台。

（二）消费品工业

1．轻工行业

2015—2016 年，中国轻工业联合会在工业和信息化部等政府部门的大力支持下，紧密联合各行业协会、地方轻工部门和广大企业，大力推进信息化和工业化深度融合，以信息化带动工业化，以工业化促进信息化，全面提高轻工业发展的质量和效益，在我国产业升级、消费升级、改革升级、开放升级的机遇中，不断促进轻工业的由大变强。

为加速推进《中国制造 2025》和“互联网+”，促进轻工业创新与转型发展，中国轻工业联合会在工信部消费品司的指导下，联合有关地区行业管理部门，召开“消费品及零售行业创新及互联网+论坛”系列会议。会议以“推进《中国制造 2025》和‘互联网+’，践行大数据，促进消费品及零售行业业务创新和转型”为主题，探讨如何利用大数据优化运营管理、洞察客户、智慧排班，以及消费者消费习惯研究等。

中国轻工业联合会积极配合工信部开展两化融合管理体系贯标试点工作。开展两化融合管理体系贯标宣传推广，组织贯标试点企业和咨询机构申报，组织参加工信部管理体系贯标培训等。2015 年向工信部推荐了 20 家试点企业，其中江苏今世缘酒业股份有限公司、苏州优尔食品有限公司、珠海罗西尼表业有限公司、浙江奥康鞋业股份有限公司、真彩文具股份有限公司、菏泽海普电器股份有限公司、安徽省富光实业股份有限公司、永高股份有限公司、天津海鸥表业集团有限公司、杭州天堂伞业集团有限公司、双胞胎（集团）股份有限公司、山东景芝酒业股份有限公司、安硕文教用品（上海）股份有限公司、依波精品（深圳）有限公司 14 家企业获批。

“工业大数据服务标准化和试验验证系统”项目实施。本项目结合产业需求，针对现阶段工业领域急需解决的问题，采用急用先行的原则，研制工业大数据服务领域重点标准。依据标准，围绕工业大数据全生命周期，建立工业大数据服务标准验证系统。重点建设建立核心元数据库、基于 OID 的数据标识管理系统；一方面可以用于标准验证，同时也可以作为工业大数据应用的基础。结合工业大数据重点服务标准的研制，以及试验验证系统的搭建，积极开展重点标准和系统在工业行业智能制造新模式中的应用。信息中心负责本项目的系统应用验证工作，配合完成工业大数据在轻工领域的应用示范工作，提供至少 5 家轻工领域的应用示范工作。目前项目已开始实施。

2．纺织行业

数字化、智能化装备水平得到较快提高。山东华兴集团的“智能纺”项目采用了清梳联、粗细络联+筒纱智能包装，实现了纺纱连续化、自动化生产，其中筒纱智能包装物流系统的“编织布在线仿人工自动成包”属首创技术，另外单纱筛选配重系统、无反射板激光导航 AGV 等技术的应用为未来纺织企业实现“夜间无人值守”打下了基础；江苏盛虹集团的国产全自动落丝系统和化纤生产智能物流系统，实现了落丝、装车和转运的自动化，能够满足同时多品种生产按单一批号等级装车的需求，并自动完成丝饼产品信息的跟踪及标签打印。这些技术和应用均具有自主知识产权，达到国际先进水平。

信息化产品实现了技术突破和功能提升。如北京经纬新技术有限责任公司的“纺纱全流程生产在线监控系统”、北京中纺达软件开发有限公司的“纺织 ERP”等产品实现了多项技术与应用的突破性创新，大幅提高了系统的智能化水平。

电商平台实现创新发展。绸都网是国家电子商务创新应用示范平台，运营有布工厂、布生意、盛泽指数等网络创新应用；宜布网则在线下实体展示方面有所创新，除了信息资讯、撮合交易、媒体推广等服务之外，宜布网还拥有线下 20000 平方米的实体展厅，解决了网上撮合纺织品交易中无法完成实物体验的问题；网络批发成为中小企业电子商务 B2B 应用的重要形式，2015 年常熟服装市场超过 6000 家商户支持网批模式，并已成为服装市场最活跃的群体，同时带动了周边设计、打版、生产的快速产业链，形成区域效应。

行业经济运行数据信息的监测能力得到提升。2015 年“纺织行业经济运行监测信息系统”建设完成并投入使用，可监测覆盖棉纺织、毛纺织、麻纺织、化纤、针织、印染、丝绸、家用纺织品、服装、产业用纺织品、长丝织造、纺织机械 12 个子行业的经济运行情况，及时、准确、全面地反映行业整体经济运行状况；“纺织行业大数据信息服务平台”建设启动，通过建立能够覆盖纺织行业经济运行、产品信息（特别是品牌产品信息）、专业市场、产业集群、电子商务等多方面的行业综合数据平台，服务于国家经济宏观决策及企业运营决策，促进行业平稳、健康、可持续发展。

【农业和农村信息化】

2015年，农业农村信息化工作围绕落实党中央、国务院的决策部署，继续完善农业信息化基础环境，加快现代信息技术在农业生产、经营、管理和服务中的应用，积极推动“互联网+”农业行动，深入实施农业物联网区域试验工程，有序推广农业物联网应用，大力发展农业农村电子商务，推进信息进村入户工作，促进农业大数据应用，并在各方面取得了卓有成效的阶段性成果。

（一）发展环境不断优化

“四化同步”助力农业现代化进程提速。当前，我国已进入工业化、信息化、城镇化和农业现代化同步推进的新时期，落实“四化同步”，薄弱环节是农业现代化。没有农业信息化就没有农业现代化。“四化同步”的推进势必加速农业现代化发展步伐，在工业反哺农业、城乡一体化发展的拉动下，进一步强化现代信息技术对农业发展的支撑作用，将有力地推动农业转型升级，提升农业现代化水平。“互联网+”推动农业信息化创新发展。信息技术的突飞猛进、互联网与传统领域的深度融合，为农业信息化发展带来了新的机遇。“互联网+农业”就是充分发挥互联网在农业生产要素配置中的优化和集成作用，把互联网创新成果与农业生产、经营、管理、服务和农村经济社会各领域深度融合，通过技术进步、效率提升和组织变革，提升农业的创新力，进而形成农业生产方式、经营方式、管理方式、组织方式和农民生活方式变革的新形态，是用互联网思维推动我国现代农业发展、社会主义新农村建设和培养社会主义新农民的重要内容，也是我国发展现代农业的重要切入点和支撑点。在“互联网+”的浪潮下，农业信息化同样面临革命性的变革契机，探索和实践互联网技术与“三农”的深度融合，将大大促进农业信息化的创新发展。

市场配置资源的决定作用注入农业信息化发展动力。党的十八届三中全会肯定了市场在资源配置中的决定性作用。这就要求在农业信息化建设中探索处理好政府与市场的关系，创造良好的政策环境，推动农业信息化健康快速发展。一方面，要持续完善农业信息化基础设施，增强涉农信息资源开发和利用能力，为农民提供基本的、公益性的公共信息服务；不断强化科技和人才支撑，为农业信息化的快速、健康、有序发展建立强大的政府支撑体系。另一方面，要充分发挥市场在资源配置中的决定性作用，广泛动员社会参与，充分调动生活服务商、金融服务商、平台电商、电信运营商、系统服务商、信息服务商等企业合力推进农业信息化建设，探索出一条“政府引导、企业主体、社会参与、多方共赢”的可持续发展的道路。

新型农业经营主体引领农业信息化应用方向。在坚持家庭经营基础性地位的同时，我国各地农村普遍注重“组织起来、流转起来、经营起来”的农村发展策略，逐步培育了家庭农场、农民专业合作社、农业产业化龙头企业等新型农业生产主体。新型农业经营主体克服了传统农业单兵作战的种种弊端，通过多种形式的适度规模经营，有利于提升利用信息化发展现代农业的意识，促使农业生产经营走向集约化、规模化和现代化，从而为信息化应用提供用武之地。以新型农业生产经营主体为载体，通过构建专业化、组织化、社会化相结合的信息服务体系，有助于畅通信息服务渠道，准确把握农业生产经营过程中的信息化需求，提供精准的个性化信息服务，提高信息化应用效益。

（二）农业生产智能化初见成效

2015年，在农业部农业物联网区域试验工程和国家物联网应用示范工程智能农业示范项目的带动下，各地积极探索物联网技术在农业生产中的应用，农业生产智能化初见成效。

上海市农业物联网区域试验工程坚持政府推动、企业主体、点面结合的原则，着力推进物联网技术在农产品安全监管中的应用，在农产品电子商务仓储、冷链、物流、配送等环节中的应用。一是构建了综合展示系统、应用管理系统、远程指挥调度系统的农业物联网应用公共服务平台；二是稳步推进光明米业粮食作物“产加销”安全监管示范工程、蔬菜标准园安全生产管理系统、动物及动物产品安全监管示范工程等项目；三是加快培育农产品电子商务应用示范企业，筛选评审了上海菜管家电子商务有限公司、上海同脉食品有限公司、上海都市生活企业发展有限公司、上海多利农业发展有限公司 4 家企业并予以扶持；四是推进物联网技术集成创新，开展了大田应用集成传感设备研发应用、动物电子标识研发应用、空中移动感知应用、集成设备研发应用、水面与水下综合环境移动感知平台研发应用。

安徽省农业物联网区域试验工程包括大田作物农情监测系统、大田生产智能决策系统、农机作业质量监控与调度指挥系统、大田生产信息综合服务平台、大田生产物联网技术应用示范区、在多个产业进行农业物联网技术应用试点 6 项建设任务。目前，在 20 个粮食主产县建立了监测点，研发了小麦“四情（苗情、墒情、病虫情、灾情）”监测预警系统软件，完成了大田作物农情监测系统一期项目建设；推进了大田生产物联网技术应用示范区建设，确定国家级现代农业示范区埇桥区、庐江县、南陵县及国家级农村改革试验区龙亢农场为大田生产物联网技术应用示范区；推进了各产业农业物联网技术应用试点建设，确定 57 家基础条件好的龙头企业、农民专业合作社为农业物联网示范点，涉及粮油、畜牧、渔业、茶叶、蔬菜、水果、电子商务、农机 8 个行业。

黑龙江农垦重点围绕“现代化大农业”的总体目标，以保障国家粮食安全、挖掘种植业增产、稳产、增效潜力为目的，构建大田种植物联网应用技术体系，推动信息化与农业机械化的全面融合，制定大田种植物联网应用标准和规范，建设大田种植物联网管理和服务平台，促进大田种植生产管理方式的变革。在研发方面，进行了作物本身生理指标传感器、农作物环境无线智能检测、基于移动网络的作物生长与管理移动数据采集系统、田间应用无线传感器网络、多源数据融合的农业灾害监测预警辅助系统、农机具及其作业信息管理系统研究开发工作。在应用方面，建设水稻智能育秧大棚 8 栋，实现了智能微喷及电动卷帘通风控制；建设了智能化芽种生产系统，日生产芽种能力 150 吨；建设了农田生态环境监测系统，实现了对环境的实时定点采集；建设了农田生产视频监控系统，提高了决策指挥的准确度和灵活性。

江苏省重点构建适于大面积推广的养殖业物联网解决方案，开展物联网技术在养殖业领域的大规模产业化示范，制定养殖业物联网应用标准和规范，扶持一批农业物联网技术应用示范企业，带动我国物联网产业及相关信息产业发展。项目重点推进的水产养殖物联网，目前已辐射全市 5 万亩水产养殖面积，通过在池塘中安装溶解氧等传感器，监测水中溶解氧含量，利用 GPRS 无线网络传感数据，通过系统平台分析处理，实现增氧设备的自动、远程控制，有效减少了养殖户夏季高温时节的巡塘次数，减轻了劳动强度，科学增氧，节省电费，改善水质，增加产量，农户亩均增产 10%，节省电费 80 元/亩，每亩增收 1000～1300 元。

（三）农业经营网络化发展迅速

农产品电子商务发展迅猛，为传统农产品营销注入了现代元素，在减少农产品流通环节、促进产销衔接和公平交易、增加农民收入、倒逼农业生产标准化和农产品质量安全等方面显示出明显优势。据不完全统计，2015 年，全国农产品电商平台已逾 3000 家，农产品网上交易量迅猛增长。

从交易品种看，耐储易运的干货和加工品占主体，生鲜增势迅猛。电子商务交易的农产品主要是地方名特优、“三品一标”等，如大枣、小米、茶叶、木耳等干货及加工品占农产品电子商务交易总额的 80%以上。近两年在大城市郊区涌现出了一批如北京任我在线、沱沱工社、上海菜管家、武汉家事易、辽宁笨之道、海南惠农网等为市民提供日常生鲜农产品的电商企业，且发展势头强劲。

从交易模式看，多样化发展趋势明显。如入驻淘宝、京东、1 号店等成熟电商平台开设网店模式，中粮我买网、顺鑫抢鲜购等农业企业自建平台模式，大连菜管家、武汉家事易等以网络为交易平台、以实体店或终端配送为支撑的“基地+ 终端配送”模式，“世纪之村”利用村级信息服务点开展农产品、农村消费品网络代销代购模式，天猫、河南众品食业的产品供应商与批发商的 B2B

电子商务模式。从生产经营主体看，部分农民、合作社、批发市场开始尝试电子商务。山东、浙江等地出现许多大型“淘宝村”“淘宝镇”，并带动周边物流、金融及上下游产业发展；茶多网聚集安溪茶叶批发市场的1860家实体店，形成了全国茶叶电子商务平台，年交易额达2亿元；四川中药材天地网依托全国药材市场设立分支机构和信息站点，形成了庞大的线下服务网络。

从支撑环境看，服务和支撑体系有了一定的基础。城市冷链物流、宅配体系以企业自建方式快速发展，农村物流网点迅速增加，部分地区利用农村信息员开展草根物流服务，在很大程度上弥补了农村物流的空缺。资金支付手段进一步完善，支付宝、网银、手机钱包等金融服务开始向农村延伸。

（四）农业管理高效化显著提高

农业部以金农工程为抓手，大力推进农业管理信息化建设，大大提高了农业部门行政效能，提升了管理和服务三农的能力和水平。

统一电子政务标准规范体系建设为全国农业信息化标准先行奠定了基础。项目建成了统一的农业电子政务标准规范体系，包括总体标准、管理标准、信息资源、应用支撑、数据交换、业务应用、网络标准、安全标准8大类、32项标准。通过金农工程标准规范体系建设，为指导全国金农工程项目建设与应用提供了标准依据，确保了信息资源共享与业务协同，确保了网络系统互联互通，确保了各系统的安全可靠，为金农工程总体设计和可持续发展，以及全国农业信息化标准先行奠定了基础。

农业监测预警为防范农业风险和政府科学决策提供了有力支撑。项目建成了全国统一的、可快速定制和复用的数据采集平台。目前已完成农业综合统计、物价监测、成本调查、农机事故、农情调度等16个农业行业数据采集系统。系统信息填报用户近3.7万个，累计采集省、地、县、乡、村等各级报表近395万张，有效提高了农业部门数据获取能力和统计工作效率，为领导和管理部门决策提供了强有力的支撑。在加强数据采集工作基础上，开发了农产品监测预警平台，对小麦、玉米、稻谷、生猪等关系国计民生的18类重要农产品从供求安全、生产波动、市场价格波动、国际价格竞争力、进口影响指标等方面开展了部省联动的动态监测分析预警工作。

农产品及生产资料市场监管提高了农业部门依法行政、市场监管水平和工作质量。项目构建起高效便捷的部省统一农业电子政务平台，建成了较为完善的农机监理、农药监管、三品一标等10类农产品及生产资料市场监管系统，以及功能完备、高效运行的农业行政综合办公（审批）系统。通过项目建设，农业部市场监管与行政审批综合办公工作跨入新台阶，进一步规范了市场监管和行政审批行为，显著提高了为民办事的便捷性和透明度，提高了工作效率，降低了社会成本，为维护农产品和生产资料市场运行秩序奠定了坚实的基础。

农业科技市场信息为引导农业生产和促进农民增收提供了有力支持。项目建成了国家农业综合门户网站（世界农业网站排名位居第二），形成了农业部网站群。农产品批发市场价格信息服务系统，实现了每日农产品价格行情数据的在线填报和实时采集，覆盖了700多家农业部定点批发市场、共550余种农产品的交易价格，日报价数据8000余条。价格数据经整理后及时在国家农业综合门户网站，以及中央电视台二套财经频道、中央人民广播电台、农民日报等中央媒体对外发布。同时，还开展了上海、无锡两家批发市场电子结算数据上报试点工作，日采集实时电子结算数据7万余条，为进一步推进农产品批发价格数据的深度开发利用和监测市场运行进行了有益的探索。农村市场供求信息全国联播服务系统，服务农产品产销对接，为解决农产品买难卖难提供了技术支撑和信息服务。据统计，通过该系统开展的农产品网络促销，成交额超过40亿元。

应急指挥场所建设提升了农业部门应对自然灾害、处置突发事件能力和工作效率。项目建设了集通信、指挥、展示、监控、会议、网络于一体的农业部应急指挥场，使农业系统重大突发公共事件的预防预警、快速响应和高效处置的能力明显增强，预防和减少了农业经济损失，有力地指导了生产开展，维护了市场稳定，取得了显著的经济效益和社会效益。项目建设的农业视频会议系统实现了部省之间双向高清视频会议直播，并延伸到了368个地市级会场、1089个县级会场，单次视频会议直接参会人数可达1万多人，已成为农业部向省级农业部门传达中央有关精神、安排部署农业农村经济工作的重要平台，成为履行行政管理职能、提高工作效能、节约行政成本的重要手段。

（五）农业服务便捷化初步实现

2015年，农业部切实把信息进村入户作为一项惠农工程来抓，积极落实配套资金，充分调动参与各方的积极性，勇于开拓创新，狠抓措施落实，试点工作取得了重要阶段性进展。

一是建设了一批益农信息社。根据整县推进的原则，按照有场所、有人员、有设备、有宽带、有网页、有持续运营能力的“六有”标准和提供公益、便民、电子商务、培训体验“四类”服务的要求，在农户集中、交通便利的地段，充分利用已有场所因地制宜建设三类村级信息服务站，即标准型、专业型和简易型。标准型主要依托村委会、已有村级服务站点新建或改建，为农民提供全方位一站式服务。

二是培育了一支村级信息员队伍。按照“有文化、懂信息、能服务、会经营”的标准，切实抓好信息员的选聘、培训、管理等工作。在选聘方面，重点从村干部、大学生村官、返乡农民工、农村青年、专业合作组织负责人、农村商超店主中遴选，目前每个村级信息站至少配备了1名信息员。在培训方面，依托农业部农村实用人才和市场信息系统业务培训项目举办了11期信息进村入户专题班，共培训骨干信息员1100人次，试点省（市）、县累计培训信息员3558人次，为信息进村入户顺利推进提供了人才保障。在管理方面，制定完善了一批服务标准和管理办法，规范信息服务记录和留痕，严格考核奖惩，确保服务质量。黑龙江省方正县开展信息员“星级”评定活动，根据评定结果对信息员实行绩效奖励。

三是整合了各类服务资源。试点省（市）各级农业部门坚持以满足农民的需求为出发点和落脚点，充分发挥组织协调作用，在整合农业部门服务资源的基础上，融合更多涉农部门服务资源，吸引优质社会服务资源，丰富了信息进村入户服务内容，最大限度满足了农民的多样化、个性化生产与生活需求。（1）以12316服务热线为纽带，在强化政策、技术、市场行情、投诉受理服务的基础上，进一步整合农技推广、农产品质量安全监管、农村“三资”管理等服务资源，通过语音呼叫、双向视频、短（彩）信、微博、微信等全媒体手段，提供全面的农业专业服务；（2）通过聚合有关涉农部门和公用企事业单位的资源，提供农业保险、新农合、救灾救济、义务教育等公共服务，开展水电、通信缴费和医疗挂号、小额提现、代购车船票等便民服务，让村里人与城里人一样享受便捷服务；（3）利用村级站实体网络巨大的潜力优势，吸引通信、物流、金融、电商和信息服务等企业参与村级站建设与运营，拓展农村市场空间，为信息员提供创业条件，增强站点自我造血能力。

四是初步探索了可持续运营机制。按照充分发挥市场配置资源的决定性作用的要求，各级农业部门积极组织相关企业开展政企、企企合作，创新村级站建设与运营机制，重点探索了“羊毛出在牛身上”的利益置换模式、政府补贴机制等，公益性服务与经营性服务相辅相成的可持续发展模式已初步显现。中国电信集团公司为每个村级站提供宽带接入、Wi-Fi环境、12316直拨电话等5项免费服务和5项优惠服务，以抢占拓展农村市场。

【服务业信息化】

（一）金融行业

2015年是金融业与互联网加速融合之年。从宏观层面来看，国家“互联网+”战略的实施，以及《关于促进互联网金融健康发展的指导意见》《互联网保险业务监管暂行办法》等政策法规的出台，对互联网金融发展营造了政策环境、明确了发展规范。从微观层面来看，大数据、云计算、智能芯片与终端、移动网络等先进技术在金融业的应用，为互联网金融发展提供了技术支撑。

1．银行业

加速推进“互联网+”布局，银行业互联网金融战略纷纷进入落地阶段。以网络银行、手机银行、电商平台、直销银行和线上线下联动产品为特点的互联网金融产品格局已经初步形成。工商银行推出“e-ICBC”互联网金融品牌，主要包括“融e购”电商平台、“融e联”即时通信平台和“融e行”直销银行平台三大平台，支付、融资和投资理财三大产品线上的“工银e支付”“逸贷”“网贷通”“工银e投资”“工银e缴费”等一系列互联网金融产品。中国光大银行已全面打造“便捷、安全、交互、趣味”的移动金融服务，包括手机银行、微信银行、瑶瑶缴费、移动支付等终端应用产品，建立以“移动金融平台”为基础，以“移动支付”“移动生活”“移动社区”“移动营销”为方向的“一加四”的全新移动金融生态体系。

银行卡发卡量保持增长，受理环境不断完善，电子支付业务发展较快。截至2015年年末，全国银行卡在用发卡数量54.42亿张，较上年末增长10.25%；其中，借记卡在用发卡数量50.10亿张，信用卡和借贷合一卡在用发卡数量共计4.32亿张。银行卡跨行支付系统联网商户1670万户，联网POS机具2282.1万台，ATM 86.67万台。银行业金融机构共发生电子支付业务1052.34亿笔，金额2506.23万亿元；其中，网上支付业务363.71亿笔，金额2018.20万亿元；电话支付业务2.98亿笔，金额14.99万亿元；移动支付业务138.37亿笔，金额108.22万亿元。

银行业在不断完善国内行业标准的同时，积极参与国际标准的制定。国内方面，组织制定《商业银行客户服务中心服务外包管理规范》等9项服务类金融国家标准及《商业银行内部控制评价指南》等15项行业标准，截至2015年年底，现行有效金融国家标准53项，金融行业标准127项。国际方面，《银行业产品说明书描述规范》国际标准提案通过国际评审，是中国金融业的首个国际标准项目。外汇交易中心开发的ISO 20022外汇报文通过国际评审并获得国际注册，是首次由中国主导研发的金融国际通用报文。深入参与以ISO 17442《金融服务法人机构识别编码》为基础的全球法人机构识别编码（LEI）体系建设工作，形成LEI国内实施和管理相关思路。

2．证券业

信息安全工作扎实推进。《中国证券期货业信息安全工作规划》对如何构建新形势下的信息技术监管体系，做好信息安全基础建设和保障，有效应对新技术与新业务应用带来的新挑战进行了阐述；组织行业专家和国家信息技术专控队伍对行业机构开展信息安全专项检查，对办公网、开发网和测试网进行了全面渗透测试，对第三方软件服务商参与行业机构系统开发、数据管理等情况进行了摸底调查；开展经营机构信息系统专项检查工作，覆盖125家证券经营机构、3家信息技术服务机构、8家涉嫌场外配资机构，分析风险并提出了针对性监管措施；开展网上信息系统渗透测试和漏洞扫描，完成120家机构的渗透测试和222家机构的漏洞扫描，大幅降低了安全风险。

证券期货交易系统完成升级上线，全年运行稳定。上海证券交易所成功实施交易系统扩容，ETF期权业务、债券注册制平台、交易系统FAST行情、正联网全天候测试环境和中债登记测试系统等一批交易登记系统上线；深圳证券交易所完成了第五版交易系统、网络投票业务全面实施项目、基金互认服务平台中的数据传输与数据转换核心系统等上线运行；中国证券登记结算公司顺利实施公司总部数据仓库扩容升级工作，完成上海分公司数据通信系统安全改造和信息安全堡垒机建设，满足四级等保要求，完善京沪深三地同城、异地灾备系统建设，积极提升重要信息系统容灾能力；上海期货交易所顺利实施交易系统技术改造，NGES 2.0交易系统正式上线运行，启动高速交易通信网建设，完成张江数据中心生产网升级改造工作，完成SMARTS系统的安装实施；大连商品交易所加快核心系统升级优化，先后完成总线优化三期、行情3.5、撮合三期、套保优化、Leve 12前置及API升级等项目的验收、上线工作，大幅提升交易系统整体性能；郑州商品交易所完成五期交易系统的自主研发和上线工作，场外综合业务平台开发工作基本完成，启动企业数据平台建设项目。

3．保险业

互联网保险业务规模翻倍，贡献率提升。中国保险市场上开展互联网保险业务的保险公司超过100家，互联网保险的保费收入估计可以突破1700亿元，是2014年858.9亿元的两倍，互联网保险保费收入占行业总保费的比例超过5%，贡献了全保险行业保费增长率15%以上的份额，成为拉动保险业保费收入增长的最重要的驱动力。

各大保险公司加快移动互联网技术应用，推动线上线下融合发展。中国太平洋保险公司在线商城累计注册用户数已达 833 万人，累计服务客户超过 1884 万人次；“中国太保”微信服务号粉丝数突破 473 万人，客户可以通过线上实现信息获取、理赔、查询、保单质押贷款等全流程服务，2015 年寿险移动保全在保全总量中的占比已达到 43%；中国人寿发布公司首个电子化服务工具“e 宝账”，覆盖了公司官网和手机 APP 两大服务渠道，包含公共服务、查询服务、交费服务、保全服务、理赔服务、柜面 e 服务 6 大类 44 项服务措施；中国平安保险互联网用户规模约 2.42 亿人，较年初增长 75.9%，继续保持高速增长。陆金所平台累计注册用户数 1831 万，较年初增长 257.6%，成为首个突破千万用户的专业互联网金融交易信息服务平台，2015 年全年的总交易量为 15252.72 亿元，同比增长超过 5 倍，个人零售端交易量 6464.92 亿元，同比增长近 7 倍，其中 P2P 一、二级市场交易量共计 524 亿元，同比上涨逾 2 倍；机构端交易量 8787.80 亿元，同比增长逾 4 倍。

（二）交通行业

1．公路水路运输业

加强交通行业信息化发展顶层设计。完成了“十三五”交通行业信息化发展规划及相关标准编制工作。“十三五”交通信息化发展规划内容包括信息化发展规划、智能交通发展规划、物流综合信息平台规划等，为“十三五”期间交通运输信息化工作的开展指明了方向。组织编制并发布安全应急重大工程第一批技术要求、城市公交智能化应用示范工程 11 项技术要求；其中，8 项在工程中应用效果较好的技术要求，已列入国家标准或行业标准计划。编制发布了《物流园区互联应用技术指南》《交通运输物流信息互联共享标准（2015 版）》等文件。

交通信息化应用系统建设不断完善。智能交通系统建设方面，开展了 2015 年交通运输重大研究（政策储备）——互联网及大数据对交通运输影响和应用研究，深入研究了以移动互联网、大数据、物联网、云计算为代表的新一代信息技术的技术特征，以及与交通运输行业的关系，分析了信息技术给交通运输行业带来的机遇和挑战，并提出相关对策建议；城市智能交通系统方面，省府及中心城市已建成的子系统有（以数量多少为序）：交通应急指挥系统、交通综合执法管理系统、城市交通“一卡通”系统、公众出行综合交通信息服务系统、公交 GPS 运营调度系统和电子站牌系统、路网管理与协调指挥系统、营运车辆 GPS 安全监控及调度系统、出租车运营调度管理与信息服务系统、公共物流信息平台、智能停车诱导系统；高速公路信息化建设方面，全国 29 个省份实现高速公路电子不停车收费（ETC）全国联网，河南、四川、广西等省电子不停车收费（ETC）车道开通数大幅增加，计重收费车道在十余个省得到推广应用。

2．民航业

民航系统启动“民航通信网工程”建设。工程总投资 13.96 亿元，以 2020 年为建设目标年，建设覆盖民航局、地区管理局、监管局、民航空管系统、民航运输机场及航空公司的专用通信网络。主要建设内容如下：建设网络节点 740 个，配置网络传输设备 306 套、IP 业务承载设备 676 套、TDM 业务承载设备 801 套、网络安全设备 321 套、网络管理系统 1 套、网络实验测试培训系统 1 套，对部分节点机房进行改造。

新技术在空管系统建设中得到了应用。华北、西南、西北三地区所有航路航线，以及华东地区的济南中低空管制区，中南地区的郑州中低空管制区所有航路航线开始实施 PBN（基于性能的导航）运行；以广州白云机场为试点开展连续爬升/下降（CDO/CCO）应用试点；开发了基于 iOS 系统的应用程序（APP）、应用程序认证系统、电子化航空资料分发推送系统，将电子航空资料数将通过专线推送到航空公司情报部门，减少中间分发环节，极大地提高数据传输的安全性、及时性；开展系统广域信息管理（SWIM）核心技术、空管新技术仿真验证平台、空中交通航迹运行技术与验证、基于多维运行数据挖掘的空管运行绩效评估技术等多项新技术项目研究。

（三）物流业

物流信息化整体发展水平有所提升。根据中

国物流与采购联合会统计结果显示，基础建设方面，在建设形式的选择上，选择外包服务和自建信息系统的企业差别不大，分别占样本企业的48.36%和51.64%；超过98%的企业建有自己的门户网站/信息平台，大多数门户网站/信息平台的用途仍是单纯定位在信息发布上，只有21.36%的企业将电子交易纳入其中并推行应用；64.48%的样本企业将构建信息平台（内部信息处理、OA、增值业务）作为信息化建设的重点；部分企业将软件开发、RFID/RF/GIS/GPS/条形码等信息技术的应用、数据分析、数据挖掘、网络建设等作为物流信息化建设的重点。信息技术应用方面，条形码和电子标签等技术在物流业务中的应用程度继续提升，条形码应用率达到65.71%，电子标签应用率达到42.34%，电子单证使用率达到51.37%。物流信息化应用效果，物流企业订单（运单）准时率达到93.48%，88.86%的企业实现了对自有车辆的追踪，有88.94%的企业实现了全程透明可视化。

（四）旅游业

信息化助力旅游系统提升精细化管理水平。2015年，全国旅游产业监测与应急指挥平台启动建设，平台已整合了国家旅游局内各业务系统数据和全国上百个景区视频数据等。通过该平台建设，可有效提高旅游突发事件监控、应急救援工作水平，保障游客生命财产安全；实现旅游高峰期景区流量监控，提前分流避免拥堵；实现点对点工作业务（如视频会议等）。

省级旅游部门官网实现中文全覆盖，官网功能和影响不断增强。省级旅游部门共建设有官方网站68个。按网站数量分类，旅游政务和资讯等仍合为一个网站的有10个省份，将二者分设为两个网站的有16个，建设3个及以上网站、形成网站群的有6个（上海、浙江、广东均为5个，湖北和云南均为4个，兵团3个）。各地旅游官网栏目内容主要包括新闻信息、图片库、音视频资料等板块，栏目内容则因地制宜，整体上功能作用不断增强。

微博、微信、APP等网络新技术在旅游宣传中得到广泛应用。全国有18个省级旅游局开通运营官方微博，共有16个省市报告开通官方微信，开发官方旅游APP的省份11个。“中国旅游”拥有粉丝数近543万，共发布微博7417条，其中，2014年12月至2015年11月，共发布微博836条，其中原创微博507条、转发329条。微博完成了“印度旅游年”“全国两会”“中国旅游日”“美丽中国——2015丝绸之路旅游年”“为中国加分争做文明游客”等内容的网络宣传推广。

（五）其他行业领域

工商系统信息化深入推进。完善顶层设计，完成了《工商行政管理信息化“十三五”规划》咨询论证稿。完善综合业务平台，推进“三证合一、一照一码”信息化建设，全系统顺利完成“三证合一、一照一码”改革任务；跟进“五证合一”“两证合一”改革进度，制订完善技术方案，确保信息化工作支撑到位。建设完善小微企业名录系统，小微企业名录系统已经支持了29个省市使用扶持政策公示和申请扶持政策导航等。稳妥推进电子营业执照系统建设及企业登记全程电子化试点工作。启动12315互联网平台原型设计项目，开展消费者权益保护品牌库相关研究，启动12315数据归集分析系统项目，推动12315体系的建立。

海关信息化建设取得显著成果。H2010通关管理系统核心系统可用率99.69%，运行网骨干网络可用率99.995%；电子口岸专网核心系统可用率99.96%，骨干网络可用率100%。全国海关新配备各类设备累计15987台套，其中包括监控指挥中心设备、网络设备、通信设备、系统设备、网络安全设备和机房系统设备。全国通关一体化已覆盖全部42个直属海关，实现了所有直属海关间互联互通。“金关”工程二期项目取得了初步成效，“金关”工程二期有20个项目群116个项目，多半数项目处于开发实施阶段、近半数项目已投入试运行。

质检信息化大平台建设进展顺利。完成了质检云服务平台建设顶层设计，确定了质检云服务平台建设的主要任务；质检总局应急指挥中心投入使用；12365信息化平台“执法管理”模块上线。质检业务与信息化融合不断推进。总局网上审批系统和行政许可电子监察系统进行升级改造；推进特种设备信息化建设普查工作，增加特种设备行政许可系统境外模块已经上线运行；推进电子商务产品质量信息公共服务平台建设，通过质检总局电子商务产品质量信息公共服务平台，共享电商产品质量监督抽查信息、线下产品质量监督抽查信息、政策法规信息等内容，提供组织机构代码、3C 认证、工业产品生产许可证等查询，实现与阿里巴巴、京东、苏宁云商等 6 家成员单位质量风险监测结果不合格数据互换共享。

社会领域信息化

2015 年，在倡导高效便捷的信息化社会功能的环境下，我国教育、文化、公共卫生、人力资源和社会保障、环保、灾害预警等社会公共领域信息化工作有序推进，为建设和谐社会发挥了积极的促进作用。

【教育管理和服务信息化】

教育信息化是衡量一个国家和地区教育发展水平的重要标志，“科教兴国”是中国实现现代化建设的战略方针。在教育部的推动下，各地开展了“三通两平台”建设，即基础教育“宽带网络校校通、优质资源班班通、网络学习空间人人通”，建设教育资源公共服务平台和教育管理公共服务平台。教育资源公共服务平台设有国家级、省级、市级平台，主要是对小学、初中、高中的优质教学资源进行了汇总，截至 2015 年 8 月，国家级，以及四川、云南、湖北、山西、新疆 5 个省级平台已初步建成，浙江、福建、吉林、贵州、广东、武汉、沈阳、石家庄、襄阳、荆门、灵宝 11 省市正在建设中。教育管理公共服务平台以服务学生、教师为宗旨，主要包括全国学前教育管理信息系统、全国学生资助管理信息系统、全国教职工管理信息系统、全国中职学校学生管理信息系统等，应用范围涉及国家、省、地市、县级教育行政部门和学校。截至 2015 年 8 月，从公开信息看，省级层面仅有吉林省教育管理公共服务平台上线运行。远程教育公共服务方面，中央电大的奥鹏学习中心已经设立了 1000 多个，服务高校达 30 多个，线上教育专业达 180 多个，学员超过 10 万人。北京市推出了高考、中考网上报名，并推出了高考成绩查询 APP。厦门市集美区推出了积分入学“在线申请服务系统”，外来流动人口子女入学申请不需要再去公安、人社、工商、计生、地税等部门跑证明，系统可通过后台数据库直接调用这些部门的相关数据，为外来流动人口的入学申请带来了很大便利。在“互联网+”的推动下，职场教育、兴趣教育、技能培训等方面的互联网教育迎来蓬勃发展。2015 年我国在线教育市场规模将达到 1711 亿元，增长率为 35.4%，其中移动教育市场用户规模将达到 2.49 亿人，增长率为 45.6%。

随着教育管理和服务信息化不断取得新的进展，全国数字教育资源深入开发，不断缩小了地区间教育水平差距，促进教育公平，公共优质教学资源得到进一步公开和共享，为学习者提供了方便、灵活的信息化学习环境，在全面实施素质教育、深化教育领域综合改革、着力提高教育质量、完善终身教育体系、建设学习型社会、鼓励引导社会力量兴办教育等方面，发挥了重要作用。

【医疗领域信息化】

2015年，各地卫计部门和医疗服务机构积极运用移动互联网、云计算等新技术新应用，部署探索互联网医疗，优化医疗资源配置，提升群众就医效率。贵州卫计委与贵阳朗玛信息签署战略合作协议，共同探索贵州“互联网医院”试点和“贵州医疗健康云”建设。恒大健康采用全球最先进的健康大数据模型和互联网技术，在广州联合世界顶级医院、全国多家三甲医院，推出了互联网社区医院。

2014年，广东省第二人民医院与深圳友德医科技有限公司合作，建立了全国首家网络医院。截至2015年5月，已有200余名医生入驻网络医院平台，4名医生随时在线，网络医院平均处方金额为64.7元，远低于广州市2014年普通门诊平均处方价格的250.7元。广东省网络医院的服务架构如下：广东省第二人民医院提供需要的医疗资源，为医生的医疗服务行为负责；第三平台提供基于互联网的信息化解决方案，提供客户端软硬件并负责与维护；社区卫生服务中心、药店，提供诊疗地点，为药品质量负责。

2015年3月11日，浙江宁波云医院正式运营，该平台由宁波市卫计委和东软熙康健康科技有限公司共同打造，开通了高血压、糖尿病、心理咨询、全科医生4个“云诊室”，已有100家基层医疗机构接入，226名医生签约。

2015年6月26日，广西区人民医院“移动智慧医院”上线，该平台由广西区人民医院和招商银行广西分行、广州海鹚网络科技有限公司合作开发，以微信与支付宝为载体，患者直接用手机微信扫描门诊医生接诊后打印出的“门诊就诊指引明细单”上的二维码，就能轻松实现通过微信进行相关医疗费用的缴纳，不再需要到人工收费窗口排队缴费，实现了手机预约挂号、检验检查结果查询、费用查询/缴费等全流程网上服务。

2015年7月2日，深圳市南山区卫生计生局及区属5家医院联手金蝶公司，向公众开放“移动互联网医院群”暨“南山看病易”服务平台，患者只需在微信公众号上关注“南山看病易”，就能连接所需的医院，轻松办理预约挂号、门诊付费等全流程服务。

互联网医疗不仅为医疗行业转型指明了方向，也为互联网企业创新发展开辟了新的空间。一方面，百度、阿里巴巴、腾讯等互联网巨头积极布局互联网医疗，杭州卓健、苏州智康等创业公司不断涌入，纷纷推出各自的互联网医疗产品和服务，主要包括医疗APP、可穿戴设备等。百度聚焦于问诊咨询、可穿戴设备、医疗云平台，投资好大夫在线，推出百度医生APP、咕咚手环等可穿戴设备及百度健康管理平台。阿里巴巴主要涉足医疗O2O和医药电商，推出阿里健康APP，收购中信21世纪，布局未来医院，支付宝联合天猫医药馆启动O2O项目等。腾讯在医药电商、医疗资讯、可穿戴设备领域均有布局，如入股丁香园、投资挂号网、将好药师网等医药电商引入微信、推出糖大夫血糖仪等。据统计，医疗移动应用主要分为网络咨询、网上挂号、排队提醒、网络缴费，以及智能查房、医院管理信息化、医药服务等类别，其中，从应用功能来讲，占比最多的是预约挂号类和问诊咨询类，分别为31.3%、30.3%；从用户规模来讲，“平安健康管家”“春雨医生”两款应用在医疗应用中用户覆盖率领先，分别为0.85%、0.81%；在医药服务类应用中，壹药网旗下“1号药店”用户覆盖率居第一，“阿里健康”与“自测用药”用户覆盖率分别位列第二和第三位。另一方面，线上医疗产品正逐步向线下渗透。例如，春雨医生、丁香园、挂号网、平安好医生等意图布局线下诊所，实现线上线下资源优势互补。2015年，“北京114预约挂号”平台开启微信公众号挂号新模式，目前接入医院为146家，用户全天24小时可随时自行操作预约。

【社会保障和就业服务信息化】

人社系统业务覆盖每个企业和个人，传统受理模式为业务部门和服务对象都带来了沉重的负担，以信息化手段理清人社服务脉络，推动传统的线下服务模式逐步向线上服务平稳、有序过渡，将人社繁重的线下业务实现虚拟化、透明化、简单化，对加速人社服务网络化、人性化进程具有重要意义。

在国家层面，人社部以社保卡为中心，积极

推进相关业务信息化建设，社保卡普及率大幅提升，信息化服务能力显著增强。社会保障卡经过17年的建设，已经成为国内发行量大、应用面广，深受群众欢迎的跨行业大卡。截至2015年6月底，全国实际发卡地市（含省本级、兵团各师）共358个，地市覆盖率达 93.2%。全国社会保障卡持卡人数达到7.66亿，已覆盖全国人口的56%。截至2014年年底，全国范围内各省均搭建了城乡居民养老保险信息系统，全国98%县区的业务都实现了系统支撑。信息化公共服务能力持续加强，全国340个地市级以上人社部门开通了12333电话咨询服务，开通率达到 92.9%，全年来电总量高达7839.1万次。

在地方层面，涌现出了一批人社互联网服务新模式。一是青岛市人社局大力推动互联网与人社规律性、趋势性业务深度融合，面向不同服务对象，推出了窗口服务、网上服务、自助服务相结合的公共服务模式，改变了传统“赶大集”式的服务供给方式，截至2015年9月，150多项人社业务实现了网上直办，全市已开通企业网上用户7万多个、个人用户 300多万个。推出“掌上人社”APP，提供了养老、医保、工伤、生育、公积金等信息查询服务，以及人社政策和就业需求相关的信息服务。大数据应用体系初步形成，实现了对公共就业、各大险种收支平衡、高技能人才、创业培训等信息的动态监测分析。社保缴费初步实现网上缴纳，推出了网上缴费申报、邮局票据邮寄、网上银行缴费“三位一体”的社会保险征缴新模式。依托基层街道、社区，推出了基于智能手机平台的自助服务一体机，将退休金、失业金领取资格指纹认证等110余项办理频度高的人社业务实现了自助办理。二是云南省人社厅推出“云南人社众创网”，围绕资讯中心、政策文库、众创空间、公共人力资源服务、创业商城、融资平台6个方面为创业者提供网上创业、贷款办理、培训报名等一系列人社帮扶服务。三是岳阳市人社局联合社区和街道办事处，推出“智慧人社APP”，实现了公共就业、社会保险等在内的100多项业务的网上直办，有110余项人社便民服务事项可以通过人社自助服务一体机在社区自助办理。四是桂林人社局基于互联网搭建了一个劳动关系业务网络服务平台，为行政机构、用人单位、劳动者之间架起了互动沟通的桥梁，用人单位和劳动者可通过网络，轻松便捷地完成劳动监察的年度书面材料审查申报、劳动用工备案本地化管理、数据比对和预警监测、用人单位信息化自动化管理、网站空间提供公共信息服务等业务。五是江苏新沂市以信息化手段实现了服务监管模式一体化，具体表现在：开通了社保业务网上办理，用人单位及参保个人均可通过网上银行办理各项缴费业务；初步建成了社会保险微信应用平台，开发社保手机APP，使参保者能实时通过手机查询、办理各项社保业务；拓展了社保卡应用系统，一卡实现水电费缴纳、网银等功能，将社保卡打造成跨业务、跨区域的身份凭证；对东陇海人才市场进行了数字化升级改造，实现了与徐州市就业信息系统无缝对接，信息同步共享。

【文化领域信息化】

全国数字文化服务体系初步形成。截至2015年9月，公共数字文化服务网络基本建成，地市级以上网络平台已经搭建完毕。在乡镇街道层面，建设了一批公共电子阅览室服务点。公共文化资源库群形成规模，包括共享工程的各级资源已经达到412.46TB，其中140TB的数字资源在数字图书馆虚拟网实现共享，内容包括红色历史文化资源、少数民族旅游资源，服务对象涵盖农民、少数民族等不同群体。

各地围绕群众文化需求，结合自身实际，积极探索数字文化新形态。苏州图书馆推出“书香苏州”APP，结合线下24小时自助图书馆，实现了网上借阅社区投递。上海推出“文化上海云”，为市民提供一站式数字化公共文化服务，包括虚拟参观美术馆、博物馆，网上借阅图书，以及网上购买演出、讲座、亲子活动门票等。浙江推出“浙江文化通”APP，汇聚了浙江省公共图书馆、美术馆、文化馆、博物馆、影剧院等公共文化单位的文化信息，以及省图书馆的百万电子书和百余种精品人文杂志，通过宣传屏、手机等智能终端，为公众提供文化资讯预告和数字阅读、图书查询借阅等公益服务。宁波推出了全国首家地铁数字图书馆，公众可以通过车站触控终端和“微书房”APP进行阅读和视听。重庆市北碚区的“公共数字文化体验平台”，通过整合本地文化资源网站、多媒体移动APP终端、科技体验厅等，形成了文化馆数字化新媒体，为群众提供各类相关服务，内容涵盖群众艺术培训、文化展览、文化互动体验、阅读等群众性文化活动及非物质文化遗产宣传等。四川启动了“文化四川云”平台建设，将逐步建立文物保护数字化管理和展示平台，实现对全国重点文物保护单位、考古现场、文物库房等重要地点的远程监控和智能化管理，并引入3D模拟等现代技术，用于创建网上虚拟展示、宣传教育平台，实现文保信息的网上推送和自助导览服务。广东推出了全国首个非物质文化遗产APP项目——广东省非物质文化遗产电子地图，安卓手机用户可扫描二维码下载安装，轻松了解广东非物质文化遗产项目、项目代表性传承人等相关信息。上海推出了“城市公共文化云”，以智能手机、PC、数字电视为输出渠道，为市民提供数字公共文化服务。郑州推出了戏缘APP，以戏曲为主题，将戏迷资源、媒体资源、艺术家资源等进行互联整合，形成了以戏曲为中心的互联产业链，目前已在全国建立122个推广站，覆盖10多个戏曲大省，吸引粉丝近300万。

【食品药品监管信息化】

食品药品安全与公众生活息息相关，特别是假货泛滥的国情下，应用信息化手段提供食品药品监管服务水平显得尤为重要。近年来，各地普遍建立了食品药品信息化监管体系，推动食品药品安全监管由“事后打击”向“事前预防”转变。通过搭建食品污染物和有害因素监测网、食源性致病菌监测网，实现了对食品中农药残留、生物毒素、重金属、食品添加剂、食源性致病生物等154项指标的监测，初步掌握了我国主要食品化学污染物和食源性致病菌污染的基本状况。药品电子监管对药品种类、企业和零售店的覆盖面不断扩大，建立了药品电子监管平台，对药品的“一件一码”电子身份认证，实现了对药品在生产和流通环节的有效监管，减少问题药品流入市场的风险，从而保障人民群众的用药安全。麻醉药品、精神药品、血液制品、中药注射剂、疫苗、基本药物全品种、含麻黄碱类复方制剂、含可待因复方口服溶液、含地芬诺酯复方制剂等已纳入了电子监管。电子监管在覆盖生产企业和批发企业的基础上，向末端流通使用环节（零售药店）延伸。所有药品批发企业按规定开展药品电子监管工作，实现了对所有赋码药品进行核注核销，做到了“见码必扫”。

在新媒体应用方面，地方食药监部门积极运用微信、APP等开展网上服务。例如，国家食药监总局推出了“国家食药监管”APP，APP设置基本与国家食药监总局官网发布的内容相对应，包含工作动态、药品质量公告、药品召回等多个栏目，消费者如想查询一款保健品或药品是否取得国家相关认证时，可在食品生产企业查询、进口保健食品查询等栏目输入注册号或企业名称等检索关键词，核实相关认证信息。目前，安卓和苹果手机用户都可以下载移动客户端进行安装。广东食药监局发布了“美妆客”APP，消费者可通过该软件查询国产非特殊用途化妆品备案信息，产品的备案凭证编号、配方、产品包装等文字和图像信息，进而判断真假；开通了微信服务号，提供数据查询、行政审批、监管咨询、食品溯源等便民服务。成都食药监局推出政务微信公众号，市民可以通过“我要投诉”，反映各类食品、药品、医疗器械、化妆品、保健食品的违法行为。

【气象领域信息化】

气象信息化领导小组成立，加强了信息化战略顶层设计。2015年，国家成立了中国气象局气象信息化领导小组、工作组和领导小组办公室等气象信息化领导机构，以及气象信息化标准体系建设、基础设施资源池建设、公共云设计、政务管理信息化、流程再造、卫星和观测系统集约整合7个气象信息化专项工作组；编制印发了《气象信息化行动方案（2015—2016年）》，启动了《基础设施资源池建设指南》《气象信息化标准体系》及《公有云气象应用设计方案》编制工作。

气象通信传输能力得到拓展。2015年中国气象局国家级地面广域网络的传输能力为600Mbps，区域级传输能力由2014年的20Mbps提升到40Mbps，省级传输能力由2014年的16Mbps提升到36Mbps，省级省—地、地—县线路平均速率分别提升到 29.7Mbps 和 10.88Mbps。

全国综合气象信息共享平台（CIMISS 系统）全国业务化工作有序开展。2015 年，开展了 CIMISS 系统业务化能力评估，形成了评估报告；印发了《CIMISS 系统业务化指标》；组织国家级业务单位和湖北、湖南、重庆、浙江 4 省市开展业务试验，完善 CIMISS 系统功能；定版形成 CIMISS 1.0；完成 CIMISS 中期评估。目前，全国已有 78 个业务应用系统与 CIMISS 实现对接，包括浙江省气象综合业务网、湖北省长江流域气象服务综合业务平台、湖南省县级综合气象业务平台和重庆市气象综合业务内网等。

【地震监测信息化】

中国地震局已建成覆盖 31 家省级地震局、14 家直属单位的行业信息网络系统，2015 年基于云架构的北京国家中心、西安数据灾备中心、广州速报灾备中心也基本建设完毕。双星备份链路织成的地震行业网和北京、广州、西安三中心搭建的“铁三角”，将成为中国地震局下一代信息化基础设施平台的核心架构，有力支撑业务发展，有效保障核心业务稳定运行。

中国地震台网中心作为全局信息业务的枢纽，共有 3 个国家 A 类专业机房和 1 个语音机房，总面积为 584 平方米，核心机房共部署 52 个服务器、300 余台套设备，互联网出口扩容至 200Mbps；新建成的西安数据备份中心可容纳 1000 台 2U 标准机架式服务器，按单机柜 2P 容量存储计算至少可容纳 120PB 的存储设备，基于 Hadoop 的大数据计算服务器 8 台，虚拟化服务器 2 套；广州速报灾备中心全面备份了国家中心速报业务系统和 24 小时值班机制，实现了国家中心因故无法正常履行速报职能后，速报灾备中心无缝衔接的地震速报双保险建设目标。

新媒体地震信息服务体系初具规模。主要包括地震微博、地震微信、地震速报 APP 和云平台网站等信息服务矩阵。其中微博拥有 860 万粉丝；地震微信粉丝超过了 5 万人；手机应用地震速报 APP 在 2015 年 4 月发布，目前累计安装用户超过了 120 万人；云平台网站地震信息网访问量达到创记录的 2800 万人次，其中 2015 年年底近 3 个月的日均访问为 7.43 万人次。

【测绘行业信息化】

地理信息资源不断丰富。全国 1∶1 万基础地理信息覆盖累计达到 560 万平方千米，23 个省（市）实现了全域覆盖；27 个省（自治区、市）已完成省级基础测绘成果向 2000 国家大地坐标系转换，可提供分米级、厘米级实时导航定位服务和毫米级事后定位服务；省级 1∶1 万数据整合转换工作基本完成，实现了数据要素内容分类、数据模型表达、坐标系与数据组织等方面的规范统一。“天地图”数据资源进一步丰富，资源三号卫星 2.1 米分辨影像国内覆盖超过 1128.09 万平方千米，全球覆盖范围 5984.52 万平方千米，0.5 米分辨率影像覆盖国内城市 473 个。国外矢量数据由 1～10 级扩展到 1～14 级，“一带一路”沿线等部分重点地区扩展到 1～18 级。

地理信息资源的应用水平和相关服务能力得到提升。截至 2015 年年底，全国 333 个地级以上城市全部开展了数字城市建设，其中 262 个城市已完成建设；县级市立项 476 个，其中 166 个县市完成建设；建成应用系统 5600 多个，建设成果在 30 多个领域、众多专业部门及大众生活中得到广泛应用。国家地理信息公共服务平台——天地图形成了国家、省、市（县）三级互联互通的架构体系，整合了统计、旅游、气象等近百层专题数据，已实现 1 个主节点、30 个省级节点和 189 个市县级节点的互联互通，形成 3000 多个应用，数据总量约 80TB。天地图公众版主节点已有来自全球 216 个国家和地区逾 20 亿人次的访问，日均访问量超过 150 万人次。

【其他社会服务领域信息化】

2015 年，公安部印发了《公安云计算建设指导意见》及《公安云计算平台功能性要求》，建设完成公安部部级云计算平台软硬件环境，部署了云计算平台硬件环境，分布式云操作系统、资源调度、安全管理等底层系统软件，以及虚拟主机、数据库、大数据分析等各类云计算平台服务软件组件。多层架构平台共部署及更新应用系统 9 次，虚拟化平台共部署及更新 21 次，云计算测试平台共分配虚机服务资源 298 个，大数据服务资源 36 个，数据库服务资源 234 个，大表服务资源 10 个。

全国检察机关内网建设进一步完善，驻所检察室（机构）分支网建设基本完成，实现了与检察内网的互联互通。深入开展系统应用，系统汇总的全国线索及案件信息数量稳步增长，有效发挥了规范执法行为、提高办案质量和强化内部监督作用；进行系统升级完善，修改案卡数据项 577 个，对 93 项功能及系统配置进行了优化完善；拓展新的功能需求，开发未成年人检察、刑事执行监督、检察统计、职务犯罪信息查询等子系统。最高人民检察院建设职务犯罪侦查与预防信息平台，与工商、税务、电信、金融、审计、海关、国土、房管等部门建立信息共享机制，完善行政机关、公共服务行业等部门协查职务犯罪工作机制，用信息化引导侦查工作。

法院系统信息化建设实现全国基层法院专网全覆盖，建成全国法院申诉信访管理系统，实现来信、来访、网上申诉信访、远程视频接访的管理、数据共享等功能，已完成全国 3/4 省份信访业务平台部署和接口对接，全国信访库已收集信访件近 50 万件；全力推动全国法院网络执行查控系统建设，截至 2015 年年底，陆续为全国约 3000 家法院开通使用网络执行查控系统，涉及案件数量 113 万件，累计查控财产超过 1 万亿元、成功冻结 350 多亿元；实现全国法院案件信息全覆盖，案件数据质量置信度长期稳定在 99%以上，构建诉讼服务、审判流程公开、司法协助、执行查控、信访等 15 类法院内部主题数据库，引入律师、公安人口身份、组织机构代码等外部信息资源，数据资源总量近 5 亿条、100TB；建成全国法院统一身份认证体系，针对全国性应用系统的安全接入与运行实现统一的角色识别和安全管理，完成 24 个省（区）、90.6%的高院、68.48%的中院、70.20%的基层法院接入。

电子商务发展情况

2015 年，在政策频繁利好的驱动下，中国电子商务进入快速成长期，传统企业加速与互联网融合，网络购物市场持续火爆，跨境电子商务扎堆布局，社群电子商务异军突起，涉农电子商务成为新的增长点，电子商务园区建设进入高潮，电子商务助力双创和精准扶贫，电子商务政策环境进一步完善。

【政策支持力度不断加大】

党中央国务院高度重视电子商务发展。习近平总书记亲自前往郑州，考察跨境贸易电子商务服务试点。李克强总理在十二届全国人大二次会议上，从扩大跨境电子商务试点、鼓励进口、鼓励创新发展等方面多次强调要重视电子商务的发展。在国务院常务会议上，确定加快发展电子商务的措施，培育经济新动力。国务院发布了《关于大力发展电子商务加快培育经济新动力的意见》《关于改进口岸工作支持外贸发展的若干意见》《关于推进线上线下互动加快商贸流通创新发展转型升级的意见》等；商务部出台了《关于加快发展农村电子商务的意见》《关于实施支持跨境电子商务零售出口有关政策意见的通知》，并计划制定《网上商业数据保护办法》《电子商务企业认定规范》《跨境电子商务服务规范》《移动电子商务规范和网络零售第三方交易平台规则管理办法》等一系列电商管理办法，促进电商产业规范化发展。国家工商总局和工信部联合发布《关于加强境内网络交易网站监管工作协作，积极促进电子商务发展的意见》；国家质检总局出台了《关于加强跨境电子商务进出口消费品检验监管工作的指导意见》《关于支持跨境电子商务零售出口的指导意见》。

浙江、广东、江苏、福建、山东、陕西、甘肃、四川、陕西、上海、北京、天津、重庆等省市纷纷出台和发布了促进电子商务发展的政策和意见，加大了对电子商务发展的政策支持力度。青岛、常州、中山、济宁、铜陵、南阳等城市也纷纷出台了电子商务的行动计划、实施意见等，加快推进区域电子商务的发展。

【行业平台建设和推广进入落地阶段】

快递物流行业、食品医药行业和电子支付行业在政策的支持与监管下，进入了落地发展阶段。

国家有关部门对物流行业提高重视，密集下发了多个关于快递物流、寄送服务等办法和规定，从多角度对物流业进行规范，推动物流业健康发展，帮助其摆脱服务态度差和危险品寄递等问题，逐渐从传统物流向现代物流转化发展。国务院发布了《关于促进内贸流通健康发展的若干意见》，提出促进线上线下融合发展，提高物流社会化水平；国家邮政局发布了《寄递服务用户个人信息安全管理规定》，从制度上落实了对寄递企业和从业人员违法泄露用户信息的法律责任。此外，作为国内首个针对快递安全的地方规章，《北京市快递安全管理办法》正式施行，不久之后，深圳市也发布了《深圳市发展快递业管理规定》。

医药电子商务起步较晚，主要是由于药品的本质属性是商品，但也具有其特殊性，即其对安全性和有效性要求较高，尤其是对于 OTC 药品、医疗器械乃至保健品的要求。国家食品药品监督管理总局发布了《互联网食品药品经营监督管理办法（征求意见稿）》，提出放开处方药在电子商务渠道的销售，规定了互联网食品药品经营者应具备的资质、监管原则和法律责任等条目，为食品医药行业电子商务平台的建设和推广指明了方向。福建省食品药品监管局通过采取加强药品信息服务、交易服务网站资质管理，明确监管职责、完善工作机制，加强药品交易网站销售管理和强化监管并严格落实企业主体责任等措施，进一步加强互联网销售药品监管，规范企业经营。

电子支付保持高速发展势头，产品和服务朝着更加快捷、高效、便利的方向发展。2015 年，我国互联网支付行业整体保持平稳、高效运行。中国人民银行制定并发布了《电子支付指引（第 1 号）》，在规范电子支付业务，防范支付风险，保证资金安全，维护银行及其客户在电子支付活动中的合法权益方面制订了条款，为促进电子支付业务健康发展提供了政策保障。

【在全国范围内催生了一大批电子商务集聚区】

在大批产业园、创业园和软件园中也聚集了不同规模的网商和电商服务商。电子商务产业园能够带动地方经济发展，推动城市化建设，提升就业率，提升企业竞争力，整合产业链，促进产业发展和培训新型产业孵化科技人才，各地方均大力发展电子商务产业园。由于不同地方电子商务发展水平不均衡，电子商务园区的分布在地区间呈现明显的差异，主要集中在浙江、广东、江苏、福建和山东等省，截至 2015 年 3 月，这 5 个省的电子产业园区数量约占全国总数量的 70%。

电子商务园区建设呈现规模化趋势。近几年，由于良好的发展环境、多元主体投资和网商需求旺盛的原因，全国电子商务园区的建设都呈现规模化的趋势。其中，跨境电子商务园区和县域电子商务的涌现是电子商务规模化建设的两个亮点。截至 2015 年第一季度，全国跨境电商已经超过 20 个，主要分布在上海、杭州、广州、宁波、郑州和重庆等地，这与这些地市的国际经济、市场需求和政策环境支持是息息相关的。随着县域电子商务的走热，县域电子商务园区在全国范围内增长迅速。在县域电子商务较发达的地市，如金华、泉州、台州和苏州等地，其所辖县或县级市的电商园区数量占全市数量已经超过 50%。据阿里研究院统计，截至 2015 年第一季度，全国共有超过 100

个县域电子商务园区。

电子商务园区的服务集成化已成为主流发展方向。随着电子商务园区的发展，越来越多的服务商进驻园区，向网商企业提供包括代运营、物流快递、电商培训、网络营销、网店摄影、网店装修、技术支持，以及会展、法律、财务、人力资源等一站式便捷服务，也成为电商园区吸引网商进驻的重要因素之一。据调查，电子商务园区所汇集的服务大致分为三类：商务服务，包括为网商开展电子商务提供的各种专业服务，主要由园区或入驻园区的服务企业提供；政务服务，主要是面向网商、服务商的相关政务服务，主要由政府相关部门提供；生活服务，主要是为入住的企业员工提供日常生活配套服务，主要由园区或入驻园区的服务企业提供。

【O2O与传统企业融合创新模式层出不穷】

电子商务O2O模式发展迅速。一方面是传统企业主动触网，利用互联网拓展商业活动；另一方面是互联网企业主导，带动传统企业触网。使得传统企业在内部运营、市场推广、服务提供和产品销售等方面和互联网越来越相融合。

传统零售商积极探索线上线下融合模式。各大传统商业企业纷纷建立官方购物网站，采用“自营”或“联营+自营”的模式，扩展线上销售渠道。飞牛网利用大润发全国306个门店，与喜士多便利店合作，推行O2O“千乡万馆”项目，还借力便利店、社区服务中心、乡镇连锁小店、加油站、专卖店等探索多元化服务。银泰商场和重庆百货也分别建立了自己的网上商城，通过O2O模式拓展渠道，深化线上线下模式探索。各大购物商场也纷纷在商场内部铺设Wi-Fi环境，如王府井百货、杭州解百购物广场等，便于顾客连接互联网，将实体的消费体验与在线服务结合，为顾客带来更全面的消费体验和服务感受，大幅度提高商场营业额。

电子商务与生活服务的融合越来越深入，各类生活服务电商平台正在渗透到民众日常生活的方方面面。据统计，2014年本地生活O2O市场规模达到了2350.8亿元。打车服务领域竞争异常激烈，腾讯和阿里巴巴为争夺市场烧钱近30亿元，专车服务在满足高品质、多样化、差异性需求之外，其监管问题也得到了交通部门的高度重视。生活销售平台向生活各个细分领域拓展，大众点评除餐饮行业外，还在酒店、旅游、电影、结婚等领域进行了布局，美团也将其业务范围从团购向“吃喝玩乐大平台”等多个消费领域拓展。家政服务领域涌现出多个表现出色的电商网站，如提供洗衣服务的“e袋洗”，提供家政服务的“阿姨帮”，提供婚庆服务的“七夕婚嫁网”，等等，将零散的供应和实际的需求对接起来，方便了城乡居民的生活。

【跨境电子商务步入发展快车道】

跨境电子商务市场加速拓展。交易市场模式和综合服务平台模式在跨境电商的商业模式中发展最快。交易市场模式不仅可以使买卖双方在网上进行信息交换，互通有无，还可以进行在线交易。敦煌网、阿里巴巴速卖通和环球市场等都属于这类网站。综合服务平台模式可以为买卖双方提供贸易需要的所有服务，包括物流、支付、保险、金融、清关等。一达通公司是典型的综合服务平台，该公司通过整合业务流程和业务数据信息，与政府监管部门和商业机构合作，除了为中小企业提供进出口交易后的外贸业务外包服务，还提供进出口融资、国际物流、收汇和退税等服务。

跨境电子商务试点示范推进顺利。自从将上海、重庆、杭州、宁波、郑州和广州作为电子商务通关服务试点以来，各地纷纷出台政策措施，推动鼓励本地跨境电商发展。截至2015年12月，上海跨境电商业务涵盖美国、韩国等多个国家和地区，跨境电商品牌集聚规模效应初步显现。重庆跨境贸易电子商务公共服务平台数据显示，2015年跨境电商平台销售额达30亿元。截至2015年6月，宁波保税区累计引进跨境进口电商企业已达265家，物流企业4家，仓储企业2家。

【移动电子商务呈现爆发式增长】

移动互联网的发展，持续推动移动电子商务的爆发式增长。在全国6.88亿网民中，有90.1%的网民通过手机上网，移动终端智能用户规模达到 12.8 万台。2015 年移动电子商务零售交易规模达到 2.07 亿元，占比超过 50%，增速达到 141%，日人均手机购物 9.9 分钟。在“双十一”促销活动中，天猫销售额的 68%来自移动端，京东商城 74%的订单来自移动端。微店微商成为移动商务新模式。微店微商大量出现，降低了网上开店的门槛，简化流程手续，降低了营销成本，极大地方便了中小卖家在移动端开展业务。图 1 所示为 2011—2018 年中国移动购物交易规模及增长率。

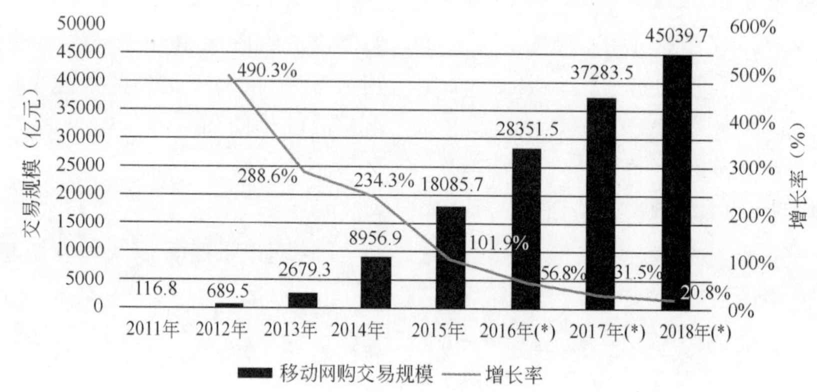

图 1　2011—2018 年中国移动购物交易规模及增长率

资料来源：艾瑞咨询和易观国际，2015 年。

【电子商务服务业已形成高效协同的服务体系】

我国电子商务应用的大规模、高速度增长，极大地带动了电子商务服务业的发展与创新。目前，我国电子商务服务业已形成门类丰富、高效协同、持续创新的服务体系，在降低电子商务交易成本、促进企业成长转型、带动关联产业发展、创造就业机会等多方面显现出重要的经济和社会价值。

电子商务服务业规模全球领先。我国电子商务服务业在电子商务应用大规模、高速度、持续性增长的带动下，不断发展和创新。2014 年，全国快递服务企业业务量累计完成 139.6 亿件，同比增长 51.9%，超越美国，位居全球第一。面对如此大规模的电子商务服务市场需求，云计算、大数据作为信息基础设施的作用日益凸显。2015 年“双十一”，天猫平台 96%的订单通过云计算处理完成，产生的 4.6 亿包裹能够在 9 天内派送完成也是依靠大数据的高效处理。

电子商务交易服务业稳步增长。2014 年，中国中小企业 B2B 电子商务市场应收账款规模达 123.5 亿元，同比增长 32%。企业间在线交易范围不断扩大，除阿里巴巴、慧聪网、我的钢铁网推出在线交易之外，中国芒果交易网、贸发网等也开通了在线交易。网络零售服务商纷纷开展消费金融服务试点，天猫推出“天猫宝”和“分期购”，京东推出“京东白条”等，网络消费金融服务创新，将推动网络消费模式多样化。

电子商务支撑服务业高速增长。得益于智能手机的大规模普及和高频度应用，移动支付呈现超高速的增长态势，2014 年，我国第三方移动支付交易额达 59925 亿元，同比增长 291.3%。电子商务认证服务业稳定增长，超过八成电子商务网站完成“可信网站”验证，电子认证服务的创新发展带动电子发票、电子保单的出现。

电子商务衍生服务业增长势头强劲。电子商务运营服务业快速增长，2014 年，我国商务运营服务商托管的网点交易额超过了 1600 亿元，其中移动运营服务快速增长，运营服务呈现“多平台”发展趋势。电子商务信息技术服务业按需付费的收费模式变革扩散，降低了电子商务信息系统的使用成本，服务商的服务模式和商业模式也相应发生了改变。电子商务数据分析服务呈现多样化发展，提供针对中小微网商的共性分析及针对大中网商的个性化需求分析。

电子政务发展情况

2015年，国家实施“互联网+”的发展战略，“互联网+政务服务”成为电子政务建设的热点，在积极做好顶层设计的同时，政务业务系统应用不断深化，移动政务、政务新媒体成为提升政务服务水平的重要方式，电子政务在推进简政放权落地生效、提升政府公共服务水平和监管能力过程中作用显著。

【政策法规建设】

从国家信息化发展整体战略来看，2015年国家陆续出台了《关于促进云计算创新发展培育信息产业新业态的意见》《关于积极推进“互联网+”行动的指导意见》《关于印发促进大数据发展行动纲要的通知》等一系列关于“互联网+”、大数据、云计算的政策文件。这些文件的出台对政务云建设、“互联网+政务服务”、政务大数据和政府数据开放等方面提出了明确要求。广东、山东、河南等省份结合当地实际，出台了“互联网+”发展意见，对未来“互联网+政务服务”也提出了具体要求。

从电子政务本身建设发展来看，随着国家《关于促进电子政务协调发展的指导意见》的发布，天津市、吉林省、安徽省、江苏省等地方政府也相继发布了《促进电子政务协调发展的实施意见》，福建省出台了《电子政务建设和应用管理办法》，提出了未来政府系统电子政务工作的目标和任务。国家发改委等部委联合出台的《关于开展国家电子政务工程项目绩效评价工作的意见》，对电子政务工程项目的建设成效提出了具体的考核规范。

【电子政务网络基础设施持续完善】

2015年，电子政务信息基础设施建设取得积极进展。

一是在外网方面。截至2015年5月，国家电子政务外网的省、市、县、乡镇四级覆盖率分别达到100%、94.3%、83.5%和33.6%，中央层面已有115家中央政务部门及相关单位接入到政务外网中。目前，政务外网承载了包括国家应急平台、金安工程、国家公务员考试报名系统、金审工程、国家人口库先导工程、12358价格举报等重大全国性业务系统共计35个，运行中央部委间横向业务系统9个。此外，金审三期、国家法人单位基础信息库、安全生产监管信息化工程等17个国家重大项目都已明确将依托政务外网进行建设和部署。政务外网二期工程也于2015年通过国家发改委审批正式立项。政务外网的网络覆盖率、应用承载能力、运维管理水平、安全保障能力都将得到大幅提升。

二是在内网方面。由国家电子政务内网建设管理协调小组办公室牵头的政务内网中央网络平台建设通过国家发改委立项审批，工程建设全面启动。政务内网政府系统业务网络建设也同步通过国家发改委的立项审批，进入建设实施阶段。

同时，根据中央有关文件的要求，国务院各部门和各省（自治区、直辖市）也同步启动了政务内网建设的方案编制、报批及立项工作。

三是在专网方面。在政务内、外网建设不断深入的同时，各部门专网的整合工作也开始启动。国务院办公厅在《关于促进电子政务协调发展的指导意见》（国办发〔2014〕66 号）中提出，要"积极推动各地区各部门业务专网应用迁移和网络对接。各地区各部门对现有业务专网应用进行合理分类，分别向国家电子政务内网或外网迁移；国务院各部门同步整合内部业务专网和向下延伸的业务应用；各地区各部门现有业务专网要理清边界，逐步实现与统一国家电子政务网络的网络对接和业务融合，推动数据交换和共享安全可控。"根据国办的规划，各部门业务专网将按照先部门内部整合，然后根据保密需求分别整网接入政务内网或外网，最后再逐步将业务应用迁移至统一的电子政务内外网。

【政务云构筑电子政务发展新基石】

在政府的强力推动和云计算技术日趋成熟的双重作用下，云计算在电子政务领域得到了广泛应用，促使政务云逐步演变为电子政务的新型基础设施。

规划成为引领政务云建设的主抓手。截至 2015 年 8 月，全国已有超 2/3 的省份对政务云建设进行了专项规划。例如，福建省发布《福建省省级电子政务云计算平台应用管理暂行办法》，明确规定各部门建设电子政务应用系统应充分利用政务云平台资源，实现电子政务集约化建设，不再新建独立的机房或数据中心，避免重复投资，新的应用系统依托政务云平台建设，现有应用系统逐步迁移到政务云平台，截至目前，福建省电子政务云平台已经承载了 101 项业务应用。

部分先行省市政务云应用成效日益凸显。2015 年 5 月 6 日，广东省完成了电子政务云平台一期建设，为广东省网上办事大厅、省政府信息公开业务系统、省公共信用信息管理系统、省企业投资项目备案系统、省碳排放管理和交易系统、省国土资源在线巡查系统、省智慧城乡空间信息服务平台、全民健康综合管理信息平台等业务系统的运行提供了可靠的基础设施环境。广东计划到 2017 年建设具备 15000 个 CPU 核心、150TB 内存的计算能力和 15000TB 的存储空间的电子政务云平台二期，满足省直单位未来 10 年新增业务系统及既有系统迁移的需求。2015 年 5 月 28 日，北京市海淀区"政务办公云平台"正式上线，平台一经投入运行就有 19 个委办局实现在统一的政务办公云平台上办公，该平台可提供 97 种政务云服务，并向所有应用开发企业开放，大幅减少以往分散开发的成本，提高应用服务的效率，同时还规范了电子文件的管理，海淀区计划在未来向海淀全区 164 家委办局、街镇及区属企业推广政务办公云平台。贵州电子政务云与工业云、电子商务云、智慧旅游云等 6 个云应用共同组成了"云上贵州"系统平台，目前已经承载了贵州省政府门户网站等多个应用系统。

【多地率先探索政府数据开放流通】

随着大数据在各行各业的渗透普及，社会对数据开放的需求日益强烈。世界各国纷纷启动了政府数据开放战略，截至 2015 年年底，全球 70 多个国家和地区实施了政府数据开放。我国各地正在积极探索政府数据开放共享新模式。在国家层面，2013 年 9 月，国家统计局数据库正式上线为公众提供数据服务，数据既包括了国家统计局的主要数据，也包括了 36 个部委的其他数据。在地方层面，上海、北京、武汉、青岛、浙江等多个省市也开始探索开展政府数据开放，北京、贵阳、武汉、承德等地还探索建立了数据交易市场，以促进政府数据的增值开发和社会化流通。此外，广州、厦门、成都、深圳等电子政务较发达的城市也纷纷启动了数据开放工作。

上海以政策、试点、赛事活动等多种方式，率先建设了国内首个地方数据开放网站（www.datashanghai.gov.cn）。在政策方面，先后发布了《关于推进政府信息资源向社会开放利用工作的实施意见》和《2014 年度上海市政府数据资源向社会开放利用工作计划》。在试点方面，开放数据的单位由 2014 年试点期间的 9 家拓展至 44 家。在赛事活动方面，举办了开放数据创新应用大赛，以鼓励和引导社会力量参与政府数据的利用。目前上海已通过该网站累计开放数据集近千项，涵盖了经济建设、资源环境、教育科技、道路交通等 11 个重点领域，其中下载量最多的数据依次为1978年以来住宅投资和竣工建筑面积、体育设施对外开放名录、上海市基础测绘成果、上海市公务员管理机构概况、上海各类博物馆一览表等。

2015 年，北京市经信委对其政务数据资源网站（www.bjdata.gov.cn）进行了改版升级。截至 2015 年 9 月底，网站已发布来自政府部门的 306 类，共计约 40 万条原始数据资源；首页累计访问量 3100 万余次，注册用户 2500 余个，累计下载量 3.5 万余次。开放数据主要来源于教育、科技、公安、民政、司法、人社、国土、环保等 36 个部门，覆盖了旅游住宿、交通服务、餐饮美食、医疗健康、消费购物、生活服务、企业服务等 17 个主题。其中，点击量最高的是由北京市教育局提供的“高校、小学、中学”和北京市国土资源局提供的“土地用途分区”数据集。各区县根据情况在网站开通区县频道，通过统一网站向社会开放本区县政府部门数据资源。北京市公共数据资源开放已取得一定的社会成效，百度、方正国际、九州联宇、医行华夏等企业使用数据网站开放的政务数据资源，开发了一批与生活密切相关的 APP 应用，内容涉及教育、文化、健康、交通、旅游等领域。

2015 年 4 月，武汉市开通了公开数据服务网（www.wuhandata.gov.cn）。目前，该网站已收录了 48 个政府部门网站的共计 700 余项公开数据或服务，其中有 642 项公开数据可下载，7 项公开数据提供地图服务，同时该网站还允许数据开发者上传推广自己的数据应用 APP 和微信下载链接，鼓励社会力量参与政府数据的开发并分享相关的成果。

【O2O 正走入政务服务领域】

线上线下融合开始由商务领域向政务领域渗透蔓延，为市民提供便捷政务服务的同时，也实现了政务服务的有效延伸。2015 年 2 月，福建省以省政府第 156 号令的形式发布《福建省电子政务建设和应用管理办法》，提出“通过创新电子政务的应用与服务，建立线上服务与线下服务相结合的新型政务工作模式”，计划将大量的线下服务向线上迁移，通过线上线下相结合，实现办事流程优化再造，提高办事效率。武汉市行政服务中心联合“网上市民之家”政务服务平台，推出了 O2O 政务服务，市民可以通过线上服务平台了解办事程序、提交申请，对法律法规不要求当事人必须到场的服务事项，服务平台还可代为办理。例如，居民办理港澳通行证签证时，可通过网上政务平台提交申请，将通行证快递至市民之家，办理完成后，市民之家再将证件快递给居民。市民使用“网上市民之家”服务平台，每个办件都会生成一个二维码，用手机扫描，就可以查询办理进度、自助取件，市民还可以通过系统对办事机构进行评价，给出“好评”或“差评”。

长沙市公安交警开通了长沙车管所 96588 微信公众号，向在长沙注册的驾驶人提供驾驶证补办、换证等业务的 O2O 服务，需要办理驾驶证换证或补办的驾驶人可通过在线平台注册提交申请和照片，通过微信平台支付相关费用，车管所通过快递将补/换的驾驶证寄送给驾驶人。此外，北京、上海、广东、浙江、江苏等地近 120 个实体行政服务中心均开通了微信公众号，搭建微信预约受理、线下统一办理的 O2O 模式的一站式服务大厅。

【电子政务一体化集成走向深入】

2015 年，以往各自为政、相互割裂的电子政务建设模式有了很大改观，涌现了一批一体化集成典型应用。

在区域上来看，广东、福建、浙江等地纷纷搭建了省级网上办事大厅，实现了线上行政审批一体化发展，市民只要通过一个窗口即可完成所有部门的审批事项。目前，广东省网上办事大厅（www.gdbs.gov.cn）框架已基本构建，手机版、个人网页和企业专属网页建设正全力推进。截至 2015 年 10 月底，广东省网上办事大厅省直 45 个进驻部门 1613 项应进驻事项中，1102 个行政审批事项实现全流程办理，网上全流程办理率为 88%，网上办结率为 85%；市级行政审批事项网上全流程办理率为60%，网上办结率为59%；县级行政审批事项网上全流程办理率为53%，网上办结率为56%。全省政府部门进驻网上办事大厅事项中，“零跑动”事项占5%，1次跑动事项占54%。截至2015年9月底，福建省网上办事大厅（www.fjbs.gov.cn）已进驻省、市、县（区）三级行政审批和公共服务事项共计49339项（小项），权力清单87094项、责任清单6537项；进驻的服务事项中，已有37904项开通在线申请办事服务。浙江省与阿里云、支付宝等进行合作，以整合省、市、县（市、区）政务服务资源实现了数据直连，市民可像逛淘宝一样在网上办理所需的政务服务。2015年1月，江苏政务服务网暨网上办事大厅（www.jszwfw.gov.cn）投入试运行，集中向社会公众提供来自54个省级部门的386项行政审批事项，涉及1100多项审批业务、5000多个业务附件和填写样本、700多个申请表、近900个流程图、470个批文或证照结果样本，服务内容包括审批服务、公共资源交易、政务公开、便民服务等多种类型。

在行业来看，公安部交通管理局搭建了全国互联网交通安全综合服务管理平台，使用“122.gov.cn”域名，并推出“交管12123”官方手机APP。该平台采用网页、语音、短信、移动终端APP四种方式，为广大交通参与者提供交管动态、安全宣传、警示教育，以及交通管理信息查询、告知、业务预约/受理/办理、道路通行等便民利民服务。群众实名注册开通账号后，可享受互联网交通安全综合服务管理平台提供的驾考和车检预约、办牌办证、违法处理和罚款缴纳、出行信息、信息查询、告知提示、信息公开、重点对象管理、交通安全宣传、业务咨询10大类130余项服务。简洁优化的服务流程提升了群众的办事体验。一方面，以全国范围的跨地区数据交换，实现了网上服务的异地办理。另一方面，与邮政、银行等机构广泛合作，实现了网上支付、邮递交付。

【移动化发展开启掌上政务新渠道】

电子政务输出通道由PC端向手机、平板、可穿戴设备等移动终端迁移，政务微博、微信及APP等新媒体与政府网站以信息互通、服务互补加速发展。

面向公务员的移动办公领域。面向政务非涉密应用，基于国产移动终端和应用服务平台，以安全政务本系统为中心的移动电子政务平台进展顺利，目前该系统已在北京、深圳、安监总局进行试点。以北京为例，北京市由市经信委牵头建设了统一的移动电子政务平台，为全市各部门开展移动业务提供统一政务接入、统一应用管理、统一接口标准、统一安全标准、统一终端标准，已经部分实现了移动办公业务、移动执法业务、视频监控业务、公众服务业务等。杭州余杭区开通了移动办公平台，该平台提供了苹果与安卓两种客户端，面向所有使用“区综合办公平台”的单位和用户。平台通过统一用户认证、短信校验、硬件绑定等方式，结合VPN远程接入访问相关业务系统，现已实现公文流转、交流探讨、会议通知、通讯录等办公应用，用户可在桌面电脑、安卓或苹果iOS智能手机上方便地联网办公。余杭区还计划以该平台为基础，逐步整合全区各部门移动应用，着力打造一个全区性“移动办公门户”。青岛市住房公积金管理中心开发了公积金移动办公系统，行动不便的市民预约后，可由管理中心工作人员上门现场办理公积金服务。

面向社会公众的移动服务领域。政务微信覆盖率持续上升。截至2015年8月底，全国政务微信公众号超过8.3万个，在区域上已覆盖全国31个省、市、自治区，省市级部门占比为84.7%。微信城市服务成推进在线公共服务的重要入口。截至2015年12月，全国14个省72个城市上线了微信城市服务，服务事项高达3000项，覆盖用户2.5亿人。政务微博集群化发展态势明显，从中央到地方，覆盖不同级别、不同职能的业务部门均开通了微博。截至2015年6月，新浪政务微博为145016个，其中，政务机构官方微博108115个，公务人员微博36901个，其中公安和新闻发布类微博的运营仍处于领先水平。随着“互联网+政务”的推进，政务微博运营已经成为政府日常工作的一部分。目前，上海、广州、深圳、杭州、武汉等地的多个政务微博，已经开始提供线上便民服务，包括在线咨询、服务预约和业务办理等职能，积极探索政务服务的新道路。

智慧城市发展情况

国家以政策、试点、标准等多种方式强力推进智慧城市发展。一是在政策方面。2015年，国务院围绕云计算、大数据、宽带网络、“互联网+”等重点领域，相继发布重要政策文件，针对共性问题提出战略性举措，为智慧城市全面发展注入新动力。各部委结合自身业务，出台政策支持发展智慧城市，推进“互联网+”与各领域深度融合。二是在试点方面。截至2015年10月底，我国已有超过373个智慧城市试点城市或地区。三是在标准方面。在国家标准化管理委员会联合多个部委，积极开展了我国智慧城市标准化工作，并取得了积极进展。2014年1月，通过成立国家智慧城市标准化协调组、总体组和专家咨询组，以及促进智慧城市健康发展部际协调工作组，形成了我国智慧城市标准化工作体系；通过开展智慧城市标准体系、重点关键标准、评价指标体系等重点工作，形成了一批智慧城市标准工作成果。目前，已形成智慧城市标准体系框架。

在国家的号召下，很多省市都加入到了智慧城市建设中。截至2015年10月底，全国开展智慧城市建设的城市已超过500个。在机制上，地方政府普遍成立了智慧城市建设领导小组，协调推进各项重点工作。在工作方法上，有的成立研究机构，加强前沿研究和总体部署，有的以试点方式由点及面、步步推进。

【城市运行管理日趋精细化】

智慧城管通过新一代信息技术在城市管理领域的全面应用，实现了城市运行管理的网格化、精细化。北京、青岛、广州等地通过智慧城管建设，为城市管理注入了新的动力。2015年7月，北京市委市政府通过《关于全面加强北京市城市服务管理网格化体系建设的意见》，拟对城市网格化管理模式进一步升级，与治安管理网格化、社会服务网格化进行融合。截至2015年7月，北京市92%以上的街道（乡镇）和社区（村）均建立起了网格化体系，每天有109671名网格员活跃在31681个网格里，群众身边一旦出现大事小情，网格员就可以随时随地为百姓解决问题。

广州市建立了以网格为基础，以信息化为依托，以制度为保障的网格化城市管理模式。在网格化管理模式中，建立了“专兼结合”的网格员队伍，负责巡查、网格区内问题处理及群众信息收集等工作，进一步提升了政府对居民问题的处理效率和对城市的整体管理能力。

青岛市建立了“一线一网一平台”智慧城管监督指挥体系，构建了集行业管理、便民服务、应急处置等功能为一体的城市管理综合信息平台。新平台除了受理供水、供气、供热、排水、环卫监督等市政公用服务问题外，还受理市容景观、环境卫生、园林绿化、防雪防汛和城管执法等城市管理问题。以统一受理、分类处置、统一核查、统一反馈的运行机制，实现了广大市民多渠道参与城市管理。自2015年新平台正式运行以来，该市智慧城管水平得到有效提升。截至2015年10月底，共受理各类城市管理案件131.49万件，处结率达97%。

【智慧交通正由理念走向实践】

政府和企业联合推动智慧交通快速发展。2015 年 6 月，交通运输部印发《关于进一步加快推进城市公共交通智能化应用示范工程建设有关工作的通知》（交办运〔2015〕88 号），旨在提高城市公共交通的运营管理效率，并增强行业管理指挥能力，提升城市公共交通服务与安全水平，计划在 2015 年年底完成济南、郑州、大连、哈尔滨、深圳、南京、西安、长沙、北京、重庆 10 个试点城市的示范工程主体建设。从行业规模来看，2014 年我国智能交通市场规模达 459.5 亿元，同比增长 12.54%，相对 2010 年市场规模翻了一倍多。从企业层面来看，当前国内智能交通企业达 2000 余家，主要集中在高速公路收费、道路监控、系统集成和 3S（GPS、GIS、RS）环节。电信运营商和互联网企业开始在智慧交通领域发力。阿里凭借支付宝的技术优势，切入公共交通领域，并收购高德、投资易图通；百度与交通部门联合，深度挖掘交通大数据价值；腾讯推出了车联网相关硬件产品，并与智能交通公司开展合作。电子运营商凭借政府的资源优势，推出了一系列智慧交通 APP 应用。例如，广州市的“行讯通”系列 APP，就是政府与三大运营商的合作成果。

公路交通、城市道路交通管理服务、城市公交等智慧交通应用建设日益深入。一是公路交通收费系统 ETC 覆盖面不断扩大。截至 2015 年年底，全国 14 个省市的高速公路 ETC 联网运行，京津冀、长三角地区计划建设跨省区的收费系统。二是城市道路交通管理服务应用典型密集涌现。南京市搭建了城市智能云交通诱导服务系统，通过综合分析人、车、路等因素，为出行者提供出行信息服务。三是城市公交信息化成效初显。37 个城市入选公交都市建设示范工程创建城市，在提高公共交通系统的吸引力、调控城市交通需求总量和出行结构、提高城市交通运行效率等方面进行了积极探索。截至 2015 年 8 月，住建部的“全国城市一卡通互联互通”平台已覆盖全国 60 多个城市，预计到 2015 年年底互联互通的城市数量将超过 70 个。

【智慧环保应势崛起】

当前，环境保护日趋重要，推动智慧环保逐步向纵深发展，生态环境监测网络建设日益完善，为环境管理和决策的精细化、实时化提供有效支撑。深圳、江苏等地涌现了一批智慧环保典型样本。

深圳市创建的“深圳市环境地理信息平台”，实现了空气流动、污染物扩散一目了然，推动搭建单位方——深圳市人居环境委员会信息中心，成为全球环保信息化建设领域的领先者。该平台通过建立环境地理信息标准，将空间数据进行收集、整理，为移动执法、环境监管、在线监控等业务提供了统一的空间数据服务。此外，深圳“智慧环保”通过统一搭建空间数据集中管理和服务平台，为相关人员提供 7 大类、31 个专题图服务，如区域周围的环境敏感点和环保目标的分布情况、不同区域污染相互影响情况、环境质量动态模拟等，为环保信息的预报预警提供决策技术支撑。

江苏积极拥抱“互联网+环境”，通过搭建智慧环保系统“1831”，实现了对各类企事业单位环保数据的全方位监控。“1831”中的“1”代表着建设一个全省共享的生态环境监控平台；“8”代表着集成饮用水水源地、流域水环境、大气环境、重点污染源、机动车尾气、辐射环境、危险废物、应急风险源 8 个子监控系统；“3”代表着组建省、市、县三级生态环境监控中心；最后一个“1”代表着一套数据管理，实现对全省生态环境的现代化监管。“1831”生态环境监控系统可将水、声、辐射、汽车尾气等和环保有关的因素的高精度地图，以及相关数据集呈现在地理信息系统中，真正实现了平台大统一、系统大集成、网络大整合、数据大集中、硬件大集群、软件大管理、安全大提升、服务大保障。

【智慧园区建设取得初步进展】

2015 年，智慧园区逐步从数字化阶段向智能化园区管理和运营转变，以园区企业和居民的切实需求为导向，全面整合各方资源，实现了信息服务的集约化供给，为园区经济发展提供了有力的技术支撑。目前，国内的苏州工业园区、上海漕河泾开发区等园区，在智慧园区建设方面取得了积极进展和良好成效。从区域来看，智慧园区建设正由东部沿海发达城市逐步向内陆城市拓展。截至2015年年末，长三角、环渤海、珠三角地区的国家级高新区和国家级经济技术开发区中共有48个，占全国比重约为76%，其中国家级高新区有24个，国家级经济技术开发区24个。

苏州工业园区建成了包括数据中心、电子政务私有云、非凡城市SIP等软硬件平台架构，以云端接入的形成向园区企业提供公共服务。2015年基本实现电子政务、社会资源、公众服务、企业应用的整合建设，成为国际领先的智慧型城区高科技园区。其中，非凡城市SIP（Suzhou Industrial Park）是苏州工业园区在建设智慧园区过程中极具特色的一大举措。采用APP应用免费下载的方式，让受众体验到“新闻中心”“投资指南”“图片视频集”“非凡城市形象”四大板块功能，无论身处哪一个角落，都能以图文形式直观感受到园区发布的资讯与服务。

上海从便民、利民、惠民出发，以居民需求为导向，围绕社区生活服务、社区管理及公共服务、智能小区和智能家居等方面，发挥地区优势特色，目前全市16个区县共确定了50家试点智慧社区，实现了社会管理的智慧化、公共服务的精细化，人的生活方式优化，形成了新型、生态、可持续的社区发展治理模式。在社区服务上，智慧社区综合服务平台、智慧城市卡、居民电子健康档案、健康管理平台等正在逐渐铺开；在社区管理上，电子台账、一门式软件、城管通大联勤、门禁管理、志愿者管理、党员e家等应用百花齐放；在智慧养老领域，智能化养老服务管理、“居家宝”安防、智慧养老云平台、“电子围栏”等应用纷至沓来；在推广方面，智慧社区体验周、智慧城市体验中心更是锦上添花。

【智慧社区促使公众开启数字化新生活】

各地积极探索智慧社区建设，以期通过信息技术的运用，为小区住户打造一个便利、舒适、安全的现代生活环境，形成一种基于大规模数据只能处理的社区管理新形态。

北京市按照《智慧北京行动纲要》的统一部署，全市智慧社区建设工作自2012年4月启动以来，截至2016年1月，全市共建成1672个星级智慧社区，占全市社区总数的58%，超额完成《智慧北京行动纲要》提出的全市建成1500个智慧社区的目标任务。全市星级智慧社区共覆盖全市366万户、969万居民。全市共有43个街道实现智慧社区全覆盖。智慧社区在养老助残、文化教育、卫生计生、劳动保障就业、出行旅游、生活服务、政务服务等方面惠民效果日益显著。

上海从便民、利民、惠民出发，以居民需求为导向，围绕社区生活服务、社区管理及公共服务、智能小区和智能家居等方面，发挥地区优势特色，目前全市16个区县共确定了50家试点智慧社区，实现了社会管理的智慧化、公共服务的精细化，人的生活方式优化，形成了新型、生态、可持续的社区发展治理模式。在社区服务上，智慧社区综合服务平台、智慧城市卡、居民电子健康档案、健康管理平台等正在逐渐铺开；在社区管理上，电子台账、一门式软件、城管通大联勤、门禁管理、志愿者管理、党员e家等应用百花齐放；在智慧养老领域，智能化养老服务管理、“居家宝”安防、智慧养老云平台、“电子围栏”等应用纷至沓来；在推广方面，智慧社区体验周、智慧城市体验中心更是锦上添花。

广州市海珠区推出了“信息家园”，为居民提供家电远程遥控开关、家居安全视频监控、电视节目自主控制等住宅智能化管理，以及居家商品订购、家政服务等信息。截至2015年年底，大约有3万家广州企业接入了“信息家园”。

网络与信息安全

2015 年，国家不断完善网络安全保障措施，网络安全防护水平进一步提升，但层出不穷的网络安全问题仍然难以避免。

【网络与信息安全状况】

（一）网络基础设施安全状况

基础通信网络安全防护水平进一步提升。基础电信企业逐年加大网络安全投入，加强通信网络安全防护工作的体系、制度和手段建设，推动相关工作系统化、规范化和常态化。2015 年，工业和信息化部以网络安全管理、技术防护、用户个人电子信息和数据安全保护、应急工作、网络安全问题整改等为检查重点，对电信和互联网行业落实网络安全防护工作进行抽查，其结果显示，各基础电信企业符合性测评平均得分均达到 90 分以上，风险评估检查发现的单个网络或系统的安全漏洞数量较 2014 年下降 20.5%。

域名系统抗拒绝服务攻击能力显著提升。2015 年针对中国域名系统的 DDoS 攻击流量进一步增大。4 月，某重要新闻网站的域名服务器多次遭受境外 DDoS 攻击；8 月，顶级域名系统先后遭受两次大流量 DDoS 攻击，峰值流量超过 10Gbps，均未对相关系统的域名解析服务造成严重影响，反映出中国的重要域名系统普遍加强了安全防护措施，抗 DDoS 攻击能力显著提升。

工业互联网面临的网络安全威胁加剧。近年来，国内外已发生多起针对工业控制系统的网络攻击，攻击手段也更加专业化、组织化和精确化。2015 年，国家信息安全漏洞共享平台（CNVD）共收录工控漏洞 125 个，发现多个国内外工控厂商的多款产品普遍存在缓冲区溢出、缺乏访问控制机制、弱口令、目录遍历等漏洞风险，可被攻击者利用实现远程访问。2015 年境外有千余个 IP 地址对中国大量使用的某款工控系统进行渗透扫描，有数百个 IP 地址对中国互联网上暴露的工控设备进行过访问。2015 年 12 月，乌克兰境内因遭网络攻击，近 1/3 的地区发生断电事故。此次事件再次提出警示，中国工业互联网也可能面临着严峻的网络安全威胁。

针对中国重要信息系统的高强度有组织攻击威胁形势严峻。2015 年中国境内有近 5000 个 IP 地址感染了窃密木马，存在失泄密和运行安全风险。针对中国实施的 APT 攻击事件也在不断曝光，例如，境外“海莲花”黑客组织多年以来针对中国海事机构实施 APT 攻击；国内安全企业发现了一起名为 APT-TOCS 的长期针对中国政府机构的攻击事件。2015 年 7 月发生的 Hacking Team 公司信息泄露事件，揭露了部分国家相关机构雇佣专业公司对中国重要信息系统目标实施网络攻击的情况。

（二）公共互联网网络安全状况

2015 年，中国公共互联网网络安全状况总体平稳，位于境内的木马和僵尸网络控制端数量保持下降趋势，主流移动应用商店安全状况明显好转，但个人信息泄露、网络钓鱼等方面的安全事件数量呈上升趋势。2015 年中国公共互联网网络安全状况主要表现出如下特点：

一是境内木马和僵尸网络控制端数量继续下

降，治理成效显著，首次出现境外木马和僵尸网络控制端数量多于境内的现象。据抽样监测显示，2015 年共发现 10.5 万余个木马和僵尸网络控制端，控制了境内 1978 万余台主机；其中，位于境内的控制端近 4.1 万个，较 2014 年下降 34.1%，继续保持下降趋势。2015 年，在工业和信息化部指导下，基础电信企业、域名服务机构等成功关闭 678 个控制规模较大的僵尸网络，累计处理 690 个恶意控制服务器和恶意域名，成功切断黑客对 154 万余台感染主机的控制。随着境内持续开展木马和僵尸网络治理工作，大量木马和僵尸网络控制端向境外迁移。2015 年抽样监测发现境外 6.4 万余个木马和僵尸网络控制端，较 2014 年大幅增长 51.8%，占全部控制端数量的 61.2%，首次出现境外木马和僵尸网络控制端多于境内的现象。

二是个人信息泄露事件频发，引发网络诈骗和勒索。2015 年发生多起危害严重的个人信息泄露事件，例如，某应用商店用户信息泄露事件、约 10 万条应届高考考生信息泄露事件、酒店入住信息泄露事件、某票务系统近 600 万用户信息泄露事件等；针对安卓平台的窃取用户短信、通讯录、微信聊天记录等信息的恶意程序爆发，大量涉及个人隐私的信息被通过邮件发送到指定邮箱，2015 年发现恶意程序转发的用户信息邮件数量超过 66 万封。另外，个人信息泄露不断引发网络诈骗和勒索等事件。2015 年发生多起因网购订单信息泄露引发的退款诈骗事件，犯罪分子利用遭泄露的收件地址和联系方式等用户购物信息，向用户发送虚假退款操作信息，迷惑性很强，造成财产损失。2015 年还多次接到网民投诉苹果手机被锁遭敲诈勒索事件，此类事件大多因用户个人隐私泄露引起，给用户带来了严重损失。

三是移动互联网恶意程序数量仍大幅增长，传播渠道转移到网盘或广告平台等网站，主流移动应用商店安全状况明显好转。2015 年，CNCERT 通过自主捕获和厂商交换获得移动互联网恶意程序数量近 148 万个，较 2014 年增长 55.3%，主要针对安卓平台。恶意行为主要表现为恶意扣费类、“流氓”行为类和远程控制类，占比分别为 23.6%、22.2%和 15.1%。2015 年，CNCERT 累计向 302 家应用商店、云盘、网盘或广告宣传网站等平台通报恶意 APP 事件 1.7 万余起，接到的通报次数最多的主要是提供云盘、网盘、广告宣传等业务的网站，反映出大量的恶意程序传播源已发生转移。经过连续 3 年的治理，国内主流应用商店积极落实安全责任，不断完善安全检测、安全审核、社会监督举报、恶意程序下架等制度，积极参与处理响应与反馈，恶意 APP 下架数量连续保持下降趋势，2015 年较 2014 年下降了 57.3%，主流移动应用商店安全状况明显好转。

四是分布式拒绝服务攻击（DDoS）仍然是中国互联网面临的严重安全威胁之一。近年来，DDoS 攻击的方式和手段不断发生变化。自 2014 年起，利用互联网传输协议的缺陷发起的反射型 DDoS 攻击日趋频繁，增加了攻击防御和溯源的难度。几乎不需要技术基础即可使用的 DDoS 攻击服务平台在互联网上大量出现，DDoS 攻击以服务形式在互联网上公开叫卖，这些平台的出现极大地降低了 DDoS 攻击技术门槛，使攻击者可以轻易发起大流量攻击。2015 年前三季度，攻击流量在 1Gbps 以上的 DDoS 攻击次数近 38 万次，日均攻击次数达到了 1491 次。为遏制 DDoS 攻击事件数量继续增长，减少 DDoS 攻击带来的危害，2015 年第四季度电信和互联网行业单位集中开展了互联网网络安全威胁治理行动，日均 DDoS 攻击数量明显下降。

五是网络安全高危漏洞频现，涉及重要行业和政府部门的高危漏洞事件持续增多，智能联网设备暴露出的安全漏洞问题严重。2015 年，CNVD 共收录安全漏洞 8080 个，其中，高危漏洞收录数量高达 2909 个，较 2014 年增长 21.5%；电信行业漏洞库收录漏洞数量为 657 个，其中网络设备（如路由器、交换机等）漏洞占 54.3%，可见网络设备安全风险依然较大；涉及政府机构和重要信息系统部门的事件型漏洞近 2.4 万起，约是 2014 年的 2.6 倍，继续保持快速增长态势。另外，随着智能联网设备逐渐在各行业广泛使用，漏洞威胁也在逐步增加，2015 年 CNVD 共收录了 739 个移动互联网设备或软件产品漏洞，通报了多款智能监控设备、路由器等存在被远程控制高危风险漏洞的安全事件，2015 年年初政府机关和公共行业广泛使用的某型号监控设备被曝存在高危漏洞，亟须进行大范围整改。

六是网页仿冒事件数量暴涨。CNCERT 监测发现，2015 年针对中国境内网站的仿冒页面数量达 18 万余个，较 2014 年增长 85.7%。其中，针对金融支付的仿冒页面数量上升最快，较 2014 年增长 6.37 倍；针对娱乐节目中奖类的网页仿冒页面数量也较 2014 年增长 1 倍。大量仿冒银行或基础电信企业积分兑换的仿冒网站链接由伪基站发送。2015 年，CNCERT 共处理各类网络安全事件近 12.6 万起，其中网页仿冒事件数量位居第一，达 7.5 万余起，同比增长近 3.2 倍。由于国家加大了对网页仿冒的打击力度，大量的网页仿冒站点迁移到境外。针对中国境内网站的仿冒站点中，83.2%位于境外，其中位于中国香港的 IP 地址承载的仿冒页面最多，达 6 万余个。

七是植入暗链是网页篡改的主要攻击方式。2015 年，中国境内近 2.5 万个网站被篡改，其中被篡改政府网站有 898 个，较 2014 年减少 49.1%。从网页篡改的方式来看，被植入暗链的网站占全部被篡改网站的比例高达 83%，在被篡改的政府网站中，超过 85%的网页篡改方式是植入暗链。植入暗链已成为黑客地下产业链牟利方式之一，2015 年 CNCERT 处理参与网页篡改攻击的博彩、私服等非法网站链接 6320 个，通知 5609 个被植入暗链网站用户单位对网站进行修复。

【网络与信息安全保障工作】

网络空间法制化进程不断加快，网络监管及网络安全人才培养机制逐步完善，围绕网络安全的活动蓬勃发展。中国新《国家安全法》正式颁布，明确提出国家建设网络与信息安全保障体系；《刑法修正案（九）》表决通过，加大打击网络犯罪力度；《反恐怖主义法》正式通过，规定了电信业务经营者、互联网服务提供者在反恐中应承担的义务；《网络安全法（草案）》向社会各界公开征求意见；工业和信息化部深入落实网络与信息安全责任，调整部分机构职能强化网络安全管理，推进基础电信企业网络与信息安全责任考核工作，进一步健全了网络与信息安全管理长效机制；高校设立网络空间安全一级学科，加快网络空间安全高层次人才培养；政府部门或行业组织围绕网络安全举办的会议、赛事、宣传活动等丰富多样。

大力推进网络与信息安全技术保障能力建设。一是加快 IDC/ISP 等信息安全技术管理系统建设，推动部、省、企业三级系统对接联调，形成管理能力；二是积极推进互联网网络安全应急指挥调度平台建设，提升重大突发网络安全事件信息通报和处置调度能力；三是指导督促基础电信企业加强网络安全技术手段建设，提升企业自身安全技术能力和水平。

提升网络运行和应急管理水平。深入推进通信管线安全隐患清理整顿，全国管道和杆路核查完成率达到 99%以上，整改完成率超过 80%。对相关互联网企业运行事故进行深入调查，及时开展重点互联网企业运行安全管理和应急保障机制研究。电信设施安全保护取得积极成效，全国盗窃破坏电信设施案件同比下降 41.5%，经济损失同比下降 40.5%。应急通信基础管理和能力建设继续加强，组织制定宽带数字集群、公共预警短消息、紧急定位、个人紧急情况报警及位置信息传送等相关技术标准。推动成立应急通信产业联盟，组织开展互联网与天基信息融合应用相关研究，大力推进四川、福建和海南应急通信示范工程建设。

加强国内多方力量共同协作，开展互联网网络安全威胁治理行动，网络安全事件处置能力得到进一步提升。2015 年 7 月 31 日，CNCERT 联合中国互联网协会网络与信息安全工作委员会组织开展互联网网络安全威胁治理行动，共 56 家企业参与此次行动，包括基础电信企业、互联网企业、域名注册服务机构、应用商店等。该行动以加强行业自律为目的，通过投诉举报、信息共享、威胁认定、协同处理、信息发布等多项措施环环相扣，取得了显著的治理效果。此次行动重点针对 DDoS 攻击、网页篡改等与互联网黑产密切相关的事件进行处理，截至 2015 年年底，CNCERT 共接到广大网民举报的网络安全事件 54937 起，处理网络安全事件 52950 起，发布 URL 黑名单地址 47061 条；DDoS 攻击事件次数由行动启动前的日均 1491 起下降到日均 358 起，大幅下降 76.7%；境内被篡改网站相比行动启动前月均下降 8.6%，其中被篡改政府网站月均下降了 44%，国内主流浏览器、搜索引擎对共享的 URL 黑名单地址进行拦截或提示次数达千万余次。

2015 年，CNCERT 共接收境内外报告的网络安全事件 126916 起，成功处理各类网络安全事件 125815 起，较 2014 年的 56072 起增长 124.4%；在事件处置工作中，基础电信企业和域名注册服务机构的积极配合有效提高了事件处置的效率。

加大公共互联网恶意程序治理力度，开展专项打击和常规治理行动。2015 年，在工业和信息化部的指导下，CNCERT 及各地分中心积极组织开展公共互联网恶意程序的专项打击和常态治理，加强对木马和僵尸网络等传统互联网恶意程序、移动互联网恶意程序的处置，以打击黑客地下产业链，维护公共互联网安全。专项打击工作方面，CNCERT/CC 组织基础电信企业、互联网接入企业、域名注册服务机构和手机应用商店先后开展 12 次公共互联网恶意程序专项打击行动。在传统互联网方面，共成功关闭境内外 678 个控制规模较大的僵尸网络，累计处置恶意程序控制服务器所用 IP 地址及域名 690 个，成功切断黑客对近 154.1 万台感染主机的控制。在移动互联网方面，下架 6108 个恶意 APP，处置 7 个控制规模较大的恶意程序控制服务器所用域名，在全国大面积阻断 212 条恶意程序传播 URL 链接。在常态治理工作方面，CNCERT 协调基础电信企业、域名注册服务机构等及时处置涉及传播源或重要单位的传统互联网恶意程序事件 6849 起，协调手机应用商店以每周一次的频率处置移动互联网恶意程序传播源，下架恶意 APP 程序 1.7 万个。该行动取得良好效果，公共互联网安全环境逐步好转。

加强安全漏洞披露和处置规范。为方便涉事单位在漏洞披露前得到通知并及时修复漏洞、避免漏洞信息描述不准确或漏洞披露信息夸大其词造成社会恐慌，或漏洞披露信息过于详细而被黑客利用等，CNCERT 与乌云、补天、漏洞盒子等多家民间漏洞平台建立了工作联系，并于 2015 年 6 月组织国内 32 家单位在北京共同签署了《中国互联网协会漏洞信息披露和处路自律公约》，首次以行业自律的方式共同规范漏洞信息的接收、处理和发布方面的行为。协议签署后，相关单位漏洞披露、处理方式的规范性得到了有效提升。

加强网络安全国际对话合作，建立起高效的网络安全信息共享和跨境网络安全事件处理协作机制。2015 年，中国与国际网络安全组织进一步加强合作，完善跨境网络安全事件协作处理机制。截至 2015 年年底，CNCERT 已与 66 个国家和地区的 165 个组织建立了联系机制，与其中的 16 个国家或地区的 CERT 组织、7 个网络安全组织签署了网络安全合作谅解备忘录，全年协调境外安全组织处理了涉及中国境内的安全事件近 1.9 万起，比 2014 年增长 1 倍多。CNCERT 还推动落实中国—东盟国家计算机应急响应组织合作机制的行动计划，加强中日韩区域网络安全协作，积极发挥在 FIRST、APCERT 等国际组织中的作用，并支撑开展上合组织、APEC-TEL、ITU 及双边网络安全对话国际合作活动。

部委篇

教育信息化发展概况

2015年是“十二五”的收官之年，更是教育信息化进程中具有里程碑意义的一年。2015年5月，教育部与联合国教科文组织在青岛联合举办了首届国际教育信息化大会，习近平主席致贺信，刘延东副总理和联合国教科文组织总干事博科娃出席大会开幕式并致辞，会议通过了《青岛宣言》等成果文件，期间还举办了全国教育信息化应用展览。2015年11月，以国家教改领导小组的名义召开了第二次全国教育信息化工作电视电话会议，刘延东副总理发表重要讲话，对教育信息化“十二五”工作进展进行了系统总结并对“十三五”工作进行了全面部署，要求以教育信息化全面推动教育现代化。

【“宽带网络校校通”取得重大进展】

积极协调国家发改委、工信部等部门，督促中国移动、中国电信、中国联通落实与教育部签署的战略合作协议，推进学校宽带网络接入工作。印发了《职业院校数字校园建设规范》。督导办印发了经中央深改领导小组第15次会议审议通过的《全面改善贫困地区义务教育薄弱学校基本办学条件工作专项督导办法》，督促各地加快学校信息化基础设施建设。截至2015年9月底，全国中小学（除教学点外）中，85%的学校实现网络接入，其中实现10Mbps以上宽带接入的学校达47.7%，配备多媒体教学设备普通教室240万间，占普通教室的63.7%，77%的学校已实现至少拥有一间多媒体教室。

【“优质资源班班通”取得显著成效】

与财政部联合组织对“教学点数字教育资源全覆盖”项目进行了验收，项目实施成效显著，6.4万个项目教学点国家规定课程开齐率大幅提升，初步实现了开齐开好国家规定课程的目标，有效满足了400多万偏远地区孩子就近接受良好教育的愿望。深入开展“一师一优课、一课一名师”活动，全国已有560多万名教师参与，晒课300多万堂。在广东南海举办了基础教育信息化应用现场会。职业教育建设了由1个民族文化传承与创新资源库（含8个子库）、1个数字校园学习平台和71个专业教学资源库构成的资源库建设体系，实现了对高职19个专业大类的全覆盖；继续举办了全国职业院校信息化教学大赛。建立了普通高校继续教育数字化学习资源开放联盟，建设和开发了2万门课程和5万个微课程。印发了《教育部关于加强高等学校在线开放课程建设应用与管理的意见》，已有40万人次学生获得线上、线下结合的慕课学分；国家精品开放课程建设进展顺利，视频公开课已上线992门、资源共享课已上线2681门；主办了首届中国“互联网+”大学生创新创业大赛。推进新疆《数学》双语资源和专题教育资源开发、易班及大学生在线推广应用。

【“网络学习空间人人通”实现跨越式发展】

督促和指导各地和各级各类学校加大力度，

推进网络学习空间的建设与应用。全国各级各类学校中，师生实名空间开通数量增加到 4800 万个，超过了 2015 年师生网络学习空间开通数量达到 4500 万个的目标。目前，已有超过 30%的学校开通了学校空间，超过 20%的学校全部教师开通空间，超过 10%的学校全部学生开通空间。国家开放大学已为 3 万名专兼职教师和 576 万名在籍学生全部开通了空间。

【教育资源公共服务平台初具规模】

国家教育资源公共服务平台功能不断优化，完成了国家教育资源智能导航系统一期功能开发并上线试运行，980 余万条资源信息通过导航系统提供服务；开发完成了资源超市系统和交易结算系统，接入了包括职业教育资源在内的 563 个应用；初步形成了“政府采购资源入围资质、教师在平台购买和使用资源、平台依据教师使用情况对企业给予后补助”的数字资源汇聚机制。推进国家与地方教育资源公共服务平台互联互通工作，目前国家平台已与 18 个省级、9 个市县级平台互联互通并共享资源，共计注册用户 4555 万人，包括 1099 万名教师、2576 万名学生和 878 万名家长。

【教育管理公共服务平台全面应用】

国家级教育数据中心基本建成，省级教育数据中心建设快速推进，初步形成“两级建设、五级应用”的格局。已建成覆盖 50 多万所学校（机构）的学校（机构）数据库、覆盖学前到高等教育 1700 多万名教师的教师数据库和 2.4 亿名学生的学生数据库、覆盖全国中小学 200 万栋校舍的校舍数据库、覆盖全国中职学生的资助数据库。实现全国学校“一校一码”和中小学生“一人一号”。已启动 5 大类共 33 个国家核心信息系统建设，其中全国中小学生学籍信息管理系统、国家教育科学决策服务系统等 14 个系统已经全国联网运行，全国学校（机构）代码管理信息系统、全国中小学校舍信息管理系统二期等 9 个系统完成合同最终验收，系统应用取得明显效果。

【教育信息化培训工作持续推进】

扩大实施中小学教师信息技术应用能力提升工程，建立了 384 个教师信息技术应用创新实验区、1277 个示范性网络研修社区、1309 个信息技术应用示范校，通过“培训—测评—应用”一体化推进工程实施，全年完成 300 多万名中小学、幼儿园教师的专项培训。截至 2015 年年底，全国已有近半数的教师接受了专项培训，大幅提升了中小学、幼儿园教师信息技术应用能力。开展中小学校长信息化领导力培训，通过 500 名骨干校长引领带动全国 5 万名校长进行不少于 50 学时的网络研修。启动新一轮的教育厅局长教育信息化专题培训，举办了 6 期培训班，并举办了中西部地区基础教育信息化专题研讨班，提高各级教育行政部门负责人推进教育信息化的能力。

【做好教育信息化条件保障】

首次发布了《全国教育信息化工作专项督导报告》，总结了各地推进教育信息化工作的主要做法和成效，并提出了督导意见。充分发挥教育信息化专家组的作用，组织开展了一系列教育信息化战略研究工作。通过新闻发布会、微访谈、媒体采访团、专栏文章等多种形式，扩大了宣传规模，央视新闻联播、新闻直播间等栏目进行了多次专题报道。

【加强信息技术安全工作】

进一步健全了制度体系，印发了《关于进一步加强直属高校直属单位信息技术安全工作的通知》《关于落实部直属机关信息技术安全责任的通知》《信息系统安全等级保护定级审核工作流程》《关于组织开展部属单位信息安全等级保护工作的通知》，与公安部联合印发了《关于全面推进教育行业信息安全等级保护工作的通知》，建立了教育行业信息安全通报机制，组织开展网络安全检查，做好抗战 70 周年系列纪念活动网络安保工作。面向部内司局、直属单位、部属高校，举办了两期教育行业信息技术安全专题培训班。

人力资源和社会保障信息化发展概况

2015年，人力资源和社会保障信息化建设以党的十八大和十八届三中、四中、五中全会精神为指导，坚持民生为本、人才优先的工作主线，围绕人力资源和社会保障中心工作及各项改革任务要求，科学谋划、攻坚克难，坚持省集中的发展方向，大力推进社会保障一卡通，着力加强重要应用系统建设，强化信息资源开发利用，积极开展信息化公共服务创新，全面落实“十二五”规划的各项任务，人力资源和社会保障信息化建设取得新成效。

【发展规划与重大项目建设取得明显进展】

根据人力资源和社会保障事业发展和改革的需要，谋划“互联网+人社”发展蓝图，确定了“互联网+”重点行动、大数据、云计算基本思路。稳步推进从“人社信息化”向“信息化人社”的转变。完成了金保工程二期项目建议书及24个共建省份建设方案，项目建议书于2015年4月获发展改革委正式批复，完成全国整体立项。开展了金保工程二期可行性研究工作，中央本级可行性研究报告已报发展改革委。推进了新农保信息系统试点工程9大应用系统建设，4个应用系统完成验收工作，5个应用系统建设取得重要进展。开展了国产化和云计算、移动互联网等技术应用的研究工作。

【信息系统省集中建设呈现良好态势】

各地在落实新政策、新制度的过程中，优先建设省集中信息系统。全国已普遍实现社会保障卡管理系统、城乡居民基本养老保险系统的省级集中；城镇职工社会保险已在4个直辖市和内蒙古、宁夏、黑龙江、新疆兵团等地区实现全险种（含养老、医疗）、全地市的省级集中；14个省份实现了就业管理和就业服务全业务、全地市的省级集中；11个省份实现了劳动关系全业务、全地市的省级集中。社会保障卡持卡人员基础信息库（以下简称持卡库）建设全面启动，印发持卡人员基础信息管理流程、持卡库部署实施方案。截至2015年12月底，部持卡库中人员基础信息达7.1亿条，卡基础信息达5.5亿条，累计业务处理量达7.5亿笔。20个省份完成了省级持卡库的部署，11个省份的持卡库已上线运行。持卡库的加快实施进一步推动了信息系统的集中整合。

【社会保障卡建设取得显著成绩】

2015年新发社会保障卡（以下简称社保卡）1.7亿张，截至12月底，全国社保卡持卡人数达到8.84亿人，普及率达64.6%，全面完成“十二五”规划目标。全国30个省份和新疆生产建设兵团已发卡，实际发卡城市369个，地市覆盖率达95.8%。加快推进102项社保卡应用目录的落实，开展了全国社保卡应用督导、47个地区综合应用试点示范、典型应用宣传交流等工作。推动养老、医疗等重点领域用卡和跨地区用卡。全国社保卡人社领域应用目录平均开通率为52%，部分地区还扩展至民政、卫生计生等政府其他公共服务领域。发布实施《社会保障卡规范》（LD/T 32—2015）

和《社会保障卡读写终端规范》(LD/T 33—2015),组织开展了双界面社保卡规范研究和试点验证。推进了生物特征识别技术(人脸、指纹、指静脉)研究,制定了生物特征识别应用基础标准及实施方案。

【主体业务信息系统建设稳步推进】

关于就业领域,开展了就业信息化总体设计;启动了就业信息监测平台二期开发工作;开展了离校未就业高校毕业生实名登记信息监测;完成了外国人和中国台港澳人员就业管理系统建设并上线运行。

关于社会保险领域,印发了《关于机关事业单位工作人员养老保险信息系统建设的指导意见》,完成了机关事业单位养老保险信息系统建设任务,推动各省开展信息系统建设工作,保障在京中央国家机关事业单位养老保险业务工作开展,为全国和部本级工作的顺利推进提供了重要支撑。推进医疗服务监控系统的实施应用,29 个省份启用医保监控系统。印发了《关于开展全民参保登记信息系统建设的通知》,开展全民参保登记信息系统建设,推动参保登记工作顺利开展。起草了社会保障管理信息系统和商业银行系统接口规范初稿。

关于人事人才领域,启动了人事人才一体化系统建设方案研究;完成了留学人员回国服务系统建设;开展了自主择业军转干部管理服务平台系统建设;开展了全国军队转业干部安置信息平台的建设工作;完成了 2016 年度中央机关及其直属机构公考网上报名的技术和咨询服务;全国技工院校毕业生证书查询系统正式上线运行。

关于劳动关系领域,推动实施全国统一的劳动关系系统,稳步推进劳动保障监察“两网化”管理;大部分省份建设了劳动保障监察管理信息系统,调解仲裁办案系统逐步在各省份实施;印发了《劳动保障监察举报投诉案件省级联动处理机制系统建设方案》;进一步推进实施全国劳动保障监察信息监测制度,2015 年共入库数据 63.9 万条,包括 20.5 万件案件;加强全国仲裁员管理系统应用,共登记 4.8 万名调节仲裁人员。

【跨地区协作信息化应用已成规模】

中国公共招聘网已覆盖 29 个省 156 个地区(含省本级),纳入 206 家公共就业人才服务机构,累计发布招聘岗位信息 1093.2 万条。各项跨地区业务系统的覆盖地区和业务办理数量不断增长,为各地区间、各险种间社会保险跨地区业务协同办理提供了良好的技术平台。全部省份通过部级待遇领取资格协助认证系统参与全国协助认证。29 个省份建立了省内异地就医结算系统或利用省级集中业务系统开展省内异地就医业务。社会保险关系转移系统本年累计办理业务 82.5 万笔,扩建了城乡养老保险制度衔接、军人退役养老保险关系转移功能。完善了养老保险待遇状态比对查询服务系统,本年累计响应查询请求 3150 万人次。

【信息资源开发和共享取得新成效】

就业监测数据上报量为 3.2 亿人,养老保险(职工和城乡居民)、医疗保险(职工和城镇居民)、失业保险、工伤保险、生育保险联网数据上报量分别达到 7.8 亿人、5.7 亿人、1.7 亿人、1.7 亿人和 1.4 亿人,数亿人的信息正在汇聚成人社大数据。结合政策研究需要,推进联网数据分析利用。开展部本级联网数据探索性分析,为全系统提供示范。积极推动全国数据分析工作,在分析主题设计、分析方法交流等方面加强指导,引导全国协作。印发了《关于加强就业失业登记、社会保险登记、劳动用工备案信息共享和业务协同工作的通知》,推进各业务之间共享协同机制建设。参与国家人口基础信息库建设,完成所承担的建设任务。与中央编办等部门签订了数据共享协议,与财政、审计等部门开展了专项数据交换共享。

【公共服务能力和水平不断提升】

12333 电话咨询服务覆盖面稳步扩大,规范化、一体化建设有序推进,349 个地市级以上人社部门开通了 12333 电话咨询服务,开通率达 95.4%,年话务量 9000 万人次左右。以“走进大学生”为主题,举办 12333 全国统一咨询日活动。开展 12333 服务质量监控,完成质量监控软件开发。印发了《人力资源和社会保障电话咨询服务规范》。完成部级短信平台建设，发送150多万条短信，机关保系统、军转系统和掌上12333等系统已接入短信平台。紧急部署、开发了20国集团（G20）就业工作组公众网站和工作平台。利用互联网开展中央机关及其直属机构2016年度考试录用公务员网上报名工作。完成国家公务员局门户网站的改版升级。

【信息网络及安全保障能力稳步加强】

全国部省市三级网络覆盖330个（99.4%）地市节点。城域网覆盖92.4%的各类人社管理服务机构，93.4%的街道、社区、乡镇，定点医疗机构网络联通率达96.7%。督促各地开展业务专网DNS系统建设，31个省份建立了DNS系统。10个省份建立了全省集中数据级灾备，4个省份建立了全省集中应用级灾备。开展全国信息安全等级保护调度，推动全国1318个重要信息系统进行定级备案和测评。开展人社业务专网安全专项整治工作。加快推进人社行业电子认证系统建设，8个省份完成省级证书注册系统建设。部级签发数字证书8.9万张。圆满完成“两会”和抗战胜利70周年纪念活动期间信息安全通报和保障任务。加强人力资源和社会保障系统信息安全漏洞监控和处置，妥善完成有关安全事件的应急处置工作。配合中央网信办、公安部、国家保密局等部门，完成网络安全检查工作，进一步提升了网络安全保密技术防护能力和管理水平。承担了国密办人社领域国产密码应用课题的研究，开展了信息化国产密码应用整体规划工作。

财政信息化发展概况

2015年是全面深化财税体制改革的关键之年，对信息化工作提出了很多新挑战、新要求。一年来，财政部以服务财政管理和改革为根本，以推进财政信息化一体化建设为主线，突出工作重点，狠抓任务落实，全面推进财政信息化建设，取得了较好的成效。

【立足全局，深入思考，积极研究实现财政信息化系统性发展的思路与方法】

立足财政信息化工作大局，统筹谋划，积极研究信息化系统性发展的思路与方法。一是着力形成财政信息化建设合力。认真落实财政信息化归口管理要求，明确技术与业务部门在信息化工作中的职责范围；建立健全财政信息化建设沟通协调机制，理顺了信息化工作关系；在信息化建设中充分发挥信息办平台作用，推动信息化建设重大问题协调解决，形成了部内各单位共同参与、各司其责的工作格局。优化信息化项目建设管理模式，进一步强化了信息化建设的统筹规划和统一管理，从源头上解决系统碎片化和信息孤岛问题。二是深入开展全国财政信息化规划设计。研究制定了《财政部关于加强地方财政信息化建设的指导意见》，提出了未来2～3年地方财政信息化建设目标、主要任务和保障措施，统筹推进全国财政信息化建设系统化发展。

【认真研究，精心组织，深入推进部本级财政信息化一体化建设】

全力推进部本级信息化一体化建设，努力提

升财政管理科学化、规范化和信息化水平。

（一）积极推进信息系统一体化整合

一是整合改造业务管理系统。积极研究预算编制与预算执行系统基于应用支撑平台的衔接贯通机制，为财政生产业务实现一体化管理创造条件。进一步优化完善预算一体化管理系统，实现了预算管理业务的无缝衔接。大力推进中央国库支付系统建设，优化完善系统技术路线和底层结构，扩充了业务管理范围，系统投入运行后将实现国库支付全业务、全流程的一体化管理。二是有序推进专项业务系统整合。针对现有专项业务系统的应用现状及存在的问题，认真分析各专项业务系统的内在关系，加强专项业务系统整合归并研究工作，从建设统一报表系统、整合涉农资金系统入手，研究制定相应的解决方案，积极推进系统整合。三是大力推进统一门户集成工作。进一步完善优化统一门户，扩大纳入门户的应用系统范围，完成门户与涉密网站、办公自动化系统、有关业务系统、身份认证系统、邮件系统的集成，实现涉密网各应用系统统一身份认证与单点登录。

（二）全面建成并应用统一办公自动化系统

有效整合了部内各司局原有办公自动化相关资源，建立了涵盖公文处理、督察督办、沟通交流、会议管理等内容，各层次人员都能在线使用部机关办公自动化系统。一是提高了办公效率。系统实现了公文接收、处理、运转、制发、存档等全流程电子化管理，改变了多年以来传统纸质公文办公模式，减少了工作人员往返的奔波和纸张的传送，节约了行政成本，提高了工作效率。二是强化了内部控制。系统固化了内控理念、内控活动、内控措施，融入了授权控制和节点控制，全面记录了业务处理的全过程，自动跟踪每一份文件什么时候到了什么地方，以及谁看过、批过、改过，实现了工作流程可追踪、过程留痕、责任可追溯。三是提升了工作绩效。系统实现了办公厅、各司局两级督察督办，可实时监控各项工作办理状态、对于未按时办结的及时给予预警提醒，确保了各项工作有序推进、高效落实，切实改进了工作作风，提高了工作质量。四是促进了信息交流和共享。系统通过信息发布、在线交流、内部论坛等模块，建立了一个信息发布和交流平台，实现了各单位有关工作信息的共享，为更好地开展工作提供了数据信息支撑。

（三）完成了应用支撑平台改造完善

应用支撑平台是一体化系统建设与整合的重要基础。研究制订了《应用支撑平台优化完善方案》，组织完成了对平台的升级改造，形成了平台2.0版，丰富了平台在基础数据管理、数据共享服务、数据交换、标准存储等方面的功能，有效提升了平台作为一体化系统中间层的支撑能力。综合考虑部本级平台实施要求和各省市平台实施情况，研究提出了适应不同实施模式的平台实施策略，积极推进平台升级的测试及演练，扎实做好平台在地方财政部门的升级试点准备工作，为平台全面开展升级实施创造有利条件。

（四）优化完善财政信息化标准规范体系

一是初步构建了标准规范体系框架。立足财政信息化建设实际，采用规范的标准制定方法，持续充实、完善现有标准规范，初步提出了全国财政信息化建设标准规范体系框架，为全国财政信息化建设提供了统一的标准遵循。二是优先完成了急需的标准规范制定。按照标准规范总体框架，结合实际需要，优先完成了《财政业务专网安全接入规范》等8项标准规范的制定，涵盖了安全管理、系统设计、应用开发、门户集成、数据交换等方面。三是力促基础数据规范统一。组织建设面向全国财政部门的基础数据规范交流平台，通过实现基础数据规范的在线申请、审批核准、动态扩充和执行监督等，着力解决基础数据规范维护难、更新慢、执行不到位等问题，加快形成基础数据规范统一管理、共同丰富、相互借鉴、共同遵守的局面。

【服务改革，强化支撑，不断提高信息化保障能力】

紧紧围绕财政改革与管理要求，进一步加强

财政业务系统开发、升级改造和技术支持与服务工作，切实保障财政业务工作正常开展。

（一）支撑预算编制与执行

在预算编制方面，按照新预算法要求，在重塑预算编制链条，突出项目评审和绩效评价的基础上，适时对中央预算管理系统进行了升级改造，有效支撑了以项目库全周期滚动管理为基础，以中期支出规划为指导的新型部门预算管理体系，实现了项目生命周期滚动管理，提高了预算编制的科学性、规范性和前瞻性，为全面实行部门预算新模式运行奠定了坚实的基础。在预算执行方面，紧密跟进权责发生制政府综合财务报告制度改革情况，规划设计政府财务报告信息系统，为各级政府部门编报政府财务报告提供技术支撑。优化完善中央国库支付核心系统，满足了《财政总预算会计制度》的相关要求。升级改造非税收入管理系统，部署电子凭证库，支持多种方式电子缴款，实现非税收入收缴全过程电子化管理。

（二）全面建成PPP项目综合管理平台

PPP 模式是国家投融资体制改革的重要举措，对改善经济社会发展的融资环境，化解地方债务风险，开创财政工作新局面都有重大的推动作用。为了切实保障PPP模式的建立与实行，积极推进PPP项目综合管理系统建设，按期完成了财政部PPP综合信息平台建设，实现了项目库、机构库和资料库的分类管理，为全国PPP项目信息提供了综合管理与发布平台，降低了PPP行政监管成本和市场交易成本，有效促进了PPP市场科学、规范和可持续发展。

（三）按期完成行政审批管理系统建设

根据《国务院审改办关于贯彻落实〈国务院关于规范国务院部门行政审批行为改进行政审批有关工作的通知〉的指导意见》和《财政部规范和改进行政审批工作方案》，积极推进行政审批管理系统建设，按期保质完成系统建设并投入运行，实现了财政审批的全流程网上办理。

（四）支撑其他业务管理

完成政府采购管理交易系统建设，各子系统均已上线运行，初步实现了中央政府采购活动全流程电子化管理。进一步完善人事教育管理系统，扩大支持到对专员办、部直属单位的年度考核工作，顺利保障了我部网上年度考核测评。此外，圆满完成对行政事业单位资产管理系统、国有资本金预算管理等几十个系统的升级完善和运行维护工作。

【紧密跟进，多管齐下，积极推进专员办信息化建设】

2015 年是专员办工作转型、全面嵌入财政主体业务的关键之年。全面了解专员办现有业务模式和信息建设与应用情况，广泛征集专员办转型业务需求，紧密跟进，多管齐下，扎实推进专员办信息化建设工作。一是完成专员办连接涉密网。建立了财政部到各地专员办的涉密网延伸连接，为各地专员办建设了涉密网络环境，如期保证了专员办进入预算管理流程开展审核监管工作的顺利实现。二是改造业务系统，实现专员办业务嵌入核心流程。在中央部门预算管理系统中增加了专员办对属地中央预算单位的预算和项目等基础信息的审核，在新版国库支付系统建设中开发了专员办对直接支付的审核，实现了专员办监管业务嵌入预算管理全过程，使预算管理各环节衔接更紧密、控制更有效、资金运行更安全。三是建成了专员办连接各方的交流平台。在专员办与部内司局、地方财政部门、中央部门之间建立了一个便捷高效的信息交流通道，实现了专员办与各方信息的快捷交互，提高了专员办沟通各方的工作效率。

【多措并举，突出应用，扎实推进数据分析利用工作】

以财政业务管理应用为导向，多方位、多角度推进数据分析利用工作，并贯穿于生产系统的流程处理中，努力实现财政信息化由支撑业务管理向业务管理和决策支持并重转变。

（一）开展财政内生数据采集工作

为建立统一的数据采集规范，拟订了部本级和地方财政部门数据采集方案，通过在地方财政部门部署平台交换组件，并开始试点从地方财政应用支撑平台和生产系统中动态提取财政收支数据，以获得真实可靠的即时信息，为做好财政数据的分析利用，积累数据资源。

（二）推进跨部门数据共享

持续深化财税库银横向联网建设，完善数据传输内容、标准和方式，扩大联网范围，逐步扩充财税信息共享内容；完成财政部与人力资源和社会保障部联网，实现对医疗、养老、失业、工伤、生育五大险种分月数据实时在线查阅，为进一步获取财政外部数据资源进行了有益的尝试。

（三）探索开拓数据分析的典型应用

组织开发建设数据综合查询分析系统，对财政部现有数据资源进行收集、梳理和整合，综合运用一些成熟的分析方法，深入挖掘数据的潜在价值，实现业务数据分主题的查询分析。

【紧跟需求，持续改进，提升信息化基础保障能力】

牢牢把握优质服务这一准则，扎实做好网络连接、信息安全、运维服务、信息服务等工作，不断提升信息化基础保障能力。

（一）加强网络安全建设

一是加强基础安全建设。完成身份认证与授权管理系统（CA）的密码算法升级工作，提高了CA系统的安全性和可信性。证书综合管理系统和安全管理平台正式上线运行，切实提升安全管理水平和能力。二是强化信息系统安全。积极开展主动安全建设，增强应用系统安全建设前移意识，逐步做到应用系统安全功能与业务功能开发同步部署、同步实施。三是积极推进异地容灾中心建设。确定财政部异地容灾中心建设地址后，积极与相关各方多次沟通协商，就建设、运维、管理等形成了一致意见，研究制订了建设方案，并据此有序推进异地容灾建设。四是搭建国产化软硬件测试平台。为全面了解国产化软硬件功能与性能，加快制订切实可行的国产化替换方案，搭建了国产化软硬件测试平台，并对国产化基础软硬件产品进行了测试与评估，为逐步开展国产化产品应用提供了参考依据。

（二）加强运维管理

一是基本完成新机房建设。建成符合国家A级标准的现代化新机房，从根本上消除了部机关机房环境拥挤、设备长期超负荷运行带来的安全隐患。二是优化完善IT服务管理体系。进一步优化完善IT基础设施监控管理平台和IT服务管理流程，逐步形成服务一体化、监控可视化、管理集中化的财政部运维服务平台，有效保障了各类设备的安全运行和业务工作的正常开展。三是扎实做好客户端技术支持和服务。合理解决涉密网客户端用户迅猛增长带来的运维难题，逐步形成涉密网客户端维护的常态化机制。进一步优化客户端技术支持和和服务响应流程，及时了解用户诉求，变被动请求为主动上门服务，提升服务效率和质量。

（三）加强网站建设

一是开通涉密网信息网站。以内网网站为基础，在涉密网上开通了信息网站，并通过统一门户实现了与业务系统的集成与随意切换。同时对栏目设置、信息频道进行了扩充，丰富了网站内容、拓宽了信息来源，极大地方便了涉密网用户获取信息。二是升级改造内网网站。对网站栏目进行了调整优化，强化了信息搜索引擎，提高了信息检索效率；部署了即时通信软件，用户覆盖了部本级和所有省级财政部门的内网用户，为部内各单位之间、中央与省市财政部门之间的即时沟通交流提供了极大的便利。三是加强政府采购网站建设。紧跟政府采购动态，及时宣传报道政府采购制度改革及相关工作，全方位提供政府采购管理与信息服务，全年共发布各类信息3.5万条、微信1180条，提供服务支持 6.3 万人次，用户满意度达 99%。四是继续做好财政部门户网站的日常运行维护和技术支持工作，加强网站监控，实时掌握网站运行状况，确保网站稳定可靠运行。

国土资源信息化发展概况

2015—2016 年，国土资源部在紧紧围绕经济发展新常态下国土资源工作的新要求新定位，坚持以信息技术手段规范和创新管理的理念为指引，以国土资源“一张图”及综合监管、政务办公、公共服务三大平台和业务系统网上并轨运行为建设重点，不断拓展深化网络安全、电子政务、门户网站、数据共享服务等方面的建设与应用，同时配合国土资源管理职能的调整，加快推进“国土资源云”和不动产统一登记信息平台建设，国土资源信息化建设取得了显著进展。

【电子政务建设情况】

(一) 网上办公、网上审批应用进一步深化扩展，基本实现四级全业务流程网上运行

国土资源部本级所有行政办公和所有审批事项实现网上运行。在统一的政务办公平台上，建立和运行了办公自动化、行政审批和综合事务管理系统，公文运转全流程实现无纸化，所有行政审批事项实现网上运行，各项业务基本实现信息化管理。

所有省级国土资源主管部门行政办公和行政审批等主要管理业务实现全流程网上运行。所有省级国土资源主管部门办公自动化系统均已上线运行。福建、江西、宁夏等 11 个省（自治区、市）实现行政审批系统与电子监察系统对接和数据共享。吉林、浙江、河南等 11 个省（自治区、市）实现移动办公。内蒙古等 7 个省（自治区、市）实现短信提醒功能。山西等 4 个省（自治区、市）实现了电子签章。北京等 3 个省（自治区、市）实现了移动办公。绝大多数省级国土资源主管部门实现本级建设用地预审、建设用地审批、矿业权审批等主要行政审批业务联动。

23 个省（自治区、市）实现三级联网审批。北京等 23 个省（自治区、市）已实现省、市、县三级联网审批。贵州、海南等 7 个省（自治区、市）主要业务已延伸至乡镇国土所。山东等 6 省（区）与部分市、县实现联网审批。湖北启用三级数据交换平台，将原有报件上报审批模式由“县—市—县—省”改为“县—市—省”，各类审批业务逐级经过电子政务平台运转，经三级数据交换平台上报，实现全业务、全流程的网上纵联审批，规范了“管理、办理、监督”三分离的管理模式，实现省内三级国土资源业务数据的互联互通和共享应用，进一步提高了业务办理效率。四川省眉山市开发了征地拆迁补偿安置管理系统，全面管理全市征地地块、被征地人员户口、安置房源等信息，实现对拆迁—过渡费发放—抽签选房—安置结算和货币安置结算—安置合同签订的全流程监管，确保被征地群众的利益。

（二）综合监管平台建设与应用进一步深化，实现常态化应用和持续完善拓展

建成覆盖土地和矿产资源管理、开发利用全过程的综合监管平台，并实现常态化应用和持续完善拓展。以“一张图”为基础，建成部综合监管平台，在全国四级国土资源主管部门和用地、用矿单位部署了 30 个网络化信息监测系统和综合统计网上直报系统，信息采集覆盖四级土地、矿产资源管理和开发 16 个环节 17 大类 421 子类 8000 余项指标，每年实时汇总 200 多万条动态信息，在线数据超过 60TB，并以 5TB/年的规模逐年递增。目前，部综合监管平台的应用覆盖全国四级国土资源管理部门及相关事业单位和 9 个派驻地方的国家土地督察机构，用户超过 8 万人，在全国土地利用变更调查、卫片执法检查、土地整治项目核查、耕地占补平衡核查、城市用地实施评估、地产市场调控、矿产开发秩序整治、全国耕地占补平衡专项督察、规划实施情况专项督察等专项行动中发挥了重要作用，系统应用已成为日常监测、业务审批、资源监管、综合统计、形势分析、问题预警、调控决策的依据，提升了国土资源监管的质量和效率，推动了管理理念创新、行政审批制度改革和职能转变，保障了各类专项业务实施的“落地”化监管。借助综合监管的全国覆盖和全程监管优势，推进建设用地和矿业权审批制度改革，做到“放得下、管得住、用得好”。

在线督察系统实现全面应用。建成以“一库”（土地督察基础数据库）、“两网”（内部局域网和外部业务网）、“三系统”（信息分析评价系统、实地巡查核查系统、综合业务办公系统）为主要内容的在线土地督察系统，全面应用于例行督察、审核督察、专项督察、巡回督察及土地卫片执法检查验收等工作中，实现了“土地在网络上监管，权力在阳光下运行”，最大程度地提升对违规、闲置土地的查处效率，对促进督察工作方式的重大革新起到了积极的促进作用。

全国 30 个省级国土资源主管部门建立的综合监管平台应用模式不断创新。北京、天津、上海、重庆、广西等地综合监管平台已基本上实现常态化应用，融入到土地和矿产资源开发全程监管业务中。四川利用综合监管平台开展数据综合统计和数据挖掘，从 2013 年起开始编制年度《四川省国土资源公报》，公开发布全省土地、矿产资源和地质环境状况及国土资源工作情况，受到省委、省政府的好评。辽宁综合监管平台在批后监管工作的应用取得显著成效，开发的台账统计功能，能以征收审批为源头实时查询全省新增建设用地指标安排使用情况，以增减挂钩方案审批为源头查询挂钩方案建新区征收和拆旧区实施情况，以土地整治项目审批为源头查询用于占补平衡项目挂钩信息情况。湖北整合基本农田动态监管、土地市场动态监测监管、地质灾害预警、矿山储量动态监测等系统，建成国土资源信息化监管指挥平台，聚焦监管、服务、指挥，实现信息聚集、动态监测、在线分析、辅助决策等功能。黑龙江开发全省国土资源统计分析直报系统，建立 22 类、461 项统计分析指标，通过图上比对核查、信息关联印证、数据综合分析，实现对管理行为、市场交易、开发利用的全程全覆盖实时动态监管。甘肃、新疆尚未开展综合监管平台建设。

市、县级综合监管平台建设步伐加快。广西、吉林、湖南采取省级统一部署、市级辅助建设的方式，推动市级综合监管平台建设与应用。江苏完成全省全部 13 个市的综合监管系统建设，盐城市以视频监测技术为手段，打造全区域动态监测、全业务信息共享、全节点网上监控、全系统联动执法、全过程跟踪监管的“慧眼守土”综合动态智能监管平台，探索监管方式、工作机制和工作模式的转变和创新。山东济南、淄博建立地质灾害预警监测及应急指挥系统，动态采集、综合分析和实时发布地质灾害信息，实现突发性地质灾害市县所三级远程会商和快速处置。福建、安徽、四川、广东、辽宁等地启动市级综合监管平台建设。

【政务大厅和网站建设情况】

（一）政务大厅以支撑审批制度改革和维护群众权益为重点，服务效能进一步提升

实现国土资源部 12 项行政审批事项全部纳

入政务大厅集中受理，接收报件业务达12大类26小类84项，为不动产登记开设报件接收窗口。2015年共受理各类行政审批事项4200余件，受理政府信息公开申请近900件，发送通知、批复、证书等10700余件，接听咨询电话近8万次，接待办事群众近6万人次。此外，还编制完成了《国土资源部电子政务大厅总体设计方案》，初步构建网上政务大厅，大力推进行政审批事项网上申报、网上办理。

（二）国土资源公共服务逐渐完善，网站服务水平不断攀升

努力打造“网上政务”，及时公开国土资源政务信息。国土资源部门户网站第一时间发布重要通知公告209条，加大政府采购、资质认证、权威数据等信息更新力度。实时发布土地市场信息48.3万条、矿业权数据5万条，实现矿业权市场网与“全国矿业权出让转让公示公开系统”和“全国矿业权统一配号系统”有效集成。累计处理“部长信箱”邮件4743封，编发邮件摘编3期。报道2015年中国国际矿业大会等重大会议和活动50余次，完成“不动产登记条例”等9个专题和1次访谈，集成发布中国国土资源报等媒体信息4000余条、地方管理政务信息3000余条，全面提升政府信息公开、整合和发布水平。

各地国土资源公共服务能力进一步提升。通过连续第12年对全国31个省级国土资源主管部门和新疆生产建设兵团、333个市级国土资源主管部门和15个新疆生产建设兵团农垦师、3027个县级国土资源主管部门和175个新疆生产建设兵团团场的国土资源政务信息公开网上情况进行全面检查，结果表明，2015年全国各级信息公开内容深度和广度不断深化，公众参与功能和效果明显提升，国土资源工作的透明度、社会的认可度、群众的满意度不断增强。截至2015年年底，全国所有省级和市级、92%的县级实现政务信息网上公开，其中23个省（自治区、市）实现县级以上全覆盖。社会关注度高的重要政务信息公开实现从量变到质变的突破，内容体系建设更加贴近用户实际需求，在线服务丰富度持续提升，互动交流效果日益显著。湖南通过网站群技术实现了政民互动栏目省、市、县三级流转、属地答复，既保证了回复的时效性，也有效提高了回复的质量。内蒙古启用手机、平板电脑等移动终端应用服务，方便用户实时浏览、查询信息。武汉建立了信息从电子政务平台到网站的同步审核机制，实现了建设用地审批结果等“批征供补查”结果信息由内而外的联动发布，保障了信息公开的时效性。

【数据资源建设与信息共享】

（一）国土资源“一张图”核心数据库体系基本建成，数据内容进一步扩充完善

基本完成“一张图”核心数据库建设并建立动态更新机制。建成以覆盖全国的遥感影像为本底的“一张图”核心数据库体系，整合集成了基础地理、基础地质、土地利用现状、新一轮全国土地利用总体规划、基本农田、全国各级开发区、矿产资源规划、矿产资源储量、矿业权实地核查等基础数据，以及建设用地审批、土地供应、矿业权、矿业权设置方案等管理数据，支撑部政务办公平台、综合监管平台及各类业务应用系统运行。建立国土资源“一张图”核心数据库管理平台，统一管理土地、地质矿产、地质灾害3大类20余小类、300多个图层、20TB数据，投入使用113个专题数据服务接口。基本形成“一张图”与国土资源调查评价等相关专项联动的数据动态更新机制。

国家级地质数据库建设初具规模。基本完成了1∶50万～1∶5万多比例尺区域地质图数据库，包含：45万个钻孔数据的地质钻孔数据库；1∶20万化探、重力、自然重砂、地质工作程度、矿产地等专业数据库；地质资料图文、境外矿产资源等其他数据库。建立了全国成果地质资料汇交管理体系，馆藏地质资料达到13万档，数据量超过50TB，数字地质资料馆初步建成，数据量超过100TB。馆藏纸质资料数字化全面完成。

省级“一张图”接近全覆盖。除甘肃外，全国所有省（自治区、市）基本建立了覆盖本辖区

的“一张图”，初步形成规划、调查评价、监测、管理与国土资源数据库建设和同步更新的机制，构建了覆盖全域全流程的土地、矿产和地质环境等主要业务的核心数据库和统一的管理平台，实现了各类数据的统一管理及与审批系统的对接，为行政审批、监测监管、辅助决策、综合事务等各项业务提供全面、精准的数据支撑。北京建立全市 14 万多宗土地的全息档案数据库，与宏观经济数据相结合，通过覆盖土地、矿产、地质灾害、行政效能 4 大类 100 项的运行监测与辅助决策评价指标，实时掌握土地预审、征收、供应和利用等各个环节总体情况，以及单位国民生产总值建设用地面积、单位土地税收贡献率等管理运行指标，评价国内、国际重点地区的差距和潜力，实现了“跳出国土看国土”，为各级领导辅助决策提供基础数据支撑和科学依据，仅 2015 年市局各处室和分局访问图层总数超过 70 万次。贵州整合全省基础地理、地政、矿政、地质灾害和地质环境等全业务、全流程数据，建成“一张图”管地、管矿、防地灾平台，部署到全省所有市级、县级和所有乡镇，整合的空间数据量已超过 10 TB。广西“一张图”核心数据库与业务审批系统实现深度融合，区市县三级建设用地审批、矿业权审批所有流程的业务会审环节均要以“一张图”数据的分析结果作为参考依据进行审批，同时行政审批结果又实时汇聚到“一张图”中充实和完善核心数据库。福建盘活“一张图”核心数据库的海量数据，同步分析 190 项辅助决策量化指标，建立数据间的勾稽关系，将数据关联起来，为监测评价与辅助决策等各类系统提供数据支撑。

（二）国土资源信息数据共享不断拓展，社会化共享服务局面逐渐展开

编制《国土资源数据共享管理办法》，明确数据共享范围和使用方式，进一步厘清数据管理及共享的权利和义务。26 个省（自治区、市）开展了土地或矿业权网上交易系统建设，天津等 9 个省（自治区、市）实现全辖区土地和矿业权网上交易。重庆通过“市长电子信箱”，为市民处理国土资源相关的有效投诉建议，实现答复率 100%。山东以基础地理信息公共服务平台为基础，为公安、规划、环保等部门提供了基础地理信息共享服务。湖北借助信息技术手段，更新传统办事方式，武汉开启“纸条姐”服务模式，咸宁、十堰开通政务微信，襄阳实行“网上办证与上门办证”土地登记服务模式，成为高效便民服务机制建设的重要补充。

【网络、安全及标准化建设】

国土资源业务网接近全覆盖。除青海、西藏外，30 个省区市覆盖全部市级，新疆兵团覆盖到全部师级和 94%的团所。29 个省区市覆盖全部县级，18 个省区市不同程度地延伸到乡镇国土所，黑龙江等 9 个省区市已实现省、市、县、乡四级全覆盖。网络互联覆盖面的扩大有力地支撑了视频会议、电子数据远程报送和联网审批。

网络与信息安全工作得到加强。西藏等 17 个省（自治区、市）完成了非涉密重要信息系统定级备案和整改。大多数省区市国土资源主管部门的服务器、存储、终端计算机、视频会议系统、办公软件等软硬件国产化率超过 50%，多个省区市安全设备和杀毒软件的国产化率为 100%。建成重庆数据备份中心，“十二五”期间为 13 个省（自治区、市）和部直属单位开展重要数据离线备份，备份数据量达到 200TB。除西藏、青海外，29 个省（自治区、市）和新疆生产建设兵团采用双机热备方式开展了重要业务系统和数据的在线实时备份。北京等 8 个省（自治区、市）建立了异地备份中心，实现重要基础数据异地实时存放，保障了数据安全。江苏省在海门市建立备份中心，全省 13 个市局重要数据实现“两地两中心”常态化异地备份。

信息化标准加强统筹研制。编制信息化标准子体系表，形成信息化标准子体系框架，制定并试行了《不动产登记数据库标准》《不动产登记数据整合建库技术规范》《不动产登记信息系统建设规范》《不动产登记信息管理基础平台接入技术规范》《不动产登记数据汇交技术规范》和《不动产登记信息协同共享规范》共 6 项技术标准规范及指南。

环境保护信息化发展概况

2015年，环境保护部紧紧围绕环境保护重点工作，以重大专项、业务应用、标准建设、信息安全为抓手，以“互联网、内网、专网”三大网络资源平台为依托，不断提升环境保护电子政务建设水平，深化电子政务应用，电子政务发展取得明显成效。

【政务建设与成效】

（一）信息化工程规划实施稳步推进

1．探索生态环境大数据建设，推动数据资源整合共享

启动生态环境大数据建设工作，完成《生态环境大数据总体方案》等编制工作。组织地方申报大数据应用试点。完成大数据与环境管理专题培训，环保系统近5000人参加。

开展数据资源整合工作。完成涉及环保部6个业务部门15个业务系统的数据整合和接入工作，完成14类业务数据入库工作，整合结构化数据量达3.36亿条，初步形成业务数据应用基础条件。

完成2015年度环保专网信息资源中心（三期）项目建设工作，编制形成多维度信息资源目录体系。

2．推动生态环境保护信息化工程项目立项

围绕当前国家生态环境保护工作重点，结合国家重大信息化项目申报要求，组织协调工信部等9个共建部委开展了生态环境保护信息化工程项目申报立项工作。组织完成《项目建议书（环保分册）》和《项目可行性研究报告（环保分册）》的编制工作。协调组织项目共建部委完成《项目建议书（总册）》和《可行性研究报告（总册）》的编制工作。编制了《生态环境保护信息化工程信息共享协议》，并组织共建部委完成会签。

3．完成环保部电子政务内网建设项目立项工作

根据中办、国办对国家电子政务内网平台建设工作的有关要求，编制完成《环境保护部电子政务内网建设方案》《国家电子政务内网建设集中立项初步设计文件》并报送发改委，完成部门立项工作。编制完成环境保护部电子政务内网建设技术方案。

（二）网络建设与运维成效显著

1．专网建设与运维管理

通过“环境保护部派出机构及直属单位网络和安全系统建设项目”建设，实现所有部署直属单位和派出机构接入专网。成立集中运维组，启动统一运维体系建设。规范环境保护部到32个省级节点、5个计划单列市节点100Mbps互联网及VPDN业务网络建设。组织各省完成2015年度线路租用工作。实施各省连通率年度考核，推动省市县采用专线方式接入专网。

2．内网建设与运维管理

通过环境保护部机关身份证书管理系统升级改造工作，实现内网身份证书统一管理。对网络设备和服务器进行梳理，实现统一管理和监控。根据内网运维要求，部署相关管理工具，增强网络智能化运维水平。

3．“环保云”建设与运维管理

根据“环保云”建设思路，实施软硬件基础资源的集约化建设。以核心业务系统“云化”为

目标，实现服务器虚拟化率 90%以上，初步形成“一朵云，两个资源池”的基本架构。截至 2015 年年底，环保云平台共部署业务系统 50 余个。

（三）政务系统建设效应凸显

1. 内网电子政务综合平台及核心政务系统运行维护

配合环境保护部内部机构调整，完成部内网栏目改造工作。建设内网运维管理系统，规范内网运维管理流程。2015 年共计组织日常巡检 700 余次，处理运维服务工单 2000 余条，处理故障事件 6 次，保障了部机关内网办公平台及相关应用系统的稳定运行。

2. 专网电子政务信息交换平台及业务应用系统运行维护

积极开展应用系统建设和专网应用推广，完成电子政务信息交换平台、值班管理等 22 个应用系统集成工作。开展专网用户管理系统建设，实现全国环保系统 23 万工作人员信息整理和入库。完成环保部机关、派出机构、事业单位及省级环境保护厅（局）、计划单列市环境保护局电子公文传输系统接入工作，实现电子公文单轨制传输。完成建设项目行政审批系统与发改委投资项目在线审批监管平台对接。组织电子政务应用系统培训班、专网运维工作培训班，累计培训 220 人左右。

（四）政府网站功能日趋完善

1. 加强部政府网站管理与运维

贯彻落实政府信息公开工作要求，确保信息发布及时准确有效。配合环境热点及重要活动，适时推出专栏专题，开展主题活动宣传。2015 年，网站新增中文文章 11000 余篇，新增专题栏目 7 个。网站数据中心完成水质周报 GIS 发布系统；新增数据近 312 万条，其中全国重点城市空气质量小时报数据新增 294 万条；发布城市空气质量日报的城市由 2014 年的 174 个扩大到 367 个。英文网站累计发布全英文信息 586 篇。全年实行 7×24 小时安全监控并有针对性地开展安全巡检，保障安全稳定运行。发布《环境保护行政主管部门网站建设与维护技术导则》。启动政府网站升级改版工作。开通部长信箱，配合纪检监察部门开发纪检举报平台，并与 12369 污染举报平台进行整合。

2. 开展政府网站普查与网站群建设工作

配合开展第一次全国政府网站普查，承担自查和整改工作。整合调整 120 余处不再产生信息和内容更新不及时栏目，处理 30 余处不可用链接，完善 2 处网站互动功能。编制《环境保护部网站群建设方案》，以派出机构为试点，陆续启动华东站、华南站、西北站、西南站和东北督察中心网站建设工作。

（五）信息安全保障能力持续提升

1. 做好特殊时期网络与信息安全保障

“两会”期间，对 10 家在京重要直属单位网站进行远程监控，每日向国家网络与信息安全信息通报中心汇报安全动态。“抗战纪念日”期间，安排专业安全技术团队，对部网站与各派出机构、直属单位网站进行远程检测，并对部网站实行 7×24 小时安全监管。

2. 积极开展行业信息安全检查工作

编制 2015 年度信息安全检查工作方案，组织完成 17 家单位现场检查工作，完成《2015 年环境保护行业信息安全检查总结报告》。

3. 认真做好数字证书管理工作

完成 601 个用户证书制作和发放。梳理各系统接入专网用户管理要求与 RA 制证流程，起草《环境信息专网用户管理办法》《环境保护部 RA 系统管理方案》等。

4. 充分发挥行业安全技术引领先导作用

完成环保行业信息安全综合监管平台架构构建。加强重要信息系统安全监管，2015 年对环保部派出机构、直属单位与省环保厅（局）共计 62 个网站进行远程监控，形成风险报告，组织安全整改。组织召开首次环保行业信息安全培训班。编制完成《环境保护部电子政务内网普通密码设备配置方案》。

【经典案例】

环境信息与统计能力建设项目是环境保护部近年来实施的一项重大环境信息化基础工程。自 2009 年起组织实施，项目投资 5.79 亿元。2013 年完成 32 个单项建设任务。2014 年完成工程分项、技术分项、档案分项、财务分项的初验工作。2015年深入拓展和挖掘应用成果，全力筹备项目竣工验收。通过项目实施，建成覆盖部、省、市、县“三层四级”环境保护专网，实现了环境保护部机关与直属单位、31个省级环境保护厅（局）、389个地（市）局和2799县级局互联互通，基于专网构建了环境数据传输与交换平台、应用支撑平台、空间服务平台，初步形成环境信息化基础支撑能力。

【发展建议】

加快政务信息资源共享开放。建立完善部委、各级政府电子政务协调发展机制，建议加强对政务信息资源共享开放立法，加快推进政务信息资源开发利用相关技术标准的制定，加快推进跨部门跨领域信息共享。

加强电子政务建设资金保障。电子政务是一项长期性的工作，电子政务发展需要稳定的建设和运维资金，以保障电子政务建设的可持续性。

推动电子政务业务协同。为推动“一体化”政府建设，建议加强部门之间的信息共享和业务协同，注重电子政务公共服务平台建设，推动政府部门之间审批业务的无缝衔接和协同，更好地服务公众社会。

加强大数据挖掘应用。建议加强政府部门信息的获取能力建设，注重数据汇聚和挖掘分析，加强大数据创新应用。

交通运输（公路、水路）信息化发展概况

2015年，交通运输部在推进科技进步和信息化建设方面，着力抓好重大工程、重大项目、重大政策的督促实施，开展了互联网及大数据对交通运输影响和应用研究，开展了智慧交通发展框架研究，在支撑国家战略、政策标准制定、信息资源整合、管理系统建设、信息服务能力提升、技术创新应用、信息安全保障、电子政务发展等重点方向，较好完成了各项目标任务。

2015年，我国交通信息化的建设和发展水平又有新的提高，主要取得了以下进展。

一是组织开展智慧交通发展框架研究，加强标准制修订工作；二是加强行业信息资源体系建设，推动信息资源整合应用；三是推动交通运输运行监测与应急指挥系统建设，完成工程主体建设和主要设备的到货验收；四是基本完成ETC全国联网，纵贯南北、互通东西的联网格局基本形成；五是推进“互联网+便捷交通”实施，大力推动政企合作模式的综合交通出行信息服务科技示范；六是组织开展城市智能交通等国家物联网应用示范工程实施工作，推进新一代信息技术的创新与应用；七是进一步提高行业网络与信息安全的保障能力；八是做好国家电子政务内网建设工作，全面加强政府网站内容建设和信息公开。

2015年，我国交通信息化的建设与发展呈现出以下特点：一是服务国家“三大战略”，充分发挥信息化支撑引领作用；二是聚焦规划、政策、标准研究，着力加强智慧交通发展统筹规划；三是注重综合效益，建立健全信息数据整合应用体系；四是提升履职能力，推进行业管理信息系统建设；五是聚焦服务民生，完善便民出行信息服务体系；六是突出创新驱动，推进新一代信息技术应用；七是提高防护能力，保障行业网络与信

息安全；八是推进电子政务发展，创建新常态下服务型政府。

【基础环境建设】

2015年，在政策法规、标准和规划的制定方面取得了进展，基本适应和促进了交通信息化的发展。

（一）信息化相关规划的制定

2015年，各地结合当地的实际情况，完成了“十三五”交通信息化发展规划的编制工作，内容包括信息化发展规划、智能交通发展规划、物流综合信息平台规划等，为“十三五”期间交通运输信息化工作的开展指明了方向。

（二）信息化相关标准的制定

2015年，交通运输部继续大力推动行业信息化标准化工作。组织编制并发布安全应急重大工程第一批技术要求、城市公交智能化应用示范工程11项技术要求，完成市场信用重大工程第一批技术要求征求意见。其中，8项在工程中应用效果较好的技术要求，已列入国家标准或行业标准计划。编制发布了《物流园区互联应用技术指南》《交通运输物流信息互联共享标准（2015版）》等文件。

各省厅在交通运输信息化标准制定方面取得了进展，包括对国家、交通运输部发布的相关标准的细化；地方在国家、行业信息化标准的指导下自行制定了一系列标准和要求并进行了相关研究。

（三）应用系统建设

1．智能交通系统建设

交通运输部组织开展了智慧交通发展框架研究，已形成中间成果，提出了智慧交通的内涵与外延、发展宗旨等。组织开展了2015年交通运输重大研究（政策储备）——互联网及大数据对交通运输影响和应用研究，深入研究了以移动互联网、大数据、物联网、云计算为代表的新一代信息技术的技术特征，以及与交通运输行业的关系，分析了信息技术给交通运输行业带来的机遇和挑战，并提出相关对策建议，为行业应用新一代信息技术发展提供了决策参考。

2．城市智能交通系统

2015年度，各地继续在城市智能交通建设方面加大力度，综合信息平台的集成度进一步提高，各应用子系统的功能不断完善。省府及中心城市已建成的子系统如下（以数量多少为序）：交通应急指挥系统、交通综合执法管理系统、城市交通“一卡通”系统、公众出行综合交通信息服务系统、公交GPS运营调度系统和电子站牌系统、路网管理与协调指挥系统、营运车辆GPS安全监控及调度系统、出租车运营调度管理与信息服务系统、公共物流信息平台、智能停车诱导系统。

3．高速公路信息化建设

全国29个省份实现高速公路电子不停车收费（ETC）全国联网；河南、四川、广西等省电子不停车收费（ETC）车道开通数大幅增加，计重收费车道在十余个省得到推广应用；高速公路出行信息服务系统，采用的服务方式主要是Web GIS和热线电话，以及交通网站、交通广播、路况短信、微博、微信、手机APP、自助服务终端、可变情报板、广播电视、手机WAP等。

4．物流信息化建设

2015年，交通运输部推进交通运输物流公共信息平台互联共享标准在东盟和东北亚地区应用，实现中日韩19个港口的集装箱船舶动态信息和13个港口的集装箱状态信息共享和查询，并与亚洲开发银行、联合国亚太经社委员会和国际标准化组织建立联系，促进跨地区物流信息互联互通和共享应用。

（四）人才培养

截至2015年年底，被调查的部分省份信息化技术人员总数（含兼职）4461人；2015年部分省厅信息化职能部门主持开展的技术培训总计达7534人次。

【信息资源开发、利用与共享】

截至2015年年底，52%的省份已建立运营全省交通数据中心；12%的省份已经建成但尚未投入运营；33%的省份的交通数据中心正在建设当中，3%的省份未把此项列入议程。在总体布局上，61%的省份的交通数据中心是集中部署，39%的省份是分布式部署（其中 72%的省份以省厅、局、委为主，28%的省份以厅直属业务局为主）。53%的省份对所有数据按统一数据资源规划进行了整合，42%的省份对基础数据进行了统一整合，其他业务数据分布在各系统，5%的省份对各业务系统进行了数据整合，未做部门级统一数据整合。

【电子政务】

（一）交通运输部机关信息化建设

做好国家电子政务内网建设工作，提出交通运输部国家电子政务内网工作方案，梳理了相关业务需求，编制了有关文件；积极落实部巡视整改要求，完成行政许可审批事项“一个窗口”网上办理平台第一阶段优化工作，实现了部行政许可事项网上申请登记、受理状态查询、办理结果公示 3 个关键环节统一在平台办理，并上线运行；加强部政府网站建设，按照国家政府信息公开工作要求，全面加强政府网站内容建设和信息公开，组织完成政府网站普查整改和第七次改版工作。

（二）公路治超信息化建设

2015 年，信息化在公路超限超载运输治理中发挥了积极的作用，59%的省份认为公路治超信息系统的建设有效提高了治超工作的效率，32%的省份认为对治超工作效率的提升有一定的帮助，还有 9%的省份认为效果难以评价。

（三）道路运输信息系统联网建设

2015 年，各地继续推进部省联网工作及省内道路运输信息系统联网工作。有 93%的省实现了省与部道路运输综合管理信息平台的联网。与部联网后实现的数据交换指标，各省市在“经营业户”“营运车辆”“客运线路”“从业人员”“稽查人员”“道路运输管理机构”等几个指标上有升有降，反映出数据交换随业务开展情况的动态变化。

【企业信息化】

中国船级社（CCS）信息化建设工作主动适应国家“互联网+”战略带来的行业变化，按照“实用、先进、智能”的原则，突出重点，加速推进，为实现 CCS 快速、科学、可持续发展起到强有力的推动作用，为广大客户提供更全面、更优质、更便捷、更有价值的信息化服务，更好地为行业起到先导作用。建设了船舶服务生命周期管理系统（SSMIS2015）、海船规范计算系统（COMPASS）等，取得了较好的效果。

中国远洋运输（集团）总公司（以下简称“中远集团”）信息化工作紧密围绕生产经营、管理决策需求，以贯彻、落实中远集团信息化规划为主线，在信息化顶层设计、体系建设、应用建设、基础设施等层面开展工作，取得了一定的成效。结合集团管理提升活动，通过与国际或同行业信息化水平先进的企业对比，从集团发展战略、主要业务、风险管控等方面制订和完善《中远集团（2014—2018）信息化 5 年发展战略规划》编制工作，实现了集团信息化工作的顶层设计。根据信息化规划，为实现统建项目的集成性和稳定性，中远集团通过充分论证和认真评估，确定了 SAP 及相关产品作为集团统建信息化项目的核心技术平台。

中国外运长航集团有限公司紧密围绕集团信息化规划的落实，开展信息化建设，不断探索新应用模式。继续推动信息标准化建设，在 2015 年年初发布的 6 项信息标准文件的基础上，集团又组织制定了管理和技术四项标准；完成了主数据管理平台的一期建设工作，对已发布的集团信息标准进行统一管理；通过与应用集成平台的服务对接，实现了与其他部分应用系统的集成，进而成为支持集团内各信息平台运行的主数据标准管理中心。集团数据中心进入全面现场施工阶段，完成了数据中心基建工作；做好数据中心搬迁的准备工作，确定了搬迁方案；随着数据中心基础设施建设的推进，完成了信息安全需求的梳理，确定了下一步工作的目标，为信息安全工作的开展打下了基础。

农业信息化发展概况

2015 年以来，国务院陆续对推进“互联网+”行动、促进大数据发展、发展电子商务等做出重要部署。这些重大政策措施，都把农业摆在了突出重要的位置，为驱动农业“跨越发展”、助力农民“弯道超车”、缩小城乡“数字鸿沟”提供了难得的历史机遇。特别是党的十八届五中全会，提出“创新、协调、绿色、开放、共享”的五大发展理念，与农业信息化的发展高度契合。互联网与农业农村经济发展紧密相联，互联网思维和互联网技术在农业中的应用日益广泛，给农业生产、经营、管理和服务带来了深刻变革。

【“互联网+”现代农业取得了令人振奋的可喜成果】

在农业生产上，农民越来越根据政策、技术、市场价格等信息安排生产，信息的引导作用明显增强。农业物联网从无到有，国家物联网应用示范工程和区域试验工程深入实施，先后推出 420 多项农业物联网产品、技术和应用模式。在农业经营上，最为突出的就是农业电子商务迅猛发展，正在形成跨区域电商平台与本地电商平台共同发展、东中西部竞相进发、农产品进城与工业品下乡双向互动的发展格局。同时，种子、化肥、农药等农资电商平台迅速涌现，休闲观光农业和民俗旅游电子商务异军突起。在农业管理上，农业电子政务建设成效明显。通过“金农”工程一期项目的实施及信息监管平台在一些地方的创新应用，“用数据说话、用数据决策、用数据管理、用数据创新”的管理机制初步建立。在农业服务上，农业部门户网站已经成为世界最有影响力的农业网站之一，形成了部、省、地市、县的农业网站群。12316 全国农业公益服务热线及信息进村入户试点工作扎实推进。

【信息化发展战略研究聚焦热点】

为进一步归纳总结信息化能力对促进现代化发展的方式方法和重大举措，农业部信息中心持续从事农业信息化战略研究，深化部省联动、市场协作、院所联合，在前期工作基础上，聚焦开展了农产品市场消费大数据分析、大城市郊区农村电子商务发展、节本增效农业物联网技术应用、移动互联农业应用、畜牧兽医大数据应用等研究，并组织开展全国农业信息体系建设情况监测。围绕“互联网+”现代农业主题，农业部信息中心组织青年同志与合作伙伴共同开展“互联网+”系列专题研究，从农业发展全局着眼寻求跨界融合点，涉及粮食安全、市场监管、农村社会治理、面向“三农”公共服务、农业环境保护、农业组织创新、农产品市场预警、农业保险产品创新等相关专题研究。通过把握时代脉搏、紧盯信息技术发展前沿、深入剖析农业信息化实践应用案例、抽象归纳普适规律，进一步丰富农业信息化理论，探索推动农业信息化应用落地。

【标准规范体系建设走上快车道】

为进一步强化涉农电子政务不同系统间融合、有序推进全国“三农”信息服务协同发展，电子政务数据共享规范和全国 12316 平台体系管理技术规范编制等获得立项。加强网络安全顶层设计，开展《农业部网络安全管理制度体系框架》研究与编制。完成了《全国 12316 规范与制度》，为实现全国“三农”信息服务整体联动奠定了基础。农业部信息中心联合有关部门、企事业单位等加快推动农业领域 OID 的实践应用，与中国电子技术标准化研究院（国家 OID 注册管理中心）合作完成农业领域 OID 架构设计和农业领域 OID 虚拟注册站点建设工作；配合国家农产品质量安全追溯管理信息平台项目建设，编制完成《农用二维码使用技术规范》，为基于 OID 的追溯码编码规则和二维码作为追溯信息载体信息表达提供依据。《农业部办公厅关于进一步规范电子政务信息系统建设的通知》（农办〔2015〕46 号）第一次明确了农业部信息中心在农业部电子政务信息系统建设中的技术审核职责；在农业部市场与经济信息司的推动下，启动了农业部农业信息化标准化技术委员会筹建相关工作，以上对于规范农业信息化建设意义重大。

【信息化基础设施优化升级】

为支撑“互联网+”现代农业及大数据行动计划有效实施，农业部开展国家农业云建设，完成了国家农业数据中心云化升级技术方案及异地灾备中心选址等工作。云化升级依托国家电子政务外网和现有资源，促进农业信息资源的整合、共享和开发利用，满足未来国家农业数据中心应用需求。异地灾备中心用于灾难性事故发生时，接替国家农业数据中心业务系统运行，进行数据处理和支持关键业务功能运作，保障和维护日常行政和业务工作的正常进行，提高抵御灾难打击能力和灾难恢复能力。加强运维管理，提高运维服务水平。组织实施了国家农业数据中心综合运行监控大屏系统建设工作，实现对基础环境、网络系统、主机系统、数据库、中间件系统、业务应用系统的统一、实时监控，及时处理系统运行中出现的告警、问题和故障，有效提升数据中心运行监控与维护服务能力、服务水平，为保证农业部各重要业务信息系统高效稳定运行发挥重要作用。

【安全管理工作稳步实施】

认真落实中央网信办、公安部、农业部有关要求，组织力量对农业部系统网络安全和各单位网站进行抽查，提出针对性整改意见并督促落实，确保“两会”期间部网站和重要信息系统安全运行。加强部机关信息系统安全保密检查，全面排查安全隐患。对农业部政务外网进出口网络流量、安全设备运行状态、安全事件进行监测和分析，及时进行有效处置。对农业部门户网站群重要页面进行实时监测，定期检查门户网站的安全性、完整性和可用性。各项安全管理工作稳步实施、有效推进，为网络、信息系统和网站安全运行提供了重要保障。

【信息资源建设取得突破】

进一步加强信息资源建设工作，不断拓宽数据资源渠道，丰富信息资源内容，基于农业部自身应用系统，采集、加工、整理了大量一手信息。为加强农业系统内部信息资源的整合与开发利用，启动了数据资源整合平台建设工作，统一规划、逐步实施，梳理农业部信息资源目录，搭建农业部基本农情动态数据库架构，建设农业部信息资源共享服务平台。选择重点领域、试点部门，逐步开展信息资源梳理、系统对接、数据清理、目录建设和综合应用等工作，以重点突破带动整体工作推进，从已经运行的业务应用系统出发，对农业部信息资源情况进行了调查和梳理，初步形成了农业部应用系统资源目录。为农业部以至中央国务院宏观决策提供了有力的信息支持，为涉农企业、农民及其他社会公众提供了很好的信息服务。

【业务应用系统稳定运行】

农业部各类重要业务应用系统有效地支撑了农业政务管理和为农服务工作。其中，农业部升级版办公自动化系统已初步建成，进入试运行阶段，节约了办公经费，提高了办公效率，提升了办公质量；农业部决策服务系统正式进入项目实施阶段，预期实现小麦等农产品在生产、消费、价格、贸易等环节的全链条数据分析与展示；农业部行政审批综合办公系统新增行政审批综合查询及场景服务功能，在提升服务水平、促进政务公开、提高行政审批工作效能上发挥了重要作用；农业部应急管理信息系统正式进入项目实施阶段，初步完成了系统需求分析报告和原型设计；农产品和生产资料市场监管系统通过农药网上审批子系统实现农药网上审批受理累计 5.8 万件，向海关电子口岸发送放行通知单累计 55.9 万条；农机监理系统累计办理拖拉机登记 51 万件，累计办理驾驶证申领 66.4 万件，累计处理许可品订单 9427 件；农业部绩效管理信息系统分解农业部 21 个司局、29 个直属事业单位绩效指标 2700 多项，实现对 300 多家省级农业部门落实专项绩效工作的网络化和电子化管理；农业地理信息平台的建设方面，通过对全国农产品批发市场位置数据进行补充完善，本年度完成了全国农产品批发市场地理位置信息“一张图”集中展示。

【全国农业视频会议系统作用突出】

在各省农业部门的大力支持配合下，以农业部为主会场、各地农业部门为远端会场共同组建的全国农业视频会议系统不断完善，为应对各类农业突发公共事件、部署“三农”重大工作、促进农业农村经济平稳较快发展起到了重要作用。目前视频会议的使用需求越来越旺盛，各省（自治区、市）的视频会议系统正快速、大范围地向地县级农业部门延伸，全国农业视频会议系统趋近完善，已有 27 个省市区将视频会议延伸到地县级农业部门，地县分会场数量合计 1619 个，召开一次视频会议直接参会人数可达 3 万人以上，为国家节约了大量的会议经费。据统计，2015 年共计召开了 11 次视频会议，直接参会人数为 11.6 万人次，按照行业通常核算标准每人每次 2000 元计算，节约会议经费 2.3 亿元。视频会议系统已经成为农业部门进行工作部署、监测会商、农情调度、应急指挥等的重要手段，有效地提高了工作协同效率，降低了行政成本。

【农产品监测预警成效显著】

国家社科基金项目《市场化背景下农户、企业和国家粮食储备体系及其对粮价的影响的研究》和农业部软科学项目《我国粮经饲三元种植结构优化发展的对策研究》课题研究稳步推进，市场司粮棉油糖大宗农产品监测预警工作卓有成效。全年各品种分析师十余篇报告得到部长批示或被国办采纳，部分报告得到总理批示。河北、辽宁、吉林、黑龙江、江苏、山东、河南、广西、四川、甘肃、新疆等省信息中心与农业部中心紧密配合，开展春耕、夏收、秋收部省联合调研，并成功举办农产品监测预警培训班。部省间协同、联动开展监测预警工作，监测预警工作基础不断夯实，分析队伍不断充实，预警工作质量不断提升，显著增强了对宏观决策的参考作用和微观生产经营的指导作用。

【三农舆情监测创新发展】

三农网络舆情监测工作以《网情择要》日常监测为抓手，每日及时为部领导及相关司局提供涉农网络热点和敏感信息，年平均报送 150 多期。相继开展了周报、月报、季报、年报、手机报、24 小时应急报、不定期专报等业务，形成 6 大类 11 个舆情分析产品。深度分析产品涉及粮食安全、农产品质量安全、农业经营和土地管理、菜篮子产品价格、乳业、种业发展、转基因等农业部核心业务。三农舆情监测管理平台及移动客户端系统建成并进入试运行，监测站点覆盖主流网络媒体及各类新媒体 481 家，可抓取互联网信息，并与农业部 12316 三农综合信息服务平台体系等重要业务系统进行互联互通，借助大数据分析手段，可提前发现基层“弱信号”，实现舆情监测关口前移，提高舆情监测的前瞻性和预警力。

【网站宣传与影响不断扩大】

进一步发挥新媒体作用，加强农业信息宣传和服务工作，充分发挥了网站正面舆论宣传的引导作用。开设了“部长信箱”回应栏，有效解决了网站存在的“不及时、不准确、不回应、不实用”等问题。与国家气象局、文化部、中央农业广播电视学校、央视网、部分省区市农业信息中心等开展合作，整合共享信息资源，为行业生产者、加工者、销售者和农村、农民提供权威、及时、全面的信息服务。截至2015年12月3日，农业部网站群日均点击数633万次，日均独立IP访问者数达15万个，同比分别增长3.5%和11.2%。在中国社会科学院“2015中国政府网站绩效评估活动”中荣获“国务院组成部门第三名”，在“2015中国‘互联网+政务’评选活动”中被列入“优秀实践案例50强”。在第一次政府网站普查中，农业部被列为表扬对象之一，被抽查的包括部官网在内的13个网站全部合格。

【信息服务能力显著提升】

以12316三农综合信息服务平台为支撑，充分发挥组织、资源、专家等体系优势，形成了全国联动、资源共享、方式多样的农业信息服务格局。目前，12316服务已覆盖了全国98%的省（自治区、市），中央平台已与13个省（自治区、市）实现了数据对接，汇集了200多万条知识库、案例库、专家库等数据资源，初步开展了数据资源的挖掘利用，及时发现当前热点问题、热点诉求，及时响应、争取工作主动；初步搭建了基于搜索引擎的12316数据共享平台，为全国信息服务体系建设奠定了数据基础；短彩信平台司局和事业单位用户增至82个，全年发送短彩信超过3000万条，发送对象近40万人。在“互联网+”的大背景下，12316开展了多方合作，与成都市农委积极探索中央和地方联动创新的工作机制，与中航安盟财产保险有限公司共同实施“互联网+”“三农”保险行动计划，与定州市试点试验12316信息服务落地。12316正以“集中平台、集聚资源、集约服务、集群商务”为目标，以“需求引导、与时俱进、转型升级、探索试验”为路径实现转型升级发展，作为信息进村入户工程的重要支撑，促进其建设成为“互联网+”行动计划在农村落地的示范工程。

文化信息化发展概况

2016年是“十三五”开局之年，文化部全面贯彻党的十八大和十八届三中、四中、五中、六中全会精神，以邓小平理论、“三个代表”重要思想、科学发展观为指导，深入学习贯彻习近平总书记系列重要讲话精神，紧紧围绕“四个全面”战略布局，全面推进信息化建设，为文化繁荣发展提供强大技术支撑。

【完善文化部信息化工作机制】

2016年，为进一步加强对文化部网络安全和信息化工作的统筹指导，文化部根据工作实际，调整了文化部网络安全和信息化领导小组及其办公室成员。同时，为加强应对网络安全风险，文化部网信办组织专业人员成立网络安全委员会，负责重大网络安全事件的应急咨询和处置。

【加强文化部电子政务建设，提升信息化支撑水平】

（一）加强日常监管，不断完善文化部政府门户网站建设管理工作

贯彻落实国办要求，建立完善政府网站常态化监管机制。自2015年第一次全国政府网站普查

之后，文化部有针对性地加强了指导、监督，建立健全政府网站建设运维、检查整改、评优问责等常态化监管机制，切实提高政府网站建设管理水平。开展了文化部政府门户网站常态化监测项目，发现问题及时整改，为网站健康运行提供了有力保障。启动文化部政府门户网站改版工作，针对监测中发现的检索效率低、移动终端适应性差等功能性问题，集中进行技术升级。

继续做好文化部政府门户网站信息发布和新闻宣传工作。2016年文化部政府门户网站共发布各类政务信息7000余条，开展新闻发布会网上直播14场、在线访谈2次，制作各类宣传视频24个，推出“中国非物质文化遗产传承人群研修培训计划与传统工艺工作站”等热点专题4个。“文化资源展馆”栏目被电子政务理事会评为“2016年政府网站信息公开精品栏目奖”。

（二）完善文化部电子政务平台建设，提升文化治理水平

2016年，文化部电子政务平台投入使用，系统功能进一步完善。截至2016年年底，专网办公系统共处理文件10973个，内网共处理文件2695个。2016年平台新增调整软件功能108项，增加入网审批、统一认证等功能模块，落实部领导要求，对批示单内容格式进行调整，统一配置桌面办公软件WPS 500套，进行硬件扩容和云终端软件升级；搭建电子政务平台存储备份系统，实现专网办公及业务系统部机关和国图机房的同城异地备份。

积极开展业务系统建设，提高部机关工作信息化水平。建成文华奖评审专家库及申报系统，实现十一届中国艺术节文华奖专家自动抽取和管理。建设了督察督办系统，实现督察督办文件处理和各部门分工协作流程电子化。此外，文化部工资查询、驻外票据管理、财务报销等多个业务系统已迁入专网办公平台，正积极开展对外及对港澳台行政审批事项信息化工作等。

（三）围绕数据业务核心工作，推进数据业务建设取得实质进展

开展文化部政务信息资源库建设，积极稳妥推进数据资源开放共享。按照国家有关高效采集、有效整合、深化应用政务数据资源，提高信息资源利用水平的有关要求，完成文化部政务信息资源库（一期）建设工作。该系统已于2016年6月1日依托文化部专网办公平台上线运行，同时配套制定了《文化部政务信息资源库管理暂行办法》等规范性文件。通过对办公厅和政策法规司核心资料的整理，初步建设完成“内部资料库”和“政策法规库”。截至2016年年底，库内已收录历年《文化部简报》《情况通报》《工作交流》《工作动态信息》等政务信息资源1834条，为构建统一规范、互联互通、安全可控的政务信息资源体系打下基础。

（四）深入开展等级保护和分级保护工作，保障内、外网和专网的安全可靠运行

一是加强网络和信息系统建设，推进信息系统安全管理工作。继续建设文化部安全管理和技术支撑平台，提高网络安全态势感知能力，实现对地市级以上文化行政管理部门共330个网站的安全监测。完成数据安全保障中心建设和机房改造工程，实现78个信息系统的安全运营管理，提高文化部各单位重要信息系统安全态势的评测能力。

二是按照等级保护和分级保护要求完成政务信息外网、涉密办公内网、政府专网和其他业务专网的安全检查、安全建设整改，通过系统风险评估和测评。完成文化部财务管理系统虚拟化平台建设工作，实现31家单位64个模块的系统迁移和培训。完成文化部系统网络和信息安全通报、网站安全治理、关键信息基础设施的统计等工作。

【推进文化系统信息化建设，提高文化行政管理和服务水平】

（一）推进公共数字文化建设

文化部持续推进全国文化信息资源共享工程、数字图书馆推广工程和电子阅览室建设计划，建成国家、省、市、县、镇、村6级网络，用信息化手段将群众喜闻乐见的优秀文化作品传送到广大人民群众身边。截至2016年11月，文化共享工程和公共电子阅览室数字资源总量超530TB，数字图书馆资源总量近1130TB。

（二）完善全国文化市场技术监管与服务平台建设

平台以“一户一档”基础数据库为核心，通过将文化市场业务活动信息，违法违规信息与经营主体信息相关联，不断健全娱乐、演出、艺术品、网络文化等领域文化经营主体、从业人员及文化产品的信用信息。为文化市场宏观管理提供查询、统计、分析、预警等方面的技术支持，驱动文化市场管理方式的转型升级。截至2016年年底，全国通过平台办理审批业务7万件，发起日常检查997万余次，以平台规范审批和执法行为、提升业务办理效能的成果初步显现。

（三）文化部系统各单位积极推进信息化建设

在互联网时代，数字化保护与研发已成为博物馆文化传承创新的有效途径。2016年，国家文物局、国家发改委等印发《“互联网+中华文明”三年行动计划》，加大博物馆资源的社会开放度，促进博物馆馆际交流，提高文物藏品利用率，鼓励社会参与文化创意产品研发，进一步促进文化遗产资源“活”起来。故宫博物院经过努力，建成了数字故宫社区，项目包括全景故宫、故宫出品系列等APP，以及数字展厅的关联、分享与互动，展示故宫博物院在古建筑修缮、藏品保护、观众服务、科学研究等方面的最新进展和成果。全国美术馆藏品普查工作成效显著，截至2016年年底，全国共有345家参普单位登录普查数据平台并完成了单位基本信息的初始，入库数据总计289825条，数据总量6.6TB。此外，国家艺术基金管理中心、国家博物馆、中央文化干部管理学院、文化部恭王府管理中心、文化部民族民间文艺发展中心、中国艺术科技研究所等多家单位也在积极研究利用信息化手段提升业务水平、促进业务发展。

卫生计生信息化发展概况

【卫生计生信息化发展现状】

（一）医疗服务信息化现状

1．政府政策

2015年1月至2016年7月，国务院相关部门出台了14项与卫生计生行业信息化工作相关的政策文件、指导意见等，尤其对健康医疗行业的大数据和“互联网+”的发展给予了充分的支持，大力推进了医疗服务信息化的发展进程。

2．标准规范

2015年1月至2016年7月，国家卫生计生委医政医管局、统计信息中心、国家卫生标准委员会信息标准专业委员会共公布了14项规范并向社会征求意见。国家卫生和计划生育委员会发布了22项卫生信息行业标准。

3．评审评价

（1）国家医疗健康信息互联互通标准化成熟度测评。2015年，国家卫生计生委统计信息中心启动第三批测评试点（5个分级管理单位、16个区域、12家医院），从数据资源标准化建设、互联互通标准化建设、基础设施建设和互联互通应用效果4个方面对区域（医院）信息平台开展综合测试和评估。

（2）电子病历系统功能应用水平分级评价。2015年11月至2016年1月，国家卫生计生委医院管理研究所在国家卫生计生委医政医管局的委托下，按照《电子病历系统功能应用水平分级评价方法及标准（试行）》的要求对全国二级及以上医疗机构开展相关评价评审工作，共有3197家医院参与了电子病历应用水平分级评价的2015年度数据上报工作。

（3）智慧医院评价。2015年，国家卫生计生委医疗管理服务指导中心开展了智慧医疗综合评价项目的研究工作。智慧医疗项目组根据国家标准化管理委员会制定的《智慧城市评价指标体系总体框架》和《智慧城市评价指标体系分项制定的总体要求》的要求，构建了一套智慧医疗评价指标体系总体框架和智慧医院评价指标体系，从第三方的角度对医院的智慧应用与管理进行综合评价，以促进医疗机构智慧应用管理与建设。

4．现状水平

根据2015年电子病历应用水平分级评价结果数据显示，在全国3197家上报医院中，1929家医院没有电子病历系统，占比60.34%，1268家医院已建设了电子病历系统，占比39.66%。具体情况如表1所示。

表1 2015年全国医院电子病历系统建设情况

医院类型	上报医院总数量（家）	无电子病历系统		有电子病历系统	
		医院数量（家）	占比	医院数量（家）	占比
二级医院	2032	1492	73.43%	540	26.57%
三级医院	1055	372	35.26%	683	64.74%
一级及未评级医院	110	65	59.09%	45	40.91%
委属委管医院	28	7	25.00%	21	75.00%

（二）应急信息化建设现状

2015—2016年，国家卫生计生委启动了突发公共卫生事件应急指挥中心升级改造工程，梳理形成了我国卫生应急平台体系升级建设工作思路，并将突发公共事件卫生应急指挥决策系统升级作为重点项目，纳入国家卫生计生委《突发急性传染病防治“十三五”规划（2016—2020）》中。

（三）疾控信息化建设现状

截至目前，我国已建立以中国疾病预防控制信息系统为代表的多个疾病预防控制业务应用系统，涵盖传染病报告、突发公共卫生事件报告、慢病监测、健康危害因素监测等多个业务领域，同时建立了国家级疾病预防控制数据中心和容灾中心。具体建设内容包括：开展全民健康保障信息化工程疾控信息系统规划设计，完善疾病预防控制信息系统建设；开展区域人口健康信息平台公共卫生应用试点；加强网络信息安全工作；中国疾病预防控制信息系统网络直报单位虚拟专网建设，等等。

（四）医疗机构远程医疗服务信息化建设现状

近年来，国家卫生计生委印发了《关于推进医疗机构远程医疗服务的意见》，鼓励地方卫生计生行政部门加强统筹协调，积极推动远程医疗服务发展。目前，医疗机构远程医疗服务已经覆盖30余个省市，约2000余家二级以上医院，城市二、三级医院向县级医院和基层医疗卫生机构提供远程会诊、远程病理诊断、远程影像诊断、远程心电图诊断和远程培训。

（五）改善医疗服务行动计划

2015年1月，国家卫生计生委联合国家中医药管理局，启动进一步改善医疗服务行动计划。截至2016年11月，全国三级医院预约诊疗率平均值达到34.1%，超过2000家医疗机构开展日间手术，1000余家医疗机构提供移动设备支付，4000余家医疗机构提供多种形式检查检验结果查询，超过7300家二级以上医疗机构实施了临床路径管理，所有三级医院和90%以上的二级医院开展了优质护理服务，78.4%二级以上医疗机构为医责险和医疗风险互助金参保单位。

（六）新农合信息化建设现状

近年来，我国新农合信息化工作取得重大进展。具体内容包括：开发了新农合信息系统技术标准，统一了联网技术规范和数据集等技术标准，各省普遍建立了标准统一的集查询、审核、监控等功能于一体的新农合信息系统；国家新农合信息平台不断完善，并与各省份互联互通，除江西和西藏外，各省均建成了省级新农合信息平台，并已与国家级新农合信息平台互联互通，初步实现信息共享，异地费用核查等功能；所有省份均已全面推进省内异地就医结报工作；探索开展跨省就医结报试点。

（七）食源性疾病监测报告系统建设现状

按照国家食品安全风险评估中心的统一部署，2015年完成了以食源性疾病暴发监测系统、食源性疾病监测系统和国家食源性疾病分子溯源网络为核心的全国食源性疾病监测网络的构建，实现了病例监测、事件报告、人群调查、分子溯源和耐药监测为一体的综合监测，实现了我国食源性疾病监测体系从无到有并逐步完善的突破，提高了由病到食品安全隐患的科学循证能力，在食源性疾病的病因查明、病因性食品的追溯和污染模式评价等方面发挥了积极、有效的作用。

（八）计划生育业务信息系统建设现状

按照人口健康信息化建设的总体要求，近年来在计划生育业务信息化方面完成了以下工作：编制了计划生育业务信息系统工作方案，参与全民健康保障信息化工程一期项目可行性研究报告及初设方案，完善相关系统设计方案；积极参与国家人口基础信息库建设，重点推进国家与省级计划生育信息互联互通，同时建立完善互联互通工作机制和制度、标准规范，建立完善出生人口及生育登记信息系统建设，基本实现国家与省级信息的互联互通，初步形成国家出生人口和生育登记信息库。

（九）流动人口信息化建设现状

2015年国家卫生计生委在全国全面推行流动人口婚育证明电子化改革。2015年3月，国家卫生计生委办公厅印发《流动人口婚育证明电子化改革工作方案》，要求各省依托国家、省级流动人口计划生育服务管理信息系统，搭建流动人口婚育证明管理和查询平台。各省建立本省的婚育信息数据库，供全国查询，实现婚育证明发放、查验和监控管理电子化。截至2015年年底，除云南、西藏外，29个省（自治区、市）和新疆兵团均上线应用，29省数据库共汇集成年育龄妇女信息2亿多余条。流动人口婚育信息的实时查询和共享，改变了流动人口外出需办理婚育证明的工作模式，为流动人口在外获得计划生育服务提供了便利。

【挑战与机遇】

“十二五”期间，我国卫生计生信息化工作有了长足的发展与进步，主要体现在政府重视、保障增加、技术兴起、行业创新等方面。但是我们也要看到，当前的卫生计生信息化工作仍然面临诸多挑战，基层医疗机构信息化基础建设薄弱；医疗服务与公共卫生、计划生育等系统间的数据共享使用壁垒问题；人才、标准、法律法规等基础保障设施不完善；数据开放程度不够，数据质量有待提高，安全建设与隐私保护亟待加强。

“十三五”时期是全面建成小康社会的决胜阶段，亟须以信息技术支撑全人口、全生命周期的精细化人口健康服务，全面加快信息化建设进程，以全民健康促进全面小康。当前，社会整体信息化程度不断加深，信息技术对健康医疗事业的革命性影响日趋明显，健康医疗大数据成为国家重要的基础性战略资源。以大数据、云计算等新兴信息技术为核心的新一轮科技革命，加速了健康医疗领域新模式、新业态、新技术、新服务的涌现，为人口健康信息化建设创造了广阔的空间，为卫生计生行政部门不断推进职能转变、创新服务模式、提升治理能力提供了难得的机遇。全国卫生和健康大会明确提出，完善人口健康信息服务体系建设，推进健康医疗大数据应用，有利于提升健康医疗服务质量和效率，扩大资源有效供给，培育新的业态和经济增长点，满足人民群众多层次、多样化的健康需求。在新的历史起点上，要应势而谋、顺势而为，不断完善顶层设计，夯实发展基础，优化资源配置，深化创新应用，努力开创人口健康信息化新局面。

工商信息化发展概况

2016年，工商总局信息化建设围绕工商行政管理改革发展和商事制度改革，突出抓好“一幅图、一张网、一个库、一平台、一门户”的“五个一”建设，着力夯实标准、数据、安全三大基础，全年工作取得了显著成效。

【加强顶层设计和统筹协调】

编制并印发了《工商行政管理信息化发展“十三五”规划》，为“十三五”时期工商信息化发展提供了战略方向和基本思路。注重顶层设计，参与《“十三五”市场监管规划》等文件的编制。积极开展国家企业信用信息公示系统信息化工程立项申报。先后组织编制完成《国家企业信用信息公示系统信息化工程可行性研究报告（代项目建议书）》《节能评估报告书》《国家企业信用信息公示系统信息化工程初步设计和投资概算》并获得国家发改委批复，为整体工程建设奠定了基础。积极牵头组织参建部委修改完善国家法人单位信息资源库可行性研究报告，并于2016年7月获批。

【努力推进“全国一张网”工程建设】

国家企业信用信息公示系统（以下简称“全国一张网”）2016年12月22日上线运行，实现了国务院提出的2016年年底基本建成的目标要求。在系统建设过程中，一是积极推进系统的总体统筹建设，紧扣时间节点，制定《2016年全国一张网基本建成使用阶段计划安排》，扎实高效推进系统建设。梳理业务需求，制定各类技术标准和规范，编制并印发《国家企业信用信息公示系统2016年信息化技术初步设计方案》《国家企业信用信息公示系统2016年信息化数据规范（暂行）》。完成规范全国模板的系统原型开发，印发《工商总局关于国家企业信用信息公示系统格式规范的通知》（工商办字〔2016〕207号）、《关于更新国家企业信用信息公示系统格式规范的通知》，确保系统建设规范统一。完成了系统的总体架构研发和联调测试，确保系统2016年年底上线运行。二是积极指导地方系统的建设。按照系统建设统一的技术方案和标准要求，通过培训、电话和QQ群等多种方式答疑解惑，多次举办有关系统建设的全国性会议和培训，全面指导地方系统建设。加强地方公示系统验收，力促地方加快推进系统建设。组成4个督导小组，每日检查、反馈各地问题，赴11个省现场督导。三是组织开发完成中央部门协同监管平台。组织召开10个部委推广应用座谈会，向56个部门发函提供用户名和密码，为中央部门涉企信息归集、数据交换共享提供多种方式的信息提供、信息接收、信息查询通道。初步具备了与中央部门数据共享应用的能力和条件，“全量归集，一码关联”迈出实质性步伐，对于实施协同监管、联合惩戒起到了积极作用。

截至2016年12月31日，全国工商和市场监管部门向国家企业信用信息公示系统归集市场主体信息8720万户、行政许可信息664万条、行政处罚信息218万条、经营异常名录信息662万条，其他部门联合惩戒信息426万条、简易注册信息412万户，系统累计访问量311亿人次，平均日访问4000万次。

【大力开展国家法人库工程建设】

一是开展国家法人库云平台项目建设。通过集约整合工商总局现有信息化基础设施资源，租用公共IDC机房作为工商总局网络的扩展及延伸空间，初步搭建起高效运行、弹性扩展的云支撑平台框架，实现了工商信息化基础资源的统一管理、统一调度、统一运维。二是基本完成数据中心升级改造。协调推进工商总局和省局数据中心升级改造，对工商总局数据中心和全国33个数据采集单位的前置系统进行了软硬一体的全面升级，形成“一库两平台三系统”体系，即国家经济户籍库、数据集成平台、数据管理平台、前置系统、统计数据生成系统、业务司局专项查询统计系统及所需的相关工具软件集成。

【整合完善综合业务平台】

一是积极推进综合业务系统的升级改造和日常运维。对综合业务系统中的登记系统、竞争执法平台、流通领域商品质量抽检系统、短信服务系统等进行了升级改造，应用效能明显提升。二是积极推进“五证合一、一照一码”信息化建设。参加国务院职能转变办组织的调研和文件起草，编制行业标准《GS49—2016五证合一、一照一码数据规范（暂行）》《“五证合一、一照一码”登记制度改革信息化技术方案》并下发全国工商、人社和统计部门，为深入推进商事制度改革和政府部门信息共享奠定基础。三是积极推进个体工商户“两证整合”信息化建设。编制《个体工商户“两证整合”工商税务信息共享技术方案》《个体工商户“两证整合”信息化技术方案》和《个体工商户“两证整合”数据规范》并印发全国执行。四是积极推进小微企业名录系统建设。做好小微企业名录系统的运维保障。不断提升小微企业名录系统效能，为29个省（市）开展扶持政策公示和申请提供技术支撑。做好小微企业名录系统升级改造。按照业务新需求，不断拓展系统功能。截至2016年年底，小微企业访问量5600万余次。五是积极推进企业登记全程电子化试点和电子营业执照系统改造及试点工作。截至2016年12月，全国已有上海、广东、福建、江苏等16个省/市，严格按照统一规划体系，以工商总局电子营业执照根系统为信任源点，采用与工商总局统一的电子营业执照密码保障系统，完成了省级电子营业执照系统的建设。上海等10个省市已全面推行电子营业执照。

【合力推进商标信息化建设】

一是努力完成商标注册便利化改革提出的急迫及2016年信息化建设任务。组织开展23项急迫需求的开发，组织设计了商标审查协作广州中心的系统建设方案。完成商标审查协作广州中心2016年12月1日挂牌运行的信息化保障任务，启动工商总局端主机扩容和软件修改工作。牵头商标注册便利化改革领导小组确定的商标数据库开放任务，制定了工作方案，成立了工作组，完成了需求调研报告和技术分析报告。组织了网上检索系统升级改造、网上申请系统、第三方支付平台等5个项目的技术方案设计、招标采购、实施系统建设等任务。二是研究建立长效工作机制。全面梳理了商标信息化的历史和现状，起草了《关于商标信息化建设有关情况的报告》和《关于进一步加强信息化建设服务保障商标注册便利化改革的意见》，编制了未来3～5年的商标信息化建设规划和经费概算。

【提升工商“互联网+”电子政务水平】

一是积极推进工商总局网站改版和效能提升。修订完成《国家工商行政管理总局政府网站管理暂行办法》，积极促进构建新型高效网站管理机制，积极完成工商总局网站改版各项工作，积极承担工商总局网站内容建设和日常运维。有效推进工商总局政府信息主动公开和重大决策政策解读：2016年工商总局政府网站群面向社会公众共发布更新各类信息8424篇，工商总局移动门户发布信息1714篇；有效推进工商总局网站互动交流：2016年办理工商总局网站公众留言13044件；工商总局网站日均访问量达550万人次，日益成为工商总局信息公开、交流互动、政务服务、新闻宣传的第一平台，为民服务效能不断提升。

二是积极推进工商总局OA系统建设和完善。加强OA系统功能建设，启动了《工商总局

OA 系统功能升级项目（2016—2018 年）》等项目建设，开展了工商总局财务事项审批系统等功能建设。做好技术支撑和日常运维服务，2016 年，提供各类 OA 服务 2600 余次。工商总局 OA 系统共支持工商总局机关和直属单位 1300 余用户日常办公使用，2016 年共办理各类文件近 5.9 万件次，截至 2016 年年底，工商总局通过 OA 流转办理各类文件累计达 28.6 万件次。

三是积极推进全国 12315 互联网、网络交易监管等平台的建设。联合成立 12315 互联网平台建设工作组，用工作机制确保项目有效推进。制订了《全国 12315 互联网平台建设工作方案》，明确项目建设时间表和路线图，完成了项目招标采购工作，加快推进项目建设实施，为信息化支撑消费维权，营造良好的消费环境奠定了基础。广泛调研网络交易市场现状，明确需求，重点突破，认真推进网络交易监管平台建设。

【大力加强网络与信息安全建设】

一是完善工商总局信息安全基础体系。制订了工商总局信息安全五年建设方案。针对工商总局各类安全薄弱环节整改加固，调整和优化安全管控设备。部署防病毒软件等安全系统上线，加强安全防护力度。完成两地三中心（二期）的灾备系统需求调研并制定建设方案。二是加固工商总局信息化基础运行环境建设。积极完成工商总局机房改造及搬迁系列工程。完成工商总局视频会议系统升级改造，2016 年共保障视频会议 15 次、日常会议 53 次。完成了工商总局办公网络基础环境改造工作，确保工商总局办公用房顺利搬迁调整。三是指导全系统信息安全工作。建立并实施全系统网络与信息安全通报机制，定期发布有关网络与信息安全的通报（非涉密）35 期，不定期发布有关做好网络安全保障及应急处置工作的通知等。

质检信息化发展概况

2015—2016 年，质检信息化工作部门紧紧围绕“抓质量、保安全、促发展、强质检”质检工作“十二字”方针，加快建立中国特色质检信息化工作体系。加强系统运维与管理，积极推进信息化与质量管理、检验检疫、特种设备、认证认可、标准化等核心业务深度融合，为质检各项工作提供了有力的支撑和保障。“大机制”“大平台”“大数据”“大融合”“大安全”等工作均取得积极进展。

【信息化工作重点】

（一）进一步理顺信息化工作机制

1．完善信息化管理体制

调整了总局信息化工作领导机构，成立总局网络安全与信息化工作领导小组及网络与安全信息化工作领导小组办公室。加强了与中央网信办、国家发改委、工信部等国家信息化主管部门的联系，建立了部际工作联络员（处级）机制，组成联合工作组，共同研究起草了《中国—东盟信息港建设方案》《昆山、福州（平潭）海峡两岸电子商务合作试验区建设总体方案》。强化信息化人才队伍建设。从全系统选派了 12 名专业技术骨干赴美参加由质检总局和国家外国专家局共同举办的基于质量安全保障信息资源整合与开发应用的大数据分析技术培训班学习，派员参加中央网信办组织中央和国家机关信息化工作处级专题班的培训，举办了两期质检信息化新技术培训班，共培训 200 余人次。

2．科学编制信息化规划

编制完成信息化工程相关规划。已编制完成《质检信息化工程建设总体规划（2015—2020年）》，印发了《落实“三互”检验检疫大通关信息化总体规划》。积极推动“十二五”国家政务信息化工程项目建设。总局参与共建的安全生产监管信息化工程、全民健康保障信息化工程和生态环境保护信息化工程相关质检总局建设项目的可行性研究报告都按时编制完成并通过牵头部委组织的审核。

3．加强标准规范建设

组织召开 2015 年检验检疫信息化标准化专业技术委员会会议，完成检验检疫信息化标准体系目录修订。完成2015年检验检疫信息化标准的申报及评审工作，制定了《检验检疫电子证单报文设计规范》《检验检疫业务信息系统 Java 编码规范》（征求意见稿），完善了《检验检疫数据元目录》。积极筹备成立全国质量信息标准化技术委员会。

（二）大平台建设进展顺利

（1）完成了质检云服务平台建设顶层设计。编制了质检总局信息化基础设施建设总体框架方案，确定了质检云服务平台的建设目标、建设原则，明确提出了质检云服务平台建设的主要任务及保障措施。总局马甸机房服务器虚拟化建设项目竣工并通过验收，总局机房迁移改造方案制订完成。检验检疫大通关项目“同城双活”数据中心硬件部署工作完成，开展了“双活”调试，基本实现网络、应用、存储、数据库四方面的“双活”。

（2）总局应急指挥中心投入使用。实现了对质检系统的快速反应、应急处置、实时指挥等功能。

（3）12365 信息化平台不断完善。12365 信息化平台“执法管理”模块已经上线，《12365 风险信息分级和处置工作规范》印发实施，《12365 举报、投诉、咨询服务规范》正在报批国家标准，热线服务质量检查工作持续开展。

（4）电梯应急处置平台建设探索新模式。印发了《质检总局特种设备局关于印发〈电梯应急处置服务平台建设运行工作指南〉的通知》和《质检总局特种设备局关于印发〈电梯应急处置平台数据归集规则（试行）〉的通知》。积极推动“电梯物联网安全监控服务平台研制和应用试点工作，与太原国家经济技术开发区合作探索推进产业化发展。

（5）总局电子政务内网建设进展顺利。成立质检总局电子政务内网改建迁移工作领导小组，组织制定《质检总局电子政务内网建设方案》；制定总局电子政务内网涉密信息系统分级保护设计方案。

（三）大数据整合应用取得突破

（1）编制印发了信息资源整合与共享工作指导意见和顶层设计方案。《全国质检信息资源整合与共享建设总体指导意见》正式发布，明确了信息资源整合与共享工作任务和各部门的职责；《质检信息资源整合与共享服务平台顶层设计方案》发布，《质检基础信息资源目录和共享目录》结构已制定完成。

（2）加强部委间信息资源共享。利用共建“十二五”国家电子政务信息化工程契机，与安监总局、环保部和卫计委等部委签订了信息共享协议。与国家发改委、国家信息中心建立的质量信用信息共享平台，初步实现与相关部委的数据交换和信息共享。

（3）积极探索数据资源整合与共享。围绕总局行政审批改革的要求，总局层面加大了行政审批数据资源的整合工作力度，目前已整合了总局业务司局 5 年来的数据，同时积极推进重点消费品国内产品质量监督信息和出口商品质量风险信息的互联互通试点工作。总局各业务司局结合工作实际，加大信息资源开发利用。

（四）质检业务与信息化融合不断推进

（1）质量监督信息化应用深化融合。配合总局行政审批标准化试点，对总局网上审批系统和行政许可电子监察系统进行升级改造。推进特种设备信息化建设普查工作，增加特种设备行政许可系统境外模块，已经通过验收上线运行。积极推进电子商务产品质量信息公共服务平台建设。研究制定了《电子商务产品质量信息公共服务平台运行管理办法》《电子商务产品质量监督抽查及风险监测数据处理办法》等配套制度，通过质检总局电子商务产品质量信息公共服务平台，共享电商产品质量监督抽查信息、线下产品质量监督抽查信息、政策法规信息等内容，提供组织机构代码、3C认证、工业产品生产许可证等查询，实现与阿里巴巴、京东、苏宁云商等6家成员单位质量风险监测结果不合格数据互换共享。加强国家质检中心管理信息化建设，开发完成全国质检系统国家质检中心动态管理系统，组织了对有关单位的培训。

（2）检验检疫信息化应用取得重大进展。加快推进E-CIQ主干系统建设，完成主干系统在生产环境的部署和测试。加快推进“三个一”，积极参与“三互”和“单一窗口”建设，在全国全面推广“三个一”统一版“一次申报”系统，指导区域内检验检疫机构率先实现信息互换、监管互认、执法互助，加快实现区域检验检疫通报、通检、通放。完成对CIQ2000等三大核心系统“三通”“两直”通关一体化改造升级和部署。推进输非商品检验与打假信息系统应用，已经在江苏局和检验司试运行。完成进出口工业品质量安全风险预警平台升级改造方案。建成并启用进口食品全程公共信息追溯平台，健全了我国进口食品追溯机制。

（3）国家质量基础信息化应用不断完善。认真梳理计量信息化工作现状和需求，加强顶层设计，研究拟订全国计量信息化建设总体规划草案。推动政府主导制定标准的信息公开和共享，开展全国标准信息导航网站的整体规划和设计，完成主体架构的搭建和部分页面设计。完成认证机构管理大数据业务模型构建及大数据系统基础功能开发，为大数据示范应用奠定基础。积极推进质检科技管理信息化建设。完成质检科研管理信息系统开发完善工作，已经在2015年总局科技计划申报和科技奖励评审中应用。深化纤维质量公证检验数据应用，棉花、茧丝等公证检验数据为棉花交易市场、茧丝绸交易市场、大宗产品交易市场、农发行等需要和应用；纤维质量公证检验数据质量控制的视频监控系统完成建设，各地机构逐步接入。

（4）总局门户网站建设取得重大成效。积极探索研究总局网站服务能力建设，完成总局网站服务平台需求设计分析工作；努力提升网站办事服务能力和政务服务水平，总局门户网站在71个国务院部委中获得政府网站绩效评估第2名。

（5）守住安全底线，保障质检信息化健康发展。积极开展质检系统网络安全检查工作。组织开展质检系统信息安全等级保护工作，严格执行质检信息安全通报机制，确保质检基础网络和重要信息系统均保持平稳运行。积极做好质检信息安全监测预警工作。监测数据显示，2015年质检系统政府门户网站中存在紧急风险的网站与2014年同比下降了57%。认真做好信息安全应急处置工作。2015年总局信息办共接收到中央网信办、公安部等国家信息安全监管部门通报的质检信息安全事件15例，总局信息办积极组织开展应急处置，及时通报预警并监督落实整改，将信息安全风险降至最低。

【主要存在的问题】

（一）信息资源分散，作用发挥不够好

应用系统分散建设，大量数据呈现存储零碎化、数据库互相封闭，形成“信息孤岛”。在没有对信息资源全面进行整合之前，无法实现跨应用的信息检索和利用。无法满足各级质检部门对质量状况的全面掌控、对质量监管数据的深入分析，无法满足监管企业和广大公众获取产品质量相关信息的需求，使得信息化建设的整体优势和规模效益难以充分发挥。

（二）质检信息化的保障能力仍比较弱

与科研院所、高等院校等相关机构合作不够，没有形成有效的质检信息化专家决策咨询机制。质检信息化应用技术研究体系的建立、质检信息化业务与技术交流和培训仍待加强。质检网络与信息安全，没有很好地落实安全主体责任制，信息安全防控和保护亟待加强。

（三）信息化发展很不均衡

东部沿海省份和中西部地区之间、管理部门和基层一线之间、检验检疫业务和质量监督业务

之间，信息化的环境、信息化的能力、信息化的投入及应用水平存在着很大的差距，从质检系统看，发展不均衡，对信息系统的开发和应用带来了很大的影响。

新闻出版信息化发展概况

【工作重点】

（一）加强信息化建设的保障措施

1．完善法律法规建设

2015 年，新闻出版广电总局继续推进法律法规建设，完善相关规章制度，为加快信息化建设提供制度保障。2015 年 1 月 5 日，国家新闻出版广电总局印发《关于推动网络文学健康发展的指导意见》，提出了我国网络文学的发展目标，对现阶段发展网络文学重点任务做出了部署，提出了多项推动网络文学健康发展的保障措施。2016 年 2 月 4 日，国家新闻出版广电总局、工业和信息化部联合发布《网络出版服务管理规定》，对网络出版服务许可、网络出版服务管理、监督管理、保障与奖励，以及法律责任做出说明，在规范服务行为、加强内容监管的基础上，对促进网络出版产业发展具有重要意义。

2．完成“十三五”规划制定

制定“十三五”发展规划，确定发展方向，为行业信息化建设提供重要指导。在全面总结“十二五”时期新闻出版业科技发展状况及趋势的基础上，编制完成《新闻出版业“十三五”时期科技发展规划》，确定了新闻出版科技体系建设的总体思路，明确了四个发展方向、四项主要任务、四类重点项目，为“十三五”期间新闻出版行业如何利用新技术加强信息化建设明确了方向。

3．推动信息化标准建设

2015 年，新闻出版行业继续加数字出版、信息化工程项目标准建设和产业应用，为信息化建设提供技术规范。一是加强数字出版中基础、关键标准的制定工作，加快数字内容生产、传播、版权保护方面标准的制定，加快数字资源格式类标准的制定，发布版权信息基础数据、图书贸易电子单证等一系列行业标准。二是加快新闻出版重大科技工程项目的数据资源类、技术开发与应用接口类、管理与实施类标准的制定，并积极推动工程标准上升为行业标准、国家标准。三是推动行业信息化项目中共性、基础标准的制定，发布《知识服务标准体系表》《CNONIX 应用标准体系表》等 27 项项目标准，指导各项目的建设。四是推进重点标准的产业应用，启动 MPR、CNONIX 国家标准应用示范、专业数字内容知识服务试点等项目。

（二）加快推进电子政务建设

新闻出版广电总局积极落实国家电子政务建设相关部署，继续加强新闻出版行业电子政务建设，不断提升行业管理和公共服务能力。

继续完善门户网站等信息发布平台。针对社会公众对信息查询需求的不断增长，新闻出版广电总局继续加强新闻出版政务信息门户网站、国家版权局网站等已有五大网站的性能优化和功能扩展，建成并上线全民阅读网，进一步提升公共服务能力。同时，加大上述网站的信息维护，相继推出了"'三严三实'专题教育""4·23全民阅读""剑网2015专项行动""清源""固边""净网""秋风""护苗"等专项活动，并利用微博、微信等新的传播方式扩充公共信息服务渠道，政务信息的传播力、影响力和公信力显著增强。

加大已有业务系统整合、完善力度，发挥资源优势，提升管理和服务能力。继续加强新闻出版电子政务平台项目建设，一是继续推进原有业务系统的整合优化，统筹考虑已有系统的业务系统和基础信息资源的综合利用，加强数据分析能力建设，提升公共服务、行业分析、决策制定等数据支撑能力；二是加快新业务系统的建设，启动新闻出版专业技术人员职称评审管理系统、资金综合管理平台系统等业务系统的建设，以全面支撑行业管理、公共服务等业务的开展。同时，基本完成书号实名申领信息系统、在版图书编目信息系统、图书样本管理信息系统的整合，统一了出版单位申报客户端，有效解决出版社重复申报问题。

加强信息安全建设，保障系统正常运行。根据中办、国办部署，按照《国家电子政务内网建设和管理规划（2011—2015年）》及《关于进一步加强国家电子政务内网建设的指导意见》，继续推进新闻出版广电总局新闻出版方面涉密网二期建设，进一步提升对重点业务的支撑能力和数据安全保护能力。同时，按照公安部的部署和要求，继续加强信息安全等级保护工作，安排专项经费对重要信息系统进行风险测评和整改加固工作，并不定期开展督察工作，有效保障重要信息系统的安全运行。

（三）推进行业信息化建设

新闻出版广电总局全力推进新闻出版行业信息化建设。自2013年起，按照试点先行、分步推进的原则，新闻出版广电总局联合财政部持续推进数字化转型升级工作，截至2016年7月已对301家新闻出版单位给予20.39亿元财政资金支持。2016年新闻出版业数字化转型升级项目申报评审已完成，将继续支持一批新闻出版企业开展数字化转型升级工作。部分项目成果已投入运营，产生了一定的社会效益和经济效益。同时，通过政策引导，带动新闻出版企业持续加大自身投入，不断提升出版企业的内容生产能力、产品创新能力及产品传播能力，促进传统出版核心竞争能力与信息网络传播技术的深度融合。

目前，新闻出版行业信息化建设在以下几方面取得了突出进展：一是持续信息化标准实施，打通产业数据链，提升数据共享和利用能力。在CNONIX标准应用试点的基础上，启动了示范工作，扩大应用范围，逐步实现全行业的数据交换和利用，为企业生产、行业管理、公共服务提供数据支撑。二是利用互联网思维促进产业发展成为共识。新闻出版行业不断探索互联网思维的产业应用，充分利用互联网尤其是移动互联网，加快改造出版方式、创新产品形态和服务模式、拓展传播渠道，积极探索与外部相关产业的合作，拓展内容服务范围。三是充分运用高新技术探索新的服务模式。如专业数字内容知识服务模式试点，旨在通过知识挖掘、语义分析等关键技术应用及相关标准研制，建设基于专业出版内容的知识资源数据库，并探索适应市场需求的服务模式。

【重点项目工程】

新闻出版行业重大科技工程项目建设成果显现。数字版权保护技术研发工程基本完成验收工作，开展了一系列宣传展示工作，基本完成工程成果应用准备工作；"中华字库工程"工程中基础资源库及资源管理系统投入使用，为资源管理、文字识别、编码等工作提供坚实保障；"国家数字复合出版系统"工程完成软件1.0版本开发测试，即将进入试点应用阶段，并根据试用情况对软件进行完善优化；国家知识服务中心和服务平台建设正式启动；新闻出版大数据应用工程立项顺利推进。

知识产权与专利信息化发展概况

2015年至2016年6月，国家知识产权局深入贯彻落实党的十八大，以及十八届三中、四中、五中全会和习近平总书记系列重要讲话精神，紧密围绕实施知识产权战略和建设知识产权强国两大历史任务，高效开展信息化建设，全面优化支持专利审批、公共服务、国际合作、行政管理等各项工作的信息化环境，不断丰富专利数据文献资源，知识产权与专利信息化各项业务工作不断取得新进展。

【信息化工作重点】

（一）推进专利信息化项目建设

（1）持续优化中国专利电子审批系统与专利检索与服务系统。在系统稳定运行的基础上，推进系统扩容及功能优化，进一步提高系统性能，提升浏览体验，更好地服务社会公众，不断提高社会满意度。

（2）中国PCT申请国际阶段审查和流程管理系统（CEPCT系统）大范围投入使用。着力优化系统业务功能，提升系统连续服务能力，2015年年初PCT电子申请率为30%，2015年年底则上升到60%。

（3）中国外观设计专利智能检索系统（三期）上线试运行。系统应用全新图像检索引擎，实现了多视图检索、局部检索等基于图像内容的检索功能，有效提升了检索效率，进一步提高了检索准确性，为提高我国外观设计专利的整体水平提供有力的支撑。

（4）完成欧洲专利局专利检索系统“艾颇克”（EPOQUE）硬件平台迁移和检索引擎版本升级，建成了统计报表系统、便捷审查系统、纸件文档管理系统。

（二）完善专利信息资源建设

1．专利数据资源收集与交换

国家知识产权局收集的专利文献资源与种类保持世界领先水平，专利文献总量已超过9994万件，全年共引进各类文献资源54种，资源覆盖了与审查业务相关的主要学科领域。继续保持与38个国家/组织/地区专利文献双边交换关系，获得各国专利文献450余种。

进一步加强国际数据交换，包括2015年新增的3个，总计完成与24个国家、地区或组织的数据交换工作，继续开展电子优先权交换。完成对通过数据交换获取的美、日、欧、韩全文文本数据完整性比对和补齐工作。分别与日、韩签署数据交换谅解备忘录，获得日、韩专利的全文图像、全文文本数据向公众开放的许可。

2．专利数据资源管理

继续开展中国专利权威文档的制作工作，已制作完成权威文档核查工具。完成欧洲专利局主文档数据库（DOCDB）和汤森路透德温特世界专利索引数据库（DWPI）的数据关联性分析报告。完成汤森路透德温特世界专利索引数据库（DWPI）、美国化学文摘社（CAS）、国际科技信息网（STN）等数十种专利与非专利资源结构评估报告。

3．专利数据资源应用

完成全国、京津冀及“一带一路”有关地区

的专利文献统计分析报告，有力契合社会经济发展新需求。开展专利合作条约（PCT）检索报告相关引文数据研究，加强资源管理的枢纽作用，促进资源的合理收集与应用。完成关于“知识产权全流程文献信息与数据的收集、组织管理与应用”的研究，为专利文献资源形成关联整合的知识产权大数据提供研究基础。

4．专利数据标准化工作

完成《知识产权文献与信息——基本词汇》和《知识产权基本术语》两个国家标准修订/制定的前期研究。加强“专利文献与信息标准体系”建设工作，促进文献与信息相关标准的应用。完成《知识产权图书分类表》2015 修订版。开展世界知识产权组织（WIPO）标准跟踪工作，完成 WIPO 标准中文翻译工作（31 项），及时掌握标准数据动态及更新情况，在国际标准制修订工作中更好地发挥作用。

5．专利数据资源检测与加工

针对中国专利数据深加工、中国专利文献英文翻译、世界知识产权组织（WIPO）专利数据再分类等 7 个项目，开展专利数据检测工作。完成《2012—2015 年中国专利文献英文翻译项目检测数据质量分析报告》，主要从项目的数据质量和经典案例角度进行分析。修订完成《中国专利文献英文翻译数据加工规则和检测规则》《中国专利数据深加工规则和检测规则》。完成对各区域专利信息服务中心及地方专利信息服务中心的专利数据提供工作，全年提供 2600 余万条（件）加工数据，保障全国各级数据平台的数据更新工作，实现现档数据的同步更新。全年共完成中国专利文献数据深加工 65 万件。完成发明、实用新型、外观设计三类专利翻译量共计 237 万件，同比增长 20.2%，其中实用新型增长率最高，为 26.1%。

6．专利数据分类业务管理与国际合作

推动一项国际专利分类（IPC）修订项目（C464 项目）获得世界知识产权组织审议通过，修订后的分类表于 2016 年 1 月正式生效。完成向世界知识产权组织提供 IPC 再分类数据共计近 11 万条，保证我国专利数据的有效传播及利用。2015 年全年完成发明和实用新型专利新申请 IPC 分类 217 万件，完成中国发明专利文献按照联合专利分类法（CPC）53 万件。与欧洲专利局的相关项目执行专家和质量管理专家等召开“联合专利分类法质量研讨会”。

（三）提升专利信息应用与服务能力

1．专利信息公共服务

继续推进专利基础数据的开放工作，专利数据服务试验系统新增 6 种日本专利数据、3 种韩国专利数据，截至 2015 年年底，该系统可提供包括著录项目、英文摘要、申请公布、授权公告、分类数据等共计 29 种专利基础数据。加强全国专利信息公共服务体系建设，济南、上海、重庆 3 个区域专利信息服务中心正式揭牌。新增设立青海省专利信息服务中心，地方专利信息服务中心已增至 44 家。完成广东顺德知识产权快速维权中心信息化建设，总计完成 6 家知识产权快速维权中心的信息化建设工作。2015 年 5 月，国家知识产权局专利局呼和浩特代办处正式开业，全国专利代办处增至 32 个，将专利审查事务公共服务延伸至地方。

中国及多国专利审查信息查询系统新增多国发明专利审查信息查询服务，方便公众一站式访问中、美、欧、日、韩 5 个国家或地区的发明专利审查信息。升级专利检索及分析系统，扩展支持 9 种语言版本，新增“代理人”“代理机构”等检索字段，新增中国香港、中国台湾和新加坡专利数据。继续完善专利事务服务系统，以“线上提交，线下办理”的方式，提供电子专利登记簿、专利文档查阅、文件备案等专利事务服务，能够满足专利事务服务业务的办理需求。升级中、日、韩三局合作网站，可支持中、日、韩、英 4 种语言版本。

国家知识产权局知识产权陈列馆、专利展示厅及“影响世界的专利”主题展廊接待国内外团体参观 34 批次，全年接待社会公众 1583 人次，受理各类咨询近千人次，受理委托检索 1000 余人次，提供文献 9600 件。收集整理“十二五”期间专利文献工作方面研究成果 57 项，并在国家知识产权局网站“文献服务”栏目发布 57 项研究成果的著录项目和摘要信息，以及 20 项研究成果的研究报告摘编。出版《全球专利创新活动研究报告（2014）》《影响世界的专利》，推动专利文献工作成果的传播与共享。

实施专利信息服务地方引导项目，落实”一

带一路”构想实施，指导广西、宁夏、新疆等地加强中国—东盟、中国—阿拉伯语国家、中国—中亚专利信息服务能力建设，丰富公共服务内容。继续开展面向青海、宁夏、甘肃、贵州、云南、广西、西藏、新疆、新疆生产建设兵团9省区的专利信息利用帮扶活动。组织北京、广东、上海、重庆、湖南、江苏、天津、四川、辽宁、安徽、浙江、山东12个专利信息传播利用基地开展小微企业专利信息服务试点工作，并首次开展工作体系建设与能力培育工作。

继续开展国外知识产权环境研究工作，为我国企业参与国际市场竞争提供有益参考。组织开展中亚、中东、中东欧等“一带一路”沿线国家及拉美地区知识产权环境研究，涉及29个国家或地区。截至2015年年底，已完成国外知识产权环境报告覆盖美国、欧盟、日本、韩国、东盟十国、中东及拉美等共61个国家或地区，其中，“一带一路”构想涉及64个国家中已完成35个国家的研究，包括俄罗斯、印度、东盟（10国）、中亚（8国）、中东（7国）、中东欧（8国）等国家或地区。

2．专利信息人才培养

完成“十二五”期间100名专利信息领军人才和300名专利信息师资人才的选拔，2015年新确定第三批全国专利信息领军人才32名，专利信息师资人才81名。开展第一期全国专利信息实务人才选拔工作，在北京、天津、辽宁、上海、江苏、浙江、安徽、山东、湖南、广东、重庆和四川12个专利信息传播利用基地所在省、市开展，共选拔专利信息实务人才600名左右。在山东、河南、河北、陕西、内蒙古、福建、江西和海南举办8期专利信息传播与利用巡回培训班，共计培训700余人。专利文献馆2015年共举办公益讲座34期，累计培训社会公众3500余人次；公益讲座网络课堂遍布山东、北京、青岛等15个省区市。

3．专利信息服务国际合作

面向东盟组织及其成员国知识产权机构举办“2015年中国专利文献知识与应用发展中国家培训班”，全面介绍中国专利制度、专利审批流程、知识产权行政保护体系、云审查系统、专利文献基础知识、专利信息工作进展、专利文献检索知识和检索系统应用等内容，为进一步推动我国与东盟各国增进友谊、加强知识产权领域务实合作创造了良好的平台。

4．专利咨询公共服务

国家知识产权局客户服务中心2015年全年接受咨询1328185人次，日均咨询量5334人次，较上年同期增长约20.74%。

（四）专利信息化基础环境建设

推进国家知识产权局内网网络改造和设备更新、域控升级改造、用户基础信息库建设等工作，进一步提升网络可靠性，提高业务系统的灵活配置，优化网络环境；持续开展内网存储优化工作和互联网数据中心（IDC）机房存储建设项目，适应业务系统数据存储和备份需要。

（五）信息安全工作

2015年，深入开展信息安全管理平台建设、系统安全测评、信息安全监控、安全检查培训等各项工作，提高安全管理和防护水平，构建网络整体安全环境。开展“国家信息安全等级保护制度第三级要求”备案信息系统测评工作；实现国家知识产权局对外服务网站的风险监控；完成国家知识产权局互联网站资格复核和标识代码加挂工作；开展两局及直属单位对外服务信息系统信息安全检查；开展下属单位和社会团体门户网站安全检查工作。

（六）电子政务

2015年，国家知识产权局内部办公自动化系统平稳运行，共办理请示件5546件，发文1633件，收文176件。完成新升级的内部综合办公系统的后期测试、培训等工作。政府网站围绕知识产权中心工作，在推进政务公开、提高服务水平、宣传知识产权工作等方面发挥积极作用，全年页面浏览总量达16.6亿次，发布动态消息11118篇，各地方子站发布信息8051篇，进行图文直播17次，开展在线访谈4次，制作专题24个。

旅游信息化发展概况

2015—2016 年，国家旅游局信息中心深入贯彻落实十八大和十八届五中全会精神，按照 515 战略总要求，即紧紧围绕“文明、有序、安全、便利、富民强国”5 大目标，推出旅游 10 大行动，开展 52 项举措，推进旅游业转型升级、提质增效，加快旅游业现代化、信息化、国际化进程，积极推进旅游信息化建设。

【旅游信息资源开发工作初见成效】

2015 年，配合全国旅游基础数据库建设，国家旅游局信息中心在贵州省建立了全国旅游基础数据库异地数据备份中心，10 月，与贵州省旅游局和中国联通联合发布《贵州旅游大数据综合指数》，并于 2015 年 12 月在北京通过全国旅游基础数据库项目验收。通过该项目建设，逐步整合全国旅游信息资源，形成信息齐全、现实性强、覆盖全国的旅游基础数据库。

【旅游电子政务稳步推进】

近些年，旅游业以内部办公网络和业务管理系统为代表的信息化应用得到迅速普及与推广。2015 年，国家旅游局政府网站启动了改版工作，新版中文网站于 2015 年 7 月 1 日正式上线试运行。新版网站重点强化信息公开、在线办事、公众参与三大功能，采用三级安全标准设计开发，加强了信息与网络安全防护。新版中文网站共设有一级栏目 10 个，二级栏目 40 个，内容主要分为新闻类信息、政务类信息和专题专栏类信息，另包含 12 大旅游行业应用系统。改版后新增栏目 8 个（主题报道、网上调查、在线访谈、新闻发布会、视频新闻、聚焦港澳台、新闻联播、时政新闻）。2015 年 9 月完成了网站手机 WAP 版开发和英文版数据迁移。网站英文版采用与中文版相同的栏目和架构模式，共设有 8 个一级栏目，23 个二级栏目。2015 年，网站新闻类栏目每日更新数量维持在每日 60～70 条。旅行社监管系统、导游管理系统、景区管理系统、饭店统计管理系统、统计与财务系统、假日旅游预报系统等多个行业管理系统稳定运转，管理体系逐步规范，行政管理能力逐步加强；政务公开、办事指南和在线服务功能进一步完善，服务型政府形象不断深化。

【网络及信息安全建设成效显著】

在网络及信息安全方面，国家旅游局重点加强了以下几方面的工作。

一是网络安全执法检查。按照中央网络安全和信息化领导小组办公室《关于印发〈2015 年国家网络安全检查工作指南〉的通知》要求，国家旅游局信息中心组织了网络安全自查工作，制定了《国家旅游局 2015 年网络安全检查工作方案》，对局机关各司室及直属单位各信息系统的实际情况进行了梳理，经梳理，现有信息系统 46 套，增强了对我局整体网络与信息安全状况的掌控。

二是继续开展等级保护工作。针对 2014 年安全检查发现官网未达到信息安全等级保护第三级标准要求的问题，2015 年度在完成机房物理环境建设的基础上，逐步配备了入侵检测和堡垒机等设备，并积极落实专项等级保护经费。

三是建立网络与信息安全通报机制。在加入公安部网络信息安全通报体系后，建立局机关网络与信息安全信息通报机制，起草了6期网络与信息安全通报。

四是开展网站普查工作。国务院办公室于2015年3月下发了《关于开展第一次全国政府网站普查的通知》，对全国政府网站首次开展普查。为确保普查工作落到实处，信息中心制订年网站普查工作方案并成立专项工作小组，聘委托专业测评公司协助展开工作。以“普查摸底全面、问题查找清楚、整改落实到位”的标准，全网梳理网站栏目并自查评分，对网站内容陈旧、更新不及时的栏目予以更新调整。2015年11月，根据中国社会科学院信息化研究中心和国脉互联政府网站评测研究中心联合发布的《2015中国政府网站发展研究报告》，国家旅游局政府网站在72个国务院全部部门网站中排名第20位，其中，“浏览体验”单项得分在国务院全部部门网站中排名第2位。

五是开展保密安全检查。2016年，在国家旅游局局办公室的统一安排部署下，信息中心成立了3个保密安全检查工作组，对局机关各司室计算机设备进行了保密安全检查，截至2016年9月，检查涉及13个司室，共检查外网计算机、内网计算机和涉密计算机455台。

【旅游新媒体影响力持续增强】

“中国旅游”微博于2013年经局领导批准正式确定为国家旅游局官方微博，信息中心负责运营维护。目前拥有粉丝数近543万人，共发布微博7417条，其中，2014年12月至2015年11月，共发布微博836条，其中，原创微博507条、转发微博329条。2015年，“中国旅游”微博及时准确发布国家旅游局重大信息，积极转载权威媒体涉旅新闻报道，先后完成了“印度旅游年”“全国两会”“中国旅游日”“美丽中国——2015丝绸之路旅游年”“为中国加分 争做文明游客”等内容的网络宣传推广。信息中心多次联合中国气象局等部委就假日出行等热点话题开展微博“微访谈”，针对网友关切的问题进行专家解答，受到超200多万网友的广泛关注。

【重点项目有效推进】

从2015年起，国家旅游局着手筹建全国旅游产业监测与应急指挥平台，经过半年多的建设，平台已于2016年8月开通试运行，目前，平台已整合了局内各业务系统数据和全国上百个景区的视频数据等。通过该平台建设，可有效提高旅游突发事件监控、应急救援工作水平，保障游客生命财产安全；实现旅游高峰期景区流量监控，提前分流，避免拥堵；实现点对点工作业务，如视频会议等，有效提升旅游系统的精细化管理水平。

地震监测信息化发展概况

2015—2016年，党中央、国务院高度重视信息化建设，习近平总书记亲临第二届世界互联网大会并发表主旨演讲；国务院正式发布《关于积极推进“互联网+”行动的指导意见》。中国地震局信息化领导小组认真落实，全面推进防震减灾信息化系统建设工作，在组织防震减灾信息化规划实施，推动基础设施升级改造、地震科学数据共享、地震信息公共服务，以及政务和业务信息化等方面发挥了重要作用。尤其在推动"互联网+"概念的行业落地和逐步形成"互联网+地震"发展思路上，在从"抓生产"向"强服务"转型上，信息化发展有效支撑和引领了地震监测业务发展。

【地震监测信息化工作重点】

（一）全面深化改革，实施融合发展，不断推进各个层级的数据资源共享，合作成效显著

2015—2016年，中国地震局先后与中国航天科技集团、国家测绘地理信息局等部门签署战略框架合作协议，从战略高度推动行业融合发展，始终把全力促进双方在数据共享方面的合作放在首位。监测信息化发展正是在各部际合作框架协议指导下，不断探寻与兄弟单位深入合作的切入点。与中国气象局开展了国家预警信息发布系统对接、全国气象三要素观测数据共享工作；与国家应急广播开展了信息专线建设及地震信息对接、福建地区预警信息发布测试工作；与航天五院开展了基于移动多媒体星的地震预警信息发布时效性需求指标设计和论证，并顺利纳入该颗星主用户单位；与国家测绘局地图司共同研究了天地图行业应用支撑方案并取得了专家层面的技术支持等。

2015—2016年，是落实"互联网+"战略、推动行业应用与互联网平台融合的最佳时期。"互联网+"新模式颠覆了人类的传统思维，拓展了人类生产和生活的新空间。在经济发展领域，新兴产业的涌现改造和提升了传统产业的发展价值，阿里巴巴的淘宝网和阿里云等商业和金融奇迹，吸引了更多产业大军的加入，使得"互联网+"呈现出"没有不可能，只有想不到"的产业发展局面。地震监测信息化也按照向社会借力借智开展工作的指导思想，将"互联网+"的合作逐渐深入。在阿里云上成功开展云计算测试、预警台站实时流汇集试验工作，并对解决计算瓶颈问题、提升数据汇集实效性、有效压缩运维投资进行了有益尝试；通过今日头条，实现全国3亿平台用户地震速报信息精准推送；与个推公司合作完成震区人口热力图产品研发，并纳入常规震后应急产出服务。

（二）建成全局统一的"一网三中心"信息化基础设施平台，整合各单位、各业务领域应用功能，实现信息化资源优化配置

中国地震局已建成覆盖31家省级地震局、14家直属单位的行业信息网络系统，2014年完成双星备份信道扩容，2015年基于云架构的北京国家中心、西安数据灾备中心、广州速报灾备中心也基本建设完毕。双星备份链路织成的地震行业网和北京、广州、西安三中心搭建的"铁三角"，将成为中国地震局下一代信息化基础设施平台的核心架构，有力支撑业务发展，有效保障核心业务稳定运行。

中国地震台网中心作为全局信息业务的枢纽，共有3个国家A类专业机房和1个语音机房，总面积为584m^2，核心机房共部署52个服务器、300余台套设备，互联网出口扩容至200Mbps；新建成的西安数据备份中心可容纳1000台2U标准机架式服务器，按单机柜2P容量存储计算至少可容纳120PB的存储设备，基于Hadoop的大数据计算服务器8台、虚拟化服务器2套；广州速报灾备中心全面备份了国家中心速报业务系统和24小时值班机制，实现了国家中心因故无法正常履行速报职能后，速报灾备中心无缝衔接的地震速报双保险建设目标。

目前，全局各个层级、各家单位信息基础设施资源建设仍然存在分散、重复、交叉的现象，甚至有些单位内部不同部门的信息资源都要自建。据不完全统计，全国地震部门在网运行的服务器有3000多台，还不包括一些单位部门、课题组单独采购数量，以及市县信息机房设施。下一步将通过"新增业务系统牵引、重要业务系统重构、重叠业务系统梳理"，逐步将国家层面的核心业务应用迁移到国家中心和灾备中心，对当前臃肿的业务系统消肿去冗，强身健体，把地震监测信息化平台打造成真正科学健康的平台。

（三）抓住防震减灾公共服务牛鼻子，不断拓展信息发布能力、丰富信息服务产品

为更好地适应新时期防震减灾事业发展对地

震信息服务工作的需求，以提高防震减灾公共服务供给质量为核心，探索信息服务领域供给侧改革新模式。努力打造多元主体参与信息服务的生态环境，继续引入社会优质资源激发信息服务发展活力，健全地震信息服务运行机制，不断强化地震信息的服务能力、供给质量和产品规模。

地震新媒体服务能力持续提升。建成了初具规模的新媒体地震信息服务体系，主要包括地震微博、地震微信、地震速报 APP 和云平台网站等信息服务矩阵。其中微博拥有 860 万粉丝；地震微信粉丝超过了 5 万；手机应用地震速报 APP 在 2015 年 4 月发布，目前累计安装用户超过了 120 万；云平台网站地震信息网访问量达到创纪录的 2800 万人次，其中 2015 年年底近 3 个月的日均访问为 7.43 万人次。“地震信息自动播报机器人（一代）”试运行顺利，该系统的产出内容除了目前的地震速报参数外，自动增加历史地震、震中周边的村庄和乡镇，震中最近的县城、地级市和省会城市，以及震中所在县城的情况简介和灾害性地震当地的天气状况等内容。

借力社会资源探索地震信息公共服务新模式。打造的地震信息公共服务覆盖范围不断扩大、发布时效不断提升。新浪微博、今日头条、腾讯等多家新媒体平台开展的地震速报信息推送服务，较短时间内实现了地震速报信息人口覆盖由百万量级到以亿为单位的能力提升；通过基于移动互联网的大数据手段，大幅拓展了对网民，尤其是移动互联网用户的定向覆盖和精准推送能力。2015 年 11 月 30 日举办的以“科技、创新、安全、参与”为主题的“互联网+地震”论坛是国务院直属单位中首次举办的“互联网+”大型论坛，得到了中央网信办的大力支持和充分肯定。来自国资委、工信部、民政部等 20 多家中央部委及相关机构的 240 多位嘉宾受邀观摩，人民日报、新华社、中央电视台等主流媒体和强影响力的政务媒体 70 余家记者到场。以本次论坛为基础，《互联网+地震》在 2016 年 2 月正式出版，向社会阐释了基于“互联网+”对地震减灾工作的若干思考和初步思路。

（四）信息化支撑业务发展作用不断增强，地震监测能力持续提升

地震速报系统不断完善。自动速报时效提升至 2 分钟之内；烈度速报系统试点建设取得成效，在首都圈、珠三角等区域开展了烈度速报试点建设，可在震后 10 分钟内快速判定地震影响范围和程度。数据共享能力不断提高，标准规范和制度体系不断完善，先后制定了 16 个地震数据标准和实施细则；服务内容日趋健全，形成了地震观测、地球物理场观测等 100 个数据集，数据量累计达 300TB。应急救援服务能力不断提升。实现了现场灾情数据与后方决策数据的快速交互处理，强化了灾情处置的协同联动和指挥集成控制，震后 15 分钟提供灾害快速评估结果，40 分钟提出救灾、调度方案，2 小时部署地震现场指挥系统，1～3 天产出光学遥感等地震应急产品；在玉树、芦山、鲁甸等地震应急救援中，为国务院及各级抗震救灾指挥部及时提供了震情、灾情、救援等服务信息。电子政务系统不断拓展，开发了公文流转、公文交换、文书档案系统，提高了办公效率；集中部署了财务管理系统，实现了预算、核算、决算的全过程管理；建设了安评资质、人事、审计等管理系统，拓展了电子政务应用范围。

【发展目标与主要任务】

经过“十三五”的建设，使我国防震减灾信息化水平显著提升，初步实现防震减灾信息化工作建设的“数据资源化、应用云端化，服务智能化”总体目标，基本满足防震减灾部门基础能力、社会管理和公共服务建设的需要。朝着加强基础设施建设、加大数据管理共享和优化信息社会服务能力的方向稳步发展。

夯实地震信息基础设施支撑能力。完善信息化基础设施，大幅提高地震信息网络的覆盖范围和承载能力，实现市县地震部门、地震观测站点和地震灾情采集点等数以十万计地震传感器、应用终端等的服务接入能力。建设地震基础设施云平台，提供 PB 级的数据存储管理和快速计算能力。

完善地震数据管理服务能力。完善地震科学数据共享与服务系统，健全地震数据资源管理与服务业务流程。开展地震大数据应用创新示范，探索大数据环境下的地震数据分析处理与信息挖掘。2017 年完成地震数据资源的梳理，初步构建地震大数据示范应用平台；到 2020 年，完成 80% 历史地震数据的在线管理与服务，不断提高数据管理质量和数据服务的满意度。

拓展地震综合信息服务能力。拓宽数据、信息获取的渠道和方式，丰富地震数据、信息公共服务产品，为政府、社会和公众提供优质的信息服务；与社会主流传统媒体、互联网媒体实现互动，与国家紧急预警信息服务体系连接，对社会关注的其他重点单位进行覆盖，实现全方位、多层次、高效能的地震综合信息和紧急信息服务。

体育信息化发展概况

2015 年，在国家体育总局（以下简称“总局”）信息化领导小组的领导下，在总局领导的高度重视和关心下，总局信息化工作取得了显著成绩：信息化规划取得阶段性成果；网络基础设施建设成效显著，完成总局网络双线路专线接入互联网改造工程；网络安全保障力度明显增强；信息化系统建设步伐明显加快；总局政府网站建设水平整体提升，在 2015 年国家部委政府网站绩效评估排名中比 2014 年提升 3 位，名列第 21 位。

【信息化工作管理机制情况】

总局信息化领导小组自 2002 年成立以来，每年坚持召开小组会议，部署年度信息化工作。各部门和单位按照各自职责分工，共同承担信息化工作。总局信息化领导小组组长由分管副局长担任，副组长由办公厅、宣传司和信息中心负责同志担任，总局相关部门和单位司局级领导为成员。主要职责是研究制定信息化工作方针、政策和发展战略，统一规划、组织和指导信息化建设，统筹协调解决信息化工作中遇到的重大困难和问题，推进信息化各项工作的开展。信息化领导小组办公室（以下简称“信息办”）设在办公厅，办公厅副主任兼任信息办主任。信息办组织落实信息化领导小组的各项工作要求，统筹、协调、组织和推动信息化工作。信息中心作为总局直属事业单位，承担总局信息化建设具体工作。

【信息化顶层设计情况】

2015 年 4～10 月组织编制《国家体育总局信息化顶层设计及十三五规划工作方案》，在信息化领导小组会上汇报通过。按照会议精神，组织信息化、政务管理、体育行业相关专家讨论，明确信息化顶层设计方案，梳理和构建业务架构、信息架构、应用架构和技术实现架构等成果的工作目标和内容。实地调研相关部委信息化工作，学习先进工作经验。组织编制《国家体育总局信息化顶层设计和“十三五”规划编制实施方案》和配套文件等，确定编制工作组织机构。开展总局各部门调研、部分直属单位调研、知名企业调研、专家研讨会、专家评审会、领导汇报会等编制工作。

【信息基础设施建设情况】

（一）继续加强信息基础设施建设，提升服务保障能力

总局计算机网络机房改建项目获批，完成机房改造项目初步设计和投资概算，为项目后期建设奠定了基础。在总局机关大楼部署了无线网络。新建部署 DMZ 区，安装应用服务器和虚拟化软件系统，对整个虚拟化云平台资源进行扩容。

（二）推进电子政务内网建设，开展业务协同应用

根据《国家电子政务内网建设和管理协调小组关于印发〈国家电子政务内网国家系统建设任务书（2014—2015）〉的通知》的要求，启动了电子政务内网建设项目。《国家体育总局电子政务内网（终端接入）建设方案》通过专家评审，并报国办批准。

（三）完善互联网接入，确保网络稳定可靠

完成总局网络双线路专线接入互联网改造工程。实现联通 100Mbps 线路和电信 100Mbps 线路的双线路动态接入互联网。双线路上的路由器和交换机等网络设备升级到千兆级，网络具有千兆级双线路功能，并部署网络安全和网络管理等各类设备和系统，总局网络安全性、可靠性、带宽等方面显著提高。

【网络安全保障情况】

（一）开展总局系统网络安全检查工作

印发《2015 年国家体育总局网络安全检查工作方案》，组织开展总局系统网络完全自查、实地检查工作，摸清底数，建立信息系统台账。全面梳理、检查总局计算机网络安全设备、网络设备，调整相关设备的安全配置，消除安全隐患，降低安全风险。对总局网络平台上面向互联网的信息系统和网站进行漏洞扫描并监督加固整改。

（二）部署并运维信息安全系统

采取技术手段和管理制度双管齐下的方式，全面提升总局网络安全防护水平，保障总局计算机网络正常运行。部署防 DDoS 系统、负载均衡器、上网行为管理、WAF 防火墙、漏洞扫描系统、入侵防御系统、堡垒机、日志审计系统、VPN、流量分析系统、防病毒网关、网络版杀毒软件等安全设备和系统。加强与网络安全公司和专业人员的沟通和管理，对网络安全系统实时监控，及时升级网络安全系统，调整网络安全配置策略，处置网络安全隐患等。

（三）深化信息安全等级保护工作

总局按照《关于开展全国重要信息系统安全等级保护定级工作的通知》要求，把信息安全等级保护工作列入《2015 年国家体育总局网络安全检查工作方案》，全面推进信息安全等级保护工作，指导和督促总局系统贯彻落实国家等级保护制度要求，做好定级备案工作。实地检查所有等级保护三级信息系统，抽查等级保护二级信息系统。

【政府网站建设情况】

总局政府网站在 2015 年国家部委政府网站绩效评估排名中比 2014 年提升 3 位，名列第 21 位。

（一）加强与公众互动服务工作

开设政务咨询专用邮箱及网友来信选登专栏，每日整理网民来信，及时回复相关问题。举办在线访谈 19 期，涵盖科学健身、两会解读、体育产业、公共体育服务、运动项目介绍等方面内容，3000 多名网民参与了访谈。2015 年 8 月 17 日，总局网站完成了首次在线直播，全程实时播报了足球改革发展工作会议，1200 多人观看了直播。

（二）做好网站内容维护工作

充分发挥总局网站作为官方网站喉舌，积极

发声正面引导舆论作用。2015 年总局网站采编审发各类信息共计 43000 多条，新建三严三实专题教育、奥运诗赞、2022 冬奥会、足改工作会、一青会、“快乐体操”等多个专题。其中“快乐体操”专题通过中央政府网、央视网等多家重要网站链接宣传，这在挖掘运动项目文化、创新项目推广、普及科学健身、促进青少年全方位健康发展方面发挥了积极的作用。

（三）网站普查整改工作

按照国办组织的全国政府网站普查要求，完成总局相关单位网站的信息上报及检查评分工作，并给总局相关单位发送网站整改通知书。同时，对国办发来的问题通知书进行认真分析和整改。

（四）体育系统网站测评

对 35 个地方体育局政府网站及总局系统 56 个单位网站进行日常监测，每季度为每个单位编辑发送一期网站监测报告。

（五）举办总局系统政务信息员培训班

分别举办了总局系统政务信息员培训班和省区市体育局政务信息员培训班。其中就网站评测、政府网站建设发展及信息安全等方面邀请专家进行专题培训。

（六）进一步加强网站安全

购置部署了防病毒网关、堡垒机、VPN、漏洞扫描、机房设备/环境监控管理平台等多台安全设备。更换了 CDN 服务商，服务质量和系统可靠性有了很大的改善。

【信息系统建设情况】

在总局系统积极推广协同办公系统的应用，在总局网络平台上部署了协同办公系统。完成开发建设总局外事审批管理系统、中国轮滑协会轮滑竞赛信息管理系统、山西体育局运动员注册系统、天津市体育局运动员注册系统和竞训管理系统、宁波市市运会赛事综合信息系统等。

海洋信息化发展概况

2016 年，国家海洋局认真贯彻党中央、国务院关于信息化工作的重要指示精神，成立了国家海洋局信息化工作领导小组和办公室，确立“强化海洋信息化顶层设计，统筹协调海洋信息建设”的海洋信息化建设基本思路，并在完善信息化工作机制，研究制定信息化顶层规划、组织信息化重大工程论证与建设、启动国家海洋局信息化整合等方面开展了一系列的工作，取得了一定的成效。

【完善管理制度，初步建立信息化统筹推进工作机制】

2016 年 7 月，国家海洋局成立局信息化工作领导小组，国家海洋局党组书记、局长王宏任领导小组组长。国家海洋局信息化工作领导小组下设领导小组办公室（以下简称“局信息化办公室”）。局信息化办公室日常工作由国家海洋信息中心承担。2016 年 9 月，制定《国家海洋局信息化工作领导小组办公室工作规则》，明确了局信息化办公室的主要职责、工作制度和议事规则。同期，成立全国海洋信息化工作专家组，由中国工程院潘德炉院士担任组长，局系统内外的有关专家为成员；建立海洋信息化联络员工作制度，联络员由沿海省（自治区、直辖市）、自治区、直辖市海洋厅局、国家海洋局局属单位、机关各部门负责信息化工作的处级领导组成，承担本单位（部门）信息化协调等工作，为统筹开展全国海洋信息化建设工作提供了根本性的制度保障。

【强化顶层设计，着力推动全国海洋信息资源汇集共享】

为进一步强化海洋领域信息化工作的整体布局和顶层设计，2016年局信息化办公室组织编制《国家海洋信息化建设规划纲要》（以下简称《规划纲要》）。《规划纲要》围绕提升海洋信息化发展能力和健全海洋信息化支撑体系两大方面，初步梳理出“十三五”期间海洋信息化建设的主要任务和重点工程。《规划纲要》于2016年12月上报国家发改委，拟进一步修改完善后，正式征求有关涉海部委意见。同时，会同相关涉海单位，共同推动“智慧海洋”等重大工程项目论证建设。

【强化统筹协调，全面启动全局信息化整合工作】

2016年，局信息化办公室组织，国家海洋信息中心牵头编制《国家海洋局信息化整合工作总体方案（2017—2019年）》，方案提出打造国家海洋信息通信网（一张网）、国家“海洋云”（一朵云）、海洋管理应用平台（一片海）和海洋电子政务服务平台（一个大厅）的“四个一”工程，经信息化领导小组审议，作为未来3年国家海洋局信息化整合工作的总体设计方案。2016年度率先启动国家海洋局综合业务专网整合作为在局信息化整合。局信息化办公室组织编制了《国家海洋局综合业务专网整合工作方案》。组织开展了沿海省、自治区、直辖市海洋厅（局）、国家海洋局局属各单位、国家海洋局局机关专线网络建设运行情况的摸底调查和现场核查，初步完成了专线网络整合技术方案的规划设计，力争在2017年度网络整合见到实效。

地区发展篇

北京市信息化发展概况

【电子信息制造业】

2015年以来，北京电子信息制造业积极落实北京市政府的各项调控政策，推动企业技术创新，协调保证重大项目建设，对北京市工业增长起到重要的支撑作用。

根据北京市统计局数据，北京市全年规模以上工业增加值按可比价格计算，北京市工业增加值为1%，电子信息制造业工业增加值为7.3%，电子信息制造业的增加值高于北京市工业增加值6.3个百分点。根据北京电子信息制造业经济运行数据，五项主要经济指标：主营业务收入、工业总产值、利润、出口交货值、固定资产投资额全部为负增长，从业人员数量同比也呈下降状态，经济运行情况基本在预测之内。

（一）基本情况

主要经济指标完成情况如表1所示。

表1　主要经济指标完成情况

指标名称	本年累计（亿元）	同比增减（%）
销售收入	2657.44	-16.35
利润总额	52.49	-130.35
出口交货值	551.71	-26.98
工业总产值	1851.66	-22.15
税金总计	34.02	70.19
从业人员（人）	106217	-11.78

主要产品完成情况如表2所示。

表2　主要产品完成情况

序　号	产　品	单　位	产　量	
			本月累计	增减（%）
1	移动手持机	万部	9269.29	-47.69
2	服务器	万台	25.8	61.25
3	微型计算机	万台	801.87	16.34
4	显示器	万台	514.16	-5.72
5	电子元件	万只	122218.55	-25.5
6	半导体分离器件	万只	343.48	-25.18
7	集 成 电 路	万块	501172.27	21.12
8	液晶面板	万片	14577.33	-13.44

（二）经济运行特点

2015年，电子信息制造业各项主要指标与2014年同期相比，五项主要经济指标均为负增长，经济运行情况在预测之内。北京市全年规模以上工业增加值比上年增长1%，计算机、通信和其他电子设备制造业增长7.3%，行业工业增加值高于北京市工业增加值6.3个百分点。

1. 传统企业逐步萎缩，创新型企业担当龙头

移动通信行业近十年来一直是北京电子信息制造业的主力，诺基亚、索爱、富士康手机代工厂是行业中的龙头，2015年，随着小米的快速成长，以及诺基亚工厂的关闭、索爱生产订单的外移，行业内部结构已发生根本改变，低端组装代工生产大幅萎缩，主打自主品牌、创新发展模式的小米科技取代了国外品牌组装工厂成为行业新龙头。乐视推进全球首家以开放、闭环的生态模式，打造超级电视、乐视影业、乐视体育、乐视

云等内容平台，让手机由智能时代进入生态时代，市场反映良好，三季度乐视手机形成规模销售并进入行业统计，成为北京市移动通信产业的新生力军。

2．核心关键技术不断创新，夯实产业发展基础

电子元器件及设备制造行业是北京近年来大力发展的重点产业，通过“十二五”期间持续对液晶显示器件和集成电路及装备制造业的支持，培育出京东方、中芯国际等一批国内知名的行业龙头企业。在 02 专项支持下，北方微、七星华创、中科信、科华微等一批装备企业创新成果显著，刻蚀机、氧化炉、离子注入机等关键装备技术达到国际主流水平。2015 年这些企业运行状态良好，且实现持续盈利。它们的产品由于拥有自主知识产权，具备基础性电子产品的核心竞争力，进一步夯实了引领产业跨越发展的基础。经过近几年的摸索和积累，北京市集成电路、平板显示等重大战略性项目相继进入良性发展轨道，在技术创新、产业规模和产业链带动方面逐步为全行业贡献效益。

3．互联网企业布局智能制造，有望成为新的经济增长点

百度、小米、京东、奇虎等互联网企业跨界发展不断推出新产品。乐视公司除手机外，又发布了超级汽车计划；小米公司推出智能体重秤、插线板，小米移动电源、手环等产品已销往欧美市场；京东联合长虹发布全新智能硬件流云，利用大数据分析能力推广“JDPhone”计划，提升上游制造业的生产能力和产品水平。奇虎公司陆续推出儿童智能手表第三代、带夜视功能的智能摄像头、360 行车记录仪等智能硬件产品，推出智能家居开放平台战略。互联网企业进入智能制造业，将用户与设计、制造业密切联系在一起，对电子信息产业提出了更高的要求，也必将带来更广阔的市场。

（三）未来重点工作及措施

《〈中国制造 2025〉北京行动纲要》的核心目标是把北京打造成京津冀协同发展的增长引擎、引领中国制造由大变强的先行区域和制造业创新发展的战略高地。北京电子信息制造业将结合智能制造、“互联网+”发展带来的新机遇、新挑战，紧扣创新发展和京津冀协同发展主题，突出“由北京创造”主线，重点实施集成电路、新一代移动互联网、云计算与大数据、自主可控信息系统四个新产业生态建设专项。

1．积极落实京津冀一体化，加速产业升级，打造高精尖产业

北京市产业将按照打造高精尖经济结构要求，围绕京津冀一体化发展进行布局调整。鼓励企业采用废水、废气净化装置，实现生产工艺低排放、零排放。引导企业引进节能降耗的新技术、新设备，优先选择节能、降耗、减排的新兴项目和企业落户北京，有序发展高新技术产业和战略性新兴产业，建设生态工业园区，不断推动产业结构优化升级。加强与京津冀周边地区的合作，有序引导劳动密集型组装加工产业，高能耗、高排放的配套制造业外迁。

2．落实产业战略，布局关系国家安全的两大战略行业

集成电路产业是电子信息产业发展的重中之重。北京通过采取以下措施推进集成电路产业发展：一是充分发挥地区优势，统筹规划产业链建设。二是突破产业发展瓶颈，推动产业整体跃升。北京将中芯北方两条 12 英寸先进工艺生产线作为重点项目和产业结构转型升级的重要抓手，一方面集中财力并协调各方力量加大中芯北方 B2+B3 项目投入，另一方面通过合作或并购等形式积极开拓全球市场，借力提升技术水平。三是集中地区优质资源，实施核心企业战略。四是加强系统应用拉动，促进产业健康持续发展。北京市在政府采购部门、事业单位和北京市重点企业中积极推动采用国产信息系统，以提升国产芯片应用规模；支持龙头企业与集成电路设计、制造企业形成战略联盟，加快国产芯片产业化进程。

新一代移动通信及终端应用是北京市重点推动的另一高精尖产业。一是推动移动互联网企业与科研院所通力合作，加快移动通信核心技术开发和 5G 标准编制进程，形成自主移动通信、互联网核心技术、标准、专利体系；二是突破关键零部件供应体系，推动存储、射频、图像传感、驱动电路等关键零部件实现自主可控产品研发及产业化；三是推进国产产品应用和拓展国际进程，提高移动终端自主品牌核心竞争力，创新产业发

展生态模式，提升自主可控产品市场占有率。

3．大力发展智能制造，推动产业结构迈向中高端

北京在未来3～5年，将重点巩固提升智能核心装置、智能装备、智能化生产线等关键领域基础优势，加大智能装备的集成应用和数字化车间、智能工厂的推广应用，培育和提升重点行业智能制造系统集成能力，支持智能制造新业态新模式培育和示范发展；优化发展空间，促进智能制造生产配套、模式推广和市场应用在京津冀区域内实现协同发展；加大政策引导力度，做好标准制定、平台搭建、资源整合、园区建设、项目引导等产业支撑服务，强化智能制造在北京高精尖产业构建、工业转型升级中的服务支撑作用。

4．关注新兴领域促进信息消费

新兴产业和新兴业态是竞争高地，要实施高端装备、信息网络、集成电路、新能源、新材料等重大项目，把一批新兴产业培育成主导产业。推动移动互联网、云计算、大数据、物联网等与现代制造业结合，促进电子商务、工业互联网和互联网金融健康发展，引导互联网企业拓展国际市场。

一是鼓励企业进行产品及业务模式创新，培育发展新型业态，挖掘和释放消费潜力。积极关注作为实现信息消费载体的可穿戴设备进展，抢占可穿戴设备市场先机。面向移动互联网、云计算、大数据等热点，研究探索新型商业模式，将“硬件+软件+互联网”和“硬件+软件+服务”等模式运用到更多消费电子领域。

二是围绕高附加值、低能耗的新兴产业领域，开拓电子信息产业新的经济增长点。持续跟踪应用领域广泛的MEMS传感器技术发展趋势，寻求北京相关企业新兴培育方向，进行企业布局；依托汽车行业技术中心向汽车电子倾斜，将绿色环保、安全性和车联网一体的汽车电子引入北京，带动物联网等行业联动发展。推动北斗导航与移动通信、地理信息、卫星遥感、移动互联网等融合发展。

5．加强供给侧结构性的改变，提高供给体系的质量和效率

一是以制造业广泛的、持续的技术升级改造投资牵引市场需求稳定和扩展。加大对技术改造的投资力度，尤其鼓励使用电子信息技术改造升级；在结构性减税政策中，强调扩大对利用电子信息技术改造升级的税前抵扣范围和规模。二是持续关注关键核心技术和基础产品，努力提高供给能力。采取鼓励提升电子信息企业创新研发投资强度的税收政策；集中政府资金和资源，突破关键“瓶颈”，提升关键核心技术和基础产品的供给能力；最大限度促进电子核心零部件进口技术溢出的基础上，制定政策引导国内企业加强核心零部件产品的自主创新能力；建设新兴技术的示范区、实验床，加快新技术新产品大规模商用的进程。三是落实“一带一路”构想，提升产业全球运筹和经营能力。将电子信息产业纳入国际产能合作与转移的重点领域，形成以“一带一路”为依托的新的国际产业链分布格局；着力培育一批具有国际竞争力的跨国企业，加大对企业国际并购的支持力度；选择重要产品领域，支持创建国际品牌，引导产业发展从“成本+规模”阶段向“技术+品牌”阶段跃迁。

【软件和信息服务业】

2015年以来，北京软件和信息服务业以构建高精尖产业体系为指导，以推动产业转型升级为主线，重构产业主体，重建产业生态，重塑产业格局，引导企业在创新、转型中赢得新优势，推动产业继续保持稳中向好、稳中有进的发展态势，成为京津冀协同发展的助推器，增强对全国的引领作用和辐射能力。

（一）产业整体情况

2015年北京市软件和信息服务业运行平稳，提质增效，企业主体信心充足，一系列新生动力积蓄迸发。全行业实现增加值2372.7亿元，同比增长12.0%；高于第三产业3.9个百分点；占北京市GDP的10.3%，占比较2014年同期提高0.6个百分点。实现营业收入6231.5亿元，同比增长10.7%，如图1所示。

产业效益水平稳步提升。规模以上企业平均营收同比增长14.8%；人均营收同比增长6.4%。从业人员同比增长2.1%。

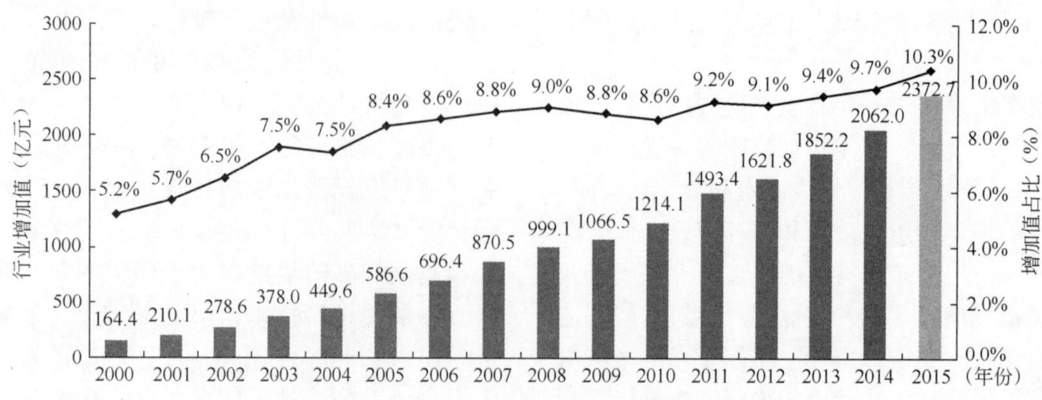

图 1　2000—2015 年全行业增加值及占比

创新活力进一步增强。企业研发活动活跃，2015 年 1～11 月大中型企业研发经费 88.6 亿元，同比增长 11.5%；专利申请数 8048 件，同比增长 37.5%，其中发明专利 6087 件，同比增长 45.6%。百度在人工智能领域已累积近 500 项核心技术专利，申请地域遍布欧、美、日、韩等地区和国家，布局深度和广度在全球范围内均属领先。2016 年新成立软件和互联网企业 3391 家，同比增长 33.0%；新增注册资本总额 517.0 亿元，同比增长 57.3%。

投融资市场活跃。2015 年发生各类投融资案例 730 起，涉及金额 354 亿美元。其中，中文在线、昆仑万维、暴风科技、高伟达等 12 家企业上市，融资金额达 26 亿美元；并购案例 78 起，涉及金额 154 亿美元；融资活动 640 起，涉及金额 174 亿美元，其中以互联网金融、文化数字创意、互联网教育为代表的新一代互联网应用是投资的重点领域。

（二）工作亮点

1．抓转型升级，打造新引擎

互联网成为产业发展的新引擎。传统软件开发企业和行业应用及系统集成企业围绕产业互联网加快布局新业务，培育增长潜力。用友软件公司 2016 年正式更名为“用友网络科技公司”，部署“软件+企业互联网+互联网金融”的主业发展战略，转型路径定为“产品型—平台型—生态型”演进。平台型互联网企业大力发展新一代互联网应用，构建“大平台+小前端+富生态”的体系结构。百度公司实现从“连接人与信息”到“连接人与服务”的转型，搜索业务占中国市场的份额约为 80%，移动业务占总收入的比重超过 50%；积极布局百度糯米、百度外卖等 O2O 领域，直达号已接入商户 76 万户，实现服务交易总额同比增长 119%。

2．抓新兴应用，培育新动能

深入实施云计算“祥云工程”升级版，一批重大云应用取得实效。“北京健康云”服务平台整合了十余家硬件生态系统和六家后台服务系统，服务用户近百万人；中关村“创新云”平台服务近 1000 家企业；北京“政务公”已为北京市近 20 家委办局提供云服务；北京“工业云”成为全国著名的云制造平台，提供超过 150 种各类应用软件，注册用户数达 12.5 万户。北斗产业推进实现新突破，北斗导航与位置服务产业公共平台项目完成百万级用户能力建设，已有大众和行业用户共计 20 万户，建成项目公共运营中心；累计完成 4.4 万台北斗终端的安装应用，在环卫、应急预警、警用等多个领域开展应用示范，成为全国北斗应用最广泛、终端推广量最大的城市。

3．抓服务落地，打造新优势

夯实基础工作，建设重点企业互动服务系统，扩大产业监测和服务面。落实国家要求，取消双软审批等事项，规范行政行为。以北京软件与信息服务业公共服务平台为抓手，不断创新服务举措，提升服务质量。软交所发布软件和信息服务交易采购规范、交付规范，开创性探索软件和信息服务交易的标准化，目前已为 157 个政府和社会重大信息化项目招标采购提供入场交易服务，涉及交易金额3.5亿元。加强科技金融创新服务，近200家企业通过软交所平台达成合作，涉及金额6.1亿元。

4．抓政策合力，营造新环境

按照京津冀协同发展和首都新功能定位要求，研究编制了《〈中国制造2025〉北京行动纲要》。组织开展"十三五"产业发展规划前期研究、探索设立高精尖产业投资发展基金，初步完成母基金的设立。正式发布实施《数据中心能效分级》（标准号DB11/T 1139—2014）和《软件和信息服务企业节能评价规范》（标准号DB11/T 1158—2015）。

5．抓产业协同，推进京津冀共赢发展

组织软通动力、博彦科技、文思海辉等知名软件外包企业与河北曹妃甸进行产业对接。联合廊坊、张家口市张北县共建数据中心产业基地。廊坊市润泽国际信息港及联通廊坊云数据中心基地一期工程已建成。张家口张北云联数据中心项目、数据港张北数据中心项目、全国教育云数据中心园区项目等一批项目已启动开工；在建及在谈项目总投资约800亿元，建设规模达150万台服务器。组织召开京津冀北斗卫星导航区域应用示范项目工作推进会，加快推进京津冀北斗应用一体化。

（三）面临的主要难点和问题

工作中面临的主要难点体现在以下几个方面。第一，传统的产业服务手段和方式随着国家行政改革的推进（双软、重软的取消）、政府资金使用方式的改变需要进一步加以转变，产业公共服务平台资源整合能力和服务创新能力需要进一步提升。第二，国家各项政策有利于产业结构提升，但企业要实现收入增长，还需要政策落地，开展大规模应用支撑。第三，跨部门、跨领域的统筹协调难以适应产业发展的新形势，产业管理服务、运行监测的手段在新常态下亟须调整跟进。

（四）未来工作思路和任务安排

围绕"创新驱动、协调拓展、提升效能"的总基调，把握好智能制造、"互联网+"等带来的新机遇，优化产业结构，促进产业规模与质量"双提升"，厚植新兴领域发展优势，推动重大应用落地，培育跨行业融合发展新热点，拓展跨区域联动发展新空间，实现软件与信息服务业高端、高效、高辐射的发展格局。预计2016年产业发展目标为力争全年实现营业收入6850亿元，年均增长10%左右。重点工作如下。

1．政策创新拓宽发展空间

推动发布关于促进云计算和大数据发展的行动纲要。做好软件和信息服务业"十三五"规划编制和发布工作。继续落实北京市促进软件产业和集成电路产业发展的若干政策、促进信息消费扩大内需的实施意见文件。抓好《北京创造2025》的落实工作，细化落地方案，实施云计算与大数据、自主可控信息系统、新一代移动互联网等产业生态建设专项，培育新一代产业竞争优势。

2．模式创新提升产业层次

继续扩大开放，服务央企。鼓励企业开放融资，支持投资创业。利用好产业基金促进企业做强做大。充分发挥首都创新资源集中的辐射带动优势，面向京津冀推动大数据等领域的产业联盟建设，推出一系列关键技术和重大专项成果转化平台，优化产业布局，促进京津冀产业整体升级。

3．应用创新做优产业结构

深入贯彻落实云计算、大数据等国家战略要求，实现应用、产业、环境同步提升，打造智慧北京升级版。加快推进一批政务云、大数据、"互联网+"等领域和方向上的重大应用。加快建设张家口云计算产业基地，协助解决光纤铺设和网络接口升级等信息化基础设施问题，加快阿里北方数据中心等项目建设，确保按期投入运营。加快实施云计算"祥云工程"2.0版。积极推进北京市北斗区域示范应用，推动京津冀北斗卫星导航区域应用示范项目工作。

4．服务创新提升管理效能

强化北京市软件与信息服务业公共服务平台的资源整合和服务功能，做好信息系统集成资质事中、事后监管工作。建设服务软件企业全生命周期的虚拟服务平台，利用好重点企业互动服务系统，加强与企业沟通，做好帮扶、引导工作。鼓励企业"走出去"，支持重点企业参与"一带一路"建设，支持企业建立海外产业园区、研发中心。积极落实人才政策，做好人才服务工作，开展高端人才培训工作。

天津市信息化发展概况

【信息化总体发展水平】

2015 年，天津市将信息化建设作为经济社会发展的重要引擎和基础平台，以贯彻落实《中国制造 2025》和“互联网+”行动计划、国家大数据战略为重点，加快运用互联网、云计算、大数据等信息技术推动产业转型升级。全市信息化发展指数达到 89.57，居全国第 4 位。其中，应用效益指数达到 121.65，位居全国第 1 位。

【信息基础设施】

天津市积极落实《关于实施“宽带中国”2015 专项行动的意见》，信息基础设施建设取得新进展。光纤化改造全面完成，光纤入户能力达到 650 万户，成为国内首个实现全光网络的城市。互联网城市出口带宽达到 4680Gbps，比“十一五”末提高 11.3 倍。城市宽带可用下载速率位居全国第三位。3G 网络不断优化，4G 基站建成 1.5 万个，实现市区、县城、乡镇、校园、3A 以上景区连续覆盖，行政村 4G 覆盖率达到 95%。热点地区建设无线局域网（WLAN），开通 AP 共 11 万个。公共区域建设“i-Tianjin”免费 Wi-Fi 网络，建成无线网络接入点超过 2 万个，开通近 7000 处，为市民提供免费上网服务。有线电视双向化用户 317 万户，其中高清互动业务用户 117 万户，农村有线电视的数字化、双向化、信息化改造加速推进，已完成 70%以上的用户覆盖。三网融合全面推广，IPTV 用户超过 100 万户，通过有线电视网络接入互联网的用户达到 38 万户。

【信息产业】

（一）电子信息制造业

2015 年，天津市电子信息产品制造业总产值达到 3349.2 亿元，下降 4.9%，占天津市工业的比重为 12%；实现主营业务收入 3223.5 亿元，下降 3.9%；实现利税总额 270.4 亿元，增长 11.8%。依托滨海高新区、经济技术开发区、西青开发区、保税区四大产业聚集区，在智能手机领域形成了集研发、生产、应用为一体的产业链条，电子元器件、半导体材料、显示器等配套产业较为完备。平板电脑、智能手机、云计算、新型显示器件等产品产量保持较高水平。平板电脑产量达到 1090 万台，智能手机产量达到 6354 万部，高性能服务器产量达到 16 万台，显示器达到 645.7 万台。滨海新区共有 192 家规模以上电子信息企业，实现工业产值 2246.7 亿元，占全市的比重达到 67%。西青区、津南区电子信息产业也呈现较快的发展势头。

（二）软件和信息服务业

2015 年，天津市软件产业保持良好的发展势头，全年实现业务收入 1007 亿元，同比增长 11.1%。软件产品及服务占产业的比重逐年上升，由 2010 年的 63.4%上提高到 2015 年的 86%。充分发挥国家级软件和信息服务业示范基地（高新区）的作用，搭建安全可控软件的交流平台，形成曙光服务器、天河超级计算机、飞腾 CPU、麒麟操作系统、神舟通用和南大通用数据库、书生电子公文系统、奇虎 360 安全软件等为代表的完整产业链重点推进开发区、保税区、中新生态城、西青区、武清区等产业园区的发展，初步形成以滨海新区为龙头的产业核心区，以周边区县软件园为主体的产业辐射区和以中心城区商务楼宇为核心的产业特色区。

【电子政务】

2015 年，天津市进一步创新政府管理应用，开展了基于云计算的电子政务公共平台顶层设计国家试点工作，完成了顶层设计书编制，制定相关配套文件初稿 12 件。截至 2015 年年末，政务云主体已搭建完成，计算能力达到 6400 核 CPU，可为政务部门提供虚拟主机、虚拟存储、虚拟防火墙、千兆互联网出口等 8 项云服务业务。相继迁入公安、工信委、民政、食药监等 15 个部门业务应用，部署的政务云服务平台和桌面云试点为近 20 个业务应用提供支撑服务。智能交通管理实现了对交通流量的监控和预测、实时人口分布显示和分析。楼宇经济动态监管服务实现了集监管、服务、信息查询、统计分析等功能为一体的动态监管服务平台。天津市小客车调控管理系统实现了车辆指标管理的公平、公正、公开。城市建设管理系统实现了城市建设管理领域的信息共享，搭建了统一的综合监管平台。民生档案数据资源建设工程为人民群众提供高效便捷的民生档案信息资源服务。

（一）电子政务“五个一”工程

重点打造“一张网、一朵云、一灾备、一平台、一批数据库”，着力促进信息共享、业务协同，加快建设效能政府。2015 年，专网覆盖全市 400 个副局级以上单位和区县，电子政务云计算中心承载了 70 个重要业务系统，审计、公安、工信委、民政等 15 个部门开展了先行先试。开通全国第一家审计“一张网”，覆盖 160 家市级财政预算单位、国有企业和重大投资项目；建成国土房管“一张图”，支撑国土资源“批、供、用、补、查”和房屋管理的“买、抵、住、管、拆”；推行规划管理“一网通”，实现统一作业、统一监管和统一服务。初步建成天津市首个灾难备份系统。累计签发电子认证数字证书 3 万余张。

（二）民心工程项目

以社区 1.5～2 千米半径范围开展社区商家接入，已初步纳入 68 项便民服务，推动网上 15 分钟社区生活服务圈建设，为社区居民提供咨询服务、家政服务、生活用品配送、预订服务等。搭建物业公司与社区居民的互动平台，帮助社区居民解决安防、缴费、维修、停车、休闲娱乐等物业管理问题，提高了办事效率和服务水平。建立政府与市民互动平台，社区居民可通过手机对城市和社区管理中出现的污水跑冒、煤水电气、供热采暖、环境卫生等问题，通过市民报料系统进行上报，随时、随地的拍照取证并上传到相应的管理部门，系统按照不同的事项类别自动分发到相关管理单位进行处理，并对问题的处理结果可以查询，为全体市民提供参与城市管理的新途径。

（三）信息惠民工程

天津图书馆完成信息惠民工程数据库建设，包括 3 个天津地区非物质文化遗产专题的子库，提供资源模糊检索与文本、图像、视频相结合的多媒体体验方式，实现了数据库上网发布供读者免费使用。“妇女就业创业网上综合平台”融入创业咨询、技能培训、就业信息、创业指导、创业融资等功能，打造妇女创业就业一条龙服务综合平台。“印象•天津”信息港依托新华社的全球视野、海量资讯、先进技术优势，搭建“印象•天津”网上资讯平台，以独特的第三方视角客观地呈现国内其他地区眼中的天津变化、全球眼中的天津变化。

【信息安全】

（一）信息安全防护能力

联合天津市网信办等部门在近百个政务系统和市政领域开展为期 4 个月的信息安全检查。在各单位自查整改基础上，对天津市全部重要信息系统和政务部门共计 500 余个网站进行了现场检查和远程检测，及时堵塞漏洞，消除安全隐患。截至 2015 年年末，重点领域信息安全检查工作已历时 7 年，完成了对天津市近百个政务部门和市政领域信息系统现场检测，初步掌握了各个单位系统网络安全状况，确保政府信息系统安全稳定运行。

（二）信息安全测评中心建设

2015年，测评中心对已建成的攻防实验室进一步测试完善，利用现有设备对天津市重要信息系统进行定期远程漏洞扫描，以电子邮件的方式向运营单位提示风险，建议整改。天津市信息安全测评中心受委托在天津市重要信息应用系统开展信息安全预警通报工作，针对微软公布http.sys远程代码执行漏洞，对重要信息系统中存在该漏洞隐患的，逐一发送漏洞预警通知，并在中心网站公布。

【经济与社会领域信息化】

（一）信息消费

2015年，天津市被评为国家信息消费示范城市，两个项目被列为国家信息消费创新应用示范项目。信息消费规模达到4000亿元，成为拉动经济增长的新引擎。便民信息服务、农村信息服务项目分别列入20项民心工程，通信、广电、电力、供热、自来水、燃气等行业网上缴费便民服务效果显著，统一市场主体信用信息公示系统启动建设，医疗领域基本形成居民电子健康档案和电子病历两大数据库。积极推动农村电子商务，天津市农产品网上交易额达到3亿多元，1200家农业企业近千种农产品开展网上营销，成为信息消费产业发展的重要力量。

（二）工业电子商务

联交所、渤商网、融宝支付、天物大宗商城、天士力大健康网、长荣健豪云印刷建设行业电子商务平台建设取得突破性进展，滨海高新区、武清区、宝坻区等电子商务产业园区集聚效应初步显现，北辰区国家工业电子商务区域试点工作进展顺利，初步实现了重点企业构建业务协同配套体系。“天士力大健康网”为糖尿病门特患者提供网上（电话）预定药品、在线结算、送货等服务；长荣云印刷电子商务平台上线运行，满足了小批量、个性化、快速印刷需求；渤商网为钢铁产业链企业提供产品信息发布、交易、融资等电商服务。

（三）两化深度融合

积极开展企业两化融合评估诊断对标和两化融合管理体系建设。企业两化融合发展水平评估得分56.95，集成提升和创新突破阶段的企业比率分别高于全国23.05个百分点和6.45个百分点。重点企业CAD应用率达到95%以上，大型装备制造企业基本实现内部协同设计制造。国家级两化融合管理体系试点企业达到14家，国家级两化深度融合示范企业达到4家，8家企业列入国家两化融合管理体系咨询服务推荐机构，天汽模等4家企业入选工信部2015年度互联网与工业融合创新试点，11人被评为全国优秀首席信息官。

（四）大数据

重点发展制造业大数据，推动大数据技术向装备、汽车、电力、能源，以及增材制造、设计模拟等行业领域深度应用拓展，加快建设具有国际竞争力的大数据产业基地和数据资源聚集服务区。启动了人口、法人、空间地理、宏观经济、文化、感知资源6大信息资源库建设，形成全市1400万条人口基础信息、4大类法人单位百万条基础信息、4TB空间地理信息，部分数据资源实现了共建共享。

（五）云计算

2015年，天津市以增强自主创新能力、提升信息化水平、提高支撑服务为目标，着力优化发展环境，健全基础设施，打造产业链条，全面支撑智慧天津建设。初步形成以超算中心、数据中心、展示中心为基础，以数字化、广覆盖的信息通信网络为支撑，以天河、腾讯、曙光、惠普、联通、东软等企业为龙头的云计算产业体系，培育形成了具有示范带动效应的政府云、公共云和行业云“三云”应用体系。其中，浪潮集团大数据中心落户滨海高新区，着力打造大数据研发及应用创新中心、云计算数据中心，为企业提供大数据应用和培训服务。

（六）滨海工业云平台

“滨海工业云”作为工信部“工业云创新示范工程”，在集成遥感数据处理、石油勘探数据处理、动漫与影视特效渲染等应用系统基础上，拓展了工程仿真云和建筑云服务功能，用户总量超过2000家。

（七）物联网

深入实施农业物联网“12345”工程，初步建成数据资源云中心，实现25个基地环境数据在线采集，集成17个数据库、各类应用系统88个。大力实施智能电网、智能交通、桥梁安全检测等应用示范工程，提高重大基础设施监管与安全保障能力。其中，中新生态城国家智能电网综合示范工程成为全国第一个进入实质性建设和运行的城市智能电网示范工程，也是全世界区域最大、功能最综合的智能电网示范区。

【信息化建设中的重大举措或事件】

天津市围绕促进信息消费、智慧城市建设等信息化发展领域，相继出台了《关于促进天津市信息消费扩大内需的实施意见》《天津市推进智慧城市建设行动计划（2015—2017年）》《天津市新一代信息服务产业发展行动方案》《“宽带天津”实施方案》《天津市软件产业发展三年行动计划》《天津市推进电子商务发展三年行动计划》《天津市建设全国先进制造研发基地实施方案（2015—2020年）》等一系列文件，形成了从基础设施到产业发展的一套完整规划体系，在推进全市信息化建设中发挥了重要作用。

【未来工作重点及政策取向】

（一）全面打造“智慧天津”

“宽带城市”提速降费。继续实施信息基础设施改造提升工程，建设“i-Tianjin”免费无线接入点3万个。启动惠民服务便利化应用、智慧经济高端发展等5大行动，推进实施智慧医疗、智慧环保等34个智慧城市建设专项。

“数字城市”补齐短板。加快推进行政审批、卫生等14张已有独立业务专网的迁移和对接，实现市、区县、乡镇街道、村和居委会4级网络互联互通、惠民便民，让信息多跑路，让群众少跑腿。

（二）加快推进两化深度融合

全面发展智能制造，提升设计、制造、产品、服务和管理的智能化水平，逐步建立面向生产全流程、管理全方位、产品全生命周期的智能制造模式。积极开展网络化协同制造，加快建设滨海工业云、企业云等公共服务平台，组织开展“互联网+协同制造”试点示范。大力发展服务型制造，支持制造企业拓展在线监测维护、总集成总承包、融资租赁等新业务，实现个性化定制、柔性化生产、人性化服务。到2020年，培育5家智能工厂和100家数字化车间。

（三）突破一批关键核心技术

围绕集成电路、高端软件、信息安全等产业发展需求，开展重大科技攻关，突破一批核心关键技术，引领新一代信息技术发展。集成电路及专用装备产业，重点突破28纳米及以下设计和先进制造工艺、高密度先进封装和测试技术、关键装备和材料。高性能服务器及云计算产业，重点巩固曙光高性能服务器的竞争优势，利用“天河一号”超算中心、华录蓝光存储技术，打造一批高性能服务器和存储产品产业基地。智能终端产业，重点推动智能技术在手表、自行车等传统轻工产品中的应用，开发智能化大众消费品。基础片式元器件产业，重点发展新型环保节能元器件、应用纳米技术的超小型元器件、新型电子元器件。自主操作系统、国产数据库和软件产业，重点以麒麟操作系统为核心，加快自主可控操作系统发展和应用，打造国内操作系统第一品牌。

（四）大力发展大数据产业

积极推进天津—京津冀大数据综合示范区建设，编制了《天津市关于加快云计算、大数据发展的实施意见》，明确提出要重点发展制造业大数据，推动大数据技术向装备、汽车、电力、能源及增材制造、设计模拟等行业领域深度应用拓展，加快建设具有国际竞争力的大数据产业基地和数据资源聚集服务区。依托“天河一号”“天河三号”

超算平台，打造大数据与超级计算、云计算、云存储融合发展的环境。

（五）建立和完善自主可控的信息安全保障体系

加强资源再整合，明确信息提供、交换、共享的规则和范围，推进数据资源共建共享，实现网络行为可追溯、可查证。加强政府部门信息安全管理、等级保护和风险评估，继续实施党政机关互联网安全接入工程，提升网络安全防护能力。加快信息安全测评中心建设，开展工控系统和云计算服务等安全保障试点工作。推动自主可控产品的研发和产业化，加快国产高性能服务器、微处理器（CPU）、操作系统及数据库在电力、金融、电信等领域的应用，提升信息安全支撑服务能力。

河北省信息化发展概况

河北省围绕国民经济和社会发展需要，大力推进信息化建设。信息化在促进经济转型升级、保障和改善民生、推进城乡统筹发展等方面发挥越来越重要的作用，为“十三五”时期进一步发展奠定了坚实的基础。

【信息基础设施逐步完善】

互联网、移动通信网、广播电视网等网络基础设施建设迈上新台阶。“宽带河北”稳步推进，城市家庭宽带接入能力达到20Mbps，村通宽带比例达到99.6%。4G网络基本实现河北省市区、县城、重要交通干线和3A以上景区的覆盖。石家庄成为河北省最先进入国家三网融合试点的城市，IPTV走入百姓家庭，三网融合进入具体实施阶段。

【经济信息化成效显著】

农业信息化深入推进，实施了农业信息化“114工程”，有力提升了农业生产经营管理水平。两化融合水平实现了由低于全国平均水平到高于全国平均水平的快速发展。电子信息产业发展迅猛，形成了润泽国际信息港、华为云计算数据中心、中国联通（廊坊）基地等一批云计算和信息服务产业集群，新能源与智能电网装备创新型产业集群入选全国试点。电子商务快速发展，全省电子商务交易额突破1.4万亿元。智慧物流、互联网金融等新业态新模式不断涌现。

【社会信息化惠及全民】

实施了教育信息化“三通两平台”工程，初步实现全省优质数字教育资源互通共享，文化信息资源共享和服务供给能力显著提升。建设了全省统一的省、市、县三级卫生信息平台，石家庄等城市入选全国电子病历、全国居民健康卡试点城市。劳动保障监察“两网化”覆盖全省市县，基本实现对用工单位劳动保障监察的动态管理、全程跟踪、全方位覆盖。建成了省、市、县、乡社会保障四级网络，开展了医保异地就医联网直接结算试点，邢台、衡水等市实现了“五保合一”。建成了“三证合一”网络审批平台，实现了审批信息在工商、质检、国税、地税四部门三级高效流转，确保了企业统一社会信用代码在全省推行。全省统一的电子政务网络承载多个跨部门应用，电子政务建设不断推进。

【信息化有力促进新型城镇化和城乡统筹发展】

智慧城市建设稳步推进，石家庄、邯郸等13个城市入选住建部、工信部智慧城市试点，秦皇岛被住建部评为智慧城市创新典型。农村信息化水平迈上新台阶，建成了“12316三农热线”和“千万农民短信服务工程”平台。口岸电子检验检疫平台提高了河北口岸通关效率，住房保障信息系统实现了对保障性住房各环节的全程监管。

【开展政务信息资源共享】

（一）制定信息资源共享实施细则

积极贯彻《河北省政务信息资源共享管理规定》，印发了《河北省政务信息资源共享管理规定实施细则》，在政府令的基础上进一步明确了开展共享工作的具体实施内容与操作流程，为推动全省政务信息资源共享工作提供政策依据和指示要求。

（二）建设省信息资源共享平台

依托河北省政务云平台搭建了省级政务信息资源交换共享平台。目前，已有河北省工商、国税、地税、质监、公安、统计、人社、住建、食药监、工信、发改、民政、卫计、商务、高院、环保、海关、财政、旅游、安监20个部门接入该平台，接入平台的部门已经陆续在法人库、多证合一等领域开展了政务信息资源共享工作。

（三）推进法人信息共享

印发了《河北省法人单位信息资源库建设及共享应用实施方案》，推动法人信息共享，截至2015年9月30日，该平台共计推送工商的企业注册登记信息1000万条，平台数据交换量总计1.8亿条（包括法人库信息在内）。

（四）启动政务信息资源梳理编目

组织信息资源管理中心等单位开展了“政务信息资源共享体系”与“政务信息资源共享标准体系”研究，编制了《河北省政务信息资源目录编制指南》，目前正在会同有关部门启动实施省级政务信息资源目录梳理编制项目（一期），主要包括法人、空间地理两个基础信息和城市管理、旅游、综治、社会救助4个主题信息领域的政务信息资源开展目录梳理编制工作。

【开展信息安全风险评估和安全测评】

探索开展对云平台安全测评研究，组织信息安全测评中心完成《政务云安全保护技术要求（草案）》《政务云安全保护管理要求（草案）》并上报申请河北省地方标准。组织开展了河北省政务云和衡水市电子政务云平台安全测评，河北省政府门户网站系统、省政务外网系统和省政务内网系统的信息安全等级保护3级现场测评，以及省直部门4个系统测评、2个信息安全风险评估项目。

【组织做好全省年度网络安全检查】

结合贯彻落实中央、省委网络安全和信息化领导小组办公室《关键信息基础设施网络安全检查工作方案》，按照河北省《政府信息系统安全检查实施办法》等要求，为加强网络安全保障，落实属地管理责任，及时消除网络与信息系统存在的各种隐患，拟制印发了《关于开展以关键信息基础设施为重点的年度网络安全检查的通知》，组织指导省直有关单位和各市指导实施。

【推进京津冀信息化协同】

签署了《京津冀信息化协同发展合作协议》，三地将围绕建立信息化工作长效、稳定的合作机制，形成政策互融、标准统一、网络互通、资源共享、管理互动、服务协同的发展格局，共同努力将京津冀打造成区域信息化协同发展的示范区开展合作。协议从加强信息化顶层设计协调发展、推动信息基础设施共建共享、促进信息数据共享和利用、支撑产业协同创新发展、支撑区域服务管理协同、加强信息消费环境保障协作、加强信息网络安全防护协作、加强冬奥信息服务保障协作等方面提出了共建合作的内容。

【推进数据产业基地建设】

（一）张北云计算产业基地

张北云计算产业集聚区已投入运营项目两个：张北云联数据中心项目、数据港张北数据中心项目。已签约项目 8 个：阿里云示范展示点、阿里中都草原数据中心项目、中国教育云数据基地项目、分享通信集团张北移动互联网产业基地项目、长城网数据灾备中心暨运营型大数据中心项目、广东榕泰张北云计算中心项目、航信金云数据中心项目、张北县新能源大数据产业园项目。拟签约项目两个：张北创云数据中心项目、数据港小二台数据中心项目。在谈项目 12 个。目前运行服务器数量 8000 台。

（二）廊坊信息产业（大数据）基地

截至目前，基地运行服务器数量 19.2 万台，其中润泽科技数据中心 11 万台，中国联通云分公司数据中心 4.1 万台，华为技术数据中心 2.1 万台，光环新网数据中心两万台。一批国家级金融保险数据用户落户廊坊数据园区，廊坊数据产业园区已经成为国家重要的金融保险数据基地，预计到 2018 年服务器能力达到 236.8 万台。其中，润泽、中国联通云分公司、华为公司 3 家为国家绿色数据中心试点。基地被工业和信息化部批准为国家新型工业化产业示范基地。

【打造京津冀国家大数据综合试验区】

北京市经信委、发展改革委会同天津市和河北省工业和信息化、发展与改革部门围绕推动京津冀大数据协同发展，组织开展了《京津冀大数据综合试验区建设方案》的起草工作。按照国家发改委的要求，京津冀三地主管部门对《建设方案》进行了多次修改和交流。2016 年 10 月 8 日，国家发改委、工业和信息化部、中央网信办下发《关于在部分区域推进国家大数据综合试验区建设的函》，京津冀作为跨区域类国家大数据综合试验区建设工作开始启动。目前，河北就有关工作与京津两地主管部门进行交流沟通，就推进京津冀大数据协同、拟定分领域的大数据建设方案及工作时间节点等方面达成了一致。

【加强物联网应用示范工作】

为贯彻落实省政府《关于进一步推进物联网发展的实施意见》《关于深入推进〈中国制造2025〉的实施意见》，促进物联网在全省工业领域普及应用，实现传统制造向智能制造转变，2016 年 3 月，河北省工信厅通过省财政预算安排支持物联网在工业领域的示范应用示范项目 9 个，共计 500 万元。冀凯装备制造股份有限公司、神威药业集团有限公司、河钢集团唐钢公司、沧州大化集团有限责任公司、华通科技有限公司、石家庄君乐宝乳业有限公司、石家庄洛杉奇食品有限公司、保定金迪地下管线探测工程有限公司、河北千喜鹤肉类产业有限公司资金分别得到了支持。

【加快推进卫星导航运营中心和产业基地建设】

组织实施卫星导航应用示范工程。推进卫星导航相关技术在交通运输、船舶监控、公共安全、救灾减灾等多个领域开展应用，为智能交通、物联网、智慧城市建设等时空位置服务应用需求提供统一的核心数据和服务支撑。培育龙头骨干企业，重点推进中电科卫星导航公司城市综合位置服务平台建设，全力打造“电科导航”品牌。开展了京津冀北斗卫星导航示范应用项目前期工作，经过京津冀三地协商初步确定，将智慧养老、物流配送、冬奥会安全保障作为京津冀合作的内容。

【推进电子政务集约化建设】

省政务云建设。在 2015 年年底完成省政务云政府采购的基础上：采取云服务商投资建设，政府购买服务的方式，按照“集约、高效、共享、开放、安全”理念，搭建了基于云计算的电子政务公共平台（简称省级政务云），实现了政务云服务的政府“零资产”购买，对 IaaS、PaaS、SaaS 全面提出购买，这些服务不是按照建设成本付费，而是根据后续实际使用量付费。

政务云应用。省政务云为省级政务部门业务应用、信息共享、数据开放、协同办公等提供综合性公共服务。一是提供基础资源服务，目前已开通虚机 188 台，分配计算资源 1067 核，内存 2628GB，存储 89TB，带宽 967Mbps。已有人大、纪委、科技厅、工信厅、司法厅、民宗厅、商务厅、法制办等 14 个部门的 31 个应用系统实现云上运行。二是提供共性应用，包括移动政务、统一权限管理、政务邮箱等共性应用。目前已为工信厅、发改委、金融办、省扶贫办等单位开通政务邮箱服务。

山西省信息化发展概况

2015 年，山西省认真贯彻党的十八大和十八届三中、四中全会及中央和全省经济工作会议精神，以全省综改试验区建设为统揽，以贯彻落实《山西省信息化促进条例》为突破口，牢牢把握稳中求进工作总基调，主动适应经济发展新常态，围绕“四化”同步发展，强化“互联网+”思维，加快信息基础设施建设步伐，扎实推进信息化与工业化深度融合，不断深化经济和社会各领域信息化应用，建立信息消费持续稳定增长的长效机制，全面提高全省信息化建设质量和水平。

【不断夯实信息基础设施建设】

（一）实施宽带山西 2015 专项行动

推动“宽带中国”示范城市建设。2015 年 10 月 14 日，太原市被工信部确定为 2015 年度“宽带中国”示范城市。同时，积极推动宽带接入速率整体提升，截至 2015 年年底全省互联网接入端口达 1208 万个，宽带接入用户数达 598.2 万户，8Mbps 以上的宽带用户 329.8 万户。加速推进 3G 建设和 4G 覆盖。3G 基站总数达 4.1 万个，4G 基站达 3.9 万个；3G 用户数达 764.7 万户，4G 用户数达 1091.6 万户。

（二）深入实施重点公共场所 i-Shanxi 无线局域网建设与服务工程

升级完善 i-Shanxi 认证服务平台，实现认证统一管理，i-Shanxi 已覆盖全省 11 个地市的机场、火车站、汽车站、各级行政服务中心、公共文娱场馆、医院、旅游景点等 300 余处公共场所，使用人次过百万。

（三）推动三网融合稳步发展

组织省级通信、广电企业通过国家双向业务进入审批，积极开展融合业务。截至 2015 年 11 月中旬共发展 IPTV 用户达 57 万户。山西省广电网络已经完成了除太原、晋中外 9 个市的信号源统一工作，用户平稳过渡，接收正常，广电网络总前端覆盖用户超 300 万户。太原有线于 2015 年 8 月获得了省通信管理局颁发的 ISP 牌照，启动增值电信业务经营工作。

【加快推进两化深度融合】

（一）深化两化融合管理体系贯标试点

根据工信部工作安排，加强对第一批两化融

合管理体系贯标试点企业的跟踪服务，推动太钢、太重、经纬纺机、山西煤机、中国铝业山西分公司、太重煤机 6 户首批试点企业顺利达标。根据工信部 2015 年两化融合管理体系工作安排，组织开展了第二批两化融合管理体系试点的申报工作，汾西重工、工业设备安装有限公司、普德药业、亚宝药业、永济新时速电机、华鑫电气成为第二批试点。组织实施省级两化融合管理体系贯标，确定了 15 户省级两化融合管理体系贯标试点企业。

（二）大力实施两化融合示范引领工程

山西省 2014 年公布了首批 16 户两化融合示范企业和 15 户两化融合试点企业名单。2015 年，省经信委对首批省级示范和试点企业进行了授牌表彰。同时，结合省重点行业和重点领域，围绕产品设计研发、生产过程控制、技术工艺应用、企业经营管理、市场营销等方面的信息化应用，认定了 11 户 2015 年度两化深度融合示范和 8 户试点企业，继续培育和打造行业两化融合示范标杆。

（三）组织开展企业两化融合评估诊断

根据工信部和山西省《两化融合专项行动计划（2014—2018 年）》中的工作部署，山西省经信委于 2015 年 5 月在全省范围内开展企业两化融合评估诊断和对标引导工作。评估诊断工作依据《工业企业信息化和工业化融合评估规范》（GB/T 23020—2013），并依托中国两化融合咨询服务平台的山西省评估服务分平台展开。通过评估诊断工作，全面了解山西省辖区内各行业企业两化融合总体发展现状，指导企业明确两化融合发展重点和定量目标。

（四）推动工业云服务模式发展

支持太钢集团建设中小企业信息化“智助”云平台，采取服务外包方式，向中小企业提供统一应用服务。引导和带动更多企业应用工业云服务。

【扎实推进信息消费工作】

（一）推进信息消费试点城市建设

太原市稳步落实《太原市促进信息消费实施方案》，优化信息基础设施，发展宽带用户达 135 万，移动电话用户达 640 万，数字电视用户 132 万户；升级“数字城市”“天网工程”“地眼工程”等项目；引进培育“贡天下”“百事帮”等一批 B2B、B2C、O2O 电子商务应用示范企业，并启动配套物流园区的建设；以太原经济技术开发区、高新区为载体，着力发展电子信息产品制造业和软件信息服务业；优化全市统一的电子政务平台，在全市政府各部门已初步实现应用与承载分离。长治市已出台《长治市促进信息消费实施方案》，重点推动县级电子政务、平安城市、教育信息化、两化融合发展，在已经建成投入使用的地下管理系统、国土资源“一张图”工程、公安便民在线服务系统、数字化城管一期项目、出租车卫星导航系统的基础上，推出了长治市“智慧养老”项目、出租车定位监控项目等，持续促进长治地区信息化水平的提升。

（二）拓展信息消费领域

结合山西省资源优势和产业特点，加大山西特色旅游文化品牌和名优土特产的网络推广。山西省旅游局公共信息和咨询服务平台，初步形成官方网站、12301 旅游服务热线、官方微博、微信及手机 APP 多位一体的信息服务构架，“景区游客流量动态监测平台”于 2015 年上线试运行，可对山西省内 68 个重点景区（4A 级及以上）进行监测管理，山西旅游 APP 累计注册用户数 21071，已覆盖 37 个省内景区。

（三）鼓励信息消费合作模式创新

支持省内知名连锁便利店与网络电商的合作，唐久与京东合作启动京东唐久网上大卖场，山西美特好超市联手网商平台 1 号店，创新传统商业模式，以互联网+实体零售的方式率先开展 O2O 运营，提供万余种商品的网上订货、支付、送货上门“一站式”服务，方便百姓生活，实现多方共赢；同时下沉电子商务渠道，与阿里巴巴集团合作，选择农产品资源相对丰富、物流设施较好、扶持政策明确的县区启动村淘项目试点县工作，创新特色产品网销模式。

【积极落实“互联网+”行动】

（一）推动“互联网+”战略合作协议的签署

作为“2015 年中央企业山西行”活动的重要组成部分，中国联通与省政府成功签署了《“互联网+”战略合作框架协议》，根据协议，中国联通将在宽带网络基础建设的人才、技术、资金等方面对山西省给予倾斜，充分发挥主导运营商作用，预计在 3 年内投入 150 亿元，重点强化“宽带山西”“互联网+”基础设施建设合作，与山西省积极开展“互联网+”产业合作，积极推动全省“互联网+”产业落地生根，开花结果。

（二）研究起草《“互联网+工业”实施意见》

围绕国务院《关于积极推进“互联网+”行动的指导意见》积极展开研究、调研与探讨，于 2015 年 9 月 1 日邀请省内工业企业、信息服务企业和高校的相关专家召开了“互联网+工业”研讨会议，对山西省“互联网+工业”实施方案进行了研究讨论。结合会议讨论情况，省经信委组织起草了《山西省关于推进实施“互联网+工业”的实施意见》，结合行业、产业发展实际，确定了山西省推进实施“互联网+工业”的总体思路、原则目标、重点任务、组织保障等。

（三）组织开展互联网与工业融合创新试点

根据工信部信息化推进司《关于继续开展互联网与工业融合创新试点工作的通知》要求，省经信委组织遴选了“山西商品电子交易中心股份有限公司”等 7 户企业申报互联网与工业融合创新试点，全力支撑“互联网+工业”创新发展，促进工业转型升级。清瑞能源科技（山西）有限公司的“基于互联网的分布式油气井智能控制与数据处理”被确定成为试点项目。清瑞能源将围绕支撑智能绿色的生产运营，加强试点项目的推进，促进互联网与工业的深度融合。

【着力优化信息化发展环境】

（一）继续加强《山西省信息化促进条例》的贯彻

落实山西省促进信息消费和“宽带中国”战略的实施方案，规范网络和信息安全各项制度，加强各行业和领域的交流和互动，营造良性、持续的信息化发展氛围。

（二）修订《信息化发展专项资金管理办法》

为进一步规范信息化发展专项的管理和使用行为，减少财政性资金投向竞争性领域，提高专项资金使用效率，对《山西省信息化发展专项资金管理办法》进行了适当修订，加强对信息化项目的政策引导，鼓励企业加大信息化投入，引导全社会参与信息化建设。

（三）组织开展《山西省信息化“十三五”发展规划》研究

成立了《信息化“十三五”发展规划》编制组和调研组，拟定了《信息化“十三五”发展规划》的大纲。规划领域主要包括信息基础设施建设升级、农业农村信息化建设、信息化与工业化深度融合、社会领域信息化、电子政务应用、信息产业发展、网络与信息安全保障七大方面。针对规划大纲，围绕“十三五”期间信息化发展重点、热点和难点领域，进行调研走访，基本了解了山西省信息化发展的现状和存在的问题，为规划的制定奠定基础。

（四）加强专项资金支持引导

按照支持平台建设和非竞争性领域项目的原则，制定下达了《2015 年信息化发展专项资金申报指南》，重点支持政务服务信息化、民生信息化、两化融合公共服务等项目，带动社会资金向公共性、公益性、基础性领域的信息化项目投资。

辽宁省信息化发展概况

【信息基础设施】

截至 2015 年年末，辽宁省固定电话用户 1036.2 万户，普及率为 24.4 部/百人；移动电话用户 4429.6 万户，普及率为 104.3 部/百人。3G/4G 用户 2545 万户，占移动电话用户比例 57.46%。年末固定互联网宽带接入用户 839.3 万户，比上年末增长 8.7%，人口普及率 19.8%；8Mbps 及以上（固定）互联网宽带接入用户占比达 70.7%，20Mbps 及以上用户数占比达 30.3%；移动互联网用户 3161 万户，增长 13.0%。FTTH 覆盖家庭 2219 万户，比上年增加 1099 万户，增加 98.1%。鞍山、盘锦经工信部批准成为“宽带中国”示范城市。

【信息化发展规划】

加强顶层设计，推动信息产业发展，根据辽宁省“十三五”规划编制电视电话会议部署和省政府第 41 次常务会议安排，《辽宁省信息化发展“十三五”规划》被列为全省综合性较强、对国民经济和社会发展总体规划支撑作用突出的 49 个重点专项规划之一。截至目前，已完成《辽宁省信息化发展“十三五”规划》的文本编制及审定工作。

【电子政务建设】

截至 2015 年年底，全省电子政务外网综合网络平台二期建设内容总体完成，运行平稳。覆盖 95 家省直部门、147 个接入点，建有省政府云数据中心、跨部门数据交换平台、多业务虚拟专网等，运行网站、邮件、视频、服务审批等 722 个基于 IP 的业务应用系统，外网存储容量 500TB。年度安排信息化发展资金 4825 万元，支持省本级 45 个电子政务项目建设。组织编制《辽宁省电子政务外网移动政务平台解决方案》，报请省政府审定后适时启动省电子政务外网移动平台建设。建立资金项目管理后评价制度，完成 2014 年度省信息化发展资金和省电子政务外网综合网络平台运营维护项目绩效评价。

【两化深度融合】

（一）完善体制机制

推进全省两化融合管理体系贯标体系建立，全省已培育两化融合管理体系贯标试点企业 46 家，其中国家级试点企业 41 家，年度新增 29 家；建立全省规模以上重点工业企业两化融合水平评估机制，省市协同推进，目前纳入省两化融合水平评估平台管理且能够提交有效数据的企业达到 500 多家；培育两化融合服务体系，搭建公共服务平台，形成集咨询、诊断、设计、生产、物流、外向市场为一体的产业体系，涌现沈阳赛宝、沈阳创新、格微软件、百科物流、中国方舟等为代表的典型企业；推进全省首席信息官（CIO）制度的建立。

（二）实施重点工程

依据《辽宁省关于推动两化深度融合促进四化同步发展行动计划》和省经济和信息化委《推进两化深度融合实施方案》，组织实施传统产业转型升级、产品智能化提升、节能减排示范、物联网应用推广、工业软件振兴、产业集群两化融合、互联网产业应用示范七大重点工程；加大省工业技术创新和结构调整资金对两化融合领域的支持力度，安排资金1450万元。

（三）创新服务模式

推进互联网与工业融合创新发展，培育工业互联网服务新模式。在实现资源共享协同的生产组织创新方面，沈鼓集团基于大数据的沈鼓云服务平台、三一重装的智能装备制造与运维创新服务云平台，以及支撑智能绿色的生产运营创新方面，辽宁思凯的“互联网+”公用事业应用云服务平台，被工信部确定为2015年度国家互联网与工业融合创新试点。

（四）加强宣传培训

组织召开全省两化融合贯标培训会议，编制《辽宁省两化融合管理体系首批评定企业优秀案例集》《两化融合相关政策及概念汇编》，推动两化深度融合相关知识普及。征集各地两化深度融合工作成果，总结推广全省两化融合成功经验。

【互联网产业】

制定《辽宁省积极推进“互联网+”行动实施方案》《辽宁省促进大数据发展行动实施方案》《辽宁省推动云计算创新发展培育信息产业新业态行动计划》等文件，组建省车联网产业创新联盟、云计算基础资源产业联盟，组织技术交流、业务洽谈20多次；积极推动全省位置服务产业发展，省政府领导调研中国移动辽宁位置基地，组织召开全省位置服务产业发展座谈会；推进省政府与中国联通、中国移动、中国电信三大电信运营商签署“互联网+”战略合作协议；同中国联通辽宁分公司签署云计算基础资源战略合作协议，为辽宁地区云计算产业发展及经济社会转型提供保障。

【信息消费】

加强信息消费引导，培育信息消费需求。目前全省拥有国家信息消费试点城市3个（沈阳、大连、本溪）、国家信息消费示范城市1个（大连）、国家信息惠民示范城市4个（沈阳、大连、本溪、辽阳）、国家智慧城市试点城市3个（沈阳、大连、营口）。组织国家信息消费试点建设重点项目，会同国家开发银行辽宁省分行论证并向国家推荐《4G LTE全制式多模无线通信模块的研发及产业化》等10个项目；向工信部推荐《“行车易、停车易”智慧交通公众服务系统》等8个信息消费创新应用示范项目，其中大连智慧商圈、大连智慧家庭老幼监护系统平台两个项目获得国家批准支持。国家信息消费试点城市建设取得阶段性成果，沈阳市召开智慧城市建设专题市长办公会议，开展信息惠民工程建设，编制智慧城市三年实施方案，加强全市智慧城市建设的顶层设计。大连市实施“全民付”便民缴费自助终端建设项目，推广500台设备、覆盖108个社区，开展“社区电子商城”项目建设，建线上商城600个，销售额500万元。本溪市启动市民卡发放工作，建设城市运行管理中心、云数据中心，市民融合服务平台上线运行，提供政务服务551项，商务服务51项。

【三网融合】

为贯彻落实《国务院办公厅关于印发三网融合推广实施方案的通知》，全面推进辽宁省三网融合工作，推动信息网络基础设施互联互通和资源共享，促进消费升级和产业转型，经省政府常务会议审议通过，《辽宁省三网融合推广实施方案》发布实施，方案确定2015年年底前沈阳、大连、本溪、盘锦4个城市率先开展广电、电信双向进入业务，2016年年底推广到全省；明确了4项主要任务：一是广电、电信业务双向进入由试点转向全面推进，组织开展双向进入业务许可申报和审批，加强对广电、电信企业的监督管理，做到公开透明，公平公正；二是加快宽带网络建设改造和统筹规划；三是强化网络信息安全和文化安全监管；四是加快推进新兴业务发展，促进三网融合关键信息技术产品研发制造，切实推动相关产业发展。

全省 IPTV 产业在三网融合推动下迅速发展，2015 年 12 月 9 日，辽宁 IPTV 集成播控平台通过国家新闻出版广电总局正式验收，获得 IPTV 省级播控平台牌照，是全国第一张省分平台 IPTV 牌照。辽宁 IPTV 集成播控平台授权广联视通新媒体有限公司运营，截至 2015 年年底全省 IPTV 实际用户已达 68 万户。

【信息安全保障】

（一）开展年度政府信息系统安全检查

依据《辽宁省政府信息系统安全检查实施办法》，开展 2015 年度政府信息系统安全检查，针对新时期政府网站信息安全特点，全面优化检查方案，加大信息安全运维管理内容，使检查更具针对性和实用性。全部检查历时近两个月时间，共抽查 23 个省直政府部门对外办公信息系统。

（二）加强政府外网统一接入安全监管

组织全省政务外网安全现状调研，摸清信息安全基本情况，会同相关技术机构进行信息安全研判，制定完善的外网接入信息安全技术保障方案；积极反映辽宁省电子政务外网安全运行情况，组织运维单位在《辽宁省电子政务外网服务月报》中大幅增加信息安全保障信息和内容；提高各部门各单位信息安全防范意识，召开全省政务外网接入单位信息安全保障培训会议。

（三）加强信息消费环境建设

会同辽宁省密码管理部门积极推进身份认证、网站认证和电子签名等网络信任服务，目前累计发放电子政务数字证书 60 万张，发放范围涵盖地税、工商、统计等多个领域；组织辽宁省信息安全技术支撑机构对省内地方银行系统开展信息安全测评和风险评估，在多家地方银行开展等级测评、渗透测试、代码审计等工作。

吉林省信息化发展概况

2015 年，吉林省信息化工作以落实“互联网+”国家战略和《吉林省两化深度融合专项行动计划（2013—2015 年）》为主线，扎实推进“互联网+”建设行动，促进两化深度融合发展，信息化建设取得明显成效。根据中国电子信息产业发展研究院《2015 年中国信息化发展水平评估报告》测算，2015 年，吉林省信息化发展指数为 71.51（接近全国均值 72.45），居全国第 14 位。

【“互联网+”建设行动稳步推进】

信息基础设施建设不断加强。宽带普及提速工程进展顺利，光纤宽带网络和新一代移动通信网络进一步普及，2015 年年末，全省长途光缆线路长度 23877 千米，电信业务总量 353.3 亿元，增长 18.8%，电信网络实现全省行政村宽带覆盖率达到 100%，互联网络宽带接入用户 426.4 万户，增长 2.8%。固定电话用户 572.3 万户，其中，城市电话用户 447.3 万户，农村电话用户 125 万户，固定电话普及率 20.8 部/百人，移动电话用户 2604.1 万户，其中，3G 移动电话用户 822.7 万户，移动电话普及率为 94.7 部/百人。

“三网融合”应用加快普及。基础网络升级改造进展较快，完成交互式现代媒体信息平台、IPTV 分发平台、IPTV 集成播控平台、网络信息安全管控平台建设。国家“三网融合”试点城市长春市 IPTV 用户 4.4 万户，全省有线电视入网用户 595.43 万户，实现县级以上城市有线电视数字化、双向化，全网数字化用户 543.44 万户，双向网覆盖用户 471.3 万户，双向化改造累计投资 14.67 亿元。

“智慧吉林”建设扎实推进。吉林省人民政府与中国联合网络通信集团有限公司签署《“互联网+”战略合作框架协议》，中国联通吉林分公司围绕互联网+网络基础设施、互联网+政务、互联网+智慧城市、互联网+产业、互联网+民生等 10 个重点领域，实施 26 个“智慧吉林”建设项目。截至 2015 年 12 月末，吉林省社会创新管理平台、安监生产监管平台、HIS（医疗信息系统）移动化项目、城市一卡通等 12 个项目完成平台搭建、功能完善并推广使用，其他项目按计划建设中。

信息消费试点城市建设不断深入。白城市、珲春市入选国家工信部第二批信息消费试点城市，全省试点城市数量累计 5 个（分别为吉林市、延边州、长春净月高新技术产业开发区、白城市、珲春市）。围绕信息消费试点城市建设，实施启明公司驾驶者伙伴服务平台等 29 个示范项目，累计投资 28.5 亿元，其中省食品药品电子监管可追溯平台 2015 年 11 月被工信部评为信息消费创新应用（智能物流应用）示范项目。

无线城市应用进一步拓展。累计上线民生、政务、交通、教育、医疗等领域应用 910 项，注册用户 754.7 万户，活跃用户 66.5 万户，累计用户点击量 927.7 万户，门户访问量 2.63 亿次，31 省中排名第 16 位。

【两化深度融合发展不断深化】

两化融合总体水平有所提高。据工信部中国电子信息产业发展研究院发布的《2015 年度中国信息化与工业化融合发展水平评估报告》，吉林省两化融合发展总指数为 65.75，位居全国第 22 位。

省级两化融合试验区建设不断加快。围绕长吉图城市群的主导产业和特色工业产业园区创建的省级两化融合试验区达 10 个，推动实施信息化建设项目 86 个，总投资达 14.6 亿元，各试验区公共信息服务平台已搭建完成并上线运营。

两化融合管理体系贯标取得新进展。开展两化融合管理体系贯标培训活动 6 场次，700 余户企业近千人参加。首批国家两化融合管理体系贯标试点企业中，中化长山和吉林敖东通过工信部贯标评定；一汽轿车、吉恩镍业等 13 户企业入选国家两化融合管理体系贯标试点；福耀集团长春有限公司等 20 家企业被评为省级贯标试点。

两化融合重点项目持续推进。滚动实施两化融合重点项目 126 个，涵盖汽车、医药、化工、食品等重点行业 41 个产业集群，带动企业总投资 20.6 亿元。利用省级专项资金支持汽车、化工、纺织、医药等行业两化融合重点项目 68 个。

工业企业电子商务应用逐步扩大。重点与阿里巴巴、百度公司在电子商务领域开展合作，目前，2600 家中小企业进入阿里巴巴诚信通平台和百度互联网营销体系。

【公共领域信息化建设取得成效】

电子政务应用不断深入。电子政务内、外网建设与管理机制逐步完善，应用水平整体提高，政务信息发布逐步规范、及时、透明，电子政务重点项目建设和培训工作开展有序，突发应急信息管理逐步加强，“一站式”电子政务服务能力大大提升，政府网站内容不断丰富，功能逐步增强，有力强化了政府通过网络信息进行社会管理、市场监督和公共服务的职能。电子政务应用和资源整合不断深入，政务外网基础建设进一步完善，形成省、市（州）、县（市）三级结构的广域网（市州 155Mbps、县市 100Mbps），包括 1 个省核心、9 个市（州）和长白山管委会、42 个县（区），共 53 个节点。政务外网支撑作用更加突出，构建省发改委、审计厅、物价局等单位的业务专网，27 个政务部门应用政务外网的网络支撑开展业务。电子认证工作不断加强，已为吉林省检察院、吉林省物价局分别发放证书 398 个、568 个并提供相应服务。

社会领域信息化不断拓展。建立医疗卫生服务网络，建设完成集医疗、预防、保健、康复、健康教育和计划生育为一体的社区卫生服务信息系统，实现医疗卫生全流程信息化。实施“宽带网络校校通”工程，实现全省大中型城市的中心校级中小学高中的“网络全覆盖”。依托省图书馆信息查阅优势开展信息查阅服务，增设政府信息公共查阅服务，设立政府公开信息查阅室。社会保障“一卡通”建设基础数据采集已覆盖到58个县（市、区）、750多个乡镇和街道。建设完成低保信息比对系统、吉林省建筑市场诚信管理平台、房地产市场监管平台、市政公用行业监管平台、公共建筑能耗检测平台、城市供热企业热源管控信息平台等一批公共服务平台。

【信息产业发展良好】

（一）电子信息制造业稳步增长

2015年，吉林省电子信息制造业累计完成产值534.3亿元，同比增长13.4%；完成销售产值525亿元，同比增长13.9%；主营业务收入511.5亿元，同比增长13.5%；完成工业增加值133.4亿元，同比增长13.6%；实现利润26.5亿元，同比增长4.3%；年从业人数达到3.3万人。

光电子产业：长春光电子产业集群列入吉林省重点产业集群，现有企业70户。激光器、光电编码器、激光调阻机、激光医疗设备、激光打标机等产品，市场竞争力不断增强。长春市高新北区光电子产业园于2015年6月完成土地摘牌，光电子产业孵化器基本建成，20余户企业入驻。“吉林一号”卫星于2015年10月7日成功发射，围绕卫星遥感和航天信息集成应用两大产业链打造的航天信息产业园区已启动建设。

汽车电子产业：汽车电子产业集群现有企业20户，重点提升发动机控制单元、车载导航、车载信息系统、车载音响、车用仪表等汽车电子产品协作配套能力，加快汽车电子各领域关键、共性技术研发，具有自主知识产权的高性能锂离子动力电池达到国际水平，为国内多家电动车厂配套，成为产业新的经济增长点。

（二）软件和信息服务业快速发展

2015年，吉林省软件业务收入达440亿元，同比增长16%，其中，软件产品收入127.5亿元，占软件业务收入的28.9%；信息技术服务收入255.6亿元，占软件业务收入的58.1%；嵌入式系统软件收入57.4亿元，占软件业务收入13%。

吉林省现有软件和信息服务企业983户，其中通过软件企业认定的564户，登记软件产品2367个，系统集成资质企业85户，信息系统工程监理资质企业4户；软件和信息服务企业中主营业务收入超亿元的企业60户，超5000万元的企业78户；国家规划布局内重点软件企业1户，上市公司12户，筹备上市的企业17户。

【信息化发展环境日臻完善】

“互联网+”发展政策体系逐步形成。出台《吉林省促进互联网经济发展指导意见》。明确未来5年，基础信息网络、支撑服务能力、电子商务等方面发展目标，提出推进两化深度融合、培育互联网新兴产业等方面工作任务及保障措施，为全省信息化发展提供重要的政策支持和制度保障。

两化融合评估评测体系初步建立。依据工信部两化融合评估规范，制定省两化深度融合评估指标评测方法，开发“吉林省两化融合数据采集评估系统”，设定基础网络、工业应用、应用效益3个方面共58项评估指标，连续开展全省区域两化融合发展水平评估数据采集工作，并形成吉林省工业企业信息化与工业化融合发展水平评估报告。

信息化建设激励、奖励机制初步形成。信息化建设和管理创新工作先进单位和先进个人表彰奖励项目列入省政府表彰项目，面向全省工业和信息化系统、中省直企业和重点企业，每3年评选全省信息化建设和管理创新工作先进单位和先进个人并实施表彰。

江苏省信息化发展概况

江苏省上下紧紧围绕“两个率先”的战略目标，抢抓机遇、开拓创新，大力推进智慧江苏建设，加快打造江苏信息化升级版，深化经济社会各领域信息化应用，全省信息化实现了健康持续发展。信息化推进在稳增长、促改革、调结构、惠民生中发挥了重要作用，对经济发展和转型升级的支撑引领显著增强。

【信息化发展位居全国第一方阵】

江苏省信息化发展总体水平在全国的位次实现了再进位、再提升，全省信息化发展水平指数达到82.49，逐年进位，跃升至全国第4位、省区第2位（近两年依次超过天津、广东，仅次于上海、北京、浙江）；其中信息化应用效益指数居省区第1位，网络就绪度指数居省区第2位；信息资源开发利用指数达59.22，居全国第1位；区域两化融合发展水平指数达92.17，连续3年位居全国第1位。

【信息基础设施支撑能力大幅提升】

大力实施宽带中国战略，三大运营商四年投入1350亿元，“十二五”建设目标提前一年完成。到2015年12月，全省光缆线路总长度251.2万千米，位居全国第1位；互联网宽带接入端口3572.2万个，位居全国第2位；固定宽带普及率达到27.4%，4Mbps、8Mbps、20Mbps以上宽带用户占比分别达到97.2%、75.8%和43.8%；移动通信基站27.9万个（其中TD-LTE基站数7.4万个），位居全国第3位；有线电视普及率达94.2%，IPTV用户达到600.3万户。南京成为新增的7个国家级互联网直联点之一，全省IDC（互联网数据中心）规模已超过4万个标准机架，江苏网络节点实现了跨越式提升。

【两化深度融合全面带动智能转型】

运用现代信息技术改造提升传统优势产业，126家超百亿元工业企业普遍应用信息化向价值链高端攀升。推进智能制造示范建设，全省累计评选示范智能车间150家。高端数控机床、工业机器人、3D激光打印装备等产品产销保持较高增幅，重点行业骨干企业装备自动化率达85%以上。企业数字化研发设计工具普及率达到68.6%，关键工序数控化率为42.9%。2015年，江苏省两化融合发展水平总指数达92.17，连续3年居全国第一，两化融合百强企业水平位列全国第一。两化融合示范企业达到390家、试点企业2495家。

【政务信息化创新应用迈上新台阶】

13个省辖市及48个县(市)全部建成“12345”政府公共服务平台，积极打造政府网站群，应用政务微博微信等新媒体，开拓信息发布和公众交流新渠道。大数据在公安、食药、安监、财政等领域的综合开发利用进一步深化，“警务大数据”工程汇聚整合内部业务数据435类525亿条，社会数据349类76亿条。金融IC卡在公共交通、便民支付、社会保障、医疗卫生、园区管理、公积金、移动支付等领域得到普及应用，截至2015

年9月，累计发卡量为1.2亿张，2014年交易额达3577亿元，占银行卡消费的25.2%。

【民生领域信息化应用成效显著】

加快完善民生服务信息化保障体系，政务服务和社保、卫生、教育等领域形成了一批重点示范应用，苏州、无锡、淮安等被列入国家信息惠民试点城市，智慧城市试点数量位居全国前列。截至2015年11月，全省社会保障卡持卡人数达5549万，建成一批"智慧医疗—数字化示范医院"，高速公路ETC系统实现了全国29个省（市）联网，交通"一卡通"实现省辖市互联互通，"宽带网络校校通"全面实现，"1831"生态环境监控平台实现全省25.5万环保要素节点的全面感知，农业市场主体信息化服务基本实现全覆盖，全省农业信息化覆盖率达57%以上。

【智慧城市建设实现健康有序发展】

13个省辖市均制定出台智慧城市建设规划、实施意见、行动计划或推进方案。扬州、淮安和南通3市被列入首批中欧智慧城市合作试点。扬州、常州、无锡、镇江、泰州、南通6市及12个区县（园区）分别被工信部、住建部、科技部等列入智慧城市建设试点，江苏省入选城市规模数量全国第一。南京、苏州和无锡3市被列入国家下一代互联网示范城市，苏州、无锡、淮安3市被列入国家首批信息惠民试点城市。建成全省各级国土资源"一张图"，深化"天地图·江苏"建设，在全国率先构建云架构环境和云GIS计算中心。"智慧江苏"平台门户已汇聚社会信息资源500多项，接入智慧应用112项。

【电子信息产业发展势头十分迅猛】

软件和信息服务业规模全国第1位，10年年均增长30%以上，电子信息产品制造业规模连续多年保持全国第2位，物联网、云计算等新兴产业规模和增速领跑全国。2015年，全省软件与信息服务业务收入7306亿元；全省电子信息产业实现主营业务收入3.14万亿元，"十二五"期间年均增速约11%；全省物联网产业业务收入达3607亿元，云计算产业收入1450亿元，"十二五"期间年均增长30%以上。信息技术与制造技术融合进一步加快，计算机、通信设备等制造业对先进制造业贡献占比达29.71%，居各行业之首。

【互联网新业态新模式持续涌现】

全省信息消费规模达到3200亿元，增速超过25%，带动相关行业新增产业超过1100亿元。全省80%以上大中型企业建立了销售、供应链管理等互联网应用模式，行业电子商务平台超过300家，其中30家重点电商平台交易规模超过2万亿元。全省互联网企业超过2000家，营收增长达57.8%，苏宁云商、途牛旅游、焦点科技等企业进入全国互联网百强。徐工集团、红豆集团、苏州金龙等一大批传统企业在互联网化提升中焕发新的生机和活力。

【信息安全工作得到快速发展】

各级部门与领导高度重视信息安全建设，信息安全建设的重要意义达成普遍共识，为信息安全工作的开展奠定了很好的基础。建立了省、市、县三级信息安全工作管理体系和分类管理工作机制，制定发布了信息安全管理一系列重要规范性文件和信息安全管理地方标准；建设优化了省级应急指挥平台、省级政务网站及重要信息系统安全监测预警平台等一批信息安全保障基础设施和政务监管平台；省电子商务数据证书累积发证超过220万张，电子认证服务应用领域和深度逐步扩大；全省信息安全企业达到150家，信息安全企业数、产品门类和年产值均位居全国前列。

【信息化推进工作机制不断完善】

江苏省委成立网络安全和信息化领导小组及办公室，实现网络信息安全集中统一领导和工作统筹协调。省政府制定出台《关于推进智慧江苏建设的实施意见》《智慧江苏建设行动方案（2014—2016年）》，以及《关于加快发展互联网经济的意见》和《中国制造2025行动纲要》等重要政策文件，并先后与工信部签订了智能制造战略合作协议，与四大运营商签署了智慧江苏建设战略合作协议。省信息化办和省有关部门不断完善全省信息化顶层设计，相继出台了一系列重点领域信息化建设的政策法规，为提升全省信息化发展水平奠定良好的基础。

浙江省信息化发展概况

【信息化发展总体水平】

2015年，浙江省加快信息基础设施建设，大力发展新一代信息技术产业，提升发展电子商务，扩大信息消费，加快推动“两化深度融合国家示范区”建设，深入推进智慧城市示范试点建设，推动信息技术在经济社会各领域的广泛应用，全省信息化发展总体水平不断提高。根据《2015年中国信息化发展水平评估报告》，2015年全省信息化发展指数为95.89，列居全国第3位，比上年提高8.08。其中，网络就绪度指数为89.78，比上年提高12.16，光纤入户率、宽带普及率和宽带速率均有大幅提升；信息通信技术应用指数为98.97，比上年提高8.22，列居全国第2位，大力推动两化融合、智慧城市发展，信息技术应用成效显著；应用效益指数为101.95，列居全国第4位，以“互联网+”为代表的创新创业活力竞相迸发。根据《2015年度中国两化融合发展水平评估报告》浙江省2015年两化融合发展指数为98.15，相比2014年的86.26增长11.89，列居全国第2位。

【信息基础设施建设情况】

（一）通信网络

电信业务保持快速增长态势，对国民经济和社会发展促进作用显著，2015年全省电信业务总量1581亿元，增长38%。完成电信业务收入744亿元，同比下降0.96%。互联网深入普及应用，浙江省（固定）互联网宽带接入用户达到1316万户，与上年相比增长3.15%，（固定）互联网宽带普及率达到23.9户每百人；移动互联网用户达到5430万户，与上年相比增长7.22%。全省固定电话用户总数达到1500万户，与上年相比下降8.66%，固定电话普及率为27.2线/百人。2015年，全省移动电话用户总数达到7466万户，与上年相比增长1.30%，移动电话普及率达到135.6部每百人。增值业务不断发展，各类短信、彩信、通话等业务量有所下降，随着4G的覆盖、5G时代的到来，互联网增值业务实现较快发展。

（二）广播电视

全省农村应急广播体系初步建成，具备了平战结合、区域可控、音量可调、安全可靠等应急功能。“一省一网”整合全面完成，全省广播电视有线网络数字化率、双向化率均达到95%以上，处于国内领先水平，基于广电有线网的互联网接入服务市场逐步形成。广电基础网络进一步优化，实现全省宽带网络和数字电视服务全覆盖。积极部署云数据中心，建成总面积超过6万平方米，机柜12000个，服务器10万台，为各类云服务和云应用提供基础设施条件。浙江报业、广电、出版、华数和各市媒体在融合发展上实现突破，“三网融合”工作有序推进，目前省IPTV集控平台用户已达120万户，推动IPTV老用户平稳割接、费用结算及内容引入等核心问题的解决，目前广电新平台已发展IPTV用户30余万户，电信已完成近 100 万老用户的割接。

（三）下一代网络建设

全省大力推进国家级互联网骨干直联点申报和“宽带中国”示范城市创建工作，嘉兴市成功申报入选第二批“宽带中国”示范城市。以省级政府推进无线局域网建设和免费开放工作创全国先例，协调推动 i-zhejiang 无线局域网建设。杭州建成首个村级 4G 覆盖点，2015 年 2 月，中国移动浙江公司在杭州、温州、宁波 3 个城市推出了 4G 规模应用体验，仅两个月用户就已超过 14000 户。目前，杭州、温州、宁波的 4G 用户可以在 3 个城市之间实现轻松漫游，还可自动切换 3G/4G 网络。

【信息产业发展概况】

2015 年，全省大力发展以互联网为核心的信息经济，加快建设国家信息经济发展示范区、乌镇互联网经济创新发展试验区，加快培育云计算、大数据、物联网等产业，加快发展软件、信息产品制造等产业。全省信息经济发展势头良好，总量规模接近万亿元，全年规模以上信息经济核心产业实现主营业务收入 9869.2 亿元，同比增长 13%。实现利税总额 1730.5 亿元、利润总额 1372.6 亿元，分别同比增长 18.4%和 17.4%，利润增速高出全省规上工业 12.4 个百分点。2015 年浙省规模以上电子信息制造业增加值 1388.8 亿元、销售产值 6501.6 亿元、利润总额 481.2 亿元，分别同比增长 9.3%、5.4%、12.5%，在浙江省工业经济中发挥了积极的支撑引领作用。2015 年浙江省软件收入规模突破 3000 亿元，达到 3024.5 亿元，同比增长 22.1%，增速在全国规模前十省市中居前列。龙头企业带动行业迅速发展，2015 年电子信息行业超百亿企业达 12 家，全省共 9 家企业入围 2015 年（第 14 届）中国软件业务收入前百家。

【工业领域信息化发展概况】

全省深入推进信息化和工业化深度融合国家示范区建设，企业信息化应用水平大幅提升，2015 年全省重点行业典型企业资源计划（ERP）系统应用比率、制造执行系统（MES）应用比率、产品生命周期管理（PLM）应用比率、供应链管理（SCM）应用比率分别达到 79.69%、39.74%、28.71%、64.10%。制造业信息化成效显著，2015 年全省重点行业典型企业装备数控化率、机联网率分别达到 43.68%、27.79%。印发《浙江省高端装备制造业发展规划（2014—2020 年）》，制订《高端装备制造业发展年度推进计划》，组织实施高端装备“五个一”推进工程。编制印发《浙江省实施智能制造行动方案（2015—2017 年）》，加快推进智能制造试点示范；开展先进装备制造业协同创新、协同制造试点示范，积极推进首台套重大技术装备风险补偿机制试点，高端装备制造业继续保持稳中有进的发展态势。

【电子商务】

浙江省大力实施“电商换市”，2015 年全省电子商务交易额突破 3 万亿元，网络零售额 7610.60 亿元，居全国第 2 位，电子商务平台（包括在线交易平台服务、在线交易支撑服务在内的信息技术支持服务）收入 935.6 亿元，占全部信息技术服务收入的 55.8%，电子商务平台服务占主导地位。电子商务对全省经济社会发展的贡献不断凸显，直接解决就业超过 210 万人，间接带动就业约 500 万人。跨境电子商务突破发展，跨境电商进出口额约占全国的 16%，居全国第 2 位，杭州获批成为全国首个跨境电子商务综合试验区。

【电子政务】

2015 年，浙江省切实强化电子政务顶层设计和资源整合，统筹推进电子政务协调发展，电子政务建设和应用取得了显著成效。电子政务基础设施不断完善。构建统一的电子政务高速网络体系，电子政务外网，实现了省、市、县（市、区）三级行政机关的全覆盖，骨干链路由 155Mbps 提升到 1Gbps，并按需延伸至 90%以上的乡（镇、街道）、部分社区（村）和国有企事业单位，全省接入政务外网终端数达 25 万多台。信息资源整合利用持续深化。初步完成省级政务数据资源目录梳理，实现资源目录的集中存储和统一管理，率先上线省级统一的公共数据开放平台，开放了涉及68个省级部门的公共数据资源。建成全国数据容量最大的省级企业信用数据库，入库企业达240万家；个人信用信息系统已汇集人力社保、地税、法院等13个部门信用信息，覆盖全省5600余万户籍人口。电子政务应用蓬勃发展。搭建了全国首个省市县一体化建设与管理的“互联网+政务服务”平台，实现全省3000余个行政机关和机构的服务资源在“一张网”汇聚，推动建设一批跨部门协同应用，包括全省一体化的行政权力管理运行系统、综合电子监察平台、社会保障“一卡通”、流动人口管理平台、平安浙江建设系统等。

【信息安全】

网络安全保障不断完善，定期对全省信息系统进行网络安全检查，截至2015年11月底，无重大网络安全事故发生。通过Web应用防火墙等安全设备有效阻挡了1513394次网络攻击行为，邮件网关对域内1183个邮件账户统计，拦截或阻挡4314015封病毒或垃圾邮件，拦截率为97.4%。信息安全等级保护工作加快推进，按照国家和浙江省信息安全等级保护有关文件要求，省科技厅、省人力资源和社会保障厅等省级重点部门开展厅信息系统安全等级保护测评工作。建立了网络与信息安全突发公共事件监测、预测和预警制度、分级响应处置机制等以应对各级网络与信息安全突发事件。落实第二届世界互联网大会期间网络安全信息保障工作，保障大会圆满举行。

【信息化发展环境】

出台了关于信息经济、“两化”深度融合、电子商务、智慧城市等领域的系列政策，发布并组织实施《信息经济发展规划（2014—2020年）》，印发《浙江省高端装备制造业发展规划（2014—2020年）》《浙江省“互联网+”行动计划》《浙江省促进大数据发展实施计划》，信息化发展政策体系逐步完善。制定出台《关于推进跨境电子商务发展的通知（试行）》《杭州市网络交易管理暂行办法》《关于促进互联网金融健康发展的指导意见》等，进一步规范网络交易市场。积极争取创建国家信息经济发展示范区，省政府与国家网信办签署《关于互联网创新发展战略合作框架协议》。工业和信息化领域标准提升等行动全面实施，信息化标准规范体系建设逐步推进。青年科学家培养计划、“海外工程师”引进计划等人才培养和引进机制创新不断深化。

安徽省信息化发展概况

【信息基础设施】

2015年，大力推进“宽带安徽”建设，在各有关部门和运营企业的共同努力下，全省信息基础设施建设有了长足进步。

宽带普及率不断提升。截至2015年12月底，全省（固定）互联网宽带接入用户比2014年年末净增162.5万户，总数达到887.9万户；全省家庭宽带接入用户比2014年年末净增150.6万户，总数达到776.2万户；移动互联网用户比2014年年末净增1003.2万户，总数达到3671.8万户，其中3G/4G

用户净增 551.8 万户，总数达到 2465.3 万户。

宽带提速降费工作取得实效。为贯彻落实工业和信息化部"宽带中国 2015 专项行动"、国务院办公厅《关于加快高速宽带网络建设推进网络提速降费的指导意见》，各电信运营企业均实施了免费提速、降费流量费用等措施。截至 2015 年 12 月底，全省 8Mbps 以上固定宽带用户数达到 605.7 万户，占固定宽带总用户的 68.2%，超额完成"宽带中国"2015 专项行动提出的 55%的年度目标；20Mbps 以上固定宽带用户数达到 348 万户，占固定宽带总用户的 39.2%；FTTH/O（光纤接入）用户数达到 550 万户，占固定宽带总用户的 62.0%。全省城区（含县级市城区）宽带用户平均接入速率达到 29.46Mbps，合肥全市宽带用户平均接入速率达到 30.28Mbps；固定宽带单位带宽价格达到 1.617 元/Mbps，比年初下降 74.8%，手机流量价格达到 0.069 元/M，比年初下降 48.1%。

信息基础设施支撑能力进一步增强。截至 2015 年 12 月底，全省互联网宽带接入端口比上年末增加 473.8 万个，达到 2124.1 万个；全省出口带宽增加 1219Gbps，达到 3464Gbps；长途光缆纤芯长度比上年末增加 2.8 万芯千米，达到 91 万芯千米；本地光缆纤芯长度比上年末增加 296.1 万千米，达到 1751.1 万芯千米；移动基站比上年末增加 5 万个，达到 16.3 万个，其中 4G 基站达到 6.3 万个，4G 信号覆盖乡镇以上区域、交通干线和 3A 级以上旅游景点；移动电话交换机容量达到 8302.7 万户，短消息中心容量达到 3 亿条。

互联网资源进一步丰富。截至 2015 年 12 月底，全省网民人数达到 2395 万，同比增长 7.6%，超出全国平均增速 1.5 个百分点。互联网人口普及率达到 39.4%，比 2013 年年底增长 2.5 个百分点，在全国排名上升 1 个位次。IPv4 地址数占全国的 1.66%，和 2014 年年底同样排在全国第 16 位。域名数量达 488784 个，同比增长 37.3%，域名数占全国的 1.6%。其中，CN 域名 198219 个，占全国的 1.2%；.中国域名 3480 个，占全国的 1.0%。网站数量达 55581 个，同比增长 38.9%，网站数占全国的 1.3%。网页数量达 24.5 亿个，同比增长 58.1%，网页数排在全国第 14 位，比 2014 年年底上升 3 个位次。

【软件服务业】

全省软件服务业积极适应引领新常态，借力云计算、大数据、"互联网+"的发展机遇，以重点园区、重大项目、骨干企业和优势产品为抓手，积极培育信息消费新业态，加速推进"中国声谷"建设，着力构建结构合理、创新驱动的产业体系，产业规模首次突破 300 亿元，呈现出量增质优的良好发展态势。

产业保持快速增长。2015 年，全省软件和信息技术服务业完成营业收入 327 亿元，同比增长 43.6%，实现了两年翻一番。完成主营业务收入 321.9 亿元，同比增长 42.4%；年收入超亿元的软件企业突破 60 家，超 10 亿元企业 5 家，比 2014 年新增 2 家，其中超 20 亿元企业实现零突破达 3 家，分别是科大讯飞、四创电子和尚趣玩网络。"十二五"安徽省软件服务业年均增长率达 31.3%，成为全省调结构、转方式、促转型的重要支撑和经济发展的亮点。

产业结构不断优化。2015 年全省软件企业实现软件业务收入 205.6 亿元，同比增长 41.5%%，高于全国平均增速 20 余个百分点。其中软件产品收入 85.5 亿元，同比增长 3.3%；信息技术服务收入 106.1 亿元，增长 102.9%；嵌入式系统软件收入 14 亿元，增长 35.9%。软件产品、信息技术服务、嵌入式软件的结构比例由 2014 年的 57∶36∶7 调整为 2015 年的 42∶51∶7，新兴信息技术、新模式、新业态成为软件业务成长最突出的领域，软件产业向服务化方向转型升级的趋势明显。

企业实力稳步提升。重点骨干企业培育取得新进展，科大讯飞首次进入全国百强，2015 年实现主营收入 25 亿元，同比增长 40.4%；华米生产的小米手环出货量超过 1000 万枚，全球第三，收入达到 10 亿元；尚趣玩成为全国十大网页游戏运营商，实现收入 23.1 亿元，同比增长 112 %。在嵌入式软件领域，安徽省是国内最大的色选机研发和生产基地，大米色选机市场占有率达 90%以上。行业应用和解决方案市场占有率持续提升，智能语音应用软件和解决方案全国领先，交通、电力、动漫游戏等行业应用软件具有较高的市场占有率和品牌知名度。

产业集聚效果明显。全省依托各地优势，突出发展特色，积极打造特色产业集中区。合肥市聚集了全省80%的软件企业，2015年合肥市实现软件产业收入244.2亿元，同比增长45.9%。芜湖市动漫游戏、文化创意产业集中区、马鞍山市电子商务、软件服务外包产业集中区、铜陵市智能交通、行业应用软件集中区各具特色，构成了沿江软件产业城市集聚带。芜湖市实现收入35亿元，同比增长30.6%；马鞍山实现收入12.3亿元，增长50%；铜陵市实现收入7.3亿元，同比增长23.7%。合肥、芜湖、马鞍山、铜陵四市软件产业规模占全省总量的91.4%。

行业效益稳步提升。2015年全省软件服务业实现利润总额40.6亿元，同比增长19.4%；营业利润率达12.6%。税金总额9.7亿元，增长14.1%。全行业资产合计427.9亿元，负债合计172.8亿元，资产负债率40.4%，较2014年下降1.4个百分点。2015年软件企业共享受优惠政策退税4.2亿元，同比增长35.5%。研发经费24.8亿元，增长30.5%。企业融资渠道和影响力不断增强。截至2015年年底，在主板上市的软件企业有科大讯飞等6家，新三板上市的软件和信息服务类企业43家，超过全省的1/3。

新兴业态发展迅速。全省云计算大数据等新兴业态发展迅速，政务云、语音云、金融云、医疗云、交通云平台等一批重点工程的建设带动云计算产业快速发展。截至2015年年底，安徽省云计算大数据产业在建项目33个，累计投入320多亿元。合肥市云计算大数据生产应用中心，淮南、宿州市大数据存储基地，黄山、池州市云计算大数据创意产业园加快建设，带动骨干企业快速发展，云计算产业链逐步形成。

智能语音基地加快建设。落实部省共同推进语音产业发展领导小组工作推进机制，统筹推进各项工作顺利开展。编制了《中国（合肥）智能语音产业基地（中国声谷）规划（2015—2020年）》，推进中国（合肥）国际智能语音产业园孵化园搬迁入驻，截至目前，入园企业达100户，呈现出高成长、高融合的良好发展态势。中国智能语音产业基地通过国家新型产业示范基地审批，“中国声谷”成为首个国家级智能语音产业集聚区。

信息消费推动有力。2015年工信部公布了25个国家信息消费示范城市和60个信息消费创新应用示范项目，安徽省合肥、芜湖、马鞍山入选国家信息消费示范城市，10个项目入选国家信息消费创新应用示范项目，入选数全国第一，成为全国标杆。加强氛围营造，组织开展“体验信息消费、享受文化生活”系列活动，建立“安徽信息消费季”官网和“徽风皖韵”公众号，举办各类沙龙、主题论坛和培训活动300余场，1万多人次参加，50多万消费者通过专题网站和微信公众号参与安徽省信息消费季各项活动。

政策环境不断改善。2015年省政府出台了《关于促进云计算创新发展培育信息产业新业态的实施意见》（皖政〔2015〕84号），首次设立云计算、大数据发展财政专项，引领引导产业发展，迎来政策进一步利好。同时，安徽互联网大会、中国计算机大会、中国云计算大数据安全大会的成功举办为产业发展提供了技术交流和开放合作的环境。

【电子信息制造业】

2015年，全省电子信息制造业主要经济指标增长迅速，规模排序在全国同行业中赶超江西和北京前进2位、增速高于全国同行业平均14.5个百分点。全年实现工业总产值2807亿元，增长21.9%；工业增加值720亿元，增长20.1%，增速高于全省规模以上工业11.5个百分点；利润总额160亿元，增长14.7%；税金总额47亿元，增长12.5%。

投资水平提升发展后劲增强。2015年，全省500万元以上电子信息制造业项目完成固定资产投资835亿元，增长15.3%，完成量居全国同行业第6位。一批龙头带动性强的重大投资项目实现落地，总投资400亿元合肥京东方TFT-LCD 10.5代线、总投资135亿元合肥晶合晶圆制造（一期）、总投资100亿元蚌埠凯盛薄膜太阳能电池生产线、总投资50亿元国轩5万吨锂电池正极材料、总投资15亿美元康宁液晶玻璃工厂、总投资13亿元通富微电集成电路封测等项目先后开工建设。

骨干队伍壮大产业集聚加速。2015年，新增鑫晟光电、安徽康佳两家产值超百亿元企业，全行业百亿元级企业数达到4家；滁州天康、铜陵精达入选“中国电子信息百强企业”，安徽铜峰、博微田村入选“中国电子元件百强”，安徽康佳、四创电子等14户企业入选“全国电子行业优秀企业”；新增通威太阳能、阳光电源、金峰新能源3户国家光伏规范公告企业，全省光伏公告企业数达到8家，居全国第8、中部第2位。合肥新站区新型显示、经开区智能终端、高新区集成电路等产业聚集基地加速成长，带动全市电子信息制造业产值超过1600亿元，增长25%；新增芜湖高新经济技术开发区、滁州经济技术开发区、宿松县经济开发区3家省级电子信息产业基地。

出口大幅增长创新能力升级。2015年，全省电子信息制造业累计完成出口交货值783亿元，增长21.1%，增速居全国第7位，高于全省工业出口平均15.9个百分点，占全省工业出口总额近4成；微型计算机、新型显示、太阳能光伏等产品成为出口主要增长点；合肥联宝、鑫晟光电、合肥晶澳、合肥京东方等企业入选安徽进出口排行榜50强名单。新型显示、智能穿戴设备、集成电路设计、关键元器件及新型电子材料等领域突破一批关键技术和产品，成功研发一批“高精尖”军工电子产品，为国防和航空航天事业做出贡献，中科大先进技术研究院、合工大智能制造技术研究院、中科院创新工程研究院等一批电子信息相关重点协同创新平台成立。

聚焦重点环节加快关键突破。全省先后成功引进力晶科技、北京君正、杰发科技、兆易创新、群联电子、集创北方、杭州矽力杰、通富微电等一批集成电路龙头企业及其项目，落户企业数达50多家，项目涵盖设计、制造、封装测试、材料等产业链主要环节。成功举办中国半导体行业协会集成电路设计年会、中国半导体市场年会暨第四届中国集成电路产业创新大会、海峡两岸半导体产业高峰论坛等一系列在全国具有较大影响的重大活动，合肥成为全国集成电路产业发展最快、成效最显著的地区之一。

新型显示、智能终端“双引擎”作用突出。2015年，新型显示、智能终端两大高成长产业累计新增产值189亿元、增加值55亿元，经济总量占行业比重超过40%，对全行业增长贡献率高达37.5%。其中，显示器件行业实现产值497亿元、增加值160亿元，增速分别达到36.2%和34.2%；计算机行业实现产值633亿元、增加值142亿元，增速均超过10%；智能硬件产品实现良好突破，笔记本电脑产量超过1800万台，总量进入全国前5，新增平板电脑产量184万台、手机产量64万部，智能手环累计出货量超1000万枚，居国内第1、全球第3，智能体重秤、智芯等新品实现量产。

彩电、光伏制造“调转促”成效显著。2015年，合肥鑫昊、惠科金扬两户新增整机企业投产，全省电视机制造业实现产值218亿元，增长63.1%，生产彩电1177万台，增长95.4%，增速高于全国平均88个百分点，占全国比重升至7.3%；光伏制造业实现产值302亿元，增长17.4%。安徽康佳、合肥晶澳、通威太阳能、阳光电源等龙头企业持续推进技术产品创新，全省智能电视生产比重突破80%，高出全国平均水平，阳光电源与阿里云计算达成“智慧光伏云”战略合作协议，实现“互联网+光伏新能源”新模式发展。

【两化融合】

以贯彻落实“互联网+”和《中国制造2025》为重点，加大信息化推进力度，全面提升企业两化融合能力，各项工作取得新进展。

推动信息化立法。2015年6月16日《安徽省信息化条例》（以下简称《条例》）成功提交省人大常委会第21次会议进行审议。与会委员代表对《条例》制定给予充分肯定，并对《条例》修改提出积极建议，历经十几年不懈努力，信息化立法正式进入法治轨道。

全面开展企业两化融合管理体系贯标。通过努力，安徽省贯标工作取得显著进展。一是取得首批两化融合达标企业数全国第四的好成绩。全省共有14家企业完成全国首批两化融合管理体系达标任务，数量居全国第4位，中部第1位。二是2015年度争取全国第二批两化融合贯标试点数为22家，居中部第1位。三是积极推动开展“百家贯标，千家对标”活动。选定了114家企业进行省级两化融合贯标试点工作。在全省形成“百家贯标、千家对标”的积极氛围。四是及时做好两化融合贯标总结工作。组织企业参加两化融合管理体系贯标工作会议暨成果展，所撰写的题为《点到点服务、段与段衔接片推片普及扎实推进两化融合管理体系贯标工作》两化融合贯标总结，入选工信部信息化司文件选编，并在《安徽经济和信息化》刊载相关内容，受到安徽日报、安徽广播电视台、安徽经济报的重点报道。五是开展贯标工作培训。组织了全省两化融合管理体系专题培训，将管理体系解读作为“两化融合江淮行”活动的重要内容，目前安徽省内已有合肥、马鞍山、阜阳等多个市开展了贯标培训，有近千家企业参加了贯标宣传培训。

开展两化融合发展水平评估。全年共计 1600 余家企业完成网上评估数据系统上报工作。通过开展企业两化融合评估诊断，不仅可以全面了解辖区内各行业企业两化融合总体发展现状，指导企业明确两化融合发展重点和定量目标，而且为探索科学、分类、定量、持续推进区域两化融合的新模式，建立部、省、市、区（县）等协同推进两化融合工作机制打下良好基础。

推进安徽工业云平台建设。一是加强与阿里巴巴集团交流合作。赴阿里巴巴集团开展调研活动，围绕工业云、村淘、蚂蚁金服等内容进行了深入交流与合作。二是搭建工业云平台。支持企业与阿里云公司合作，建立安徽工业云平台，借助阿里云计算、云存储和云应用能力，帮助政府治理、做好经济运行、服务中小企业等工作。

推广普及企业首席信息官制度。一是起草印发《关于推广企业首席信息官制度的通知》，对安徽省企业首席信息官的设立、职责等进一步明确规范。二是指导合肥市积极推动首席信息官联盟建设，深入皖维高新、红星机电等一批两化融合示范企业指导帮助推广首席信息官制度建设。在 2015 全球信息技术主管大会上，安徽省 10 多家企业信息化主管荣获“2015 全国优秀 CIO”称号。

推动工业和互联网的融合。组织参加工信部互联网与工业融合创新试点工作交流会。开展全国互联网与工业融合创新试点遴选推荐工作。其中安徽中鼎密封件股份有限公司、安徽马钢自动化信息技术有限公司、安徽节源节能科技有限公司 3 家入围试点。

【信息安全】

主动适应新常态，发现新问题，破解新难题，应对“互联网+”和《中国制造 2025》带来的网络和信息安全新挑战，重点抓好敏感时期、关键领域的信息安全工作，全年全省未发生重大网络和工控系统安全事件，对推动经济发展、促进社会稳定起到了积极的基础性作用。

大力推动信息安全服务体系建设。一是开展全省网络信息安全服务机构摸底调查，对 38 家网络信息安全服务机构进行登记备案，并邀请省网络安全和信息化专家委专家对已登记备案的信息安全服务机构开展能力评估，向社会发布安徽省第一批信息安全服务机构推荐名单。二是举办了网络和工控系统信息安全培训班，认真梳理了培训会上提出的信息安全管理共性问题，组织有关专家提出针对性的解决方案，推动重点工业企业信息安全管理水平的快速提升。三是组织召开全省网络信息安全服务工作经验交流会和部分省直单位信息安全工作座谈会，为政府机构、重点工业企业、信息安全服务机构搭建了沟通与合作的平台。

积极承接重点领域信息安全检查。一是与安徽省委网信办联动开展了重点行业、重点领域信息安全自查工作，并依托网络安全服务机构，开展远程技术渗透抽查。二是贯彻落实工信部 2015 年工业行业网络安全检查试点工作方案，组织开展钢铁、有色金属、石化化工、装备制造等行业工控系统安全检查，对全省重点工业领域网络安全现状进行摸底，为下一步规范工控系统信息安全管理、提升技术防护水平提供了必要的保证。

深入推广电子认证服务应用。电子认证工作是强化信用体系建设的有效手段，截至 2015 年 11 月，面向社保、卫生、住建、税务等政府部门累计发放数字证书 31 万余张，广泛应用于政府采购、招投标等多个领域。一是针对性地开展调研，赴陕西进行电子认证学习调研，形成专题调研报告。二是配合安徽省委网信办举办安徽省第二届网络安全宣传周活动，主办了全省电子认证服务应用研讨会，人民网、新华网及省内多家媒体进行专题报道，中央网信办官网也进行转载报道，得到了各界的高度关注。三是推广电子认证在电子政务中深入应用，在芜湖市开展了基于信息安全的数字证书“市民卡”应用试点工作。

研究提出网络安全发展报告和培训教材编撰。为了掌握全省网络安全和信息化发展现状，在深入芜湖、马鞍山等地开展专项调研的基础上，完成了《关于网络安全和信息化发展情况的报告》。同时注重加强对工业企业的信息安全指导工作，精心组织中科大测评中心、省信息安全测评中心、科大国祯、安徽 CA、安徽三实等服务机构的专家与学者，就信息安全咨询、运维、保障、应急、灾备等环节进行全流程服务指导，编制了《企业信息网络与工控系统安全培训教材》向安徽省重点工业企业印发。

福建省信息化发展概况

2015 年，数字福建顺应新一轮信息技术和产业加快创新发展趋势，积极贯彻《中国制造 2025》、“互联网+”行动、大数据发展，以及福建省委、省政府进一步加快数字福建建设和互联网经济发展等重要部署，围绕“深化建设应用”和“发展互联网经济”两项中心工作，突出改革创新牵引作用，加强统筹、主动服务、积极作为，数字福建取得了显著成效。

【加强政策研究】

（一）出台一系列框架性文件

以福建省委或省政府名义印发实施《关于进一步加快“数字福建”建设的若干意见》《整合省直部门数据中心及信息中心实施方案》《福建省电子政务建设和应用管理办法》《关于加快互联网经济发展十条措施》等。其中，《关于进一步加快“数字福建”建设的若干意见》完成了新时期数字福建建设发展的顶层设计，将工作重心拓展到发展互联网经济，数字福建机构和统筹协调能力进一步加强。《福建省电子政务建设和应用管理办法》为破解阻碍深化应用的瓶颈提供了法理基础。

（二）积极贯彻国家信息化战略决策部署

一是贯彻《国务院关于积极推进“互联网+”行动指导意见》，以省政府名义印发实施《福建省人民政府关于积极推进“互联网+”行动的实施方案》。二是贯彻《国务院办公厅关于运用大数据加强对市场主体服务和监管的若干意见》，以省政府办公厅的名义印发实施《福建省关于运用大数据加强对市场主体服务和监管实施方案》。三是贯彻《国务院关于印发促进大数据发展行动纲要的通知》，制定了《福建省政府关于促进大数据发展实施方案》。

【持续推进数字福建·宽带工程】

截至 2015 年年底，福建省电话用户 5113 万户、互联网用户达 3934 万户，普及率达 134.4%、69.6%。全面启动“光网福建”固定宽带网络提速工程，大力提升高宽带用户占比，8Mbps 及以上的用户占比达 62%；实现千兆光纤通达全省市县区，3G 信号实现行政村以上全覆盖，4G 信号覆盖全省市县城区及大多数乡镇，省、市、县广电网络形成“全省一网”。

【有序开展省直部门数据中心整合】

启动省直部门数据中心整合工作。制定了分三批次迁移整合详细计划和进度安排，2015 年整合完成了 32 家省直部门 99 个系统，占未设立信息中心部门总数（46 个）的 70%。

完成政务云平台的迁移整合环境建设。福建省电子信息集团完成了马尾过渡机房政务信息网、政务外网基础网络部署和云平台软硬件基础环境搭建，平台于2015年8月19日正式投入使用。部门应用系统已全面实施迁移整合。

【扎实推进重点领域信息化建设】

（一）重点公共平台建设方面

（1）基础平台建设有序推进。数字福建（长乐）产业园政务云平台、企业社会云平台分别于2015年5月和7月启动建设，中国国际信息技术（福建）产业园已于2015年5月19日正式建成投入使用。启动建设多卡融合公共平台、视频能力服务公共平台等项目。

（2）重点行业应用平台取得进展。福建省电子口岸公共平台（一期）于2015年8月24日开通运行。教育班班通工程已完成1007个试点班级班班通的建设，于8月通过省级全面验收。“一照一码”共享审批平台建成开通运行，确保了全省商事登记改革提出的2015年6月1日起“一口受理、信息共享、一照发放”目标的实现。

（3）出台了数字福建公共平台开展政府和社会资本合作建设运营管理暂行办法，创新和规范了数字福建公共平台项目的建设运营模式，为社会资本积极参与数字福建建设打开通道。

（二）重点数据资源开发方面

启动建设省级政务数据整合汇聚与共享应用工程（一期），争取用一年时间完成省直各部门70%以上人口和法人基础数据整合汇聚工作，通过架构优化、政策制定、数据汇聚等，逐步构建一个覆盖全局、功能完备、质量可靠、应用方便、管理规范的政务数据云，以进一步提升信息共享应用服务水平，并支撑开放开发需要。

（三）重点领域顶层设计方面

（1）为规范福建自贸区信息化建设，全面支撑自贸区各项业务开展，根据福建省政府工作部署，研究制定了《福建省自贸区信息化建设总体方案》，并经省政府同意，与省自贸办联合印发实施。

（2）为创新基层管理服务，增强基层社会治理能力，加快福建省网格化服务管理信息平台建设和社区服务窗口整合，制定了《关于加快网格化服务管理信息平台和社区服务窗口整合建设创新应用的实施意见》。

【加大政务应用模式创新力度】

围绕“全程网办”目标，大力推动电子证照应用，积极倡导“四多四少”政务申办模式：“多走网路少走马路，多用电子文件少用纸质材料，多在网上受理办理少让群众窗口排队，多通过共享信息少让群众重复提交材料”。

继续推进电子证照建设应用。与省效能办于2015年5月22日联合印发《关于进一步做好2015年全省电子证照建设应用工作的通知》，督促省直部门开展电子证照全流程网上办事应用。福建省已生成150万张电子证照、电子批文，普遍实现电子证照实时生成和共享，并在2015年人民币账户年检中普遍应用，大约节省纸张16吨。福建省电子证照建设应用工作得到国家的肯定及推广。

推进网上办事大厅建设。省网上办事大厅已进驻省市县三级行政审批和公共服务事项45072项，注册用户18000多个。省级部门310项行政审批事项，690项公共服务事项已部署网上受理业务，推进了全省网上办事服务水平的整体提升。

【信息网络经济加快发展】

（一）大数据产业重点园区建设进展顺利

中国国际信息技术（福建）产业园2015年5月19日正式开园，该园拥有华东南最大、符合国际最高等级（T4等级）、高可用的数据中心，还建成了亚洲规模最大的数字渲染中心，总投资已经超过20亿元。

数字福建（长乐）产业园投资规模已超过30亿元，完成启动区一期市政基础设施建设，建成了7座研发楼和1座智慧展示中心（合计8万平方米）和18万平方米的人才公寓，数字福建政务云计算中心正在进行机房装修，社会和企业云已经启动建设。两个重点园区都已具备了展示、招商、研发条件和大规模承载能力，为福建省发展互联网经济和大数据产业提供了重要支撑。

（二）信息网络经济发展势头良好

围绕《福建省人民政府关于加快互联网经济发展十条措施的通知》，相关省直部门均已出台互联网经济发展实施细则，9个设区市和平潭综合实验区均已正式印发加快本地互联网经济发展实施方案，基本构建了系统有力的互联网经济政策体系。

2015年全年培训近8万互联网经济从业人员，成立7家创投机构，省级扶持、奖励7个重点创业孵化项目、21个互联网公共平台，重点培育29个互联网孵化器。互联网金融共交易1.95亿笔，通过P2P网络借贷平台撮合融资额约60亿元。

2015年全省电子商务交易额达7116亿元，同比增长42.6%；县域电子商务发展指数位列全国第3位，共有16个县（市）入围2014年中国电子商务百佳县，总量排名全国第2位。

2015年全省物联网产业总产值近千亿元，产业主要集中在厦门及福州马尾，其中厦门产值199亿元，福州马尾产值476亿元，分别增长15.8%和12.9%，福州马尾于2015年获批国家新型工业化产业示范基地（物联网）。全省物联网相关企业超过400家，其中上市企业达到30家。在物联网产业链的核心关键部分——感知层，拥有如新大陆、上润、慧翰微电子、福光数码等一批全国乃至国际领先的龙头企业。

2015年福建省软件和信息技术服务业实现销售收入1820亿元，同比增长20%，位居全国第9位。软件行业在中高速增长水平上实现平稳发展，增速高于全国平均增速3.5个百分点。全省动漫游戏总收入达到210亿元，年增长23%。骨干企业综合竞争力显著提升，13家软件骨干企业名列全国软件企业综合竞争力前200强，仅次于广东、北京、浙江，位居全国第4位。其中，中海创、新大陆、星网锐捷、百度91、网龙、四三九九6家软件骨干企业名列全国软件企业综合竞争力前100强。福大自动化、星网锐捷、新大陆、一丁4家企业进入2015年（第十四届）中国软件业务收入前百家企业名单。四三九九、网龙、三五互联入选2015年中国互联网企业百强。瑞芯微RK3288荣获第十届中国芯“最佳市场表现产品”奖，这是该公司第9次获得“中国芯”称号。

2015年福建省规模以上电子信息制造业完成工业总产值4838.6亿元，同比增长14.2%，实现工业增加值1093亿元，增长13.6%，产业主要集中在厦门、福州、漳州、泉州、莆田等沿海地市，戴尔、宸鸿、友达、冠捷、捷联、华映显示和达运精密7家企业年销售收入超百亿元。福建省电子信息集团、福州福大自动化公司、南靖万利达集团和厦门宏发4家企业入围2016年（第30届）电子信息百强企业。福州经济技术开发（物联网）获得工信部第6批国家新型工业化产业示范基地，云霄县云陵工业开发区（光电子）获得工信部第7批国家新型工业化产业示范基地。

两化融合水平明显提高，省级两化融合示范企业117家，2015年通过国家两化融合管理体系贯标评定的企业13家（总数位居全国第5位），全省两化融合发展指数79.94，位列全国第7位。2015年全省共有13家企业通过国家首批两化融合管理体系评定，占全国通过总家数的6.5%，位居全国第5位。全省贯标通过率为69%，比全国平均贯标通过率（40%）高出29个百分点。实施互联网与工业融合创新试点，推动30家企业开展试点工作，其中，明一国际和富贵鸟两家企业列入国家试点。

江西省信息化发展概况

2015年，江西紧紧围绕全省经济社会发展总体目标，加快推进全省信息化建设，信息通信基础设施建设逐步完善，社会各领域信息技术应用进一步拓展，公共信息服务领域进一步深化，信息化助推经济发展的能力进一步提高。

【加快宽带基础设施建设】

全面实施《省政府办公厅关于加快高速宽带网络建设推进网络提速降费的实施意见》，推进宽带网络普及提速，推进电信普遍服务机制，实施信息惠民工程，加快城市光纤入户和光纤网络向乡镇与农村延伸，扩大4G网络在全省的覆盖范围。2015年，新余市、赣州市两个城市被列为国家“宽带中国”建设示范城市。江西电信业务总量完成529.7亿元，同比增长34.3%；电信业务收入255.9亿元，同比增长1.8%。2015年，江西省光缆线路长度达到63.8万千米，其中长途光缆线路长度达到2.0万千米，本地网中继光缆线路长度达到49.1万千米，全省3G基站达到4.5万个，4G基站达到5.2万个，全省累计共建基站568个。全省固定互联网宽带用户数达到714万户，其中光纤到户（FTTH）用户数达到248万户，FTTH用户占比达到56.1%。固定互联网宽带用户中，接入速率在8Mbps及以上用户占比达到69.6%，20Mbps及以上用户占比达到49.2%。

【三网融合全面推广】

全面落实江西省政府办公厅出台的《三网融合推广实施方案》，在前期推广南昌市三网融合试点经验的基础上，将广电、电信业务双向进入扩大到全省各地，促进广电与电信网络的对等互联、深度融合，加快发展融合业务和网络产业，鼓励相关产业发展。

【两化融合工作有声有色】

江西省出台了《关于大力推进两化深度融合加快制造业转型升级的意见》，通过加强政策引导，以典型示范带动、重点项目推进、发展水平评估为抓手，从区域、行业、企业三个层面，因地制宜推进两化融合。举办了2015江西信息化与工业化深度融合推进会及现场对接会，同期举办了两化融合经验交流与校企合作推进会和新一代信息技术与工业转型升级论坛两个分会，邀请了省内外的著名企业参加现场对接会，邀请院士和著名专家参会并进行演讲，全省有500多名企业分享两化融合成功经验。组织开展了两化融合“个十百千万”工程，扶持了3个示范园区、48个示范企业。支持企业积极参与两化融合管理体系贯标，12家企业列入全国两化融合贯标试点，3家企业通过两化融合管理体系认证。开展了全省各设区市两化融合发展水平评估，对11个设区市两化融合发展情况进行排名，摸清各地两化融合发展水平、挖掘两化融合薄弱环节，实现以“评”促“推”。开通江西省两化融合咨询服务平台，在各设区市和县开设分平台，不定期组织企业上平台参加评估诊断，开展两化融合发展水平自评估，定量摸清企业信息化情况，让企业查找在全国、同行业的差距和潜力。

【智慧城市建设取得阶段性成果】

经过充分的调研和论证，以江西省信息化工作领导小组办公室名义向省直各单位及设区市，印发了《江西省智慧城市建设指南》，其中制定了《江西省智慧城市建设基本指导目录（试行）》引导规范合理开展智慧城市建设。同期出台了《江西省智慧产业园区建设的指导意见》，指导全省工业园区开展智慧园区建设。

【校企合作有序开展】

完成了《开展校企合作促进中小企业信息化的工作方案》的制定工作，并开展多轮省直相关部门之间的征集意见和工作协调，向省政府呈报了《关于开展校企合作促进中小企业信息化工作方案的请示》，落实了校企合作项目的相关资金，与省发改委、科技厅、教育厅联合印发《开展校企合作促进中小企业信息化建设活动的通知》，全面开展校企合作项目申报工作。

【信息化重大项目扎实推进】

积极对接中国航天科工集团的具体工作，牵头与省直有关单位成立了推进江西航天云网联系会议，共同对接推进该项工作。积极完成了省政府与航天科工集团签约的大量前期工作，成功举办了签约仪式。之后，协助航天科工集团在江西省开展多次调研活动，参与制定“江西航天云网”实施方案，同时，指导和配合航天科工针对南康家具、食品等行业开展对接，促成“江西航天云网”取得为企业服务的成功案例。协调推进航天云网在江西组建公司，落实省投资集团公司参股，确保了“江西航天云网”的如期正式开通。中华工业云项目在赣州落户。与中华通信系统有限责任公司签订央企入赣协议后，与中华通信公积极对接，参与其在江西的调研和可行性报告的制定，促成中华工业云项目在赣州市落户，指导和协助中华通信公司制定工作方案，完成项目实施具体的落户流程，建设中华工业云的首期项目——互联网+新能源。中国电信中部云计算基地建设取得进展，积极协调中国电信中部云计算基地建设存在用地、用电、有关支持政策等问题，制定了工作方案，召开相关部门的协调会，向省委省政府领导呈报了《关于中国电信集团中部云计算基地建设有关事项的请示》，完成了给省委主要领导的专报和相关会议纪要，并将相关措施逐项落实到位。

【信息安全保障体系逐步完善】

2015年，重点开展了信息安全政策法规、网络安全宣传周、信息安全基础设施建设，以及重点领域网络与信息安全检查、政府网站安全监测等。继续推进以身份认证及密码技术、电子认证为基础的网络信任体系建设，推广数字证书在电子政务、电子商务等领域的应用，探索重要基础数据和个人信息保护的新手段、新方法，以安全促进信息消费。截至2014年年底，全省有效电子认证证书持有量近30万张。

【电子政务应用持续深化】

全省电子政务工作围绕政府职能转变和公共服务需求，提升对政府治理的支撑作用和服务群众的应用效能。各地各部门加强电子政务应用，在经济和社会管理的不同领域取得显著成效，为保障和改善民生发挥了积极作用。为强化对市场主体的管理，探索实行营业执照、组织机构代码证和税务登记证“一表登记、三证合一”的登记制度，职能部门共同联手，加强了登记管理信息平台的信息采集、共享和查询功能建设，加大了对行政服务窗口软硬件投入；省农业厅依托“互联网+现代农业”启动智慧农业建设；省新闻出版广电局试运行版权公共服务平台，带动版权作品登记数量翻番；鹰潭市成功举办“互联网+创新”峰会。

【电子信息产业保持较快增长】

2015年，江西省半导体照明、通信设备和数字视听三大主导产业累计完成主营业务收入1014.9亿元，同比增长8.1%，其中半导体照明产业完成主营业务收入232.8亿元，同比增长

11.8%，通信设备产业完成主营业务收入 471.9 亿元，同比增长 10.3%，数字视听产业完成主营业务收入 310.2 亿元，同比增长 7.1%。产业集群集约发展效应增强，南昌高新区光电及通信、南昌经开区光电、共青城手机产业集群、井开区通信终端设备、吉安县数字视听、吉州区通信传输系统产业集群 6 大产业集群完成主营业务收入过百亿元。

山东省信息化发展概况

2015 年，山东省大力发展现代信息技术产业体系，推进产业转型升级，积极引导信息技术企业抢抓“工业 4.0”《中国制造 2025》和“互联网+”等战略机遇，努力开拓国内外市场，在全年工业经济仍处于总体平稳、相对困难、低位徘徊的状态下，全省信息技术产业仍保持平稳较快增长，转型升级不断推进，创新能力不断增强，增长点不断增多。

【信息基础设施加快升级】

随着“宽带中国”和“互联网+”行动的迅速推动，全省信息基础设施加快升级。在全国率先建成“全光网络省”，所有城区和行政村实现 100%光线覆盖，农村宽带接入能力达到 50Mbps、城区 90% 以上家庭达到 100Mbps，最高达到 1000Mbps。固定宽带接入用户达到 1626 万户，居全国第 2 位；8Mbps 及以上接入速率用户数达到 1257 万户，居全国第 2 位，用户占比较 2015 年年初提高了 30 个百分点；移动宽带用户达到 6110 万户，居全国第 3 位；FTTH 覆盖家庭达 3830 万户，FTTH/0 用户达 920 万户，分别较 2015 年年初增长 78%、72%，均居全国第 2 位；4G 用户达到 1893 万户，4G 基站达到 9.3 万个；青岛、淄博、威海、临沂、东营、济宁、德州 7 个市成为“宽带中国”示范城市，数量居全国首位。

【信息技术产业水平稳步提升】

2015 年，山东省信息技术产业（含制造业、软件业）统计内规模以上企业个数共 5166 家，实现主营业务收入 1.36 万亿元、利润 831.2 亿元、利税 1293.75 亿元，分别同比增长 12%、13%、13%。

产业规模平稳较快发展。2015 年，山东省信息技术制造业规模以上企业为 1501 家，实现主营业务收入 7999.09 亿元、利润 540.95 亿元、利税 779.63 亿元。重点调度的电子类产品中，除了正在逐步淘汰的电子元件（产量 169.8 亿只，下降 5.67%）、打印机（产量 410 万台，下降 26.63%）、笔记本电脑（产量 23.2 万台，下降 69.07%）三类低附加值产品增速持续下滑之外，其他产品均保持良好的增长态势。

产业支撑引领作用逐步凸显。信息技术产业对山东省工业经济增长贡献率从 2014 年的 8.17% 上升到 2015 年的 37.66%，主营业务收入、利润和利税占工业总体比重分别达到 9.1%、9.2%和 8.8%，较 2014 年所占比重提高 0.7 个、1.3 个、1.4 个百分点，信息技术制造业出口交货值比重达到 22.27%。

产业转型升级效果初步显现。一是产业布局日益优化。逐步形成以青岛、烟台、威海为龙头，沿胶济铁路延伸拓展，鲁西南和鲁西北呈两尾翼的布局，烟台制造业强势增长 11.2%，聊城、临沂、德州逆势增长 10%以上。2015 年，着力支持济宁信息技术产业基地发展，不断优化信息产业布局。二是产业结构逐步合理。加大高端产品的研发和生产力度，服务器、光电子器件、移动通信基站分别同比增长 45.6%、22.59%、10.62%；逐步淘汰低附加值产品，笔记本电脑、打印机和电子元件等低端产品增速下降。三是企业培育成效显著。扶持龙头企业做大做强，鼓励引导产业链式的发展模式，小微企业为龙头企业做好产品体系相关配套，共同发展。2015 年，海尔、海信、浪潮、歌尔声学、山东鲁鑫贵金属五家企业入围全国电子百强企业；海尔、浪潮、海信、中创、东方电子五家企业入围全国软件收入前百名企业，其中海尔、浪潮、海信分列第二、第四、第五位，发挥了重要的引领作用。四是企业研发实力不断增强。浪潮集团保持国产服务器国内市场占有率第一，高密度服务器产品在百度和阿里得到大范围应用；潍坊歌尔声学在电声器件、虚拟现实 VR 领域等产品市场占有率居全球前列，与华为等合作开发的可穿戴设备取得良好的市场反应；海信平板电视连续 10 年成为中国液晶电视销量冠军；中创软件是国内基础软件领域唯一的中间件骨干企业；积成电子具有信息系统安全集成服务和国家计算机系统集成两项一级资质；神思电子的智能身份认证终端和行业应用软件居国内同行业前列。浪潮软件、国核信息等 6 家企业通过了工信部 ITSS（信息技术服务标准）符合性评估。

软件产业增长迅速。2015 年，实现软件业务收入 3750 亿元、利润 239.8 亿元、利税 457.2 亿元，同比分别增长 20.8%、23%、22.4%。2015 年，全省软件产业增长迅速，产业规模是“十一五”末（905 亿元）的 4.13 倍，“十二五”期间，年均增速 32.8%。软件产业占全省信息技术产业比重逐年上升，由 2010 年的 11.6%提高到 2015 年的 27.5%，上升 15.9 个百分点。济南、青岛聚集效应依旧明显，2015 年，两市共完成软件业务收入 3351.8 亿元，占全省 89.4%的比重。其中济南实现收入 2050.1 亿元，增长 17.1%；青岛实现收入 1301.7 亿元，增长 24.5%。山东省软件产业“名城、名园、名企、名品”协同发展的良好态势已经形成。济南中国软件名城建设提速，城市品牌和聚集效应进一步提升，国家超算中心、省云计算中心等重大项目顺利实施。培育建设了 14 家软件产业园区和多个公共服务平台，齐鲁软件园、青岛软件园入围全国第一批 8 个软件和信息服务业类“国家新型工业化产业示范基地”，入园企业超过 1000 家。

新兴领域新增长逐步培育。按照重点推动集成电路、高端软件、数字家庭等九大产业变大变强的要求，不断深挖产业新增长点。一是积极推动北斗导航产业的有序发展。全省位置导航产业已初具规模，企业发展前景良好，有天海科技、航天九通、华东电子等企业 30 余家。济南、青岛、潍坊、济宁、德州等地纷纷设立北斗产业园区。与总参谋部测绘导航局签订《深化北斗卫星导航产业发展战略合作框架协议》，力争打造“精度高、服务好、数据全”的山东北斗导航位置服务体系。二是加强对新型电子材料的调研和指导，推动新型电子材料产业的发展。山东天岳的碳化硅晶体材料、恒汇电子的 IC 卡封装载带、济南晶正电子的铌酸锂电子材料等在电子材料领域处于国内相关专业市场的龙头地位。三是积极培育集成电路产业，扶持全省集成电路企业做大做强。

【信息化应用】

（一）信息化与工业化融合整体水平持续提高

山东省两化融合工作保持良好发展态势，企业两化融合整体水平持续提高，总体上处于单项业务应用向综合集成应用过渡阶段。

区域两化融合发展指数持续增长。2015 年山东省区域两化融合发展水平指数平均为 55.17，增长 3.97。济南、青岛、淄博、枣庄、东营等市得分超过 60 分。3 类一级指标中，基础环境发展水平指数平均为 60.17，济南最高（88.72），莱芜最低（35.2）；工业应用发展水平指数平均为 51.19，济宁最高（66.75），莱芜最低（40.91）；应用效益发展水平指数平均为 58.47，青岛最高（106.23），莱芜最低（36.93）。随着“两区一圈一带”等区域发展战略深入推进，青岛、济南成为两化融合发展的先行者，东、中、西部两化融合协同发展的格局基本形成。

行业两化融合发展齐头并进。2015年评估企业涉及轻工、纺织、机械、化工、冶金、建材、电子等10个行业。各行业评估得分情况依次为：电力63.33、电子62.37、医药60.41、化工56.94、机械56.02、轻工55.19、建材54.42、纺织53.50、冶金52.76。与2014年的评估结果相比，得分均有不同程度增加，其中医药行业增幅最大（增长4.86）。从一级指标得分来看，基础建设和单项应用指标均为电子行业得分最高（分别为69.61、61.84），综合集成和协同创新指标均为电力行业得分最高（分别为60.97、61.82），竞争力、经济和社会效益指标，医药行业得分最高（分别为72.07、77.44）。从6个一级指标看，建材、纺织、化工、轻工、机械、冶金6大传统行业得分并不突出，反映出全省传统行业产业结构仍不尽合理，存在一定低效落后产能，导致行业整体得分增速放缓。从各行业阶段分布来看，全省6大传统优势行业中，冶金行业有26.78%的企业处于集成提升以上阶段，建材、纺织、化工、轻工、机械等均有33%以上的企业处于集成提升以上阶段，重点传统优势行业发展均衡，总体发展水平平均。

企业两化融合发展总体水平进一步提升。2015年山东省工业企业两化融合发展水平平均得分为57.08，较2014年增长2.56，较2013年增长9.93。6类一级评价指标中，基础建设水平为61.37、单项应用水平为57.46、综合集成水平为46.20、协同与创新水平为45.42、竞争力水平为65.52、经济和社会效益水平为67.06，其中协同与创新水平得分增幅最大（4.66）。连续参与评估的350户重点企业两化融合发展水平平均得分为59.30，较2014年增长2.58，较2013年增长5.89。从两化融合发展水平所处的阶段占比来看，2015年处于起步建设阶段的企业占8.84%，较2014年增加0.72%；处于单项覆盖阶段的企业占53.09%，减少1.54%；处于集成提升阶段的企业占28.50%，减少1.61%；处于创新突破阶段的企业占9.57%，增加2.43%。1944家样本企业中，有186家两化融合发展水平已进入创新突破阶段，占比较2014年增加3.76个百分点。进入综合集成阶段、单项应用阶段企业分别达到554家、1032家。

企业两化融合关键指标总体高于全国平均水平。依据《工业企业信息化和工业化融合评估规范》（GB/T 23020—2013）和《企业两化融合评估指标体系》，遴选的衡量企业两化融合发展水平的12个关键指标中，全省有10项得分高于全国平均水平。其中3个指标表现突出：企业设置专职信息化部门的比例为59.9%，高于全国平均26.3%，反映了全省工业企业两化融合组织保障水平较高；应用电子商务的企业比例为89.4%，高于全国平均36.4%，表明山东省工业企业服务模式创新与服务化转型活跃；数字化研发设计工具普及率为74.1%，高于全国平均17.4%，表明山东省工业企业产品研发能力已具备提升跃级的基础。

（二）电子商务持续较快发展

2015年，全省电子商务继续保持较快发展态势，83.5%的规模以上工业企业利用电子商务开展了网络销售和采购，电子商务交易额超过1.3万亿元，同比增长26.2%。

第三方电子商务平台发展迅速，交易活动集中度较高。2015年，调度的70家第三方电子商务平台，交易总额达到2055.4亿元，同比增长32.1%。其中：45个B2B（企业与企业）平台完成电子商务交易额为1932.1亿元，同比增长31.5%；25个B2C和C2C（网络零售）平台完成电子商务交易额为123.3亿元，同比增长39.4%。依托山东省实体产业的机械、石化、农产品等行业平台，成为第三方电子商务平台发展重点。居前3位的平台分别是黄河农资和农产品平台、休斯顿石油装备平台、黄河三角洲石油化工平台，2015年交易额分别为703亿元、419亿元、130亿元。

传统产业网络购销平稳发展，电子商务占比持续增长。2015年，调度的70家传统企业电子商务销售额为1545.2亿元，占总销售额的38.1%，同比增长28.1%。电子商务采购额为1390.3亿元，占总采购额的39.6%，同比增长17.0%。其中，55家企业拥有自主建设的网络销售平台和采购平台，占调度企业总数的78.5%。分行业看，消费品制造业网络销售占比提高较快。调度的海尔集团、红领集团、九阳股份、金猴集团、张裕集团等26家企业，主要集中在家电、服装、食品等领域。2015年，面向代理商的网络分销额830.3亿元，占总销售额的 45.6%，同比增长 22.1%；面向消费者的网络零售额 147.4 亿元，占总销售额的 8.1%，同比增长 36.9%。

电子商务服务创新发展，新业态、新模式不断涌现。2015 年，好品山东平台新增上线企业 15408 家，全部上线企业达到 31078 家，带动企业完成网上交易额 625 亿元，同比增长 22.7%；全年举办培训 74 场，累计培训人数 9998 人次。联行支付第三方互联网支付平台新增企业用户 367 家，个人用户 64500 户，企业用户数达到 1018 户，个人用户达 365800 户，实现支付额度 227 亿元，同比增长 24.7%。调度的 70 家企业主要集中在网络营销、互联网支付、数据处理、信息安全、呼叫中心、快递物流等领域，2015 年电子商务服务销售额 76.4 亿元，同比增长 56.3%；电子商务服务收入为 7.1 亿元，同比增长 73.6%；从业人员 14862 人，同比增长 69.1%。

（三）信息消费继续保持平稳较快增长

2015 年，全省信息消费重点产业实现主营业务收入 7236.85 亿元，最终信息消费规模达到 5427.64 亿元，同比增长 16.58%，高于同期社会消费品零售总额增速 5.98 个百分点，成为全省居民消费的最大亮点和消费增长的主要引擎。

信息服务消费呈明显攀升态势。"宽带中国"和"互联网+"等行动的迅速推动，为信息服务消费实现平稳增长提供了有力支撑。2015 年，全省信息服务消费支出实现 4112.68 亿元，同比增长 19.67%，其中，居民电信消费支出 1254.16 亿元。电信业务总量实现 1672.21 亿元，同比增长 17.55%。增值电信企业（主要是互联网企业）完成业务收入 434.73 亿元，同比增长 15.68%；居民广电网络消费支出 45.77 亿元，同比增长 10.38%；软件及其他信息服务消费支出 2812.75 亿元，同比增长 20.8%。

信息产品消费进入大规模推广应用的关键时期。随着创新型智能终端产品的不断涌现，智能手机、电视盒子、平板电脑、穿戴设备等智能终端产品的加速普及，消费者对高端智能产品和新型智能终端的需求不断扩大，信息产品消费增速提升。2015 年，全省信息产品消费支出 1314.96 亿元，同比增长 7.85%。其中，手机消费支出 901.78 亿元，同比增长 8.12%；计算机消费支出 20.74 亿元，同比增长 5.67%；彩色电视机消费支出 392.44 亿元，同比增长 7.35%。随着全省居民收入和购买力的提升，信息产品消费仍有巨大潜力。

（四）电子政务与信息资源开发利用有序推进

2015 年，山东省以现代信息技术与政务工作深度融合为手段，以提升整体政务服务水平为目标，充分利用云计算、大数据等新兴信息技术，全力推动电子政务集约化建设，重点推进各部门间信息资源共享和跨部门业务协同，不断深化电子政务在社会管理各领域的应用，推动社会管理方式创新。

电子政务集约化建设取得良好成效。目前，山东省省级电子政务公共服务云平台已建成投入运行，截至 2015 年年底，整合部署了 19 家省直机关、22 个业务应用系统。省级各类信息系统部署周期大幅缩短。2015 年以来，省政府办公厅的山东省省级电子政务服务平台、省信访局的山东省网上信访信息系统和省口岸办的山东省电子口岸公共平台等重大项目在省级云平台部署后，迁移调试平均周期仅 3 个月，较传统建设模式缩短工期 60%以上。财政预算和运维费用明显降低。以济南市为例，目前济南市已实现 50 多个部门机房、传输网络、支撑平台、运行管理集中统一，300 多项业务应用和 10 余项跨部门应用在统一的云平台上运行，年节约财政经费 20%以上。

信息共享和业务协同得到长足发展。信息共享政策环境不断优化。2015 年，山东省以《山东省电子政务"十二五"规划》为指导，印发了《关于启动省级政务信息资源共享工作的通知》《山东省人民政府办公厅关于印发山东省政务信息资源共享管理办法的通知》等文件，人口、法人数据共享工作不断推进。基础数据库建设扎实推进，信息共享平台交换体系进一步完善。结合山东省省级政务服务平台建设需求，先期开展了人口、法人、办件库、证照库等资源目录和共享目录的编制工作。在共享平台建设完成了人口、法人共享交换基础数据库、电子证照信息库、网上办件信息库等共享主题数据库，为各部门信息资源共享和业务协同提供了基础支撑。根据山东省省级政务服务平台等项目建设需求，进一步完善了共享平台实时交换体系建设，满足相关部门对共享平台实时性共享交换需求。

【信息安全保障工作积极推进】

山东省积极适应经济发展新常态、努力顺应网络安全工作格局调整，以健全网络信息安全保障体系为重点，大力推进网络安全保障工作，取得显著成效，确保了全省基础信息网络和重要信息系统的安全平稳运行。

加强信息安全保障基础设施建设。“十二五”期间，全省着力支持建成了一批跨部门、综合性、全局性的基础设施平台。省网络与信息安全突发事件监测平台、面向电子政务的数据灾难备份中心、数据恢复与清除技术中心、云安全防御平台、网络舆论信息管理平台、信息安全公共仿真平台等多个平台的相继建成，实现了从预警、日常监测、数据备份到灾后恢复较为全面的安全防护，初步形成较为完善的基础保障体系。2015年，全省积极推进工业控制系统信息安全实验室建设，挑选钢铁、焦化两个行业开展安全管理试点，探索工控安全管理模式和配套制度规范建设。目前，工控安全实验室已初步建成，试点工作相继展开。

推动完善信息安全标准和认证认可体系。2015年2月，山东省率先成立中国信息安全认证中心山东分中心，扎实推进信息安全认证认可、技术检测、认证制度技术支持、认证人员培训等工作。

推动网络信任体系建设。电子认证是网络信任体系建设的基础，山东省积极推进电子政务系统、医疗卫生信息化、有机农产品安全全程可追溯、新型农业保险等众多方面的电子认证工作。目前，山东省正在形成以数字证书签发管理系统、跨境/域互联互通互认系统、认证服务资源配置系统为核心的新型“互联网+”系统产品电子认证服务体系。

加快发展信息安全产业。“十二五”期间，不断加大对信息安全产业的引导、扶持力度，信息安全技术研究和产业化发展取得了新的积极成果。浪潮服务器市场占有率国内第一、世界第五，形成了以浪潮的可信服务器、中创的安全中间件、威海渔翁的高速密码卡、山东中孚的网络隔离卡为龙头的一批信息安全知名产品，涌现出一批优秀的整体安全解决方案，培育了一批专业从事信息安全系统集成服务、等保测评服务、信息安全咨询服务、风险评估服务、信息安全培训服务、智能建筑和能源管理服务等安全服务的骨干企业。目前，各类信息安全产品和服务达100多个（种），产业规模20多亿元。

湖北省信息化发展概况

2015年，湖北省积极对接“互联网+”行动、《中国制造2025》，以全面深化改革为动力，主动适应和引领经济发展新常态，大力实施智慧湖北发展战略，推动互联网与经济社会深度融合渗透，全省信息化水平迈上新台阶。

【完成智慧湖北建设顶层设计】

按照湖北省委、省政府统一部署安排，加强智慧湖北建设顶层设计，联合工信部赛迪研究院起草《关于加快推进智慧湖北建设的意见》和《加快推进智慧湖北建设行动方案(2015—2017年)》，2015年8月，湖北省政府常务会审议通过并实施。湖北成为继智慧江苏后的第二个完成顶层设计的省份。积极在报纸、网络等媒体上加强宣传推广，形成全省共建智慧湖北的良好氛围。

把握省情学习先进。制订了《全省信息化暨智慧湖北现场调研工作方案》，坚持“面上调研”和典型调研相结合，坚持书面调研和实地调研相结合，召开20余次座谈会，先后10余次开展实地调研。2015年7月，分管副省长带队赴浙江、贵州调研，形成两省发展信息经济和大数据产业的考察报告。

高规格召开智慧湖北建设推进会。2015年9月，湖北省委、省政府在武汉召开全省三级干部参加的智慧湖北建设推进会，鸿忠书记、国生省长出席会议并做重要讲话，吹响智慧湖北建设的号角。此外，召开智慧湖北推进座谈会，分管副省长出现会议并专题进行部署。

成立智慧湖北建设领导小组。湖北省政府成立智慧湖北建设领导小组，省政府主要领导任组长，常务副省长、分管副省长任副组长，37个省直部门为成员。智慧湖北建设领导小组办公室设在省经信委。武汉市、宜昌市成立由市委书记任组长的智慧城市建设领导小组。

【加快电子信息产业发展】

2015年，全省电子信息产业继续保持平稳较快发展，预计全年主营业务收入突破5000亿元，同比增长13%左右，成为全省发展较快的支柱产业之一，如期完成“十二五”目标。

（一）智能终端增长加快

预计2015年智能终端收入600亿元，增长20%左右。一是重点产品产量快速增长。光纤光缆、光电器件、光传输设备、单晶硅电池等特色优势产业增速均超过20%。二是重点企业规模扩大。武汉邮科院、骆驼、长飞等入选全国2015年（第29届）电子信息百强企业。截至2015年11月底，百亿元企业有武汉鸿富锦（287亿元）、武汉摩托罗拉（联想）(245亿元)、武汉邮科院（229亿元）、骆驼集团（108亿元）。三是数字家庭产业迅猛发展。以建设湖北国家数字家庭应用示范产业基地为抓手，大力开展数字家庭应用示范工程。目前已建设完成左岭还建社区、水蓝郡智慧小区两个数字家庭应用示范项目，用户近6000户，在建项目4个。四是引进落地一批重点项目。华星光电的6代OLED/LTPS研发生产基地项目160亿元，天马的第六代低温多晶硅（LTPS）TFT-LCD及彩色滤光片（CF）生产线项目120亿元，奇宏电子的华中基地项目53亿元、华为的光电子研发生产基地项目50亿元，长飞的科技园项目50亿元等。

（二）推进国家储存器基地落户

一是组建集成电路产业发展基金。及时加强与省直有关部门、武汉市政府及东湖高新区管委会等出资方的沟通协调，确保基金公司于2015年8月5日正式注册成立，并向国家基金注资50亿元，获得国家基金公司董事席位。二是加速整合人才技术资源。支持武汉新芯与国外知名厂商赛普拉斯，以及国内顶级院校、中科院微电子所合作开展三维存储器（3D NAND）研发，组建近200人的团队，逐渐建立完全自主可控的知识产权，迈入了国际三维存储器技术的竞争行列。三是主动对接国家存储器发展战略。依据国家存储器项目布局，支持武汉新芯联合国内相关重点企业拟制了存储器项目建设方案，形成了湖北主导，联合各方的国家存储器战略实施原则，以武汉新芯为平台组建国家存储器公司，实现30万片/月的产能规模。目前项目建设方案已基本确定，待国家审批通过。

（三）推动光电子产业平稳发展

实施“光通信产业领先工程”，使产业链向上游关键材料及核心器件延伸，向网络设备等产业链下游领域拓展。实施“激光产业链创新工程”，大力发展激光器、激光加工设备等，打造国内最大的激光产业基地。支持武汉梦芯公司成功研制出国内第一款40纳米级北斗智能芯片，并于2015年9月量产。鼓励武汉国家地球空间信息产业化基地，以及黄石、鄂州、秭归等地北斗产业园加快建设和发展，着力引导资源向产业集聚。同时，鼓励和引导邮科院、长飞光纤、团结激光、华工激光等龙头骨干企业实施兼并重组，加强产业链横向整合，不断提升产业规模、创新能力和品牌知名度，巩固发展行业领先优势。

（四）软件和信息服务快速增长。

2015 年，湖北省软件业主营业务收入达到 1300 亿元，企业软件业务收入突破千亿元，同比增长 20%左右，保持中部第 1 位。一是加强顶层设计谋划。积极开展云计算大数据发展课题研究，代拟了《湖北省人民政府关于加快促进云计算大数据发展的意见》，正在编制“十三五”软件和信息服务业发展规划、云计算大数据发展规划。二是推进资源要素集聚整合。以武汉花山软件新城、“一主两副”为重点，以武汉市创建国家级软件名城彰显影响力，将全市软件园区载体面积建设目标进行任务分解，纳入市级绩效目标，对各区园区建设工作进行跟踪考核。大力推进“光谷云村”和左岭大数据产业基地建设，分步策划政务云数据中心等云数据中心建设。襄阳市全力引进产业带动力强的核心项目，IBM 云计算中心项目和阿里巴巴襄阳客户服务中心项目相继入驻软件园，华为、中国移动、世纪互联、软通动力等 40 多家国内知名企业相继入驻“襄阳云谷”。三是培育云计算大数据产业链。围绕楚天云大数据综合枢纽平台建设，湖北省软件企业已在云计算大数据产业链各层进行部署，从云硬件、云软件、云服务到云终端的产业链初步形成。武汉东湖大数据交易中心、长江大数据交易所（筹）、华中大数据交易所数据交易平台先后挂牌成立。

【深入推进两化深度融合】

坚持以新一代信息技术和制造业深度融合为主线，不断完善两化融合管理体系，湖北省两化融合呈现出领域扩展、服务增强、支撑带动能力提高的良好态势，两化融合发展已步入加速创新、推动转型的新阶段。

完善两化融合培训制度。2015 年 6 月，联合武汉大学在武昌开展首期全省两化深度融合试点示范企业高级培训班，此后分别在襄阳、十堰、孝感、宜昌等地共开展 5 期培训班，累计培训企业信息化人才 1000 多人次。

做好两化融合对标工作。积极开展两化融合评估诊断和对标引导工作，联合各市州组织培训会数十场，完成近千人次培训工作，完成 1000 家企业的参评任务。配合工信部赛迪研究院开展区域两化融合水平评估，组织 400 多家企业参与工信部两化融合评估数据采集工作。

实施两化融合试点示范。组织开展湖北省 2015 年“两化融合”试点示范企业的申报和评选工作，2015 年试点示范企业达到 522 家，较 2014 年增加 210 家。通过试点示范、以点带面促进信息技术在企业生产经营和管理的主要领域、主要环节有效应用。

开展两化融合贯标活动。开展两化融合管理体系贯标试点企业推荐工作，全省第二批 16 家企业取得国家贯标试点（累计达到 39 家），正式通过国家贯标的为 5 家企业。2015 年 4 月，参加全国两化融合贯标体系工作会议和展览会。

【加快信息基础设施建设】

2015 年，湖北省出台《加快信息基础设施建设工程行动方案》，省政府在宜昌召开全省信息基础设施建设工程行动光纤村村通现场推进会，进一步明确各项任务和完成时间节点。

高速骨干网框架基本形成。一是武汉国家级互联网骨干直联点成为全国十大互联网信息交换中心之一，在为鄂湘赣三省提供信息交换同时，大大提高了湖北网间互通能力。二是省内骨干网、城域网光纤网络扩容、IPv6 升级任务按时完成，大容量、高速率的新一代光纤网铺设到了全省各县乡，网络速率大幅提升。全省 FTTH（光纤到户）覆盖能力达到 1281.7 万户，高速宽带骨干网基本形成。三是全省广电网络发展迅速。基本完成全省广播电视网络数字化改造升级，楚天网络光纤网到达全省 17 个市州、县及大多数行政村。

宽带网络建设水平日益提高。2015 年，黄石、襄阳、宜昌、十堰、随州 5 个城市成为宽带中国示范城市。一是全省行政村通宽带比例提高。2015 年，全省行政村通宽带比例提高到 97.7%。未通宽带行政村由 2014 年的 1578 个减少至 500 多个。武汉、宜昌、襄阳、黄石、荆州、孝感、随州、鄂州、天门、仙桃、潜江 11 个地市的行政村通宽带比例为 100%，其中宜昌、黄石、鄂州行政村100%通光纤。二是宽带高端用户快速发展。城市地区光纤接入能力达到 20Mbps，部分达到100Mbps，农村在建光纤到户接入能力达到12Mbps，部分达到 20Mbps。湖北省委、省政府智慧湖北电视电话会议后，接入网品质和网速不断提高。三是互联网用户接入规模稳步增长。全省电信企业固定宽带用户达到 853 万户。四是宽带接入市场多元化发展。湖北省互联网接入市场吸引了广电楚天网络、长城、艾普等中小型网络公司积极参与，形成了与电信运营商互补竞争的发展态势，共同促进互联网建设质量和服务水平。

移动互联网高速发展。一是 4G 基站建设发展迅速。全省 4G 基站数累计达到 89550 个，4G 网络覆盖全省地市、县以上城区及高速公路和高铁沿线，人口覆盖率达到 71%。光宽带网与 4G 移动网“双百兆”无缝接入覆盖能力正在加速形成。二是移动电话用户数持续增长。全省移动电话用户数 4638 万户，移动互联网用户超过 2400 万户。三是以 4G 为主的铁塔加快建设。全省共建设完工 10788 个站点的通信铁塔及机房，其中新建铁塔站点数 3313 个，改造铁塔站点数 7475 个。四是加快公共 Wi-Fi 设施建设。武汉市已运行“云端武汉・公益 Wi-Fi”项目新增免费热点近500 个，宜昌、襄阳正在开展免费 Wi-Fi 设施建设。

“三网融合”新业务蓬勃发展。一是协调落实三网融合战略协议。联合省通信管理局与省电信公司进行了充分的沟通协调，督促省电信公司积极落实三网融合战略协议内容，确保湖北省三网融合业务顺利开展。二是在全省推广幸福新农村 IPTV 项目。按照“先试点，后推广”的原则，在随州试点，取得经验后，在全省进行推广，得到了各级政府的大力支持，三网融合业务蓬勃发展。目前“幸福新农村”项目覆盖 4400 个行政村，上线用户达到 16 万户，较上一年净增 8.2 万户。宜昌市结合实际，将电子村务、电子学务、电子服务、电子商务集成到“幸福新农村”项目平台，通过“三屏”互动、“四务”服务，让惠民政策进千村入万户。

【积极培育新模式新业态】

认真贯彻落实国务院推进“互联网+”行动，积极培育跨界融合新兴业态和新增长点，不断打造经济增长的新引擎。

一是推进“互联网+”融合渗透。湖北省委主要领导专程走访调研 4 家从事“互联网+”产业的典型企业，推动湖北省“互联网+”产业加快发展，省政府专门针对“互联网+交通”“互联网+智慧停车”先后召开两次座谈会。省领导专程调研省内自主可控软件企业，研究部署建立国产化实验室，进行产业链上下游适配打通。

二是大力发展信息消费。根据省政府出台的《关于促进信息消费扩大内需的意见》，联合相关部门积极推进电信业、信息终端产品制造、软件和信息服务业发展，2015 年信息消费规模将突破 2600 亿元，增长 25%左右，达到 3 年行动方案制定的预期目标。积极推进国家信息消费试点城市建设，向工信部报送武汉、襄阳、黄石、孝感市孝南区信息消费试点城市典型材料。

三是深化与互联网巨头合作。湖北省委、省政府主要领导会见腾讯公司、阿里巴巴集团，进一步加强双方战略合作。湖北省与阿里巴巴集团签订了战略合作协议，与腾讯公司加强“互联网+”合作交流，将深化在农村淘宝、阿里云、武汉研发中心、创业基地、微信支付等方面的合作。

四是强力推进楚天云建设。做好楚天云公司筹备相关工作，联投集团与烽火通信达成战略合作协议，成立楚天云项公司。起草楚天云工程顶层设计方案，完成《加快推进楚天云建设的工作方案》和《湖北省楚天云总体设计方案》。楚天云公司与宜昌三峡云计算中心、省国防科工办达成长期战略合作意向。

五是大力发展电子商务。鼓励武钢、东风、华新水泥等龙头企业发展自营电商平台，打通订单签订、网络支付、物流配送等环节，为上下游企业提供商品或服务交易。支持广大中小企业主动“触网”发展，整合省内协会、服务中心、工业云等平台，提高电子商务应用普及率。湖北省大型企业电子商务应用普及率近 70%，中小企业超过 50%，预计 2015 年全省 B2B 交易额突破7000 亿元。

六是建立线上云平台。加快搭建和完善以“管理+技术+资源+服务”为主要内容的湖北工业云平台，支持国家工业云创新服务试点的“兴业云”发展。依托“兴业云”推进中小企业信息化发展，开展互联网与工业融合创新试点示范工作。积极支持省内外知名互联网企业参与湖北工业云平台建设，满足中小企业的信息化需求，把更多企业推上云端。

广东省信息化发展概况

2015年，广东省深入实施信息化先导战略，以信息基础设施建设为抓手，采取超常措施推动全省信息基础设施建设跨越发展；率先制定实施《广东省“互联网+”行动计划（2015—2020年）》，推动互联网新技术、新模式在经济社会领域广泛应用；加快推进信息化与工业化深度融合，物联网、云计算产业加快发展。2015年，广东省互联网普及率为72.4%，位列全国第3位。网民数量7768万人，占全国11.3%，居全国首位。广东省固定电话用户2807.1万户，移动电话用户15009.7万户，3G（第三代移动通信）移动电话用户4578.8万户，4G移动电话用户4896.3万户，增长233.1%。固定互联网宽带接入用户2630.3万户，增长9.2%。广东省两化融合管理体系贯标试点企业达431家，其中国家级贯标试点企业84家，25家试点企业通过国家首批评定，占全国的1/8。

【信息基础设施建设】

2015年，广东省制定实施《广东省信息基础设施建设三年行动计划（2015—2017年）》，力争到2017年年底，全省信息基础设施建设水平进入全国先进行列。全省信息基础设施建设三年行动部署工作会议部署信息基础设施建设三年行动计划。设立省级信息基础设施建设专项资金，2015—2017年，每年安排资金支持全省信息基础设施建设。广东省分别与中国电信、中国移动、中国联通、中国铁塔、中国铁路通信信号、腾讯等互联网领军企业签订战略合作框架协议，达成45项重大项目合作意向，5年内在广东省信息基础设施和信息化建设投资总额超过2600亿元，其中2015—2017年省电信运营企业共投入近1000亿元。2015年，广东省信息基础设施建设任务超额完成，全省新增光纤接入用户（FTT H/O）达530.6万户，累计达1113万户，广东省、珠三角光纤入户率分别从2014年的23.3%、29.7%提升至38.9%、47.6%。新增4G基站14.7万座，累计达33.5万座，4G用户约4896万户，增长232%，规模全国第一，首次超过3G用户数。WLAN热点累计达9.82万个，AP数累计达44.7万个。

【信息化和工业化深度融合】

2015年，广东省加快推进信息化和工业化深度融合，出台《2015年广东省“两化”融合工作方案》，按季度督办通报全省各地市两化融合推进情况。2015年6月，全省两化深度融合工作暨家具行业智能制造现场会在佛山召开，分两批遴选331家试点企业、8家服务机构参加“两化”融合贯标试点，试点企业总数达431家，其中国家级试点企业84家，25家企业通过国家首批评定，占全国的1/8。2015年统筹安排资金共计3124万元奖补两化融合贯标试点企业、服务机构、评定机构及两化融合优秀项目。在广东省22个地市各举办 1 场两化融合贯标培训暨牵手工程对接会，培训地市经信部门、试点企业及贯标服务机构近 3000 人次，促成了 138 对传统企业与信息技术服务企业牵手合作，共同提高贯标水平。

对家具、家电、制造、机械、纺织 5 个行业开展两化融合试点示范，组织 1000 余家企业到佛山维尚、美的集团、珠海优特、珠海格力、揭阳巨轮等典型优秀企业现场观摩交流。依托广东省两化融合评估服务分平台，分级分类引导超过 1000 家样本企业实现评估对标，电子、轻工、机械等重点行业企业均超过 100 家。9 家企业列入 2015 年国家首批互联网与工业融合创新试点名单，发展实现生产组织、生产运营产品及营销模式、融资方式，以及全集成方向的“互联网+工业”创新模式。

【物联网·信息消费·智慧城市建设】

据行业估算，2015 年全省物联网市场规模约 3100 亿元，增长 29.2%，相关企业有 3400 家，其中市场规模超 1 亿元的 14 家，超 10 亿元的 5 家，超 50 亿元的有 3 家，另有 5 个超百亿元的基地和集群。初步形成了以广州、东莞、惠州、佛山、顺德 5 大物联网产业基地、广东电信物联网应用孵化扶持基地、深圳物联网产业创新先行区为重点的产业聚集发展格局。投入 3 亿元用于物联网发展和星光中国芯物联网项目建设，成功研制的第一款芯片（高清安防监控视音频芯片）和第一个产品（星光级低照度高清网络摄像机）即将投产上市。2015 年 4 月，举办“广东省战略性新兴产业——物联网产业专利分析及预警报告会”，发布《广东省物联网产业专利信息分析与预警研究报告》《广东省物联网产业创新驱动发展决策建议报告》等系列报告。引进全国唯一的“国家物联网标识管理平台”落户广东省，项目总投资超过 2 亿元，目前已有注册标识近 2.2 亿条，日均解析量约 10000 次。建设国家“南方物联网检测认证公共服务平台”，已建立 100 人团队，服务企业超过 50 家，开展超过 300 批次的物联网相关产品质量与可靠性技术服务。

加快培育发展信息消费，据行业估算，全省信息消费市场规模约 10400 亿元，增长超 20%。深圳、汕头、珠海、惠州、佛山 5 个国家首批信息消费试点市加快建设。深圳、佛山入选国家首批信息消费示范市，并有 3 个项目入选工信部信息消费创新应用示范项目，推动发展电子商务服务平台、互联网金融服务等方向的创新示范应用。印发实施《广东省促进智慧城市健康发展工作方案（2015—2017 年）》，成立省促进智慧城市健康发展部门协调工作组，落实各部门建设任务和目标。出台实施全国唯一省级智慧城市评价指标体系——《广东省智慧城市评价指标体系（试行）》，引导推动全省各地智慧城市建设。

广西壮族自治区信息化发展概况

2015 年广西壮族自治区信息化事业取得较好成效，信息基础设施建设力度不断加大，通信网络能力持续提高，信息网络覆盖全区，基本实现了村村通电话和互联网。两化融合积极推进，全区 803 家企业登录中国两化融合咨询服务平台参与对标评测工作，10%以上的企业已经迈入集成提升甚至是创新突破阶段，广西两化融合发展指数列全国第 17 位。工控安全工作有序开展，不断加强。信息消费亮点突出，三网融合工作成效明显。2015 年广西电子信息制造业稳步增长，完成工业总产值 1954 亿元，同比增长 27.92%。电子政务应用进一步深化，政府信息公开体系进一步健全，信息资源共享工作取得一定成效，政府办事效率不断提高。

【信息基础设施】

2015 年，广西电信业务总量累计完成 603.3 亿元，同比增长 29.2%；电信主营业务收入累计完成 292.5 亿元，按上年可比口径测算同比增长 5.9%；固定资产投资累计完成 121.3 亿元，同比增长 22.8%。截至 2015 年 12 月底，全区电话用户总数达 4093 万户（比上年末净增 39.3 万户，全国排第 16 位），其中移动电话用户数为 3653.3 万户（比 2014 年末净增 99.5 万户），3G/4G 用户净增 524 万户，达到 2167 万户，在移动电话用户总数占比为 59.3%；固定电话用户数为 439.67 万户（比 2014 年末减少 60.2 万户），电话普及率达 86.10 部/百人（全国排第 28 位）。基础电信企业互联网宽带接入用户达 702.5 万户，移动互联网用户达 2798 万户（比 2014 年末净增 212 万户）。互联网宽带接入用户中，光纤到户用户达 274.2 万户，占比为 45.5%；宽带速率在 4Mbps 以上用户 577 万户，占比为 95.6%，8Mbps 以上用户达到 339.4 万户，占比为 56.3%。2015 年，全区新增 154 个行政村通宽带，全区行政村通宽带率达 98%，互联网覆盖率达到 100%。

【两化融合】

2015 年，广西两化融合发展水平居全国平均水平。根据中国电子信息产业发展研究院发布的《2015 年度中国信息化与工业化融合发展水平评估报告》，广西两化融合发展指数为 72.16，列全国第 17 位，西部第 3 位。

2015 年，广西有 4 家企业（广西糖网食糖批发市场有限责任公司、桂林立白日化有限公司、桂林三金药业股份有限公司、燕京啤酒桂林漓泉股份有限公司）通过工业和信息化部两化融合管理体系认定；广西国投钦州发电有限公司等 9 家企业入围工业和信息化部遴选确定的 2015 年两化融合管理体系贯标试点企业。广西燕京啤酒（桂林漓泉）股份有限公司开展网络化协同制造，建设了 PDA 销售终端信息采集系统及移动集成办公平台，实现用 PDA 手机对销售终端信息进行实时采集，并及时通过后台形成数据分析，有效改善了关键环节的生产工艺、产品质量，加强了对生产销售各个环节的管控，创新了营销模式。2015 年广西燕京啤酒（桂林漓泉）股份有限公司荣获工业和信息化部授予“互联网与工业融合创新试点”企业。

根据《工业和信息化部信息化推进司关于全面开展企业两化融合评估诊断和对标引导工作的通知》要求，广西组织全区 803 家企业登录中国两化融合咨询服务平台参与对标评测工作。通过对数据进行分析，广西大部分企业处于两化融合起步建设或单项覆盖阶段，10%以上的企业已经迈入集成提升甚至是创新突破阶段；广西金桂浆纸业有限公司（轻工—造纸行业）、华润电力（贺州）有限公司（电力—生产行业）、柳工柳州铸造有限公司（机械—通用设备行业）等多家企业在相关行业中成效突出、突破创新。

2015 年，广西组织开展两化融合标杆企业和工业园区试点示范认定工作。认定了广西柳州钢铁（集团）公司等 24 家企业为 2015 年广西信息化和工业化深度融合标杆企业；认定柳州市阳和工业新区等 5 个工业园区为“2015 年度广西工业园区两化融合示范园区”和 9 个工业园区为“2015 年度广西工业园区两化融合试点园区”。

2015 年，在全区 14 个市巡回举办了 14 次（市）“2015 年广西两化融合培训班”，参加培训和交流人员达 1500 多人次。举办了“智能制造和工业互联网与两化融合管理体系贯标培训班”和“2015 广西信息化与工业化深度融合论坛”。

【工业控制系统信息安全】

根据《关于加强工业控制系统信息安全管理的通知》文件要求，围绕信息安全协调指导工作意见，组织开展了相关工作。

加强重点领域工业控制系统信息安全教育培训及宣传，组织区直及各市相关人员进行了专项培训，就当前工业控制系统信息安全现状、存在风险及应对、防范措施、工业控制系统安全标准规范等网络安全知识进行培训与宣传，提高对工业控制系统信息安全工作的认识及管理水平。

加强对重点领域工业控制信息系统安全管理；组织专业人员收集分析最新工业控制系统漏洞及风险信息，定期发布风险防范提示，不断完善工业信息系统安全风险信息报送发布管理机制；研究制定《广西工业行业网络安全检查指南》，指导各市、企业开展工业控制系统信息安全检查。

依托技术支撑机构，推进广西工业控制系统信息安全在线监测平台项目建设，争取设立国家工业控制系统在线监测平台广西分中心，开展对广西工业控制系统非法外联进行在线监测预警；推进电力等重要行业“工业控制系统信息安全攻防模拟仿真平台”建设，开展离线仿真信息安全测评和应用实验。

【信息消费】

2015年指导北海市入选成为第二批国家信息消费试点市（县、区），是继南宁、柳州、桂林市之后广西第4个国家信息消费试点城市。2015年12月，经工信部组织专家评审，南宁市获批为全国25个国家信息消费示范城市之一。为加强信息消费应用创新和示范带动作用，组织开展了国家级和自治区级信息消费应用示范项目推荐申报工作，在全自治区范围共征集项目60个，其中：广西易菜篮科技有限公司的“易菜篮智慧物流生鲜配送O2O系统”和桂林力港网络科技股份有限公司的“动漫游戏设计技术与旅游融合发展应用项目”获工信部批复为（国家级）信息消费创新应用示范项目；中国联通广西沃易购运营公司的沃易购B2B电商平台等20个项目被评为广西信息消费应用创新示范项目，涵盖了工信部所提出的信息消费8大领域中的电子商务、公共服务信息化、智慧家庭、智能物流、数字文化、互联网金融、信息消费环境7个领域。

2015年，共举办了20多个场次的“互联网+”《中国制造2025》，以及智能制造、云计算等新技术业务培训和交流活动，培训和交流人数达3500多人次，取得突出成效和良好反响，同时，也积极推动传统产业向“移动互联网+制造业”“互联网+制造+服务”转型，不断拓展新思路、新思维，培育信息消费新业态新模式。通过组织开展两化融合、信息服务业发展等相关专项资金的项目申报，着重支持工业企业的两化融合项目和北斗导航应用及产业化、大数据、云计算、工业软件等方面的项目84项，直接拉动相关投资约7.8亿元，增强信息消费发展后劲。争取国家开发银行对重点项目的融资支持。根据工信部办公厅和国家开发银行办公厅联合下发的有关文件精神，经与工信部和国家开发银行广西分行对接和论证，广西推荐了3个信息消费试点城市重点项目。项目已通过初审，并作为国家开发银行拟支持的重点考察项目。

2015年，南宁市作为全国三网融合试点城市，工作成效明显，相关广电和电信企业均获得了双向业务许可并实现了双向业务进入，用户数已达100万户。《宽带广西实施方案》印发实施，各市、各部门高度重视，积极配合，三大电信运营商不断加入投资和建设力度，促进降费提速；柳州、桂林、梧州、贵港等市实施公共场所免费Wi-Fi上网服务项目，不断扩大Wi-Fi覆盖，极大地促进了信息消费。

2015年，推动自治区政府出台《关于加快电子商务发展的若干意见》（桂政发〔2015〕22号）、《促进跨境电子商务健康快速发展的工作方案》等政策文件，加强电子商务发展的顶层设计。启动“电子商务倍增计划”。华南城“东盟购”、联通“沃易购”、美丽湾网上商城、中国糖网、中国茧丝绸交易网等行业平台不断发展，交易额大幅增长。其中，联通“沃易购”平台交易额达220亿元。同时，组织各地市园区赴深圳开展“电商入桂”招商活动，不断推动酷狗音乐、跨境通、新华大宗等知名电商企业在广西落地发展。2015年6月25日，南宁跨境电子商务试点平台正式上线运行，对西班牙、俄罗斯、美国、加拿大等34个国家出口2000多单业务，实现广西跨境电商实单运作。推动南宁百货和广州跨境通签署战略合作协议，在南宁开展跨境电商O2O体验中心项目，计划于2016年1月开业运行。电商众筹、微信微商营销、农产品O2O等新业态不断涌现、蓬勃发展。

组织巴马、靖西、浦北、东兴、柳城、桂平、灌阳、荔浦8个县获批国家电子商务进农村综合示范县，逐步形成以示范为重点，以“淘宝特色广西馆”、京东帮、苏宁云商示范店及区域性农产品网络销售平台等为补充的农村电商发展布局。“淘宝特色广西馆”自2015年5月开馆以来实现月交易额近千万元，京东帮业务已覆盖广西76个县，936个乡镇。苏宁云商的示范店也已开设12家。在政策、资金两方面大力推进，带动更多企业和社会资本共同开拓广西农村电商“新蓝海”。

【电子信息产品制造业】

2015年，广西电子信息制造业继续保持平稳较快的发展态势，经济运行情况良好，完成工业总产值1954亿元，同比增长27.92%；完成工业销售产值1912.39亿元，同比增长28.62%；完成出口交货值334.18亿元，同比增长20.66%；完成主营业务收入1723.09亿元，同比增长24.27%；实现工业增加值283.46亿元，同比增长13.32%；实现利润51.58亿元，同比增长20.32%；税金10.36亿元，同比增长28.54%。

列入统计范围的企业有119家，其中国有企业9家，集体企业1家，有限责任公司37家，股份有限公司12家，私营企业24家，港澳台资企业36家。全行业年末职工总数96940人，固定资产140.74亿元，流动资产212.43亿元。完成工业总产值1亿元以上的企业有73家。其中：产值200亿元以上的企业有1家，100亿元以上的企业有2家，产值在50亿～100亿元的企业有4家，产值在10亿～50亿元的企业有18家，产值在1亿～10亿元的企业有48家。形成以平板电脑、液晶显示器、计算机零部件等为代表的电子计算机产品；以移动终端、光通信、微波通信设备等为代表的通信设备产品；以数显量具、医疗分析仪、医疗超声仪器等为代表的医疗电子产品；以彩色电视机、显示器等为代表的家用视听产品；以激光头、电容器、电位器等为代表的电子元器件产品；以太阳能电池、太阳能组件、太阳能灯具等为代表的太阳能光伏产品，以及电线电缆、LED产品、电机产品、汽车电子产品等。

【软件和信息服务业】

2015年，广西软件和信息技术服务业保持平稳的发展态势，经济运行情况良好，全年完成主营业务收入120.01亿元，同比增长19.13%。完成软件业务收入93.78亿元，同比增长23.95%，其中：软件产品收入20.06亿元，同比下降16.95%，信息技术服务收入73.45亿元，同比增长41.66%。软件业务出口309.6万美元。

列入统计范围的软件与信息技术服务业企业229家，其中，国有企业7家，有限责任公司91家，股份有限公司13家，私营企业114家，其他企业4家。年末从业人员28433人（其中，从事软件产品研发的技术人员3852人）。主营业务收入超过1亿元以上的企业有14家。主要产品涉及金融、保险、交通、电力、旅游、酒店、教育、医疗、城市综合管理等领域。主要产品有项目综合管理系统软件、酒店信息管理系统软件、网络游戏软件、电子商务交易平台软件、社区管理（网络化）信息平台软件、车辆管理系统软件、电力管理系统软件、东盟语种应用软件、糖厂无线调度指挥系统软件、电子签章系统软件等。

【电子政务】

建立了自治区、市、县（市、区）、乡镇（街道）、村委五级电子联网的政务服务和电子监察体系。实现了全区行政审批目录标准化管理；建立了网上政务服务中心，试行网上办事；公共资源交易电子化系统建设取得较大进展。各级财政、公安、人社、工商、税收、卫生和人口等主要职能领域业务应用成效明显，开展了保障和改善民生、维护经济社会安全、提升治国理政能力等重点领域的信息系统的建设和应用。实施了“三证合一、一照一码”登记制度登记模式。全区城镇职工基本医疗保险异地就医实现直接结算“一卡通”。基本实现办税网络化。实行了全区小型汽车异地驾考和汽车异地检验等。以信息化技术支撑北部湾经济区户籍同城化取得进展，北部湾经济区居住证“一证通”、跨市迁移户口网上审批等信息平台建设已经启动。

全区各级政府加强政务服务资源整合优化，有效提升网站服务水平。实现了政府网站与各部门行政审批、行政征收、行政处罚等业务系统互联互通，方便了群众办事、提高了政府行政效能。通过加强新媒体技术的应用，促进政民互动。自治区公安厅、国土资源厅、农业厅、旅发委、工商行政管理局、食品药品监督管理局、地税局等部门通过开通微博、微信加强政务公开、政民互动工作，进一步拉近了政府部门与公众之间的距离。玉林市、北海市等利用政务微博、微信等新媒体，打造政府与公众沟通的桥梁与纽带。

全区税收、工商、教育、质监、交通、药监、环保、人社、民政、国土、卫生计生等关键领域先后建成了一大批信息库，为政府进一步加强市场监管，提升社会管理、公共服务能力，提高科学决策水平奠定了坚实的基础。南宁市信用信息系统整合了全市57家委办局、公共事业单位数据1753万条，初步建成14万户企业、867万人的信用档案库。柳州市积极推进信息资源目录体系和共享平台建设，重点建设空间地理、人口、法人、宏观经济四大基础信息资源库，加强重点部门业务数据库建设，逐步形成“一次采集、多次使用，一口采集、多方使用”的政务信息资源共享服务机制。

各级各部门围绕市场监管、社会管理和公共服务的需要，在一些重点领域实现信息共享，积极推进信息共享和业务协同。2015年9月1日，全面实施“三证合一”登记制度改革，正式推行“一照一码（社会信用代码）”登记模式。自治区政务服务中心管理办公室建立了依托全区统一的行政审批系统。开展信息、自治区发展改革委建成投资项目在线并联审批监管平台，实现了投资项目全流程联合审批、实时监管、在线审核。自治区交通厅与公安厅在数据信息资源查询交换和视频资源共享对接等方面建立了常态化工作机制。

海南省信息化发展概况

【基本情况】

2015年，在经济下行、电力紧缺等不利形势下，海南省信息化发展克服各种困难，紧抓机遇，取得了较为快速的发展，促进了全省工业经济的稳定增长，为全省发展做出了积极贡献。工业增加值方面，软件和信息技术服务业增长 25.6%，信息传输、计算机服务和软件业投资完成79.7亿元，增长1.88倍；网速全国排名上升9个位次，通信和网络资费大幅下降；省政府门户网站全国排第6位。

推进2015年省重点项目，海南省委、省政府2015年重点工作的“全省信息基础设施”建设工作是全年的重头戏，极大地促进了全省的信息基础设施的发展速度，省委、省政府高瞻远瞩，把信息基础设施所代表的“光网”建设纳入全省“多规合一”五网建设加以重点统筹谋划，统一建设规划，出台3年行动计划，为海南省信息基础设施建设打下一个较高的发展平台。同时，运营商和铁塔公司总部不断加大对海南的投资，民营资本获批进入信息基础设施建设市场。全省信息基础设施建设完成投资40.75亿元，增长64.5%；改造铜缆用户42.67万户，完成计划的209%，光纤、4G网络、重点公共场所Wi-Fi网络覆盖率达到省政府的目标要求。西环高铁沿线的307个4G塔台与铁路公司实现共建共享。三沙市15个岛礁实现移动网络覆盖。集中开展清网排障，通信质量明显提高；提速降费成效显著，消费者有了实实在在的获得感，网速全国排名21位，比2015年年初上升9位。

积极推动“互联网+”行动计划，“互联网+旅游”“互联网+农业”“互联网+政务”等方面取得明显成效。加强行业信息化应用，全省电子证照库、人口信息管理、水产品质量安全追溯等28个应用项目建成使用。政务信息资源共享面不断扩大，省信息共享交换平台与27个单位、46个非涉密信息系统实现对接和数据交换。已发布两批信息共享目录。海南政务云计算中心投入使用，为32个单位提供超过200台虚拟主机服务，综合效益显著。顺利完成了博鳌亚洲论坛年会、文昌卫星发射基地等重大事项的无线电保障工作。

【电子政务】

2015年，海南省大力建设省电子政务公共服务平台建设，推进网上审批、政务信息公开和电子监督等服务向市县、乡镇街道、社区和行政村延伸，截至2015年年底，平台服务已在各省直部门、所有市县及100%乡镇投入使用，累计办理完成25多万个办件。

推动全省政务信息资源共享和政务信息系统对接，提高税务、交通、工商等部门在综合治税、公共交通、企业信用信息等方面共享程度，发布了第一批共享目录（企业法人、人口基础信息库方面），形成了各部门《政务信息资源共享目录征求意见稿》和《促进大数据发展的实施意见（送审稿）》等文件。

海南省信息化综合管理系统已顺利搭建完成，该系统将全面强化政务信息化工程全过程管理，规范各部门信息化项目立项、建设和验收工作，实现对信息化项目的有效管理服务和监督。完成“信息智能岛”顶层设计编制，针对信息化共性基础和共性应用，顶层设计将完善相关标准规范体系，开放各类应用，统筹新形势下的全省信息化建设。

推动信息化与各类行业融合发展，组织完成百家工业企业“两化融合”评估，向各市县、企业宣传有关政策和典型案例，利用工业和信息产业发展专项等资金支持两化融合相关项目实施。经过几年来的推广应用，海南省旅游、农业、交通、食品药品监督等行业，以及公共资源交易等领域的信息化利用水平已经不断得到提高。

【两化融合】

2015年，推动信息化与各类行业融合发展，积极贯彻落实两化融合实施方案，组织完成百家工业企业“两化融合”评估，向各市县、企业宣传有关政策和典型案例，利用工业和信息产业发展专项等资金支持两化融合相关项目实施。经过几年来的推广应用，海南省旅游、农业、交通、食品药品监督等行业，以及公共资源交易等领域的信息化利用水平不断得到提高。

【信息消费】

为积极培育新的消费热点，2015年，海南省成功举办2015年海南省移动互联网创新创业大赛（澄迈）、世界电信和信息社会日暨第四届海南省信息化发展大会；实施了IPTV平台建设运营和有线电视双向网改造等三网融合推广工作；微信智慧海南项目于2015年11月18日正式开通，该项目通过将各部门政务、公共服务应用系统与微信“智慧海南”平台对接，为居民和游客提供政务服务、公共服务和商务服务。截至2015年年底，已有电子商务、政务服务、居民生活、智慧旅游等21个服务事项正式上线。

【云计算与大数据】

2015年，海南政务云计算中心投入使用，主要满足省直部门基础硬件设备及支撑软件建设，为省食品药品监督管理局、省质量技术监督局、省旅游委、省卫生和计划生育委员会、省民政厅等32个单位提供超过200台虚拟主机服务，综合效益显著。云中心按服务目录方式提供计算资源、存储、容灾、专享云等各类服务，可极大地提升各部门支撑软件和设计实施类服务质量，减少运维管理成本，经济和管理效益显著。结合项目建设，2015年还完成了《海南省电子政务云计算中心服务质量规范》《海南省电子政务云计算中心服务收费参考指南》《海南省电子政务云计算中心管理办法》等规范性文件的编制。

为推动海南省政务信息系统互相对接，提高税务、交通、工商等部门在综合治税、公共交通、企业信用信息等方面共享程度，扩大政府数据的采集范围，海南省加快建设省政务信息资源共享推进工程。2015年，项目一期完成验收，发布了两批信息共享目录，形成了《促进大数据发展的实施意见（送审稿）》等文件，政务信息资源共享面不断扩大，省信息共享交换平台与27个单位、46个非涉密信息系统实现对接和数据交换。

【重点信息化项目】

（一）协调推进2015年省重点项目、省委省政府2015年重点工作的“全省信息基础设施”建设工作

组织完成“海南省光网智能岛发展建设专题研究”，为加快全省信息基础设施建设、增强园区竞争力开展专题研究，提出指导意见。在此基础上，推进海南省信息基础设施“十三五”规划，在“多规合一”的总体要求下做好与城乡规划、交通规划及省政府总体规划对接工作。

制定出台《海南光网智能岛项目建设工作方案》，建立信息基础设施项目建设工作机制，明确了职责分工和相关扶持政策措施。

制定下发《关于协同推进全省电信基础设施共建共享的通知》，要求各市县、各部门积极支持电信基础设施建设共建共享工作，推动开放公共交通类、建筑楼宇类重点场所，用于建设基站配套设施，室内分布系统等电信基础设施。

制定下发《关于建立信息基础设施建设工作联席会议制度的通知》，加强信息基础设施建设组织领导，建立起对重要问题的协调解决机制，制定出台《2015年海南宽带网络提速降费实施方案》，对加快建设全省高速宽带网络、推进网络提速降费提出了具体措施，推动各电信运营商落实相关工作任务。

制定完成《2015年海南省信息基础设施建设财政补贴方案》上报省政府审定，通过省、市县政府对农村地区光纤宽带网络、移动宽带网络建设和光网宽带终端费用进行补贴，推动海南省光纤入户改造和农村宽带网络建设。

制定出台《全省信息基础设施建设三年专项行动实施方案》，方案明确了海南省未来三年信息基础设施建设的目标和主要任务，制定了具体保障措施，方案的执行将有效解决全省信息基础设施建设的突出问题，加快构建海南省宽带、融合、泛在、安全的信息基础设施体系，推动全省信息基础设施建设水平取得大幅提升，支撑海南省经济发展和服务民生。

推动全省Wi-Fi建设方面。2015年6月，会同省旅游委，制订完成《旅游免费公共Wi-Fi建设方案》；11月，会同相关部门完成重点公共场所Wi-Fi覆盖情况摸底调研工作，起草上报《全省重点公共场所Wi-Fi覆盖情况的报告》；11月，制定出台《关于加快全省重点公共场所Wi-Fi网络建设的通知》，明确了重点公共场所Wi-Fi建设的目标、任务和责任分工。

（二）加快省电子政务公共服务平台建设

继续推进网上审批、政务信息公开和电子监督等服务向市县、乡镇街道、社区和行政村延伸，已在各省直部门、所有市县及100%乡镇投入使用。平台一期应用效果显著，已累计办理完成25万多件。平台二期项目的建议提案办理系统、离线审批系统等多个子任务开始投入试运行。

重庆市信息化发展概况

【信息基础设施建设】

2016年1～9月，光纤到户覆盖1212万户，同比增长85%，预计全年超过1300万户；光纤到户实际用户440万户，同比增长120%，预计全年超过500万户；移动电话用户数2835万户，同比增长5.4%，预计全年超过2850万户；移动基站总数11.5万个，同比增长21%（其中，3G基站3.4万个、4G基站8.1万个），预计全年达到12万个；无线局域网AP数14.1万个，同比增长10%。全市有线电视用户数已达645万户，同比增长5%，有线电视入户率62%，同比增长25%；其中，数字电视用户535万户，同比增长6%，双向化率83%，同比增长15%。

（一）完成行政村通光纤的民生实事工程

按照重庆市委、市政府对民生实事的安排部署，开展了“全市行政村通光纤百日会战”专项行动。2016年7月底，完成了2583个行政村通光纤的民生实事任务，全市8467个行政村实现了光纤网络全覆盖，重庆成为继北京、天津、上海、山东、广东之后全国第6个、西部第1个完成行政村通光纤的省市。

（二）新增两个“宽带中国”示范城市

在江津区、荣昌区成功申报全国第二批“宽带中国”示范城市基础上，2016年九龙坡区、北碚区入选第三批“宽带中国”示范城市。

（三）三网融合工作成效明显

一是双向进入业务规模继续保持较高增速。2016年1～9月，全市IPTV用户突破200万户，达到233万户，同比增长124%；OTT用户50万户，同比增长67%；有线网络宽带用户126万户，同比增长21%。二是积极推进推广示范工作。组织开展了三网融合发展专题业务培训，出台了三网融合推广实施方案，在北碚区、开州区、长寿区、涪陵区、巴南区、江津区、永川区、荣昌区8个区开展三网融合推广示范工作，开州区率先实现了区县新闻频道进入IPTV业务。三是重庆市IPTV集成播控平台顺利通过了国家广电总局组织的验收。

【经济信息化】

（一）大力推进物联网产业发展

重庆市与工业和信息化部签订了“基于宽带移动互联网的智能汽车与智慧交通应用示范项目”合作协议，重庆市成为全国首批“基于宽带移动互联网的智能汽车与智慧交通应用示范区”。出台了《关于加快推进虚拟现实产业发展的工作意见》《关于加快推进可穿戴设备产业发展的工作意见》。南岸区国家物联网产业示范基地顺利通过3年建设期复核。两江新区、高新区、西永微电园等物联网产业聚居区发展态势良好，应用示范、技术研发等取得新进展。统计的200余家物联网企业1～9月实现物联网产值214亿元，同比增长21.8%。中移物联网OneNet平台注册用户数接近

2 万户，连接设备数 517 万个，平台开发者人数达 9000 余人。制定了《重庆市物联网产业界定和统计办法（暂行）》，指导行业协会出版了《重庆市物联网典型应用案例汇编》，开展了“智慧城市在行动”媒体宣传活动；成立了重庆市物联网产业协会及教育和培训专委会（目前会员单位 100 多家），加强了校企合作。

（二）有序推进两化深度融合

重庆市发布了《重庆市发展服务型制造专项行动计划（2016—2018 年）》。指导重庆移动等单位搭建了“重庆市工业云平台”，引入企业急需的相关 Saas 应用，积极开展面向企业的工具库、模型库、零部件库、标准库、知识库等服务；支持重庆联通、磊强通信搭建了“优企酷”中小企业服务平台，已累计引入 31 款 SaaS 信息化产品，启动了全市所有区县的试点工作，完成了近 3000 家企业的试点应用，协同补贴资金 2005 万元；指导猪八戒网络开设了工业设计频道，整合全球资源为全市工业开展设计服务；指导工聚来、新材料全球交易网构建了集研发、交易、融资服务等业务为一体的工业电子商务平台。组织贯标试点，全市启动贯标试点企业 136 家，通过国家评定 15 家、市级评估 22 家，帮助企业打造新型能力 52 项，有效提升了企业的核心竞争力。开展了工控系统检查，做好网络安全防范。按照中央、市委两级网信办的部署，重点从网络安全管理、技术防护、应急工作等 6 个方面对全市近千家规模以上企业的工业控制系统和重要信息系统网络进行检查。

（三）农村信息化

促成了“互联网+现代农业”产业园的诞生。以北碚国家大学科技园为载体，创建了重庆首个“互联网+现代农业”产业园。

推进了信息进村入户。依托中国移动“12582”农信通基地，全市农村基层政务信息化覆盖 100% 乡镇、85%行政村；为近 100 万农民工、40 万大学生提供了就业信息服务；推出 6995 平安互助平台助推“平安乡村”建设，并在梁平、垫江等区县开展试点工作；免费提供农情咨询、天气、社保医保等益民信息服务，惠及全市 700 余万农村用户。

开展了移动互联网村试点。首批 32 个试点行政村实现了乡村展示、农产品电商和为农服务三大应用平台全覆盖，引导 15 个非试点行政村自愿开展移动互联网试点建设。

【社会信息化】

（一）全力推进信息系统集约化工作

牵头推进重庆市信息化系统集约化，市国有资金部分或全额投资新建（拟建）信息化系统，一律采取购买云计算服务的方式，向两江国际云计算产业园集中。建设电子政务云平台。按照企业投资建设运营，政府购买服务的模式，基本完成了重庆市电子政务云平台建设。重庆市印发了《重庆市电子政务云平台管理暂行办法》，规范了全市电子政务云平台建设、使用、管理流程。强化督促检查，市级部门集约化建设纳入年度政府目标考核，区县纳入重大决策事项考核。

（二）推进信息惠民应用平台工作

按照《重庆市信息惠民应用平台工作方案》要求，对全市 50 余家委办局和相关公共事业单位进行了调研，根据获取的数据资源累计开发上线服务 280 余项，包括交通资讯、违章查询、医院预约挂号等。“在重庆”网站、“在重庆”手机 APP、微博账号、微信订阅号和微信服务号等已投入推广运营。截至目前，信息惠民平台网站总浏览量达 250 万次，独立访客量 120 万人，APP 总安装 6.8 万次，总注册用户数 25 万人。同时，信息惠民应用平台两江新区试点工作已全面铺开，各委办局和街道需求梳理和业务调研正在进行，计划 12 月初完成区级平台上线发布。推动微信城市服务工作，积极协调相关部门，丰富微信城市服务内容。重庆市微信城市服务自 2015 年 12 月上线以来，已实现预约挂号、生活缴费、出入境业务查办、社保查询等 31 项民生服务功能，累计服务 850 万人次。

（三）推进中新智慧城市合作

开展中新智慧区县（园区）试点，面向全市遴选区县（园区）开展为期一年半的中新合作智慧区县（园区）试点，重点围绕益民服务、创业创新、绿色生态、智能制造等领域，与新加坡企业、高校、研究机构等开展广泛合作。两江新区、渝中区等19个区县积极申报试点示范，经过专家初审、复审，已评选出两江新区、渝中区、南岸区、璧山区、荣昌区5个区县作为试点。

【云计算大数据互联网产业】

加强统筹调度，成功推动浪潮（重庆）云计算中心（一期、中国移动（重庆）数据中心（一期）和中国电信（重庆）数据中心（一期）实现按期投运，目前两江水土服务器运营支撑能力超过10万台，比2015年增加1倍。加快重庆腾讯云计算数据中心（一期）建设步伐，目前该数据中心主机房和办公楼已经封顶，于2017年正式投运。协助重庆有线数据中心完成项目筹建工作，预计年内开工，2018年正式投运。成功推动各电信运营企业在两江云计算数据中心（原太平洋电信数据中心）实现核心网络的多线接入和汇接，补齐两江国际云计算产业园无多线机房的短板。

聚焦国内外知名“海存储”企业，开展云计算产业链特别是数据存储相关项目招商工作，成功推动苹果、网宿、爱奇艺、华为等国内外龙头企业陆续依托两江国际云计算产业园部署iCloud、视频云、手机云、渲染云等。其中苹果iCloud项目，已经同中国联通、中国电信两个数据中心签署服务器入驻协议，项目已于2016年10月初正式开始入驻两江云计算数据中心和中国联通西部数据中心。预计到2016年年底，两江国际云计算产业园投用机柜将超过3000个，服务器实际装机数量超过3万台，比2015年增加5倍，市外服务器占比将超过75%。

四川省信息化发展概况

2015年，四川省信息化各相关部门在省委、省政府的领导下，不断推进全省信息基础设施演进升级、大力发展信息安全产业、切实强化信息安全保障、积极培育信息经济、全面提升信息化发展水平。

【持续推进信息基础设施建设】

建成全国首个“全光网省”。2015年9月，四川省21个市州全面完成“全光网”建设，成为全国首个“全光网省”。实现全省所有城区、农村场镇及一类行政村100%光纤覆盖，传统电话交换设备关电退网，光纤宽带用户占比超过90%。光网用户平均上网带宽达到37.9Mbps，位列全国第一。

实施“宽带中国”2015专项行动。继成都、攀枝花、阿坝后，四川省绵阳、内江、宜宾、达州4个城市又获批国家“宽带中国”示范城市。2015年，四川省实现光纤到户覆盖家庭2119万户，光纤到户宽带用户621万户，3G/4G移动基站20万个，3G/4G移动宽带用户5409万户。完成2572个行政村通宽带，348个自然村通电话任务。完成217所农村中小学通宽带任务。

加强成都国家级互联网骨干直联点建设。完成直联点传输配套建设，强化环路保护。协调推进网间带宽扩容，提高流量疏导能力，2015年总带宽达到300Gbps，比2014年增加190Gbps，网间通信质量大幅提升。

推进“视听乡村”和广播电视户户通工程。完成名山、中江、仪陇等县（区）近1000个“视听乡村”项目建设，覆盖约70万户农村家庭；农村数字电视用户约24万户。全省新开通直播卫星“户户通”用户约32.6万户。全省城区及农村场镇已基本实现有线电视网络双向化建设和改造，双向覆盖用户共计约1060万户，约占全省城区及农村有线电视用户总数的75.71%。

【大力发展信息安全产业】

推进一批重大项目开工建设。全省148家信息安全企业2015年开工和续建项目175个，总投资230亿元。中电科网安子集团成立；中电科网络信息安全产业园、京东方（成都）AMOLED项目等已开工；嘉石科技集成电路项目已复工；海威华芯集成电路项目正在进行样片开发；京东方（绵阳）、国显光电量AMOLED项目落户工作取得阶段性进展；广义微电子、洪芯微集成电路芯片项目进展顺利。

积极拓展产业资源。上海华大在四川设立集成电路设计公司；大唐电信、中芯国际注资四川集成电路设计企业已落实；国内领先的存储芯片设计企业豆萁科技与中科院微电子所战略合作并发布首款存储器芯片；启明星辰投资3亿元在四川设立西南总部。

设立集成电路和信息安全产业投资基金。四川省财政性资金30亿元、成都高新区10亿元共40亿元，开展与相关投资机构协商合作事宜，收集了一批适合基金投资的项目。

【培育发展信息经济】

（一）推动信息化与工业化深度融合

出台了《“互联网+四川制造”实施方案》，实施工业互联网强基、智能制造试点示范、传统制造业互联网思维改造提升、工业电商应用示范和平台打造、互联网化产业服务体系培育等五大工程。稳步推进泸州、德阳等地开展《中国制造2025》公共服务平台、工业云区域试点。推动全省27家龙头企业开展国家工信部两化融合管理体系贯标试点。指导四川长虹电器股份有限公司、泸州老窖股份有限公司等4家企业开展工信部互联网与工业融合创新试点。推动长虹集团彩电智能制造项目入选首批国家智能制造试点示范项目。在全省选择了17家企业开展“互联网+”制造示范工作。推广工业园区信息化建设。

（二）进一步促进信息消费

2015年，全省信息消费产业规模达到7416.2亿元，同比增长8%。其中，电子制造业实现销售产值4026.3亿元，全省软件与信息服务业主营业务收入2848.2亿元，电信业务收入541.7亿元。开展了《四川省信息消费带动产业发展和拉动经济增长》课题研究。制定了促进云计算、大数据、“互联网+”等产业发展的系列实施方案。全面推进物联网产业关键技术研发、产业化和在工业、农业、交通、教育、卫生、能源、环保、安全、家居等领域的应用示范。与腾讯、微软、浪潮、阿里巴巴、京东、奇虎等信息企业开展合作。

（三）统筹推进智慧城市和信息惠民

制定了《四川省促进智慧城市加快发展的实施意见》，指导各市州健康有序地推进智慧城市建设。全省大部分市州及部分县区制定了智慧城市顶层规划或者工作方案，从数据集中共享、公共服务平台建设、信息资源开发利用等各层面推进智慧城市工作。涌现出如雅安智慧城市建设“六个第一”等典型案例。全省智慧交通、智慧社区、智慧城管、智慧安防等应用逐步普及。成都、绵阳、内江3市信息惠民工作通过了国家发改委的现场核查。

【全面提升信息化发展水平】

高效推动金融IC卡应用。目前，四川省累计发行金融IC卡约1亿张，存量占比为37.4%。全省POS终端非接受理占比为62.0%。金融IC卡应用在社会保障、公共交通、医疗健康、旅游服务、城市管理、文化教育、园区服务7大类多个领域快速推进。全省9个主城区、40个县域公交支持金融 IC 卡刷卡乘车，共涉及 19 个市州。部分景区建成电子现金闪付通关通道。

大力实施“智慧交通”项目。2015 年，开通 ETC 专用通道 855 条，发展 ETC 用户 100 万，实现了高速公路 ETC 开通运营和全国联网两大跨越。全省符合条件的三级以上客运站全面实现联网售票；三级以上客运站安装了免费 Wi-Fi，客运车辆安装免费 Wi-Fi 1672 余辆。大力推进高速公路“四个全覆盖”工程。目前全省已有 35 对高速公路服务区覆盖了免费 Wi-Fi 服务、32 对服务区覆盖了信息查询服务。

加快全省智慧旅游建设。编制了《G5（108）国道（四川段）和大九寨环线智慧旅游总体规划》；制定智慧旅游城市和智慧景区建设标准规范。推进四川旅游大平台建设。丰富完善四川旅游资讯网多语种体系。加快 13 个智慧旅游试点城市、33 个智慧旅游试点景区的建设；在成都、乐山、绵阳、攀枝花、凉山 5 个市州建立市级旅游综合管理分平台；在峨眉山、青城山—都江堰、九寨沟等景区建立了应急指挥中心。制定了卧龙智慧生态旅游示范项目方案等。

加快推进教育“三通两平台”建设。四川省已有 13 个市州、118 个区县建立了教育城域网，全省中小学校接入互联网达到 95%，高于全国平均水平。48%的教室配备多媒体设备。四川省 8905 个边远农村山区“教学点”已经实现设备配备、资源配送和教学应用“三到位”，实现了数字教育资源全覆盖。“四川省教育资源公共服务平台”全面优化升级、丰富整合资源，全省在资源平台上注册学校已达 1.4 万余所（占总数的 70%）。“四川省教育管理公共平台”已基本建成，管理平台已部署 11 个基础系统和应用系统。

积极推进医疗信息化进程。目前，全省的居民健康卡发放走在了西部第一、全国第三。搭建了四川省健康公共服务平台，通过互联网向全省乃至周边省份的群众推出四川几百所医院的基本情况、医疗服务信息、专家的配备、疾病诊疗范围等，还可提供疾病咨询以及网上挂号、医生预约。全省划分成 10 个医疗区域，每个区域有一个最大的龙头医院，实现了医院与医院之间的远程医疗。

贵州省信息化发展概况

2015 年，在贵州省委、省政府的领导下，大力实施大数据战略行动，积极推进以大数据为引领的电子信息产业加快发展，全省上下狠抓各项工作落实，贵州大数据发展取得阶段性进展，信息基础设施建设、电子政务建设、大数据发展、两化深度融合和社会信息化发展等各项工作任务取得明显成效。

【信息基础设施建设加快推进】

积极推进“宽带贵州”“信息基础设施三年会战”“光网贵州”“无限城市・满格贵州”等工程和行动计划，并通过加强统筹规划、加快项目核准、解决突出问题、保护宽带设施、推进共建共享等一系列措施，2015 年年底，全省光缆线路长度达 64.9 万千米，同比增长 40.1%；互联网出省带宽达到 3060Gbps，同比增长 88.7%；实现城市宽带接入能力 20Mbps 以上用户占接入用户比例达到 80%，农村宽带接入能力基本达到 4Mbps，大型企事业单位接入宽带大于 100Mbps 以上；移动通信基站达到 16.3 万个，其中 4G 基站数达 8.5 万个，4G 网络覆盖全省所有乡镇及部分有条件的行政村；清理移动信号盲点、盲区 3000 个。

宽带“提速降费”成效明显。电信运营商共建共享比例为 81.1%。贵阳、遵义、安顺实现通信同城化。贵安新区数据中心一期建成投运，服务器承载能力达到 16 万台。贵州省已经成为中国电信集团南方数据基地并上升为集团网络骨干节点，成为中国移动集团5大数据基地之一，成为中国联通集团云计算一级节点。互联网交换中心建成并投入使用，实现了电信、移动、联通运营商之间本地互联互通。

信息基础设施建设投入不断加大。全省数据中心建设投资7.3亿元，具备1.17万架数据机架的安装能力，实际启用2050架数据机架；具备13.5万台服务器的安装能力，实际启用1.44万台服务器。其中，中国电信云计算贵州信息园：投资3亿元，具备0.5万架数据机架的安装能力，实际启用625架数据机架；具备6万台服务器的安装能力，实际启用6230台服务器。中国移动贵州大数据中心：投资0.7亿元，具备0.54万架数据机架的安装能力，实际启用898架数据机架；具备6万台服务器的安装能力，实际启用2140台服务器。中国联通贵安云数据中心：投资3.59亿元，具备0.13万架数据机架的安装能力，实际启用500架数据机架；具备1.5万台服务器的安装能力，实际启用6000台服务器。

【电子政务建设加快推进】

电子政务网络基础设施加快建设。贵州省统一的电子政务外网基本建成，形成了纵向上连国家外网、下连9个市（州）政府及贵安新区、100个县（区、市）政府（管委会、开发区）及90%以上乡（镇）政府，横向覆盖60%省直部门、80%市（州）级政府部门及40%县级政府部门的省电子政务外网体系。

政府社会治理能力大幅提升。政府部门业务流程再造，有力提升了事中、事后监管和服务能力。实施“数据铁笼”行动，在贵阳市交警等16个部门开展了行动计划试点，运用大数据编织了制约公共权力的笼子，56个部门进驻政务服务中心集中办理，307项行政审批和366项服务事项纳入办理，让权力在全程数字化记录的“阳光”下运行，实现“人在干、云在算、天在看”。“工商云”建成工商业务并联审批系统，实现“三证合一、一照一码、一窗受理、一站办理”。“食品安全云”集聚了30690条食品信息、1765万条食品和舆情数据，促进了食品质量追溯数据化，保障了“舌尖上的安全”。“智能交通云”实现了公安、交警、消防等部门联合执勤，处警效率提升1.5倍。“环保云”对污染排放源数据进行管理、挖掘和分析，为环境治理与突发性污染事故处置提供了决策依据。“电梯应急救援处置服务平台”提升了应急响应速度，救援人员到达现场平均时间为11.4分钟，比国家规定的30分钟大幅缩短。“云上旅游”手机APP、基于北斗的旅游监管和服务平台开发，优化升级了旅游公共信息服务平台，提升了12301旅游公益服务热线服务水平。

政府信息资源开发利用。部署在“云上贵州”系统平台的“电子政务云”建立了覆盖省、市、县、乡四级机关工作人员的统一行政办公平台，多部门实现了网上项目联审联批，平均承诺办理时限由平均法定办理时限22.6个工作日压缩为10.9个工作日。“电子政务云”平台推进政务公开，晒出省直部门权力清单、责任清单、负面清单和“三公”支出。全省以“云上贵州”平台为依托，不断加强电子政务统一建设，加大信息资源开发力度，促进了政府部门数据互通、共享、开发利用、资源整合，实现了政府和企业数据资源“统筹存储、统筹规范、统筹交换、统筹安全”，形成集约高效、协同共享的建设模式。

【大数据发展风声水起】

加快推进“云上贵州”系统平台建设，促进数据汇聚开放共享。提升“云上贵州”系统平台支撑能力，更好地实现“统筹存储、统筹规范、统筹共享、统筹安全”4个统筹，加快推进政府数据“聚、通、用”，继续为国家政府数据共享交换平台建设探索经验。实施平台扩容升级，完善平台顶层设计，明确省、市州云平台建设架构。新增1270台云服务器、530台数据库服务器，现有云服务器2055台、数据库服务器810台，数据存储总容量3000TB，足以支撑各单位在平台上存储数据资源、在平台上使用业务应用系统。实施政府数据迁云工程，出台加快推进政府数据集聚共享开放等4个文件，推动政府部门应用系统和数据迁云，明确政府购买云服务，推进集约建设、集聚应用。20朵云266个应用系统迁入“云上贵州”系统平台，37个政务部门部分信息应用系统在平台运行。通过统一购买云服务，节约成本

45%。启动数据共享交换，数据共享交换平台上线运行，完成353个数据资源目录的梳理和170个数据集上云，旅游、交通、食品安全、工商等云长单位启动了跨部门间的数据交换，交换66次，交换数据量1036MB。贵州省扶贫办通过平台完成了民政等7部门扶贫数据提取，为精准扶贫提供了大数据支撑服务。目前，“云上贵州”系统平台聚集了50000GB数据量，日均访问量10亿次，总流量38TB，全国所有省区都不同程度调用了平台数据。

扩大政府数据应用，有效提升政府治理能力。利用数据汇聚融通，扩大政府各部门数据应用，推动简政放权和流程优化，提升政府治理能力。重点实施15个“提升政府治理能力大数据云应用示范工程”。提升政府决策能力，“扶贫云”建设了建档立卡管理、脱贫指挥调度、项目资金管理和扶贫工作巡检4大平台，精准识别贫困人口，全程管理脱贫路径，有效监管扶贫资金，及时评估扶贫效果。提升政府管理能力，贵阳市启动“数据铁笼”行动计划试点，让权力在全程数字化记录的“阳光”下运行，实现“人在干，云在算，天在看”。“食品安全云”及时提示周期性、趋势性食品安全重点问题，保障群众“舌尖上的安全”。“环保云”对监控区域指标数据进行挖掘分析，为环境治理与突发性污染事故处置提供决策依据。“电梯应急救援处置服务平台”提升了应急响应速度，救援人员到达现场平均时间为11.4分钟，比国家规定的30分钟大幅缩短。提升政府公共服务能力，努力实现“数据多跑路，百姓少跑腿”，“电子政务云”建成省级网上项目联审联批平台，平均承诺办理时限缩短一半。2015省级政府网上政务服务能力排名贵州省列全国第7位，在“完备性”“覆盖性”“准确性”“交互性”4个重要指标中，“完备性”排名全国第二，“交互性”排名全国第八。“工商云”建成工商业务并联审批系统，实现“三证合一、一照一码、一窗受理、一站办理”。

大力发展三类业态，扩大产业规模总量。紧紧围绕发展大数据核心业态、关联业态和衍生业态，强化精准调度和协调服务，产业加快发展，规模总量达到2011.5亿元，同比增长37.7%，两年翻番；规模以上工业增加值52亿元，同比增长102%，拉动全省工业增长0.7个百分点；工业增加值占全省比重1.48%，提升0.82个百分点。着力抓产业招商，引进项目335个，协议投资额1495亿元，高通、IBM、联想、华为、腾讯、印孚瑟斯等世界或国内500强企业落户贵州。着力抓产业项目，以晴、富士康、惠普等一批标志性项目建成投产，贵阳市呼叫中心示范基地、京东电子商务产业园等一批新业态项目启动运营。着力抓重点产业，智能终端产业增长迅猛，实现产值212.6亿元，增长381.8%。呼叫中心建成8.2万席。电子商务蓬勃发展，交易额达到1015亿元，同比增长33.6%。着力抓企业帮扶，通过“百千万”工程、“双服务”行动、“民营企业服务年”活动，强化要素保障，助推企业成长，新增企业2632家，同比增长15%。以晴集团产值达到102亿元，成为贵州省电子信息行业首家百亿元级企业。着力抓园区建设，中关村贵阳科技园、贵安电子信息产业园、遵义新蒲产业园、铜仁电商产业园、“百鸟河”数字小镇等一批大数据电子信息产业园区加快形成。

【电子信息产业加快发展】

信息经济发展蓬勃迅猛。信息通信产业发展实现新突破。大数据信息产业规模总量持续扩大，产业结构不断优化，带动能力明显增强。截至2015年年底，全省大数据电子信息工商注册企业共1.7万家。产业规模总量达到2011.5亿元，同比增长37.7%，实现两年翻番。规模以上工业增加值完成52亿元，同比增长102%，拉动全省工业增长0.7个百分点。智能终端产业实现产值212.6亿元，增长381.8%。呼叫中心建成8.2万席。软件和信息技术服务业收入260亿，“十二五”期间年均增速达到48.5%。2015年通信和广电网络完成业务总量480亿元，同比增长14.3%。信息消费规模达到607亿元，增速达到34.9%。大数据、云计算等企业相继入驻贵州并迅速成长，极大地带动了信息产业的发展，成为贵州新的经济增长点。

【两化融合水平不断提高】

两化融合示范点有序推进。2015年，两化融合国家试点示范项目达到28个，贵州省培育制造业信息化示范企业200余家，实施示范项目2000余项。重点行业数字化研发设计工具普及率达到39.57%，重点行业关键工序数控化率达到28.22%，传统企业电商覆盖率达到35.3%，有效促进了传统产业转型升级。贵州工业云规模初显，用户达到1.6万户，实现了市（州）、县、工业园区和重点企业的在线数据采集和全省工业运行监测。智能制造、工业互联网等新技术探索应用取得突破。两化融合水平逐年提升，在全国排位达到20位。

两化融合贯标成效明显。贵州省启动贯标工作的企业有12家，其中进入启动阶段的企业有12家，进入现状调研及诊断阶段企业有10家，进入体系分析策划阶段企业有10家，进入文件编制及发布阶段的企业有9家，进入体系试运行阶段的企业有8家，进入评定阶段的企业有3家，通过贯标评定的企业有1家。

工业云建设不断推进。“工业云”提供260个云应用，企业用户达到15998家。通过推进“互联网+”协同制造、国家智能制造试点示范、“互联网+工业”融合创新试点、省智能制造试点示范，贵州两化融合指数全国排名20位，上升2位，重点行业数字化研发设计工具普及率达到40.5%，提高4.8个百分点，关键工序数控化率达到23.4%，提高3.4个百分点，传统企业电商覆盖率达到35.3%，提高5个百分点。

【电子商务加快发展】

电子商务服务能力不断增强。“电子商务云”入驻企业1281家，第三方服务提供商100家。首家省级跨境电商产业园落户贵阳综合保税区。贵阳入选国家电子商务示范城市。铜仁高新区被评选为国家级电子商务示范基地，建成省级电子商务示范基地7个、省级电子商务示范企业27个。

电子商务配套设施建设加快推进。建成了一批智慧物流园区和第三方物流信息服务平台，贵阳货车帮物流信息服务平台注册货车司机数量超百万人，延伸了保险、仓储、车辆维修、汽配、供应链金融等更多新服务，成为中国公路物流信息化领跑者。贵阳互联网金融特区快速发展，宜信、人人贷、融360等多家知名企业入驻。

电子商务规模不断扩大。贵州省电子商务呈爆发式增长，截至2015年年底，电商企业突破400家，第三方电子平台开设店铺6万个，电子商务交易额达到1015亿元，同比增长33.6%。农村电商蓬勃发展，农村电商聚集区电商馆建成运营，一批小微电商快速聚集，淘宝、京东、苏宁易购、赶街网等7家电商企业入驻贵州省，农村电商网点超过1000家，推动了“黔货出山”“农货进城”“网货下乡”。

【信息消费能力不断增强】

信息消费环境不断改善。制定实施《贵州省“十三五”以大数据为引领的电子信息产业发展规划》《贵州省智能终端产业发展规划》等行业发展规划，围绕大数据产业发展应用，不断丰富信息消费高端供给。“三网融合”全面实施，省广电信息网络视听节目监管平台、手机电视集成播控平台、网络信息安全技术管控平台一期工程顺利完成，省级IPTV集成播控平台投入运行，广播电视信息消费内容服务更好丰富。

信息消费文化不断丰富。贵阳市以大数据建设为载体，创新开展全域免费Wi-Fi接入，建成了公共文化服务网，以及网上图书馆、网上文化馆、网上博物馆、文化志愿者管理、公共文化服务联合会等集群式网站，让市民随时随地均能享受到免费的高品质数字文化服务。特别是应用最新信息网络技术、大数据技术，建成能够进行海量检索、在线互动、超限传播、受众分析的国内第一个国学云计算平台——“数字孔学堂”，进一步扩大和延伸了孔学堂活动及其影响力，推动传统文化和新兴媒体融合发展。

信息消费终端产业加快建设。推进数据中心统筹发展和服务外包呼叫中心建设，大力推进企业化、定制式、第三方数据中心建设，提供数据存储、异地灾备和云计算服务。打造“全球呼叫·贵阳服务”品牌，贵阳已成为继北上广深之后的第五大服务外包与呼叫中心产业聚集地。成立贵阳大数据交易所、大数据资产评估中心、大数据征信中心，催生以大数据为核心的互联网金融、移动金融等新兴金融业态，丰富和提升信息消费供给水平。智能终端产业企业加快发展。贵阳海信智能电视、贵州博大金融终端设备、贵州轩通可穿戴设备、贵州中南科技ETC终端、贵阳翰凯斯3D打印无人机等一批智能终端产品实现创新发展，产品日益丰富。其中遵义市智能终端产业发展迅速，遵义富泰公司打造年产100万台通信智能终端设备改造提升工程，贵州财富之舟公司实施智能终端产业园（二期）建设项目。

信息消费规模不断扩大。2015年全省信息消费规模超过

500亿元，同比增长33.33%，其中，电子商务等消费业态快速发展，2015年全省电子商务交易额达到1050亿元，同比增加65%增长，建设国家级“电子商务进农村”示范县8个、省级“电子商务进农村”示范县11个。创建电子商务培育点219个，获得国家级电子商务示范企业4户。实施电子商务人才提升工程，累计培训12万余人次，电子商务企业直接就业人数9.2万人，物流仓储直接就业人数20.9万人。贵阳获批国家电子商务和物流快递协同发展试点城市、国家电子商务示范城市。

【民生领域信息化建设不断加快】

农业信息化加快推进。农村信息化示范省建设加快推进，建成一站式省级农村综合信息服务平台，实现了涉农数据资源汇聚，涉农数据交换、“三农”呼叫等应用。“农经云”聚合省内8家主要涉农部门的数据资源，日均发布信息1.5万条，全省100%的乡镇和行政村全部实现“一乡一网页”和“一村一网页”，开展涉农大数据服务和农村公共信息服务。淘宝、京东、苏宁易购、赶街网等7家大型电商运营企业入驻贵州省，带动农村电商蓬勃发展，助推“网货下乡”“农货进城”“黔货出山”，农村电商网点超过1000家。

人社信息化稳步推进。初步实现人社核心数据与云上贵州共享交换，省人力资源和社会保障厅门户集群网站、网上12333公共服务咨询平台、掌上12333移动服务平台、高层次人才服务管理系统、机器人智能应答系统、社会保险生物识别综合认证平台、贵州12333（微信）、贵州省社会保障卡制卡进度查询系统。

医疗卫生信息化加快推进。启动了“医疗健康云”，实现为群众提供医疗就诊和健康管理服务框架。全面推进远程医疗政策试点工作，实现69个远程医疗政策试点单位上线运行。推进居民健康卡发行应用工作，完成了60万人居民健康卡发行工作。推进电子病历共享平台建设，2015年，贵州省所有省、市级医疗机构实现了电子病历监管和共享。积极引导公共医疗机构依法开放医疗数据，与相关机构开展合作，提升公共医疗服务水平。朗玛获批开展互联网医院建设试点，借助区域综合共享平台推进医疗协同，实现优质医疗资源向乡镇、社区、药店延伸。华大基因在兴义市采样54513例，利用HPV筛查技术确诊癌变231例，早期浸润癌2例，200多名癌变患者得到提前发现、及早治疗。商业模式大赛获奖企业北京尚奇浩康“血压管家”APP应用，累计下载量500万人次；“妇科医疗云”对诊疗数据进行分析，快速提升妇科病诊疗效率。

教育信息化水平不断提高。数字教育和数字文化快速发展。全省中小学校信息化环境建设、省级教育资源公共服务平台建设取得突破性进展。建成了教育资源平台和管理两大平台，实现了信息化管理，有效提升了管理效率和服务水平。2015年，“教育云”实现了54所高校、3215所中小学接入云平台。国家基础教育资源公共服务平台落户黔西南，全省中小学、中职互联网接入率90%以上，建立11.5万个班级网络多媒体教室，逐步构建“时时可学、处处能学、人人乐学”的学习环境。参与建设国家“全国百所数字校园示范校”项目，启动了“五县一镇”和“班班通”试点，形成国家、央馆、省级“三级连动，多元并进”试点建设格局。积极推动传统文化和新兴媒体融合发展，建成了我国第一个国学云计算平台“数字孔学堂”。

旅游信息化不断推进。推动建设贵州省旅游信息公共服务平台、旅游电子政务服务集中展现和查询触屏终端、贵州省自驾游服务平台、景区智能导览系统、景区门禁闸机系统、景区停车场和车辆监控管理系统、旅游电子商务平台、北斗卫星旅游示范项目、旅游数据中心、贵州省旅游应急指挥系统、“多彩贵州云上旅游”APP、游客客源地分析系统、基于4G传输网络和广电网络

的景区实时视频系统等一批智慧旅游云应用系统产品。推动实施贵州省自驾游信息服务平台建设，基于互联网、移动互联网、大数据技术，以 Web 网站、手机 APP 等形式，为自驾游游客、自助出行者游前、游中、游后提供全方位信息服务。研发推广贵州省景区即时信息发布系统，实现各重点景区“人流、交通、天气”等相关信息即时发布，引导游客实时了解景区相关情况有序出行，提升景区服务能力。在黄果树瀑布、百里杜鹃等 10 个景区开展云应用，发布贵州旅游大数据综合指数，为旅行者提供景区等级、交通拥堵、适游季节、住行购娱一体的数字服务。

文化信息化水平不断增强。完成 25 个社区文化活动中心、80 个社区文化活动室及公共电子阅览室建设并抽查验收。完成文化共享工程贵州省分中心机房搬迁、新建办公室装修及贵州民族数字体验馆建设。

智慧城市建设加快推进。贵阳、遵义等 11 个城市被列为国家智慧城市试点，贵阳市被列为信息惠民国家试点城市，荣获 2014 年中国智慧治理领军城市称号，安顺城市地下管线信息化建设项目被评为 2014 年度中国智慧城市十大解决方案，有力促进“和谐贵州”建设。

扶贫信息化水平不断提高。依托大数据产业优势，与中国移动合作建设“1+N+N”大数据精准扶贫运营管理云平台，实现了扶贫动态精准管理。

【信息安全保障体系不断完善】

全面加强信息安全保障体系建设，成立省网络与信息安全事件应急管理专家组，建立省网络与信息安全事件应急支援中心，为全省信息化发展筑起强而有力的安全屏障。全面保障“云上贵州”数据安全，以贵阳市为试点探索保障数据安全的标准规范，推动数据立法，培育数据安全服务产业。政府网络安全保障体系不断完善，组建“云上贵州”安全公司，与阿里、百度、奇虎、浪潮、华为等公司深入合作，统筹推进“云上贵州”安全稳定运行。在贵安新区率先开展国产安全手机移动办公试点。完善了信息安全监测通报工作机制，加强网络与信息安全监测、预警和应急处置，对全省 800 个重要党政网站和重要新闻网站进行 24 小时监测预警。

云南省信息化发展概况

【基本情况】

2015 年，云南省信息产业完成主营业务收入 482 亿元，其中，通信业 311 亿元，同比增长 0.4%；电子信息制造业 105.94 亿元，同比增长 18.46%；软件和信息技术服务业 65.28 亿元，同比增长 5.87%。“十二五”期间，通信业年均增速约 1%，电子信息产业年均增速 10.69%。云南省电子信息产业统计内企业共计 124 户，其中，电子信息制造企业 18 户，软件和信息技术服务企业 106 户。

电子信息制造业方面，实现工业总产值（现价）84.21 亿元，同比增长 12.29%；出口交货值 1.67 亿元，同比下降 39.27%；利润总额 7.33 亿元，同比下降 12.84%；上缴税金 3.04 亿元，同比增长 29.91%；从业人员年末人数 13493 人，同比下降 0.93%；从业人员工资总额 7.05 亿元，同比增长 53.01%；总资产贡献率 6.49%，增长 152%。

软件和信息技术服务业方面，软件业务收入 44.24 亿元，下降 5.83%；软件产品销售收入 11.45 亿元，增长 1.72%；利润总额 2.67 亿元，增长 8.54%；上缴税金 2.18 亿元，增长 20.44%；从业人员年末人数 10741 人，下降 0.41%；从业人员工资总额 6.06 亿元，下降 12.17%；总资产贡献率 7.14%，下降 11.08%。

云南省主要电子产品中，其他数字程控交换机产量 5.77 万台，增长 9.8%；台式微机产量 4300 台，下降 43.42%；存折（针式）打印机产量 5.54 万台，下降 16.08%；有线电视机顶盒产量 6.93 万部，下降 60.32%；传感器产量 6.27 万只，下降 0.32%；荧光灯产量 40.81 万只，下降 23%。

【信息基础设施建设】

截至 2015 年年底，昆明国际通信出入口局初步建成，国际光纤网直接连接缅甸、老挝。云南省信息网络日益完善，网络接入和传输能力显著增强，全省传输光纤总长度达到 76 万千米，5 条出省光纤汇入国家光缆网。国际通信业务服务范围扩增到越南、老挝、缅甸、泰国、柬埔寨、印度、斯里兰卡、孟加拉国 8 个国家。出省宽带扩容至 5TB，省内宽带扩容至 7.2TB，光网覆盖率提升至 94%，100%的行政村已经实现光纤到村，光纤宽带覆盖户数超过 700 万户，实现 4G 网络对全省城区、乡镇、行政村、风景区、公共交通干线全覆盖。电话用户达 4167.3 万户，移动电话普及率达 80.9 部/百人，固定宽带用户超过 377 万户，移动互联网用户超过 2777 万户。全省广电传输网络基本完成整合改造，有线电视用户超过 500 万户，广播电视综合覆盖率达 97%。全面启动了“十二五”广播电视村村通、户户通工程，完成情况良好。昆明入选“三网融合”第二批试点城市，正在加紧试试“三网融合”。

【电子信息制造业】

云南省电子信息制造业稳步发展、独具特色。目前初步形成以红外及微光夜视、光电子信息材料、太阳能电池等为主导，以光机电一体化设备、半导体照明、OLED 等产业为补充的光电子产业发展格局。

北方夜视科技有限集团公司是国内专业化水平最高、规模最大的以红外、微光技术为主的光电夜视产业基地，产业规模和技术水平居世界先进行列，拥有中国唯一一条能批量生产一代、二代、高性能微光像增强器的生产线，产品技术水平和生产能力居世界前四，是中国唯一专门从事红外材料、红外探测器、红外热像仪研发、生产的单位，是目前国内规模最大的红外科研生产基地和该行业的领军企业，技术水平已跻身于世界先进行列。

云南锗业是国内锗产业链最完整，锗金属保有储量最大，锗产品产销量最大的锗系列产品生产商和供应商，是中国唯一一家集锗矿开采、冶炼及深加工为一体的锗业上市公司，产品市场占有率居行业首位。

南天信息的金融电子产品保持高速增长，存折打印机、BST 银行自助服务终端、BP 系列磁卡读/写设备等产品均有良好的市场份额。南天信息在网络设备及前端系统方面具备较强的竞争力，凭借自行研制开发的设备成为中国银行总行选型认证通过的五大外设供应厂商之一。

贵研铂业是中国目前唯一一家贵金属行业的高科技上市公司，生产的贵金属信息功能材料包括半导体气体传感器，贵金属厚膜电子浆料等。随着中国贵金属废弃物高峰的到来，贵研铂业年回收 5 吨贵金属募投项目的逐步投产建成，贵金属再生成为主要业务，在铂族金属需求景气持续上行的运行背景下，二次回收业务的快速增长成为公司业绩增长的最大推力。

昆船电子是国内规模最大、水平最高的物流自动化系统生产基地，堆垛机、激光自动引导车（AGV）、穿梭车、密集缓存、滑鞋式分类机、自动货柜等物流自动化设备填补了多项国内空白，使云南的烟草工业信息化应用处于全国领先水平，成功开发了达到国际先进水平的烟草制丝成套设备、打叶复烤成套设备。

【软件和信息服务业】

云南软件和信息服务业立足服务本地企业，软件和信息技术服务企业 106 户，其中，南天信息为中国软件收入前百家企业，软件业务收入为15亿元。目前，软件业务收入上亿元的有昆船物流、中通网信、云电同方、金隆伟业、邮电工程、盛云科技、能讯科技7家公司。

南天信息的核心业务是金融电子，在银行业务终端、网络、软件、核心业务系统等方面均有涉及，在解决银行 IT 综合方案领域具有充分优势。南天信息银行外包服务紧跟客户需求，业务实现良性发展。随着银行IT服务外包逐渐成为趋势，与中国银行、建设银行、农业银行、交通银行等客户保持并开拓了软件外包和数据中心外包服务业务，启动了基于云计算的开放式银行业务系统，为加强中国金融系统安全提供更多选择。

中通网信全面开展系统集成、网络维护、软件开发、语音增值、声讯服务和IT产品销售等各业务，先后承揽了云南省农村中小学现代远程教育、云南省电子政务一至四期、全省无线电监测网等具有重大影响的大型网络项目实施工作；实施了昆明、大理等地平安城市，招商银行云南省分行视频会议系统、云南省红云集团视频会议系统项目，云南省电子政务 Internet 门户网数据存储备份等项目。

电信公众从事通信产业运营服务，还为云南信息港等政府网站提供系统维护；具有云南信息港、电信短信平台、企业呼叫中心、企业集团彩铃、IPTV（互联网电视）等优良的“三屏融合”信息交互通道，运用“三网融合”与“三屏融合”的业务运营支撑能力，以及相关资源的整合能力，依托电信的网络和业务平台进行“新业务和运营服务”业务的开发与合作，“阳光采购网”是一个提供给“阳关采购网”会员企业的商务合作与商务活动的“一站式”信息交互服务平台。

东讯科技开发建设了在国内具有创新性和领先性的“云南省基层网络党建平台”，开发的“中国中小企业云南网”为云南省内外中小企业提供了从电子商务、政府服务到企业信息化的全方位服务。“云南省中小企业网上融资服务平台”依托云南省工商局全省企业数据库，有效地解决了省内中小企业融资难的问题。“GMS 企业电子商务平台”是一个立足云南、连接内地、辐射 GMS 及东盟区域的国际企业服务及电子商务贸易平台，开通了英、中、泰、缅、越、老、柬7个语言版本，是 GMS 区域规模最大、信息最全、企业最多的大型国际电子商务平台。

科海电子利用CRM项目实施有效的客户资源管理，通过完善的客户信息来支持不同业务角色面向客户的工作，提高面向客户的工作有效性和效率，从而全面提升客户的满意度。公司承建的云南省高等级公路管理中心智能化办公大楼，包括安防系统、综合布线系统、网络系统、服务器及软件系统、会议室系统、信息发布系统、有线电视系统、电视电话会议系统、机房工程等子系统，荣获“云南省2011年度优质工程一等奖”。把“B-T”模式成功运用到“平安城市”建设中，取得了较好的社会效应和经济效益。

昆船物流为烟草做配套自动化生产、物流服务，为昆明新建的长水机场建设自动化行李分拣系统；新锐合达为电子政府建设各类运用平台，中小企业网和中小企业投融资平台是典型代表；南天网络服务政府采购，阳光基业用信息化技术服务于节能环保领域，交科所开发交通系统运用软件，为现代交通管理提供技术支撑。启创科技、信龙软件与韩国公司合作，开发东南亚多语种机器翻译软件，官房电子的“智慧社区”管理运用有望推广复制。

【两化融合】

2015年，昆船、云铜、玉溪卷烟厂3家企业参加了全国两化融合管理体系贯标首批试点认定并顺利通过，遴选推荐上报了23家企业申报工信部2015年两化融合管理体系贯标（第二批）试点，6户被确定为试点企业。

云南省工信委组织开展了全省两化融合培训（省级1期，州市8期），两化融合昆明高峰论坛，工业园区两化融合论坛等活动，通过两化融合政策宣讲、两化融合管理体系贯标经验及云南省工业企业两化融合服务支撑能力建设项目成果分享，多层次推进全省两化融合向纵深发展。

云南省工信委研究制定了《2015年云南省区域两化融合发展水平评估工作方案》，启动了全省16个州市两化融合发展水平评估工作。通过“云南两化融合网暨两化融合评估系统"的推广应用，从 2015 年起在全省范围内以州市为单位组织开展了云南省区域两化融合发展水平调研普查和两化融合发展水平评估分析工作。目前，共有 619 家企业参与了云南省数据填报工作，数据分析与评估报告正在编制中。通过对调研数据的整理、统计、分析和计算，客观地反映云南各州市、各行业及各工业企业两化融合水平发展程度；同时云南省建立了区域、企业两化融合工作情况实时上报和评估的长效机制，为主管部门及时跟踪了解云南两化融合发展水平，发现存在问题，制定科学、可行的两化融合推进措施提供决策依据。

在互联网与工业融合创新领域，昆明钢铁控股有限公司基于移动互联的移动办公系统建设，为企业提供了一套完整便捷的协同办公平台，在个人事务、公文流转、流程管理等方面得到全面的应用，电子商务系统建设实现详细、准确、快速的采销业务数据收集和处理，建立昆钢内部物资快捷、高效、敏捷的阳光采购平台、产品销售及贸易平台，实现供应商管理、客户关系管理，实现供应商、客户与昆钢的业务协同，减少采购、销售成本，降低库存及资金占用，减员增效，实现商流、信息流、资金流、物流的统一，并建立面向社会的公共服务平台，提供采购、销售、物流及相关增值服务。

在工业云领域，云南冶金集团工业云建设项目完成了集团工业云基础平台建设，昆钢控股有限公司进行了企业私有云的建设。通过工业云计算的建设，逐步实现去小机、去集中存储，建立分布式存储系统，逐步建立完善自主研发的软件开发平台，为企业内外部提供平台开发服务，逐步调整现有生产经营管理系统，调整架构实现云端化，为集团、其他企业、社会提供个性化软件按需服务。

在工业大数据领域，昆钢控股有限公司已建立数据仓储系统、商务智能分析系统，云铜集团在 4S1P 项目的推动下，目前已经构建以信息资源标准为基础、信息安全为保障的数据交换服务平台、数据加工存储平台和数据分析应用平台（即数据中心），初步形成云南铜业决策分析系统，并已融合相对稳定的云铜整体系统架构。

【信息安全】

2015 年，云南省工信委完成了省电子政务灾备中心建设研究报告，积极推进省电子政务同城灾备中心建设。

加快推进云南政务安全统一接入建设。在前期试点工作基础上，全面提高平台接入能力及安全防护能力，保证托管平台托管业务的连续性。一批重点政务平台正通过平台得到安全的网络接入服务。

进一步推动云南数字证书认证应用，完善网络信任体系。云南省工信委加大对云南省推广应用数字证书认证的支持力度，进一步促进云南工商、税务、公共资源交易、环保、社会保障，以及电子商务等领域网络信任体系和信息消费环境建设。积极开展电子签名法与数字认证应用宣传，增强个人对《电子签名法》等法律法规的认识，增强信息保护意识，推进身份认证、网站认证和电子签名等网络信任服务，进一步构建安全可信的信息消费环境。

【重点信息化项目】

华为玉溪云计算数据中心建设项目。华为玉溪云计算数据中心位于玉溪高新区九龙片区电子信息产业园，总用地面积 35 亩，一期工程于 2014 年 8 月开工建设，预计 2016 年 6 月投入运营。一期工程建筑面积 1.26 万平方米，可配置云计算机柜 1000 台，可提供 10000 台云服务器、80PB 存储、20000 台云计算机的云计算服务能力。二期项目建成后，机房面积 3 万平方米。华为目前在电信机房共 37 个物理机柜，移动机房 50 个机柜，公有云平台具备交付能力，承接教育云、众创空间、智慧城市等互联网业务。已经交付教育云一、二期项目，高新区众创平台项目。日报社容灾项目、卫生局项目预计、政务云平台正常推进。全力构建云计算产业的产品研发、运营服务、基础设施配套三位一体的产业集群，进而带动区域内信息产业结构升级，助推产业实现战略转型。玉溪云计算数据中心是华为集团云服务业务的全国二级节点，是西南大区产业支撑中心、华南区域和东南亚地区云服务业务承接中心、东南亚跨境电子商务中心、小语种服务外包中心、东南亚离岸数据中心、全国业务备份中心。数据中心计划于2016年8月30日完成基础设施建设，年底前全面投入运营。引入了华唐、亿赞普等公司在玉溪落地推进呼叫中心、跨境电商发展。

浪潮云计算产业园项目。浪潮昆明云计算产业园建设，总体规划88亩，一期建设30亩，主要以建筑面积为6000平方米的云计算中心为核心载体，结合大数据研发、软件实训、小语种研发与软件测评等功能，建筑面积3万平方米，预计投资6亿元。2016年2月一期工程完成科研、立项、环评、灾评、规划等前期工作，并得到了昆明市规划局的正式批复，2016年3月，项目通过招拍挂方式，成功获得土地使用许可，并于2016年3月14日正式进场施工，目前大数据研发中心、软件实训基地、小语种研发中心与软件测评中心主体建筑已经封顶，云计算中心一期主体工程已完成基础建设，预计2016年7月底完成主体建筑封顶工作。结合当前工作进展，为进一步加快项目推进力度与工期，浪潮集团拟通过基础建设、内部装修同步推进的思路，于2016年8月启动相关建筑内部装修工作，预计2016年年底完成基础装修，并于2017年3月正式投入运营。

【主要问题】

一是产业基础薄弱。云南省信息产业总体规模小，信息产业门类不全。二是信息技术和产业发展严重滞后。以自然资源为主的电子材料占云南省电子信息产品比重达1/3以上，缺少规模大、市场广、产业链长的特色产业支撑。三是高端人才匮乏。人才结构矛盾突出，特别是新一代信息技术领军型人才，复合型人才和高端技术人才不能满足需求。企业在缺乏高端前沿人才的支撑下，创新活力与技术创新能力明显不足，发展后劲不足。四是环境支撑不足。政策体系、投融资平台、产业园区、市场监管等支撑产业发展的相关要素不完善，特别是软件和信息技术服务类企业融资难的问题较为明显，企业研发投入和投资意愿不强。

西藏自治区信息化发展概况

【信息产业发展概述】

2016年西藏自治区工信系统深入贯彻落实党的十八大和十八届三中、四中、五中、六中全会精神，贯彻落实中央第六次西藏工作座谈会精神，全面贯彻中央经济工作会议、全国工业和信息化工作会议，认真落实自治区九次党代会。在自治区党委和政府的领导下，在工信部的指导和帮助下，自治区加快推进电子政务、电子商务、农村综合信息服务站等重点领域信息化项目建设，贯彻落实国家制造业与互联网融合发展大政方针，研究部署两化深度融合、“互联网+”行动计划，支持和培育本地软件和信息技术服务企业发展壮大，积极探索和推动国防信息动员体系建设，带动西藏信息化和软件服务业平稳快速发展。

西藏自治区专业从事软件开发、系统集成和信息服务的企业已达54家，其中，本地企业39家，内地公司在藏设立的分公司或子公司15家，涌现出了西藏珂尔信息技术有限公司、金采科技股份有限公司、华盛信息技术有限公司等为代表的一批本地优秀软件和信息技术服务企业。此外，自治区继续推进藏文信息技术标准、藏文软件研发与应用推广，逐步培育西藏特色信息产业，指导有关企业筹备发起成立自治区电子信息行业协会，帮助本地软件和信息技术服务企业提高相关服务资质等级水平，为本地信息化建设提供有力支撑。截至目前，自治区共有4家企业获得国家计算机信息系统集成3级资质；1家企业获得信息系统工程监理乙级资质。全区规模以上企业2016年实现销售收入30489万元。

【产业政策制定】

（一）加强顶层设计，努力把握信息化发展大局

深入地市、企业，走访区直部门，开展调查研究，与专业机构共同编制拟定了《自治区“十三五”信息化发展规划》，广泛征求意见，开展专家论证，对自治区“十三五”时期信息化发展思路、主要目标、重点任务及保障措施进行了统一规划，在此基础上深化提炼提出了《自治区“十三五”时期信息化建设整体思路》。

（二）推动基础建设，为政务信息化提供坚实支撑

牢牢抓住国家实施“互联网+”行动计划、大数据发展战略、构建网络强国的契机，研究起草了《关于加快推进自治区大数据发展的报告》《关于加快云计算、大数据发展的指导意见》《西藏自治区电子政务（二期）暨政务云工程建设初步方案》，统筹谋划“十三五”时期基于电子政务工程，构建覆盖全区、整体联动、部门协同、跨部门、跨行业、跨层级的政务云平台、大数据中心，形成了推动全区政务信息化建设的一揽子工作计划与实施方案。

（三）完善体制机制，大力强化行业管理手段

自治区明确工信厅作为信息化主管部门，对政府投资信息化项目进行政策合规性、技术符合性、投资合理性前置审查，据此安排财政预算与中央投资，进一步完善了自治区信息化体制机制。根据相关安排，工信厅对2017年各委办厅局申报财政预算的信息化项目进行了集中审查。同时，抓住有利时机，顺势而上，加紧研究制定了《西藏自治区政务信息化项目管理办法》，在管理办法中进一步固化和理顺了工信、网信、财政、发改部门在信息化建设中的职能。

【信息基础设施建设】

（一）全区电信业务发展情况

截至2016年12月，全区电信业务总量累计完成66.88亿元，同比增长24.5%；电信业务收入累计达到44.38亿元，同比增长11.5%。

（二）电话用户及相关数据

全区电话用户总数达到323.2万户，同比增长6.5%；其中，固定电话用户为38.9万户，同比增长11.4%；移动电话用户为284.4万户，同比增长5.8%。电话用户普及率达到99.8%，其中固定电话用户普及率为56.4%；移动电话普及率为87.8%。

（三）农牧区通讯基础设施建设情况

2016年，自治区电信企业完成了300个自然村移动通信信号覆盖和200个行政村通宽带任务。行政村通宽带率已达到83.8%，比2014年年末增长3.8%。

（四）互联网用户及相关数据

“全区互联网用户数”已不统计此项指标。全区（固定）互联网宽带接入用户为40.2万户，移动互联网用户数为176.2万户。“互联网升级出口宽带”从未统计过此项指标。互联网省级出口带宽为393740M。

（五）“宽带西藏”专项行动开展情况

自“宽带西藏”专项行动开展以来，在提速方面，从宽带接入速率看，20M级以上带宽用户占比已达到82.0%，高速率宽带用户规模占比在本年度得以快速提升。在降费方面，截至2015年12月末，自治区移动互联网接入流量资费水

平依然是全国最高，为 111.0 元/G；且降幅仅有 13.4%，属全国最低；手机上网流量资费水平为 109.7 元/G，降幅为 18.6%。固定宽带方面，由于新增的固定宽带用户大部分为 20M 及以上的 FTTH/O 用户，实现了固定宽带业务的“提速降费”目标。使得全区固定互联网宽带接入资费水平比上年同期下降 30.4%，为 40.4 元/户/月，降幅居全国首位。

【信息技术应用】

（一）扎实推进电子商务工程项目

截至目前已基本完成自治区电子商务（一期）工程建设，形成了“一窗口四平台”、“一基地三中心”的电子商务工程建设成果。其中“一窗口四平台”指以西藏大型综合型电子商务平台为统一窗口，搭建了零售、批发、资产、第三方平台；“一基地四中心”指以拉萨电子商务工程总部为基地，建立了北京、上海、杭州、成都四地运营分中心。

（二）加快推进电子政务工程项目

自治区电子政务（一期）工程项目，自 2014 年 6 月开工建设以来，目前已基本完成。截至目前，已经完成 914 家接入点硬件设备安装和网络联通工作，完成率达 100%，建成了覆盖自治区、地（市）、区县三级的自治区电子政务外网，并与国家电子政务外网成功对接，实现了国家、自治区、地市、县区一纵三横互联互通；同时，已经完成中心机房、备份机房、预警一体化平台建设并上线试运行，实现了对 914 家接入点位的网络联通和网络攻击情况的实时监控、及时定位和解决网络故障；电子政务应用系统基本开发完成，已经对 82 家区直单位开展了 2 期办公管理系统培训，10 家厅局门户网站建设完成，5 家单位已上线运行。

（三）贯彻落实“互联网+”行动计划

制定出台了《西藏自治区信息化和工业化深度融合专项行动计划（2017—2020）》，明确了全区制造业与互联网融合发展的主要目标、重点措施以及七个专项行动。组织举办了“2016 全国制造业与互联网融合发展深度行活动（西藏站）暨全区两化融合和电子商务培训会议”。开展两化融合评估和管理体系贯标工作，全区 5 家企业成功申报成为国家贯标试点企业，其中，2 家已顺利通过国家贯标评定。

（四）挖掘潜力助推网络扶贫

开展农村综合信息服务平台升级改造工作，农信网访问量突破百万，手机 APP 访问量达 50 万人次以上。与农牧厅联合研究制定《“互联网+现代农牧业”三年行动计划》《农牧区信息进村入户助推网络扶贫试点方案》，为西藏农牧区信息化建设奠定坚实基础，为信息强农惠农提供有力支撑。

（五）积极培育本地信息技术企业

在打基础、提资质、强能力上做文章，指导支持企业开展能力提升，积极培育和发展信息技术服务企业。逐步培育西藏特色信息产业，指导有关企业筹备发起成立自治区电子信息行业协会，帮助本地软件和信息技术服务企业提高相关服务资质等级水平。2016 年，西藏华盛信息系统有限公司获得信息系统工程监理甲级资质，西藏珂尔等 4 家信息技术服务企业获得信息系统集成 3 级资质。

（六）推进藏文软件研发与应用

指导支持西藏大学等科研院所研制藏文信息技术标准、进行藏文软件研发与应用推广，为自治区信息化建设提供有力支撑。截至 2016 年年底，藏文信息技术最新研究系列成果包括阳光多文种搜索引擎、基于云计算的藏语键盘手写语音三位一体输入系统、中国藏文文献资源网、面向移动互联网的藏汉语音翻译系统、面向互联网的藏汉双向机器翻译系统。

【其他热点】

西藏华泰龙矿业开发有限公司获得了 2016 年年底“全国十佳两化融合管理者代表奖”和二十三届“全国企业管理现代化创新成果”二等奖。

联合区文化厅、阿里巴巴集团在杭州举办了“互联网+西藏非遗阿里巴巴行”活动；联合自治区交通厅、四川省有关部门和中国车载联盟共同举办了中国“互联网+智慧川藏”论坛。

联合通信管理部门，协调推动电信普遍服务补偿；加强军地信息协作，建立军地信息动员联合协调机制，组织相关部门和企业支持国防信息化建设、保障国防应急通信，得到了自治区国动委、西藏军区的充分肯定，被西藏军区授予锦旗。

积极组织参加“世界互联网大会”，2016 年全区又有两项信息化成果入选第三届世界互联网大会进行展示汇报。

目前，已投入运营的淘宝特色中国—西藏馆实现销售收入 1.3 亿元，是 2015 年全区电子商务销售收入的 3 倍。

联合阿里巴巴集团组织全区 74 个县分管县长、各地（市）工信和商务部门负责人在杭州举办了两期“全区电子商务工程县长研修班”，对于营造全区电子商务发展奠定了夯实的基础。

陕西省信息化发展概况

2015 年，陕西信息化产业坚持项目引领，以建设工业云中心和大数据交易所为重点，打造大数据产业链、构建大数据产业生态体系，扎实推进两化深度融合。

（一）加强顶层设计，打造陕西大数据产业链，建立产业生态体系

大数据产业生态体系建设按照 2015 年理思路，2016 年抓布局，2017 年扩应用，2018 年年初见成效，提升应用的总体思路谋划安排工作。

2015 主要是理思路、探路子、谋布局。针对大数据产业链关键和难点环节，确定实施“工业云中心和大数据交易所”工程，3 月 12 日发布中心建设总体方案。5 月 28 日工业云中心成立；8 月 28 日工业云上线，大数据交易所、大数据产业基金成立挂牌。11 月 16 日，陕西省政府第 18 次常务会通过《大数据与云计算产业发展五年行动计划》和《大数据与云计算产业示范工程实施方案》，确定成立陕西省大数据与云计算产业发展领导小组，办公室设在工信厅，每年安排 5 亿元支持产业发展。

（二）推进两化融合，实施典型示范引领工程

一是两化融合管理体系贯标试点及评估工作取得成效。陕西省 33 户企业成为国家级贯标试点，其中 8 户已通过国家评定；11 户企业成为省级贯标试点企业；573 户企业完成自评估。二是加强两化融合培训。组织两化融合论坛、智能制造 MES 论坛，先后培训约 1000 人次，编制两化融合典型示范企业案例汇编，树立了 21 户两化融合典型示范企业和 1 个示范园区。三是开展工业控制系统信息安全工作检查，组织专家开展陕西省工业控制系统信息安全调研，形成工业控制系统网络安全相关策略、产业模式及政策保障措施。

甘肃省信息化发展概况

2015年，甘肃省深入贯彻实施“宽带中国”战略和“互联网+”行动计划，通过营造良好政策环境、加快宽带网络基础设施建设、发挥示范引领、推进两化深度融合、推动信息技术应用，信息化发展水平快速提升，信息产业规模不断壮大，信息技术服务收入快速增长。

【基本情况】

2015年，全省通信业保持平稳发展态势，全省通信运营企业预计完成主营业务收入173.8亿元，同比增长5%；全省固定电话用户达到326万户，移动电话用户达到2108.1万户（其中3G/4G用户达到1249.9万户），占移动电话用户比近59.3%。用户加速向宽带网络迁移，固定互联网宽带接入用户总规模达到245.3万户，年均增长17.0%，其中，速率在20Mbps以上用户占比升至48%，全国排名第10位，FTTH/O用户达到95.1万户。移动互联网用户总规模达到1598.8万户，年均增长15.4%，渗透率为75.8%。全省电子信息产业实现业务收入126.37亿元，同比增长31.87%。其中：电子信息制造业主营业务收入达到71.37亿元，同比增长20.1%；软件和信息技术服务业实现营业收入55亿元，同比增长51.2%。全省软件和信息技术服务业资质企业147户，其中：软件企业102户（同时拥有系统集成企业资质、软件企业资质39户）、计算机信息系统集成企业资质84户（1级资质企业2户、2级资质5户）、信息系统工程监理资质6户（乙级2户）。通过CMMI3级认证企业4户。新建信息化项目232项，总投资496.13亿元，计划投资116.53亿元。

【主要成效】

（一）加强顶层设计，信息化政策规划体系逐步完善

为进一步加快新技术产业化进程，增强技术支撑能力，陆续出台《促进云计算创新发展培育信息产业新业态的实施方案》（甘政办发〔2015〕30号），以及《关于加快大数据、云平台建设促进信息产业发展的实施方案》《丝绸之路黄金段智能物流骨干网建设规划》《甘肃省三网融合推广实施方案》《〈中国制造2025〉甘肃行动“互联网+制造”专项实施方案》《关于加快高速宽带网络建设推进网络提速降费的实施意见》等一系列重要文件。指导兰州新区和金昌市分别完成《兰州新区大数据产业发展规划》《甘肃金昌“紫金云”大数据园区产业规划》编制工作。

（二）夯实信息基础，网络提速降费政策全面落实

加快实施“宽带中国”战略，推动通信运营企业加大投资力度，加快光纤宽带、4G网络等信息基础设施建设。兰州、酒泉、张掖、武威、平凉成功申报国家电信普遍服务补偿试点，争取国家专项资金2.4亿元；会同甘肃铁塔公司组织全省14个市州开展通信铁塔站址规划编制工作，科学规划通信站址；全面落实《国务院办公厅关于

加快高速宽带网络建设推进网络提速降费的指导意见》，积极开展宽带网络建设和提速降费情况专项督察，加快全光纤网络城市、铜缆光纤化改造、光纤到户、通信基础设施共建共享、广电宽带业务发展、应用基础设施、公共服务平台建设，落实网络提速降费、电信市场开放政策；出台《甘肃省精准扶贫电商支持计划实施方案》，重点推进庆阳环县、甘南卓尼县和尼江地区等贫困地区信息基础设施建设；完善通信业运行监测分析，建立贫困地区信息基础设施建设工作联系机制，把75个贫困县区行政村通宽带情况纳入通信网络建设工作调度范围。

积极落实国家推进宽带提速降费要求，移动互联网接入流量资费水平为81.1元/GB、全国排名14位，互联网宽带接入资费水平为47.0元/户/月、全国排名20位，电信业务综合价格水平较“十一五”末大幅下降，广大人民群众分享了行业改革发展的新实惠。基于信息通信网络的新型经济迅速发展，中小企业互联网应用普及率达到95%，利用信息化开展生产、管理、创新活动的比例达到45%，利用电子商务开展采购、销售等业务的比例达到30%，在改造提升传统产业、促进社会应用服务方面发挥重要作用。

（三）营造发展氛围，创新示范引领作用逐步发挥

2015年，兰州市被评为国家信息消费试点示范城市，兰州安越科技公司供热行业电子商务平台被评为信息消费创新应用示范项目；甘肃省积极落实“互联网+”行动计划，召开“2015甘肃‘互联网+’行动高峰论坛”；协调推进国家创新创业公共服务平台（“创客中国”公共服务平台）与甘肃中小企业公共服务平台、兰州通创客平台对接，建设“创客中国”甘肃分平台，为中小微企业和创客提供众创、众包、众扶、众筹“四众”服务支撑，目前已初步沟通形成合作备忘录；推进大数据中心、数据机房和通信基站大工业电价政策落实，促进大数据、云计算产业发展；积极推动省政府与工信部《深化三维数字社会服务管理系统推广应用加快产业化发展合作协议》的签约工作；以敦煌文博会的举办为契机，推进敦煌智慧城市建设，为文博会提供信息化支撑。

（四）培育大数据产业发展环境，打造丝路数据黄金通道

落实《甘肃省人民政府阿里巴巴（集团）有限公司战略合作框架协议》，投资1.1亿元的甘肃广电网络阿里飞天云平台建成上线运营，投资5.1亿元的中国移动兰州新区集团级数据中心一期工程建成交付，投资6.7亿元的甘肃电信兰州新区数据中心已经封顶。

推进甘肃省广电网络公司与曙光信息产业股份有限公司签订战略合作协议，投资20亿元在共建运营服务、智慧城市、大数据中心等方面开展全面合作。推动中铁西北院与中电科38所共同出资5000万元组建甘肃省公共安全技术研究院（计划于2016年6月正式挂牌；38所在省内已开始实施兰州卷烟厂安防等两个具体项目）。

推动甘肃省工信委与九次方财富资讯（北京）有限公司签署大数据产业发展合作框架协议，推进设立丝绸之路大数据有限公司、大数据交易中心、大数据研究院及大数据产业创新创业基地；积极协调推进九次方大数据公司与省国投集团、白银公司集团签署《关于成立甘肃省大数据公司的合作协议》，三方按比例出资5000万元设立丝绸之路大数据有限公司。

（五）突出两化深度融合，促进传统产业转型升级

印发《甘肃省两化融合评估诊断和对标引导工作方案（2015—2018年）》《关于推进省中小企业集成制造服务平台应用的通知》等文件；完成全省两化融合专家委员会成员征集工作，向工信部推荐工业和信息通信业行业财经专家52名；联合中国船级社认证公司甘肃分公司召开甘肃省两化融合管理体系贯标培训暨工作推进会，对省内国家级两化融合管理体系贯标试点企业、重点工业企业、两化融合咨询服务机构、各市州工信委及兰州新区经发局有关负责同志进行了两化融合管理体系宣贯和培训。加强企业贯标跟踪服务，鼓励企业积极参与贯标达标，全面推广两化融合管理体系。全年组织800余户企业开展两化融合评估，引导企业通过国家两化融合咨询服务平台进行自评对标、查找不足，提升企业研发、生产和经营管理各环节信息集成和业务协同化水平，

促进企业两化融合发展。推荐企业申报各类试点示范，支持酒泉钢铁（集团）有限责任公司等6户企业被工信部列为两化融合管理体系贯标试点。组织开展互联网与工业融合创新、工业云、工业大数据创新试点工作，向工信部推荐了10个符合条件的企业项目。

（六）突出重点项目，产业规模逐步壮大

2015年，全省信息化产业专项资金支持第一批战略性新兴产业龙头骨干企业甘肃万维、甘肃紫光、天水华天微3家1500万元，支持第二批战略性新兴产业龙头骨干企业甘肃广电网络、兰州海红2家2500万元。重点支持公共服务平台、物联网研发及应用、两化深度融合、电子商务项目22个，总投资2.46亿元，预期新增产值1.47亿元，新增税收0.28亿元，新增利润0.22亿元。一是公共服务平台类项目。重点对白银市城市管理服务平台、嘉峪关市三维数字社会管理服务平台、张掖市智慧城市公共信息平台建设项目等4个公共服务平台项目给予扶持。二是物联网研发及应用项目。重点对酒泉市肃州区中心粮油仓库有限责任公司基于物联网技术在粮食仓储管理中的研究和应用、甘肃亚欧陆桥国际物流有限公司武威保税物流中心信息化综合服务平台建设等7个物联网项目进行支持。三是“两化”深度融合项目。重点支持甘肃酒泉汉武酒业有限责任公司智能化应用及转型升级建设、陇南市中小企业公共服务中心中小企业服务平台建设、灵台县中小企业信息服务中心中小企业公共信息服务平台扩建3个项目。四是电子商务项目。重点支持通渭县乐百味乾禧荞艺文化传媒有限公司通渭县农产品电子商务应用平台建设、文县嘉诚农副产品有限公司嘉诚信息化与电子商务建设等8个项目。

【面临问题】

信息基础设施整体水平不高。互联网接入带宽、互联网普及率仍然不高，城市公共区域无线网络热点建设不足，农村、特别是偏远地区的信息化基础设施建设严重落后于城区，现有信息基础设施整体上还不能完全满足社会不断发展的需求。

部分企业对两化融合认识不足。企业管理层对两化深度融合的认识不能适应产业转型升级的新需要，两化深度融合还需进一步推进；两化融合贯标和水平评估有待加强。

信息资源开发利用的深度还不够。政务系统之间的信息共享、互联互通、业务协同亟待加强，数据的使用效率有待提高，一站式服务整体的效能还没有充分发挥；农业信息化建设的投入相对较少，农业农村信息化应用层次相对较低，信息化服务无法满足现代农业生产的需要；智慧城市建设的顶层规划还需要彰显城市特色和产业特色；信息产业对全省经济社会发展的贡献还需要提升，信息技术企业的自主创新能力偏弱。

【未来工作重点】

一是继续推动信息基础设施建设。推动《甘肃省人民政府办公厅关于加快高速宽带网络建设推进网络提速降费的实施意见》政策的落实。继续实施“宽带中国”战略，积极配合省通信管理局做好全省电信普遍服务补偿试点建设工作。协调推动通信运营商完成信息基础设施投资70亿元，实现城市20Mbps以上宽带网络覆盖率达到60%，乡镇通光纤率达到100%，行政村通宽带比例达到80%，无线通信、广播电视网络全覆盖。加快4G网络建设，按照国家统一部署推动三网融合发展。

二是推动工业大数据应用。推进中国电信、中国移动、中国联通集团级数据中心建设，支持兰州新区、金昌、庆阳云计算数据中心建成运行。协调通信运营企业发挥信息化基础设施建设的主力军作用，加快互联互通基础设施建设，加快企业工业数据平台建设，加快制造业大数据云服务平台建设，在工业企业构建先进、完善的工业网络基础设施。争取在1～2户重点企业中开展IPv6、SDN、5G等新技术融合的应用。搭建甘肃工业云平台，争取覆盖全省60%的重点制造业企业，数据存量达到E级（100万个TB）以上。

三是打造制造企业互联网“双创”平台。在消费品领域，重点推广个性化定制、产品朔源、虚拟体验、社交营销等新模式新业态。在装备领域，推进研发、设计、制造、物流、服务全产业链智能化，开展生产管理运营平台试点示范，促进研发设计、智能装备、生产制造、检验检测、营销服务、经营管理等环节的无缝衔接和综合集成，探索全流程信息共享和业务协同新模式。在原材料领域，重点发展智能化制造、协同化组织、平台化运营等新模式新业态。鼓励金川集团、酒钢集团、兰石集团、天水华天、长城电器等大型企业建设“双创”平台，提供创业孵化、专业咨询、人才培训、检验检测、投融资等服务。推动互联网企业构建制造业“双创”服务体系。鼓励基础电信企业和大型互联网企业打造开放共享的信息化综合服务平台，为小微企业核心业务发展提供信息化应用服务。鼓励互联网企业搭建工业云平台，提供面向小微企业的在线研发设计、安全监控、设备管理等软件应用服务。充分利用甘肃省“1个枢纽、14个综合窗口、7个产业窗口”的中小企业公共服务平台网络，引导和鼓励创客空间、开源社区、社会实验室等新兴众创空间加入服务平台，高效配置社会创新资源，为中小微企业提供个性化服务。

四是推进全省两化深度融合。推进全省两化深度融合。实施两化融合管理体系贯标和评估工程，选择重点行业、典型企业开展企业两化融合管理体系贯标，帮助企业建立先进的两化融合管理机制，全面推动两化融合管理体系在企业贯彻实施，力争10～20家企业通过国家评定。分行业、分领域总结提炼两化融合经验和做法，开展示范推广，开展区域两化融合发展水平评估，指导各地科学推进两化深度融合。在规模以上工业企业持续开展两化融合整体性评估，以评估找差距、促对标，每年组织不少于200家规模以上工业企业参加评估，为政府精准施策、机构精准服务、企业精准决策提供支撑。

五是加快新一代信息技术应用示范。推动物联网技术在安防、交通和物流领域率先示范应用，并逐步拓展。推动云计算、大数据等新一代信息技术应用，协调推进中国移动集团、中国电信集团兰州新区集团级数据中心、省广电网络公司与阿里巴巴集团云计算中心等项目建设，扶持兰州新区大数据产业加快发展。推动三网融合工作，推进集成播控平台与电信传输系统之间的“双计费、双认证”的对接，推进集成播控平台与央视总平台之间的对接，进一步加强广电网络建设。

六是做好丝绸之路（敦煌）国际文化博览会信息保障工作。组建甘肃省敦煌文博会信息化保障工作领导小组和专家委员会，研究部署文博会信息基础设施建设保障相关工作，协调解决问题和困难。根据《〈中国制造2025〉甘肃行动纲要》对信息化及信息产业骨干企业重点扶持资金3700万元，通过项目资金引导，优化产业结构，提升发展质量，带动产业快速发展。

宁夏回族自治区信息化发展概况

【信息化发展现状】

“十二五”时期，宁夏回族自治区党委、政府高度重视信息化发展，不断加大统筹推进力度，全区在信息基础设施、信息技术应用等方面有了较大提升。

政务民生信息化水平大幅提升。初步建成了自治区、市、县（区）三级统一的电子政务网络和平台，政务网络基本覆盖各级主要机关事业单位，公共云平台规模达到3000台云服务器，已集中承载了130多个政务民生应用系统。初步建成覆盖全区的人口和地理空间基础信息共享库一期工程，为政府、企业和社会公众提供集中的数据服务。政务、民政等8项云应用系统全面启动，有效推动了政府行政效能和政务服务水平提升。智慧宁夏综合展示中心建成运行，成为国家信息技术和宁夏信息化成果的对外宣传展示窗口。

信息经济持续快速发展。2015年全区信息产业规模达到200亿元，复合增长率超过24%。通信基础设施日益完善，互联网普及率达到49.3%，第四代移动通信（4G）网络基本实现城区无缝覆盖。宁夏中关村科技产业园西部云基地、银川iBi育成中心等产业基地快速发展，亚马逊、中国电信、中国移动、中国联通等国内外一流数据中心相继落户宁夏。信息化与产业融合水平进一步提升，两化融合水平指数达到 53.25，在西部地区处于先进水平。物联网技术在设施农业、节水灌溉等领域积极开展示范应用，有效提升农业生产效率。电子商务快速发展，建成覆盖44%行政村的农村电商服务体系，促进了农村经济转型升级和农民增收致富。

中阿网上丝绸之路开始起步。银川市被列为国家首批电子商务示范和跨境贸易电子商务试点城市，培育了优百贸、丝路通等一批本土跨境贸易电子商务企业，与迪拜等地电商企业开展合作，实现电子产品、服装等30多类商品的中阿跨境网上交易。基本建成涵盖报关、检验检疫、结算等流程的跨境电商综合服务系统，为跨境贸易企业提供一站式通关服务。银川经济技术开发区和中国全球卫星联盟共同设立中阿卫星服务产业示范园，将使宁夏成为中国面向阿拉伯国家提供卫星数据服务的重要节点。

【发展机遇和挑战】

发展机遇。当今世界正在进入信息时代，信息化发展已成为国家战略，我国先后出台了《国务院关于积极推进“互联网+”行动的指导意见》等政策文件，为宁夏信息化发展提供了重大战略机遇。宁夏位于中国版图的几何中心，自古就是丝绸之路的重要驿站，“两区”建设先行先试的政策优势和开放宁夏建设的深入推进，对产业、人才、资金、数据资源的吸引力显著增强，也为跨境电子商务发展搭建了良好的平台。宁夏气候环境优良，地质结构稳定，属于适合“大型或超大型数据中心建设及运营”的3个省份之一，具有发展云计算、大数据等新兴信息产业的天然优势。中卫西部云基地、银川 iBi 育成中心等产业基地发展迅速，为信息化发展提供了强大的动力。随着宁夏经济社会的快速发展，将带来各行业、各领域信息化建设需求和数据量的爆发性增长，为信息化发展提供更加广阔的空间。

存在挑战。一是信息共享水平不高，条块分割、信息孤岛、低水平重复建设等问题仍然突出。二是信息产业规模小，自主创新能力不强，仍处于产业链低端，缺乏高附加值的信息产品。三是大多数企业信息技术应用水平不高，信息技术服务支撑体系有待完善。四是信息化人才十分匮乏，尤其缺乏既懂信息技术又懂业务管理的复合型骨干人才。

【未来总体思路和发展目标】

（一）总体思路

全区信息化发展的总体思路如下：围绕与全国同步全面建成小康社会和融入“一带一路”建设开放宁夏的发展需求，以“云惠宁夏”为统领，坚持“为民便民惠民、促进产业转型、服务对外开放”三个发展理念，聚焦“打造政务民生信息化的宁夏特色、信息经济发展的宁夏品牌、中阿网上丝绸之路的宁夏枢纽”三个发展方向，把宁夏作为一个城市来规划布局，全区“一盘棋”统筹推进信息化发展上水平、上台阶，推进各级政府治理体系和治理能力现代化。

（二）发展目标

1．总体目标

“十三五”时期全区信息化发展的总体目标如下：基本建成与全面小康社会相适应的“云惠宁夏”，实现“全面覆盖、高效便捷，融合发展、创新突破”，各级公务人员在一个窗口协同办公，全区社会公众在一个网站和手机上享受各项公共服务，信息产业成为支柱性产业，并与工业、农业、服务业融合发展，网上丝绸之路在经贸合作、技术交流等领域全面突破。

2．具体目标

（1）形成政务民生信息化的宁夏特色。到 2018 年，政务网络覆盖 90%的机关事业单位，覆盖率达到全国领先水平。建成全区统一的政府服务门户，集成各级部门对社会提供的信息服务，“互联网+政务服务”水平走在全国前列。到 2020 年，实现 80%以上的各级政府服务事项网上办理，政务信息资源共享开放水平显著提高，电子政务与信息产业实现互动发展。

（2）打造信息经济发展的宁夏品牌。到 2018 年，建成 30 万台服务器规模的大数据中心，信息产业规模达 450 亿元，初步形成以云计算、大数据为核心的信息经济格局，争取列入国家大数据综合试验区。到 2020 年，构建高速畅通、覆盖城乡的宽带通信网络体系，固定宽带家庭普及率和移动宽带用户普及率分别达到 75%和 90%。大数据中心规模达 80 万台服务器，信息产业规模达到 700 亿元，宁夏回族自治区成为全国重要的信息网络枢纽、云服务输出地和大数据资源集聚地，信息化有效助推实体经济发展，将宁夏打造成国家大数据北方中心。

（3）构建中阿网上丝绸之路的宁夏枢纽。到 2018 年，基本建成联通中阿的网上信息高速公路，在云设施、云服务、电子商务等信息技术服务领域深入合作，培育 2～3 家有影响力的跨境电商企业。到 2020 年，建成立足宁夏、面向阿盟、辐射全国的中阿网络和信息服务枢纽，在中阿信息、贸易、科技、金融、文化等领域广泛开展交流合作和信息共享，宁夏成为“中国制造”“中国品牌”“中国科技”走向阿拉伯国家和“一带一路”沿线国家的重要载体，形成政治互信、经济融合、文化包容的网上丝绸之路经济带。

新疆生产建设兵团信息化发展概况

2016年，新疆生产建设兵团（以下简称兵团）推动各领域、各行业信息化建设步伐不断加快，信息技术在工业、农业、社会管理等领域得到进一步发展。兵团电子信息制造业和信息技术服务业呈现出快速增长的良好态势，信息传输、软件和信息技术服务业总产值达到37亿元。

【信息基础设施升级提速】

信息基础设施不断优化，现有小区的光纤改造力度不断增强，"连连通电话、通广播电视""宽带兵团"等惠民工程顺利实施，3G、4G网络向基层连队延伸。光纤宽带基本覆盖团场、连队、交通沿线和各类工业园区，通信质量明显提高。2015年年底，城市家庭4Mbps和8Mbps以上宽带接入率分别为98%和80%以上，宽带及视频信息服务进入90%以上的团场连队家庭，团场连队家庭4Mbps及以上宽带接入率达到80%以上，基本实现光纤宽带"连连通"。截至2015年年底，连队家庭平均每百户拥有固定电话56部、移动电话216部，城镇家庭平均每百户拥有固定电话71部、移动电话196部。城镇家用电脑普及率达到70台/百户，连队家用电脑普及率达到47台/百户。相对完备的广播电视传输网络已经形成，广播、电视覆盖率分别达到98.5%和99.5%。部分边境和偏远团场、连队打电话、看电视难问题得到切实解决。截至2015年年底，兵团积极推动与移动、电信、联通战略合作框架协议，在信息基础设施、智慧城市、智慧产业、智慧民生、智慧政务、平安兵团和教育信息化等重点领域实现了突破，为兵团"三化"建设提供了信息化配套支撑，协议签订以来三大运营商累计在兵团投入达121亿元，用于完善信息基础设施，支持兵团城镇化、新型工业化、农业现代化和民生领域信息化建设。

【信息技术应用】

（一）农业领域

围绕全国节水灌溉示范基地、农业机械化推广基地和现代农业示范基地"三大基地"建设，利用互联网整合分散的农业资源，完善新型农业生产经营体系，农业信息基础设施建设取得积极进展，信息资源开发利用取得明显成效，建设了一批农业信息技术应用示范区。农业环境信息获取与解析、农业无线传感网络、精准农业、基于物联网的智能决策系统等信息技术在农业管理、生产经营及农产品流通交易等领域得到广泛应用。目前，兵团已初步构建了以兵团农业局为中心，连接14个师农业管理部门及涉农部门的农业网站集群，部分师、团场逐步搭建了面向职工的农业信息平台，兵团农业网站数量达342家，为职工群众提供了大量的科技、市场、政策等服务信息。2015年4月27日，第八师石河子市召开北斗系统精准农业重大应用示范工程实施方案专家咨询暨项目启动会，该工程将在搭建北斗卫星农机导航与位置服务平台、地基增强系统，部署应用5万套北斗卫星农业应用终端，目前该项目已在14个团场部署了相关应用，开展了北斗导航自动驾驶系统推广和"北斗三农手机"示范应用，建成了1个地基增强系统基站，后续还将在八师

149 团等 5 地同步建设其他北斗基站，将推广 3.5 万部北斗手机终端。农业基础设施建设不断加强，建成高标准农田 916 万亩，约占耕地面积的一半，建成高新节水灌溉面积 1550 万亩、占播种面积的 78%。

（二）工业领域

信息技术改造提升传统产业的步伐不断加快，信息技术向工业领域全面渗透，产业协同能力逐步增强，企业研发设计创新能力、生产集约化和管理现代化水平进一步提升，工业发展质量和效益不断改善。以建设兵团工业云中心为切入点，积极搭建资源信息共享的公共服务平台，推动建设兵团工业云数据中心一期工程，目前，调试完成了 300 台云主机组成的高性能云服务器集群，具有 20 万亿次计算能力和 10Gbps 网络带宽，可为 500 多家企事业单位提供云计算服务。信息技术改造提升传统产业的步伐不断加快，信息技术向工业领域全面渗透，产业协同能力逐步增强，企业研发设计创新能力、生产集约化和管理现代化水平进一步提升，工业发展质量和效益不断改善。兵团信息化发展专项资金，共为 15 家企事业单位提供 1000 万元的信息化发展项目资金支持。天山铝业有限责任公司被评为两化融合管理体系试点企业。

（三）服务业领域

软件和信息技术服务业得到快速发展。据不完全统计，2016 年度兵团信息技术服务业营业收入合计达到 17441.21 万元，从业人员达到 175 人，较上年同期的 5096.53 万元和 156 人相比有较大水平的提高。发挥云计算等综合服务平台对信息化和电子信息产业的辐射带动作用，中国互联网协会和石河子市人民政府共同举办了以“互联共享、智慧石城”为主题的 2015 年第十四届中国互联网大会石河子专场，阿里云计算有限公司、中国电子科技集团五十四所分别与八师石河子市、兵云信息技术有限公司、兵团供销合作社签署了战略性框架合作协议。与中国电子科技集团、中国航天科技集团公司签署战略合作协议，在智慧城市、智慧园区、智慧农业、卫星技术应用、高端装备制造及公共安全等领域开展全面合作，同时加强人才交流和技术合作，共同促进产学研成果在兵团落地转化。

【电子政务建设成效显著】

兵团电子政务机房通过基础环境资源整合共享，节省了大量的机房建设资金和建筑空间。统一的兵团电子政务内、外网络全部建成并投入使用，上连国家，向下连接 14 个师、176 个团场，横向连通所有政务部门，并支持连队、社区 VPN 接入和移动办公接入。国家部委和兵团各部门近 30 个业务专网接入统一网络。组织部建设了“兵团组织人事工作专网”，并依托内网门户网站建成了“组织人事文件信息库”和“组织人事工作信息库”，成为兵、师两级组织人事部门发布信息、交流情况、传输公文的重要渠道。农业局建设了农情上报系统，实现了对全兵团农情数据的汇总、分析，为农业生产提供了决策支持。水利局在各主要灌区建立了农田水情自动测报系统，实现了对灌区防洪、引蓄、灌溉、配水、水资源的科学利用和水利工程的有效管理。国土局建设的集网上办公、业务审批和图形分析于一体的综合电子政务系统，成为推进转变兵团国土资源管理方式、规范各项业务流程、提高公文审批速度和用地审批效率必不可少的工具和管理手段。财务局的财务电算化系统，显著提高了兵、师、团三级财务管理水平。公安局的“金盾”系统通达 14 个师、全部垦区及大部分团场派出所，实现了网上案件会诊、在逃人员指纹识别等多项新型业务功能，保障了社会稳定和公共安全。兵团机关部门政务网站集约化建站率达到 92%，28 个部门的行政审批事项全部上网公开，司法局、质监局等 15 个部门的行政审批事项通过办事指南、办事流程、表格下载等形式向社会提供网上服务。

【社会及城镇信息化建设深入推进】

“智慧城市”“智慧团场”“智慧社区”建设进程进一步加快，覆盖公共场所重点部位的社会治安综合防控体系深入推进，平安创建活动全面展开。卫生局的远程会诊系统实现了与石河子医学院及 23 个师、团医院、新疆医学院、解放军 302

医院等医院的远程会诊、运程手术、远程病理等功能。教育局以宽带网络“校校通”、优质资源“班班通”和网络学习空间“人人通”，以及教育资源公共服务平台、教育管理公共服务平台为内容的“三通两平台”建设深入推进。人社局建设的兵师两级集中统一的劳动就业和社会保险系统实现了劳动业务和社会保障业务的集中办理及信息的互联互通，劳动保障门户网站和兵团 12333 劳动保障电话咨询服务平台，在向职工群众提供医疗保险、劳动就业和职业技能培训等公共服务方面发挥了积极作用。交通局建设了兵、师、企三级安全监控管理平台，实现了兵团营运车辆联网联控。长途班线、旅游和危货车辆安装了GPS车载设备，形成了“数据共享、分级监管、层层负责”的监管模式，在预防和减少运输行车事故方面发挥了重要作用。八师养老、医疗保障信息系统已覆盖全部社区、医疗机构，实现了养老金、医保、住院结算的社会化、网络化发放。社会治安监控系统在团场全面推开，团场发案率明显下降。城市信息化进程加快，“数字一师阿拉尔市”建设深入推进，无线宽带网络覆盖阿拉尔市城区和 15 个团场（镇），4G 网络实现阿拉尔市全覆盖。六师五家渠市“12319”城管热线实现了对市政管理信息资源的有效整合和利用，提升了城市和社区综合管理水平。

【网络与信息安全保障体系不断完善】

各级各部门网络与信息安全意识不断增强，安全管理体制逐步完善，网络信息安全责任制进一步落实。网络信息安全基础设施重大工程建设深入推进，建设了兵团电子政务外网安全管理中心和兵团政务信息安全传输平台等信息安全基础设施，基础信息网络和重要信息系统的安全防护水平得到进一步提升。开展了基础信息网络和重要信息系统等级保护安全定级工作。基础信息网络和重要信息系统的主管运营单位建立健全了网络管理、信息发布审核、应急处置等制度，强化了病毒检测、漏洞扫描、安全审计等技术防范措施。实施了网吧专项整治、打击淫秽色情网站等专项行动。定期开展对基础网络和重要信息系统的信息安全检查。对兵团辖区互联网网站进行监测，及时通报整改，有效遏制了网络病毒的传播。国产信息技术产品和信息安全产品使用率普遍提高，党政机关终端计算机的国产化率达到 60%，信息安全软硬件产品国产化率达到 95%以上。全兵团网络与信息安全态势总体平稳可控，未发生重大网络与信息安全事件，为维护国家安全与社会稳定，保障和促进信息化健康发展发挥了重要作用。

【信息化基础工作】

（一）政策研究

2015 年兵团工信委联合发展改革委等 5 个部门印发了《加快推进兵团通信基站塔台建设的意见》，进一步提升兵团信息基础设施建设水平。制定出台了《新疆生产建设兵团信息化和工业化融合示范区认定办法（试行）》，编制了《新疆生产建设兵团信息化第十三个五年规划》等一系列文件。

（二）信息化培训

两化融合培训工作逐步深入，兵团依托石河子大学召开了两化融合培训班，邀请两化融合方向的专家与各师分管领导和企业代表就如何实施企业信息化、开展两化融合自评估、推进两化融合管理工作进行了探讨。每年两次的全国计算机与软件资格考试和全国信息技术水平考试如期完成，石河子大学、塔里木大学为社会培养了一批实用信息技术人才。各类应试教育、职业教育和继续再教育工作广泛深入开展，促进了兵团全民信息能力的提升。

【行业管理】

全年开展了计算机信息系统集成资质、信息系统集成高级项目经理、信息系统集成项目经理资质延续换证工作的年检换证工作；积极开展两化融合试点示范企业申报工作，完成了 3 家集成企业、3 家监理企业；完成了 1 批次 1 家软件企业的审核公示、3 批次 6 个软件产品的审核公示工作。兵团设立了信息化发展专项资金，2015 年共为 15 家企业、团场提供了总计 1000 万元的资金支持。

大连市信息化发展概况

【城市智慧化建设】

大连市智慧城市建设工作获得广泛认可。2015年11月份获得了国家信息中心和IDG（国际数据集团）颁发的中国领军智慧城市奖；历经两年国家信息消费试点城市建设，经过国家组织的评估工作，大连市最终入选成为国家信息消费示范城市，并在国内25个示范城市中综合排名第3位。目前，大连市智慧城市建设体系日趋成熟。

（一）政策体制进一步完善

针对智慧城市建设中迫切需要解决的问题，2015年大连市政府出台了《关于进一步推进城市智慧化建设工作的意见》，在顶层设计、信息基础设施建设、资源共享、管理机制等方面提出了明确的政策措施。

（二）建设路径逐步清晰

启动智慧城市顶层设计工作，重点推进电子政务云数据中心和法人数据库建设。与腾讯、阿里、华为、中兴、华录等国内知名企业成功签订智慧城市建设相关领域的战略合作框架协议，引进优势企业资源落地大连，积极按照国家倡导的政府与社会资本合作模式开展智慧化建设。

（三）信息基础设施水平加速提升

到2015年年底，全市主城区家庭光纤入户改造工作全面完成，农村地区新建小区家庭光纤宽带网络全部接入覆盖，老旧小区持续进行光纤入户改造工程。建成4G基站7000余个，4G用户数达287万户，主城区、各区县城区，以及所有高铁路段已实现4G信号全覆盖。大连市超级计算中心正式启用，依托大连理工大学高性能计算平台建设，计算能力达到350万亿次，性能居于国内一流、东北前列。

（四）区市县智慧城市建设稳步推进

西岗区率先完成人口、法人单位和地理信息三大数据库建设，实现全区地理信息资源的统一管理和综合分析应用；沙河口区建成大连首个空间三维地理信息系统，荣获中国地理信息产业最高级别奖项“中国地理信息产业优秀工程金奖”；高新园区设立华为软件云服务创新中心，华为软件云服务平台近期将上线运行，大连中小软件企业可以花费较低成本用上国际一流的专业软件开发平台；长兴岛经济区建设了经济运行分析系统和企业信息数据库，实现了对企业动态管理；花园口经济区实现了全区100%政府部门上网，100%部门办公信息化。

（五）智慧化应用建设取得成效

大连市在民生服务和公共管理方面积极开展智慧化应用探索和实践，取得成效。

城市服务入口是通过微信将分散的民生服务集合到一起，成为手机里一站式、全天候的民生服务大厅。腾讯公司与大连市政府开展战略合作，大连腾讯新闻客户端民生频道于2015年12月18日正式开通，已接入“反诈骗查询”“市内拥挤查询”“医院预约挂号”“交通出行”“生活服务”“天气查询”“民生投诉”等10余项服务，成为东北地区首个接入腾讯新闻客户端民生服务的城市。大连微信城市服务入口即将在2015年12月底开通，届时将接入“发票查询”“旅游订票”“大连港船票”“水电煤缴费”“天途有线查询缴费”“明珠卡充值消费网点查询”“预约挂号”“天气查询”“交通查询”等服务。市民办事可以足不出户，动动手指即可随时随地完成政府相关机构提供的各类业务办理，以最简单的方式享受智慧生活。

“社区电子商城”项目在全市社区投入“樱桃奶牛”自助网购设备达到100台，正式运行社区线上商城60个，拥有食品百货商品近5000种，面向社区居民提供线上线下相结合的产品订购和安全便捷的取送货服务，实现年销售额3600万元。

便民服务支付网络建设不断完善，“全民付”便民缴费项目已在全市布放自助缴费终端1243台，2015年实现交易3.67万笔，交易金额693.87万元，市民可以通过商业银行网点、互联网、手机银行、“大连全民付”便民缴费终端等完成水、电、煤气、采暖、有线电视、交通罚款、话费充值等十多项缴费和信息业务。

移动金融健康发展，金融IC卡非接受理环境持续改善，截至2015年10月，金融机构和银联商务共布放POS终端82195台，全部能够受理金融IC卡，其中支持非接触的POS终端有36295台。公交行业受理金融IC卡业务取得突破，开发区15条公交线路470辆公交车安装金融IC卡受理设备，开通金融IC卡、手机支付乘车服务，目前已发生交易410万笔，覆盖人群100万余人。2015年5月，中国银联大连分公司与大连市国有资源和中车集团正式签定地铁受理金融IC卡业务合作协议，年底前实现项目投产。

社区智慧化便民服务试点达到20个，在推动社区电商、数字家庭等新技术应用、创新社区管理和便民服务手段方面做出了探索和表率，促进了智慧社区建设。

大连智慧城市市民体验中心及大连联通行业应用、供热物联网、夕阳红智慧养老、有线智能应用、中国华录智慧交通和平安城市、电信政企业务6家体验分中心正式启动，成为本地企业在智慧城市建设领域的综合性科技展示平台和自助式市民体验中心。截至目前，各体验中心共接待参观人次达3万余人。

启动建设全国首个城市级智慧商圈项目。项目采用“政府支持+企业市场化运作”的创新合作模式，由企业进行投资、建设、运营，通过互联网模式实现社会及经济效益。已部署无线AP设备5000多个，开通大连商场、新玛特总店、胜利广场、佳兆业广场、时代广场、福佳新天地等30多家大型商场、超市Wi-Fi网络覆盖并正向学校、医院等场所拓展延伸，综合运用云计算、大数据分析、移动互联网、Wi-Fi室内定位等最新的信息技术，开发完成大连市统一智慧商圈应用服务平台和大数据分析平台，为顾客提供的商圈服务APP“城市汇”的活跃用户数超过20万人。

“易居宝”房屋置换公共交易平台作为智慧房产领域的重点建设项目，网站日访问量超过3000人次，成交套数达700余套，累计成交金额4.9亿元。

智慧教育建设，大连市招生考试系统投入使用，初升高招生考试的报送、阅卷、查询等环节全部实现网络化，目前共约10万考生在系统内完成报考、查询等环节，系统在线人数峰值为2.7万人，日访问量突破20万人次。

智慧卫生建设，居民健康卡累计发卡17万张，16家医院实现用卡环境。70余家基层医疗单位实现远程影像会诊，100余家基层医疗单位实现远程心电会诊，有效加强了基层医疗单位医疗服务能力，促进优质医疗资源共享和医疗服务均等化，有效缓解了群众看病难题。“健康大连”微信预约平台上线运行，19家医疗机构的1512位医生信息供市民随时预约挂号，缓解了患者“看病难、挂号难”问题。

智慧农业建设，金州新区好地农业园区的40栋温室开展农业物联网技术示范，对蔬菜和花卉作物温室环境参数进行自动调控和远程控制，实现视频监控远程可视化管理，提升了农业生产过程智能化水平。开展动物卫生监管信息化建设，覆盖全市动物卫生监督机构、动物卫生监督检查站、饲养场、屠宰场、隔离场等监管场所，建立集视频监控、GPS跟踪定位、动物卫生监督业务管理为一体的网络管理平台，实现对动物和动物产品全程可追溯管理。

智慧口岸建设，“单一窗口”项目上线运行，货物申报及验放信息共享、船舶进出口岸联网核放、舱单申报与跨部门共享、通关状态综合信息查询4个项目在辽宁口岸实现全面推广，企业可以减少几十项数据的重复录入，申报效率提高50%以上，录入人工成本减少约1/3。

智慧旅游建设，大连老虎滩海洋公园、圣亚海洋世界等8家试点景区实现门票电子化和年票电子化，实现智能管理。大连旅游网建立起基于云平台的全新网站集群体系。

智慧药监建设，完成全市药械基础数据采集，建成基础数据库，全面实现数据化管理。系统中现有3765家药房数据、47条药品生产企业数据、61条药品批发企业数据、98条器械生产企业数据、1005条器械经营企业数据及14179条药学技术人员数据等，成为全市医疗大数据的重要基础之一。

智慧金融建设，"金融监管评价系统"于2016年5月正式投入使用，可以对银行风险管控态势的变化实施追踪和监测，整合形成监管大数据资源进行综合分析，实现全流程监督管控和重点指标自动预警，强化了银行机构对监管政策的执行力，增强金融风险防控针对性和有效性。

大连市在国内率先开展工业锅炉在线监测工作，利用物联网技术，实时记录并远程监视锅炉的运行情况，掌握和实现锅炉的安全经济运行。目前，已有21台工业锅炉实施了在线实时监测，近期即将有200台锅炉纳入监测范围。

完善地理信息公共平台建设，目前已经与建委、城建、环保、公安、土地储备、农委、劳动监察、教育、医疗等多部门合作开发了多个应用示范系统，截至2015年11月，基于平台的已建、在建应用系统近30个，有效解决了各部门地理信息资源开发应用中技术难度大、开发成本高、周期长和重复建设等问题，促进了各部门地理信息资源共享和应用，为政府和公众提供了优质的空间地理信息服务。

流通领域商品质量信息库系统建设不断丰富完善。公众可以登录该系统查询近年来抽检的21个大类46个品种23000余条商品质量信息，包括商品的生产经营单位、品牌、规格型号、质量状况、检测项目、不合格项及消费提示等内容。引导消费者科学、理性、安全消费，督促经营者加强自律，诚信、守法经营。

【两化融合工作】

（一）积极推进两化融合管理体系试点工作

大机床、美罗药业等9家企业成为国家第二批两化融合管理体系贯标试点企业；华录集团等7家企业成为辽宁省两化融合管理体系贯标首批试点企业；大连华锐重工、电力公司两家企业完成了国家首批试点企业贯标认定工作，并被评为辽宁省两化融合体系优秀案例。

（二）深入开展百户企业信息化应用示范工程建设

在大连市两化融合示范企业中开展互联网与工业融合创新试点工作，推动数字化车间、物联网应用等项目实施。奇瑞、华阳密封、大冶轴、一汽大柴、美罗药业、大众一汽发动机等企业，正在向两化融合集成创新发展，智慧工厂、数字化车间雏形基本形成。其中，一汽大柴基于RFID技术的单品刀具全生命周期管理系统，在国内装备制造业刀具管理中首次应用，具有巨大的推广价值，同时将带动大连高端RFID芯片制造产业；美罗药业设备智能管控系统、獐子岛智能海洋牧场监控等项目的技术应用水平在国内同行业领先；奇瑞汽车的智能制造应用，使得生产效率及生产平衡最大化，实现整车直行率提升5%以上，日产量提升30%。大冶轴的数字化工厂建设，使工艺设计效率提高80%，准确性平均提高10%，年可节约轴承钢原材料200万元。

（三）大力发展工业电子商务平台建设

中国轴承交易平台、设备时代网、中国方舟、大连服装纺织电子商务集成式公共服务平台等一批工业企业公共服务平台陆续上线运行。中国轴承交易平台目前注册会员2000余家，瓦房店轴承产业集群内的大型轴承企业均已入驻平台，长期活跃交易用户占比70%以上，累计交易额已突破亿元大关。设备时代网、中国方舟等平台发挥专业化人才和资源优势，为企业"走出去"搭建多渠道跨境电商服务平台，帮助中小企业破解国际贸易人才缺乏、规则不熟、经验不足等诸多共性难题，降低国际交易成本，引领企业进入国际市场竞争。

宁波市信息化发展概况

2015年，宁波全面落实国务院、省政府建设智慧城市、发展信息经济的战略部署，落实市委市政府“六个加快”战略部署，完善通信基础设施，推进信息资源整合共享，深入推进智慧城市重大应用体系建设，加快培育信息经济新产业、新业态、新模式，优化发展环境，智慧城市建设取得了良好的成效。获得了中国领军智慧城市、智慧城市示范领先奖、优秀信息惠民试点城市和2015年中国十大智慧城市等荣誉。

【网络基础设施建设持续完善】

坚持“适度超前、集约建设”的原则，大力推进光网城市、无线城市等通信网络基础设施建设，积极推动4G移动网络及下一代互联网应用建设，智慧城市网络基础设施建设取得较好成效。

一是“宽带中国”指标提前超额完成。截至2015年年底，全市光网覆盖扩大至334万户，光网覆盖率达到95%以上。城区和农村平均接入能力分别达50Mbps和20 Mbps，互联网宽带接入用户达390万户，互联网城域出口带宽2930Gbps，通信网络基础设施走在全国前列。新开通电信、移动、联通国际互联网出口直达专用通道，三家带宽总和达到140Gbps。移动电话用户数为1430万户，开通使用移动数据业务的用户数为955万户，3G用户数为517万户，4G用户数为438万户。

二是4G移动网络建设快速推进。2015年中国电信4G网建设项目、宁波移动TD-LTE和TD-SCDMA项目及宁波联通无线网扩容工程顺利推进，累计开通4G站点13300多个，实现乡镇以上城镇区域4G网全覆盖。完成全市移动通信基站铁塔统一建设管理工作，市铁塔公司共接收10800座铁塔和新建1600座铁塔。

三是全市公共场所免费Wi-Fi上网覆盖范围持续扩大。2015年年底，全市公共场所免费Wi-Fi热点数量达到1580个，AP达到12231个，基本覆盖县级及以上中心城区的火车（汽车）站、机场、地铁、医疗机构、图书馆、行政服务办事大厅、公园、广场、热点旅游景区等公共场所和区域。接入iNingbo平台统一运营的热点626个，AP5361个，平台注册用户累计达94万户，平均每天访问量超过7万人次。

【政务资源整合共享持续深化】

2015年坚持以构建“上下贯通、左右衔接、互联互通、信息共享、互为支撑”的全市政务数据整合共享开放支撑体系为目标，统筹推进宁波市政务云计算中心、统一数据共享机制建设，积极推动大数据发展战略，不断提升全市政务资源整合共享水平。

一是市政务云计算中心的服务效能逐步提升。2015年中心为30家单位的82个大型跨部门的综合信息化系统（省政府服务网平台、地理信息共享服务平台、基层社会管理服务系统等）提供基础支撑服务。此外，市政务云计算中心（大数据）管理办公室的成立和《宁波市政务云计算中心服务指南》的发布，进一步保障了政务云的统一支撑和政务数据共享。

二是统一数据共享机制逐步建立。依托市政务云计算中心，全市基本形成“政务数据统一部署，基础数据统一集聚，应用数据初步挖掘，主题数据跨地区、跨部门、跨层级共享”的政务数据生态体系。截至2015年年底，中心汇聚了15个单位共计2858万多条数据，并通过部门专题应用库的方式，为各部门提供快捷高效的数据共享服务。

三是大数据发展战略布局谋划。启动了中国工程院2015年重点咨询研究项目《宁波城市大数据研究》并取得了阶段性研究成果，对加快推进大数据发展提供了理论支撑。开展了《宁波市促进大数据发展实施意见》和《大数据发展三年行动计划》的研究制定工作，初步明确了宁波市大数据发展的指导思想、目标和主要任务。

【智慧应用体系建设持续深入】

遵循“试点先行、示范带动、稳步推进”的思路，围绕解决经济转型升级、城市管理服务创新和民生改善等重难点问题，2015年持续推进智慧城市重大应用体系建设。同时，积极引导各县（市）区结合自身特色，开展智慧城市试点探索，带动社会各领域的智慧应用。

一是民生服务和城市管理领域重点智慧应用建设取得新进展。智慧健康保障体系基本建成覆盖全市的医疗卫生信息网络，完成了县、市两级区域卫生信息平台的数据交换共享，公众健康服务平台功能逐步完善。2015年宁波市预约挂号平台预约挂号总量498万多人次，累计共建685万份居民电子健康档案。国内首家云医院成功上线，开设云诊室11个，线上注册云医生近400名。智慧交通方面交通运输综合智慧中心一期项目建设启动，统筹推进交通出行、交通感知、运行调控等交通服务体系建设；城市公交、地铁、出租、自行车等立体公共交通出行信息服务体系不断完善，其中宁波通总用户量达91万，累计下载量达228万余次，高位视频和智能停车诱导等项目相继建成。智慧教育方面数字化学习平台、终身教育平台和人人通平台等整合完成，建成统一资源（数据）中心，形成宁波教育资源池。宁波教育门户与学习平台正式运行，日均点击量近4万次，上传优质资源10万余个，初步实现全市优质教育资源的整合共享。智慧城管全大市统一平台加速推进，系统功能全面提升；“宁波城管信息网”正式上线，整合行业管理信息资源；智慧城管平台全年解决（处置）完成769664件城市管理问题，解决（处置）率达99.68%。

二是跨部门、跨领域的融合应用试点取得新突破。基层治理方面基层社会服务管理综合信息系统启动建设，并在海曙区望春街道和镇海区庄市街道开展先期试点，通过基层社会各类综合服务管理事件流转、处置、智能研判和科学决策流程的建立实现基层治理网格化、扁平化和协同化。市民卡应用范围不断拓展，从市6区延伸到8个县市区；基本实现在轨道交通、市区出租车、公交车、市6区公共自行车、无轨电车及停车场等交通领域的推广应用；初步实现在全市70余家医院和9所学校的试点应用。

三是县域特色的试点项目初显成效。海曙区试点建设政务开放平台，以政务信息资源中心为基础数据源，实现可开放的地理信息、信用信息、人口统计信息等专题应用。截至2015年年底，开放数据涉及17个大类，188个分类，数据总量超过21万条数据。镇海区智慧水务创新智慧城市项目建设模式，采用PPP模式，由智慧城市运营科技公司建设运营，整合相关部门水资源信息，初步实现水务综合管理和公共服务。此外，鄞州区的统一视频资源中心项目、梅山保税区港区信息基础设施共建共享项目、江东智慧养老试点成效明显。

【信息经济发展水平持续提升】

坚持创新驱动，着力推进智慧应用和智慧产业互动发展，逐步推广新型工业云服务平台，推动两化深度融合，加速新技术、新产业、新模式和新业态的培育，加快产业集聚发展，2015年宁波市信息经济发展水平持续提高。

一是信息产业快速发展。宁波市2015年规模以上电子信息制造业企业累计完成工业总产值1616.76亿元。集成电路重大项目推进进程顺利，宁波市首家集成电路平台公司——宁波胜芯电子科技有限公司成立。舜宇集团有限公司和宁波均胜电子股份有限公司被工信部评为2015年全国电子信息百强企业。软件产业全年实现业务收入380.8亿元，同比增长26.36%。宁波理工监测科技股份有限公司在深交所上市，宁波云朵网络科技股份有限公司等7家公司成功上市新三板；宁波中青华云新媒体科技有限公司被评为浙江省大数据产业第一批应用示范企业。

二是智能装备产业能级和集聚度逐步提升。拥有海天集团等一批具有国际竞争力、产值超50亿元的龙头骨干企业，在国内外细分市场的占有率达到第一。技术攻关成果丰硕，宁波南车时代传感技术有限公司铁路专用基础配件关键传感器、宁波伟立机器人科技有限公司超高速超精密全伺服机器人等多个项目被列入国家重点新产品和科技支撑计划。产业集聚初具雏形，余姚“千人计划”产业园机器人专业园、北仑智能装备研发园等智能装备产业集聚区建设加速推进，宁波智能可穿戴设备产业基地运营公司——东软熙康（宁波）智能可穿戴设备有限公司成立，基地筹建工作正式启动。

三是新型工业云服务平台逐步推广。智能家电物联网创新云平台覆盖范围不断扩大，已为宁波市近70家小家电生产企业提供创新支持，并与阿里、腾讯、海尔等知名企业达成合作意向，将联合成立一期1亿元的智能家电创业投资基金。宁波市中小企业信息化云服务平台上线企业数量合计525家。纺织服装创新线上云平台完成初步建设，实现注册纺织服装企业140余家，线下的基于O2O的时尚众创空间也即将在宁波开设。阿里巴巴、腾讯、网易等互联网巨头与宁波市政府成功签约，航天科工集团、新松机器人等成功落户。

四是电子商务蓬勃发展。2015年全市网络零售额达703.94亿元，同比增长59.72%。江北区、海曙区电子商务园入驻企业达到1200余家，注册资金达80亿元，产业集聚效应明显。成功获批设立跨境电子商务综合试验区，2015年跨境电商试点业务进出口总额为81.4亿元，全市两万多家外贸企业中有90%以上企业利用互联网开展商务活动，位居全国前列。

【发展环境持续优化】

着重在智慧城市建设中完善政策规划，创新体制机制，开展国内外交流合作，2015年智慧城市发展环境不断优化。

积极谋划五年规划及三年行动计划。《关于加快发展信息经济的实施意见》正式出台，明确了全市信息经济发展的目标、任务、重大工程及保障措施。《宁波市智慧城市建设“十三五”规划》《宁波市信息经济发展“十三五”规划》《宁波市智慧城市三年行动计划》《宁波市信息经济三年行动计划》已基本完成送审稿。

不断创新机制，增强工作合力。智慧城市建设理念日益深入人心，组织领导机制及市县两级统筹协调的推进工作机制不断完善，工作合力日益增强。智慧城市重大项目统筹设计和协调推进力度进一步加大，资金统筹机制和科学管理机制得到确立。决策咨询、政策扶持、考核评价、宣传培训等一系列配套机制逐步健全。

充分发挥智博会合作交流的平台效应。第五届中国智慧城市技术与应用产品博览会成功举办，互联网+制造、智慧家居及可穿戴设备、智慧教育、智慧金融、智慧健康等10大主题展区，集中展出了智慧城市的新技术、新应用、新成果，参观人数达6.6万余人次，近300家企业精彩亮相，其中包括10余家世界500强企业、50余家上市企业和近40家软件百强企业，展会同期举办了“互联网+产业创新发展”主题的1个高峰论坛和10个高层论坛，共有28个智慧项目签约，总投资额超70亿元。

济南市信息化发展概况

2015年济南市深入贯彻党的十八大和十八届三中、四中、五中全会精神，围绕“打造四个中心，建设现代泉城”总目标，加快智慧泉城建设，大力推进两化融合，落实“互联网+”行动计划，信息产业平稳增长，信息基础设施建设和网络安全稳步推进，信息化各项工作取得显著成效。

【智慧泉城建设取得积极进展】

2015年1月，由国际电信联盟和新华社担任指导单位，新华网与工信部电子科技情报所发布《中国国际智慧城市发展蓝皮书（2014）》和中国智慧城市百强排名，济南市位列北京、上海、深圳、广州、重庆之后，排名第6。

2015年4月，济南章丘市入选住建部第三批智慧城市试点名单，济南市智慧城市建设又添生力军。

2015年5月国家信息中心发布《中国信息社会发展报告 2015》，济南市已进入信息社会初级阶段，在省会城市中排名第6。

历下区智慧泉城试验示范区建设进展顺利，济南政务云计算中心功能继续加强和完善，历下区、天桥区智慧社区、智慧民生、免费 Wi-Fi 等建设成效显著，已建成公共区域无线免费 Wi-Fi 热点约两万个，爱济南、爱历下、公交车等免费 Wi-Fi 方便了市民无线上网。市信息化领导小组办公室命名10项“智慧泉城”示范工程。

“智慧泉城”总体规划及顶层设计编制工作启动，“智慧历下”总体规划编制也同时展开，槐荫区、平阴县、济阳县也启动智慧城市规划编制工作。

【政务云中心集约化建设成效凸显】

2015 年，济南政务云中心新增云服务应用 100 多个，为市基础地理信息公共服务平台、政法综治平台、停车管理系统、国土资源网上交易系统、市地下管线综合管理信息系统、市政务服务行政审批系统、市大气污染防治监督监察系统等重大项目提供了全面支撑，取得了良好的效果。政务云中心集约化建设成效凸显，70%以上的市级部门现有系统实现了集中管理，市级 70%以上的新建项目依托政务云中心建设运行，建设和运行成本降低约 20%以上。

【两化融合深入推进】

2015年，在工信部组织开展的两化融合管理体系贯标试点工作中，在2014年6家试点企业全部通过认定的基础上，济南市又有6家企业入选贯标试点企业。

2015年，在山东省两化融合水平评估工作中，济南市企业成绩稳步提升，综合指数排名第 2。在169家参评企业中，达到创新突破阶段的企业有9家，达到集成提升阶段的企业有16家。

开展工业电商百县行活动，引导工业企业运用电子商务拓展业务，降低经营成本，扩大销售。章丘、商河、平阴、天桥等县市区电商园区建设多点开花，九阳股份、玫德铸造、韩都衣舍等企业网销额实现爆发式增长。

举办多场“两化融合深度”行大型活动，包括机械行业专场、互联网+专场、大数据与智能制造专场、信博会专场等，700 多家企业参会，学习了两化融合最新技术动态和发展趋势，以及利用“互联网+”推动转型升级的经验。

【信息基础设施建设快速推进】

贯彻落实国家、省“宽带中国”战略要求，加快宽带网络基础设施建设和升级，积极推进光纤入户、无线宽带网络建设，全市信息基础设施功能得到进一步提升，信息通信服务保障能力显著增强，建成覆盖城乡的信息高速公路体系，信息通信整体规模和技术水平达到国内先进水平。2015 年电信行业电信业务总量 122.1 亿元，同比增长 9%；电信主营业务收入 71.9 亿元，同比增长 3%。全市移动电话用户 1090.4 万户，同比下降 7%，其中 3G 电话用户 220 万户，4G 电话用户 306.6 万户；固定互联网宽带用户 213.6 万户，同比增长 5%；固定电话用户 165.7 万户，同比下降 6%。中国联通集团将济南确定为全国首个全光纤网络省会城市，目前全市光纤宽带接入网络已全部改造完成，城区家庭网络接入速率达到 20M～100Mbps，商务楼宇具备 100M～1Gbps 接入能力，速率为 20Mbps 以上宽带网络覆盖全部行政村，3G、4G 网络已 100%覆盖市区和县城驻地，全市交通场站、文体场馆、医疗卫生机构等公益服务场所和商业街区、旅游景区等热点区域全部实现无线宽带网络覆盖。三网融合深入推进，平台建设和试点应用不断加强，电信、广电业务实现双向进入。

移动通信基础设施专项规划通过专家评审。根据近年来电信基础设施建设中出现的选址难、建设难、维护难，组织编制移动通信基础设施专项规划。济南铁塔与济南市规划设计研究院于 2015 年 6 月签署了移动通信基础设施专项规划委托合同，启动济南市移动通信基础设施专项规划编制工作，标志着济南市移动通信基础设施规划工作迈上了正轨。2015 年年底该专项规划通过了专家评审，并开始征求相关市直部门的意见。

【网络安全工作稳步开展】

持续开展重要网站安全监测工作。对市直部门的网站和信息发布、互动平台纳入政府部门、县市区政府网站安全运行监测，包括政府网站、市直部门综合政务网站、专题业务网站和公众服务单位等百余个网站，进行网站漏洞、木马和暗链等隐患监测扫描，每月发布网站安全简报，警示有关部门及时修补漏洞。

认真组织网络安全年度检查工作。为贯彻落实《中共山东省委网络安全和信息化领导小组 2015 年工作要点》精神，根据省经信委“关于印发《2015 年全省网络安全检查工作指南》的通知”（鲁经信安〔2015〕532 号）文件要求，进一步促进济南市政府部门及民生服务企事业单位信息系统加强网络安全建设，编制 2015 年全市网络安全检查工作模板，组织政府部门及民生服务企事业单位开展本年度网络安全检查。

组织开展信息安全应急演练培训工作。为加强网络安全能力建设，健全各单位网络安全应急保障体系，掌握信息安全事件的处置方法，组织了各部门、各县市区和公共服务企业信息安全管理职能处科室与信息中心 120 余人参加的信息安全应急响应演练培训，对常见信息安全应急事件发生和处置过程进行模拟演练，讲解常规信息安全应急事件处置工作的内容、流程和方法，解读信息安全国家标准，讲授信息安全应急响应体系知识，指导各单位自行开展信息安全应急演练，增强抵御信息安全攻击和应对信息安全突发事件的能力，有效预防、有序处置政府部门、企事业单位的网络信息系统突发事件，最大限度地减小其危害和损失。

【软件和信息技术服务业持续稳定增长】

2015 年，济南市实现软件业务收入 2050 亿元，增速 17.1%，占全省规模总量的 55%。

骨干企业培育效果显著。全国软件百强企业累计达到 11 家，通过 CMMI 认证企业达到 76 家，通过 ISO 27001 认证企业达到 46 家，省级软件工程技术中心达到55家。自主知识产权产品和技术涵盖基础软件、工业软件、信息安全软件、应用软件和行业综合解决方案等多个环节，形成了大中小企业协同发展、技术产品自主可控的软件产业体系。浪潮集团成为引领中国云计算“走出去”的“领头羊”，在信息基础设施、云中心、大数据及智慧城市等领域开创中美两国企业合作新模式，发布“云腾计划”，实现中国政务云服务市场占有率第一。中创软件连续十年荣获“中国十大创新软件企业”称号，是国内基础软件领域唯一的中间件骨干企业。积成电子获得信息系统安全集成一级服务资质，成为业界少数同时通过信息系统安全集成服务资质一级认证和国家计算机系统集成一级资质认证的明星企业。神思电子在深交所创业板成功上市，发行股票融资2.2亿元，成为济南市第一家创业板上市企业，其智能身份认证终端和行业应用软件的研发、生产、销售与服务均位于国内同行业前列。华天软件三维CAD/CAM已在北汽福田、奇瑞、潍柴动力、华晨、江淮、雷沃重工等企业得到典型应用，有力推动了中国制造业的创新和发展。

【电子信息制造业平稳增长】

2015年，济南市规模以上电子信息制造业企业实现主营业务收入526.71亿元，增长6.97%。

浪潮服务器和海量存储、天岳碳化硅衬底材料、晶正铌酸锂薄膜材料、量子研究院量子通信器件、华芯动态存储器、概伦电子EDA产品、神戎激光夜视仪、华光激光二极管、晶恒肖特基二极管等产品在国内处于领先水平。2015年，浪潮服务器产量增幅45%，已位列全球前5位、中国市场第1位，贡献了2015年全球服务器增量的35.8%。华芯发布了国内首款具有国密算法和自主知识产权的SSD（固态硬盘）主控芯片——HX8800，并联合浪潮集团、山东大学等成立了山东省安全存储产业技术创新战略联盟，共同推动安全存储产业快速发展。山东天岳功能器件用碳化硅衬底生产建设项目形成10万片产能，成功研制出6英寸碳化硅单晶体和衬底产品，成功获批国家级博士后科研工作站。晶正电子两万平方米生产基地7个独立建筑已全部完工，正与国内外大企业和研究机构合作开发基于铌酸锂单晶薄膜材料的元器件产品。

数字家庭示范应用稳步推进，基地聚集效应不断显现。浪潮、九阳、华芯、优加利、诺和诺泰、中讯高科等一批骨干企业不断发展壮大，涌现出浪潮云电视系统、华芯存储芯片、九阳智能小家电、优加利心脏远程监控平台、诺和诺泰健康管理系统、中讯高科智能家居系统等一批在国内占有较高市场份额的自主创新产品。

厦门市信息化发展概况

2015年，在厦门市委、市政府的正确领导下，全市经信系统积极应对严峻复杂的经济形势，牢牢把握新常态特征变化，围绕美丽厦门战略规划，突出创新驱动，加快产业转型升级，较好地完成全年各项任务。规模工业产值累计完成5030.81亿元，同比增长8.1%。工业投资累计完成354.60亿元，同比增长18.7%。软件和信息服务业全年实现业务收入921.85亿元，同比增长23.1%。

物联网行业全年完成产值 137.80 亿元，同比增长 14.3%，累计实现利润 18.42 亿元，同比增长 21.5%。

【全力以赴稳增长】

坚持把稳增长作为全年工作着力点。一是工业增速稳步提升。通过推行抓重点、抓大户，抓变动、抓潜力、抓服务的“五抓”工作法，强化工业经济运行监测，经济运行实现调速不减势、量增质更优。工业表现好于全国、好于同类城市。工业增速在全国 15 个副省级城市中排名位居前列，在沿海外向型较高的深圳、青岛、宁波、大连等同类城市中排名第 1 位。二是加强政策引导支撑。2015 年是本届政府针对工业出台政策最密集的一年。厦门市经信局牵头制定了《厦门市实施〈中国制造 2025〉行动计划》，在全省率先出台了互联网经济政策和大数据发展规划。推动出台了工业稳增长 11 条、加快智能制造发展 10 条、扶持小微企业 8 条、促进卫浴产业发展 6 条、鼓励企业兼并重组等稳增长政策，惠及 2000 多家（次）企业单位。举办近 30 场惠企政策“进基层、园区、企业”宣传活动，争取国家、省补助资金近 10 亿元，争取中央建设资金 35 亿元，安排市级财政资金 6.75 亿元，带动上百亿元投资。三是推动增资扩产。2015 年，厦门市工业投资连续 9 个月增速逾 20%。工业技术改造投资占工业投资比重七成以上。策划引进了中国华录、中国电子、中兴通信、中国赛宝等一批国内龙头企业项目。建成全国最大 LED 外延芯片制造基地。联芯项目、天马微电子二期、电气硝子、ABB 工业中心、开发晶等一批省市重点工业项目稳步推进，累计完成投资 366.15 亿元，完成计划的 106.86%。

【加快产业转型升级】

制造业质量竞争力指数达 88.99，创历史新高。一是企业技术创新能力持续提升。加快培育完善以市场为导向、企业为主体、利益为纽带的产学研协同创新体系。2015 年新增国家技术创新示范企业 1 家、国家级企业技术中心 2 家、国家级工业设计中心 3 家、省级工业设计中心 2 家、省级企业技术中心 4 家、市级企业技术中心 13 家。二是企业产品竞争力进一步增强。11 家企业 24 项目累计投资 4.32 亿实施“机器换工”。卫浴行业通过智能改造节约人力 20%，提高功效 6～9 倍，食品、烟草等行业通过应用机器人码垛机及自动化立体货架仓库，大幅提高产出效率。深入实施质量强市战略。2015 年新增中国驰名商标 5 件、省著名商标 71 件、市著名商标 86 件、省名牌产品 89 家 103 项。三是两化深度融合拓展。2015 年，5 家首批工信部两化融合贯标试点企业通过达标认定，新增 8 家工信部第二批两化融合贯标试点企业。推动成立了“厦门市首席信息官（CIO）协会”，成功举办“2015 年海峡工业设计大奖赛”和“中国（厦门）国际物联网博览会暨高峰论坛”。四是区域产业合作取得突破。厦门龙岩山海协作经济区首期 623 亩启动区开发建设顺利。厦门泉州（安溪）经济合作区获省政府批准。目前，湖里园 8.2 万平方米标准厂房已完成单体预验收和用电验收，规划道路完成工程量的 90%，6 家企业签约入驻。思明园 7.8 万平方米通用厂房已全部封顶并开始落架，2 家企业签约入驻。

【加速壮大软件信息产业】

一是软件产业规模持续壮大。2015 年全市软件和信息服务业收入已突破 900 亿元。中小软件企业对接资本市场能力增强，13 家软件企业在新三板挂牌。成功举办第八届厦门国际动漫节，持续提升动漫游戏产业发展的营商环境。二是形成一批“名企”、“名园”。三五互联等 3 家企业入选中国互联网企业百强，四三九九入围全国软件企业综合竞争力百强。软件园二期获“软件和信息技术服务业骨干软件园区（第 7 名）”“中国金软件金服务方案商最信赖的产业园区”“2015 年中国 IT 服务最佳产业园区奖”。三是信息资源整合共享国内领先。荣获“中国智慧治理领军城市”称号，统一实名认证服务平台荣获 2015 年微信城市服务最佳实践奖。“积分入学系统”社会综合效益达 2500 万元。

【扶持中小微企业健康成长】

一是中小微企业创业创新活力充分激发。2015 年，厦门市获批小微企业创业创新基地城市示范。成立双创联盟，举办小微企业创业创新大赛，认定 5 家市小微企业创业示范基地，其中 2 家入选首批国家创业创新示范基地。认定 40 家专精特新小微企业，新增 343 家厦门市成长型中小微企业。二是融资支持持续深入。全面深化与各银行的合作机制，举办全市中小微企业融资政银企对接会、融资产品宣讲会等活动，累计协助 400 多家小微企业对接 20 家银行。累计发放信用贷款 497 笔约 4.8 亿元、发放还贷应急资金 61 笔 2.98 亿元。三是中小微企业服务体系全面升级。形成了以 1 个市级平台为枢纽、11 个窗口平台为支撑的互联网、电话呼叫、现场服务和期刊服务“四位一体”、线上线下相结合的公共服务体系。

【倡导节能减排绿色发展】

一是厦门市连续 7 年获省政府节能目标综合考核第 1 名。2015 年万元 GDP 能耗为 0.47 吨标准煤，比 2010 年下降 10%，处于全国领先水平。二是实施重点节能工程。累计推进实施 50 个重点节能项目，项目总投资 2.9 亿元，实现年节能量 4.58 万吨标准煤。三是推广新能源汽车及装备。出台厦门市新能源汽车推广方案和配套补贴办法，累计完成推广新能源汽车 2347 辆，列全省第 1 位。完成家电和节能灯推广，争取国家补贴 1.89 亿元。四是循环经济工作稳步推进。支持 15 个循环经济项目，涉投资总额将近 1.18 亿元，新增销售收入 5.2 亿余万元。推动集美台商投资区成功创建“国家园区循环化改造”示范试点，厦门宏发电声股份有限公司入选为工信部第一批工业产品生态设计试点企业。

【强化精准帮扶企业】

一是完善企业服务平台。创新领导挂钩企业工作机制，建立了市领导、市经信局和区经贸局三级服务企业机制，开展局领导走访服务千家企业行动。发挥工业协调办和工业企业“968119”服务热线作用，全年接听企业咨询电话 1080 个，受理并协调企业反映问题近 200 个。二是助力企业拓市场。策划“千企万品拼营销，转型升级进行时”主题系列活动，组织卫浴、厨柜、软件、集成电路等 8 场营销对接会，累计签署合作协议、意向近 400 个。三是减轻企业负担。开展清理涉企收费专项治理整顿，维护企业的合法权益，改善企业发展环境。2015 年落实国家、省出台的减负政策 36 个项目，为企业减负近 4.2 亿元。四是推进对口援建帮扶与协作。2015 年共援建帮扶资金 20958 万元，省外援建项目 56 个，省内扶贫项目 15 个，山海协作项目 39 个。

“十二五”期间，在市委、市政府的坚强领导下，围绕美丽厦门战略规划，面对工业发展新常态，攻坚克难，奋力拼搏，工业和信息化工作取得了较好成绩。一是工业经济规模连上新台阶。2011 年，规模以上工业总产值突破 4000 亿元，2014 年迈上 5000 亿元台阶，2015 年规模以上工业总产值持续壮大，年均增长 12.7%，工业增加值对 GDP 贡献率超 50%，工业税收占全市财政收入、工业品出口交货值占全市外贸出口以及工业创造就业占就业总人数均接近 50%。二是工业综合实力全面提高。工业经济效益综合指数比 2010 年提高 6.45 个点，全员劳动生产率年均增长 7.8%，产值超百亿元企业 7 家，比 2010 年增加 3 家，平板显示产业链产值突破千亿元。产业整体素质和综合实力全面提高，优势产业在全球产业建制链中地位不断提升“十二五”节能目标全面完成。三是产业园区整合成效凸显。形成电子信息产业区、机械产业区、软件及信息服务产业区、生物医药产业区、航空产业区等七大专业化工业园区，建成火炬高新区（湖里+翔安+同安）、集美机械工业集中区和软件园二期等国家新型工业化产业示范基地。四是创新能力显著增强。企业研发投入占主营业务收入近 1.8%。全市拥有高新技术企业 907 家，占全省总数一半，产值占工业总产值 66%。全市拥有各类研发机构近 500 家，其中，重点实验室 63 家、工程技术研究中心 102 家、企业博士后工作站 23 家、市级以上企业技术中心 124 家（其中国家级企业技术中心 15 家）。五是两化融合全国领先。两化融合发展指数为 90.94，位居全国前列，全省第 1 位。其中机械、电子、轻工、服务业的两化融合水平高于全国水平。信息化指数 94.26，排全省第 1 位。软件信息产业年均复合增长率达到 30% 以上，拥有咪咕动漫、四三九九等一批互联网大型运营平台，美图、美柚等企业在移动互联网垂直细分领域居于国内领先地位。

两化融合篇

两化融合发展概述

当前，我国已经进入经济发展新常态，经济正从高速增长转向中高速增长，经济发展方式正从规模速度型粗放增长转向质量效率型集约增长，经济结构正从增量扩能为主转向调整存量、做优增量并存的深度调整，经济发展动力正从传统增长点转向新的增长点。做好信息化与工业化深度融合这篇大文章，是党中央、国务院作出的重大战略部署，是应对新一轮科技革命和产业变革、适应发展新常态、实现发展动力新转换、积极应对发展新趋势的必由之路。

2015 年，国务院发布了一系列重要战略和规划，各级政府和企业大力推进两化融合，传统制造业企业积极探索智能制造，新业态、新产品、新模式层出不穷，工业云、工业大数据涌现出一批典型应用，跨境电商促进制造业走出国门得到了广泛关注。

党的十八届五中全会通过的《“十三五”规划建议》强调：“加快建设制造强国，实施智能制造工程，构建新型制造体系。”国务院印发《中国制造 2025》和《国务院关于积极推进“互联网+”行动的指导意见》，明确了智能制造作为两化深度融合的主攻方向，指出了“互联网+”、协同制造等 11 个重点行动领域。

工信部推动成立了国家制造强国领导小组和战略咨询委员会，指导发布了重点领域技术路线图，有序推进编制“X”体系方案；开展了工业强基专项行动，支持了 118 个示范项目，使得一批关键共性技术和产品实现示范应用；进一步完善了国家制造业创新体系，认定了 75 家国家技术创新示范企业和 25 家部属重点实验室，组织开展了《2015 年智能制造试点示范专项行动》，支持新模式应用等 93 个项目，确定了 46 个试点示范项目；指导组建了智能制造产业联盟，开展中德智能制造合作；进一步推进两化融合管理体系建设，组织开展了 2000 家企业贯标。推动出台了“互联网+”及支持云计算、大数据发展的指导性文件，制定了“互联网+”三年行动计划，支持网络协同制造、个性化定制、众包众创等加快融合创新。

地方层面，2015 年，江苏省出台了《关于加快发展互联网经济的意见》，提出《实施“互联网+”工业行动计划》，并提出“到 2017 年江苏省两化融合指数达到 95，培育 10 家全国互联网百强企业，建成 20 个省级互联网产业园、30 个省级电子商务示范基地”的目标。黑龙江省制定了《“互联网+工业”行动计划》，提出要加快全省新一代信息技术与工业的深度融合，发挥“互联网+”对工业的重塑作用，促进工业经济提质增效、转型升级，实现由“龙江制造”向“龙江智造”的转变。广东省出台了《“互联网+”行动计划（2015—2020 年）》，提出“互联网+先进制造”行动，并提出“到 2020 年年底前，建成 100 家智能制造示范工厂、200 家智能制造示范车间，工业互联网试点企业达 300 家，工业互联网全面深入应用”的目标。北京市出台了《〈中国制造 2025〉北京行动纲要》，提出要以构建产业生态为基础，以推动“在北京制造”向“由北京创造”转型为主线，全面实施“三四五八”行动计划，努力促进制造业创新发展，使北京真正成为京津冀协同发展的增长引擎、引领中国制造由大变强的先行区域和制造业创新发展的战略高地。此外，河南、山东、江西、贵州、四川、河北、湖南、福建、甘肃等省也先后出台了政策或行动计划以进一步落实《中国制造2025》和“互联网+”，拟在未来3～5年，加快推进两化融合，促进制造业与互联网融合发展，推动工业转型升级和提质增效，加快建设制造强国。

我国两化融合发展水平评估

2015年全国两化融合发展总指数为72.68，与2014年相比增长了6.54，其中，基础环境指数为75.38，同比增长了3.67；工业应用指数为66.04，同比增长了6.34；应用效益指数为83.25，同比增长了9.82。从表1和图1可见，2011—2015年我国两化融合总指数及各项分指数每年均有不同幅度增长，总指数增长幅度呈先降后增态势，两化融合发展步伐不断加快。

表1 2011—2015年两化融合各类指数发展比较

	基础环境指数	工业应用指数	应用效益指数	总 指 数
2011年	52.93	50.26	57.47	52.73
增长量	5.43	5.87	8.18	6.34
2012年	58.36	56.13	65.65	59.07
增长量	6.51	1.21	2.62	2.88
2013年	64.87	57.34	68.27	61.95
增长量	6.84	2.36	5.16	4.19
2014年	71.71	59.7	73.43	66.14
增长量	3.67	6.34	9.82	6.54
2015年	75.38	66.04	83.25	72.68

数据来源：中国电子信息产业发展研究院

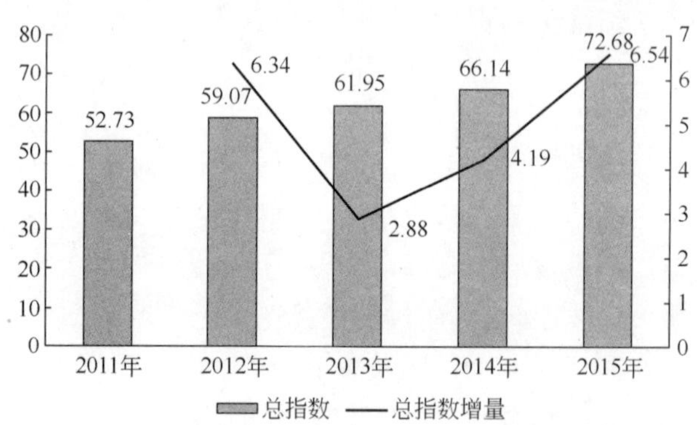

图1 2011—2015年两化融合发展总指数及增量

数据来源：中国电子信息产业发展研究院

从各省的数据来看，2015年多数省份两化融合发展总指数有不同程度的提升，其中，广东、湖北、云南、山东、浙江发展总指数增长最快，天津、贵州、黑龙江、四川、甘肃、安徽、河北、北京、福建发展总指数增速也超过全国平均水平，如图2所示。

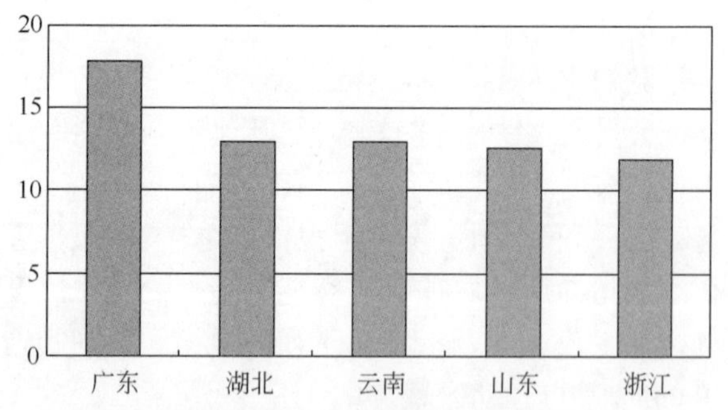

图2 2015年两化融合发展总指数增长前五名

数据来源：中国电子信息产业发展研究院

在基础环境方面，重庆、内蒙古、河北、贵州、甘肃增长最快，如图3所示。

在工业应用方面，广东、云南、湖北、浙江、天津增长最快，如图4所示。

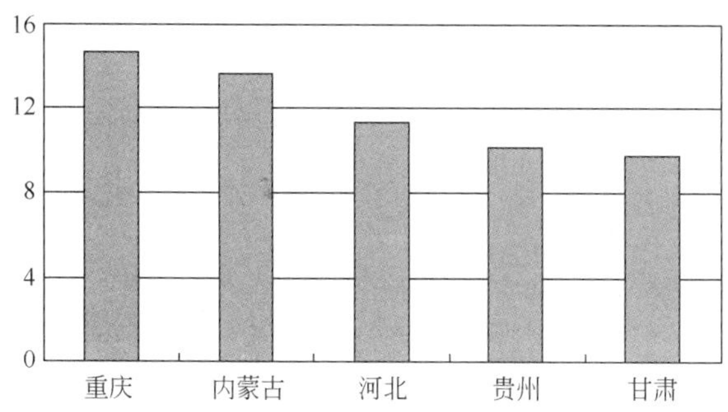

图 3　2015 年两化融合基础环境指数增长前五名

数据来源：中国电子信息产业发展研究院

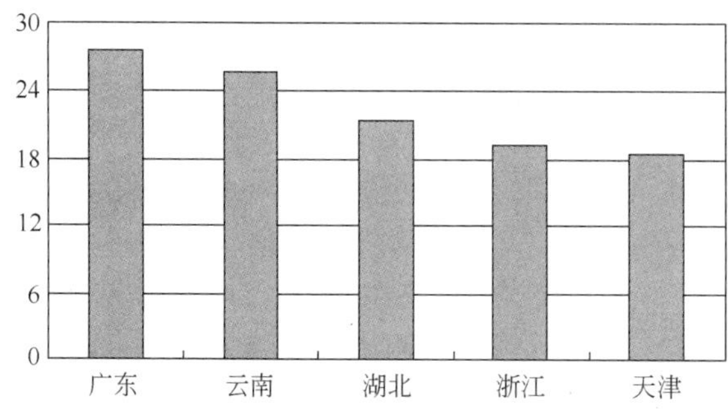

图 4　2015 年两化融合工业应用指数增长前五名

数据来源：中国电子信息产业发展研究院

在应用效益方面，西藏、安徽、河北、广西、山东增长最快，如图 5 所示。

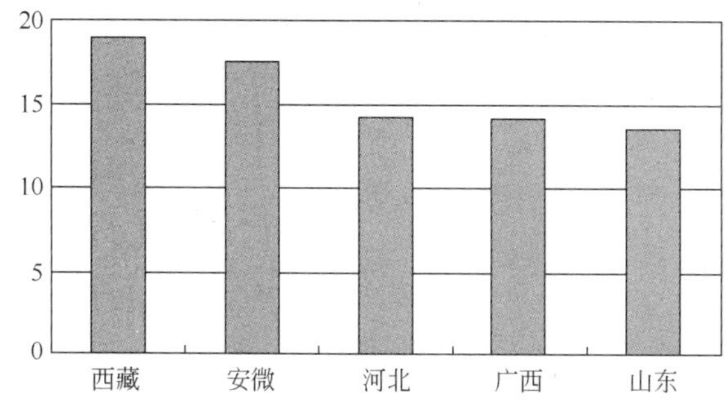

图 5　2015 年两化融合应用效益指数增长前五名

数据来源：中国电子信息产业发展研究院

2015 年全国及各地区两化融合总指数、分指数情况如表 2 和图 6 所示。

表 2　2015 年各地区两化融合指数

地　区	基础环境指数	工业应用指数	应用效益指数	总指数
广东	94.94	82.40	135.62	98.84
浙江	91.64	94.04	112.88	98.15
江苏	91.67	80.94	135.94	97.37

续表

地　区	基础环境指数	工业应用指数	应用效益指数	总指数
上海	94.46	84.25	119.19	95.54
山东	85.77	85.78	114.65	93.00
北京	97.01	74.68	120.02	91.60
福建	91.03	76.91	101.88	86.68
安徽	70.06	88.22	92.04	84.64
湖北	74.01	81.59	92.44	82.41
湖南	76.91	81.41	89.12	82.22
天津	79.36	70.09	106.89	81.61
四川	76.70	66.09	104.37	78.31
重庆	81.08	65.15	97.63	77.25
黑龙江	80.15	80.81	64.2	76.49
辽宁	85.49	60.16	96.59	75.60
河北	84.73	70.24	71.27	74.12
广西	67.25	76.12	70.94	72.61
河南	76.54	63.9	83.13	71.87
江西	63.54	70.61	77.61	70.59
贵州	72.82	67.11	59.8	66.71
陕西	65.69	56.55	86.13	66.23
吉林	71.66	60.41	70.53	65.75
内蒙古	78.53	45.97	59.50	57.49
新疆	68.63	51.94	55.35	56.96
海南	68.12	45.27	58.04	54.18
宁夏	54.85	53.98	50.17	53.25
山西	64.04	47.44	53.83	53.19
甘肃	71.33	46.67	47.86	53.13
青海	72.80	40.00	45.29	49.52
云南	47.11	44.15	50.86	46.57
西藏	38.87	34.30	56.94	41.10
全国均值	75.38	66.04	83.25	72.68

从图 6 和表 2 可以看出，2015 年全国区域两化融合发展呈现以下特点。

一是全国两化融合进入快速发展期。我国两化融合正步入深化应用、变革创新、引领转型的新阶段，在改造提升传统产业、培育新模式新业态、增强企业创新活力等方面的作用显著增强，2012—2015 年全国两化融合发展总指数分别为 59.07、61.95、66.14、72.68，2013—2015 年指数增长量分别为 2.88、4.19、6.54，增长率分别为 4.88%、6.76%、9.89%，增长速度呈逐年加快态势。

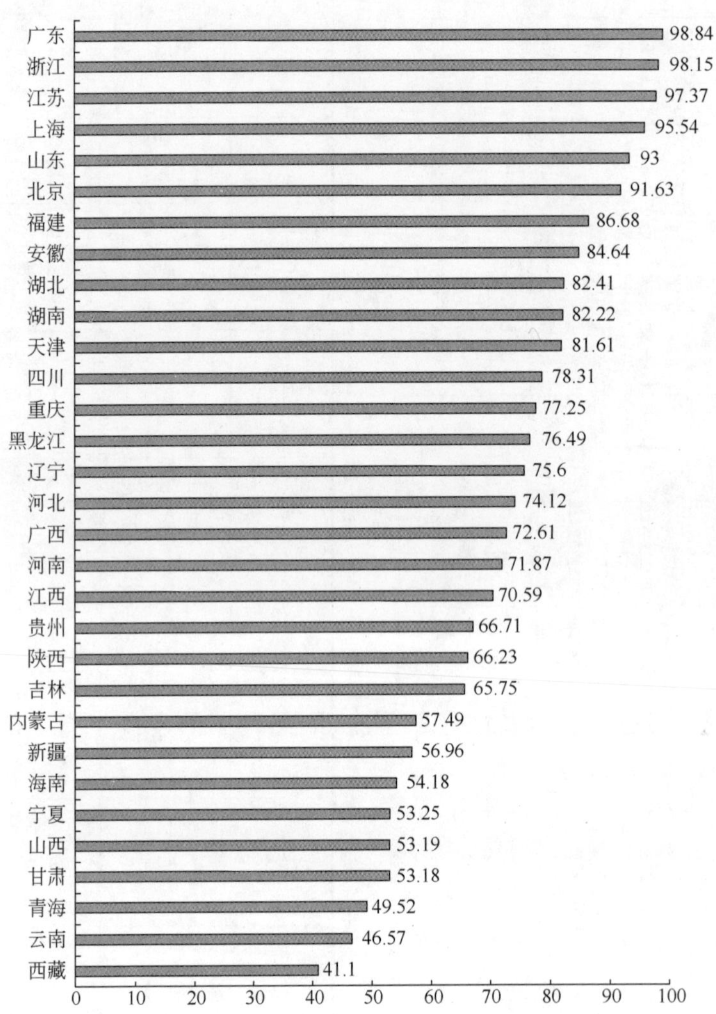

图6　2015年各省市两化融合发展总指数

二是“宽带中国”战略助推基础环境建设效果明显。固定宽带端口平均速率指数已连续两年大幅增长，城（省）域网出口带宽和固定宽带普及率指数均有不同程度增长，这主要是因为我国全面实施“宽带中国”专项行动，加快推进全光网城市建设，狠抓网络提速降费。截至2015年年底，8MB以上、20MB以上宽带用户总数占宽带用户总数的比重分别达69.9%、33.4%，比2014年分别大幅提升了29个百分点和23个百分点。

三是工业电子商务成为发展亮点。我国电子商务正加速从消费领域向工业领域延伸，已成为整合产业链资源、引领生产方式变革、增强制造业发展活力的重要途径。2015年，重点行业典型企业采购环节和销售环节电子商务应用指数分别增长了8.37和10.28，均高于2014年，有5.41和4.75的增长量。

四是东部、中部、西部两化融合发展水平差距进一步扩大。2015年东部两化融合平均指数为86.06，中部为73.40，西部为59.93，东部和中部、中部和西部、东部和西部差值分别扩大为12.66、13.47和26.13，这表明我国东部、中部、西部两化融合发展水平差距在不断扩大。

北京市两化融合发展水平分析

【总体情况】

（一）经济概况

2015 年，北京市全年实现地区生产总值 22968.6 亿元，比 2014 年增长了 6.9%。其中，第一产业增长 140.2 亿元，同比下降 9.6%；第二产业增长 4526.4 亿元，同比增长 3.3%；第三产业增长 18302 亿元，同比增长 8.1%。三次产业结构由 2014 年的 0.7∶21.4∶77.9 变为 0.6∶19.7∶79.7。全年实现工业增加值 3662.9 亿元，比 2014 年增长 0.9%。其中，规模以上工业增加值同比增长 1.0%，高技术制造业、现代制造业、战略性新兴产业增加值分别同比增长 6.7%、6.3%和 1.1%。产业高端化升级加快推进，文化创意产业、高技术产业、信息产业、生产性服务业实现同比增加值 3072.3 亿元、5180.8 亿元、3508 亿元和 12160.3 亿元，分别比 2014 年增长 8.7%、9.3%、10.6%和 8.6%，占地区生产总值的比重分别比 2014 年提高 0.2%、0.4%、0.4%、0.4%。全市完成一般公共财政预算收入 4723.9 亿元，比 2014 年增长 12.3%。

（二）两化融合主要进展

2015 年，北京市围绕“四个中心”建设、构建“高精尖”产业结构和京津冀协同发展战略布局，以推进产业两化深度融合为抓手，充分发挥北京人才、技术和创新优势，通过“搭平台、推试点、建生态”，推动了两化深度融合创新发展。

1. 两化深度融合顶层设计和统筹规划进一步加强

一是制定了《2015 年北京市两化深度融合重点工作任务计划》，明确了年度推进工作目标任务。二是先后邀请行业资深专家深入产业一线，组织了 20 多次调研和研讨会，并结合“十二五”时期北京市两化融合现状分析报告，编制了《北京市人民政府关于积极推进“互联网+”行动的实施意见》（报审稿），开展了《北京市促进制造业与互联网融合发展的行动计划》和《北京市“十三五”两化融合指导意见》的编制工作。三是组织开展了北京市“十三五”时期两化融合发展、借鉴德国工业 4.0 推进北京市两化融合发展路径等研究工作，形成了研究成果。四是制定了中关村“互联网+”计划。

2. 两化融合推动产业结构优化步伐加快

一是中关村高新技术产业高度集聚。园区依托现有产业基础，积极引进发展高新技术产业，目前，海淀区内 476 家规模以上工业企业中，国家高新技术企业有 333 家，占比达到 70%。二是制造业高端环节加速成长。企业充分发挥北京研发与人才优势，集中精力发展研发、设计、销售、管理等高附加值产业链环节，通过将生产制造环节向外转移，实现了产业高端环节的集聚和产业的快速增长，如小米科技、联想等企业将生产制造环节转移，集中进行产品研发设计和销售管理，实现了产品销量的迅速增长。三是总部经济不断发展壮大。依托人才和创新资源优势，积极培育、壮大总部经济，聚集了联想、方正、同方等一批国内外知名的企业总部和跨国公司地区总部，为从技术创新、制度创新和商业模式创新逐步走向产业链创新、品牌创新奠定了坚实基础。

3. 两化深度融合试点示范项目取得积极进展

一是继续推进企业两化融合贯标试点。北京市组织了贯标工作推动启动会、2次贯标企业对接会，截至2015年年底，47家贯标试点企业中，京城工业物流、和利时、首钢等13家企业通过认定，2家企业申请认定，24家企业的贯标工作已经启动并正在按计划推进，推进进度在全国整体靠前；组织完成了2015年两化融合贯标试点企业30家的推荐上报工作。二是开展了“互联网与工业融合创新试点”工作。北京市完成了15家“互联网与工业融合创新试点”企业向工信部的推荐和上报工作。三是充分发挥政府财政资金的引导作用。北京市利用信息化发展资金支持了京东、慧聪等电子商务示范企业运用大数据等新技术、新应用服务于北京市的传统企业与中小微企业；支持大北农科技建设了垂直类的猪肉行业助农电子商务交易平台；支持东方雨虹、福田康明斯、北京电控、中交兴路等企业利用信息技术进一步优化企业运营管理系统，提升企业运营效率。四是在重点领域开展了试点示范。2015年，对二商、同仁堂健康药业、燕山石化等11家企业在精准营销、供应链协同、分散集团集中管控、利用云平台实现产品设计和创新融资等方面开展了试点示范。五是积极推进了朝阳区“全国工业电子商务区域试点”相关工作。北京市编制了试点工作方案，召开了国家工业电子商务区域试点工作协调会，组织京东、慧聪、敦煌、金银岛、兰格、易宝天创、数码大方等12家相关企业共同参与试点建设。六是推进智慧园区建设。制定了《北京市智慧园区建设及评价指南》，针对北京空港物流基地、北京天竺空港经济开发区、汇龙森科技园等多个园区，先后支持了28个信息化项目。

4. 服务资源开放共享瓶颈取得突破

一是推动了央企中航联创“互联网+”公共服务平台资源对北京制造业的开放共享。二是创新优化“地源”。推进了北京“工业云”服务平台资源的开放共享；组建了北京市工业云服务产业联盟；组织了工业云平台与宁波、太原等城市开展了服务对接，提升了服务全国的能力。三是强化政府“引导”。制定了《2015年两化融合对接工作方案》，明确2015年对接工作目标、任务及时间节点，组织工业云平台与区县中小企业开展了5次服务对接；先后开展了电信“互联网+”行动计划，组织了基础和汽车产业“互联网+”培训，节能环保产业“互联网+”行动产品推介等活动。

【两化融合发展水平分析】

（一）综合分析

2015年，北京市两化融合发展总指数为91.6，比2014年提高了6.79个点，三项指数均稳步提升。其中，基础环境指数为97.01，比2014年提高了8.17个点，工业应用指数为74.68，比2014年提高了6.86个点，应用效益指数为120.02，2014年提高了5.24个点，具体如表1所示。

表1　2014—2015年北京市两化融合指数情况

指　标	2014年指数	2015年指数	变化情况
基础环境	88.84	97.01	↑8.17
工业应用	67.82	74.68	↑6.86
应用效益	114.78	120.02	↑5.24
总指数	84.81	91.6	↑6.79

（二）具体分析

1. 基础环境指数

2015年，北京市继续实施《2014—2015年宽带北京行动计划》，宽带提速效果显著，各区围绕支持中小企业“双创”活动开展加大信息化服务平台建设力度，极大地提升了两化融合基础环境水平，使其始终保持在全国前列。具体来看，北京市城（省）域网出口带宽指数值为77.4，比2014年提高了3.24个点；固定宽带普及率指数为95.34，比2014年降低了2.37个点；固定宽带端口平均速率有了较大提升，指数达到97.69，比2014年提高了21.11个点；移动电话普及率指数为99.97，比2014年提高了8.76个点。在互联网应用普及方面，北京市互联网普及率指数为85.27，比2014年提高了0.06个点。在两化融合政策环境建设方面，北京市继续设立两化融合专项引导资金，在改善环境指数方面起到了重要作用。

2．工业应用指数

2015年，北京市工业企业各项信息技术应用水平均有不同程度的提升，工业应用指数达到74.68，比2014年提高了6.86个点。其中，重点行业典型企业ERP普及率指数为66.49，比2014年提高了8.07个点；重点行业典型企业MES普及率指数为96.33，比2014年大幅提高了17.52个点；重点行业典型企业PLM普及率指数为78.93，比2014年提高了6.75个点；重点行业典型企业SCM普及率指数为66.16，比2014年提高了9.58个点；重点行业典型企业采购环节电子商务应用普及率指数为82.5，比2014年提高了10.88个点；重点行业典型企业销售环节电子商务应用普及率指数为106.2，比2014年提高了12.38个点；重点行业典型企业装备数控化率指数为68.76，比2014年提高了8.59个点。相对而言，国家新型工业化产业示范基地两化融合进展相对滞后，发展水平指数为39.00，比2014年下降了15.43个点。

3．应用效益指数

2015年，北京市两化融合应用效益有所提升，应用效益指数为120.02，比2014年提高了5.24个点。在地区工业生产效益和水平方面，北京市工业增加值占GDP比重指数为24.99，比2014年下降了0.16个点；第二产业全员劳动生产率指数为98.92，比2014年提高了16.49个点，上升幅度较大；工业成本费用利润率指数为48.05，比2014年提高了3.98个点；单位工业增加值工业专利量有所下降，指数为170.79，比2014年降低了约1.34个点。在工业节能减排水平方面有了较快提升，单位地区生产总值电耗指数为123.66，比2014年大幅提升了3.75个点。在信息产业发展水平方面，电子信息制造业主营业务收入指数为155.23，比2014年提高了5.46个点；软件业务收入在2015年提升较快，指数为264.27，比2014年提高了9.14个点。

【优劣势评价】

总体来看，北京市两化融合发展水平始终保持在全国前列，发展具有鲜明特点，宽带提速工程显著改善了信息网络环境，大型企业信息化水平较高，依托现代信息技术的平台经济，大力发展现代服务业，在推进工业与互联网融合创新发展、引导工业企业转型升级方面发挥了积极作用。具体来说，北京市在两化融合上的优势如下。

一是两化融合技术创新能力位居全国前列。北京市企业创新势头强劲，涌现出联想、同方威视、小米、大唐、紫光、国电联合动力、四方继保、纵横机电、航天东方红、碧水源等一批具有影响力的创新型企业，其中，联想、小米、同方威视等企业更是跨入世界知名品牌行列。北京市企业在国际标准制定中的话语权彰显，创制了SCDMA、TD-SCDMA、TD-LTE、闪联、McWiLL等一批在国际上有重大影响的国际标准。北京市科研领先能力加快，在电子信息、新材料、生物医药等领域拥有一批国际领先的科技成果，半导体激光器、钛合金、超导滤波器等新型材料研制处于国际领先地位，基因工程、生化药物、流感疫苗等生物医药领域科技优势突出；创新成果应用方面，大唐移动自主开发的TD-LTE产品与解决方案已在全球多个国家开展商用准备，同方威视的集装箱检查系统已经走向世界，兆易创新在存储器芯片领域占据国内第一，展讯的基带、射频芯片等产品也得到广泛应用。

二是中小企业信息化平台建设相对较快。2015年，北京市中小企业信息化服务平台指数达到134.09，增长了25.59个点。此外，北京市积极推进两化融合服务平台建设，继续组织两化融合专家委员会、CIO联盟、工业云服务联盟等组织，深入企业开展调研和咨询服务；继续推动北京市“工业云”服务产业联盟相关工作，并组织了平台服务企业与咨询服务企业对接培训，培育了中航联创“互联网+”公共平台、慧聪网、兰格电子商务、农场云等一批“互联网+”公共服务平台。

三是两化融合促进产业转型发展成为全国标杆。信息技术深度应用助力企业转型。信息技术广泛应用于企业研发、生产、物流、管理、营销等各环节，极大地促进了企业生产和组织方式优化。例如，同方股份有限公司充分利用信息技术，通过配置智能生产设备，实现了生产过程的自动化和智能化、产品售后服务的网络化跟踪管理，促进了生产方式向自适应生产方式的转变、管理方式向信息自动化管理模式的转变、售后服务向网络信息化管理模式的转变。企业通过两化深度融合，实现了产业的融合发展。海兰信在船舶导航系统、通信系统、电子集成系统等方面形成产品系列；青云航空建立了能够为多种航空及民用产品研发提供服务的飞控仿真试验中心、产品环境试验中心、数控加工中心及能够满足电子高技术产品生产的电装生产线。

北京市两化融合发展虽然总体情况较好，但同时也存在一些劣势。

一是企业两化融合发展的能力有待提高。大型企业利用信息化促进企业全面转型升级的主动性还有待增强；中小企业信息化应用意识有待进一步提高，利用信息化提升竞争力的能力还处于较低水平。多数中小企业资金有限、信息化人才匮乏，缺乏应用信息技术的意识和能力，凭自身实力很难跨过“门槛”并迈入快速发展的轨道。北京市多数中小企业实现了信息化与研发设计、生产制造、运营管理等环节的初步融合，但大多数中小企业仍存在应用水平低、资金投入少等问题，信息化的效益潜力还未得到充分挖掘。

二是创新成果产业化发展不足。北京市的创新能力始终排在全国首位，但工业应用水平基本处于全国中游，高技术制造业和战略性新兴产业竞争能力不够强，关键核心技术和标准还比较缺乏，创新资源优势还未完全转化为产业优势。

三是区域政策缺乏合力。新一代信息通信技术与制造业融合发展过程中的技术、产品、安全、应用协同互动机制尚未建立，技术资本密集型产业融资体系不健全，北京市支持融合发展的财政、税收、金融等政策仍须进一步加强协调配合。

【相关建议】

对北京市两化融合提出以下建议。

一是加强核心技术研发和产业化。围绕制造业创新发展的重大共性需求，采取政府与社会资本合作、产学研用产业创新战略联盟等新机制、新模式，建设一批面向全国的制造业创新中心，构建以企业为主体的产学研用协同创新网络。着力突破信息产业核心技术瓶颈，加快集成电路、高端通用芯片、基础软件等核心关键技术创新。加大自主知识产权工控系统的研发和产业化支持力度，结合重大专项等政策的实施，发展国产工控芯片、工控操作系统、系统集成技术及安全防护技术。鼓励企业加大对国产工业软件的研发投入和产品创新，支持重点行业骨干企业优先使用国产工业软件，搭建国产工业软件应用推广平台，促进研制成果的规模化生产和市场化应用。

二是推进“互联网+智能制造”。按照全国科技创新中心的定位，以“互联网+智能制造”作为两化深度融合的关键路径和重要手段，做好“互联网+智能制造”顶层设计工作，努力实现制造业高精尖化，使高精尖产业成为北京城市功能定位的关键支撑、增长引擎。积极推动北京企业转变生产方式，促使企业生产方式向云制造、分布式制造、生产外包等方式转型发展，经营组织模式向服务化制造、平台化经营和个性化业态转型发展，着力培育服务型制造体系，利用新业态优化组织，建立新型集约体系，大力发展基于互联网的个性化定制。组织推进一批新兴工业化试点项目，利用“互联网+”推动技术创新方式变革，突破地域、组织、技术的界限，整合政府、企业、协会、院所等优势资源，形成跨领域、网络化的协同创新平台。

三是推动制造业“双创”发展。鼓励电信企业和大型互联网企业打造开放共享的资源平台，与工业园区、产业集聚区开展合作，为小微企业提供低成本、低门槛、以租代建、支持核心业务发展的服务。探索供应链金融、电子商务信用等缓解小微企业融资难的新模式和新渠道。加强工业云平台对小微企业的服务能力建设，为小微企业提供在线研发设计、安全监控、优化控制、设备管理等软件应用服务。建设一批智慧型小微企业创业创新基地，为创业者和小微企业互联网应用提供基础设施、软件支撑、网络安全、数据存储等应用服务。

天津市两化融合发展水平分析

【总体情况】

（一）经济概况

2015 年，天津市全年实现地区生产总值 16538.19 亿元，比 2014 年增长 9.3%。分三次产业来看，第一产业增加值 210.51 亿元，同比增长 2.5%；第二产业增加值 7723.6 亿元，同比增长 9.2%；第三产业增加值 8604.08 亿元，同比增长 9.6%。三次产业结构为 1.3∶46.7∶52，服务业增加值比重首次超过 50%。工业实现平稳增长，全年工业增加值 6981.27 亿元，同比增长 9.2%。其中，规模以上工业增加值同比增长 9.3%；规模以上工业总产值 28016.75 亿元，同比增长 0.3%；工业结构调整优化，高技术产业（制造业）增加值占规模以上工业的 13.8%，比 2014 年提高 1.5 个百分点；航空、电子信息、装备制造等 8 个国家新型工业化产业示范基地建设完成，航空航天、重型装备、重化工业等 10 条产业链发展壮大。

（二）两化融合主要进展

2015 年，天津市以“互联网+”思维推动云计算、大数据、物联网等信息技术与制造业融合创新发展，加快推进信息化与工业化深度融合，全面提升企业在信息化条件下的竞争能力，做大做强“天津制造”。

1. 以政策和资金扶持带动企业创新能力全面提升

天津市大力推动云计算、大数据、物联网与制造业融合创新，积极组织申报国家试点示范项目。天津市已有 4 家企业被评为国家两化融合示范企业、6 个项目列入国家电子商务集成创新试点工程、4 家企业列入 2015 年度互联网与工业融合创新试点。通过总结提炼示范经验和成果，天津市积极推动行业区域两化融合向更高阶段跃升；天津市发改委、科委、商务委、农委等单位利用各自专项资金加大对制造业信息化、电子商务、农业信息化等项目的支持。天津市滨海新区组织实施了两化融合“十百千”工程；北辰区、静海区等区县纷纷加大对两化融合典型应用项目的奖励和支持。目前，天津市重点企业 ERP 应用普及率达 63.9%，生产环节 MES 普及率为 61.7%，供应链环节 SCM 普及率为 55.2%，数控装备化率 39.1%，企业采购和销售环节电子商务应用率分别达到 15.2%和 12.6%。

2. 以两化深度融合促进企业实现转型升级

天津市按照万企转型升级领导小组要求，加强组织协调、强化工作考核，制定了两化融合促进万企转型升级方案、考核指标和各区县的任务目标，建成了“天津市企业两化融合水平评估平台”，组织了对各区县、工业集团主管部门和转型升级的企业进行专题培训，目前已有 160 家企业完成转型升级工作，两化融合已成为带动企业向智能化、数字化、服务化转型发展的新引擎。

3. 以两化融合管理体系贯标试点为抓手提升企业新型发展能力

2015 年，天津市组织 200 余家企业开展了两化融合发展水平评估试点。从评估结果看，企业两化融合评估平均得分 63.02 分，处于集成提升阶段企业和创新突破阶段企业比率分别达到 43.19%和 10.33%，分别高于全国 31.5 个百分点和7.33个百分点。天津市企业两化融合从单项覆盖已向集成提升阶段演进，部分企业已向创新突破阶段跃升；两化融合管理体系贯标从标准、制度和机制等层面帮助企业建立一套系统完善、标准规范的两化融合推进机制和管理模式，引领企业打造和提升信息化环境下新型能力。天津市已有26家企业列入国家两化融合管理体系贯标试点单位，目前天士力等5家企业完成管理体系建设并获得认定证书，天津电力等8家企业通过认定机构的审核，长城（天津）质量保证中心等2家单位列入国家首批两化融合管理体系咨询服务机构。

【两化融合发展水平分析】

（一）综合分析

2015年，天津市两化融合发展总指数为81.61，比2014年提高了11.05个点，三项指数均有不同程度的提升，尤其是工业应用指数增幅最大。其中，基础环境指数为79.36，比2014年提高了2.9个点；工业应用指数为70.09，比2014年大幅提高了16.17个点；应用效益指数为106.89，比2014年增长了8.96个点。具体如表1所示。

表1　2014—2015年天津市两化融合指数情况

指　标	2014年指数	2015年指数	变化情况
基础环境	76.46	79.36	↑2.9
工业应用	53.92	70.09	↑16.17
应用效益	97.93	106.89	↑8.96
总指数	70.56	81.61	↑11.05

（二）具体分析

1．基础环境指数

2015年，天津市两化融合基础环境建设取得进一步发展，虽然城（省）域网出口带宽、重点行业典型企业信息化专项规划实施率均有较大幅度下降，但是在宽带提速等相关工程的实施带动下，固定宽带端口平均速率有了显著提升，促使基础环境指数由2014年的76.46提升至2015年的79.36。在信息基础设施建设方面，天津市城（省）域网出口带宽指数值为55.61，比2014年大幅下降了18.2个点；固定宽带普及率指数为72.97，比2014年提高了3.35个点；固定宽带端口平均速率指数为94.03，比2014年大幅提高了24.19个点；移动电话普及率指数为63.98，比2014年下降近1个点。在互联网应用普及方面，2015年天津市互联网普及率略有上升，指数达到75.39，比2014年提高了0.07个点。在两化融合政策环境建设方面，天津市依然设立了两化融合专项引导资金，在引导两化融合建设方面发挥了重要作用；中小企业信息化服务平台数量指数为104.37，比2014年提高了5.89个点；重点行业典型企业信息化专项规划指数为63.25，比2014年下降了11.18个点。

2．工业应用指数

2015年，天津市工业应用指数为70.09，比2014年大幅提升16.17个点，略高于全国平均水平，信息化在工业生产中的应用日益深化。具体来看，2015年天津市重点行业典型企业ERP普及率指数为60.67，比2014年降低了3.31个点；重点行业典型企业MES普及率指数为66.05，比2014年提高了4.88个点；重点行业典型企业PLM普及率指数为48.08，比2014年下降了12.29个点；重点行业典型企业SCM的普及率指数分别为60.39，比2014年提高了5.17个点；重点行业典型企业采购和销售环节电子商务应用普及率指数分别为79.35和81.83，比2014年分别提高了31.21个点和30.47个点，是各分项指标中发展较快的两项；重点行业典型企业装备数控化率指数为51.09，比2014年提高了12.03个点；国家新型工业化产业示范基地两化融合发展取得显著进展，发展水平指数为109.85，比2014年大幅提升了50多个点，成为增长最快的一项指标。

3．应用效益指数

2015年，天津市两化融合应用效益指数为106.89，比2014年增长8.96个点，两化融合推动第二产业全员劳动生产率显著提升。在地区工业生产效益和水平方面，2015年天津市工业增加值占GDP比重指数为51.25，比2014年减少1.2个点；第二产业全员劳动生产率指数为128.72，比2014年提升近50个点；工业成本费用利润率指数为49.87，比2014年增加1.6个点；单位工业增加值工业专利量指数为120.67，比

2014年降低1.46个点。在工业节能减排水平方面，单位地区生产总值电耗指数为115.51，比2014年提高了3.71个点，增幅最大。在信息产业发展水平方面，电子信息制造业主营业务收入指数为156.25，比2014年降低了4.74个点；软件业务收入指数为151.65，比2014年提高了15.13个点。

【优劣势评价】

天津市两化融合发展水平提升领先于全国其他地区，发展中存在着突出优势。

一是工业应用取得较大进展。天津市工业应用指数提升较快，除重点行业典型企业ERP普及率、PLM普及率之外，其他各类工业应用指数都得到大幅度提升。信息技术在工业各领域的广泛应用、渗透、融合，有效带动了企业生产管理模式的革新，极大提升了企业技术创新和发展能力。工业企业生产经营管理发生了明显的甚至是根本性的变化，企业的经济社会效益、整体素质，特别是适应市场环境变化的反应能力有了大幅度提升，形成了新的竞争力。

二是新兴产业发展模式值得其他地区借鉴。天津市物联网、云计算、大数据等新一代信息技术产业规模达到4000亿元。天津市聚集了科大讯飞、腾讯、曙光、中科蓝鲸、超算中心、海量信息、南大通用等知名企业，初步形成了较为完整的云计算、大数据产业链。滨海新区列入国家新型工业化示范基地（软件和信息服务业）；国家软件出口基地、云计算产业基地等产业园区发展势头良好；国家超算天津中心获批成为国家大数据领域工程实验室。天津市还根据《促进大数据发展行动纲要》，加快推动大数据、云计算等信息技术与各领域融合发展，进一步深化大数据应用和产业聚集发展。

三是国家新型工业化产业示范基地两化融合发展水平跃居全国前三位。作为国家新型工业化示范基地，滨海新区功能区建设全面展开，高端产业加快聚集，自主创新能力不断提升，龙头带动作用和服务辐射功能明显增强，高水平现代制造业和研发转化基地初步形成。开发区主要经济指标保持国家级开发区首位，百万吨乙烯、千万吨炼油、空客A320总装线、中航直升机总装基地等项目不断推进，大推力火箭、300万吨造修船、长城汽车等项目加快推进，形成了航空航天、石油化工、电子信息、装备制造、新能源新材料等一批高端产业基地。建成国际生物医药联合研究院、中科院工业生物技术研究所等一批重大科技创新、研发转化平台。

同时，天津市两化融合发展也存在一些劣势。

一是缺乏面向全社会服务、具有影响力的公共信息服务平台。在电子商务、金融服务、数字内容等领域，公共信息服务发展相对滞后，尚未形成具有一定规模和较强影响力的电子商务及信息技术综合服务平台。对于众多中小企业，亟须提升软硬件和应用能力，但由于中小企业资金有限、信息化人才匮乏、意识薄弱，凭自身实力很难开展深入的信息技术应用。

二是企业信息化综合集成水平有待提升。天津市重点行业典型企业ERP、PLM等指数水平较2014年有所下降，在全国排名依然比较靠后，这表明企业信息化应用还有很大的提升空间，信息系统集成建设力度需要加强。可以看出，天津市企业信息化应用水平仍处于初级阶段，信息技术仍以单项应用为主，并且大部分企业信息系统相互独立，企业经营管理方面的决策智能化程度较低，众多企业尚未达到向信息资源整合和业务协同方向发展的级别，信息化应用未能实现从企业内部向供应链上下游的延伸，信息化建设力度需要进一步加强。

【相关建议】

对天津市两化融合提出以下建议。

一是加快推进智能制造。围绕智能制造和“互联网+”开展两化融合试点示范项目建设，支持企业数字车间、智能工厂及关键领域综合集成示范，推进互联网与工业融合创新试点建设，启动一批行业云平台和工业大数据平台的建设。

二是推进两化融合管理体系建设。继续推进两化融合管理体系贯标试点建设，在国家贯标试点的基础上，力争启动一批市级试点建设，2016年年底前至少有5家以上企业通过认定，同时，优先支持通过认定企业申报国家和市级相关试点示范项目。

三是推广两化融合评估诊断和对标。扩大两化融合评估诊断范围，引导企业利用市级平台开展自评估工作，遴选一批行业特色企业进行诊断分析，与国内同行业企业进行对标。

河北省两化融合发展水平分析

【总体情况】

（一）经济概况

2015 年，河北省实现地区生产总值 29806.1 亿元，比 2014 年增长 6.8%。其中，第一产业增加值 3439.4 亿元，同比增长 2.5%；第二产业增加值 14388 亿元，同比增长 4.7%；第三产业增加值 11978.7 亿元，同比增长 11.2%。第一产业增加值占全省生产总值的比重为 11.5%，第二产业增加值比重为 48.3%，第三产业增加值比重为 40.2%。全部工业增加值 12626.2 亿元，比 2014 年增长 4.3%。规模以上工业增加值 11244.7 亿元，同比增长 4.4%。其中，装备制造业增加值比 2014 年同比增长 7.0%，钢铁工业同比增长 5.0%，石化工业同比增长 6.1%，医药工业同比增长 4.8%，建材工业同比增长 1.1%，食品工业同比增长 3.2%，纺织服装业同比增长 3.3%。高新技术产业增加值同比增长 11.6%，特别是新材料、高端装备制造、电子信息和新能源四个领域增加值分别为 10.9%、11.8%、13.8%和 19.7%。全部财政收入 4047.7 亿元，比 2014 年增长 7.5%，其中，一般公共财政预算收入 2648.5 亿元，同比增长 8.3%。

（二）两化融合主要进展

河北省继续坚持“点、线、面、体”全方位的推进思路，从企业、行业、区域、环境等层面整体推动两化融合发展，加强政策支持，实施河北省产业发展、工业技术改造等专项资金向两化融合项目倾斜、两化融合发展水平评估认定等激励机制，加强两化融合服务支撑体系建设，持续推动两化融合发展。

1. 推动企业层面两化融合

一是培育一批企业成为国家和省级试点。截至 2015 年年底，培育省级两化融合重点企业 579 家、两化融合示范企业 94 家，其中，10 家被评为国家级两化融合示范企业，17 家企业分别被列为国家“互联网+”工业融合创新、电子商务集成创新、农产品冷链、“工业云”等试点。二是国家和省各类专项资金共支持两化融合项目 74 个，获支持资金 2.2 亿元；52 个企业能源管理中心列为国家级示范项目，获得中央财政资金支持 3.7 亿元，年节约标煤 160 万吨；4 家企业列入全国两化融合促进节能减排重点项目，7 家企业列入全国两化融合促进安全生产重点项目，4 家企业被列为国家资源节约型环境友好型试点企业。三是 44 家企业和 2 个服务机构被工信部列为两化融合管理体系贯标试点企业和服务机构，5 家试点企业已经通过国家验收。

2. 推动行业层面两化融合

截至 2015 年年底，河北省共认定两化融合公共服务示范平台 42 个，辐射带动重点产业集群平台 176 个。按细分行业找出了成效明显的典型案例，形成两化融合整体解决方案，在钢铁、装备、食品、建材共 4 个行业召开现场观摩会和推广培训会进行推广。组织召开了钢铁能源中心培训、水泥行业信息化应用论坛、全省两化融合论坛等活动，学习传播优秀企业经验。

3．推动区域层面两化融合

组织开展县域经济两化融合公共服务平台培育对接活动，10 个省级示范平台与 20 个产业集群签订了合作意向，70 个县制定了两化融合公共服务平台三年培育计划。大力促进信息消费，2014 年 1 月河北省印发了《关于促进信息消费的实施意见》（冀政〔2014〕3 号），石家庄、秦皇岛、唐山、邯郸永年、保定白沟 5 个市（县）先后被工业和信息化部列为国家信息消费试点城市。

4．加快两化融合发展环境建设

河北省成立了副省长任组长的省两化深度融合工作领导小组，省直 20 个部门负责人为成员，办公室设在省工信厅。建立了河北省信息化专家人才库，入库专家达到 682 人。向省政府筛选并推荐 70 名专家，省政府成立了新一届河北省信息化专家咨询委员会。截至 2015 年年底，共组织了全国两化融合深度行（石家庄站）、全国两化融合成果展（河北展区）、全省两化融合经验交流会、两化深度融合促进工业转型升级巡回培训、行业两化融合对标等各类活动和培训 180 余场，培训人数达 3 万余人。

5．重点推进《中国制造 2025》和“互联网+”行动落实。

2015 年，河北省政府印发实施了《关于深入推进〈中国制造 2025〉的实施意见》，制定了战略目标、主要任务和重大工程。启动开展了“互联网+”工业融合创新试点示范工作，在全省开展了“互联网+”工业融合创新调研，制定了试点示范实施方案、管理办法，2016 年将选择 21 个项目开展试点。组织开展了国家互联网与工业融合创新试点项目申报工作，推荐项目 15 个，其中 2 个项目列入国家试点。

【两化融合发展水平分析】

（一）综合分析

2015 年河北省两化融合发展总指数为 74.12，比 2014 年提高 7.07 个点。其中，基础环境指数为 84.73，比 2014 年提高了 11.36 个点，连续第三年得到较大改善；工业应用指数为 70.24，比 2014 年提高了 1.35 个点；应用效益指数为 71.27，比 2014 年提高了 14.23 个点，成为三项指数中增长最快的一项。具体如表 1 所示。

表 1　2014—2015 年河北省两化融合指数情况

指　标	2014 年指数	2015 年指数	变化情况
基础环境	73.37	84.73	↑11.36
工业应用	68.89	70.24	↑1.35
应用效益	57.04	71.27	↑14.23
总指数	67.05	74.12	↑7.07

数据来源：中国电子信息产业发展研究院

（二）具体分析

1．基础环境指数

2015 年，河北省基础环境指数有了较大提升，由 2014 年的 73.37 提升至 84.73。在信息基础设施建设方面，城（省）域网出口带宽指数值为 95.89，比 2014 年大幅提高了 12.17 个点；固定宽带普及率指数为 76.18，比 2014 年提高了 3 个多点；固定宽带端口平均速率指数为 81.82，比 2014 年大幅提升了 11.22 个点；移动电话普及率指数为 60.77，比 2014 年提高了 1.22 个点。在互联网应用普及方面，河北省互联网普及率指数为 65.36，比 2014 年提高了 2.32 个点。在两化融合政策环境建设方面，2015 年河北省首次设立两化融合专项引导资金，对于引导各领域两化融合发展起到了至关重要的作用；中小企业信息化服务平台数量和重点行业典型企业信息化专项规划指数分别为 150 和 78.66，与 2014 年持平。

2．工业应用指数

2015 年，河北省两化融合工业应用总体上略高于全国平均水平，较 2014 年有小幅提升，除重点行业典型企业 SCM 普及率指数外，其余各项指数均有小幅提升。具体来讲，2015 年河北省工业应用指数为 70.24，比 2014 年的 68.89 提高了 1.35 个点。就每个分项指数来看，重点行业典型企业 ERP 普及率为 66.49，比 2014 年提高了 0.59 个点；重点行业典型企业 MES 普及率指数为 71.87，比 2014 年提高了近 2 个点；重点行业典型企业 PLM 普及率指数为 57.74，比 2014 年上升了近 1 个点；重点行业典型企业 SCM 普及率指数为 62.75，与 2014 年持平；重点行业典型企业采购环节电子商务应用指数为76.17，比2014年上升了近1.5个点；重点行业典型企业销售环节电子商务应用指数为80.7，比2014年提升了2.75个点。河北省重点行业典型企业装备数控化率水平始终保持全国前列水平，重点行业典型企业装备数控化率为69.78，比2014年提高了0.79个点，远高于2015年全国的平均水平51.3；河北省国家新型工业化产业示范基地两化融合发展水平指数为75.57，比2014年提高了2.38个点。

3．应用效益指数

2015年，河北省两化融合应用效益指数为71.27，比2014年提高14.23个点，虽然河北省连续两年通过推动两化融合有效改善应用效益，但与全国平均发展水平的83.25相比仍有差距。从应用效益分项指数来看，工业增加值占GDP比重指数为51.25，比2014年降低了1.31个点；第二产业全员劳动生产率得到明显提升，其指数为134.85，比2014年翻了一番多；工业成本费用利润率指数为37.65，比2014年下降了1.26个点；单位工业增加值工业专利量指数为61.49，比2014年提高了2.27个点，该指数表明企业的创新意识和能力在持续提升。在工业节能减排水平方面，单位地区生产总值电耗指数为73.64，与2014年相比提升了近1个点。在信息产业发展水平方面，电子信息制造业主营业务收入指数为83.48，比2014年提高了7.27个点；软件业务收入指数为56.47，比2014年提高了4.22个点。

【优劣势评价】

总体来看，河北省两化融合发展水平处于全国中游水平，与其他东部沿海省份之间存在一定差距，但河北省具备一些相对优势。

一是中小企业公共信息服务能力全国领先。河北省中小企业公共服务平台增加了150个，并列全国第一，这表明服务于中小企业的公共服务平台建设成效显著，极大地促进了产业集群的快速发展。全省各类再就业基地、企业孵化园、创业辅导基地等近400家，入驻小微企业上万家，安置就业40多万人。全省各级财政资金扶持力度加大，重点支持中小微型企业信用担保、人才培训、创业辅导等七大中小微型企业服务平台体系建设，开展“订单式”创业辅导服务活动，服务企业4000余家，对促进中小微型企业发展发挥了引导和带动作用。唐山市以培育十大两化融合示范区、百个两化融合公共服务示范平台为抓手，推广唐山暨曹妃甸国家级两化融合试验区建设经验，制定了渤海新区高端化工、保定汽车城等17个工业基地发展规划，唐山动车城、冀南新区成为国家新型工业化产业示范基地。

二是高端产业发展潜力相对较大。河北省坚持传统产业“有中生新”，新兴产业“无中生有”，致力于传统产业的创新发展和高端化转型，积极培育高端装备制造、新能源、新一代信息技术、新能源汽车等战略性新兴产业，电子信息制造业、软件业务收入占主营业务收入占比均不断增加，企业创新意识和能力不断得到提升。以邢台市为例，全市坚持创新驱动，大力实施百项技改工程，引进一批战略性新兴产业项目。

三是电子商务发展模式具有推广价值。重点行业典型企业采购环节和销售环节电子商务应用指数均有小幅上升，河北省工业电子商务发展良好。河北省出台了《创建国家电子商务示范城市工作方案》及相关服务配套政策，先后争取到城市共同配送体系建设、电子商务与物流快速协同发展等9项国家试点项目，大力推动电子商务模式创新和产业协同发展；初步建成商务云数据中心，集聚资金、技术、人才等优势资源，推出市场推广、线上营销等免费服务，提供销售和市场供求信息，实现企业与市场的双向沟通交互并能针对性地调整生产和销售计划，提升行业竞争力。

目前河北省两化融合也存在有比较突出的问题，主要表现为如下方面。

一是对于两化融合的认识还停留在比较浅的层次，没有将两化融合放到战略层面去认识和推动。

二是两化融合的深度不够，信息化的高投入与应用系统建设低效益的矛盾突出，业务技术两张皮、信息资源开发利用不足、标准建设滞后，信息化的效能没有得到充分发挥和体现。

三是两化融合保障支撑体系不够完善，缺乏有针对性的政策支持，信息化建设资金持续投入力度不够，满足两化融合需要的复合型人才稀缺，本地IT企业服务两化融合的能力和水平较低，不能满足两化融合的需求。

【相关建议】

对河北省两化融合提出以下建议。

一是继续深化信息技术在工业企业中的应用。以加快新一代信息技术与工业深度融合为主线，大力发展智能制造装备和产品，加快推进互联网和工业融合，以应用为核心全面推进企业全产业链智能化改造，发展基于互联网的协同制造新模式。重点推进加快工业研发和协同创新信息化、培育智能制造生产模式、加快传统产业信息化改造和节能环保信息化、大力发展电子商务和在线定制应用、推广质量监测分析和追溯信息化应用、加强工业互联网基础设施和产业聚集区信息化建设、提升信息产业支撑能力、加快工业信息安全体系建设。

二是推动产业集聚区两化深度融合。实施数字化产业集聚区发展战略，完善产业集聚区信息基础设施，优化公共信息服务环境，建设一批网络协同制造、生产服务外包、异地监控、技术交流和应用培训等方面的公共服务平台，实现要素资源集中配置，降低区内企业交易成本，带动产业集群发展。提升产业集聚区的信息化基础设施水平，统筹部署、共建共享园区的网络基础支撑系统 IPv6 改造、下一代互联网驻地网改造及基于 4G、5G 的无线局域网建设，构建宽带、融合、泛在的工业基础设施环境。推广普及物联网技术，逐步实现制造设备和制造系统的近距离通信和智能化升级。

三是积极培育新一代信息技术等战略性新兴产业。推动新一代移动通信网、物联网、云计算等的应用示范，支持物联网在基础设施、交通运输、工业控制等领域的试点应用，带动研发、设计、制造、软件、系统集成等相关产业创新发展，促进信息服务等新兴业态发展，形成基于基础设施、应用平台和智能终端的价值链生态体系。

四是加快发展电子商务。加快推进河北省电子商务发展顶层设计，明确河北省电子商务发展的总体目标、战略路径和发展重点，为深化电子商务应用和提升电子商务服务能力搭建发展框架，制定支撑体系建设的总体策略。集聚国内外电子商务优势企业，打造电子商务集群，出台产业园促进政策，提升电子商务服务和创新孵化能力。大力支持一批电子商务服务公共平台和新型电子商务市场建设，引导品牌推广、渠道建设、支付结算等环节的革新，开展线上结算、线下体验的 O2O 模式试点，通过税收优惠政策鼓励发展跨境电子商务。

山西省两化融合发展水平分析

【总体情况】

（一）经济概况

2015 年，山西省全年生产总值为 12802.6 亿元，较 2014 年增长 3.1%。其中，第一产业增加值 788.1 亿元，同比增长 1.0%，占生产总值的比重为 6.2%；第二产业增加值 5224.3 亿元，同比下降 1.1%，占生产总值的比重为 40.8%；第三产业增加值 6790.2 亿元，同比增长 9.8%，占生产总值的比重为 53.0%。全年规模以上工业增加值下降

2.8%；规模以上工业企业实现主营业务收入14393.7亿元，同比下降16.9%。其中，医药工业实现主营业务收入171.2亿元，同比增长4.0%；煤炭、冶金、装备制造、电力、焦炭、化学、食品和建材工业分别实现主营业务收入5759.7亿元、2713.8亿元、1479.4亿元、1458.7亿元、776.9亿元、740.5亿元、648.6亿元和310.2亿元，同比分别下降15.7%、28.6%、9.3%、8.9%、24.7%、12.4%、9.4%和15.6%。

（二）两化融合主要进展

2015年，山西省主动适应经济发展新常态，围绕“四化”同步发展，强化“互联网+”思维，加快信息基础设施建设步伐，扎实推进信息化与工业化深度融合，不断深化经济和社会各领域信息化应用，建立信息消费持续稳定增长长效机制，全面提高山西省信息化建设质量和水平。

1．实施宽带山西2015专项行动

推动“宽带中国”示范城市建设。积极推动宽带接入速率整体提升，截至2015年年底，山西省互联网接入端口达1208万个，宽带接入用户数达598.2万户，8M以上的宽带用户329.8万户。加速推进3G建设和4G覆盖，3G基站总数达4.1万个，4G基站达3.9万个；3G用户数达764.7万户，4G用户数达1091.6万户。深入实施重点公共场所i-Shanxi无线局域网建设与服务工程；升级完善i-Shanxi认证服务平台，实现认证统一管理，i-Shanxi已覆盖全省11个地市的机场、火车站、汽车站、各级行政服务中心、公共文娱场馆、医院、旅游景点等300余处公共场所，使用人次过百万。2015年年底启动i-Shanxi技术测试服务验收工作，目前已完成太原、吕梁、晋中等地市120余处场所测试工作，测试通过率达80%，对存在的问题场所已要求承建运营商同步进行整改优化。推动三网融合稳步发展；组织省级通信、广电企业通过国家双向业务进入审批，积极开展融合业务。截至2015年年底，山西省IPTV集成播控平台节目存储量达150T，在线总量标清为14000小时，高清为4000小时，具备了支持130路标清直播频道、130路直播频道1小时时移、60路直播频道72小时回看能力，截至2015年11月中旬共发展IPTV用户达57万户。

2．深化两化融合管理体系贯标试点

山西省加强对国家第一批两化融合管理体系贯标试点企业的跟踪服务，推动太钢、太重、经纬纺机、山西煤机、中国铝业山西分公司、太重煤机6户首批试点企业顺利达标。根据工信部2015年两化融合管理体系工作安排，组织开展了第二批两化融合管理体系试点的申报工作，遴选了山西汾西重工有限责任公司等12户企业进行申报。山西省的汾西重工、工业设备安装有限公司、普德药业、亚宝药业、永济新时速电机、华鑫电气成为第二批试点。加强县区部门和中小企业对两化融合的认识，扩大两化融合管理体系覆盖范围。组织实施省级两化融合管理体系贯标，确定了15户省级两化融合管理体系贯标试点企业。

3．大力实施两化融合示范引领工程

山西省2015年公布了首批16户两化融合示范企业和15户两化融合试点企业名单。名单公布以来，示范企业和试点企业结合自身信息化建设情况，从组织领导体系、信息化战略规划、信息系统典型应用、信息化综合集成创新等方面认真总结经验，形成了优秀信息化解决方案，树立了企业两化融合建设样板。围绕产品设计研发、生产过程控制、技术工艺应用、企业经营管理、市场营销等方面的信息化应用，认定了11户2015年度两化深度融合示范和8户试点企业，继续培育和打造行业两化融合示范标杆。

4．组织开展企业两化融合评估诊断

在全省范围内开展企业两化融合评估诊断和对标引导工作，评估诊断工作依据《工业企业信息化和工业化融合评估规范》（GB/23020—2013），并依托中国两化融合咨询服务平台的山西省评估服务分平台展开。截至2015年年底，山西已收集了300余户企业的两化融合发展数据。通过评估诊断工作，全面了解了山西辖区内各行业企业两化融合总体发展现状，指导企业明确两化融合发展重点和定量目标，推动工业云服务模式发展。支持太钢集团建设中小企业信息化“智助”云平台，采取服务外包方式向中小企业提供统一应用服务，引导和带动更多企业应用工业云服务。

【两化融合发展水平分析】

（一）综合分析

2015年，山西省多数行业和企业背负较大的转型压力，两化融合进展有所放缓，工业应用水平呈现下降态势，导致两化融合发展总指数低于2014年的54.13，降为53.19，降低了近1个点，与全国平均水平的差距进一步拉大。其中，基础环境指数为64.04，比2014年略微提高0.68个点；工业应用指数为47.44，2014年降低4.23个点；应用效益指数为53.83，比2014年提高4个点。具体如表1所示。

表1 2014—2015年山西省两化融合指数情况

指 标	2014年指数	2015年指数	变化情况
基础环境	63.36	64.04	↑0.68
工业应用	51.67	47.44	↓4.23
应用效益	49.83	53.83	↑4
发展指数	54.13	53.19	↓0.94

数据来源：中国电子信息产业发展研究院

（二）具体分析

1. 基础环境指数

2015年，山西省两化融合基础环境水平小幅提升，由2014年的63.36提升至64.04，宽带网络成为建设重点，重点行业的部分企业由于经济困难普遍削减了信息化投入，不再开展信息化专项规划制定工作，对基础环境指数缓慢增长影响较大。在信息基础设施建设方面，山西省城（省）域网出口带宽指数值为67.38，比2014年翻了一番多；固定宽带普及率指数为79.25，比2014年提高6.28个点；固定宽带端口平均速率指数为64.45，比2014年下降2.41个点；移动电话普及率指数为63.98，比2014年提高2.73个点。在互联网应用普及方面，山西省互联网普及率指数为66.66，比2014年提高1.74个点。在两化融合政策环境建设方面，山西省继续设立了两化融合专项引导资金，支持各行业通过两化融合促进工业转型升级。中小企业信息化服务平台数指数为36.85，比2014年提高3.7个点；重点行业典型企业信息化专项规划指数为41.87，比2014年大幅下降了21.57个点。

2. 工业应用指数

2015年，山西省多数企业减少了信息化方面的资金投入和顶层规划，导致在工业应用中，除了重点行业典型企业销售环节电子商务应用水平有所改善、国家新型工业化产业示范基地两化融合发展水平基本保持以外，其余各项指数均有不同程度的下降，工业应用指数降为47.44，比2014年降低了4.23。具体来看，2015年山西省重点行业典型企业ERP普及率指数为48.21，比2014年降低了7.52个点；重点行业典型企业MES普及率指数为59.41，比2014年降低了4.65个点；重点行业典型企业PLM普及率指数为49.36，比2014年降低了3.65个点；重点行业典型企业SCM普及率指数为55.35，比2014年降低了3.5个点；重点行业典型企业采购环节电子商务应用普及率指数为39.09，比2014年大幅降低了18.64个点；重点行业典型企业销售环节电子商务应用普及率指数为52.54，比2014年提升13.84个点；重点行业典型企业装备数控化率指数为35.82，比2014年下降9.72个点；国家新型工业化产业示范基地两化融合发展水平指数为42.5，比2014年略微提升0.21个点。

3. 应用效益指数

2015年，山西省两化融合应用效益指数为53.83，比2014年提高了4个点，其中工业成本费用利润率降幅最大。在地区工业生产效益和水平方面，山西省工业增加值占GDP比重指数为49.6，比2014年降低3.95个点；第二产业全员劳动生产率指数为100.54，比2014年提升34.83个点；工业成本费用利润率指数为11.39，比2014年大幅减少11.16个点；单位工业增加值工业专利量指数为67.91，比2014年显著提高1.03个点。在工业节能减排水平方面，单位地区生产总值电耗指数为63.16，比2014年增加0.75个点。在信息产业发展水平方面，电子信息制造业主营业务收入指数为67.55，比2014年提高7.27个点；软件业务收入指数为11.93，比2014年降低2.41个点。

【优劣势分析】

山西省两化融合的优势主要有以下两点。

一是资源型产业节能减排成为典型实践。山西省出台了加快推进《工业节能环保产业发展行动方案》和《山西省2014—2015年节能减排低碳发展行动计划》，推进实施650项节能改造项目。为推进减排治污，全省实施了燃煤发电机组超低排放改造提速工程，共淘汰黄标车及老旧车21.6万辆，全省PM2.5平均浓度同比下降16.9%。同时，山西省采取多项举措大力发展循环经济，加快太原不锈钢产业园区循环化改造试点和晋城、孝义国家循环经济示范城市创建。

二是软件产业发展政策环境逐步完善。山西省把具有自主知识产权的优秀软件产品、行业解决方案纳入政府采购的推荐目录，在同等条件下优先采购，并给予一定的补贴。在资金方面，对市场前景良好并具有自主知识产权的软件项目给予一定比例的补助，对已取得商业贷款且市场前景看好的项目，按1年期银行贷款基准利率给予贴息补助。为鼓励和支持新软件企业发展，在山西新创办的软件服务企业经认定后，享受国家有关所得税减免政策。对国家规划布局内当年未享受免优惠的重点软件生产企业，按10%的税率征收企业所得税。

同时，山西省两化融合也存在诸多劣势。

一是工业企业两化融合发展面临困境。山西是我国的老工业基地，以煤炭、冶金、焦化、电力、装备制造、煤化工等行业为主，产业特点使得工业企业更加重视工业化，对信息化的认识不足。山西“一煤独大”，产能过剩问题十分严重，煤炭信息化建设对于工业转型升级的带动作用没有显现。

二是中小企业信息化支撑力度不足。山西省中小企业信息化服务平台数指标在2012年虽然有了零的突破，但数量和质量都尚显不足，政府为中小企业开展信息化建设支撑能力不足，使得省内各类中小企业信息化应用发展仍严重滞后。

【相关建议】

对山西省两化融合提出以下建议。

一是加快推进网络提速降费。加快高速宽带网络建设，推进电信基础设施共建共享，推动实现网络资费合理下降，加强电信市场监管，增强电信业服务能力，充分发挥宽带网络在山西省稳增长、调结构、促改革、惠民生方面的基础支撑和引导带动作用。

二是继续加快信息基础设施建设。贯彻落实光纤到户国家强制性标准，实施城市光纤到户和宽带乡村工程，全力推进4G网络建设，扩大4G网络覆盖率。持续推进全省公共场所无线局域网建设，提升全省Wi-Fi热点覆盖服务水平。加快推进三网融合，组织广电网络企业围绕全省统一节目信号源，全面展开NGB升级工作，建立符合全业务运营要求的技术管理系统和业务支撑系统。

三是推进各领域两化深度融合。深化两化融合管理体系贯标试点，在开展国家两化融合管理体系试点的基础上，扩大试点范围，组织开展省级两化融合管理体系贯标试点。加强定期调研和督促检查，及时总结试点企业的贯标经验，加强宣传推广与交流学习。加强示范企业建设和服务工作，积极探索企业两化融合新模式。以示范企业和示范项目为抓手，提升企业两化融合水平。重点支持企业应用信息技术促进产品研发、内部资源管理、供应链管理和开展信息技术服务等，为各行业企业提供标杆、示范和样板。积极培育工业云平台发展模式。云计算平台和大数据分析是实现海量数据存储、计算和分析的载体，是智能制造的“大脑”。

四是积极推动“互联网+”工业发展。推动互联网与相关产业融合发展，深化应用“互联网+”，互联网应用服务产业链进一步拓展。促进工业组织模式、设计模式、生产制造模式、营销模式、服务保障模式创新；细化工业和信息化领域“互联网+”任务分解；通过先行先试抓好试点和项目；积极引导社会资本参与，分步实施一批“互联网+”重大工程，通过重大工程的实施，发展壮大新兴产业，打造新的经济增长点。

内蒙古自治区两化融合发展水平分析

【总体情况】

（一）经济概况

2015 年，内蒙古自治区实现地区生产总值 18032.8 亿元，比 2014 年增长 7.7%。其中，第一产业增加值 1618.7 亿元，同比增长 3.0%；第二产业增加值 9200.6 亿元，同比增长 8.0%；第三产业增加值 7213.5 亿元，同比增长 8.1%。内蒙古自治区人均生产总值达到 71903 元，比 2014 年增长 7.4%，按年均汇率计算折合为 11547 美元。内蒙古自治区三次产业比例为 9∶51∶40。全年全部工业增加值 7939.2 亿元，比 2014 年增长 8.2%。其中，规模以上工业企业增加值增长 8.6%。在规模以上工业企业中，国有及国有控股企业增加值增长 3.2%，集体企业增加值增长 7.2%，股份制企业增加值增长 9.2%，外商及港澳台投资企业增加值增长 6.4%，其他经济类型企业增加值增长 22.4%。在规模以上工业企业中，轻工业增加值增长 11.3%，重工业增加值增长 8.0%。内蒙古自治区规模以上工业企业实现主营业务收入 18522.7 亿元，比 2014 年下降 0.3%；实现利润 940.5 亿元，同比下降 23.8%。2015 年规模以上工业企业产品销售率 96.6%，产成品库存额 643.2 亿元，同比增长 0.7%。

（二）两化融合主要进展

2015 年，内蒙古自治区紧紧围绕自治区党委政府“8337”发展思路，按照工信部两化深度融合工作部署要求，大力推进两化深度融合工作，自治区两化深度融合工作在区域、行业、企业层面都取得了显著的进展。

1．强化了两化融合组织领导

成立了以自治区政府分管工业和信息化的副主席为组长，自治区相关部门、四市政府领导为副组长，自治区相关部门、四市相关部门为成员的领导小组，负责呼包鄂地区信息化和工业化融合试验区工作的组织领导。下设领导小组办公室和专家咨询组，办公室负责完成领导小组交办的各项工作任务，协调解决试验区工作中出现的问题，专家咨询组主要为试验区提供咨询和技术指导等服务工作。随着两化深度融合工作在全区全面推进，在原有领导小组的基础上增设了自治区两化融合领导小组，成立了自治区经信委主要领导担任组长、分管行业处室的领导为副组长、各相关行业处室处长为成员的两化深度融合推进领导小组，统筹协调全区两化融合工作，指导和部署两化深度融合的各项任务，督促检查各项工作的落实。

2．建立了贯标推进服务体系

以自治区电子信息产品质量检验院为支撑平台，按照联盟的形式把大专院校、科研机构、行业协会、电信运营商、IT 企业，包括典型企业在内的第三方力量凝聚在一起，以“政府引导、企业为主、政策支持、联盟提供咨询服务”的工作思路，形成上下协同、各负其责、紧密配合、运转高效的贯标推进和服务体系，为自治区两化融合工作的顺利推进提供强有力的支撑。通过联盟为切入点，组建了自治区两化融合专家库。专家由自治区重点行业协会的专家学者、信息化方面的专家和部分试点企业信息主管三方组成。

3．加强两化融合政策引导

根据内蒙古实际两化融合实际发展情况，制定了《内蒙古自治区人民政府关于进一步促进中小企业发展的意见》《内蒙古自治区关于加快推进信息化和工业化融合的指导意见》《内蒙古自治区人民政府关于加快内蒙古电信和邮政业发展的意见》《内蒙古自治区“十二五”信息化规划》《内蒙古自治区两化融合“十二五”专项规划》《内蒙古呼包鄂地区信息化和工业化融合创新试验区实施意见》《内蒙古信息化和工业化深度融合专项行动方案（2015—2020年）》《内蒙古工业云创新行动试点工作方案》《内蒙古网络协同制造试点工作方案》《内蒙古自治区信息化和工业化深度融合发展专项资金管理办法》等政策文件，为两化融合发展营造了良好政策环境。

【两化融合发展水平分析】

（一）综合分析

2015年内蒙古自治区两化融合发展总指数为57.49，比2014年提高了6.64个点。其中，基础环境指数提高较快，达到78.53，较2014年的64.91增长13.62个点，表明内蒙古基础环境建设取得较大进展，对两化融合发展水平提升的贡献较大；工业应用指数为45.97，比2014年的44.43增长1.54个点；应用效益指数达到59.50，比2014年的53.61有5.89个点的提升，如表1所示。

表1　2014—2015年内蒙古自治区两化融合指数情况

指　标	2014年指数	2015年指数	变化情况
基础环境	64.91	78.53	↑13.62
工业应用	44.43	45.97	↑1.54
应用效益	53.61	59.50	↑5.89
总指数	51.85	57.49	↑6.64

数据来源：中国电子信息产业发展研究院

（二）具体分析

1．基础环境指数

2015年，内蒙古自治区两化融合基础环境指数为78.53，较2014年提升13.62个点，除移动电话普及率指标外，其他各项分指标均有不同程度增长，其中，中小企业信息化服务平台数增长最快，固定宽带端口平均速率位列其次。具体来看，2015年，内蒙古自治区城（省）域网出口带宽指数为49.02，比2014年的47.01增加了2.01个点；固定宽带端口平均速率指数由2014年的68.43提高至83.38，同比增长14.95个点；移动电话普及率指数由2014年的71.14下降到70.05，同比降低1.09个点；互联网普及率指数由2014年的60.65提升至62.32，同比增长1.67个点；近三年均设立了两化融合专项引导资金；中小企业信息化服务平台发展水平有了较大改善，由2014年的72.97猛增至150，显著提高了77.03个点；重点行业典型企业信息化专项规划指数由2014年的35.49增至2015年的40.91，同比增长5.42个点。

2．工业应用指数

2015年，内蒙古自治区工业应用水平为45.97，比2014年的44.43升高了1.54个点。具体来看，2015年，重点行业典型企业ERP普及率、MES普及率、PLM普及率、SCM普及率四项分指数分别为51.27、52.93、44.93和50.35，较2014年分别升高2.48个点、12.60个点、2.30个点和2.25个点，其中重点行业典型企业MES普及率上升幅度最为显著；重点行业典型企业采购环节电子商务应用指数为54.25，较2014年提高了8个点；重点行业销售环节电子商务应用指数为44.3，较2014年提升了0.12个点；重点行业典型企业装备数控化水平出现明显下滑，由2014年的36.60降至35.84，下降幅度为0.76个点；国家新型工业化产业示范基地两化融合发展水平有所下降，从2014年的49.10下降至2015年的37.04，降幅为12.06个点。

3．应用效益指数

2015年，内蒙古自治区两化融合应用效益指数为59.50，比2014年的53.61有5.89个点的提升，其中，第二产业全员劳动生产率、单位工业增加值工业专利量、电子信息制造业主营业务收入、软件业务收入各有提升，工业增加值占GDP比重、工业成本费用利润率、单位地区生产总值电耗则下降较为明显。具体表现为，工业增加值占GDP比重指数为53.02，较2014年降低2.59个点；第二产业全员劳动生产率水平由2014年的120.74大幅上升46.13个点至166.87；工业成本费用利润率指数较 2014 年的 55.40 明显下降至 44.44，降幅为 9.96 个点；电子信息制造业主营业务收入发展指数由 2014 年的 25.76 降低了 3.50 个点，降至 22.26；软件业务收入发展指数较 2014 年的 14.38 有 0.77 个点的略微提高。

【优劣势评价】

内蒙古自治区两化融合发展具有以下优势。

一是技术创新工作厚植发展优势。内蒙古自治区单位工业增加值工业专利量由 2014 年的 27.92 提升至 30.55，增长 2.63 个点。目前，自治区级企业技术中心已达到 117 家。企业申请发明专利 1924 件，授权 458 件。继续实施质量品牌创新培育工作，节能技术、清洁生产、共性关键技术等产业化率达 70%以上。

二是电子商务发展成绩显著。内蒙古自治区重点行业典型企业采购环节电子商务应用由 2014 年的 46.25 提升至 54.25，大幅增长 8.00 个点。内蒙古自治区把推动电子商务发展作为两化融合的重点工作，积极培育电子商务服务企业，大力支持行业性专业化电子商务平台建设。自治区从事电子商务服务企业达 450 家，从事企业间电子商务服务企业约 190 家，从事网络零售服务企业 250 家。全年电子商务交易总额约 710 亿元，企业间电子商务交易额约为 660 亿元，网络零售交易额约为 50 亿元。内蒙古商网、中国薯网、爱上草原商城、同利家网上商城、乌海市煤焦化交易中心等一批本地化行业电子商务平台和流通企业自建电子商务平台也相继涌现。

同时，内蒙古自治区两化融合也存在一些劣势。

一是信息技术、应用和产业体系化运转能力不足。近年来，自治区电子信息产业发展水平持续提升，技术创新成果大量涌现，但技术产业化转化能力远远落后于先进地区，软件、云计算等产业发展尚未形成完整的产业链布局，电子信息产业和软件企业主营业务收入指数分别为 25.76 和 15.15，分别低于全国平均值 77.93 个点和 92.82 个点，在全国排名居后，信息产业支撑能力有待加强。

二是协同推进机制建立不足。内蒙古自治区两化融合政策体系建设亟待完善，两化融合发展氛围需要进一步培育。在自治区两化融合推进过程中，各级政府和企业家对两化融合对工业转型升级的引领作用认识较低，部分部门和地方从局部出发认识两化融合，尚未形成统一的认识和全面系统的工作体系，在一定程度上影响了两化融合政策的实施，统筹协调机制有待进一步健全。

【相关建议】

对内蒙古自治区两化融合提出以下建议。

一是构建两化融合推进保障体系。以推进产业结构优化升级、转变经济发展方式、实现新型工业化为目标，内蒙古自治区应充分发挥市场在资源配置中起决定性作用和更好发挥政府作用，突出企业作为两化深度融合中的主体地位，坚持政府引导、突出重点、分类指导，加快推动区域、行业、企业三个层面深化信息技术在工业企业和行业领域的深度应用、统筹兼顾、合力推进，根据委内行业处室业务职能进行明确分工、各负其责，充分调动各盟市、科研院所、行业协会和第三方机构的积极性，形成上下协同、紧密配合、运转高效的两化深度融合推进保障体系，使两化深度融合成为自治区工业经济增长的倍增器，产业升级的助推器，产业结构调整、发展方式转变的转换器。

二是大力发展“互联网+”工业。紧紧围绕自治区工业“四大基地”建设和工业转型升级需求，内蒙古自治区应以推进两化深度融合为主线，引导工业企业实现生产全流程的互联网转型，推动传统产业实现生产方式、经济模式、产业结构的改造升级，加快信用、物流、安全、大数据分析等工业互联网配套体系建设，推动生产方式和商业模式变革。面向煤炭、电力、冶金、化工、农畜产品加工、装备等重点行业和重点企业，加大“互联网+”推进力度，积极开展智能制造和两化深度融合管理体系贯标对标工作。发展基于互联网的个性化定制、众包设计、云制造等新型制造模式，推动形成基于消费需求动态感知的研发、制造和产业组织方式。加快工业云及工业大数据创新服务平台建设和应用示范，推动软件与服务、设计与制造资源、关键技术与标准的开放共享，催生在线研发设计、协同供应链管理、协同制造等新业态。积极推进智能制造，探索建设智能工厂。加快工业园区信息基础设施优化、开发管理精细化、功能服务专业化、产业发展智能化，打造智慧工业园区。建立工业运行在线监测平台，推动工业运行决策科学化。实施中小企业信息化推进工程，推动基于互联网的信息化服务和中小企业公共服务体系建设。

辽宁省两化融合发展水平分析

【总体情况】

（一）经济概况

2015 年，辽宁省全年地区生产总值 28743.4 亿元，比 2014 年增长 3.0%。其中，第一产业增加值 2384.0 亿元，同比增长 3.8%；第二产业增加值 13382.6 亿元，同比下降 0.2%；第三产业增加值 12976.8 亿元，同比增长 7.1%。三次产业增加值占地区生产总值的比重由 2014 年的 8.0∶50.2∶41.8 调整为 8.3∶46.6∶45.1。人均地区生产总值 65521 元，比 2014 年增长 3.1%，按年均汇率折算为 10520 美元。全年规模以上工业增加值比 2014 年下降 4.8%。分门类看，全年采矿业实现工业增加值同比下降 5.7%，占全省规模以上工业增加值的 9.2%；制造业实现工业增加值同比下降 4.9%，占 85.8%；电力、燃气及水的生产和供应业实现工业增加值下降 1.1%，占 5.0%。全年规模以上工业企业高新技术产品增加值比 2014 年增长 3.2%。

（二）两化融合主要进展

辽宁省以创新驱动为引领，充分发挥两化融合在促进工业发展转型、经济发展方式转变方面的重大作用，加强信息技术在工业各领域的广泛应用、渗透与融合，不断完善政府引导体系和企业服务体系，重点提升自主创新能力、重大装备成套能力、基础配套能力及生产性服务业支撑能力，两化融合取得显著实效。

1．完善了两化融合基础设施体系

国家级互联网骨干直联点建成运行。沈阳国家级互联网骨干直联点正式运行，互联网网间时延下降 27%，下载速度提升 21%，沈阳成为信息集散中心和通信网络枢纽，带动了东北三省网站和网民增长，拉动了信息消费，显著改善互联网通信质量。建成了东北地区最大的超算中心——东北区域超算中心及基于超算云计算的面向信息产业共性技术创新平台，计算能力高达 1170 万亿次/秒，在全国区域仅次于上海超算中心，东北区域超算中心对用信息技术改造提升制造业及培育发展大数据、云计算、互联网等新一代信息技术产业起到了重要的推进作用，大大提升了沈阳大数据产业在全国的竞争力。加快培育物联网发展环境。对沈阳、大连“三网融合”试点区域光纤宽带网络加速升级改造，引导企业开展“宽带商务平台”“无线城市 智能公交”等创新应用，通过行业龙头的示范引领效应，推进信息技术在交通、物流等传统产业的深化应用，带动了相关产业的信息化升级。

2．构建了两化融合服务支撑体系

辽宁省推进重点工业企业两化融合水平测度机制建设。为全面了解辖区内各行业企业两化融合总体发展现状，指导企业明确两化融合发展重点和定量目标，探索科学、分类、定量、持续推进区域两化融合的新模式，建立了省、市协同推进机制，组织省内规模以上工业企业开展两化融合评估诊断工作，目前有400多家工业企业纳入评估体系并且能够及时填报有效数据。积极推进国家两化融合管理体系贯标试点进程。根据工信部有关《信息化和工业化融合管理体系要求》，辽宁省组织推荐省内行业骨干企业、第三方机构申报国家试点，经审核同意，全省共有沈飞集团、中国华录集团、本钢集团、华锦化工等12家企业为国家首批两化融合管理体系贯标试点企业，沈阳赛宝、沈阳格微及大连圣达3家机构入围咨询服务机构，鞍钢股份、国网大连公司等6家企业通过国家审核评定。2015年辽宁省抚顺新钢铁、鞍山聚龙股份、阜新环宇橡胶等29家企业又成为国家第二批贯标试点。目前，全省共有国家试点企业41家。

3．设立了两化融合资金

辽宁省安排了省技改贴息资金7000万元，重点支持沈阳机床数字化企业、沈鼓集团重大能源装备智慧化制造信息平台、华晨汽车集团管控信息系统建设和沈阳远大集团全球战略集成执行系统等7家重点装备制造两化融合项目，总投资9.37亿元。从辽宁省重大技术装备专项资金中安排了5840万元，用于支持智能化技术装备项目6项。2015年技术创新专项重点支持了4个两化融合项目、13个贯标试点企业，安排资金1450万元。

【两化融合发展水平分析】

（一）综合分析

2015年，辽宁省两化融合发展总指数为75.60，比2014年增长3.75个点，其中，应用效益指数增长最快，对总指数提升的贡献较大。基础环境方面，2014年辽宁省基础环境指数为82.58，2015年基础环境指数为85.49，2015年比2014年提高了2.91个点。工业应用方面，2014年辽宁省工业应用指数为57.25，2015年工业应用指数为60.16，2015年比2014年提高了2.91个点。应用效益方面，2014年辽宁省应用效益指数为90.31，2015年应用效益指数为96.59，2015年比2014年提高了6.28个点。如表1所示。

表1　2014—2015年辽宁省两化融合指数情况

指　标	2014年指数	2015年指数	变化情况
基础环境	82.58	85.49	↑2.91
工业应用	57.25	60.16	↑2.91
应用效益	90.31	96.59	↑6.28
总指数	71.85	75.60	↑3.75

数据来源：中国电子信息产业发展研究院

（二）具体分析

1．基础环境指数

辽宁省两化融合基础环境继续得到改善。2015年辽宁省基础环境指数为85.49，其中，固定宽带端口平均速率提升最快，固定宽带普及率、互联网普及率、重点行业典型企业信息化专项规划均有提高，城（省）域网出口带宽、移动电话普及率有所下降。在信息基础设施建设方面，2015年辽宁省城（省）域网出口带宽指数为67.47，比2014年的75.32降低了7.85个点；固定宽带普及率指数为67.47，比2014年下降7.85个点；固定宽带端口平均速率为79.56，比2014年大幅提升11.25个点；移动电话普及率指数为69.11，比2014年下降0.47个点。在互联网应用普及方面，2015年辽宁省互联网普及率指数为73.38，比2014年提高2.20个点。在两化融合政策环境建设方面，2015年辽宁省设立了两化融合专项引导资金；中小企业信息化服务平台数指数为150，与2014年持平；重点行业典型企业信息化专项规划指数为63.84，比2014年上升5.70个多点。

2．工业应用指数

2015年辽宁省工业应用指数为60.16，其中，重点行业典型企业MES普及率比2014年有显著下降；重点行业典型企业ERP普及率、重点行业典型企业PLM普及率、重点行业典型企业SCM普及率和国家新型工业化产业示范基地两化融合发展指标有所增长；除此之外，其他工业应用分项指标均有所下降，重点行业典型企业销售环节电子商务应用指标下降幅度最大。具体来看，2015年辽宁省重点行业典型企业ERP普及率指数为58.34，比2014年上升6.72个点；重点行业典型企业MES普及率指数为49.65，比2014年下降13.01个点；重点行业典型企业PLM普及率指数为 52.57，比 2014 年上升 2.30 个点；重点行业典型企业 SCM 普及率指数为 57.44，比 2014 年增长 4.62 个点；重点行业典型企业采购环节电子商务应用普及率指数为 43.50，比 2014 年下降 10.98 个点；重点行业典型企业销售环节电子商务应用普及率指数为 52.78，比 2014 年大幅降低 3.69 个点；重点行业典型企业装备数控化率指数为 41.53，比 2014 年下降 0.26 个点；国家新型工业化产业示范基地两化融合发展水平指数为 118.83，比 2014 年提高 33.08 个点。

3．应用效益指数

2015 年，辽宁省两化融合应用效益指数达到 96.59，其中，第二产业全员劳动生产率增长较快，工业增加值占 GDP 比重、工业成本费用利润率、电子信息制造业主营业务收入略有下降。在地区工业生产效益和水平方面，2015 年辽宁省工业增加值占 GDP 比重指数为 50.43，比 2014 年下降 1.79 个点；第二产业全员劳动生产率指数为 125.60，比 2014 年提高 37.67 个点；工业成本费用利润率指数为 31.00，比 2014 年下降 2.95 个点；单位工业增加值工业专利量指数为 72.85，比 2014 年提高 1.45 个点。在工业节能减排水平方面，单位地区生产总值电耗指数为 96.46，比 2014 年大幅提高 2.15 个点。在信息产业发展水平方面，电子信息制造业主营业务收入指数为 102.37，比 2014 年下降 2.37 个点；软件业务收入指数为 232.92，比 2014 年提高 6.78 个点。

【优劣势评价】

辽宁省两化融合发展的优势有如下方面。

一是工业基础雄厚，两化融合潜力巨大。辽宁省工业门类比较齐全，拥有基础比较雄厚的工业体系，是中国主要的工业和原材料基地。2015 年辽宁省全年规模以上工业增加值按可比价格计算比 2014 年增长 4.8%。辽宁省许多工业产品在中国占有较大比重，如发电量、原油、天然气、原煤、机床、冶金设备、矿山设备、变压器、汽车等产量在中国都占有重要地位；石化、冶金、电子信息、机械仍是辽宁省四大支柱产业。

二是具备较好的两化融合技术知识创新能力。辽宁省现有高校 83 所，其中软件学院 15 所，从事科技活动人员 24.9 万人，其中研究与实验发展（R&D）人员 13.5 万人，拥有上百家省及中央直属院所，国家及省级工程技术研究中心 489 个，产业技术创新战略联盟 28 个。辽宁省是国家知识创新工程先进制造技术的研究与发展基地，是国家软件工程中心等一批国家级先进制造技术研究和工程化的中心，其在产品设计、分析软件和制造过程管控技术、网络化制造等制约企业信息化发展的关键、共性技术技术领域的研究已达到国际先进和国内领先水平。

辽宁省两化融合的发展也存在不足之处，主要表现在如下方面。

一是产业被锁定在中低端环节。2015 年，辽宁省工业成本费用利润率指数为 31.00，低于全国平均水平 10.02 个点，位于全国末端行列。辽宁省工业成本持续上升，工业利润持续下降，全省两化融合整体发展水平提升有限。由于全省从事资源开发和成品初级加工的企业较多，工业核心竞争力培育不足，技术创新不活跃，产业发展难以适应未来市场竞争压力。

二是两化融合的广度和深度不足。辽宁省工业企业生产管理环节的信息化建设滞后，大多停留在单项应用阶段，重点行业典型企业 ERP 普及率、重点行业典型企业 MES 普及率、重点行业典型企业 PLM 普及率、重点行业典型企业 SCM 普及率、重点行业典型企业装备数控化率指数分别为 58.34、49.65、52.57、57.44、41.53，分别低于全国平均值 4.37 个点、20.02 个点、7.06 个点、1.37 个点和 9.77 个点，排在全国下游水平，与辽宁省的工业大省地位不符。

【相关建议】

对辽宁省两化融合提出以下建议。

一是推动传统产业转型升级。以装备制造、冶金、石化等行业龙头企业为核心，推进信息技术在传统产业中广泛应用与综合集成，促进产业结构调整优化升级，提高行业整体竞争力。以信息化创新研发设计手段，推动从计算机辅助设计（CAD）、计算机辅助制造（CAM）向计算机辅助工程（CAE）、虚拟仿真、数字模型方向发展，增强产业自主创新能力；推动生产装备智能化和生产过程自动化，提高精准制造、高端制造、敏捷制造能力，加快建立现代生产体系；推进企业管理信息系统的综合集成，推动信息共享、系统整合和业务协同，形成现代经营管理体系。

二是加快产品智能化提升。通过加快嵌入式芯片、可编程控制器等智能技术在工业产品中的应用，提升工业产品信息技术含量和附加值，在高端装备制造领域每年推出 10 个智能化工业产品示范，推动工业产品向价值链高端跨越。推进高档数控机床与基础制造装备、自动化成套生产线、轻型工业机器人及自动化关键基础零部件、元器件及通用部件的发展。提升飞机、汽车、船舶等大型工业产品的智能化水平，研发一批新型智能产品。提升家庭电子产品信息化水平，发展智能家电，建立集智能家电、网络及相关服务为一体的产业发展模式。

三是提升信息产业支撑能力。依托科技重大专项和技术改造，推进信息技术与传统工业技术间的协同创新，加快电子产品的开发和产业化，大力发展高档数控系统、制造执行系统、工业控制系统等工业软件，提高自主产品、解决方案的市场竞争力，着力构建融合、泛在、安全的下一代国家信息基础设施。

吉林省两化融合发展水平分析

【总体情况】

（一）经济概况

2015 年，吉林省实现地区生产总值 14274.11 亿元，按可比价格计算，比 2014 年增长 6.5%。其中，第一产业增加值 1596.28 亿元，同比增长 4.7%；第二产业增加值 7337.06 亿元，同比增长 5.6%；第三产业增加值 5340.77 亿元，同比增长 8.3%。三次产业的结构比例为 11.2∶51.4∶37.4，对经济增长的贡献率分别为 6.9%、47.4%和 45.7%。按常住人口计算，全省人均 GDP 达到 51852 元（按年平均汇率折合 8327 美元），比 2014 年增长 6.5%。全省规模以上工业实现增加值 6054.63 亿元，比 2014 年增长 5.3%。其中，轻工业实现增加值 1956.59 亿元，同比增长 6.7%；重工业实现增加值 4098.04 亿元，同比下降 0.2%。在规模以上工业中，汽车制造产业实现增加值 1456.38 亿元，比 2014 年下降 14.0%；石油化工产业实现增加值 720.12 亿元，同比增长 13.9%；食品产业实现增加值 1068.37 亿元，同比增长 4.0%；信息产业实现增加值 133.38 亿元，同比增长 13.6%；医药产业实现增加值 533.78 亿元，同比增长 12.2%；冶金建材产业实现增加值 742.19 亿元，同比增长 4.7%；能源产业实现增加值 107.76 亿元，同比下降 4.2%；纺织产业实现增加值 129.25 亿元，同比增长 3.4%；六大高耗能行业共实现增加值 1238.55 亿元，同比增长 3.4%；高技术制造业实现增加值 577.30 亿元，同比增长 12.6%，占规模以上工业增加值的比重为 9.5%；装备制造业实现增加值 630.43 亿元，同比增长 13.0%，占规模以上工业增加值的比重为 10.4%。

（二）两化融合主要进展

吉林省按照工信部推进两化深度融合工作部署，围绕省政府工作重点，结合全省工业和信息化建设实际，以推进信息化和工业化深度融合为主线，着力完善两化融合政策体系，加快两化融合基础设施建设，提升两化融合综合服务能力，推动两化融合试验区建设，推进两化融合管理体系贯标，加大两化融合重点项目支持力度，全省两化融合水平不断提升。

1．加快两化融合基础设施建设

吉林省公共信息网络已覆盖全省所有城乡，行政村全部通电话、通宽带目标全面完成，全省固定电话达到 578.2 万户，固定电话普及率达到 21 线/百人，移动电话 2605.8 万户，移动电话普及率达到 94.7 部/百人，互联网接入 424.2 万户，移动互联网用户 1661.1 万户，宽带普及率达到 15.4 户/百人。第四代移动通信（4G）网络建设和全覆盖进程不断加快，已建 4G 基站 2.4 万个。

2．提升两化融合综合服务能力

吉林省研究制定了《工业企业两化融合评估规范》和《两化深度融合评估指标评测方法》。发挥自主开发的“吉林省两化融合数据采集评估系统”作用，逐步扩大评估范围和评估规模，连续两年形成吉林省两化融合水平分析报告，为统计分析相关数据、掌握全省两化融合情况提供了必要手段。吉林省电子检验院作为省内贯标服务机构完成了省两化融合评估平台建设，指导吉林敖东顺利通过国家首批贯标认定，咨询服务能力显著提高。

3．推进工业与互联网融合创新发展

吉林省建设了创业孵化基地和中小企业服务平台，推进专利新产品生产、专利新技术应用，组织实施了百种重大新产品规模化生产示范工程和百项新产品新技术开发计划。利用互联网平台，探索建立技术产权交易在线市场，加快科技攻关成果实现产业化。开展了吉林市、延边州和长春净月高新区 3 个国家信息消费试点建设，组织了一批电子商务应用创新示范项目建设，支持企业加强与户美公司及阿里巴巴、百度等知名互联网企业合作，建立 O2O 销售网点，引导企业应用电子商务开拓市场。

【两化融合发展水平分析】

（一）综合分析

2015 年，吉林省两化融合发展总指数为 65.75，工业应用和应用效益指数有不同程度的提升，特别是工业应用指数提升最快。基础环境方面，2014 年基础环境指数为 76.67，2015 年基础环境指数为 71.66，2015 年比 2014 年下降了 5.01 个点。工业应用方面，2014 年工业应用指数为 51.57，2015 年工业应用指数为 60.41，2015 年比 2014 年提升 8.84 个点。应用效益方面，2014 年应用效益指数为 62.76，2015 年应用效益指数为 70.53，2015 年比 2014 年提高 7.77 个点。具体如表 1 所示。

表 1　2014—2015 年吉林省两化融合指数情况

指　标	2014 年指数	2015 年指数	变化情况
基础环境	76.67	71.66	↓5.01
工业应用	51.57	60.41	↑8.84
应用效益	62.76	70.53	↑7.77
总指数	60.65	65.75	↑5.10

数据来源：中国电子信息产业发展研究院

（二）具体分析

1．基础环境指数

吉林省两化融合基础环境建设发展显著。2015 年吉林省基础环境指数为 71.66，其中固定宽带普及率、固定宽带端口平均速率、移动电话普及率、互联网普及率、重点行业典型企业信息化专项规划增长明显。在信息基础设施建设方面，2015 年吉林省城（省）域网出口带宽指数为 46.57，比 2014 年的 49.32 降低了 3.75 个点；固定宽带普及率指数为 76.18，比 2014 年提高 3.21 个点；固定宽带端口平均速率为 69.61，比 2014 年下降 0.41 个点；移动电话普及率指数为 65.40，比 2014 年提高 4.01 个多点。在互联网应用普及方面，2015 年吉林省互联网普及率指数为 61.86，比 2014 年提高 2.72 个点。在两化融合政策环境建设方面，2015 年吉林省设立了两化融合专项引导资金；中小企业信息化服务平台数指数为 86.85，比 2014 年下降 59.49 个点；重点行业典型企业信息化专项规划指数为 64.06，比 2014 年提高 4.93 个点。

2．工业应用指数

2015 年，吉林省工业应用指数为 60.41，其中，重点行业典型企业 PLM 普及率、重点行业典型企业 SCM 普及率、重点行业典型企业 MES 普及率、重点行业典型企业采购环节电子商务应用、重点行业典型企业销售环节电子商务应用和重点行业典型企业装备数控化率均比 2014 年有 10 个点以上的显著提升。2015 年吉林省重点行业典型企业ERP普及率指数为67.07，比2014年下降2.86个点；重点行业典型企业 MES 普及率指数为57.85，比 2014 年下降 11.13 个点；重点行业典型企业 PLM 普及率指数为 59.45，比 2014 年下降2.06 个点；重点行业典型企业 SCM 普及率指数为61.67，比 2014 年下降 4.62 个点；重点行业典型企业采购环节电子商务应用普及率指数为 74.68，比 2014 年上升 26.56 个点；重点行业典型企业销售环节电子商务应用普及率指数为 78.88，比 2014年上升 30.89 个点；重点行业典型企业装备数控化率指数为 41.87，比 2014 年提高 10.00 个点；国家新型工业化产业示范基地两化融合发展水平指数为 47.10，比 2014 年提高近 2.49 个点。

3. 应用效益指数

2015 年，吉林省两化融合应用效益指数达到70.53，其中，工业增加值占 GDP 比重、工业成本费用利润率、单位地区生产总值电耗、电子信息制造业主营业务收入、软件业务收入有所增长，单位工业增加值工业专利量、单位地区生产总值电耗均有所下降。在地区工业生产效益和水平方面，2015 年工业增加值占 GDP 比重指数为 52.86，比 2014 年略上升 0.41 个点；第二产业全员劳动生产率指数为 130.49，比 2014 年大幅提升 42.50个点；工业成本费用利润率指数为 41.46，比 2014年上升 2.35 个点；单位工业增加值工业专利量指数为 37.11，2014 年下降 3.82 个点。在工业节能减排水平方面，单位地区生产总值电耗指数为118，比 2014 年提升 2.33 个点。在信息产业发展水平方面，电子信息制造业主营业务收入指数为20.12，比 2014 年下降 0.89 个点；软件业务收入指数比 2014 年提高 9.36 个点。

【优劣势评价】

吉林省两化融合发展的优势有如下方面。

一是地域区位优势独特。东北第二条亚欧大陆桥东起珲春，经长春、乌兰浩特直抵阿尔山，是真正意义上通疆连海的国际陆上大通道，并将逐步形成东北各省乃至整个东北亚各国之间资源互补、互利共赢的地缘关系新格局。长吉图开发开放先导区规划和辽宁沿海经济带等规划被纳入国家总体战略后，东北地区的开放程度将进一步提高，进而带动吉林省在更大范围、更广领域、更高层次上参与国际产业分工与合作，为两化融合发展带来难得的机遇。

二是两化融合管理体系贯标工作扎实。吉林省大力开展两化融合管理体系贯标培训活动，已在吉林、四平等市举办 4 场分片区培训活动，受训企业 563 家、人员 751 人，较好地提高了省内企业对贯标工作的认知度。截至 2015 年年底，20家企业成为国家贯标试点企业，2015 年中化长山和吉林敖东两家国家首批贯标试点企业已通过国家贯标评定。开展省级两化融合试点企业评定工作，目前共 22 家企业成为省级试点企业，作为国家试点的后备。

三是两化融合资金雄厚。全省设立省级信息化专项 1.75 亿元，支持两化融合重点项目 213 个，涵盖汽车零部件、化工、纺织、医药、软件等产业，带头项目总投资达 49.1 亿元。

同时，吉林省要进一步推进两化深度融合，推动产业转型升级，提高工业发展水平和质量，还必须着力解决以下劣势。

一是部分企业两化融合应用水平仍然偏低。全省有部分企业的信息化系统建设依旧停留在单机应用阶段，大多数企业特别是中小企业信息技术对工业支撑不足。同时，信息化快速发展的环境尚不完善，在技术、资金、通信基础设施建设和复合型人才教育培训等方面，没有形成良好的外部环境。

二是工业企业电子商务应用水平较低。吉林省电子商务还处于发展初期，基础较弱。目前阿里平台上从事电商交易的企业 100 多万家，其中吉林省企业不到 2000 家，而全省有近 20 万家中小企业，由此可知开展电子商务的比例很低，与发达省份存在较大差距。

三是两化融合促进节能减排、解决产能过剩任务艰巨。吉林省是老工业基地，产业结构偏重，高能耗企业占经济结构比重较大，水泥等原料严重过剩，利用信息化控制节能减排、解决产能过剩任务艰巨。

【相关建议】

对吉林省两化融合提出以下建议。

一是建设工业产业云服务平台。推动建设省级两化深度融合试验区，聚集汽车、轨道客车、化工、医药、纺织等重点行业和产业园区，开展两化深度融合管理体系贯彻国家标准试点，探索建设工业云创新服务平台，重点推动云服务应用示范，打造协同研发设计、协同供应链管理和网络制造产业集群示范区，培育智能制造、云制造等产业新模式、新业态。

二是培育发展智慧型企业。着力培育两化深度融合示范企业，支持一批省级两化融合管理体系贯标试点项目，大力推进企业设计数字化、装备智能化、生产自动化、管理网络化、商务电子化，大力发展工业互联网，推广基于互联网的产品设计、柔性制造、个性化定制等新型制造模式，探索建设智能工厂。推动重点行业节能减排信息化应用，加强相关行业互联网安全生产监测管理，推动传统行业绿色安全制造水平提升。

三是推进中小企业信息化能力提升。组织中小企业开展“智慧企业”创建活动，引导和组织信息化运营商、信息技术企业开发基于互联网的中小企业信息化产品和服务平台，建设两化融合创新体验中心，为中小企业提供信息化解决方案，大力发展面向中小企业的信息化咨询、培训和技术服务，逐步完善中小企业两化融合服务体系。

黑龙江省两化融合发展水平分析

【总体情况】

（一）经济概况

2015年，黑龙江省实现地区生产总值（GDP）15083.7亿元，同比增长5.7%。

其中，第一产业增长5.2%，高于全国平均1.3个百分点；第二产业由于占规模以上工业半数的能源工业负增长3.7%，导致增速回落，同比增长1.4%，低于全国平均值4.6个百分点；第三产业增长10.4%，高于全国平均值2.1个百分点。三次产业比重为17.5∶31.8∶50.7。黑龙江省开复工投资500万元以上工业项目6089个，增长16.8%，新增规模以上企业298户。

（二）两化融合主要进展

2015年，黑龙江省工信委围绕两化融合总体工作部署，以《中国制造 2025》和“互联网+”发展战略为指引，将智能制造作为主攻方向，发挥“互联网+”创新驱动作用，主动适应信息技术变革与产业发展趋势，创新工作机制和推进措施，加快信息技术在各个领域的覆盖渗透和广泛应用，探索互联网和传统产业融合发展的有效路径，找准智能制造的着力点和突破口，积极开展“互联网+”实践。

1．建立了工业云创新服务体系

通过市场调研、召开专题推进会等方式，黑龙江省加强对工业云平台的工作指导，科学定制工业云平台服务内容和发展方向；引导优势信息化资源和服务向平台集聚，鼓励信息化服务商、IT 企业等积极参与工业云平台建设；建设集体验展示为一体的工业云平台体验中心，深化企业对工业云服务的认识，宣传工业云服务两化融合成效；推动工业云平台进行架构和服务的改版升级，提升工业云服务智能制造的能力，搭建互联网企业与制造业企业的业务合作平台，助力《中国制造2025》和“互联网+”发展战略。

2．推进企业两化融合管理体系贯标

全面做好面向企业的宣传对接、指导管理等工作，依托黑龙江省两化融合管理体系工作平台，指导全省10家贯标试点企业于2014年开展贯标。哈尔滨电机厂、黑龙江飞鹤乳业有限公司、西林钢铁集团有限公司3家试点企业，通过国家评定，成为全国首批达标企业。大庆中蓝石化有限公司、哈尔滨柏朗实业发展有限公司也进入贯标评定环节。2015年，黑龙江省牡丹江恒丰纸业集团有限责任公司、九三粮油工业集团有限公司、哈尔滨第一工具有限公司、中石油哈尔滨石化分公司4家企业成为2015年国家贯标试点。目前，九三粮油工业集团有限公司等试点已经启动实施贯标。

3．推进全省重点行业两化深度融合

2015年，黑龙江省指导全省重点乳制品企业加强完善质量安全可追溯体系建设。一是以两化融合管理体系贯标为契机，依托咨询服务平台，指导飞鹤乳业、完达山等试点企业制定生产管理程序文件，完善面向消费者的实时追溯服务。二是以互联网融合创新试点为抓手，指导黑龙江省万家宝鲜牛奶投资有限公司建立基于全产业链可追溯的数据结构，实施数据统一管理，形成鲜奶类产品的追踪数据模型。三是做好宣传推广，以飞鹤乳业获得国家两化融合最佳实践单位为典型，面向乳制品行业推广基于供应链的全产业链质量安全追溯体系经验成果。

4．开展装备行业两化融合发展水平评估

黑龙江省以通用机械行业为评估对象，开展了全省装备行业两化融合发展水平评估。在明确评估方法和评估体系的基础上，组织市地工信部门及支撑单位开展企业数据信息采集、审核调查问卷、测算分析数据指标等工作。通过对近70家省内通用机械企业数据的整体把握，基本摸清了全省通用机械行业信息化发展的现状、特点、存在的问题，并提出了针对装备行业发展智能制造的政策性建议，形成了通用机械行业两化融合发展水平评估报告。

【两化融合发展水平分析】

（一）综合分析

2015年，黑龙江省两化融合发展总指数为76.49，其中应用效益指数明显提高。基础环境方面，2014年基础环境指数为70.81，2014年基础环境指数为80.15，比2014年提高9.34个点。工业应用方面，2014年工业应用指数为66.68，2015年工业应用指数为80.81，比2014年上升14.13个点。应用效益方面，2014年应用效益指数为51.85，2015年应用效益指数为64.20，比2014年提高13.35个点（见表1）。

表1　2014—2015年黑龙江省两化融合发展指数情况

指　　标	2014年指数	2015年指数	变化情况
基础环境	70.81	80.15	↑9.34
工业应用	66.68	80.81	↑14.13
应用效益	51.85	64.20	↑13.35
总指数	64.00	76.49	↑12.40

数据来源：中国电子信息产业发展研究院

（二）具体分析

1．基础环境指数

黑龙江省两化融合基础环境建设持续发展。2015年，黑龙江省基础环境指数为80.15，其中，固定宽带普及率、固定宽带端口平均速率、移动电话普及率、互联网普及率、城（省）域网出口带宽、重点行业典型企业信息化专项规划明显提高，城（省）域网出口带宽有小幅下降。在信息基础设施建设方面，2015年黑龙江省城（省）域网出口带宽指数为53.27，比2014年的58.15降低了4.88个点；固定宽带普及率指数为69.62，比2014年提高了3.52个点；固定宽带端口平均速率为78.84，比2014年提高了9.29个点；移动电话普及率指数为63.24，比2014年提高了5.53个点。在互联网应用普及方面，2015年黑龙江省互联网普及率指数为58.57，比2014年提高了2.15个点。在两化融合政策环境建设方面，2015年黑龙江省设立了两化融合专项引导资金；中小企业信息化服务平台数指数为150，比2014年提高了17.81个点；重点行业典型企业信息化专项规划指数为73.17，比2014年提升了8.25个点。

2．工业应用指数

2015 年，黑龙江省工业应用指数为 80.81，主要指标均比 2014 年有所增长。

2015 年，黑龙江省重点行业典型企业 ERP 普及率指数为 68.23，比 2014 年提升了 4.65 个点；重点行业典型企业 MES 普及率指数为 76.00，比 2014 年提升了 23.69 个点；重点行业典型企业 PLM 普及率指数为 71.47，比 2014 年上升了 9.73 个点；重点行业典型企业 SCM 普及率指数为 65.65，比 2014 年提升了 6.65 个点；重点行业典型企业采购环节电子商务应用普及率指数为 119.17，比 2014 年提高了 25.74 个点；重点行业典型企业销售环节电子商务应用普及率指数为 125.96，比 2014 年提高了 21.96 个点；重点行业典型企业装备数控化率指数为 55.68，比 2014 年上升了 5.73 个点。国家新型工业化产业示范基地两化融合发展水平指数比 2014 年提高了近 4 个点。

3．应用效益指数

2015 年，黑龙江省两化融合应用效益指数达到 64.20，其中，单位工业增加值工业专利量、单位地区生产总值电耗、第二产业全员劳动生产率有所增长，工业增加值占 GDP 比重、工业成本费用利润率有小幅下降。在地区工业生产效益和水平方面，2015 年，工业增加值占 GDP 比重指数为 39.79，比 2014 年下降 3.17 个点；第二产业全员劳动生产率指数为 113.86，比 2014 年下降 40.68 个点；工业成本费用利润率指数为 49.66，比 2014 年下降 5.94 个点；单位工业增加值工业专利量指数为 69.43，比 2014 年提高 2.55 个点。在工业节能减排水平方面，单位地区生产总值电耗指数为 108.49，比 2014 年提高 1.56 个点。在信息产业发展水平方面，电子信息制造业主营业务收入指数为 10.83，比 2014 年提高 1.47 个点；软件业务收入指数为 52.00，比 2014 年提高 4.32 个点。

【优劣势评价】

黑龙江省两化融合发展的优势如下。

一是地理区位优势明显。黑龙江省地处东北亚腹地，与俄罗斯有近 3000 公里的边境线，与西伯利亚大铁路相接，有 25 个国家一类口岸，是连接欧亚国际的“大通道”。在世界经济结构调整和国际产业转移中，黑龙江省优越的区位优势，有利于依托国家振兴东北工业基地的相关政策优势，吸引发达国家的资金和技术，加强与俄、日、韩等国在电子信息领域开展技术交流、产业合作和经贸往来，构筑对外开放的新格局。

二是工业产业门类齐全。黑龙江省经过多年的发展，逐渐形成了以装备、石化、能源、食品、医药、电子、冶金、建材、轻工等为主体，并且较为完整的产业体系，累计提供了约占全国 2/5 的原油、1/3 的电站成套设备、1/3 的木材、1/10 的原煤。

三是企业两化融合评估诊断和对标引导效果凸显。依托两化融合评估服务平台，黑龙江省组织省内规模以上工业企业、不同规模生产服务企业开展网上评估诊断和对标引导，并对企业的调查问卷进行审核分析。目前，共有约 940 户企业完成了评估诊断，获得了基于全国企业数据对比分析的两化融合评估诊断报告，为企业的两化融合发展建设提供了参考。通过组织开展两化融合评估诊断工作，全面了解省内重点行业企业两化融合总体发展现状，对提高全省企业信息化建设水平，具有重要指导意义。

同时，黑龙江省两化融合也存在一些劣势。

一是信息技术整体应用水平不高。黑龙江省的信息技术整体应用水平落后于实际需求，部分领域和地区应用效果不够明显，与国内先进地区省份有较大差距。重点行业典型企业装备数控化率指数为 41.87，低于全国平均水平（指数为 51.30）9.43 个点，全国排名第 14 位。重点行业典型企业 ERP 普及率、重点行业典型企业 PLM 普及率、重点行业典型企业 SCM 普及率也仅处于全国中游水平。

二是缺乏专项资金支持。在两化融合方面的支持政策比较欠缺，黑龙江省难以根据中央财政资助项目制定明确的配套政策。同时，缺乏国家级两化融合试点示范工程、重大项目、重点产品，难以引导各类资本投向相关项目和企业。

三是行业协会作用不明显。各级行业协会、企业联盟在技术推广、交流合作、项目对接、咨询规划、人才服务、行业统计等方面的作用不够明显，没有发挥协会在政府、企业、研究机构等主体中的桥梁纽带、自律监督作用，致使政府有关部门不能准确掌握行业基本情况，在推进两化融合相关工作中难以做到精准发力。

四是人才引进培养比较滞后。企业主要负责人缺乏两化融合意识，大部分企业未制定首席信息官（CIO）制度。高等院校、职业技术院校面向工业信息化需求的学科和专业调整滞后，相关人才供给无法满足企业需求。

【相关建议】

对黑龙江省两化融合提出以下建议。

一是加快两化融合管理体系贯标。继续依托黑龙江省两化融合咨询服务平台，指导 4 家试点企业开展贯标工作。同时，以哈尔滨电机厂、黑龙江省飞鹤乳业有限公司等达标企业为典型示范，做好宣传交流，引导更多企业、服务机构参与贯标。

二是实施工业云、互联网等两化融合试点示范项目。继续完善黑龙江省工业云公共服务平台项目，鼓励引导制造企业利用平台开展管理创新。指导黑龙江省互联网融合创新试点实施相关项目。加强对信息消费试点城市和项目的工作指导，统筹开展相关工作。

三是开展区域、行业等两化融合发展水平评估。继续开展市地两化融合发展水平评估相关工作，完成 2015 年全省区域两化融合评估。研究分析推动全省装备行业快速发展的有效途径。继续鼓励企业通过网上平台开展两化融合评估诊断和对标，研究提出不同行业、不同发展阶段企业的两化融合重点和目标。

四是加快智慧城市建设。推动实施“宽带龙江”发展战略，指导各市地和基础运营商以宽带、融合、安全、泛在为目标，加快构建城市信息基础设施。支持市地申报“宽带中国”城市（城市群）示范城市。以企业推广、产业链协同和电子商务为重点，发展中小企业信息化应用平台建设，构建多方位的中小微企业信息化应用服务体系，建设全省县域经济服务管理公共平台。

上海市两化融合发展水平分析

【总体情况】

（一）经济概况

2015 年，上海市实现地区生产总值 24964.99 亿元，比 2014 年增长 6.9%。其中，第一产业增加值 109.78 亿元，同比下降 13.2%；第二产业增加值 7940.69 亿元，同比增长 1.2%；第三产业增加值 16914.52 亿元，同比增长 10.6%。第三产业增加值占上海市生产总值的比重为 67.8%，比 2014 年提高 3.0 个百分点。按常住人口计算的上海市人均生产总值为 10.31 万元。全年实现工业增加值 7109.94 亿元，比 2014 年增长 0.5%。全年完成工业总产值 33211.57 亿元，同比下降 0.5%，其中规模以上工业总产值 31049.57 亿元，同比下降 0.8%。在规模以上工业总产值中，国有控股企业总产值为 11528.27 亿元，同比增长 0.7%；全年规模以上工业产品销售率为 99.5%；全年原油加工量 2521.83 万吨，比 2014 年增长 12.6%；工业机器人产量 2.11 万套，同比增长 23.1%；手机产量 6747.50 万台，同比增长 4.7%；汽车产量 242.97

万辆，同比下降 1.8%。全年节能环保、新一代信息技术、生物医药、高端装备、新能源、新材料和新能源汽车等战略性新兴产业制造业完成工业总产值 8064.12 亿元，比 2014 年下降 1.1%。

（二）两化融合主要进展

2015 年，上海市加快推进两化融合，基本形成“3×3+2”的工作推进模式，即人才、标准、研究等基础性工作；企业信息化应用深化与集成、智慧园区和服务平台建设、重点领域信息化等提升性工作；智能制造、产业互联网、工业大数据等创新性工作；信息基础设施、信息安全等保障性工作，以传统产业改造提升和“四新”经济培育发展为目标，助力上海具有全球影响力的科技创新中心建设。

1．推进企业信息化应用深化与集成

上海市聚焦钢铁、装备制造、汽车等重点产业，围绕传统产业信息化改造提升，支持传统企业开展新技术新模式创新、产业服务公共平台建设和信息化系统集成应用等，如宝钢集团通过整合集团内部及外部相关交易平台、加工配送、支付结算、金融服务等资源和业务，打造国内钢铁交易和服务的综合性平台——欧冶云商，实现集团从制造向服务转型的战略目标。晨光集团通过企业云平台建设，打造了一个以晨光品牌为中心，开放和重塑供应链，集成所有相关软件，连接 6 万家加盟店，22 万个出货终端和内部用户，为最终实现模式和资本联合驱动、成就产业生态系统运营商的目标奠定了基础。

2．推动智慧园区和公共服务平台建设

上海市鼓励智慧园区建设引入“园区服务云”或行业性公共服务平台，目前已完成三批共 30 家智慧园区试点单位申报认定，并加强重点项目建设落实，助力园区企业创新、创业发展。如浦东软件园的“浦软汇智云”，依托园区云平台和资源服务，帮助小微型初创企业在无须 IT 投入的前提下就可以实施创业；又如纺织集团“时尚产业园区综合服务平台”、800 秀创意园“创意秀场公共服务支撑平台”、漕河泾松江园区“知识产权统计服务平台”等项目建设，不仅显著提升了园区运营管理效率、专业信息服务能力，而且为建立智慧园区发展生态体系提供了大力支撑。

3．推进安全、节能等重点领域两化融合

上海市以钢铁、石化、装备、汽车等行业为重点，加快节能减排与新一代信息技术的融合创新。例如，远景能源通过打造能源互联网平台，借助大数据和高性能计算技术，实现能源管理、能源供应、供需匹配等智慧能源管理云服务，成为全球最大的智慧能源资产管理服务企业；禾丰制药基于大数据打造的智能制造平台，将信息技术、自动化技术融入 GMP 的执行，实现管理和监控药品生产全过程的生产质量，保证了国家紧缺急救药品的高效、安全生产和质量可追溯性。

【两化融合发展水平分析】

（一）综合分析

上海市两化融合水平一直处于全国先进水平，2015 年上海市两化融合发展总指数为 95.54，比 2014 年的 90.89 提高了 4.65 个点，远远超过 72.68 的全国平均水平。其中，基础环境建设由 2014 年的 90.08 提升到 2015 年的 94.46，提高了 4.38 个点；工业应用指数为 84.25，比 2014 年提高了 4.25 个点；应用效益指数为 119.19，比 2014 年提高了 5.73 个点。如表 1 所示。

表 1　2014—2015 年上海市两化融合指数情况

指　标	2014 年指数	2015 年指数	变化情况
基础环境	90.08	94.46	↑4.38
工业应用	80.00	84.25	↑4.25
应用效益	113.46	119.19	↑5.73
总指数	90.89	95.54	↑4.65

数据来源：中国电子信息产业发展研究院

（二）具体分析

1．基础环境指数

2015 年，上海市基础环境指数为 94.46，比 2014 年增长了 4.38 个点，除城（省）域网出口带宽、中小企业信息化服务平台数外，其他分项指标指数均有所提升，特别是固定宽带端口平均速率增幅较大。在信息基础设施建设和应用普及方面，上海市城（省）域网出口带宽指数为 81.41，比2014年的113.11降低了31.70个点；固定宽带普及率指数为95.34，比2014年的92.90增长了2.44个点；固定宽带端口平均速率指数为117.74，比2014年的79.46显著增长了38.18个点；移动电话普及率指数为82.07，比2014年的81.46增长了0.61个点。在互联网应用普及方面，2015年上海市互联网普及率指数为82.43，比2014年的82.15略微增长0.28个点。在两化融合政策环境建设方面，上海市于2015年设立了两化融合专项引导资金，这对于引导两化融合的发展至关重要；中小企业信息化服务平台数量指数为112.40，比2014年的120.75下降了8.36个点；重点行业典型企业信息化专项规划情况指数为77.51，比2014年的77.48增长了0.03个点。

2．工业应用指数

2015年，上海市工业应用指数为119.19，比2014年增长了5.73个点，各项分指标都有不同程度的增长，其中国家新型工业化产业示范基地两化融合发展水平增幅最大。具体来看，2015年上海市重点行业典型企业ERP普及率指数为70.92，比2014年增长了1.07个点；重点行业典型企业MES普及率指数为97.84，比2014年增长了0.65个点；重点行业典型企业PLM指数为80.32，比2014年提升了2.88个点；重点行业典型企业SCM普及率指数为66.08，比2014年增长了1.42个点；重点行业典型企业采购环节电子商务应用普及率指数为108.19，比2014年增长了2.04个点；重点行业典型企业销售环节电子商务应用普及率指数为117.83，比2014年提高了5.22个点；重点行业典型企业装备数控化率指数为61.20，比2014年上升了2.94个点；国家新型工业化产业示范基地两化融合发展水平指数为76.68，比2014年提高了15.99个点。

3．应用效益指数

2015年，上海市应用效益指数为119.19，比2014年增长了5.73个点，其中，第二产业全员劳动生产率、工业成本费用利润率、单位工业增加值工业专利量、单位地区生产总值电耗、电子信息制造业主营业务收入、软件业务收入等多项分指标指数均有所增长。在地区工业生产效益和水平方面，2015年上海市工业增加值占GDP比重指数为38.83，比2014年的41.21减少了2.38个点；第二产业全员劳动生产率指数为106.98，比2014年的85.14略微下降21.84个点；工业成本费用利润率指数为47.83，比2014年的46.35提高了1.48个点；单位工业增加值工业专利量指数为146.64，比2014年的145.08增长了1.56个点。在工业节能减排水平方面，2015年上海市单位地区生产总值电耗指数为107.58，比2014年提高了6.46个点。受产业转移影响，2015年上海市电子信息制造业主营业务收入指数为202.83，比2014年的200.69提升了2.14个点；软件业务收入指数为229.16，比2014年的220.01增长了9.15个点。

【优劣势评价】

2015年，上海市两化融合的优势主要有如下两个方面。

一是信息基础建设优势明显。上海市信息化基础设施水平全国领先，基础环境指数94.46，高于全国均值19.08个点。其中，城（省）域网出口带宽、固定宽带普及率、固定宽带端口平均速率、移动电话普及率、互联网普及率等指标在全国排名靠前。截至2015年年底，全市各类互联网数据中心机架总量达4.5万个；完成亚太直达海光缆崇明和南汇海上登陆施工，互联网国际和省际出口宽带分别达672GB和5600GB；光纤到户覆盖总量达910万户，家庭宽带平均接入达35.7MB，同比增长54.7%；开展了光纤宽带1000MB接入能力技术论证和小区试点；推进郊区城镇化地区下一代广播电视网建设，覆盖总量达到720万户。提升无线城市能级方面，4G网络已基本实现全市域覆盖，以及重大工程、交通枢纽重点区域的连续覆盖，探索结合市政设施加强小微基站建设试点；全市3G/4G用户达2365万户，同比增加65.9%；全市固定宽带接入用户达700万户，其中家庭宽带用户620万户，普及率为71%，已达到较高普及水平。

二是具有较为完善的两化融合支撑服务体系。上海市拥有复旦大学等4个两化融合研究中心和中国商飞等10个两化融合重点实验室，编制了《2015年度上海信息化与工业化融合发展报告》，发布了《2014年度上海市两化融合发展水平评估报告》，联合上海社会科学院编制了《上海市两化融合“十三五”规划》，联合上海华东电信研究院启动了“工业大数据专项”课题。组织调研了相关重点企业约 30 家，编印《工业大数据典型案例》，开展了工业大数据工作思路研讨和系列宣传报道。

同时，上海市两化融合也还存在一些劣势。

一是资源约束趋紧。环境资源对上海市两化融合发展的桎梏进一步增强，劳动力、土地和原材料价格大幅上升，导致工业生产成本提高，重化、钢铁、劳动密集型加工制造业增长持续放缓。2015 年，上海市工业增加值占 GDP 比重指数由 2014 年的 41.21 降低到 2015 年的 38.83，降低了 2.41 个点，低于全国平均水平 5.57 个点。

二是生产性服务业经营成本不断上升。上海市土地、房地产价格等生产要素价值迅速攀升，带动生产性服务业成本（土地成本、房屋租赁费、人力成本、交通、通信等）同步升高，这不仅对生产性服务业的发展带来不利影响，也对工业向制造服务化转型带来了不利影响。

【相关建议】

对上海市两化融合提出以下建议。

一是深入推广两化融合管理体系贯标。开展企业两化融合评估诊断和对标引导工作；扩大贯标社会知晓度和行业覆盖面，加大对贯标试点工作的政策支持；加强对贯标试点企业的跟踪服务；鼓励并推荐有条件的第三方服务机构积极申报贯标试点服务机构，加强对服务机构的规范引导，不断充实和完善本市贯标推进服务体系；加强两化融合管理体系与智慧园区标准的融合，推动本市各产业园区的贯标工作。

二是分类引导智能制造模式示范。聚焦船舶、装备、汽车等行业，支持运用虚拟仿真技术实现产品辅助设计（CAPP）、数据管理（PDM）、工艺改进、过程控制等的数字化、智能化仿真优化；面向智能装备、工业机器人、3D 打印等应用，推进生产制造设备联网和智能管控，实现企业资源计划系统（ERP）、生产执行系统（MES）等系统集成创新；引导大型企业对现有信息系统和基础设施进行“云”化改造，建设面向行业和产业链的公共云计算服务平台，带动中小企业信息化应用。

三是重点培育工业互联网发展。加大工业互联网试点经验和模式推广，推动全市在工业设计、供应链金融、在线维护（MRO）、仓储物流、数据分析、信用评估等方面的电子商务集成创新，打造产业电子商务综合服务平台。聚焦研发（创意）、维修检测（设备健康）、物流、管理、能源、商务六大重点领域，加快工业云平台推广应用，拟联合中小企业办、上海 CIO 联盟、各区县政府部门等开展行业性、区域性系列宣传推广活动；加大“工业云”安全可靠性、服务规范标准等研究成果的应用和推广；发挥上海“工业云”创新联盟作用，引进优质资源，优化联盟成员结构，完善联盟相关工作制度。

四是启动布局工业大数据应用。聚焦装备制造、航空航天、船舶、汽车等领域骨干企业，支持建设以提升生产制造、供应链管理、产品营销等环节的智能决策水平和经营效率的企业大数据平台；支持面向中小制造企业提供精准营销、互联网金融等生产性服务，推动大数据在工业行业管理和经济运行中的创新应用；支持面向消费品、食品、能源等重点行业，实现行业内数据共享交换及动态监控、预测预警且能提高行业管理、决策与服务水平的行业大数据平台；筹建大数据联盟工业大数据发展专委会。

江苏省两化融合发展水平分析

【总体情况】

（一）经济概况

2015 年，江苏省实现地区生产总值 70116.4 亿元，比 2014 年增长 8.5%。其中，第一产业增加值 3988 亿元，同比增长 3.2%；第二产业增加值 32043.6 亿元，同比增长 8.4%；第三产业增加值 34084.8 亿元，同比增长 9.3%。全省人均生产总值 87995 元，同比增长 8.3%。全社会劳动生产率持续提高，2015 年平均每位从业人员创造的增加值达 147314 元，同比增加 10584 元。产业结构加快调整。三次产业增加值比例调整为 5.7∶45.7∶48.6，实现产业结构"三二一"标志性转变。2015 年规模以上工业增加值比上年增长 8.3%，其中，轻工业增长 7.6%、重工业增长 8.6%。分经济类型看，国有工业增长 1.6%，集体工业增长 10.4%，股份制工业增长 10%，港澳台投资工业增长 6%。在规模以上工业中，国有控股工业增长 2.1%，私营工业增长 11%。2015 年规模以上工业企业实现主营业务收入 148283.8 亿元，比 2014 年增长 4.8%；利税 15907.1 亿元，同比增长 9.3%；利润 9617.1 亿元，同比增长 9.1%。企业亏损面 13.8%，比 2014 年年底上升 0.9 个百分点；规模以上工业企业总资产贡献率、主营业务收入利润率和成本费用利润率分别为 16.8%、6.5%和 7%。

（二）两化融合主要进展

2015 年，面对发展新常态，江苏省两化融合发展的整体意识日益增强，正在进入全面普及、深化应用、加速创新、促进转型的新阶段，推动全省工业经济呈现产业结构加快调整态势。

1．智能化整体水平不断提升

江苏省启动实施了大中型企业智慧化推进工程，实现大中型企业电子商务应用全覆盖和智能化装备技术改造大提升，信息技术逐步融入工业研发设计、产品装备、生产管理和市场服务，基础设施及产业支撑水平不断提升，形成一批面向机械、纺织、物流、化工等重点行业的仓储物流、设备远程监控、自动化生产线等系列成套装备和整体解决方案。产品信息技术含量不断提升，重点装备自主创新能力日渐增强，以新型传感器、智能控制系统、工业机器人、自动化成套生产线为代表的智能制造装备产业体系初步形成，全省规模以上企业成套设备信息化率、整机产品信息化率近 3 年年均提高 3 个百分点以上。智能装备在重点行业开始广泛普及，全省企业生产设备数字化率达到 32.0%，大型企业超过 50%。机械、纺织、电子等行业生产设备和重大技术装备的数字化、智能化、网络化改造步伐加快，石化、医药、建材等行业过程控制和制造执行系统全面普及，大幅提高了精准制造、敏捷制造能力。全省少数龙头企业已经开展了以智能工厂为目标的技术改造和重大项目攻坚。

2．新业态、新模式不断涌现

江苏省加速工程机械、设备制造等行业服务型制造转型，远程诊断、产品全生命周期服务、融资租赁等业务日益成为企业利润的重要来源。纺织、轻工等行业龙头企业正在深化信息技术和互联网创新应用，形成大规模个性化定制、网络化协同制造、开放创新空间等新型生产方式。全省互联网信息服务、数字内容服务、移动互联网应用、互联网金融服务等新业态新模式层出不穷。千米网、太湖云计算、四海商舟、香传电商等专注于提供垂直行业、传统行业两化融合服务解决方案，大大降低了企业信息化建设的费用和进入门槛。全省电子商务交易额1.3万亿元，其中B2B电子商务交易额达9200亿元，苏宁易购、中国制造网等企业已列入国家电子商务示范，重点行业电子商务平台已初具规模。

3. 两化融合发展环境日益完善

江苏省坚持产业发展与服务创业互动并进，积极落实各项扶持政策，组织开展专项服务活动，为企业营造良好的发展环境；在六大片区中的五个村援建了光伏扶贫项目，实现了光伏扶贫项目在六大片区的全覆盖，并已全部实现并网发电；推进中小微企业融资平台建设，服务企业超过1.8万家。江苏省还修订出台了《江苏省企业技术进步条例》，进一步突出了企业在技术进步中的主体地位，明确政府关于企业技术进步工作的引导与服务职能、对企业的激励扶持政策及政府在企业技术进步工作中的监管义务等；组织实施了企业减负专项行动，加大涉企收费清理力度；积极落实国家重大技术装备引进关键料件免税、技改项目进口设备免税、担保公司营业税减免、固定资产增值税进项税抵扣等政策。

【两化融合发展水平分析】

（一）综合分析

2015年，江苏省两化融合发展总指数为97.37。其中，基础环境指数为91.67，比2014年增长了5.36个点；工业应用指数为80.94，比2014年增长了2.94个点；应用效益指数为135.94，比2014年增长了9.57个点。在工业应用方面取得较大改善的前提下，江苏省基础环境建设得到持续深化，应用效益也有相应提高。如表1所示。

表1 2014—2015年江苏省两化融合指数情况

指　标	2014年指数	2015年指数	变化情况
基础环境	86.31	91.67	↑5.36
工业应用	78.00	80.94	↑2.94
应用效益	126.37	135.94	↑9.57
总指数	92.17	97.37	↑5.20

数据来源：中国电子信息产业发展研究院

（二）具体分析

1. 基础环境指数

2015年，江苏省两化融合基础环境指数为91.67，比2014年增长了5.36个点，基础环境建设各个方面都有所提升，其中，固定宽带端口平均速率指标提升最大，对基础环境指数增加的贡献也较大。在信息基础设施建设方面，2015年，江苏省城（省）域网出口带宽指数为129.99，比2014年的140.80降低了10.81个点；固定宽带普及率指数为87.74，比2014年增长了2.72个点；固定宽带端口平均速率指数为99.46，比2014年增长了26.36个点；移动电话普及率指数为68.37，比2014年增长了0.57个点。在互联网应用普及方面，2015年，江苏省互联网普及率指数为69.36，比2014年增长了1.76个点。在两化融合政策环境建设方面，2015年，江苏省设立了两化融合专项引导资金；中小企业信息化服务平台数量指数为150.00，比2014年增长了4.66个点；重点行业典型企业信息化专项规划情况指数为70.67，比2014年略增长1.74个点。

2. 工业应用指数

2015年，江苏省两化融合工业应用指数为80.94，比2014年增长了2.94个点，除重点行业典型企业ERP普及率、重点行业典型企业MES普及率、重点行业典型企业PLM普及率、重点行业典型企业SCM普及率之外，其他分项指标水平均有明显提升。具体来看，2015年，江苏省重点行业典型企业ERP普及率指数为72.52，比2014年下降了2.54个点；重点行业典型企业MES普及率指数为81.39，比2014年下降了1.70个点；重点行业典型企业PLM指数为60.63，比2014年增长了0.90个点；重点行业典型企业SCM普及率指数比2014年增长了3.16个点；重点行业典型企业采购环节电子商务应用普及率指数为67.06，比2014年下降了3.33个点；重点行业典型企业装备数控化率指数为65.07，比2014年上升了7.27个点；国家新型工业化产业示范基地两化融合发展水平指数为77.05，比2014年增长了16.35个点。

3. 应用效益指数

2015年，江苏省两化融合应用效益指数为

135.94，比2014年增长了9.57个点，其中，第二产业全员劳动生产率、单位工业增加值工业专利量、单位地区生产总值电耗、电子信息制造业主营业务收入、软件业务收入等指标有所提升，工业增加值占GDP比重、工业成本费用利润率等分项指标略微下降。具体来讲，工业增加值占GDP比重指数为47.91，比2014年降低了2.55个点；第二产业全员劳动生产率指数为98.59，比2014年增长了33.24个点；工业成本费用利润率指数为42.28，比2014年下降了1.79个点；单位工业增加值工业专利量指数为156.88，比2014年增长了10.24个点。在工业节能减排水平方面，单位地区生产总值电耗指数为92.34，比2014年提高了4.34个点。在信息产业发展水平方面，2015年，江苏省电子信息制造业主营业务收入为297.57，比2014年下降了5.25个点；软件业务收入指数为282.05，比2014年增长了12.40个点。

【优劣势评价】

江苏省两化融合水平领先于全国其他省份，较好的经济基础为促进两化融合发挥了积极作用。具体来说，江苏省两化融合具有以下优势。

一是先进制造业基础雄厚。江苏省计算机、通信和其他电子设备制造业对全省先进制造业贡献占比为29.71%，电气机械和器材制造业对全省先进制造业贡献占比为11.80%。新能源汽车、碳纤维、物联网、航空航天装备、高端船舶、工业机器人、高端芯片等一批新兴产业领域的行业成长势头良好。机械、电子、石化、纺织、冶金等重点行业40%以上主要设备达到国际先进水平，85%以上骨干企业实现生产装备自动化，全省工业信息化水平位居全国前列。

二是重点行业创新能力强大。江苏率先提出并大力实施创新驱动核心战略，深入推进科技创新工程，创新型省份建设实现重大进展。江苏区域创新能力连续7年位居全国首位，已经成为我国创新活力最强、创新成果最多、创新氛围最浓的省份之一。中威重工生产的WE67K-3600/15000数控折弯机是目前国内最大的C型折弯机，折弯压力3600吨，工作长度15米，获得一次性试车成功，填补了国内空白。江苏赛格纺织机械推出的“新型智能环保高速退煮漂联合机”采用全自动加料系统、水电气消耗和pH值智能控制技术，具有高度智能化水平，整机技术水平代表了国内最高水平，完全可替代进口产品。

三是信息服务业持续壮大。2015年，江苏省重点行业典型企业采购环节电子商务应用和重点行业典型企业销售环节电子商务应用指数分别为113.01和114.08，分列全国第6名和第7名。信息服务、制造业服务化等新业态新模式不断涌现，互联网经济规模持续壮大，重点行业电子商务平台初具规模，70%以上大中型工业企业建立了网络销售模式。服装企业红豆集团采取“连锁专卖+电子商务”的模式，一方面借助天猫、淘宝、京东、QQ商城等第三方网销平台，开设红豆下属品牌店铺；另一方面建立了自营一站式购物网站红豆商城。

江苏省两化融合发展总体情况较好，但也存在一些劣势。

一是省内区域发展水平不均衡。江苏省两化融合发展苏南地区（苏州、南京、无锡、常州、镇江）均优于苏中地区（扬州、南通、泰州），苏中地区均优于苏北地区（盐城、淮安、徐州、连云港、宿迁）。全省业务主要集中在苏南地区，该地区信息化水平高、信息服务业密集，政府也在该地区配置了较多的公共服务资源；而苏北地区工业基础较弱，信息服务业落后，政府支持力度也较弱。因此，形成了省内两化融合“数字鸿沟”。长期下去，将不利于区域经济协调发展。

二是关键技术和装备依赖国外。江苏省高新技术、新兴产业的关键技术及装备受制于国外高技术企业，产业发展依赖性较强。制造业对外技术依存度超过30%，大型成套装备、高科技含量装备主要依赖进口。大量技术成果和人才长期沉淀在高校或科研机构，科技成果转化能力较弱，对工业可持续性发展等的支撑能力不足。

【相关建议】

对江苏省两化融合提出以下建议。

一是加大信息化统筹力度。加强统筹协调，建立完善全社会信息化推进机制，建立常态化协同联动推进体系。全面推行政府信息主管（CIO）制度，健全信息化专家咨询机制和信息化服务支撑机构。各级地方财政加大对信息化重点建设项目的资金支持。建立多元化投融资机制，设立智慧城市、互联网经济等领域投资基金，探索采用PPP（公私合作关系）等模式，更有效地引导社会资金支持信息化建设。完善跨部门、跨行业信息资源共享交换机制，推动政府数据共享开放和社会化开发利用，加快普及基于云的移动政务、智能监管等模式。

二是加大政策支持力度。进一步完善两化深度融合政策体系，重大技术改造、高新技术产业化、新兴产业发展等现有政策要向两化融合倾斜。通过两化融合管理体系贯标评定企业或者年信息化投入超过年营业收入2%的企业，给予相关信息化投入费用加计扣除的税收优惠政策，提高企业推进两化融合的积极性；对达到两化融合管理体系标准的企业，参照高新技术企业享受所得税优惠税率等扶持政策。制定基于企业两化融合绩效的激励办法，激发企业持续推进两化融合的内生动力。完善信息消费政策体系，国家层面研究制定出台信息消费鼓励性与差别化政策措施，加强信息消费税收优惠和信贷支持，加快智能终端普及和智能家居应用。

三是加快信息服务业发展。结合产业发展的新变化，参照高新技术产业和科技服务业相关政策，研究出台鼓励软件产业向信息服务转型发展的政策意见，营造良好发展环境，推进信息服务业加快发展，实现软件和信息服务的自主可控，形成两化深度融合的重要产业支撑。

浙江省两化融合发展水平分析

【总体情况】

（一）经济概况

2015年，浙江省全年实现地区生产总值42886亿元，比2014年增长8%。其中，第一产业增加值1833亿元，第二产业增加值19707亿元，第三产业增加值21347亿元，同比分别增长1.5%、5.4%和11.3%；第三产业对GDP的增长贡献率为65.7%。三次产业增加值结构由2014年的4.4∶47.7∶47.9调整为4.3∶45.9∶49.8，第三产业比重提高1.9个百分点。信息经济和现代服务业等核心产业的引领支撑作用进一步显现。全年信息经济核心产业增加值3310亿元，同比增长15.1%，占GDP的7.7%，比重比2014年提高0.6个百分点。全年规模以上工业增加值13193亿元，比2014年增长4.4%，轻、重工业增加值分别为5689亿元和7505亿元，同比分别增长3.5%和4.8%。规模以上工业销售产值64544亿元，同比增长0.2%，其中出口交货值11707亿元，同比下降3.7%。

（二）两化融合主要进展

2015年，浙江省强化实体经济导向，围绕“两化深度融合国家示范区”建设，以信息化集成应用推进重点行业企业转型升级，以试点示范加速区域两化融合发展进程，大力发展电子商务，以工业云创新平台着力优化两化融合支撑服务环境，两化深度融合成效日渐凸显。

1.“机器换人”全面推进

浙江省以“机器换人”、机器联网为重点的技改投资达到1万亿元，全省工业机器人的使用量已占全国的15%，成为全国机器人销量第一的省份；通过“机器换人”全省规模以上工业的人均劳动生产率提高了20%，工人劳动条件有效改善，工业安全生产事故数、伤亡数和直接经济损失近年来逐年下降。全省以“机器换人”为主要内容的技术改造投资5255亿元，占工业投资的75.1%，同比增长19.1%。

2. 智能装备制造业迅猛发展

在两化深度融合应用推动下，浙江省以装备智能化、网络化为重点的现代装备产业得到了快速发展，发展了一批具有国际竞争优势的高端产品，建立了光伏、船舶、现代物流、环保等8个具有明确产业方向的省级现代装备产业高新园区。规模以上工业装备制造业增加值同比增长6.2%，占规模以上工业的比重达到36.5%，产业规模位居全国第4位。

3. 电子商务持续快速发展

2015年，浙江省实现网络零售5569.16亿元，同比增长47.34%，电子商务成为全省经济发展的亮点和重要增长点。工业企业电子商务销售金额和采购金额的比率分别达到17.59%和20.16%。全国大约有85%的网络零售、70%的跨境电子商务及60%的企业之间的电商交易，都是依托浙江的电商平台来完成的。

【两化融合发展水平分析】

（一）综合分析

2015年，浙江省两化融合发展总指数为98.15，比2014年提高了11.89个点。其中，基础环境指数为91.64，比2014年的93.01下降了近1.37个点；工业应用指数为94.04，比2014年的75.33增长了18.71个点；应用效益指数为98.15，比2014年增长了11.89个点。如表1所示。

表1 2014—2015年浙江省两化融合指数情况

指　标	2014年指数	2015年指数	变化情况
基础环境	93.01	91.64	↓1.37
工业应用	75.33	94.04	↑18.71
应用效益	101.37	112.88	↑11.51
发展指数	86.26	98.15	↑11.89

数据来源：中国电子信息产业发展研究院

（二）具体分析

1. 基础环境指数

2015年，浙江省在信息基础设施建设方面继续加大投入力度，基础环境指数由2014年的93.01下降至91.64，降幅达到1.37个点。其中，中小企业信息化服务平台数的发展速度最快。具体来看，2015年浙江省城（省）域网出口带宽指数为99.28，比2014年的141.91降低了42.63个点；固定宽带普及率指数为97.71，与2014年持平；固定宽带端口平均速率指数为79.96，比2014年的72.2增长了7.76个点；移动电话普及率指数为81.28，比2014年的79.43增长了1.45个点。在互联网应用普及方面，2015年，浙江省互联网普及率指数为76.53，比2014年的74.93增长了1.60个点。在两化融合政策环境建设方面，2015年，浙江省继续设立两化融合专项引导资金，在吸引社会资本参与信息化建设中发挥了重要作用；中小企业信息化服务平台数量指数为131.22，比2014年的150.00下降了18.78个点；重点行业典型企业信息化专项规划情况指数为85.39，比2014的78.77增长了6.62个点。

2. 工业应用指数

2015年，浙江省工业应用多项指数均呈现较大幅度的上升。具体来看，重点行业典型企业ERP普及率指数为75.32，比2014年的65.76提升了9.56个点；重点行业典型企业MES普及率指数为97.62，比2014年的81.59增长了16.03个点；重点行业典型企业PLM指数为88.84，比2014年的67.52大幅提升21.32个点；重点行业典型企业SCM普及率指数为69.42，比2014年的43.16提升了26.26个点；重点行业典型企业采购环节电子商务应用普及率指数为135.42，比2014年的101.74提高了33.68个点；重点行业典型企业销售环节电子商务应用普及率指数为145.97，比2014年的110.03提高了35.97个点；重点行业典型企业装备数控化率指数为74.53，比2014年的66.92增长了7.61个点；国家新型工业化产业示范基地两化融合发展水平指数为72.08，比2014年的68.45增长了3.63个点。

3．应用效益指数

2015年，浙江省两化融合应用效益水平稳步提升，由2014年的101.37提升至112.88，提高了11.51个点，其中第二产业全员劳动生产率和软件业务收入两项指标提升较快。在地区工业生产效益和水平方面，2015年，浙江省工业增加值占GDP比重指数为48.76，比2014年的50.07下降了1.31个点；第二产业全员劳动生产率指数为97.37，比2014年的45.22增长了52.15个点；工业成本费用利润率指数为38.86，比2014年的37.9上升了0.96个点；单位工业增加值工业专利量指数为161.35，比2014年的162.88下降了1.53个点。在工业节能减排水平方面，单位地区生产总值电耗指数为85.94，比2014年的83.36下降了2.58个点。在信息产业发展水平方面，2015年，浙江省电子信息制造业主营业务收入指数为175.72，比2014年的166.42增加了9.30个点；软件业务收入指数为217.21，比2014年的200.2大幅提升了17.01个点。

【优劣势评价】

总体来看，浙江省两化融合水平处于全国前列，而且呈现较好发展态势，主要优势有以下几点。

一是信息产业处于全国先进行列。围绕加快发展信息经济主线，全省信息产业继续稳步增长，经济效益稳步提升，创新发展动力日益增强。规模以上电子信息制造业实现增加值1097.5亿元，同比增长8.6%；利税总额同比增长11.3%。据对浙江省2147家重点软件企业监测统计，全省实现软件业务收入2024.4亿元，同比增长21.5%；实现利税总额593.4亿元，同比增长12.8%；软件出口总额11亿美元，同比增长13%。

二是特色优势企业和产业不断崛起。阿里巴巴、华三通信、海康威视、浙江中控、和利时、大华科技、浙大网新、恒生电子等不仅成为国内同行业的佼佼者，有的甚至进入全球前列，形成了电子商务、现代物流、互联网金融等服务业的竞争优势。支付宝、余额宝、阿里小微贷、众安在线等互联网金融产品快速发展，余额宝货币市场基金规模达到6039亿元，阿里小贷开业累计发放贷款额5095.76亿元，累计服务超过180万小微企业和个人创业者。

三是企业两化融合水平较好。根据抽样统计，当前浙江企业ERP应用比率达到72.99%，比2012年提高了23个百分点；企业应用MES（含DCS）比率为28.19%，比2012年提高了5.7个百分点；在机器换人和机器联网工程的大力推动下，装备数控化率达到40.39%，机联网率达到17.92%；数字化设计工具仍然是普及率最高的系统，达到83.84%。

与此同时，浙江省两化融合也存在一些劣势。

一是区域、行业、企业间的两化融合发展水平有待协调推进。浙江省区域、行业、企业间的发展仍不均衡，浙江的很多中小企业互联网与工业融合程度相对比较低，利用移动互联网、大数据等新一代信息技术的能力比较弱，全业务、全流程的综合性集成创新能力有待挖掘和提高，缺资金、缺人才、缺技术、缺服务等因素导致很多中小企业对两化融合推进力不从心。

二是信息技术跨界融合有待深化。由于传统企业运用云计算、互联网、物联网等信息技术的意识和能力不足，导致以“互联网+”为代表的跨界融合仍然停留在“+互联网”阶段。电子信息产业核心技术、应用等方面创新能力薄弱，缺乏核心技术和标准；信息设备制造业强，软件和信息服务业弱；资金、劳动和管理密集型的产品强，技术和知识密集型的产品弱。

【相关建议】

对浙江省两化融合提出以下建议。

一是加快发展智能制造。进一步加快推进千家规模以上工业企业信息化“登高计划”。建立一批智能工厂示范样板，推进智能制造在全省制造工厂的普及，推进企业信息化从基础应用、单项应用向集成应用、创新应用、产业链协同应用转变。加大力度培育工业信息工程公司，突破工业软件平台、智慧工厂云平台、工业物联网和大数据应用等关键领域技术。

二是加快推进制造业领域“互联网+”行动。

制订“互联网+”协同制造专项计划，明确发展方向、目标和路径，重点发展基于互联网的个性化定制、众包设计、网络化制造等新型制造模式，推动形成基于消费需求动态感知的研发、制造和产业组织方式。推进机电一体化产品“互联网+”应用，基于互联网开展故障预警、远程维护、质量诊断、远程过程优化等在线增值服务，拓展产品价值空间，实现从制造向“制造+服务”、服务型制造的转型升级。加快推进工业云及工业大数据创新应用，建设一批高质量的工业云服务和工业大数据平台，推动软件与服务、设计与制造资源、关键技术与标准的开放共享。加强工业控制系统网络安全保障能力建设。

三是加快推进新一代信息基础设施建设。加快建设“宽带浙江”，加强工业互联网基础设施建设规划与布局，建设低时延、高可靠、广覆盖的工业互联网。加快制造业集聚区光纤网、移动通信网和无线局域网的部署和建设。加强大数据开发利用。制定并实施《浙江省大数据发展行动纲要》，推动大数据在工业研发设计、生产制造、经营管理、市场营销、售后服务等产品全生命周期、产业链全流程各环节的应用。建立面向不同行业、不同环节的工业大数据资源聚合和分析应用平台。加快推进小微企业云服务平台建设，积极培育云工程与云服务产业。

安徽省两化融合发展水平分析

【总体情况】

（一）经济概况

2015年，安徽省全年地区生产总值（GDP）为22005.6亿元，比2014年增长8.7%。分产业看，第一产业增加值2456.7亿元，同比增长4.2%；第二产业增加值11342.3亿元，同比增长8.5%；第三产业增加值8206.6亿元，同比增长10.6%。三次产业结构由2014年的11.5∶53.1∶35.4调整为11.2∶51.5∶37.3，其中工业增加值占GDP比重为43.9%。全员劳动生产率50862元/人，比2014年增加2303元/人；人均GDP为35997元，比2014年增加1572元。全年民营经济增加值为12647.9亿元，比2014年增长10.4%，占GDP比重由2014年的57.3%提高到57.5%。全年规模以上工业增加值比2014年增长8.6%，其中，国有及国有控股企业增长4.6%，股份制企业增长9.5%，外商及港澳台商投资企业增长6.9%。分门类看，采矿业增长6.4%，制造业增长9.3%，电力、热力、燃气及水生产和供应业增长1.4%。六大工业主导产业增加值增长9.3%，其中，装备制造业增长11.1%，高新技术产业增加值增长11.8%，战略性新兴产业产值增长17.6%。

（二）两化融合主要进展

2015年，安徽省在两化融合整体工作中，突出“四个坚持”，即坚持以政策扶持优化发展环境，坚持以产业引领培育产业支撑，坚持以平台搭建促企“智慧”发展，坚持以示范带动全面提档升级，在技术改造、自主创新、新兴产业培育上抢占制高点。

1. 两化融合新型业态成长迅猛

信息科技与全省产业发展融合交汇进程加快，带动两化融合新技术、新产品、新产业、新模式成长迅猛。以“云大物移”、工业机器人、3D 打印为代表的两化融合新型业态行业试点推广和产业城市布局进一步加速，有力支撑了传统产业的改造提升和新型高端制造业的发展。服务产业转型的平台经济开始显现，工业电子商务、第三方物流、互联网金融的应用，促进制造企业、互联网企业、信息技术服务等企业开展跨界联合，形成新的经济增长动力，为壮大全省生产性服务业注入新的活力。第三产业增加值占全省生产总值比重超过 51%，信息服务业营业收入和电子商务交易额大幅增长。

2. 积极推进安徽工业云平台建设

一是大力加强与阿里巴巴集团交流合作。2015 年，安徽省相关部门组织人员赴阿里巴巴集团开展调研活动，围绕工业云、村淘、蚂蚁金服等内容进行了深入交流与合作。二是开展培训工作。在年终全省经信系统工作会议上，邀请阿里集团专家到会，以会代训的形式开展工作培训。三是搭建工业云平台。支持安徽昊邦信息科技有限公司与阿里云公司合作，建立安徽工业云平台，借助阿里云计算、云存储和云应用能力，帮助政府治理、做好经济运行、服务中小企业等工作。

【两化融合发展水平分析】

（一）综合分析

2015 年，安徽省两化融合发展指数为 84.64，比 2014 年增长了 7.68 个点。基础环境指数为 70.06，比 2014 年的 63.22 增长了 6.84 个点；工业应用指数为 88.22，比 2014 年的 85.04 增长了 3.18 个点；应用效益指数为 92.04，比 2014 年 74.49 增长了 17.55 个点。如表 1 所示。

表 1　2014—2015 年安徽省两化融合指数情况

指　标	2014 年指数	2015 年指数	变化情况
基础环境	63.22	70.06	↑6.84
工业应用	85.04	88.22	↑3.18
应用效益	74.49	92.04	↑17.55
发展指数	76.92	84.64	↑7.68

数据来源：中国电子信息产业发展研究院

（二）具体分析

1. 基础环境指数

在信息基础设施建设方面，2015 年安徽省城（省）域网出口带宽指数为 68.37，比 2014 年的 76.01 降低了 7.64 个点；固定宽带普及率指数为 54.37，与 2014 年持平；固定宽带端口平均速率指数为 86.32，比 2014 年的 70.6 增长了 15.72 个点；移动电话普及率指数为 53.07，比 2014 年的 51.00 增长了 2.07 个点。在互联网应用普及方面，2015 年，安徽省互联网普及率指数为 53.80，比 2015 年的 52.76 增长了 1.04 个点。在两化融合政策环境建设方面，2014 年安徽省设立了两化融合专项引导资金；中小企业信息化服务平台数量指数为 81.22，比 2014 年的 55.77 增长了 15.45 个点；重点行业典型企业信息化专项规划情况指数为 83.02，比 2014 年的 74.12 增长了 9.10 个点。

2. 工业应用指数

2015 年，安徽省工业应用大部分指数出现了不同程度的提升。其中，重点行业典型企业 ERP 普及率指数为 78.48，比 2014 年的 76.86 增长了 1.62 个点；重点行业典型企业 MES 普及率指数为 101.30，比 2014 年的 100.12 增长了 1.18 个点；重点行业典型企业 PLM 指数为 81.92，比 2014 年的 81.15 提升了 0.77 个点；重点行业典型企业 SCM 普及率指数为 73.26，比 2014 年的 71.35 增长了 1.91 个点；重点行业典型企业采购环节电子商务应用普及率指数为 127.59，比 2014 年的 118.77 增长了 8.82 个点；重点行业典型企业销售环节电子商务应用普及率指数为 140.5，比 2014 年的 135.82 增长了 4.68 个点；重点行业典型企业装备数控化率指数为 60.76，比 2014 年的 59.04 增长了 1.72 个点；国家新型工业化产业示范基地两化融合发展水平指数为 52.50，比 2014 年的 47.77 增长 4.73 个点。

3．应用效益指数

在地区工业生产效益和水平方面，2015 年，安徽省工业增加值占 GDP 比重指数为 51.25，比 2014 年的 52.77 下降了 1.52 个点；第二产业全员劳动生产率指数为 121.35，比 2014 年的 47.08 增长了 74.27 个点；工业成本费用利润率指数为 36.78，比 2014 年的 37.24 减少了 0.46 个点；单位工业增加值工业专利量指数为 156.43，比 2014 年的 147.33 增长了 9.10 个点。在工业节能减排水平方面，单位地区生产总值电耗指数为 93.01，比 2014 年提升了 2.81 个点。在信息产业发展水平方面，2015 年，安徽省电子信息制造业主营业务收入指数为 131.03，比 2014 年的 109.37 增加了 21.66 个点；软件业务收入指数为 55.26，比 2014 年的 41.95 增长了 13.31 个点。

【优劣势评价】

安徽省 2015 年工业经济和信息化均呈快速发展态势，两化融合发展具有一定优势。

一是工业创新能力持续强势。2015 年，安徽省单位工业增加值工业专利量指数为 156.43，高于全国平均值 64.01 个点，位居全国第 4 位。鑫晟 8.5 代线成为全球首条使用金属氧化物技术的高端显示面板生产线；量子通信是全球首家通信安全解决方案及成套量子通信产品供应商；“京沪干线”成为我国首个量子通信领域的国家级重大工程；世界吨位最大的拉深液压机、首个单光子空间结构量子存储器、首台单光源 3D 投影机、国内第一套完善的微型 SAR 系统、弧焊机器人和下探式点焊机器人等一批重大创新产品得以成功研发。

二是两化融合工作机制日趋成熟。安徽省制定了《安徽省信息化条例（草案）》，印发《中国制造 2025•安徽篇》，发布企业首席信息官（CIO）制度，推广企业两化融合管理体系。两化融合标准建设和试点示范取得成效。创新构建省、市两级区域两化融合发展水平评估指标体系，合肥市列入国家两化融合试点市，省级两化融合示范企业达到 650 家，14 家企业通过国家两化融合管理体系评定，排名位居全国第 4 位。两化融合开放实施路径逐步清晰，智能制造、标准制定、行业应用领域的示范交流与合作进一步深化。政府引导、部门协作、企业主导、舆论关注的两化融合协同推进机制基本建立，各关联方共同参与两化融合建设的良好氛围业已形成。

同时，安徽省两化融合发展也存在一些劣势。

一是两化融合基础环境薄弱。安徽省 2015 年基础环境指数水平较低，在全国排名第 22 位。城（省）域网出口带宽、固定宽带普及率、移动电话普及率、互联网普及率等指标分别位居全国第 12 位、27 位、30 位和 26 位，总体改善不大，落后于全国平均水平，仅在固定宽带端口平均速率方面，跃居全国第 8 位。

二是软件业发展相对弱小。安徽省软件业一直未能取得较快发展。2015 年，软件业务收入指数为 55.26，大幅低于全国 52.71 个点。安徽省累计认定软件企业 667 家，累计登记软件产品 4404 件。软件外包服务收入 4785 万美元，落后于江苏、上海、浙江等周边省份。安徽省软件业自主创新能力较弱，产品结构不合理，常处于价值链低端的产品利润空间萎缩，支持技术创新和产业发展的政策措施还不完善。产业整体规模偏小，对经济结构调整升级和信息化建设的拉动力不足。

【相关建议】

对安徽省两化融合提出以下建议。

一是构建两化融合基础支撑体系框架。大力推进“宽带安徽”建设，促进 4G 网络普及，加速向无线、移动、宽带、泛在的下一代网络基础设施演进。促进省内通信运营商信息基础设施的共建共享和互联互通。推动合肥、芜湖、淮南、宿州大数据中心和云计算基地规模化、集约化、绿色化发展。完善安徽省互联网网络安全防护措施，指导企业强化网络安全技术手段，加强工业信息网络安全监测预警和信息通报，健全网络安全应急工作机制。提升新一代信息技术的自主可控发展水平。发挥合肥、芜湖软件产业基地优势，推动基础工业软件核心关键技术实现突破。在煤炭、钢铁、冶金、汽车制造等领域，组织开发智能控制系统、工业应用软件、故障诊断软件和相关工具、传感和通信系统协议，研发嵌入式系统、工业数据处理等工业基础软件和行业应用软件，支持新型工业移动客户端（APP）软件的研发和应用。

二是提升新一代信息技术的自主可控发展水平。发挥合肥、芜湖软件产业基地优势，推动基础工业软件核心关键技术实现突破。在煤炭、钢铁、冶金、汽车制造等领域，组织开发智能控制系统、工业应用软件、故障诊断软件和相关工具、传感和通信系统协议，研发嵌入式系统、工业数据处理等工业基础软件和行业应用软件，支持新型工业移动客户端（APP）软件的研发和应用。鼓励省内信息技术企业通过原始创新或引进吸收消化再创新方式，在消费品生产、家电制造等领域攻关物联网传感、人机交互、智能控制等关键技术，提升计算机辅助设计仿真（CAD/CAE）、制造执行系统（MES）、产品全生命周期管理（PLM）等工业软硬件研发能力与水平。围绕人工智能在智能制造领域的应用，加强以科大讯飞、美特自动化为代表的智能语音和智能决策控制等关键技术的研发和产业化水平。

三是优化两化融合实施路径，塑造企业发展新能力。全面推广企业两化融合管理体系贯标。引导并支持企业、行业和区域开展两化融合发展水平评估，持续推进企业两化融合管理体系贯标咨询服务和认定工作，建成统一的企业管理体系贯标协同工作平台。培育10家两化融合贯标咨询服务机构，完善市场化模式，建立客观公正、权威可信的两化融合管理体系贯标第三方服务体系。探索两化融合管理体系贯标采信机制，在企业技术改造、工程中心建设、工业强基等重点专项工作中采信两化融合管理体系认定结果。通过贯标工作，优化企业两化融合实施路径，提高企业业务流程的集成管控水平，提升两化融合与企业发展战略的匹配支撑能力。

四是围绕企业价值链配置两化融合资源链。支持和推动企业通过两化深度融合，实现“互联网+”环境下的业务创新和组织变革，提升企业核心竞争力。顺应全省汽车、家电、纺织、石化、煤炭、装备制造等传统产业转型升级需求，加快两化融合设备、装备、资金、人才等要素资源在企业创新设计、协同研发、柔性生产、节能减排、市场营销等关键环节的投放力度和应用深度，引导企业发展数据驱动、网络协同、精细管理等新型能力，促进传统产业提质增效。面向智能装备、海洋工程装备和高端船舶、航空航天装备、节能和新能源汽车、生物医药等第一批 14 个战略性新兴产业集聚发展基地建设，引导企业充分利用物联网、大数据等信息技术，以实现业务链集成、供应链优化为目标，围绕生产管控、营销服务等重点流程，按需配置“两个 IT”资源，促进新兴产业低碳化、循环化和集约化发展。

福建省两化融合发展水平分析

【总体情况】

（一）经济概况

2015 年，福建省全年实现地区生产总值 25979.82 亿元，比 2014 年增长 9.0%。其中，第一产业增加值 2117.65 亿元，同比增长 3.7%；第二产业增加值 13218.67 亿元，同比增长 8.7%；第三产业增加值 10643.50 亿元，同比增长 10.3%。

福建省人均地区生产总值为67966元，比2014年增长8.0%。第一产业增加值占地区生产总值的比重为8.1%，第二产业增加值比重为50.9%，第三产业增加值比重为41.0%。2015年居民消费价格比2014年上涨1.7%，其中，食品价格上涨2.3%。固定资产投资价格下降1.7%，工业生产者出厂价格下降3.0%，工业生产者购进价格下降3.9%，农产品生产者价格上涨1.2%。2015年全部工业增加值为10974.42亿元，比2014年增长8.5%。规模以上工业增加值增长8.7%。在规模以上工业中，分经济类型看，国有及国有控股企业增长9.5%；国有企业下降0.9%，集体企业增长8.4%，股份制企业增长11.2%，外商及港澳台商投资企业增长4.6%；私营企业增长11.1%。分轻重看，轻工业增长8.9%，重工业增长8.6%。分门类看，采矿业增长8.6%，制造业增长9.3%，电力、热力、燃气及水生产和供应业增长0.8%。工业产品销售率为96.74%，比2014年下降0.50个百分点。

（二）两化融合主要进展

2015年，福建省高度重视两化融合工作，持续推进两化融合管理体系贯标试点示范、两化融合水平整体性评估、互联网与工业融合创新试点等相关工作，企业信息化建设明显加快，两化融合水平不断提高。

1．加大政策和资金支持力度

为贯彻实施工信部两化融合工作部署，福建省经信委组织制定了《福建省两化融合2015年专项行动实施方案》组织各区市经济和信息化主管部门按照全省统一部署，明确目标、分解任务、组织保障，省、市合力推动两化融合工作。2015年安排省级两化融合专项资金2000万元，扶持45个两化融合项目，重点支持企业两化融合重点投资项目、工业互联网平台型企业培育项目、两化融合公共平台项目，并对通过国家级两化融合管理体系评定的企业和服务机构予以奖励。

2．开展两化融合管理体系贯标试点示范和评估工作

截至2015年年底，福建省级两化融合示范企业有117家，开展两化融合整体性评估的企业超过1000家，通过国家两化融合管理体系贯标评定的企业13家（总数位居全国第5位）。2015年福建省有63家企业列入第二批两化融合管理体系贯标试点名单，其中，35家企业为国家贯标试点，28家企业为省级贯标试点。两化融合咨询服务平台最新评估结果显示，电力、生产性服务业、电子信息、装备制造等行业企业的两化融合评估得分相对较高，全省14%的企业尚处于起步建设阶段，49%的企业处于单项应用阶段，23%的企业处于综合集成阶段，14%的企业处于协同创新突破阶段。

3．加快推进企业信息化建设

企业加强两化融合组织保障能力建设，大部分企业设置了专职信息化部门。截至2015年年底，福建省90%的企业设有专门的信息化部门，属于专职一级部门的企业占52%；信息化专职主管领导的层级处于中高层的占87%；制定和执行了企业级信息化规划的企业占61%。企业信息资源受到更多重视，已有42%的企业的数据处于分区域管理，51%的企业的数据处于统一集中管理；以离线备份为主的企业占53.87%，以双机热备份为主的企业占43.48%，信息安全保障进一步加强。

【两化融合发展水平分析】

（一）综合分析

2015年，福建省两化融合发展指数为86.68，较2014年增长了6.74个点。基础环境指数为91.03，比2014年的88.77增长了2.26个点；工业应用指数为76.91，比2014年的70.31增长了6.60个点；应用效益指数为101.88，比2014年增长了11.52个点。如表1所示。

表1　2014—2015年福建省两化融合指数情况

指　标	2014年指数	2015年指数	变化情况
基础环境	88.77	91.03	↑2.26
工业应用	70.31	76.91	↑6.60
应用效益	90.36	101.88	↑11.52
发展指数	79.94	86.68	↑6.74

数据来源：中国电子信息产业发展研究院

（二）具体分析

1．基础环境指数

在信息基础设施建设方面，2015年，福建省城（省）域网出口带宽指数为62.83，比2014年的76.19下降了13.36个点；固定宽带普及率指数为100，比2014年的95.34增长了4.66个点；固定宽带端口平均速率指数为75.35，比2014年的74.04增长了1.31个点；移动电话普及率指数为73.29，比2014年的73.93下降了0.64个点。在互联网应用普及方面，2015年，福建省互联网普及率指数为78.45，比2014年的77.42增长了1.03个点。在两化融合政策环境建设方面，2015年，福建省设立了两化融合专项引导资金；中小企业信息化服务平台数量指数为150，与2014年保持不变；重点行业典型企业信息化专项规划情况指数为84.85，比2014年的70.03增加了14.82个点。

2．工业应用指数

2015年，福建省重点行业典型企业ERP普及率指数为76.09，比2014年的72.71上升了3.38个点；重点行业典型企业MES普及率指数为83.01，比2014年的67.92增加了15.09个点；重点行业典型企业PLM指数为63.95，比2014年的60.50增加了3.45个点；重点行业典型企业SCM普及率指数为67.93，比2014年的65.69增加了2.24个点；重点行业典型企业采购环节电子商务应用普及率指数为85.79，比2014年的70.61增长了15.18个点；重点行业典型企业销售环节电子商务应用普及率指数为96.04，比2014年的83.97增长了12.07个点；重点行业典型企业装备数控化率指数为55.83，比2014年的55.56增加了0.27个点；国家新型工业化产业示范基地两化融合发展水平指数为87.81，比2014年的85.42增加了2.39个点。

3．应用效益指数

在地区工业生产效益和水平方面，2015年，福建省工业增加值占GDP比重指数为49.60，比2014年的49.98降低了0.38个点；第二产业全员劳动生产率指数为102.57，比2014年的55.93增加了46.64个点；工业成本费用利润率指数为42.42，比2014年的40.83增加了1.59个点；单位工业增加值工业专利量指数为113.97，比2014年的110.65增长了3.32个点。在信息产业发展水平方面，2015年，福建省电子信息制造业主营业务收入指数为160.32，比2014年的159.51增加了0.81个点；软件业务收入指数为185.06，比2014年的158.77增加了26.29个点。

【优劣势评价】

福建省两化融合水平位居全国前列，具有一定的发展优势。

一是企业生产设备数字化率高于全国平均水平。福建省工业企业生产设备数字化率为56%，高于全国45%的平均水平。福建省企业自动化生产设备资产占生产设备总资产的比例约为56%，计算机辅助编程（CAM）的数控供需数量占数控供需总量的20%，应用了可编程控制器（PLC）/分布式控制系统（DCS）的生产线（装置）数占生产线（装置）总数的比例为23%，自动生成配送计划的物料占全部配送物料的比例为22%。从行业看，冶金、电子等行业自动化生产设备占企业生产设备总资产的比例较高，分别为97%、73%。从区域来看，厦门、泉州、宁德等地企业自动化生产设备占生产设备总资产的比例相对较高，分别为80%、72%、70%。

二是企业数字化研发设计工具普及率较高。截至2015年年底，福建省可建立产品级数字化预装配模型的企业占32%，可建立部件级数字化预装配模型的企业占31%；能够构建数字样机的企业占样本企业的48%。在产品性能与功能的数字化验证情况方面，全省能够在产品级性能仿真基础上实现可制造性分析、能够在部件级性能仿真基础上实现产品级性能仿真及能够在零件级性能仿真基础上实现部件级性能仿真的企业占比分别为21%、21%和18%。在二维数字化模型产品使用占比方面，福建省装备制造、纺织服装和冶金等行业企业的二维数字化模型产品使用率较高，分别为66%、57%和54%；在三维数字化模型产品使用占比方面，全省装备制造、电子信息和纺织服装行业占比较高，分别为48%、36%和33%。

三是具有较好的信息基础设施。近年来，福建省信息基础设施发展迅速，为两化深度融合发展夯实了基础。2015年福建省两化融合基础环境指数为91.03，位居全国第6位，高于全国平均水平15.65个点。截至2015年年底，福建省电话用户总数达到5300万户，互联网用户达到4100万户，全省移动电话普及率达到115%，移动互联网普及率达到83%，城市光纤到户覆盖率达到79%，3G/4G用户渗透率达到50%，固定宽带家庭普及率达到65%，智能手机普及率达到55%，社会信息化综合指数达到0.83。

福建省两化融合水平已取得较大进步，但推进过程中仍存在一些困难和问题。

一是企业两化融合的层次仍有待提升。不少传统工业企业还未能有效实施两化融合或实施进度较慢，能从设计、生产、经营到办公管理进行一体化信息系统综合集成应用的成功企业为数不多，能实现上、下游企业协同经营、协同管理的行业性综合应用的更少。

二是推进两化融合的基础环境仍需要进一步完善。科研机构、高等院校、软件与信息服务商等两化融合服务资源较为分散，制造业企业、信息技术企业、第三方咨询服务机构等供需方对接不畅；全省能够提供智能制造、“互联网+”等两化融合整体性解决方案的高水平服务机构偏少，公共平台和服务机构亟须加快培育。

此外，还存在政策扶持和刺激力度不够强、信息化专业人才和组织保障不足、企业信息安全认识有待提高等困难和问题。

【相关建议】

对福建省两化融合提出以下建议。

一是明确将智能制造作为两化融合的主攻方向。制定智能制造发展规划，确定发展路线图，实施智能制造重大工程，围绕培育智能制造生产模式、发展智能制造技术、智能装备和智能产品，组织实施智能制造计划，普及推广智能制造新模式、新业态。不断扩大智能制造试点示范领域和范围，在基础较好、需求迫切的行业、地区和企业，组织智能工厂应用示范和智能制造示范城市（区）建设。研究和推广智能制造标准规范体系，破解信息系统不兼容、集成协同难的瓶颈，加快建立现代生产体系。

二是大力推动工业互联网融合发展。加快制定出台《“互联网+工业”行动计划》，研究制定《重点行业工业互联网发展路线图》，明确工业互联网发展路径。制订工业互联网整体网络架构方案，科学规划互联网地址资源。深化物联网应用，培育智能检测、全产业链追溯等新模式。组织开发信息物理系统（CPS）相关工具和应用软件、传感和通信系统协议，在制造业、智慧城市、网络和信息安全等领域加强前瞻部署和应用推广。

三是深入开展两化融合行业试点示范。以试点企业和示范项目为突破口，重点支持企业应用信息技术促进产品研发、内部资源管理和开展信息技术服务等，为各行业企业提供标杆、示范和样板，培育打造不同行业两化融合的领军企业，充分发挥辐射带动作用，做到企业有示范、行业有标准、园区有试点，带动全行业两化融合水平大幅提升。重点支持装备制造、纺织服装、食品加工、冶金及建材、电子信息、化工和节能环保等产业应用信息技术、产品和装备，提高生产线的自动化控制水平，实现产品开发生产的高效率、高品质；在企业管理和服务的各个环节推广自动化、智能化和现代化管理，加快两化融合发展；通过信息化工程的实施，提高生产自动化和工艺集成水平，加强能源管控，提高安全生产、节能降耗水平。

四是不断完善两化融合公共平台。扶持基于云计算的行业性、区域性骨干公共技术平台建设，推进研发设计、数据管理、工程服务等制造资源面向重点产业集群、园区和中小企业开放共享，降低企业的信息化实施成本。支持第三方大数据平台建设，推动大数据在企业经济活动中的应用，实现基于大数据驱动的市场机遇，把握产品精准营销。建立基于新一代信息技术的物流信息化公共服务平台，推动第三方物流企业融入生产企业供应链管理。培育一批提供两化深度融合整体实施方案的平台型企业，重点鼓励有条件的龙头企业、高端装备企业、两化融合示范企业将工业技术和信息技术的综合集成能力剥离输出，引导软件企业转型成为两化融合综合实施方，支持专业化的科研院所加快两化融合关键技术开发并以市场化方式推广。大力扶持中小企业公共服务平台建设，提升新型信息化能力，为中小企业提供专业信息化服务。

江西省两化融合发展水平分析

【总体情况】

（一）经济概况

2015 年，江西省全年实现地区生产总值（GDP）16723.8 亿元，比 2014 年增长 9.1%。其中，第一产业增加值 1773.0 亿元，同比增长 3.9%；第二产业增加值 8487.3 亿元，同比增长 9.4%；第三产业增加值 6463.5 亿元，同比增长 10.0%。三次产业结构由 2014 年的 10.7∶52∶36.8 调整为 10.6∶50.8∶38.6，三次产业对 GDP 增长的贡献率分别为 4.2%、60.7%和 35.1%。人均生产总值 36724 元，同比增长 8.5%，按年均汇率折算为 5898 美元。全年财政总收入 3021.5 亿元，比 2014 年增长 12.7%，财政总收入占生产总值的比重为 18.1%，比 2014 年提高 1.0 个百分点。全年规模以上工业增加值 7268.9 亿元，比 2014 年增长 9.2%。分轻重工业看，轻工业增加值 2731.2 亿元，同比增长 7.7%；重工业增加值 4537.7 亿元，同比增长 10.1%。全年规模以上工业 38 个行业大类中，34 个实现增长，占比近九成。其中，电子、电气机械、纺织、农副食品、医药和有色六大重点行业表现突出。高新技术产业增加值 1869.7 亿元，同比增长 10.4%，占规模以上工业的比重为 25.7%，比 2014 年提高 0.8 个百分点。抚州、赣州、吉安高新区晋升为国家级高新技术开发区，年末国家级高新技术开发区 7 家，居全国第 6 位、中部第 1 位；省级高新技术产业园区 3 家，比 2015 年新增 1 家；国家高新技术产业化基地 27 个，居全国第 1 位。

（二）两化融合主要进展

2015 年，江西省大力推动两化融合发展，促进信息技术在工业各领域的推广应用，增强了制造业企业技术创新和发展能力，对加快制造业转型升级起到了积极作用。

1．统筹推进两化融合发展

江西省政府办公厅出台了《大力推进信息化与工业化深度融合加快制造业转型升级的意见》，明确了信息化与工业化深度融合的目标、任务和措施，统筹推进两化融合发展。在江西省委省政府指导下，江西省工信委出台了《关于有序推进全省智慧园区建设的指导意见》，确定智慧园区建设指导目录，明确了园区要做什么和怎么做，哪些项目是必须开展的，哪些项目可以根据实际情况有选择性开展，指导园区和企业开展智慧园区和智慧工厂建设，引导园区和企业开展两化融合工作。

2．与央企共同打造工业云平台

江西省工信委积极与央企对接，签订了两个合作框架协议，引进了两个云平台。一个平台是与中国航天科工集团公司签订框架协议，合作开展江西航天云网建设，充分利用航天科工在云计算、大数据、云制造等新一代信息技术领域的创新成果，吸引江西省广大企业上线并发布、共享与使用云服务，建设以航天云制造为核心业务，项目拟落户南昌高新区，从南昌高新区开始试点，全省几万家企业将上线。另一个平台是中华工业云为江西省乃至全国中小微企业提供信息化应用、信用及评估、融投资、市场营销、大数据运营等服务，目前以“中华工业云+新能源”为切入点，大力助推光伏产业发展。

3．开展两化融合发展水平评估和贯标对标工作

江西省开展企业两化融合评估，深入推进企业对标。开通江西省两化融合咨询服务平台，在各设区市和县开设分平台，不定期组织企业上平台参加评估诊断，开展两化融合发展水平自评估，定量摸清企业信息化情况，让企业查找在全国、同行业的差距和潜力。成立江西省两化融合推进联盟，助力两化融合管理体系推进工作，培育第三方两化融合咨询服务机构，鼓励第三方机构积极开展两化融合对标工作。在全省推广两化融合管理体系，帮助企业开展贯标试点工作，以管理体系对标为手段，深入推进企业两化融合。

【两化融合发展水平分析】

（一）综合分析

2015年，江西省两化融合发展指数为70.59，位于全国中下游水平。基础环境指数为63.54，比2014年的70.47 下降了6.93个点。工业应用指数为70.61，比2014年的72.92下降了2.31个点。应用效益指数为77.61，比2014年的64.22增长了13.39个点（见表1）。

表1　2014—2015年江西省两化融合指数情况

指　标	2014年指数	2015年指数	变化情况
基础环境	70.47	63.54	↓6.93
工业应用	72.92	70.61	↓2.31
应用效益	64.22	77.61	↑13.39
发展指数	70.13	70.59	↑0.46

数据来源：中国电子信息产业发展研究院

（二）具体分析

1．基础环境指数

在信息基础设施建设方面，固定宽带普及率指数为58.50，比2014年的54.37增长了4.13个点；固定宽带端口平均速率指数为 83.96，比2014年的69.08增长了14.88个点；移动电话普及率指数为50.39，比2014年的48.87增长了1.52个点。在互联网应用普及方面，2015年，江西省互联网普及率指数为50.86，比2014年的49.24增长了1.62个点。在两化融合政策环境建设方面，2015年，江西省设立了两化融合专项引导资金；中小企业信息化服务平台数量指数为70.75，比2014年的148.48 减少了77.73 个点；重点行业典型企业信息化专项规划情况指数为43.82，比2014年的57.27 减少了13.45个点。

2．工业应用指数

2015年，江西省重点行业典型企业ERP普及率指数为70.91，比2014年的75.01减少了4.1个点；重点行业典型企业 MES 普及率指数为78.10，比2014年的74.17增加了3.93个点；重点行业典型企业PLM指数为51.35，比2014年的58.71 减少了7.36个点。重点行业典型企业SCM普及率指数为65.10，比2014年的69.35减少了4.25个点；重点行业典型企业采购环节电子商务应用普及率指数为87.55，比2014年的107 减少了 19.45个点；重点行业典型企业销售环节电子商务应用普及率指数为 100.15，比 2014 年的117.68 减少了 17.53 个点；重点行业典型企业装备数控化率指数为50.89，比2014年的51.46 减少了0.57个点；国家新型工业化产业示范基地两化融合发展水平指数为65.10，比2014年的39.2增加了25.9个点。

3．应用效益指数

在地区工业生产效益和水平方面，2015年，江西省工业增加值占GDP比重指数为50.43，比2014年的51.15减少了0.72个点；第二产业全员劳动生产率指数为107.1，比2014年的48.39增加了 58.71 个点；工业成本费用利润率指数为45.36，比2014年的44.53增加了0.83个点；单位工业增加值工业专利量指数为74.74，比2014年的62.6增长了12.14个点。在信息产业发展水平方面，2015年，江西省电子信息制造业主营业务收入指数为141.03，比2014年的129.12增加了11.91个点；软件业务收入指数为34.03，比2014年的29.97增加了4.06个点。

【优劣势评价】

江西省两化融合发展在以下两方面存在一定优势。

一是工业园区信息化基础设施较好。工业园区积极推进"数字园区"建设，实现宽带 100% 到达园内企业，建立了数字园区的信息发布平台。全省 96 个工业园区都已实现宽带网络覆盖企业，大多数工业园区积极推进"信息化入园区"工程建设，建立了数字园区的信息发布平台。

二是两化融合支撑服务体系较为完善。江西省经信委与江西财经大学、华东交通大学等高等院校签订了委校合作框架协议，共建信息化与工业化深度融合发展研究中心，开展两化融合基本理论研究并推进两化融合发展战略，有利于高等院校人才和资源优势的发挥。此外，江西电信、江西移动、江西联通、江西省工业和信息产品监督检验院、江西省工业和信息化技术创新推进中心、贝谷科技股份有限公司 6 家单位成为首批江西省信息化和工业化深度融合发展技术支持中心，为江西省工业企业两化融合提供技术服务。

同时，江西省也存在较为明显的劣势。

一是两化融合的发展基础仍然相当薄弱。2015 年，江西省两化融合基础环境指数为 63.54，较 2014 年下降了 6.93 个点，同时低于全国水平 11.84 个点。其中，固定宽带普及率指数为 58.5，低于全国平均水平 14.01 个点；移动电话普及率和互联网普及率分别比全国平均水平低 15.57 个点和 13.11 个点，与全国平均水平的差距继续放大。值得注意的是中小企业信息化服务平台数指数为 70.75，重点行业典型企业信息化专项规划指数为 43.82，较 2014 年大幅下降，远低于全国平均水平 108.35 和 60.85。

二是中小企业公共服务体系尚不完善。信息化建设前期投入较大，且需要持续性投入，但带来的效益相对较慢，企业信息化建设投入不足。尤其是资金实力并不雄厚的中小企业，面对较大的经济下行压力，缺乏信息化持续投入的直接动力。从江西省两化融合发展指数中可以看到，2015 年，江西省中小企业信息化服务平台数指数为 70.75，较 2014 年的 148.48 大幅下降了 77.73 个点。

【相关建议】

对江西省两化融合提出以下建议。

一是做好"十三五"时期两化融合发展规划。江西省要贯彻落实《中国制造 2025》等国家重大战略规划，深刻领会国家"十三五"发展规划和信息化发展规划思想，结合实际情况，突出自身特色，承上启下、承前启后，正确把握政府与市场的关系，充分发挥两化融合的市场主体作用，做好江西省两化融合发展规划部署，统筹推进智能制造、工业互联网、工业云、工业大数据、工业控制系统及安全等发展。

二是加快建设两化融合基础设施。夯实两化融合发展基础环境，补上信息基础设施短板。继续贯彻实施"宽带中国"战略，推动光纤入户到村改造，扩大光纤覆盖范围。鼓励第三方服务商在江西省重点场所、景区等人流密集场所广泛部署免费 Wi-Fi。引导电信运营商加快建设 4G 网络，增加 4G 用户。鼓励建设云计算基地、大数据中心等，规划布局新一代信息基础设施。

三是继续开展两化融合示范区建设。在企业、行业、园区三个层面，开展两化融合应用示范，推动"点、线、面"相结合的推进格局走向深入，提升区域经济的发展质量和综合竞争力。总结骨干企业成功经验，形成典型案例，带动上下游产业链进行信息化改造；发挥行业协会引导、示范作用，加快制定行业两化融合示范标准，搭建行业两化融合服务平台；以智慧园区为依托，推动工业园区两化融合发展，开展两化融合帮扶工程，采用"以通信企业为投资主体，示范园区购买服务（或组织企业购买服务），省里支持一点，市里配套一点"的建设模式，加强示范园区两化融合建设，实现互利双赢。

山东省两化融合发展水平分析

【总体情况】

（一）经济概况

2015 年，山东省实现生产总值（GDP）为 63002.3 亿元，按可比价格计算，比 2014 年增长 8.0%。其中，第一产业增加值 4979.1 亿元，同比增长 4.1%；第二产业增加值 29485.9 亿元，同比增长 7.4%；第三产业增加值 28537.4 亿元，同比增长 9.6%。产业结构调整优化，三次产业比例由 2014 年的 8.1∶48.4∶43.5 调整为 7.9∶46.8∶45.3。人均生产总值为 64168 元，同比增长 7.3%，按年均汇率折算为 10305 美元。居民消费价格总水平上涨 1.2%。其中，城市上涨 1.4%，农村上涨 0.9%；服务项目价格上涨 1.6%，消费品价格上涨 1.1%。农业生产资料价格下降 0.7%，农产品生产者价格上涨 0.1%。工业生产者出厂价格下降 4.8%，购进价格下降 5.0%。固定资产投资价格下降 2.3%。全部工业增加值为 25910.8 亿元，比 2014 年增长 7.4%。其中，规模以上工业增加值增长 7.5%。在规模以上工业中，轻工业增长 7.4%，重工业增长 7.5%。41 个行业大类中，36 个行业增加值实现增长，14 个行业增加值过千亿。新产业发展加快，高新技术产业产值增长 10.5%，占规模以上工业总产值的比重为 32.5%，比 2014 年提高 1.1 个百分点。

（二）两化融合主要进展

2015 年，山东省高度重视两化融合发展，在已有基础之上取得了以下两方面的进展。

1．开展两化融合发展水平评估工作

山东省经信委下发评估文件到各地、市经信委，按规模以上工业企业的 5%抽取企业在“山东省两化融合服务平台”评估系统中进行登录评估，各地、市经信委审核后上报。山东省经信委根据企业评估规范和区域评估指标体系，分别编制了《企业两化融合发展水平报告》和《区域两化融合发展水平报告》。2015 年，山东省 17 个城市科学发展综合考核指标标准中首次把企业信息化指数纳入考核范围，对两化融合发展起到较大的推进作用。

2．实施互联网与工业融合创新试点

山东省积极申报工信部互联网与工业融合创新试点，有 4 家企业列入首批国家试点。围绕先进制造、现代服务业、数字农业、节能环保等重点领域，着力信息技术推广、数字化装备制造、供应链信息化管理和能源监测自动化控制等 4 个重点，实施了两化融合“四个一百”工程，连续 4 批认定培育示范工程项目 371 个，进行行业树标引导。

3．大力推进落后产业节能减排

山东省通过推广应用智能技术、生产各工序和全线过程的自动化控制系统，企业用水、电、煤、原材料明显降低，涌现出山钢、重汽等一批应用信息技术促进节能降耗的先进典型。山钢集团实施信息化项目后，平均吨钢综合耗水由 21 立方米下降到目前的 5 立方米，降低了 77%。吨钢综合能耗由 1200 千克标准煤下降到 700 千克，降低了 42%。通过推广污染排放主要生产线和关键设备自动控制技术，应用环境监测、污染源监控等信息系统，在冶金、电力、石化、建材、造纸等高污染行业，污染物排放得到最大限度的控制，重大污染物排放隐患得到有效消除。据第三方机构评测，通过两化融合山东省落后行业减少了约9%的碳排放，涌现出山水集团、华泰集团等一批示范企业。山水集团通过信息技术改造，水泥生产中二氧化碳、二氧化硫和粉尘的排放量得到了有效控制，排放量分别较项目实施前减少37%、32%和34%。

【两化融合发展水平分析】

（一）综合分析

2015年，山东省两化融合发展指数为93，较2014年上升了12.65个点；基础环境指数为85.77，比2014年的79.35增长了个6.42个点；工业应用指数为85.78，比2014年的70.47增长了15.31个点；应用效益指数为114.65，比2014年的101.11增长了13.54个点。如表1所示。

表1　2014—2015年山东省两化融合指数情况

指　标	2014年指数	2015年指数	变化情况
基础环境	79.35	85.77	↑6.42
工业应用	70.47	85.78	↑15.31
应用效益	101.11	114.65	↑13.54
发展指数	80.35	93.00	↑12.65

数据来源：中国电子信息产业发展研究院

（二）具体分析

1．基础环境指数

在信息基础设施建设方面，山东省2015年固定宽带普及率指数为79.25，比2014年的76.18增长了3.07个点；固定宽带端口平均速率指数为80.62，比2014年的70.48增长了10.14个点；移动电话普及率指数为62.67，比2014年的61.3增长了1.37个点。在互联网应用普及方面，2015年，山东省互联网普及率指数为64.03，比2014年的61.41增长了2.62个点。在两化融合政策环境建设方面，2015年，山东省设立了两化融合专项引导资金；中小企业信息化服务平台数量指数为150；重点行业典型企业信息化专项规划情况指数为77.18，比2014年的66.53增加了10.65个点。

2．工业应用指数

2015年，山东省重点行业典型企业ERP普及率指数为74.8，比2014年的67.36增长了7.44个点；重点行业典型企业MES普及率指数为75.42，比2014年的59.31增长了16.11个点；重点行业典型企业PLM指数为84.2，比2014年的67.05增长了17.15个点；重点行业典型企业SCM普及率指数为70.63，比2014年的64.08增长了6.55个点；重点行业典型企业采购环节电子商务应用普及率指数为106.36，比2014年的79.05增长了27.31个点；重点行业典型企业销售环节电子商务应用普及率指数为108.68，比2014年的80.7增长了27.98个点；重点行业典型企业装备数控化率指数为59.11，比2014年的68.21下降了9.1个点；国家新型工业化产业示范基地两化融合发展水平指数为107.84，比2014年的77.22上升了30.62个点。

3．应用效益指数

在地区工业生产效益和水平方面，2015年，山东省工业增加值占GDP比重指数为49.6，比2014年的50.67减少了1.07个点；第二产业全员劳动生产率指数为119.84，比2014年的58.87上升了60.97个点；工业成本费用利润率指数为41.46，比2014年的43.51减少了2.05个点；单位工业增加值工业专利量指数为103.21，比2014年的100.00增长了3.21个点。在信息产业发展水平方面，2015年，山东省电子信息制造业主营业务收入指数为206.49，比2014年的199.03增长了7.46个点；软件业务收入指数为233.54，比2014年的212.16增长了21.38个点。

【优劣势评价】

目前，山东省两化融合发展走在全国前列，总体来看，其发展优势有如下方面。

一是具有较好的信息化发展基础。2015年，山东省两化融合基础环境指数为85.77，高于全国平均水平19.73个点，居于全国第7位。其中，城（省）域网出口带宽指数为116.54，远高于全国平均水平50.72个点。近年来，山东省加大对信息基础设施投入，全省光纤城镇覆盖率超过95%，工业企业互联网普及率达98%以上，信息基础保障能力不断增强。青岛、淄博、威海、临沂被确定为首批“宽带中国”示范城市。

二是信息产业发展势头迅猛。山东省信息产业快速增长，产值规模居全国前 3 位。从事两化融合开发生产的企业占到全部软件企业总数的 50%，涌现出了浪潮、中创、东方电子、集成电子、胜利软件等一批知名两化融合软件企业，浪潮 ERP、东方电子生产监控管理系统、蓝光采矿设计与安全系统等一批软件产品、技术在全国领先，轻工行业的光机电一体化技术、机械行业的集成制造系统、建材行业的分布式余热余压控制系统、冶金行业的制造执行系统等在全国拥有较高的市场占有率，为两化融合做出了重大贡献。

三是电子商务产业日益壮大。山东省电子商务交易额已达到 1.8 万亿元，面向电子商务的支撑服务快速增长，“联行支付”第三方互联网支付平台新增企业用户 1.3 万家，实现支付额度 182.3 亿元。“好品山东”网络营销管理服务平台新增上线企业 10370 家，全部上线企业达到 15671 家，带动企业完成网上交易额 509 亿元。

四是企业创新能力较强。山东省实施省级企业技术创新项目 4120 项，形成省级以上新产品、新技术、新工艺 5700 多项。申请专利 11483 项，其中发明专利 3643 项，专利数和发明专利数较 2014 年分别增长了 6.6%和 13%；授权专利 7718 项，其中发明专利 1341 项，授权专利数和授权发明专利数比 2014 年分别增长了 4.7%和 31.2%。培育国家级工业设计中心 5 家、省级工业设计中心 62 家，2 项产品获得首届中国优秀工业设计奖十大金奖。

与此同时，山东省两化融合也存在一些劣势。

一是企业信息化向中高级阶段迈进面临瓶颈。总体来看，山东省处于集成提升阶段的企业占 30.11%，处于创新突破阶段的企业占 7.14%，还有 54.63%的企业两化融合水平处于单项覆盖阶段，山东省企业总体处于由单项业务应用向综合集成应用过渡阶段，因而一些企业长期以来处于加工制造产业链中低端。

二是企业信息化资金持续投入不足。最近两年经济下行，多数行业市场需求不足、盈利水平大幅下降、企业生产经营困难加大，导致企业信息化投资动力不足。2015 年前 2 个月，山东省新开工技改项目总投资同比下降 21%，企业信息化投入资金较难满足两化融合发展水平的持续提高。

【相关建议】

对山东省两化融合提出以下建议。

一是加强统筹协调。按照《中国制造 2025 战略规划》和《山东省推进工业转型升级行动计划（2015—2020 年）》的总体要求，把推进两化融合的着力点放在以信息技术改造提升六大传统产业上，努力实现 5 个目标、着力完成 4 项重点任务、推进 7 个专项行动、实施 700 个配套项。坚持“一张蓝图绘到底”“敲开核桃、一行业一对策”，把推动两化融合落实到具体工业项目上，推动发展理念、定位、动力和途径的根本转变，构建自主创新强、质量效益好、发展潜力大的先进工业体系，实现山东工业由大到强的战略提升。

二是大力推进智能制造。深入开展国家“互联网+”专项行动，以高端装备制造产业园区为依托，开展数字化车间示范，培育一批无人生产线、数字车间和智能工厂。积极推动互联网与工业融合创新，继续抓好两化融合管理体系贯标。培育济南保税区等 20 个智慧园区；加快工业云平台建设；积极培育基于互联网的按需制造、众包设计等云制造模式。

三是拓宽两化融合投融资渠道。加大财政资金投入力度，探索建立财政和社会资本共同筹资的两化融合发展基金，鼓励金融机构、风险资本、信息企业创新产品和服务，加大对企业两化融合项目的支持。鼓励社会力量建设两化融合投融资公共服务平台，为两化融合提供更多的投融资渠道。财政、税务、金融等部门要制定更加优惠的政策，研究出台税收返还奖励，加大对两化融合工作的扶持力度。

河南省两化融合发展水平分析

【总体情况】

（一）经济概况

2015年，河南省全年生产总值37010.25亿元，比2014年增长8.3%。其中，第一产业增加值4209.56亿元，同比增长4.4%；第二产业增加值18189.36亿元，同比增长8.0%；第三产业增加值14611.33亿元，同比增长10.5%。三次产业结构为11.4∶49.1∶39.5。全年居民消费价格比2014年上涨1.3%，其中，食品类价格上涨1.8%。商品零售价格下降0.2%，工业生产者出厂价格下降4.6%，工业生产者购进价格下降4.6%，固定资产投资价格下降2.4%，农业生产资料价格上涨0.3%，全年地方财政总收入4426.96亿元，比2014年增长8.1%；地方一般公共预算收入3009.65亿元，同比增长9.9%。全年工业增加值16100.92亿元，比2014年增长8.0%。规模以上工业增加值增长8.6%，其中，轻工业增长8.1%，重工业增长8.9%，轻、重工业比例为35.3∶64.7；产品销售率98.3%。电子信息、装备制造、汽车及零部件、食品、现代家居、服装服饰等高成长性制造业比2014年增长11.4%，对全省规模以上工业增长的贡献率为59.9%。

（二）两化融合主要进展

2015年，河南省积极推进信息化与工业化融合发展，取得较大进展。

1．加强企业两化融合标准化建设

2015年，河南省按照工业和信息化部部署，引导工业企业参与企业两化融合管理体系国家标准及相关技术规范的建设工作，推动企业对照标准和规范，建立、实施和改进两化融合管理体系。有20家企业被确定为国家两化融合管理体系贯标试点企业，机械工业第六设计研究院有限公司、河南省科学院应用物理研究所有限公司被确定为国家两化融合管理体系贯标咨询服务机构。同时，积极开展企业两化融合对标，依托国家两化融合评估系统，通过与智能制造试点示范、“互联网+”工业创新试点等方面的工作相结合，带动企业参与两化融合评估诊断和对标引导，目前已有近200家企业完成两化融合对标。

2．促进工业电子商务快速发展

河南省积极推动工业企业与电商企业对接，提高传统企业电子商务应用水平，这对促进本地经济发展方式转变和产业结构调整发挥了积极作用。2015年6月，位于郑东新区国家级电子商务示范基地的“豫货通天下”互联网渠道交易所正式启用，服务范围涵盖企业互联网渠道战略咨询、产品展示、品牌和产品线上推广、产品销售、交易询盘、客户洽谈、线下体验、物流通达、市场求购传导、新品发布等方面，目前交易所已与中国Global Source、韩国EC21、南非Junkmail、印度Tradeindia、斯里兰卡ikman等开展合作。此外，安阳被信部作为国家工业电子商务区域试点，围绕纺织服装、食品、装备制造、冶金建材等主导产业，支持林州汽配、殷都钢铁、曲沟铁合金、内黄陶瓷、汤阴食品、华豫内衣、龙泉花木等专业市场建设线上、线下展示交易相结合的特色行业电商交易平台，为工业产品开辟新的市场空间。

3．加快培育发展信息产业

河南省加快培育信息产业发展，不断增强信息产业支撑能力。2015 年，河南省电子信息制造业主营业务收入达到 3900 亿元，居中部地区首位，其中，郑州航空港区手机年产量 2 亿部，占全球智能手机供货量的 1/7；软件业务收入达到 281 亿元，形成郑州软件园、金水科教新城、洛阳软件园等产业园区，以及信息安全、电力信息、轨道交通、地理信息、金融税务、医疗卫生、工业控制、物联网等优势软件产品。

【两化融合发展水平分析】

（一）综合分析

2015 年，河南省两化融合发展指数为 71.87，处于全国中游水平。基础环境指数为 76.54，比 2014 年的 71.73 增长了 4.81 个点；工业应用指数为 63.9，比 2014 年的 64.71 减少了 0.81 个点；应用效益指数为 83.13，比 2014 年的 71.84 增长了 11.29 个点。如表 1 所示。

表 1　2014—2015 年河南省两化融合指数情况

指　标	2014 年指数	2015 年指数	变化情况
基础环境	71.73	76.54	↑4.81
工业应用	64.71	63.90	↓0.81
应用效益	71.84	83.13	↑11.29
发展指数	68.25	71.87	↑3.62

数据来源：中国电子信息产业发展研究院

（二）具体分析

1．基础环境指数

在信息基础设施建设方面，2015 年，城（省）域网出口带宽指数为 94.27，较 2014 年的 51.49 增加了 42.78 个点；固定宽带普及率指数为 66.1，比 2014 年的 62.4 增长了 3.7 个点；固定宽带端口平均速率指数为 79.56，比 2014 年的 68.31 增长了 11.25 个点；移动电话普及率指数为 59.25，比 2014 年的 56.59 增长了 2.66 个点。在互联网应用普及方面，2015 年，河南省互联网普及率指数为 53.8，比 2014 年的 51.71 增长了 2.09 个点。在两化融合政策环境建设方面，2015 年，河南省设立了两化融合专项引导资金；中小企业信息化服务平台数量指数为 150；重点行业典型企业信息化专项规划情况指数为 44.85，比 2014 年的 45.22 减少了 0.37 个点。

2．工业应用指数

2015 年，河南省重点行业典型企业 ERP 普及率指数为 62.05，比 2014 年的 63.47 减少了 1.42 个点；重点行业典型企业 MES 普及率指数为 53.98，比 2014 年的 53.51 增加了 0.47 个点；重点行业典型企业 PLM 指数为 68.1，比 2014 年的 59.69 增长了 8.41 个点；重点行业典型企业 SCM 普及率指数为 56.39，比 2014 年的 59.68 下降了 3.29 个点；重点行业典型企业采购环节电子商务应用普及率指数为 85.65，比 2014 年的 74.73 上升了 10.92 个点；重点行业典型企业销售环节电子商务应用普及率指数为 71.55，比 2014 年的 79.98 减少了 8.43 个点；重点行业典型企业装备数控化率指数为 43.82，比 2014 年的 54.56 减少了 10.74 个点；国家新型工业化产业示范基地两化融合发展水平指数为 71.74，比 2014 年的 72.49 减少了 0.75 个点。

3．应用效益指数

在地区工业生产效益和水平方面，2015 年，河南省工业增加值占 GDP 比重指数为 51.25，比 2014 年的 54.94 减少了 3.69 个点；第二产业全员劳动生产率指数为 100.53，比 2014 年的 50.62 增长了 49.91 个点；工业成本费用利润率指数为 47.43，比 2014 年的 48.75 下降了 1.32 个点；单位工业增加值工业专利量指数为 76.58，比 2014 年的 69.93 增长了 6.65 个点。在信息产业发展水平方面，2015 年，河南省电子信息制造业主营业务收入指数为 161.28，比 2014 年的 148.37 增加了 12.91 个点；软件业务收入指数为 75.63，比 2014 年的 66.99 增长了 8.64 个点。

【优劣势评价】

河南省正处于工业化中后期阶段，具有较好的工业基础，同时也面临转型升级的压力，总体来看主要有以下几方面优势。

一是中小企业信息技术公共服务平台建设较好。河南省中小企业公共服务平台初步建成以统筹全省服务资源的省级平台为枢纽，以 28 个综合窗口平台（18 个省辖市、10 个省直管县）、30 个产业集聚区窗口平台为骨干框架，省、市、县三级联动的中小企业公共服务平台网络体系。依托电信运营商，组织开展了“创新中国行”中小企业信息化推广活动、中小企业“数字企业（智慧企业）”建设活动，累计覆盖中小企业超过 3 万家。2015 年，河南省中小企业信息化服务平台数指数为 150，居于全国第 8 位，高于全国平均水平 41.65 个点。

二是信息基础设施较为完善。2015 年河南省城（省）域网出口带宽指数为 94.27，高于全国平均水平 28.45 个点。河南省实施“宽带中原”战略，加快二代电信网络升级和 3G、4G 网络建设，郑州国家级互联网骨干直联点开通运行，信息集散中心和通信网络交换枢纽地位进一步强化；中国联通中原数据基地、中国移动（郑州）数据中心、洛阳景安云计算和互联网数据中心、浪潮集团云海科技园等一批重点项目相继投入建设，两化融合发展基础环境不断优化。

三是区域两化融合水平提升较快。郑州市作为国家级两化融合试验区，围绕汽车及装备制造、电子信息、新材料、生物医药、铝及铝精深加工、现代食品制造、品牌服装及家具制造等重点行业，搭建行业信息服务平台，在推动企业竞争力提升、产业结构调整和区域发展方式转变等方面效果明显。在县域产业集聚区层面，已认定 25 家省级两化融合试验区，带动实施数字化产业集聚区建设工程，加快信息基础设施和信息化公共服务平台建设，目前省级产业集聚区规模以上工业企业光纤接入率达到 77%、信息化公共服务平台覆盖率达到 58%。

同时，河南省两化融合发展现状也存在一些问题。

一是中小企业两化融合应用尚处于起步阶段。大型企业总体处于集成应用阶段的中后期，物联网、云计算等新一代信息技术得到广泛应用。规模以上企业总体处于深化普及阶段，企业资源计划、制造执行、产品生命周期管理、供应链管理等重点信息系统建设不断加快。但中小企业由于信息化意识不高，以及信息化建资金、人才和技术不足等因素，大体仍处于点状应用阶段。

二是信息技术服务支撑能力不强。河南电子信息制造业和软件业主营业务收入指数分别为 161.28、75.63，较 2014 年增长较快，尤其是电子信息制造业主营业务收入指数高于全国平均水平 57.59 个点。虽然电子信息产业实现了持续较快增长，但业务收入分别仅占全国的 3.2%和 0.6%，与新兴工业大省的地位严重不匹配，且企业数量偏少、规模普遍偏小，对两化融合的技术支撑能力不强；同时，河南在高端生产装备和基础工业软件方面发展滞后，工业企业尤其是大型骨干企业信息化建设主要依靠采购国外的生产装备和信息系统，两化融合核心技术和知识产权受制于人。

【相关建议】

对河南省两化融合发展提出以下建议。

一是创新两化融合发展投融资机制。探索政府与民营资本、私营企业的 PPP 合作模式，加强与信息服务重点企业就 PPP 建设模式进行讨论，鼓励民间力量参与《河南省工业云平台框架设计方案》，共同建设涵盖信息资源服务平台、能力要素纵向整合服务平台、工业大数据应用服务、工业电子商务等内容的综合性工业云平台，面向工业企业提供全方位、全过程信息化支撑服务。

二是推动中小企业信息化工业应用推广。加快完善以 28 个综合窗口平台、30 个产业集聚区窗口平台为骨干框架的中小企业公共服务平台网络体系，强化对中小企业信息化建设的支撑服务能力。加强与电信运营商合作，发挥移动、联通、电信在资金、技术、人才方面的优势，为中小企业提供网络基础设施和经营、管理环节信息化应用服务。

三是开展智能制造试点示范。依托机械工业第六设计研究院开展“互联网+”智能制造专题研究，明确今后一个时期的指导思想、发展目标、主要任务和政策措施；制定《河南省智能工厂/数字化工厂评价规范》和《河南省智能车间/数字化车间评价规范》，提高智能制造的标准化、规范化建设水平。依托大型企业开展数字化车间/智能车间试点示范建设，推动装备智能化升级、工艺流程改造和基础数据共享，实现企业设计、工艺、制造、管理、物流各环节的集成优化。依托龙头企业开展数字化工厂/智能工厂试点示范建设，推动新一代信息技术与制造技术的融合创新，实现企业资源配置优化、实时在线优化、生产管理精细化和智能决策科学化。

四是推动互联网与工业融合创新。以国家互联网与工业融合创新试点企业为重点，探索按需制造、众包设计、智能检测、全产业链追溯等工业互联网新模式，促进工业全产业链、全价值链信息交互和集成协作，加快工业生产向网络化、智能化、柔性化和服务化转变。

湖北省两化融合发展水平分析

【总体情况】

（一）经济概况

2015年，湖北省全省完成生产总值29550.19亿元，同比增长8.9%。其中，第一产业完成增加值3309.84亿元，同比增长4.5%；第二产业完成增加值13503.56亿元，同比增长8.3%；第三产业完成增加值12736.79亿元，同比增长10.7%。三次产业结构由2014年的11.6∶46.9∶41.5调整为11.2∶45.7∶43.1。在第三产业中，交通运输仓储和邮政业、批发和零售业、住宿和餐饮业、金融业、房地产业、营利性服务业、非营利性服务业增加值分别增长4.4%、7.8%、7.1%、16.6%、6.5%、13.7%、12.6%。全省居民消费价格水平上涨1.5%，其中，城市上涨1.4%，农村上涨1.7%。工业生产保持稳定增长。全省全部工业增加值11532.63亿元，同比增长8.5%。2015年年末全省规模以上工业企业达到15894家，比2014年净增1052家，同比增长7.1%。规模以上工业增加值增长8.6%。其中，国有及国有控股企业增长3.7%；集体企业增长1.2%；股份合作企业增长2.4%；外商及港澳台投资企业增长7.1%；其他经济类型企业增长8.3%。轻工业增长9.8%；重工业增长7.8%。

（二）两化融合主要进展

2015年，湖北省坚持把两化融合作为加快转变发展方式的重大举措，加快制造业转型升级，全面提升工业企业的智能化、网络化和数字化水平。

1．继续开展两化融合试点示范

湖北省坚持示范引导，积极开展国家级试点示范企业和省级两化融合试点示范工作。截至2015年年底，湖北省有12家企业被评为国家级信息化和工业化深度融合示范企业，13家企业被评为国家电子商务创新示范，涉及钢铁、纺织、装备、轻工等领域，成为全省两化融合标杆企业。省级两化融合试点示范企业达到312家，引导和推动试点示范企业应用信息技术改造生产过程和运营模式，推进了企业管理网络化、智能化和集成化，提高了产品质量和附加值，提升了企业创新能力和可持续发展能力，形成了一批具有推广性、示范性的典型经验和解决方案，强化了典型带动效应。

2．推动两化融合贯标试点工作

湖北省2015年有16家企业成为国家两化融合管理体系贯标试点企业，获得工信部贯标补助资金的支持，目前全省共有13家企业进入实质贯标阶段；制信科技成为全国首批推荐两化融合贯标服务机构。组织开展了全省企业两化融合工作现状调查，以及部分重点区域和企业的标准评估，建立了网上数据库，摸清家底，分析问题，把握方向，应用和完善评估成果。

3．以信息化促进传统产业转型升级

湖北省围绕“两计划一工程”实施，开展人工转机械、机械转自动、单台转成套、数字转智能，推动产品、装备、工艺、管理、服务的全方位改造。加快交通运输、现代物流、金融服务、工业设计等生产性服务业与信息技术融合发展，推动电子商务、物联网、云计算等新一代信息技术在工业广泛应用，加快传统产业转型升级步伐。

【两化融合发展水平分析】

（一）综合分析

2015 年，湖北省两化融合发展指数为 82.41，比 2014 年上升了 13 个点。基础环境方面，2015 年湖北省基础环境指数为 74.01，比 2014 年的 70.98 上升了 3.03 个点；工业应用方面，2015 年湖北省工业应用指数为 81.59，比 2014 年的 62.85 上升了 18.74 个点；应用效益方面，2015 年湖北省应用效益指数为 92.44，比 2014 年的 80.96 上升了 11.48 个点（见表 1）。

表 1　2014—2015 年湖北省两化融合指数情况

指　标	2014 年指数	2015 年指数	变化情况
基础环境	70.98	74.01	↑3.03
工业应用	62.85	81.59	↑18.74
应用效益	80.96	92.44	↑11.48
发展指数	69.41	82.41	↑13.00

（二）具体分析

1．基础环境指数

在两化融合基础环境方面，2015 年，湖北省城（省）域网出口带宽指数为 62，较 2014 年的 95.16 下降了 33.16 个点；固定宽带普及率指数为 76.18，比 2014 年的 72.97 上升了 3.21 个点；固定宽带端口平均速率为 71.29，比 2014 年的 69.2 提高了 2.09 个点；移动电话普及率指数为 58.01，比 2014 年上升了 1.47 个点。在互联网应用普及方面，2015 年，湖北省互联网普及率指数 61.95，比 2014 年的 59.9 上升 2.05 个点。在两化融合政策环境建设方面，2015 年，湖北省设立了两化融合专项引导资金，中小企业信息化服务平台数量指数为 95.34，与 2014 年的水平相比上升了 14.12 个点；重点行业典型企业信息化专项规划指数为 77.48，比 2014 年的 67.11 上升了 10.37 个点。

2．工业应用指数

2015 年，湖北省重点行业典型企业 ERP 普及率指数为 66.49，比 2014 年的 55.52 上升了 10.97 个点；重点行业典型企业 MES 普及率指数为 96.33，比 2014 年的 71.36 上升 24.97 个点；重点行业典型企业 PLM 普及率指数为 78.93，比 2014 年增加了 29.73 个点；重点行业典型企业 SCM 普及率指数为 66.16，比 2014 年的 67.26 有 1.1 个点的略微下降；重点行业典型企业采购环节电子商务应用普及率指数为 82.55，比 2014 年增加了 26.56 个点；重点行业典型企业销售环节电子商务应用普及率指数为 106.2，比 2014 年的 59.21 大幅增加了 46.99 个点；重点行业典型企业装备数控化率指数为 68.76，比 2014 年提高了 13.63 个点；国家新型工业化产业示范基地两化融合发展水平指数为 88.34，与 2014 年相比上升了 1.85 个点。

3．应用效益指数

2015 年，湖北省工业增加值占 GDP 比重指数为 47.05，比 2014 年的 49.34 下降了 2.29 个点；第二产业全员劳动生产率指数为 111.24，比 2014 年增加了 54.8 个点；工业成本费用利润率指数为 39.51，比 2014 年的 38.36 下降了 1.15 个点；单位工业增加值工业专利量指数为 95.95，比 2014 年略微下降了 0.69 个点；在工业节能减排方面，单位地区生产总值能耗指数为 105.31，比 2014 年提高了 4.82 个点；在信息产业发展水平方面，电子信息制造业主营业务收入指数为 125.7，比 2014 年提高了 8.88 个点；软件业务收入指数为 147.65，较 2014 年提升了 11.3 个点。

【优劣势评价】

湖北省推进两化融合发展取得了初步成效，

具备一定的优势。

一是两化融合工业应用指数较高。信息系统在企业应用推广取得较大成效。从工业应用指数可以看到，2015 年，湖北省重点行业典型企业 ERP、MES、PLM 等信息系统普及率指数分别上升了 10.97 个点、24.97 个点和 29.73 个点，增幅较大，且均高于全国平均水平。重点行业典型企业 SCM 普及率指数虽较 2014 年下降了 1.1 个点，但仍高于全国平均水平 7.35 个点，位居全国第 9 位。同时，重点行业典型企业装备数控化率指数 2015 年达到 68.76，同比增加了 13.63 个点。以上可以看出湖北省在企业信息化建设方面取得的进步。

二是工业电子商务发展迅速。2015 年，湖北省企业在采购和销售环节的电子商务应用突飞猛进，重点行业典型企业采购环节和销售环节电子商务应用指数增幅达到 26.56 个点和 46.99 个点。湖北省大力推进制造业电子商务，出台全省电子商务发展意见，支持企业建设电商平台，通过互联网销售产品。截至 2015 年年底，湖北省大型企业电子商务应用普及率近 70%，中小企业超过 50%，越来越多的企业正在“触电”发展，湖北省 B2B 交易额突破 7000 亿元。

三是信息产业支撑能力较强。湖北省信息产业经过 2014 年的高速发展，2015 年继续走高，产业规模和质量效益均具有一定优势。电子信息制造业主营业务收入指数和软件业务收入指数在 2014 年基础之上分别上升了 8.88 个点和 11.3 个点，达到 125.7 和 147.65。信息产业发展领域由单纯电子制造向制造业、软件业和信息服务业综合发展转变，产业支撑由主要依靠重大项目向重大项目、重点企业、自主创新中小企业多点支撑转变。

四是两化融合支撑保障体系较为完善。两化融合综合推进体系和工作机制初步形成，工作目标、任务举措和责任划分不断细化。湖北省连续三年召开全省两化融合工作会议，总结经验，分析问题，部署工作。在行政推动层、企业负责人和技术人员等多个层面分类进行两化融合培训，提高人才队伍信息素质。在骨干企业和试点示范企业中推行 CIO 制度，开展年度企业 CIO 十佳评选活动，成立湖北省 CIO 联盟，打造推动两化融合发展的助推平台。

与此同时，湖北省两化融合发展仍存在一些亟待解决的问题，主要表现在如下方面。

一是信息基础设施薄弱。2015 年湖北省城（省）域网出口带宽、固定宽带普及率、固定宽带端口平均速率、移动电话普及率等指数虽有所提高，但总体水平较为落后，信息基础设施与发达地区相比存在较大差距，对两化融合发展的支撑能力不足。

二是两化融合发展水平不均衡。湖北省两化融合在不同区域、行业之间及不同规模的企业信息化发展很不均衡。装备制造、汽车及零部件、食品等高成长性制造业的信息化水平总体高于有色、建材、化工等传统支柱产业。大企业信息化建设和集成应用程度较深，但有相当数量的中小企业对信息化的作用、效果和政策还了解不够、理解不深、重视不足。

三是缺乏两化融合复合型人才。人才是制约湖北省两化融合发展的瓶颈，主要体现在缺乏既懂信息技术又兼具行业背景的专业人才。尤其是缺乏能突破关键技术、推动自主创新、促进两化深度融合的高端人才。制造业企业过去往往“重工业化、轻信息化”，使得信息化专业人才明显匮乏。

【相关建议】

对湖北省两化融合提出以下建议。

一是科学制定发展规划。两化融合发展需要加强规划引导，做好顶层设计。建议把握好四个基本原则。第一是创新发展，塑造转型升级新动力。坚持把增强创新发展能力作为信息化与工业化深度融合的战略基点和改造提升传统制造业的优先目标，以信息化促进研发设计创新、业务流程优化和商业模式创新，构建产业竞争新优势。第二是绿色发展，构建两型产业体系。坚持把节能减排作为信息化与工业化融合的重要切入点，加快信息技术与环境友好技术、资源综合利用技术和能源资源节约技术的融合发展，促进形成低消耗、可循环、低排放、可持续的产业结构和生产方式。第三是智能发展，建立现代生产体系。坚持把智能发展作为信息化与工业化融合长期努力的方向，推动云计算、物联网等新一代信息技术应用，促进工业产品、基础设施、关键装备、流程管理的智能化和制造资源与能力协同共享，推动产业链向高端跃升。第四是协调发展，统筹推进深度融合。坚持发挥企业主体作用，引导企业将信息化作为企业战略的重要组成部分，调动和发挥各方面积极性，形成推进合力。切实推动信息技术研发、产业发展和应用需求的良性互动，提升产业支撑和服务水平。注重以信息技术应用推动制造业与服务业的协调发展，促进向服务型制造转型。

二是坚持抓应用示范，继续推进两化融合试点示范工程。在标准体系、智能制造、电子商务等方面选择不同企业、不同行业、不同地区，进一步扩大试点范围，形成有代表性的两化融合试点示范体系。围绕重点领域、关键环节，加大信息技术应用，推进试点示范工作深入开展，不断探索两化融合的有效途径和实现方式。

三是大力推进中小企业信息化，提升中小企业发展水平。要大力实施中小企业信息化应用推广工程，加大对中小企业信息化的政策引导和扶持力度，不断提高中小企业信息化水平。实施“信息化助推中小企业成长工程”，开展中小企业信息化应用示范，促进“专精特优”中小企业发展。同时，推进中小企业信息化平台建设，搭建面向中小企业的公共信息服务平台，鼓励通信、软件等 IT 企业和信息化咨询服务机构向中小企业提供专业化外包服务。此外，推进 IT 企业与中小企业供需对接，支持中小企业开展信息化改造，为中小企业提供适合自身发展需要的信息化解决方案。

湖南省两化融合发展水平分析

【总体情况】

（一）经济概况

2015 年，湖南省全省地区生产总值 29047.2 亿元，同比 2014 年增长 8.6%。其中，第一产业增加值 3331.6 亿元，同比增长 3.6%；第二产业增加值 12955.4 亿元，同比增长 7.4%；第三产业增加值 12760.2 亿元，同比增长 11.2%。按常住人口计算，人均地区生产总值 42968 元，同比增长 7.9%。全省三次产业结构为 11.5∶44.6∶43.9，第一次产业、第二次产业、第三次产业对经济增长的贡献率分别为 4.5%、42.0%和 53.5%。全省工业增加值 11090.8 亿元，比 2014 年增长 7.5%。规模以上工业增加值增长 7.8%。在规模以上工业中，新产品产值增长 18.8%，占工业总产值的比重为 17.8%，比 2014 年提高 4.5 个百分点。高加工度工业和高技术制造业增加值分别比 2014 年增长 8.7%和 13.3%；占规模以上工业增加值的比重分别为 37.2%和 10.5%，分别比 2014 年提高 0.6 个百分点和 0.2 个百分点。六大高耗能行业增加值增长 7.0%，占规模以上工业的比重为 30.3%，比 2014 年下降了 0.9 个百分点。

（二）两化融合主要进展

2015 年，湖南加速推进两化深度融合，全面推动信息技术在工业领域的深入应用，促进工业转型升级，进一步提升区域、行业、企业的两化融合水平。

1. 大力推动“互联网+”融合发展

湖南省贯彻落实国务院“互联网+”行动计划，

制定出台了《湖南省实施“互联网+”三年行动计划》，提出了未来三年全省推进互联网与各行业融合发展的总体要求、发展目标、主要任务和保障措施。设立了信息产业和信息化、移动互联网等多个专项资金，出台了鼓励支持移动互联网产业、集成电路产业等发展的一系列政策文件，着力引导互联网经济加快发展，提升全省经济社会信息化水平。

2．推广两化融合管理体系贯标

截至2015年年底，湖南省有32家企业被列为工信部两化融合管理体系试点。通过组织开展专题培训会、搭建交流平台等手段大力推进贯标工作，三一集团、中联重科、株洲南车等多家企业通过了工信部两化融合管理体系贯标认定。

3．实施“传统产业+互联网”行动

湖南省围绕传统特色产业，提出了让制造业主动拥抱互联网，制定了《实施“传统产业+互联网”行动推进传统产业转型升级工作方案》，建立了“传统产业+互联网”行动的分行业、分领域推进机制。推进装备制造、钢铁产业、有色金属、石油化工、烟花陶瓷、医药食品、纺织服装7个行业开展互联网融合创新的示范工程。确定了30个示范项目，纳入全省绩效评价考核，同时在湖南省新型工业化、战略新兴产业、信息化等专项资金中给予重点支持。

【两化融合发展水平分析】

（一）综合分析

2015年，湖南省两化融合发展指数为82.22，较2014年增长了6.16个点。基础环境方面，2015年基础环境指数为76.91，比2014年提高6.24个点；工业应用方面，2015年工业应用指数为81.41，比2014年提高3.03个点；应用效益方面，2015年应用效益指数为89.12，比2014年的76.79提高了12.33个点。如表1所示。

表1　2014—2015年湖南省两化融合指数情况

指　标	2014年指数	2015年指数	变化情况
基础环境	70.67	76.91	↑6.24
工业应用	78.38	81.41	↑3.03
应用效益	76.79	89.12	↑12.33
发展指数	76.06	82.22	↑6.16

数据来源：中国电子信息产业发展研究院

（二）具体分析

1．基础环境指数

在信息基础设施建设方面，2015年，湖南省城（省）域网出口带宽指数为63.97，较2014年的71.56下降了7.59个点；固定宽带普及率为62.4，比2014年提高了3.9个点；固定宽带端口平均速率为86.32，比2014年的70.19提高了16.13个点；移动电话普及率指数为53.45，比2014年提高了0.91个点。在互联网应用普及方面，2015年，湖南省互联网普及率指数为55.52，比2014年提高了2.34个点。在两化融合政策环境建设方面，2015年，湖南省设立了两化融合专项引导资金；中小企业信息化服务平台数指数为135.94，比2014年提高了23.54个点；重点行业典型企业信息化专项规划指数为73.42，比2014年提高了0.07个点。

2．工业应用指数

2015年，湖南省重点行业典型企业ERP普及率指数为72.7，较2014年增长0.03个点；重点行业典型企业MES普及率指数为82.28，比2014年的78.81上升了3.47个点；重点行业典型企业PLM普及率指数为67.39，比2014年增加了3.84个点；重点行业典型企业SCM普及率指数为67.39，比2014年的68.43有1.04个点的下降；重点行业典型企业采购环节电子商务应用普及率指数为114.46，比2014年增加了5.72个点；重点行业典型企业销售环节电子商务应用普及率指数为121.95，比2014年增加了5.2个点；重点行业典型企业装备数控化率指数为52.27，比2014年略微提高了0.39个点；国家新型工业化产业示范基地两化融合发展水平指数78.26，与2014年相比上升了6.52个点。

3．应用效益指数

2015年，湖南省两化融合应用效益指数达到89.12。工业增加值占GDP比重指数为47.05，比2014年的47.76下降了0.71个点；第二产业全员劳动生产率指数为127.1，比2014年增加了65.94个点；工业成本费用利润率指数为36.11，比2014年略微下降0.77个点；单位工业增加了值工业专利量指数为100.65，比2014年下降2.24个点。在工业节能减排方面，单位地区生产总值能耗指数为112.84，比2014年增加了5.26个点。在信息产业发展水平方面，电子信息制造业主营业务收入指数为127.22，比2014年提升6.3个点；软件业务收入指数为88.07，较2014年水平提升了8.21个点。

【优劣势评价】

湖南省两化融合发展的优势有如下三个方面。

一是两化融合公共服务平台建设步伐较快。湖南省积极建设服务平台推广行业信息化解决方案，形成了物流公共信息服务平台、商康医药电子商务平台、裕邦智能法律服务平台、华菱钢材电子商务公共服务平台、移动支付集成应用综合服务平台等一批信息化公共服务平台，为全省的广大中小企业提供物流信息、法律咨询、移动支付等公共信息服务。同时以装备制造、钢铁有色、石油化工、食品加工等11个重点行业作为推进全省两化融合的重点领域，推广行业信息化解决方案，指导企业进行信息化建设。

二是互联网与工业融合创新试点示范作用凸显。湖南省开展利用信息技术改造和提升传统产业试点，引导带动作用较为显著，全省工业企业信息技术应用水平提升较快。2015年，湖南派意特、湖南华曙高科等6家企业被列入工信部互联网与工业融合创新试点，扶持两化深度融合重点项目建设。

三是两化融合人才培训走在全国前列。湖南省大力实施两化融合人才培训计划，面向装备制造、石油化工、钢铁有色、食品加工、烟花、造纸等传统行业组织了20多期培训班，培训各类管理和技术干部5000多人次，全面实施全省两化融合人才培训。同时，还围绕两化融合推进、数字湖南建设等主题，举办了多期全省各市（州）政府和有关省直部门、大型国有企业分管信息化工作的领导干部培训班。组织编写了《湖南省信息化和工业化融合典型案例集》，通过会议资料或培训参考书的模式面向全省工业企业免费赠送，指导企业开展两化融合项目建设。两化融合人才支撑能力明显增强。

同时，湖南省两化融合发展也存在一些劣势。

一是两化融合顶层设计需要完善。大力推进全省两化融合发展，需要开发大量的系统资源，需要完善的信息基础设施支撑，需要引导企业主动参与，同时要避免多头管、多面投、资源浪费的问题。因此必须做好顶层设计，制定较为完善的两化融合发展规划，明确发展的路线图、时间表，建立健全政策体系、标准体系、评估认证体系、考核评价体系。

二是两化融合持续投入力度不够。湖南省两化融合总体上处于市场机制自发推进状态，政府引导力度较弱。大部分中小微企业无法在较长一段时期解决资金、技术、人才等方面条件的制约，无法持续推进信息化建设。而推进信息技术在工业生产中的广泛深入应用，不可能一蹴而就，需要一个持之以恒的过程。需要对信息化建设的持续投入，形成卓有成效的制度体系，确保资金、人才等要素满足信息化建设和不断更新的需求。

【相关建议】

对湖南省两化融合提出以下建议。

一是贯彻落实"互联网+"战略规划。围绕传统产业改造升级和培育发展新型业态两个方面，明确智能制造发展方向，带动制造业的数字化、自动化、智慧化转型。在行业中征集和遴选一批利用互联网技术促进工业产品创新、生产过程改造、企业管理升级、产品服务创新、制造新模式培育等方面的"互联网+"项目。着力支持工业云、工业大数据、工业电子商务等公共服务平台项目的建设，提高对产业集群发展的配套支撑服务能力。

二是培育一批"传统产业+互联网"示范企业。进一步优化完善"传统产业+互联网"行动实施方案，强化互联网在工业转型升级、提质增效的地位和作用。选择行业龙头企业或有发展前景的中小企业，培育"传统产业+互联网"行动的示范性企业，打造一批可看、可学、可示范的转型升级创新典型，总结推广示范建设经验。

三是继续开展信息技术企业与制造业企业对接。积极组织信息技术企业与制造业企业对接，为广大制造业企业答疑解惑，发挥各自优势特点，推动两化融合项目签订与落地建设。经常邀请信息化知名专家、优秀信息技术企业和省内两化深度融合示范企业参会，介绍信息技术及两化融合发展趋势、行业信息化解决方案和成功案例。

四是强化两化融合智力支撑。充分利用外脑、外力，发挥各领域专家在推进“传统产业+互联网”、实现产业转型升级中的决策咨询、项目评估和科技服务作用，在省内外大专院校、科研院所、龙头企业中遴选一批专家成立专家咨询组，提供智力支持。

广东省两化融合发展水平分析

【总体情况】

（一）经济概况

2015年，广东省实现地区生产总值（GDP）为72812.55亿元，比2014年增长8.0%。其中，第一产业增加值3344.82亿元，同比增长3.4%，对GDP增长的贡献率为1.7%；第二产业增加值32511.49亿元，同比增长6.8%，对GDP增长的贡献率为41.2%；第三产业增加值36956.24亿元，同比增长9.7%，对GDP增长的贡献率为57.1%。三次产业结构为4.6∶44.6∶50.8。在现代产业中，高技术制造业增加值为8172.20亿元，同比增长9.8%；先进制造业增加值14712.70亿元，同比增长10.0%；现代服务业增加值22338.12亿元，同比增长11.9%。在第三产业中，批发和零售业增长5.0%，住宿和餐饮业增长3.0%，金融业增长15.6%，房地产业增长11.4%。民营经济增加值38846.24亿元，同比增长8.4%。2015年，广东省人均GDP达到67503元，按平均汇率折算为10838美元。全年居民消费价格总水平上涨1.5%。地方一般预算收入为9364.76亿元，同比增长12.0%。2015年全部工业增加值比2014年增长6.8%。规模以上工业增加值增长7.2%，其中，国有及国有控股企业增长2.1%，民营企业增长11.8%，外商及港澳台投资企业增长4.1%，股份制企业增长9.8%，集体企业增长10.2%，股份合作制企业增长14.9%。分轻重工业看，轻工业增长4.6%，重工业增长8.8%。分企业规模看，大型企业增长6.3%，中型企业增长5.8%，小型企业增长10.8%。

（二）两化融合主要进展

2015年，广东省坚持把推进两化深度融合作为加快产业转型升级、做大做强实体经济、打造全国信息化先导区的重要举措积极推进，举全省经信系统之力推动两化深度融合，取得了较好成效。

1. 以政策方案为引领，统一部署两化融合工作

广东省政府先后出台了《广东省工业转型升级攻坚战三年行动计划（2015—2017年）》《关于推动新一轮技术改造促进产业转型升级的意见》《关于加快先进装备制造业发展的意见》等政策文件，编制并出台了《广东省智能制造发展规划（2015—2025年）》《广东省“互联网+”行动计划（2015—2020年）》。在部署推进智能制造、技术改造、先进装备制造业发展、“互联网+”等专项工作中，紧紧抓住两化深度融合这个关键，提出明确目标任务和具体要求。广东省经信委专门制定了《2015年广东省两化融合工作方案》，提出推动管理体系贯标试点、制造业智能化、创新实施工业领域“互联网+”行动等具体措施。

2．以贯标试点为抓手，推动两化融合措施落地实施

2015年，广东省分两批遴选部省贯标试点企业331家、服务机构8家。截至2015年年底，全省贯标试点企业达431家，服务机构达20家，其中国家级贯标试点企业达84家。试点企业涵盖全省21个地市及顺德区，覆盖主要支柱行业。在19个地市各举办1场两化融合贯标培训暨牵手工程对接会，培训地市经信部门、试点企业及贯标服务机构近3000人次，促成了128对传统企业与信息技术服务企业牵手合作，共同提高贯标水平。组织贯标服务机构深入试点企业开展本质贯标，“一企一策”量身定做贯标方案，面对面、手把手帮助企业开展两化融合标准体系建设。

3．深度推进两化融合行业典型示范应用

广东省组织行业典型企业现场观摩会，推广信息技术应用和成熟贯标模式，分行业、分领域组织开展试点示范，带动相关行业、领域两化深度融合。2015年，对家具、家电、制造、机械、纺织5个行业开展两化融合试点示范，组织1000余家企业到佛山维尚、美的集团、珠海优特、珠海格力、揭阳巨轮等典型优秀企业现场观摩交流，互相学习借鉴先进经验，以典型示范带动行业两化融合水平整体提升。分级分类引导企业开展对标工作。依托中国两化融合咨询服务平台广东省两化融合评估服务分平台，实现至少2000家以上样本企业管理、数据在线填报、系统评分和辅助分析等功能，分级分类引导企业转型升级，促进企业核心竞争力加速提升。

4．推动企业信息化改造取得新突破

2015年上半年，广东省财政安排资金34.194亿元支持企业技术改造，带动投资超过600亿元，省技术改造项目备案系统共备案技改项目2146个，项目总投资953.5亿元。另安排22.5亿元中小微企业发展专项资金，用于支持中小微企业发展，推动实行技术改造。大力发展本地核心工业软件产业，编制《广东省优秀核心工业软件评选实施方案》，推广40个广东省优秀核心工业软件应用。积极发展云计算应用，推动广州超算中心、中国电信华南云计算数据中心、汕尾腾讯云计算数据中心、浪潮集团南方中心等重大项目建设。

【两化融合发展水平分析】

（一）综合分析

2015年，广东省两化融合发展指数为98.84，较2014年增长了17.83个点。其中，基础环境指数为94.94，比2014年的89.77提高了5.17个点；工业应用方面，2015年工业应用指数为82.4，比2014年提高了28.37个点；应用效益方面，2015年应用效益指数为135.62，比2014年的126.21提高9.41个点。如表1所示。

表1　2014—2015年广东省两化融合指数情况

指　标	2014年指数	2015年指数	变化情况
基础环境	89.77	94.94	↑5.17
工业应用	54.03	82.40	↑28.37
应用效益	126.21	135.62	↑9.41
发展指数	81.01	98.84	↑17.83

数据来源：中国电子信息产业发展研究院

（二）具体分析

1．基础环境指数

广东省两化融合基础环境较好。在信息基础设施建设方面，2015年，城（省）域网出口带宽指数为141.05，较2014年的148.70下降了7.65个点；固定宽带普及率指数为90.37，与2014年保持不变；固定宽带端口平均速率为82.31，比2014年提高了10.96个点；移动电话普及率指数为83.53，比2014年提高了0.53个点。在互联网应用普及方面，2015年，广东省互联网普及率指数为80.61，比2014年提高了1.8个点。在两化融合政策环境建设方面，2015年，广东省设立了两化融合专项引导资金；中小企业信息化服务平台数指数为150；重点行业典型企业信息化专项规划指数为78.36，比2014年大幅提升了27.92个点。

2．工业应用指数

2015年，广东省工业应用指数大幅提升。其中，重点行业典型企业ERP普及率指数为75.19，比2014年提高了12.9个点；重点行业典型企业MES普及率指数为87.33，比2014年提高了26.01个点；重点行业典型企业PLM普及率指数为77.43，比2014年提高了26.17个点；重点行业典

型企业SCM普及率指数为70，比2014年提高了10.35个点；重点行业典型企业采购环节电子商务应用普及率指数为116.93，比2014年大幅提高了73.45个点；重点行业典型企业销售环节电子商务应用普及率指数为130.9，比2014年大幅提高了78.14个点。重点行业典型企业装备数控化率指数为51.67，比2014年增加了0.73个点；国家新型工业化产业示范基地两化融合发展水平指数为58.82，比2014年增加了7.33个点。

3．应用效益指数

2015年，广东省两化融合应用效益指数继续提升，达到135.62。其中，工业增加值占GDP比重指数为49.6，比2014年略微下降0.93个点；第二产业全员劳动生产率指数为94.62，比2014年大幅提升34.54个点；工业成本费用利润率指数为40.88，比2014年提高1.92个点；单位工业增加值工业专利量指数为151.3，比2014年提高6.92个点。在工业节能减排水平方面，单位地区生产总值能耗指数为92.21，比2014年提高0.33个点。在信息产业发展水平方面，电子信息制造业主营业务收入指数为309.16，比2014年提高7.1个点；软件业务收入指数为280.27，比2014年提高14.41个点。

【优劣势评价】

广东省两化融合具有如下一些优势。

一是各级政府建立了比较顺畅的工作机制。广东省委省政府领导高度重视，在两化融合会上统筹部署全省两化融合工作。广东省经济和信息化委专门成立两化融合工作领导小组，办公室设在信息化推进处，与委内相关业务处室协调合作、统筹推进。广东各地市经信主管部门均成立了由一把手为组长的推进小组，协调配合广东省经济和信息化委工作部署。建立起“省领导—省经济和信息化委主任—地市经信局局长—企业董事长（总经理）”为责任人的全方位“一把手”工程。建立省、市、县（区）三级检查督办制度，将两化融合工作纳入各级重要督办事项。制订并发布年度贯标督办工作方案，将贯标任务逐一分解下达到21个地市，组织5个工作小组先后到各地市进行巡回督办。

二是两化融合发展基础环境较好。2015年，广东省两化融合基础环境指数为94.94，高于全国平均水平19.56个点，其中，城（省）域网出口带宽指数为141.05，远远高出全国平均水平（65.82）75.23个点。光纤宽带、4G无线网络等信息基础设施建设都位居全国前列。

三是互联网与工业融合创新实践领先全国。广东省已有13家企业入选全国互联网与工业融合创新试点企业，发展实现生产组织、生产运营产品及营销模式、融资方式及全集成方向的“互联网+工业”创新模式。推进工业云平台建设与应用，推动1000家骨干企业率先进入“广东工业云”公共服务平台，带动超过5000家中小企业上线应用。预计到2017年，将建成10个省级以上互联网型工业设计中心、10个智能制造产业基地、50家智能制造示范工厂、100家智能制造示范车间，工业互联网试点企业将达150家，两化融合管理体系贯标试点企业将达500家，开展机器人应用的规模以上工业企业将超过2000家。

与此同时，广东省两化融合也存在一些劣势。

一是两化融合区域发展仍不平衡。广东省各地区间两化融合发展水平存在较大差异。部分地市对贯标工作认识不深，推动力度不够，导致全贯标试点企业集中在珠三角等地区。珠江三角地区工业发达，信息化水平较高，不少指标居于全国领先水平；但是粤东、粤西和粤北地区工业经济落后，信息基础设施薄弱，企业信息化水平较低。

二是两化融合推进服务体系能力亟待提升。部分两化融合贯标咨询服务机构人员贯标资质不够、缺乏企业服务经验，对两化融合管理体系理解不深入，为企业提供的贯标服务质量有限，甚至个别机构至今尚未开展贯标服务。没有把重心放在帮助企业开展本质贯标上来，存在乱收费和低价竞争现象。尚未建立起完善的贯标咨询服务机构监督管理体系，部分地市对服务机构无监管，贯标咨询服务机构的整体服务水平、质量和管理规范有待加强。

【相关建议】

对广东省两化融合提出以下建议。

一是开展“互联网+”示范园区建设。推动广州、深圳、珠海、佛山、东莞、惠州、汕头、揭阳等市依托互联网产业优势，建设“互联网+”示范园区。加快培育本土互联网技术集成企业，发展移动视频、移动支付、移动定位等增值服务，鼓励基于微信等新媒介的移动商务模式创新，形成包括设备制造、网络运营、软件和信息服务的“互联网+”产业链。

二是深化工业互联网融合创新。在国家级试点的基础上遴选一批省级试点企业，开展推广应用，推动开展 O2O（线上线下）、柔性制造、大规模个性定制等制造模式创新试点，促进由基于产品的传统制造模式向基于消费者个性需求的新模式转变。推进工业云平台建设，鼓励大型企业集团建设云服务平台，服务周边地区和中小型企业，同时形成网络化企业集群，促进产品设计、制造、管理和商务各环节在线协同。

三是多渠道筹集两化融合项目资金来源。为调动企业贯标积极性，保障企业贯标工作顺利进行，广东省专门设立了两化融合专项资金，统筹部署两化融合发展，获得显著效果。建议在充分发挥政府资源整合优势基础上，探索 PPP 等创新投融资模式，引导民间资本投入两化融合发展，为两化融合推进工作提供充分资金保障。

广西壮族自治区两化融合发展水平分析

【总体情况】

（一）经济概况

2015 年，广西壮族自治区全年全区生产总值（GDP）16803.12 亿元，按可比价格计算，比 2014 年增长 8.1%。其中，第一产业增加值 2565.97 亿元，比 2014 年增长 4.0%；第二产业增加值 7694.74 亿元，同比增长 8.1%；第三产业增加值 6542.41 亿元，同比增长 9.7%。三次产业增加值占全区生产总值的比重分别为 15.3%、45.8%和 38.9%，三次产业对经济增长的贡献率分别为 6.7%、51.4%和 41.9%。全年全部工业增加值 6338.28 亿元，按可比价格计算，比 2014 年增长 7.7%，其中规模以上工业增加值增长 7.9%。在规模以上工业中，分轻重工业看，轻工业增加值比 2014 年增长 6.7%，重工业增长 8.3%。分行业看，40 个大类工业行业中，有 32 个行业增加值比 2014 年增长，占行业面的 80%。其中，计算机通信和其他电子设备制造业增长 25.2%，木材加工和木竹藤棕草制品业增长 15.4%，黑色金属冶炼和压延加工业增长 14.2%，电气机械和器材制造业增长 12.9%，化学原料和化学制品制造业增长 11.9%，有色金属冶炼和压延加工业增长 10.8%，非金属矿物制品业增长 8.5%，汽车制造业增长 7.1%，农副食品加工业增长 2.5%。分产品看，精制食用植物油产量比 2014 年增长 26.8%、十种有色金属增长 11.8%、电解铝增长 11.7%、铁合金增长 11.3%、汽车增长 9.6%、发动机增长 9.3%、钢材增长 8.0%。规模以上工业企业产品销售率 94.8%，比 2014 年回落 0.5 个百分点。规模以上工业企业实现出口交货值 793.67 亿元，比 2014 年增长 5.0%。

（二）两化融合主要进展

2015年，广西壮族自治区大力推进两化融合，保持持续财政资金支持，建立完善服务体系，大力发展信息产业，积极开展行业电商、工业物流等创新应用，取得良好成效。

1．大力推进信息基础设施建设

广西不断加大信息基础设施建设力度，提高通信网络能力，形成了电信、移动、联通、广电网络等运营商互为补充、覆盖全区的信息传输网络。广西电话用户总数达到4054万户，移动电话用户所占比重达到87.7%；电话普及率达到85.9部/百人，基础电信企业互联网宽带接入用户总数达到672万户。4G网络建设正在加速，成效不断显现。

2．积极开展两化融合管理作体系贯标对标

广西积极开展两化融合评估诊断与对标引导，组织召开专题工作会议和业务培训。截至2015年年底，已有803家规模以上企业开展了两化融合评估诊断与对标引导。广西国投钦州发电有限公司等9家企业入围工信部遴选确定的两化融合管理体系贯标试点企业。

3．开展广西信息化和工业化深度融合标杆企业认定工作

2015年，广西壮族自治区在全区范围内组织批准认定了广西柳州钢铁（集团）公司等24家企业为2015年广西信息化和工业化深度融合标杆企业；认定柳州市阳和工业新区等5个工业园区为“2015年度广西工业园区两化融合示范园区”，9个工业园区为“2015年度广西工业园区两化融合试点园区”。

【两化融合发展水平分析】

（一）综合分析

2015年，广西壮族自治区两化融合发展指数为72.61，较2014年增加了4.82个点。其中，基础环境指数为67.25，比2014年提高1.92个点；2015年工业应用指数为76.12，比2014年提高了1.58个点。应用效益指数明显提高，2014年应用效益指数为56.77，2015年达到70.94，提高了14.17个点（见表1）。

表1　2014—2015年广西壮族自治区两化融合指数情况

指　标	2014年指数	2015年指数	变化情况
基础环境	65.33	67.25	↑1.92
工业应用	74.54	76.12	↑1.58
应用效益	56.77	70.94	↑14.17
发展指数	67.79	72.61	↑4.82

数据来源：中国电子信息产业发展研究院

（二）具体分析

1．基础环境指数

2015年，广西壮族自治区两化融合基础环境指数为65.33，较2014年有所提高。在信息基础设施建设方面，城（省）域网出口带宽指数为67.21，较2014年的57.73上升了9.48个点；固定宽带普及率指数为66.1，与2014年持平；固定宽带端口平均速率为72.82，比2014年提高了3.21个点；移动电话普及率指数为55.92，比2014年提高了2.68个点。在互联网应用普及方面，2015年，广西互联网普及率指数为56.12，比2014年提高了1.3个点。在两化融合政策环境建设方面，2015年，广西设立了两化融合专项引导资金；中小企业信息化服务平台数指数为61.12，比2014年提高了2.62个点；重点行业典型企业信息化专项规划指数为75.62，比2014年的74.97提高了0.65个点。

2．工业应用指数

2015年，广西壮族自治区重点行业典型企业ERP普及率指数为69.12，比2014年提高了0.94个点；重点行业典型企业MES普及率指数为89.13，比2014年上升了1.969个点；重点行业典型企业PLM普及率指数为78.79，比2014年上升了2.31个点；重点行业典型企业SCM普及率指数为64.94，比2014年提高了1.94个点；重点行业典型企业采购环节电子商务应用普及率指数为81.43，比2014年提高了4.81个点；重点行业典型企业销售环节电子商务应用普及率指数为96.96，比2014年提高了3.71个点；重点行业典型企业装备数控化率指数为68.72，比2014年提高了2.26个点；国家新型工业化产业示范基地两化融合发展水平指数为63.27，比2014年下降了4.35个点。

3．应用效益指数

2015年，广西两化融合应用效益指数明显提高，其中，第二产业全员劳动生产率和电子信息制造业主营业务收入增长较快。工业增加值占GDP比重指数为46.18，比2014年下降了0.87个点；第二产业全员劳动生产率指数为127.1，比2014年提高了71.98个点；工业成本费用利润率指数为39.31，比2014年增加了2.27个点；单位

工业增加值工业专利量指数为64.77，比2014年提高了1.07个点。在工业节能减排水平方面，单位地区生产总值能耗指数为88.2，比2014年上升了1.57个点。在信息产业发展水平方面，电子信息制造业主营业务收入指数为99.26，比2014年提高了17.2点；软件业务收入指数为33.89，比2014年提高了0.07个点。

【优劣势评价】

广西壮族自治区两化融合发展的优势如下。

一是电子信息产业快速发展。近年来，广西信息产业不断壮大，保持了快速发展态势，经济运行情况良好，电子信息制造业和软件与信息服务业的增速均在两位数以上。初步形成了以北海至桂林的高速公路为主轴，以北海、南宁、桂林三个市为区域中心的电子信息产业聚集区；同时，贺州、梧州、钦州等市的电子信息产业也正在逐步壮大，部分产品生产已经达到一定的规模。形成了以平板电脑、液晶显示器、计算机零部件等为代表的电子计算机产品；以移动终端、光通信、微波通信设备等为代表的通信设备产品；以数显量具、医疗分析仪、医疗超声仪器等为代表的医疗电子产品；以彩色电视机、显示器等为代表的家用电子产品；以激光头、电容器、电位器等为代表的电子元器件产品；以太阳能电池、太阳能灯具等为代表的光伏产品；以及LED产品、电机产品、汽车电子产品等。

二是建立了比较完善的创新体系。创新平台建设取得突破，企业技术研发能力明显增强。企业创新平台总数达500多家。其中，国家级技术创新示范企业2家，自治区级技术创新示范企业9家；自治区级研发中心46家，自治区级企业技术中心38家；自治区产学研用一体化企业96家。培育工业企业知识产权创造应用能力试点企业37家，总数达69家；培育工信部工业品牌培育试点企业36家，总数达45家；新增广西名牌产品126个，总数达235个。柳州源创电喷技术有限公司“汽油机缸内直喷喷油器总成实施方案”列入国家工业强基示范工程。桂林电力电容器有限责任公司多塔高压直流滤波电容装置获中国专利优秀奖。

同时，广西壮族自治区两化融合也存在一些劣势。

一是大部分企业两化融合水平处于起步阶段。广西虽然涌现出金桂浆纸业有限公司（轻工—造纸行业）、华润电力（贺州）有限公司（电力—生产行业）、柳工柳州铸造有限公司（机械—通用设备行业）等多家在相关行业中成效突出、突破创新的优秀企业，但通过开展企业两化融合对标诊断工作，共有803家（575家完整数据录入平台）企业登录中国两化融合咨询服务平台参与评测。结果显示，42.96%的企业处于两化融合起步建设阶段，48.35%的企业能够做到生产过程中两化融合单项覆盖，有6.96%的企业达到了两化融合集成提升水平，仅有1.74%的企业做到了创新突破。

二是信息化服务支撑体系能力不强。广西电子信息及软件服务业对两化融合的支撑能力比较弱，电子信息产业规模虽有所提升，但用于两化融合应用的工业软件产品，研发能力整体水平不高，缺乏核心技术支撑；信息化服务商的服务能力参差不齐，部分信息服务商为企业提出的建设方案与企业实际需求有较大差距，信息化服务支撑体系保障能力达不到企业的要求，后续服务不到位，费用较高，影响企业推进两化融合的积极性。

三是支撑两化融合的人才严重短缺。广西企业实施两化融合的基础较为薄弱，两化融合方面的人才尤其缺乏，企业只有极少量的电脑技术人员负责对计算机的维护，严重缺乏信息管理人才、技术带头人及高层次、复合型的两化融合人才，难以支撑信息化建设的快速和可持续发展。多数大型企业尚未建立CIO制度，信息部门主管不能将信息系统与企业的经营目标、发展战略进行有效衔接。

【相关建议】

对广西壮族自治区两化融合提出以下建议。

一是开展互联网与工业融合试点示范。积极参加国家互联网与工业融合创新试点工作；以云计算、物联网、工业大数据、工业移动互联网的应用为切入点，重点支持云设计、云制造、生产过程实时监控、产品跟踪与检测、远程诊断管理等信息技术应用。推进企业在研发设计、数据管理、工程服务等制造资源的开放共享，实现产品全生命周期管理，鼓励发展基于互联网的工业设计创新模式。

二是积极推进重点领域信息化监测。针对重点用能行业围绕国家和自治区节能监察中心广西能源监控预警指挥平台，加强节能减排信息监测，完善监督管理体系，推动企业能源管控中心建设，推广流程工业能源在线仿真系统等节能减排信息技术。鼓励重点矿区企业及民爆生产企业建设视频监控系统等，实现在线监控，提高民爆、有色金属、滑石矿采掘等重点行业安全生产水平。

三是完善人才培养体系。加强宣传教育，强化企业主要负责人推进信息化的领导责任意识，开展面向“一把手”的培训。组织开展以智能制造、工业互联网等新技术新应用为主题的两化深度融合培训。开展面向社会的两化融合宣传教育培训，鼓励高校积极培养创新型、应用型信息化人才。鼓励建设知识共享平台，开设两化融合网络公开课程。结合国家专业技术人才知识更新工程，支持企业和高校、工业园区联合共建实训基地，开展实用人才培训。实施现代产业工人信息技能培训工程，加强对技校、中专、职高学生的信息技术教育，鼓励企业开展职工信息技能培训。

海南省两化融合发展水平分析

【总体情况】

（一）经济概况

2015 年，海南省地区生产总值（GDP）为 3702.8 亿元，比 2014 年增长了 7.8%。其中，第一产业增加值 855.82 亿元，同比增长了 5.3%；第二产业增加值 875.13 亿元，同比增长了 6.5%；第三产业增加值 1971.81 亿元，同比增长了 9.6%。三次产业增加值占地区生产总值的比重分别为 23.1∶23.6∶53.3。人均地区生产总值为 40818 元，比 2014 年增长了 6.9%。实现社会消费品零售总额 1325.1 亿元，比 2014 年增长了 8.2%。固定资产投资总额达到 3355.4 亿元，比 2014 年增长了 10.4%。地方一般公共预算收入 627.7 亿元，同比增长了 8.7%。城镇常住居民人均可支配收入 26356 元，比 2014 年增长了 7.6%，农村常住居民人均可支配收入 10858 元，比 2014 年增长 9.5%。全年实现工业增加值 485.85 亿元，比 2014 年增长了 5.2%。其中，规模以上工业增加值 448.95 亿元，同比增长 5.1%。在八大工业支柱行业增加值中，石油加工业、医药制造业增速较快，分别增长了 20.4%和 17.2%。全年列入统计监测的 382 家规模以上工业企业综合效益指数 328.3%，比 2014 年降低了 5.2 个百分点；实现主营业务收入 1485.84 亿元，同比下降了 7.4%；实现利润总额 88.03 亿元，同比下降了 14.1%。

（二）两化融合工作进展

1．工作机制和组织保障进一步完善

海南省经信委与海南省直各部门、市县、园区、协会、企业通力合作，建立了“多方参与、协力推进”的工作机制和信息沟通协调机制，制定了《海南省工业和信息化厅信息化和工业化深度融合专项行动实施计划（2013—2018 年）》（琼工信信推〔2013〕301 号），共同推进两化深度融合工作。设立了督办制，推进了两化深度融合工作措施的落实。

2．责任单位工作任务更加明确

海南省经信委以“先易后难、实效优先、循序推进”为原则，制定了两化深化融合工作任务表，并将责任分解到具体单位，共制定了十项行动计划，包括“企业两化融合管理体系”推广行动、企业两化深度融合示范推广行动、中小企业两化融合提升行动、加快电子商务和物流信息化集成创新行动、重点领域智能化水平提升行动、智能制造生产模式培育行动、互联网与工业融合创新行动、信息产业支撑服务能力提升行动、海洋产业两化融合行动、旅游两化融合评估规范实施行动。

3．制定了两化融合相关推进政策

海南省经信委在工业和信息产业发展专项资金中设立了两化融合专题资金，支持智能制造、电子商务等两化融合项目实施。2015 年，两化融合专题资金额度约为 725 万元，扶持奖励 6 个项目和 5 个工信部贯标试点企业，拉动企业投资 6500 多万元。将信息网络基础设施建设纳入园区基础设施建设内容，持续加大资金支持，提升园区信息网络服务能力。结合海南省实际，创新思路，推动和支持商贸、物流、文化、旅游等服务业企业应用信息化手段提升管理水平和综合效益，营造全省重视信息化、实施信息化项目的良好氛围。

4．开展了企业贯标试点

海南省经信委组织了 6 家企业开展了国家两化融合贯标试点、互联网与工业融合创新试点。通过试点，使企业在安全生产管控、降低能源资源消耗、减少管理成本、提升创新能力、提高产品质量等方面的水平得到了显著提升，企业综合实力和竞争力明显增强。通过召开政策宣贯会、积极推广典型案例、在电视台/报刊/网络等主要媒体设置栏目等方式广泛开展两化融合宣传工作。加大了对试点企业的跟踪服务和扶持力度，不断完善统计监测体系，引导企业全面开展管理体系贯标。

【两化融合发展水平分析】

（一）综合分析

2015 年，海南省两化融合发展指数为 54.18，其中应用效益指数明显提高。基础环境方面，基础环境指数为 68.12，比 2014 年提高了 3.15 个点。工业应用方面，工业应用指数为 45.27，比 2014 年上升了 6.4 个点。在应用效益方面，应用效益指数为 58.04，比 2014 年提高了 8.36 个点（见表 1）。

表 1　2014—2015 年海南省两化融合指数情况

指　标	2014 年指数	2015 年指数	变化情况
基础环境	64.97	68.12	↑3.15
工业应用	38.87	45.27	↑6.4
应用效益	49.68	58.04	↑8.36
发展指数	48.09	54.18	↑6.09

数据来源：中国电子信息产业发展研究院

（二）具体分析

1．基础环境指数

海南省两化融合基础环境建设良好。2015 年，海南省基础环境指数为 68.12，其中，城（省）域网出口带宽、固定宽带普及率、固定宽带端口平均速率、移动电话普及率、互联网普及率等指标都有明显提高。在信息基础设施建设方面，海南省城（省）域网出口带宽指数为 23.31，比 2014 年增长了 13.22 个点，固定宽带普及率指数为 69.62，比 2014 年提高了 3.52 个点；固定宽带端口平均速率为 65.88，比 2014 年提高了 0.31 个点；移动电话普及率指数为 68.28，比 2014 年提高了 1.98 个点。在互联网应用普及方面，海南省互联网普及率指数为 63.49，比 2014 年提高了 0.54 个点。在两化融合政策环境建设方面，设立了两化融合专项引导资金，比 2014 年增长了 100 个点；中小企业信息化服务平台数指数为 92.07，比 2014 年下降了 49.15 个点；重点行业典型企业信息化专项规划指数为 44.77，比 2014 年提高了 4.13 个点。

2．工业应用指数

2015 年，海南省工业应用指数为 45.27。其中，海南省重点行业典型企业 ERP 普及率指数为 54.26，比 2014 年上升了 11.14 个点。重点行业典型企业 MES 普及率指数为 65.22，比 2014 年上升了 23.59 个点；重点行业典型企业 PLM 普及率指数为 41.36，比 2014 年上升了 0.5 个点；重点行业典型企业SCM普及率指数为51.15，比2014年提高了4.31个点；重点行业典型企业采购环节电子商务应用普及率指数为40.6，比2014年上升了3.63个点；重点行业典型企业销售环节电子商务应用普及率指数为57.89，比2014年上升了12.64个点；重点行业典型企业装备数控化率指数为23.02，比2014年提高了2.3点；国家新型工业化产业示范基地两化融合发展水平指数为34.23，比2014年下降了4.37个点。

3. 应用效益指数

2015年，海南省两化融合应用效益指数达到58.04，其中，第二产业全员劳动生产率显著提高，工业增加值占GDP比重、工业成本费用利润率、电子信息制造业主营业务收入均有所下降。在地区工业生产效益和水平方面，工业增加值占GDP比重指数为21.38，比2014年下降了3.04个点；第二产业全员劳动生产率指数为123.38，比2014年提高了60.78个点；工业成本费用利润率指数为43.46，比2014年下降了2.94点；单位工业增加值工业专利量指数为90.18，比2014年提高了0.38个点。在工业节能减排水平方面，单位地区生产总值电耗指数为95.91，比2014年提高了1.3个点。在信息产业发展水平方面，电子信息制造业主营业务收入指数为7.44，比2014年下降了5.83个点；软件业务收入指数为9.11，比2014年上升了0.6个点。

【优劣势评价】

海南省两化融合发展的优势有如下三点。

一是资源优势明显。海南省现已探明列入资源储量统计的矿产有57种，其中，列入国家统计一级的有铁、钛、石灰石、石英砂、石油和天然气，且富矿比例大（品位高）、开采条件好。海南光热充足，雨量充沛，拥有丰富的热带林木、作物和水产品等农产品资源。优势矿产资源和独特气候资源为油气化工、浆纸及纸制品、矿产资源加工、新材料和新能源、制药、食品和热带农产品加工等新型工业的发展提供了基础和条件。

二是区位优势独特。海南是泛珠江三角洲经济圈和东盟自由贸易区经济圈的交汇点，位于北部湾经济圈重点发展区域。面向东南亚和南海，地处国际主航道中心位置，是全国承接国际航道咽喉马六甲海峡最近的物流中转区。所辖岛屿和海域毗邻港、澳、珠三角地区和东南亚，拥有便捷的海空交通运输和良好的区位、港口条件，可辐射整个华南、华东地区及东南亚地区。东部产业加快向中西部转移有利于海南工业发展。

三是拥有一批工业园区和支柱产业。海南省境内拥有洋浦经济开发区、海口国家高新技术产业开发区、海口综合保税区等4个国家级园区，老城经济开发区、东方工业园区、海口桂林洋经济开发区、临高金牌港经济开发区4个省级园区和6个市县级园区。紧紧围绕油气化工、浆纸及纸制品、汽车和装备制造、矿产资源加工、新材料和新能源、制药、电子信息、食品和热带农产品加工等支柱产业发展新型工业，建成了一批支撑海南长远发展的重大工业项目。

同时，海南省两化融合也存在一些劣势。

一是信息技术对工业转型升级的作用尚未充分发挥。重点行业典型企业ERP普及率（54.26）、重点行业典型企业MES普及率（65.22）、重点行业典型企业PLM普及率（41.36）、重点行业典型企业SCM普及率（51.15）、重点行业典型企业采购环节电子商务应用（40.6）、重点行业典型企业销售环节电子商务应用（57.89）、重点行业典型企业装备数控化率指数（23.02）均低于全国平均水平，在全国排名中较为落后。这说明海南省信息技术在生产管理、产品销售等环节的应用不够深入，对于提升产业竞争力的作用还较弱。

二是企业信息化应用水平仍然较低。大型企业利用信息化促进企业全面转型升级的主动性还有待增强；中小企业信息化应用意识、利用信息化提升竞争力的能力还有待进一步提高。多数中小企业资金有限、信息化人才匮乏，缺乏应用信息技术的意识和能力，很难迈入快速发展的轨道。海南省多数大企业实现了信息化与研发设计、生产制造、运营管理等环节的初步融合，但中小企业多存在应用水平低、资金投入少等问题，信息化潜力还未得到充分挖掘。

三是支撑体系和发展环境尚需要优化。工业软件、电子商务支撑体系、产业联盟支撑效果等仍不能满足需求，政策引导、资金扶持、标准规范等方面的工作力度还需要进一步加强。

【相关建议】

一是加大对电子信息制造业和软件产业的扶持力度。加快产业培育，对于具有较强自主创新能力、市场前景广阔、就业吸纳力强的企业给予税收、固定资产投资等方面的优惠。强化人才支持，对于已签约的中高端信息技术人才给予相应的培训费用补贴。对于引进的电子信息制造业和软件产业重点领域的大中型企业，准予优先参与海南省信息化项目建设。

二是加强对服务机构的培育和引进。目前，全省尚无国家推荐的两化融合管理体系服务机构，需要从外省引进，实施成本相对较高，一定程度上打击了企业的积极性。未来，在进一步加大外省机构引进力度的同时，要更加注重对海南本地服务机构的政策支持，培育海南本地两化融合咨询服务能力。

三是提高各部门和全社会对两化融合的认知度。将两化融合综合水平指标纳入企业申报资金和各类支持项目的条件要求，引导企业重视两化融合工作。加大宣传力度，组织开展企业两化融合现场交流会，展示两化融合的经济效益，提高企业对两化融合重要意义的认识。开展企业CEO两化融合政策培训，通过一把手切实推动企业实施两化融合项目。

重庆市两化融合发展水平分析

【总体情况】

（一）经济概况

2015 年，重庆市全年地区生产总值达到 15719.72 亿元，比 2014 年增长 11.0%。其中，第一产业增加值 1150.15 亿元，同比增长 4.7%；第二产业增加值 7071.82 亿元，同比增长 11.3%；第三产业增加值 7497.75 亿元，同比增长 11.5%。三次产业结构比为 7.3∶45.0∶47.7。人均地区生产总值达到 52330 元，比 2014 年增长 10.1%。实现工业增加值 5557.52 亿元，比 2014 年增长 10.5%。其中，规模以上工业增加值增长 10.8%。规模以上工业企业实现总产值 21404.66 亿元，同比增长 12.4%。其中，汽车制造业实现总产值 4707.87 亿元，同比增长 20.2%；电子制造业总产值 4075.56 亿元，同比增长 10.4%；装备制造业实现总产值 3390.73 亿元，同比增长 9.9%；化医行业实现总产值 1629.48 亿元，同比增长 13.7%；材料行业实现总产值 2910.73 亿元，同比增长 6.9%。规模以上工业企业利润突破 2400 亿元，增长 13%以上。全市城镇居民人均可支配收入 27239 元，增长 8.3%；农村居民人均纯收入 10505 元，增长 10.7%。

（二）两化融合工作进展

1. 开展两化融合示范工程和管理体系贯标

重庆市通过实施工业装备数字化智能化改造与提升应用示范、企业管理、设计、制造智能化提升应用示范、智能产品产业化和智能工业技术服务体系培育三大工程，深化了现代信息技术在“6+1”支柱产业的广泛应用。2014 年，重庆市 8 家企业成为国家首批两化融合管理体系试点企业，2 家服务机构成为国家首批两化融合管理体系贯标服务机构，1 家机构成为国家两化融合管理体系贯标评定机构，5 家企业通过国家评定。2015 年，重庆市 19 家企业成为国家第二批贯标试点企业。2014 年，重庆市遴选了57家企业启动首批市级贯标试点工作，遴选了9家市级贯标服务机构，开展了两化融合管理体系贯标培训和考核，培训咨询服务师64人，为重庆市的两化融合管理体系贯标工作奠定了良好的人才基础。2015年已启动第二批市级贯标工作。

2．推动了工业云创新发展

重庆市以重庆移动为项目承担主体，联合了猪八戒网络、重庆金交所、港澳大家软件及一批信息技术服务商，从体系构架、业务设定、服务范围、运行机制、商业模式等方面对工业云项目建设进行了实践探索，加快了“主平台+分平台”的同步实施建设。截至2015年年底，重庆移动承建的“工业云”主平台已正式启动；重庆猪八戒网络承建的工业设计云已建设完成，提供了产品外观设计、电子产品设计、机械设计、电路设计、礼品设计、日用品设计、家具设计、体育用品设计等服务，共八大类近百个子类目，注册用户达1300余万户，年交易额达1000万元以上；港澳大家软件承建的企业采购云已基本建成，服务对象已达2万多家，交易额达1.4亿元；工业金融云依托重庆市金融资产交易所已基本建成。

3．推进了互联网与制造业融合创新试点

重庆市组织了一批骨干企业实施互联网与制造业融合创新试点。猪八戒网建设了工业服务众包平台，提供工业设计外包技术和信息服务，涵盖工业设计交易、知识产权、法律服务、信息展示、企业孵化等功能，能够提供产品外观设计、机械设计、电路设计等近50个工业设计门类的在线交易，建立了工业设计的雇主库、设计师库、设计机构库、专家库，整合工业设计行业的产业链，打造了工业设计协作平台，完善了行业价值生态圈。截至2015年年底，众包平台已入驻工业设计师58000人，入驻设计机构和企业36000家，完成交易1532万元。重庆川仪股份的工业仪器仪表网络营销平台、重庆山外山科技的血液净化设备智能服务平台和重庆潍柴发动机的基于移动互联网的发动机故障远程诊断平台正在积极搭建中。

4．软件和信息技术服务业加速发展

重庆市推进国际电子商务交易认证项目，实现了“打包结汇、事后监管”，加快了电子商务交易结汇进度；推进第三方支付发展，四家企业获得了央行批准的《支付业务许可证》；加快建设两江国际云计算产业园。目前，太平洋电信（重庆）数据中心、中国联通西部数据中心、中国电信云计算重庆基地、中国移动（重庆）数据中心、腾讯云计算数据中心、斐讯数据中心等项目已入驻。截至2015年年底，软件业务收入达到706亿元，增长了355%。

5．研究制定了两化融合评价指标体系

重庆市组织专家在全国开创性地提出了两化融合评价指标体系，该体系涵盖规模性、多样性、集聚性、耦合性、创新性、敏捷性、开放性、效益性、生态性等9大方面18个指标，形成了以“融合指数”为核心的评价体系。深入探讨与实践，形成了包括战略层面融合度、基础层面融合度、应用层面融合度和效益层面融合度等4个层面、15个二级指标和51个三级指标在内的更翔实具体的两化融合评价指标体系。工信部已将重庆市列为首批国家两化融合区域评估试点省、市。

【两化融合发展水平分析】

（一）综合分析

2015年，重庆市两化融合发展指数为77.25，比2014下降了1.71点。基础环境指数为81.08，比2014年提高了14.64个点；工业应用指数为65.15，比2014年下降了17.45个点；应用效益指数为97.63，比2014年增长了13.45个点。如表1所示。

表1　2014—2015年重庆市两化融合指数情况

指　标	2014年指数	2015年指数	变化情况
基础环境	66.44	81.08	↑14.64
工业应用	82.60	65.15	↓17.45
应用效益	84.18	97.63	↑13.45
发展指数	78.96	77.25	↓1.71

数据来源：中国电子信息产业发展研究院

（二）具体分析

1．基础环境指数

重庆市两化融合基础环境建设在2015年有较大进展。2015年，重庆市城（省）域网出口带宽指数为64.84，比2014年增长了42.42个点；固定宽带普及率指数为79.25，比2014年提高了3.07个点；固定宽带端口平均速率指数为76.32，比2014年提高了8.43个点；移动电话普及率指数为61.82，比2014年提高了3.06个点。互联网普及率指数为62.32，比2014年提高了1.67个点。重庆市重视两化融合政策环境建设，设立了两化融合专项引导资金。同时，重庆市重视对中小企业提供信息化公共服务，2015年中小企业信息化服务平台数指数为150，比2014年提高了88.88个点。重点行业典型企业信息化专项规划指数为64.47，比2014年下降了6.54个点。

2．工业应用指数

2015年，重庆市两化融合工业应用指数为65.15，比2014年下降了17.45个点。其中，重点行业典型企业ERP普及率指数为68，比2014年下降了8.12个点；重点行业典型企业MES普及率指数为67.55，比2014年下降了22.87个点，下降幅度较大；重点行业典型企业PLM普及率指数为58.44，比2014年上升了10.68个点；重点行业典型企业SCM普及率指数为60.83，比2014年下降了9.54个点；重点行业典型企业采购环节电子商务应用普及率指数为76.04，比2014年下降了40.67个点；重点行业典型企业销售环节电子商务应用普及率指数为69.6，比2014年下降了58.99个点；重点行业典型企业装备数控化率指数为60.6，比2014年下降了8.82个点。2015年，国家新型工业化产业示范基地两化融合发展水平指数为61.54，比2014年下降了5.6个点。

3．应用效益指数

重庆市两化融合应用效益在全国处于中等偏上水平。2015年，重庆市两化融合应用效益指数为97.63，比2014年上升了13.45个点。在地区工业生产效益和水平方面，工业增加值占GDP比重有略微下降，2015年工业增加值占GDP比重指数为43.51，比2014年下降了4.81个点；2015年第二产业全员劳动生产率指数为104.04，比2014年上升了55.26个点；工业成本费用利润率略有升高，2015年工业成本费用利润率指数为43.51，比2014年上升了4.2个点；单位工业增加值工业专利量有一定增加，单位工业增加值工业专利量指数为123.33，比2014年提高了3.9个点。在工业节能减排水平方面，2015年单位地区生产总值电耗指数为105.04，比2014年提高了3.04个点。信息产业继续保持快速发展，2015年电子信息制造业主营业务收入指数为153.26，比2014年提高了15.62个点；软件业务收入指数为136.07，比2014年提高了15.32个点。

【优劣势评价】

总体来看，重庆市两化融合发展具有如下优势。

一是两化融合服务支撑能力较强。重庆市设有两化融合促进和服务中心、CIO（首席信息官）协会、两化融合物流信息化技术应用中心、两化融合电子商务技术应用中心、两化融合信息技术节能降耗技术应用中心、两化融合物联网技术应用中心、工业云创新服务推进联盟等支撑服务机构，有效推动了重庆市两化融合技术对服务业形成与发展的支撑作用。

二是两化融合示范发展基础扎实。重庆市制造企业的数字化、信息化改造，全面提升了中高档产品的制造技术水平和生产能力。物流过程中信息采集、分类、传递、汇总、识别、跟踪和查询的信息化，实现了对货物流通过程的控制。摩托车行业第三方物流供应链服务平台的开发和应用，有效提升了嘉陵、隆鑫、建设、力帆等摩托车整机企业的物流管理水平，带动了上千家配套企业的信息化建设。组织机构的信息化管理，提升了企业效率、生产效益和竞争优势。

三是拥有良好的两化融合政策环境。《关于加快推进信息化与工业化深度融合的若干意见》《重庆市人民政府办公厅关于印发〈重庆市信息化和工业化深度融合专项行动计划（2014—2018年）〉的通知》等一系列政策文件的颁布实施，为全市两化融合工作的开展提供了良好的政策环境。

同时，重庆市两化融合也存在一些劣势。

一是工业应用尚未进入稳定状态。从数据分析结果来看，2014年，重庆市工业应用指数排名为全国第2名，但到2015年，这一指数排名就下降到了第18名，尤其是重点行业典型企业MES普及率、重点行业典型企业SCM普及率、重点行业典型企业采购环节电子商务应用、重点行业典型企业销售环节电子商务应用等指标下降了 14 个点左右，这表明重庆市信息化与企业自主创新、生产制造、产业链协作等核心业务环节融合程度仍需要进一步提升。

二是增加基础设施建设投资和提高增速难度较大。由于建设成本高、投资回报率低、政府支持力度有限等原因，各通信运营企业和铁塔公司对加快推进农村信息基础设施建设动力不足。国资委对投资效益指数所做的硬性要求，使通信运营企业对加大投资普遍持谨慎、保守态度。国家和地方加强了资金使用的计划性管控力度，追加投资建设计划外项目存在立项难、申报程序严格等现实困难。

三是信息化公共服务平台的运营机制亟待完善。目前已建立的长江上游物流信息公共服务平台、摩托车行业第三方供应链管理服务平台、长安供应商协同产品开发平台、金算盘全程电子商务平台等一系列公共服务平台，在运行模式和商务模式方面尚不够完善，对于促进信息化公共服务平台的持续经营和不断壮大的保障作用不强。

【相关建议】

对重庆市两化融合提出以下建议。

一是加快两化融合管理体系标准的认定和推广。按照工信部统一部署，加快推进两化融合管理体系贯标试点工作，增强两化融合管理体系贯标服务能力，做好两化融合水平评定工作，提升两化融合相关咨询、服务和认定质量。进一步明确两化融合服务支撑机构的职责设置和长效运行机制。

二是大力发展智能制造。以智能工厂为发展方向，开展智能制造试点示范，加快推动云计算、物联网、智能工业机器人、增材制造等技术在生产过程中的应用，推进生产装备智能化升级、工艺流程改造和基础数据共享。着力于工控系统、智能感知元器件、工业云平台、操作系统和工业软件等核心环节，加强工业大数据的开发与利用，构建开放、共享、协作的智能制造产业生态。

三是发展大规模个性化定制。支持企业利用互联网采集并对接用户个性化需求，推进设计研发、生产制造和供应链管理等关键环节的柔性化改造，开展基于个性化产品的服务模式和商业模式创新。鼓励互联网企业整合市场信息，挖掘细分市场需求与发展趋势，为制造企业开展个性化定制提供决策支撑。

四是提升网络化协同制造水平。鼓励制造业骨干企业通过互联网与产业链各环节紧密协同，促进生产、质量控制和运营管理系统全面互联，推行众包设计研发和网络化制造等新模式。鼓励有实力的互联网企业构建网络化协同制造公共服务平台，面向细分行业提供云制造服务，促进创新资源、生产能力、市场需求的集聚与对接，提升服务中小微企业能力，加快全社会多元化制造资源的有效协同，提高产业链资源整合能力。

五是加速制造业服务化转型。鼓励制造企业利用物联网、云计算、大数据等技术，整合产品全生命周期数据，形成面向生产组织全过程的决策服务信息，为产品优化升级提供数据支撑。鼓励企业基于互联网开展故障预警、远程维护、质量诊断、远程过程优化等在线增值服务，拓展产品价值空间，实现从制造向“制造+服务”的转型升级。

六是扎实推进网络提速降费。持续加快宽带网络基础设施建设步伐，进一步推进固定宽带、有线宽带、移动宽带网络提速降费，不断提升服务水平，着力构建高速畅通、覆盖城乡、质优价廉、服务便捷的宽带网络基础设施和服务体系，为推动两化深度融合提供有力支撑。

四川省两化融合发展水平分析

【总体情况】

（一）经济概况

2015 年，四川实现地区生产总值（GDP）30103.1 亿元，按可比价格计算，比 2014 年增长 7.9%。其中，第一产业增加值 3677.3 亿元，同比增长 3.7%；第二产业增加值 14293.2 亿元，同比增长 7.8%；第三产业增加值 12132.6 亿元，同比增长 9.4%。三次产业对经济增长的贡献率分别为 5.0%、53.9%和 41.1%。人均地区生产总值 36836 元，同比增长 7.2%。三次产业结构由 2014 年的 12.4∶48.9∶38.7 调整为 12.2∶47.5∶40.3。全年工业增加值 12084.9 亿元，比 2014 年增长 7.6%，对经济增长的贡献率为 45.6%。全年规模以上工业增加值增长 7.9%。在规模以上工业中，轻工业增加值比 2014 年增长 9.3%，重工业增加值增长 7.3%。规模以上工业 41 个行业大类中，有 36 个行业增加值呈增长之势。其中，电力、热力生产和供应业增加值 2014 增长 2.3%，酒、饮料和精制茶制造业增长 11.4%，非金属矿物制品业增长 20.1%，汽车制造业增长 10.0%，农副食品加工业增长 5.6%，化学原料和化学制品制造业增长 11.6%，纺织业增长 13.2%，计算机、通信和其他电子设备制造业增长 2.5%，石油和天然气开采业增长 17.7%，医药制造业增长 12.3%。规模以上工业企业实现主营业务收入 37876.3 亿元，比 2014 年增长 1.7%。实现利税总额 3887.9 亿元，比 2014 年下降 2.5%。其中，国有控股工业企业实现净利润 529.8 亿元，比 2014 年增长 16.5%；股份制企业 1716.5 亿元，比 2014 年增长 4.7%。

（二）两化融合工作进展

2015 年，四川省加快推进两化融合管理体系贯标和互联网与工业融合创新等试点工作，组织开展了“互联网+制造”试点示范、企业两化融合评估诊断和对标引导，实施了产业园区两化深度融合示范，持续优化全省两化融合发展政策环境，两化融合工作取得显著成效。

1．推进了两化融合管理体系贯标试点

结合四川省实际，推动了 9 家龙头企业的贯标试点工作，引导企业将互联网、大数据、云计算、物联网、智能制造等先进技术与业务流程、组织结构优化变革融为一体。以“数据”为核心驱动力，提升了企业适应信息时代发展需求的持续竞争优势，并完成了 3 家企业的认定工作。开展了第二批两化融合管理体系贯标企业试点申报工作，有 18 家企业成功入选贯标试点；此外，还鼓励有贯标积极性的企业结合自身情况开展贯标工作。

2．推进了互联网与工业融合创新试点

2015 年 3 月，四川省长虹电器股份有限公司、泸州老窖股份有限公司等 4 家企业入选互联网与工业融合创新领域试点示范。引导了试点企业开展试点示范工作，并结合四川省优势和支柱产业通过示范和经验提炼，培育了大规模个性化定制、线上线下（O2O）、制造服务化转型等互联网创新模式，推动了全省企业利用“互联网+”实现转型升级发展。

3．开展了“互联网+”制造试点示范

四川省以五大高端成长型产业和七大优势产业为重点，引导企业从生产资源共享协同创新、个性化定制生产模式创新、营销模式和服务创新等方面，开展了互联网与工业融合创新示范工作。在全省选择了四川省宜宾五粮液集团有限公司、苏州西门子电器有限公司成都分公司等 17 家企业，通过示范和经验提炼，形成对重点产业的辐射和引领，促进了四川省制造业的转型升级和提质增效。

4. 组织了企业两化融合评估诊断和对标引导

四川省配合工信部开展了企业两化融合评估诊断和对标引导，全面了解省内各行业企业两化融合总体发展现状，指导企业明确了两化融合发展重点和定量目标，探索了科学、分类、定量、持续推进区域两化融合的新模式，建立了省、市、区（县）等协同推进的两化融合工作机制。

5. 实施了产业园区两化深度融合示范

四川在全省域范围内选择了一批产业园区，开展两化融合数字园区示范建设。加强了园区信息基础设施、综合管理和公共服务平台建设，重点支持了园区特色信息平台及产品检测等技术服务平台建设。加快了园区内企业信息化改造提升步伐，打造“数字工厂（企业）”，提高了企业设计研发、生产制造、管理运营、市场营销环节信息化应用水平。编制了涵盖信息基础设施、应用系统、公共平台、信息安全等内容在内的《园区信息化建设规范》。

【两化融合发展水平分析】

（一）综合分析

2015 年，四川省两化融合发展指数为 78.31，比 2014 年提升了 8.84 个点。基础环境方面，2015 年基础环境指数为 76.7，比 2014 年增加了 6.17 个点；工业应用方面，2015 年工业应用指数为 66.09，比 2014 年增加了 8.11 个点；应用效益方面，2015 年应用效益指数为 104.37，比 2014 年增加了 12.96 个点。如表 1 所示。

表 1　2014—2015 年四川省两化融合指数情况

指　标	2014 年指数	2015 年指数	变化情况
基础环境	70.53	76.70	↑6.17
工业应用	57.98	66.09	↑8.11
应用效益	91.41	104.37	↑12.96
发展指数	69.47	78.31	↑8.84

数据来源：中国电子信息产业发展研究院

（二）具体分析

1. 基础环境指数

2015 年，四川省基础环境指数为 76.7，比 2014 年增加了 6.17 个点。在信息基础设施建设方面，四川省城（省）域网出口带宽指数为 98.44，与 2014 年相比增加了 4.12 个点；固定宽带普及率指数为 62.4，与 2014 年相比提高了 3.9 个点；固定宽带端口平均速率指数为 111.16，比 2014 年提高了 38.74 个点；移动电话普及率指数为 59.06，比 2014 年提高了 1.86 个点。在互联网应用普及方面，互联网普及率指数为 54.21，比 2014 年提高了 2.29 个点。在两化融合政策环境建设方面，中小企业信息化服务平台数量指数为 93.72，比 2014 年降低了 14.78 个点；重点行业典型企业信息化专项规划指数为 63.5，比 2014 年的 61.12 提高了 2.38 个点。

2. 工业应用指数

2015 年，四川省工业应用指数为 66.09，比 2014 年增加了 8.11 个点。具体来看，重点行业典型企业 ERP 普及率指数为 66.15，比 2014 年提高了 1.29 个点；重点行业典型企业 MES 普及率指数为 57.23，比 2014 年提高了 6.33 个点；重点行业典型企业 PLM 普及率指数为 53.99，比 2014 提高了 0.47 个点；重点行业典型企业 SCM 普及率指数为 61.64，比 2014 年提高了 1.21 个点；重点行业典型企业采购环节电子商务应用普及率指数为 67.73，比 2014 年提高了 4.84 个点；重点行业典型企业销售环节电子商务应用普及率指数为 82.21，比 2014 年下滑了 1.57 个点；重点行业典型企业装备数控化率指数为 35.55，比 2014 年上升了 0.32 个点；国家新型工业化产业示范基地两化融合发展水平指数为 103.17，比 2014 年提高了 46.9 个点。

3. 应用效益指数

2015 年，四川省应用效益指数为 104.37，比 2014 年增加了 12.96 个点。具体来看，2015 年四川省工业增加值占 GDP 比重指数为 48.76，比 2014 年下降了 1.74 个点；第二产业全员劳动生产率指数为 113，比 2014 年提高了 58.83 个点；工业成本费用利润率指数 40.1，比 2014 年下降了 2.18 个点；单位工业增加值工业专利量指数为

100.33，比 2014 年提高了 10.53 个点。在工业节能减排水平方面，单位地区生产总值电耗指数为 96.92，比 2014 年提高了 2.64 个点。在信息产业发展水平方面，电子信息制造业主营业务收入指数为 168.86，比 2014 年提高了 6.77 个点；软件业务收入指数为 200.08，比 2014 年提高了 11.39 个点。

【优劣势评价】

四川省两化融合发展具有以下优势。

一是具有较好的工业基础。2015 年，四川省工业发展成效显著，为两化深度融合奠定了良好的基础。据调查数据显示，四川省单位工业增加值占 GDP 的比重为 48.76，高于全国平均水平 4 个点；单位工业增加值工业专利量为 100.33，高于全国平均水平 8 个点；电子信息制造主营业务收入和软件业务收入分别达到 169.86 和 200.08，位居全国第 6 名和第 8 名。

二是电子信息产业实力雄厚。2014 年，四川省电子信息制造业主营业务收入全国排名第 6，软件业务收入全国排名第 8。目前，已有 40 多家世界 500 强电子企业、20 多家国内电子百强企业在四川落户。集成电路方面，英特尔、德州仪器、富士通、联发科等龙头企业在四川发展良好。全球约 50%的笔记本电脑芯片在成都封装测试，成都已成为与北京、上海比肩的中国集成电路产业重要发展极。除此之外，四川是全国四大便携式电脑生产基地之一、全国最大的信息安全产品研发生产基地、第三大游戏产品研发运营中心和中西部新一代通信技术企业聚集度最高的区域，拥有“中国软件名城”称号；四川还是国家级数字视听产品产业基地，彩电产量居全国第 4 位。

三是两化融合基础环境良好。2015 年，城（省）域网出口带宽达到 98.44，固定宽带端口平均速率 111.16，分别高于全国平均水平近 30 个点。“光网四川”建设的加快推进，使 50M/100M 宽带进入广大百姓家庭。目前，全省已经建成 1 个全光城市、22 个全光县、205 个全光乡镇、1015 个全光小区，有数万家庭用户开始使用 100M 宽带。

同时，与全国相比，四川省两化融合还存在以下劣势。

一是信息网络普及率相对较低。2015 年的评估结果显示，四川省固定宽带普及率 62.4，互联网普及率 54.21，分别低于全国平均水平 10 个点；移动电话普及率 59.06，略低于全国平均水平。究其原因，主要是因为四川省人口数量庞大，尽管互联网普及数量增长较快，但普及率仍然落后于全国多数地区。

二是工业领域的信息化应用水平不高。2015 年，四川省重点行业典型企业装备数控化率为 35.55，重点行业典型企业 MES 普及率为 57.23，分别低于全国平均水平 16 个点和 12 个点。虽然工业企业信息化单项技术应用已基本普及，如财务、物料、人事、办公等系统，但是没有进入信息集成应用阶段。工业企业的装备数控化程度低，反映出四川省工业装备老旧，没有实现智能化生产，亟须进行数控化改造。

【相关建议】

一是加快信息基础设施建设。全面落实《四川省推进宽带基础设施建设重点工作方案》等相关文件要求，加快推进以管道、基站为主的信息基础设施网络建设，扩大 IPTV 和光纤网络覆盖率。拓展数字化工厂示范应用和典型应用。建设创新创业科技服务平台、中小企业信息化服务平台等，提升两化融合服务水平。制定《四川省信息基础设施保护条例》，为全省信息基础设施建设营造良好的法制环境。

二是加强两化融合管理体系贯标的政策保障。开展两化融合管理体系贯标试点，是落实国家两化深度融合战略的创新举措，也是企业提升核心竞争力的有效途径。为调动企业开展两化融合管理体系贯标工作的积极性，加快全国两化融合管理体系贯标工作的全面推进，建议在实施《中国制造 2025》《“互联网+”行动指导意见》等相关战略及工程时，优先扶持积极开展两化融合管理体系贯标工作的企业。研究建立对制造企业知识产权的保护机制，加强对制造企业的知识产权保护。

三是加大对信息化复合型人才的培养。企业在信息化建设过程中，缺乏既懂 IT 技术又懂业务流程、企业管理的复合型人才，是导致部分地区和单位工作推动慢的主要因素。建议加快信息化复合型人才体系建设，推进两化融合工作开展，支撑《中国制造2025》的顺利实施。

贵州省两化融合发展水平分析

【总体情况】

（一）经济概况

2015年，贵州省地区生产总值10502.56亿元，比2014年增长10.7%。其中，第一产业增加值1640.62亿元，比2014年增长6.5%；第二产业增加值4146.94亿元，比上年增长11.4%；第三产业增加值4715.00亿元，比2014年增长11.1%。贵州省人均地区生产总值29847元，比2014年增长10.3%。全省第一产业、第二产业和第三产业增加值占地区生产总值增加值的比重分别为15.6%、39.5%和44.9%。与2014年相比，第一产业、第三产业比重分别提高1.8个百分点、0.3个百分点，第二产业比重比2014年下降2.1个百分点。全年规模以上工业增加值达到3550.13亿元，比2014年增长9.9个百分点。全省四大传统行业实现增加值2069.07亿元，占规模以上工业增加值的比重为58.3%。其中，酒、饮料和精制茶制造业增加值716.05亿元，同比增长10.2%；煤炭开采和洗选业增加值684.68亿元，比2014年增长5.6%；电力、热力生产和供应业增加值364.53亿元，比2014年增长4.2%；医药制造业，计算机、通信和其他电子设备制造业增加值分别突破100亿元、50亿元，分别比2014年增长6.9%、102.0%；装备制造业和高技术产业工业增加值分别比2014年增长24.0%和22.5%。全年规模以上工业企业主营业务收入9376.20亿元，比2014年增长11.4%；实现利润总额616.10亿元，比2014年增长10.7%。全省财政总收入2294.25亿元，比2014年增长7%。全年城镇居民人均可支配收入达到24579.64元，比2014年增长9.0%；农村居民人均纯收入达到7386.87元，比2014年增长10.7%。

（二）两化融合工作进展

近年来，贵州省以两化深度融合为主线，着力发展以大数据产业为引领的电子信息产业，下大力气改造升级传统产业，陆续出台了10多项政策和意见，重点开展试点示范工程、两化融合评估和研究、人才培训、贵州工业云建设等工作，两化融合发展水平显著提升，对推动贵州经济结构调整和转型升级起到了积极作用。

1．出台了一系列政策文件

贵州省先后制定了《贵州省信息化和工业化深度融合专项行动计划实施方案（2014—2017年）》《贵州省“十二五”推进信息化发展专项规划》《贵州省“十二五”物联网产业发展规划》《贵州省新一代信息技术产业发展规划》等政策文件，两化融合均作为重要内容给予强调。贵州省率先出台了《贵州省信息基础设施条例》《关于加快大数据产业发展应用若干政策的意见》《贵州省大数据产业发展应用规划纲要》等一系列政策法规，发布了《关于加快大数据产业发展的实施意见》《贵州省信息基础设施建设三年会战实施方案》等重要文件，推进了两化深度融合的发展。

2．实施了传统产业试点示范工程

截至 2014 年年底，贵州省两化融合国家试点示范项目达到 12 个，获得资金支持 310 万元宝，贵州茅台酒股份有限公司、中国振华集团新云电子元器件有限责任公司被列为工信部两化深度融合示范企业，贵州汇通华城股份有限公司“公共机构智能节能监控系统研发与示范”被列为工信部两化深度融合试点示范工程，贵州众智博信科技有限公司“‘优随享’移动社区连锁电子商务平台”、贵州西拓科技有限公司“医药产品信息追踪追溯平台”被列为工信部电子商务集成创新试点工程，《贵州航空工业云建设》被列为工信部两化深度融合试点示范项目。省级两化融合专项资金支持项目 45 个，支持资金 3400 多万元，全省各部门累计培育制造业信息化工程示范企业 200 余家，实施示范项目 2000 余项，支持资金 4000 多万元，六盘水市钟山区、遵义市汇川区被列为省级信息化与工业化融合试验区，瓮福（集团）有限责任公司、贵州久联民爆器材发展股份有限公司被列为省级两化融合示范企业。

3．加快发展以大数据为引领的信息产业

贵州省加快三大基础电信运营商贵安数据中心建设、块数据聚集试点和一批国家级、行业级龙头企业在贵州的落户，不断夯实数据资源聚集基础。建成了全国第一个省级政府数据集聚共享的统一云计算平台——“云上贵州”，推动数据共享交换，目前平台日均访问量近 2 亿次，最高峰值达 10 亿次以上。挂牌成立了贵阳大数据交易所和贵阳众筹金融交易所，启动数据交易。呼叫中心和服务外包产业初具规模，一批电商平台项目启动建设。开展了国家级大数据产业集聚发展示范区申报创建工作，将在数据整合、标准制定、交换交易、法治政府建设等方面开展更多试点示范，为国家的大数据战略做探索，积累经验。重点打造了大数据信息产业“基础设施层、系统平台层、云应用平台层、增值服务层、配套端产品层”的五个层级产业链。涉及大数据、增值电信服务、电子商务等新兴产业的特色企业相继入驻贵州并成长迅速，极大地带动电子信息产业的发展，形成了新的经济增长点。大数据、云计算、物联网等新一代电子信息技术的广泛应用，加快了传统产业改造升级步伐，推动了大数据和健康、旅游等产业的融合发展，催生了电子商务、网络新媒体、导航服务等一批新型业态。

4．工业云建设成效显著

贵州省与中国航天科工集团第二研究院合作，开展基于政务网和互联网两个平台的工业云平台搭建工作。目前，政务网产业监测平台已经实现全省工业经济运行的实时监测，可以随时查看全省十大产业、各市州重点产业、工业园区经济运行状况。互联网平台汇集了海量数据，催生了一批提供云服务和端产品的企业，带动形成了产业链。目前，该平台能提供云服务应用近 200 个，集聚和培育云服务相关企业达到 15 家，包括 2 家省外企业在贵州省注册成立的新公司，通过龙头企业带动了 6000 多家本地企业使用工业云，具备为 100000 家以上企业提供云服务的能力。贵州工业云平台在提升企业创新水平上成效显著。

5．工业电子商务应用不断深化

根据对 500 家企业的抽样调查，截至 2014 年年底，贵州省约 40% 企业实现互联网采购，33%的企业实现互联网销售，重点行业典型企业销售环节电子商务应用指数增长率约 56%，重点行业典型企业采购环节电子商务应用指数增长率约 47%，重点行业 200 家典型企业电子商务采购总额约为 123 亿元，重点行业 200 家典型企业电子商务销售总额约为 86 亿元。有 17.9%的企业实现互联网订单交互，25.6%的企业实现互联网报价，18.3%的企业实现互联网结算，18.7%的企业实现互联网物流配送，13.7%的企业实现互联网客户个性化定制服务，7.5%的企业在采购、销售等环节全面应用电子商务。

6．强化信息安全保障体系建设

贵州省加强信息安全基础设施建设及运行维护，改造升级了省社会公共服务信息系统安全测评模拟实验室，建立省网络与信息安全事件应急支援中心，建立病毒库、漏洞库、政府门户网站漏洞信息发布及整改建议数据库。成立了省网络与信息安全事件应急管理专家组，提高对突发事件的应急处置能力。加强了网络信任体系建设和信息安全培训，信息安全保障体系建设取得显著成效。加强了网络与信息安全监测、预警和应急处置，对全省 800 个重要党政网站和重要新闻网站进行 24 小时监测预警。筛选出 72 家政府信息系统、重要党政网站、新闻网站组织开展现场检查和风险评估工作，分别出具各家单位检查评估报告，及时反馈促进整改。

【两化融合发展水平分析】

（一）综合分析

2015 年，贵州省两化融合发展总指数为 66.71，比 2014 年提高了 9.63 个点。基础环境方面，2015 年基础环境指数为 72.82，比 2014 年提高了 10.24 个点。工业应用方面，2015 年工业应用指数为 67.11，比 2014 年提高了 9.68 个点。应用效益方面，2015 年应用效益指数为 66.71，比 2014 年提高了 8.94 个点（见表 1）。

表 1　2014—2015 年贵州省两化融合指数情况

指　标	2014 年指数	2015 年指数	变化情况
基础环境	62.58	72.82	↑10.24
工业应用	57.43	67.11	↑9.68
应用效益	50.86	59.80	↑8.94
发展指数	57.08	66.71	↑9.63

数据来源：中国电子信息产业发展研究院

（二）具体分析

1．基础环境指数

2015 年，贵州省两化融合基础环境条件良好，基础环境指数为 72.82，比 2014 年提高了 10.24 个点。具体来看，2015 年，贵州省城（省）域网出口带宽指数值为 46.73，与 2014 年相比提高了 17.44 个点；固定宽带普及率指数为 54.37，比 2014 年提高了 4.37 个点；固定宽带端口平均速率为 78.32，比 2014 年提高了 13.18 个点；移动电话普及率指数为 59.5，比 2014 年提高了 3.01 个点。在互联网应用普及方面，贵州省互联网普及率指数为 51.71，比 2014 年提高了 2.14 个点。在两化融合政策环境建设方面，中小企业信息化服务平台数指数为 150，比 2014 年提高了 47.06 个点；重点行业典型企业信息化专项规划指数为 49.39，比 2014 年提高了 2.17 个点。

2．工业应用指数

2015 年，贵州省工业应用指数为 67.11，比 2014 年提高了 9.68 个点。具体来看，2015 年，贵州省重点行业典型企业 ERP 普及率指数为 68.67，比 2014 年提高了 7.83 个点；重点行业典型企业 MES 普及率指数为 83.94，比 2014 年提高了 9.6 个点；重点行业典型企业 PLM 普及率指数为 60.66，与 2014 年上升了 16.52 个点；重点行业典型企业 SCM 普及率指数为 60.51，比 2014 年提高了 6.56 个点；重点行业典型企业采购环节电子商务应用普及率指数为 60.51，比 2014 年提高了 16.03 个点；重点行业典型企业销售环节电子商务应用普及率指数为 80.11，比 2014 年提高了 9.88 个点；重点行业典型企业装备数控化率指数为 64.72，比 2014 上升了 9.04 个点；国家新型工业化产业示范基地两化融合发展水平指数为 43.71，比 2014 年提高了 3.18 个点。

3．应用效益指数

2015 年，贵州省两化融合应用效益指数达到 59.8，比 2014 年提高了 8.94 个点。具体来看，2015 年，在地区工业生产效益和水平方面，工业增加值占 GDP 比重指数为 41.67，比 2014 年提高了 0.42 个点；第二产业全员劳动生产率指数为 106.82，比 2014 年提高了 46.43 个点；工业成本费用利润率指数为 48.31，比 2014 年上升了 1.15 个点；单位工业增加值工业专利量指数为 87.11，比 2014 年提高了 0.39 个点。在工业节能减排水平方面，单位地区生产总值电耗指数为 68.34。在信息产业发展水平方面，电子信息制造业主营业务收入指数为 13.1，比 2014 年下滑了 0.82 个点；软件业务收入指数为 38.36，比 2014 年提高了 6.27 个点。

【优劣势评价】

贵州省两化融合发展具有以下优势。

一是拥有一批新型工业化示范园区。工业园区已经成为贵州工业经济的主导力量，贵阳市小河—孟关装备制造业生态工业园区、贵阳麦架—沙文高新技术产业园、仁怀名酒工业园区、福泉市磷化工基地 4 个园区被认定为国家新型工业化示范基地，开阳县工业园区、遵义市汇川机电制造工业园区等 16 个园区被认定为省新型工业化示范基地，贵阳国家经济技术开发区小孟工业园区、遵义市仁怀—习水名酒工业园区等 20 个园区被列为“511”示范园区。园区工业经济不断壮大，提高了工业产业集中度，有力地带动了上下游企业两化融合的发展。

二是大型企业生产装备信息化水平排名全国前列。2015 年，贵州重点行业典型企业 MES 普及率达到 83.94，远高于全国平均水平。重点行业典型企业装备数控化率达到 64.72，全国排名第 8 位，表明贵州工业生产装备与信息技术融合发展成效显著。工业成本费用利润率达到 48.31，全国排名第 6 位，表明贵州在工业应用效益方面具有明显的优势。

但与全国相比，贵州省两化融合还存在一些劣势。

一是地理位置偏僻。贵州在地缘上具有“不沿边、不沿海、不沿江”的特点，喀斯特地貌、沟壑纵深等导致修建基础设施往往要花费在北方平原地区几倍的成本和时间。交通不便、信息等基础设施建设滞后、基本建设力度不够、社会投资和招商引资进展缓慢等因素，阻碍了贵州两化融合的发展。

二是信息基础设施水平偏低。2015 年，贵州省基础环境指数为 72.82，低于全国平均水平，其中，城（省）域网出口带宽、固定宽带普及率等指标与全国平均水平差距达到 20 个点，固定宽带端口平均速率、移动电话普及率等略低于全国平均水平，互联网普及率与全国平均水平相差 12 个点。这说明贵州省信息基础环境薄弱，无法满足工业快速转型升级发展的需要，减弱了对贵州省两化融合的支撑作用。

【相关建议】

一是大力发展智能制造。促进工业互联网、云计算、大数据在企业研发设计、生产制造、经营管理、销售服务等全流程和全产业链的综合集成应用。推进生产装备、工艺流程智能化升级，推动研发、设计、制造、供应链管理等关键环节的柔性化改造。加强智能制造工业控制系统网络安全保障能力建设，健全综合保障体系。

二是推广应用智能制造装备和产品。推进机器人自主行走、可积累式知识系统和平台、三维地图实时创建等的基础性研发和产业化应用。支持企业实施以工业机器人、高档数控机床等智能化装备应用为主的自动化、智能化改造，促进化工、医药、特色食品、新型建材等传统特色优势行业生产装备自动化升级改造。依托先进制造业聚集区，重点发展智能手机、平板电脑、服务器、液晶面板、互联网电视、教育多媒体机、北斗终端设备、可穿戴设备和智能家电等智能终端产品。

三是推进制造过程智能化。将新一代信息技术、智能科学技术与先进制造技术融合，改造提升传统产业，推动制造业设计、生产、管理、服务等过程智能化。打造航空发动机、航天、汽车等智能制造示范基地。在高端装备制造、新型建材、特色食品、能矿等领域实施一批智能工厂或车间、关键工序智能化等示范工程。

四是探索发展工业互联网。规划建设覆盖贵州省工业十大产业领域的贵州工业云服务平台，建立中小企业云服务中心，打造“创客中国”服务平台。推动“互联网+协同制造”，培育基于互联网的个性化定制、众包设计、云制造等新型制造模式，支持企业发展行业网络协同制造，为制造企业提供技术、产品和业务撮合。支持企业开展个性化定制、O2O 等制造模式创新试点，构建以互联网为依托的产业体系。推动工业互联网基础设施建设，快制造业集聚区光纤网、移动通信网和无线局域网的部署和建设，实现信息网络宽带升级。重点加强一线高端智能装备、生产线设备的集成互联。

五是深化发展应用工业大数据。研究推动大数据在研发设计、生产制造、经营管理、市场营销、售后服务等产业链各环节的应用，研发面向不同行业、不同环节的大数据分析应用平台，促进工业大数据集成应用。推动大数据在工业行业管理和经济运行中的跨领域、跨平台应用，为政府决策和管理提供支持。在汽车及零部件、电梯等制造行业，鼓励企业应用大数据分析、智能化软件等技术和产品，将大数据、移动互联网与数字建模、仿真技术等制造技术融合，实现产品在线故障诊断及维护。

云南省两化融合发展水平分析

【总体情况】

（一）经济概况

2015 年，云南省生产总值完成 13717.88 亿元，比 2014 年增长 8.7%，高于全国平均值 1.8 个百分点。其中，第一产业完成增加值 2055.71 亿元，同比增长 5.9%；第二产业完成增加值 5492.76 亿元，同比增长 8.6%，第三产业完成增加值 6169.41 亿元，同比增长 9.6%。三次产业结构为 15.0∶40.0∶45.0。人均生产总值（GDP）达 29015 元，比 2014 年增长 8.1%。全年全部工业增加值 3925.18 亿元，比 2014 年增长 6.7%。规模以上工业增加值 3623.08 亿元，同比增长 6.7%。烟草制品业增加值 1300.17 亿元，比 2014 年增长 4.4%；电力热力生产和供应业增加值 535.76 亿元，同比增长 7.9%。六大高耗能行业增加值 1255.4 亿元，比 2014 年增长 5.6%。

（二）两化融合工作进展

为贯彻落实中央提出的“大力推进信息化与工业化融合发展，构建现代产业体系”的战略任务，按照云南省委省政府的安排部署，2015 年，云南省工信委坚持立足实际，紧贴云南省工业和信息化发展特点，围绕理顺机制、强化基础服务、试点先行、营造环境等方面推进两化融合工作。

1．政策环境持续完善

云南省工信委编制了《省级两化融合工作方案》，制定下发了《云南省 2015 年两化融合重点工作计划》，研究制定了两化融合工作方案，就方案中确定的重点工作，以部门文件的形式下发到 16 个市（州）贯彻执行。通过“一方案一计划”，为全年两化融合工作的顺利推进指明了方向，明确了工作重点和目标，形成了比较好的省—市（州）—县（区）三级协同推进两化融合的工作格局。

2．组织了两化融合管理体系贯标活动

为确保贯标试点工作的顺利推进，云南制定了《云南省 2015 年两化融合管理体系贯标试点工作方案》，按照“政府+企业两级管理模式”，在省工信委成立了两化融合管理体系贯标试点领导小组，负责全省企业贯标试点工作方案的制定、思想发动与宣传、培训组织、贯标过程督促检查及达标企业奖励等工作。成功组织了昆船、云铜、玉溪卷烟厂 3 家企业两化融合管理体系贯标试点认定，遴选推荐上报了 23 家企业申报工信部 2015 年两化融合管理体系贯标（第二批）试点，6 家被确定为试点企业。

3．组织开展了两化融合培训

2015 年，云南省组织开展了 9 期全省两化融合培训、两化融合昆明高峰论坛、工业园区两化融合论坛等活动，通过两化融合政策宣讲、管理体系贯标经验及云南省工业企业两化融合服务支撑能力建设项目成果分享，使各级各部门和相关企业深刻领会国家相关部署和要求，推动全省企业两化融合管理体系贯标活动广泛开展，进而科学有效地、多层次地推进全省两化融合向纵深发展。

4．开展了两化融合发展水平评估

云南研究制定了《2015 年云南省区域两化融合发展水平评估工作方案》，启动了全省 16 各州市两化融合发展水平评估工作。积极开展“云南两化融合网暨两化融合评估系统”的推广应用，对全省各市（州）、规模以上工业企业开展两化融合发展水平调研普查和两化融合发展水平评估；开展了对调研数据的整理、统计、分析和计算，客观地反映了全省各州市、各行业及各工业企业两化融合水平发展程度；建立了区域、企业两化融合工作情况实时上报和评估的长效机制，加强和完善了云南省两化融合支撑服务体系。

5. 加快推进工业云、工业大数据及互联网工业融合创新发展

在互联网与工业融合创新领域，昆明钢铁控股有限公司基于移动互联的移动办公系统建设，在个人事务、公文流转、流程管理等方面得到全面的应用，建立了昆钢内部物资快捷、高效、敏捷的阳光采购平台、产品销售及贸易平台，实现了供应商、客户与昆钢的业务协同，建立了面向社会的公共服务平台，提供采购、销售、物流及相关增值服务。在工业云领域，云南冶金集团工业云建设项目完成了集团工业云基础平台建设，昆钢控股有限公司进行了企业私有云的建设。通过工业云计算的建设，为企业内外部提供平台开发服务，逐步调整现有生产经营管理系统，调整架构实现云端化，为集团、其他企业、社会提供个性化软件按需服务。在工业大数据领域，昆钢控股有限公司已经构建了以信息资源标准为基础、信息安全为保障的数据交换服务平台，以及数据加工存储平台和数据分析应用平台，初步形成了云南铜业决策分析系统。

【两化融合发展水平分析】

（一）综合分析

2015 年，云南省两化融合水平整体呈现上升趋势，全省两化融合发展指数 46.57，比 2014 年的 33.62 上升了 12.95 个点。基础环境方面，基础环境指数 47.11，比 2014 年的 45.89 提升 1.22 个点。工业应用方面，工业应用指数为 44.15，比 2014 年的 22.23 上升了 21.92 个点。应用效益方面，应用效益指数为 50.86，比 2014 年的 44.13 提升了 6.73 个点（见表 1）。

表 1　2014—2015 年云南省两化融合指数情况

指　标	2014 年指数	2015 年指数	变化情况
基础环境	45.89	47.11	↑1.22
工业应用	22.23	44.15	↑21.92
应用效益	44.13	50.86	↑6.73
发展指数	33.62	46.57	↑12.95

数据来源：中国电子信息产业发展研究院

（二）具体分析

1. 基础环境指数

2015 年，云南省加快推进通信互联互通、信息沟通交流平台、“宽带云南”工程 3 个重点项目建设，着力在加快国际信息大通道建设上下功夫，两化融合基础环境不断改善。2015 年，云南省两化融合基础环境指数为 47.11，比 2014 年提升了 1.22 个点。具体来看，2015 年云南省城（省）域网出口带宽指数为 45.98，与 2014 年相比下滑了 4.47 个点；固定宽带普及率指数为 54.37，与 2014 年持平；固定宽带端口平均速率指数为 69.31，比 2014 年提升了 1.3 个点；移动电话普及率指数为 58.31，比 2014 年提升了 3.64 个点。在互联网普及应用方面，2015 年云南省互联网普及率指数为 51.92，比 2014 年提升 2.46 个点。在两化融合政策环境建设方面，2014 年和 2015 年云南省均没有设立两化融合专项引导资金；中小企业信息化服务平台数指数 11.12，比 2014 年下滑了 25.73 个点；重点行业典型企业信息化专项规划指数为 54.24，比 2014 年上升了 27.49 个点。

2. 工业应用指数

2015 年，云南省两化融合工业应用指数为 44.15，比 2014 年上升了 21.92 个点，重点行业典型企业 ERP 普及率、重点行业典型企业 MES 普及率、重点行业典型企业 PLM 普及率、重点行业典型企业 SCM 普及率、重点行业典型企业装备数控化率均上升超过 24 个点，表明云南省中小企业在信息化建设方面取得显著成效。具体来看，2015 年，云南省重点行业典型企业 ERP 普及率指数为 49.9，比 2014 年上升了 33.65 个点；重点行业典型企业 MES 普及率指数为 44.54，比 2014 年提升了 33.3 个点；重点行业典型企业 PLM 普及率指数为 50，比 2014 年提升了 45.4 个点；重点行业典型企业 SCM 普及率指数为 41.5，比 2014 年上升了 24.64 个点；重点行业典型企业采购环节电子商务应用普及率指数为 26.27，比 2014 年上升了 0.26 个点；重点行业典型企业销售环节电子商务应用普及率指数为 51.77，比 2014 年上升了 28.69 个点；重点行业典型企业装备数控化率指数为 47.4，比 2014 年上升了 31.07 个点；国家新型工业化产业示范基地两化融合发展水平指数

为41.7，比2014年下滑了16.71个点。

3．应用效益指数

2015年，云南省两化融合应用效益指数为50.86，比2014年提升了6.73个点。具体来看，2015年云南省工业增加值占GDP比重指数为37.85，比2014年下滑了2.07个点；第二产业全员劳动生产率指数为104.65，比2014年提升了48.1个点；工业成本费用利润率指数为35.22，比2014年下滑了5.71个点；单位工业增加值工业专利量指数为64.77，比2014年提升了3.28个点；单位地区生产总值电耗指数为71，比2014年上升了1.91个点；电子信息制造业主营业务收入指数为6.66，比2014年下降了0.63个点；软件业务收入指数为22.83，比2014年下滑了3.37个点。

【优劣势评价】

云南省两化融合发展具有如下优势。

一是具有得天独厚的区位优势。云南是中国通往东南亚、南亚的窗口和门户，地处中国与东南亚、南亚三大区域的结合部，是我国面向西南开放的重要桥头堡。拥有国家一类口岸13个、二类口岸7个，与缅甸、越南、老挝3国接壤；与泰国和柬埔寨通过澜沧江—湄公河相连，并与马来西亚、新加坡、印度、孟加拉等国邻近，是我国毗邻周边国家最多的省份之一。

二是拥有多个国家新型工业化产业基地。截至2015年年底，云南省已有安宁工业园区、昆明高新技术产业开发区、个旧市有色金属（锡）新材料产业基地、祥云财富工业园区、昆明经济技术开发区、云南曲靖煤化工工业园区、玉溪红塔工业园区共7个产业集聚区成为国家新型工业化产业示范基地，在产业集聚、技术创新、品牌创建、公共服务环境等方面有了较大提升，成为推动信息化与工业化深度融合的重要载体。

与2014年相比，2015年云南省两化融合水平整体呈现上升趋势，但两化融合存在的几个劣势仍不容忽视。

一是信息化基础设施建设亟待加速。2015年，云南省基础环境指数仅为47.11，低于全国平均水平（75.38），反映了云南省网络基础设施建设水平明显偏低，财政资金支持力度小，两化融合政策环境亟待优化。其中，固定宽带普及率为54.37，低于全国平均水平近18个点；固定宽带端口平均速率为69.31，低于全国平均水平13个点；互联网普及率为51.92，低于全国平均水平12个点；尚未设立支持两化融合发展的专项引导资金；已建立的中小企业信息化服务平台数仅为全国平均水平的1/10，与国内其他两化融合先进地区相比，差距更是悬殊。

二是企业信息化水平普遍偏低。从工信部2015年评估结果中的工业应用指数看，云南省工业应用指数为44.15，低于全国平均水平（66.04），反映全省企业信息化应用水平较低，大部分企业的信息化普遍处于单项应用阶段，有的企业甚至尚未开始应用信息技术。

【相关建议】

一是要贯彻落实国家《关于推进“互联网+”行动的指导意见》及云南省的实施意见要求，在服装、家具、家电、手工艺品等产业领域组织开展“互联网+协同制造”试点，探索定制化生产新模式。搭建C2M平台，开展用户参与的个性化、定制化生产方式创新，支持“消费者+互联网+产品研发+定制化生产”的新型生产体系构建，加快发展定制订单生产制造新业态新模式。组织云南省规模以上工业企业开展两化融合管理体系贯标活动，使更多企业参与到两化融合管理体系贯标活动，提升企业信息化水平。

二是强化支撑服务能力建设，构建国家、省市协调统一的两化融合推进体系；研究建立市场化的两化融合推进机构，形成政、产、学、研、用相结合的两化深度融合推进格局；引导企业建立信息化推进机制，全面推动规模以上企业设立首席信息官制度，建立职责清晰、协调有力、运转高效的企业信息化工作机制。

三是组织全省区域、行业、重点企业开展两化融合发展水平评估评价，发布年度水平指数排名及评估分析报告，引导全省两化融合工作协同推进。

四是加强人才培养，培训交流工作经常化，

制度化；围绕两化深度融合对复合型高端人才的需求，鼓励高校和各类培训机构，设置专业课程，开展专业培训，努力构建符合云南省实际，满足工作需要的高、中、低搭配的人才队伍。

陕西省两化融合发展水平分析

【总体情况】

（一）经济概况

2015年，陕西省地区生产总值18171.86亿元，比 2014 年增长 8.0%。其中，第一产业增加值1597.63 亿元，同比增长 5.1%，占生产总值的比重为 8.8%；第二产业增加值 9360.30 亿元，同比增长 7.3%，占生产总值的比重为 51.5%；第三产业增加值 7213.93 亿元，同比增长 9.6%，占生产总值的比重为 39.7%。人均生产总值为 48023 元，比 2014 年增长 7.6%。全年全部工业增加值7634.19 亿元，比 2014 年增长 6.9%。其中，规模以上工业增加值增长 7.0%。规模以上工业中，重工业增加值增长 5.8%，轻工业增加值增长 13.5%；从行业来看，采矿业增加值增长 3.4%，制造业增加值增长 11.1%，电力、热力、燃气及水生产和供应业增加值下降 0.3%；能源工业增加值增长1.5%，非能源工业增加值增长 13.0%；六大高耗能行业增加值增长 7.2%。全年规模以上工业主营业务收入 18336.34 亿元，比 2014 年下降 0.3%；利润 1339.75 亿元，同比下降 21.8%；税金总额1491.79 亿元，同比下降 6.9%。

（二）两化融合工作进展

2014 年，陕西省大力推进两化融合，加快信息基础设施建设，开展两化融合贯标、工业大数据、工业云试点示范，探索具有西部特色的两化融合道路。

1．网络基础设施逐步完善

陕西省各大运营商持续加快基础设施建设和改造，基础网络覆盖率不断提高。

主要工业园区、工业集聚区宽带接入能力提升。2014 年，全省百人宽带用户数达到 14.91 户，百人手机用户达到 103.62 部；电信总收入达到453.01 亿元，年平均增长 9.16%。

2．两化融合管理体系贯标试点推进顺利

陕西省根据工信部《两化融合专项行动计划2013—2018 年》工作部署安排，开展了不同层级3 批次两化融合管理体系试点贯标。第一批国家级两化融合管理体系贯标试点企业共遴选了 13家，其中 8 家已通过国家评定；第二批国家级两化融合管理体系贯标试点企业共遴选了 20 家，另外还遴选了省级两化融合管理体系贯标试点企业11 家，试点工作紧锣密鼓推进。陕西省有 3 家具有国家资质的贯标咨询服务机构，并成立了以陕西省信息化工程研究院为牵头单位的两化融合咨询服务联盟。开展了西安—咸阳国家级两化融合试验区及宝鸡、榆林两化融合试验区建设。西安—咸阳国家级两化融合试验区成为全国第二批8 个示范试验区之一。

3．两化融合评估诊断与对标引导稳步推进

2015 年，陕西省内企业的两化融合评估工作正式启动，参与评估的有效企业数量超过 537 家。全省近 700 家企业参与了 2015 年两化融合评估工作，537 家企业完成了评估数据采集和上报并形成了自评估报告。评估结果的汇总和分析，为陕西省两化融合发展规划、政策提供了有效参考信息，为推动陕西省两化融合管理体系贯标奠定了基础。

4．重点项目及示范引领工程效益明显

陕西省实施了两化融合项目引领和典型示范带动工程，投入省级扶持引导资金近 1.4 亿元，重点支持装备制造、能源化工、有色等支柱产业、行业、园区信息化综合服务平台、陕西省工业云平台建设等新一代信息技术应用类项目近 500 个，拉动企业及社会投资 13 亿元以上。大型企业基本达到信息化集成应用阶段，618 所、西电西变、陕鼓动力、陕重汽等企业信息化已达到协同创新阶段，处于行业领先地位，示范作用明显。目前，陕西省已累计树立两化融合典型示范企业 102 家，为各行业的两化融合开展提供了参考样本，起到了引领示范作用，信息化对全省大中型企业经济效益的贡献率达到 30%以上。

5．省级工业云中心上线运行

2015 年，陕西省形成了工业云中心设计方案，确定了陕西联通为陕西工业云中心基础设施运营商，组建了陕西工业云运营公司，成立了陕西省工业云中心管理机构；挂牌成立了陕西省工业云中心，第一批 20 家服务商签约入驻陕西省工业云中心。2015 年 8 月 28 日，陕西工业云上线运行，一期提供包括云资源、云智慧、云应用、高性能计算及工业设计协同平台五大类服务在内的 108 项服务。审议通过了《陕西省大数据与云计算产业发展五年行动计划》《陕西省大数据与云计算产业示范工程实施方案》，明确实施秦云、城市信息融合、大数据应用示范、产业基地示范四大工程。

6．建立了大数据产业生态体系

2015 年，陕西省下发实施了《陕西省人民政府办公厅关于加快高速宽带网络建设推进网络提速降费的实施意见》。西安—咸阳新区、陕西省信息化工程研究院和美林数据联合成立的西咸新区大数据交易所正式挂牌。陕西省第一个大数据产业创新投资基金——陕西大数据产业创新投资基金正式签约。审议通过了《陕西省云计算和大数据产业五年行动计划》《陕西省大数据与云计算产业示范工程实施方案》，通过示范工程带动，探索了总结大数据“汇聚、开放、交易”规则，把握大数据产业发展规律，促使陕西省大数据产业生态体系不断完善。

【两化融合发展水平分析】

（一）综合分析

2015 年，陕西省两化融合发展指数为 66.23，指数比 2014 年上升了 4.77 个点。基础环境方面，2015 年陕西省基础环境指数为 65.69，比 2014 年下降了 9.39 个点；工业应用方面，2015 年陕西省工业应用指数为 56.55，比 2014 年提升了 9.46 个点；应用效益方面，2015 年陕西省应用效益指数为 86.13，比 2014 年提升了 9.55 个点。如表 1 所示。

表 1　2014—2015 年陕西省两化融合指数情况

指　标	2014 年指数	2015 年指数	变化情况
基础环境	75.08	65.69	↓9.39
工业应用	47.09	56.55	↑9.46
应用效益	76.58	86.13	↑9.55
发展指数	61.46	66.23	↑4.77

数据来源：中国电子信息产业发展研究院

（二）具体分析

1．基础环境指数

陕西省两化融合基础环境水平提升较快，有力支撑了全省信息化与工业化融合发展。2015 年，陕西省城（市）域网出口带宽指数为 82.32，与 2014 年相比降低了 5.11 个点；固定宽带普及率指数为 76.18，比 2014 年提升了 6.56 个点；固定宽带端口平均速率指数为 83.43，比 2014 年提升了 15.66 个点；移动电话普及率指数为 65.8，与 2014 年基本持平。在互联网应用普及率方面，陕西省互联网普及率指数为 62.95，比 2014 年提升了 1.28 个点。在两化融合政策环境建设方面，陕西省设有两化融合专项引导资金，中小企业信息化服务平台数指数为 16.1；信息化重点行业典型企业信息化专项规划指数为 52.7，比 2014 年提升了 13.28 个点。

2．工业应用指数

2015 年，陕西省重点行业典型企业 ERP 普及率指数为 31.74，比 2014 年提升了 15.71 个点；

重点行业典型企业 MES 普及率指数为 54.65，比 2014 年上升了 12.36 个点；重点行业典型企业 PLM 普及率指数为 32.97，比 2014 年下滑了 9.43 个点；重点行业典型企业 SCM 普及率指数为 25.48，比 2014 年下滑了 21.41 个点；重点行业典型企业采购环节电子商务应用普及率指数为 78.06，比 2014 年上升了 20.20 个点；重点行业典型企业销售环节电子商务应用普及率指数为 94.94，比 2014 年下滑了 43.85 个点；重点行业典型企业装备数控化率指数为 44.18，比 2014 年上升了 8.35 个点；国家新型工业化产业示范基地两化融合发展水平指数为 87.3，比 2014 年提升了 33.58 点。

3．应用效益指数

2015 年，陕西省两化融合应用效益稳步提升，应用效益指数达到 86.13，比 2014 年提升了 9.55 个点。在地区工业生产效益和水平方面，2015 年陕西省工业增加值占 GDP 比重指数为 51.25，比 2014 年下滑了 1.44 个点；第二产业全员劳动生产率发展水平指数为 121.47，比 2014 年上升了 54.18 个点；工业成本费用利润率发展水平指数为 60.06，比 2014 年下滑了 6.82 个点；单位工业增加值工业专利量指数为 70.92，比 2014 年下降了 2.41 个点；单位地区生产总值电耗指数为 97.91，比 2014 年上升了 1.89 个点；电子信息制造业主营业务收入指数为 64.27，比 2014 年提升了 3.96 个点；软件业务收入指数为 150.2，比 2014 年大幅提升了 15.7 个点。

【优劣势评价】

陕西省两化融合发展具有以下优势。

一是具有独特的区位优势。陕西是古丝绸之路的起点，是东中部进入大西北的主要门户，也是整个中国北方进入西南地区的主通道，与资源丰富的西部和经济发达的东部具有良好的通达性，在铁路、公路、航空及信息等方面均是连接中国东西部的重要枢纽。

二是信息基础设施服务能力西部领先。陕西省信息化基础环境不断改善，各项指标均处于西部地区领先水平，部分指标在全国处于上游水平。2015 年，陕西省基础环境指数达到 65.69，城（省）域网出口宽带指数达到 82.32，高于全国平均水平 17 个点。固定宽带普及率、移动电话普及率、固定宽带端口平均速率和互联网普及率等指数分别达到 76.18、65.8、83.43 和 62.95，以上指数排名均居于全国前 15 名的行列。

三是软件产业发展优势明显。陕西是全国电子信息技术强省，是国内最早从事软件产品研发、生产和服务的省份之一。陕西先后建设了一批国家工程实验室和省级企业研究中心，研发能力和水平相对较高。2015 年，全省软件业务收入指数达到 150.2，高于全国平均水平 43 个点，排名位居全国前列。

四是具有一定的工业成本优势。2015 年，陕西省在工业成本利润率方面优势明显。据统计，全省工业成本费用利润率指标值为 60.06，高于全国平均水平（41.02）将近 20 个点，第二产业全员劳动生产率指标达到 121.47，高于全国平均水平（116.76）约 5 个点，说明在应用效益方面，陕西省工业生产成本及费用投入较低，单位从业人员的工业产值较高，优势明显。

当然，陕西省两化融合发展也存在一些劣势。

一是工业企业信息化应用水平较低。2014 年，陕西省在工业领域的信息化应用方面，多个指数低于全国平均水平。如重点行业典型企业 MES、重点行业典型企业装备数控化率等指标居于全国中等偏下水平，重点行业典型企业 ERP 普及率、重点行业典型企业 PLM 普及率、重点行业典型企业 SCM 等指数在全国排名倒数第 1 位和第 2 位，严重阻碍了陕西省两化深度融合工作的开展。

二是两化融合推进资金保障不足。国家、地方关于加快两化融合建设的鼓励政策及资金支持需要加大，支持两化融合的多元化投融资体系尚未形成；对龙头企业政策支持力度不够；对能够争取国家重点项目及专项资金支持的企业缺乏鼓励政策，这些因素均影响了两化融合项目的实施质量。

三是两化融合所需复合型人才比较缺乏。一些企业员工的整体 IT 水平有限，对于两化融合中涉及的信息化基本知识、创新思维能力、技术掌握能力等方面存在明显差距，还不能满足企业发展需要。面向行业应用信息技术的培训及认证体系不健全，具有行业应用背景的专业信息技术人才和掌握信息技术的管理人才、复合型人才匮乏。

【相关建议】

对陕西省两化融合提出以下建议。

一是积极推行智能制造。陕西省要以提升企业产品质量竞争力和企业效益为目标，构建计算机辅助设计平台，提高企业技术创新能力；推进重点企业智能化改造，加快产业转型升级步伐；推进企业实施生产执行系统（MES），打造精益管控能力；推进企业开展数据治理，打造数据资源高效开发利用能力；推进业务流程再造，打造业务创新能力。

二是实施“互联网+”行动计划。鼓励金融机构建立基于互联网的大数据金融服务平台，支持基于资信评价面向小微企业的小额信贷、加快发展基于供应风险评估的供应链金融服务，创新制造业金融服务。积极探索“互联网+”“众包”研发模式。推广“互联网+”定制生产模式，支持企业通过工业云平台建立客户定制与设计人员交互式的产品设计机制、订单管理机制、产品服务交付机制。发展“互联网+”服务制造新业态，支持建设基于网络的制造系统管理和营销生态体系、基于网络的产品设计与开发服务生态体系、基于网络的制造资源生态体系三大服务制造生态体系。

三是完善两化融合服务体系。重点发展具有自动感知、智能决策、自动执行功能的高端数控机床、工业机器人、传感器、工业仪器仪表等智能制造装备，大力发展计算机和通信装备和工业控制应用软件。加快完善人才培养、规划咨询、工程设计、大数据服务、科技攻关服务等两化融合技术服务产业体系，发展两化融合技术服务产业。

四是加强两化融合管理体系建设。以“建立适宜于企业的两化融合管理体系以提升产品和服务竞争力和企业竞争力和效益”为目标，大力推进工业企业开展两化融合评估，加强两化融合管理体系建设，构建新的企业竞争力。

甘肃省两化融合发展水平分析

【总体情况】

（一）经济概况

2015 年，甘肃省实现生产总值 6790.32 亿元，比 2014 年增长 8.1%。其中，第一产业增加值 954.54 亿元，同比增长 5.4%；第二产业增加值 2494.77 亿元，同比增长 7.4%；第三产业增加值 3341.01 亿元，同比增长 9.7%。其中，批发和零售贸易业增加值 508.00 亿元，同比增长 2.3%；住宿和餐饮业增加值 196.37 亿元，同比增长 7.4%；金融业增加值 443.12 亿元，增长 21.5%；房地产业增加值 244.82 亿元，同比增长 5.6%。第一产业增加值占生产总值的比重为 14.06%，第二产业增加值比重为 36.74%，第三产业增加值比重为 49.20%。按常住人口计算，人均生产总值 26165 元，比 2014 年增长 7.7%。全年完成全部工业增加值 1778.1 亿元，比 2014 年增长 7.0%。规模以上工业企业完成工业增加值 1662.0 亿元，同比增长 6.8%。高技术产业完成工业增加值 59.5 亿元，比 2014 年增长 14.5%，占全省规模以上工业增加值的 3.6%。石化、有色、食品、电力、冶金、机械和煤炭等重点支柱行业完成工业增加值 1447.1 亿元，比 2014 年增长 7.4%，占规模以上工业增加值的 87.1%。

（二）两化融合主要进展

2015年，甘肃省加大信息基础建设，积极推进区域、行业、企业三个层面的两化融合联动，推动节能降耗，促进新一代信息技术的推广应用，信息化和工业化融合工作取得显著成效。

1．进一步优化政策环境

2015年，甘肃省印发《〈中国制造2025〉甘肃行动纲要》，提出加快推进制造业数字化、网络化、智能化，发展工业互联网，实施智能制造工程，大幅提升两化融合水平。初步完成《〈中国制造2025〉甘肃行动“互联网+制造”专项实施方案》编制工作，着手开展《甘肃省智能制造专项实施方案》编制工作。推动工业云平台发展。甘肃省工信委会同省科技厅联名印发《关于推进甘肃省中小企业集成制造服务平台应用的通知》，推动工业云服务和工业大数据平台建设，推进工业大数据应用示范。由兰州市政府、甘肃移动、IBM公司共同建设的西北中小企业云服务平台在甘肃省快速推广，客户单位近万家，业务使用成员达到36万人。

2．积极开展两化融合管理体系对标引导

在《甘肃省信息化和工业化深度融合专项行动计划任务分工及进度安排（2013—2018年）》基础上，印发了《甘肃省两化融合评估诊断和对标引导工作方案（2015—2018年）》，结合甘肃本地情况和发展趋势，明确了甘肃省两化融合管理体系推广目标，落实了对标引导和贯标工作责任，安排了各阶段工作重点，并量化了具体工作任务。2015年，共有酒泉钢铁（集团）有限责任公司等6家企业被工信部列为第二批两化融合管理体系贯标试点。甘肃省工信委联合中国船级社认证公司甘肃分公司共同对甘肃省内国家级两化融合管理体系贯标试点企业、重点工业企业、相关咨询服务机构、各市（州）工信委及兰州新区经发局等有关单位进行了两化融合管理体系宣贯和培训。

3．促进云计算和大数据发展

2015年，甘肃省印发《促进云计算创新发展培育信息产业新业态的实施方案》《关于加快大数据、云平台建设促进信息产业发展的实施方案》等文件，推动云计算数据中心建设，为“工业云”发展夯实基础。落实《甘肃省人民政府 阿里巴巴（集团）有限公司战略合作框架协议》，建成投资1.1亿元的甘肃广电网络阿里飞天云平台。中国移动投资5.1亿元的兰州新区数据中心一期工程建成交付，甘肃电信投资6.7亿元的兰州新区数据中心封顶。甘肃省工信委与九次方财富资讯（北京）有限公司积极开展战略合作，推进甘肃省大数据交易中心、大数据研究院及大数据产业创新创业基地建设。甘肃省国有资产投资集团有限公司、白银有色集团股份有限公司与九次方大数据公司三方共同出资5000万元设立了甘肃省大数据公司。

4．加大信息基础设施建设

一是积极推动宽带网络提速降费工作，出台了甘肃省《关于加快高速宽带网络建设推进网络提速降费的实施意见》（甘政办发〔2015〕111号），科学规划宽带网络等信息基础设施建设，开展网络建设和提速降费工作专项督察，推动通信运营企业加大投资力度，加快全光纤网络城市、铜缆光纤化改造、通信基础设施共建共享、广电宽带业务发展、应用基础设施和公共服务平台建设，提高服务质量，降低网络资费。二是积极开展试点示范建设。甘肃省不断提高信息基础设施建设水平，2015年兰州市、张掖市被列为“宽带中国”示范城市；同时，完善地方政策措施配套，指导协调兰州市、酒泉市、张掖市、武威市、平凉市共5个地市成功申报国家电信普遍服务补偿试点，争取国家专项资金支持甘肃省提高信息基础设施建设水平。

5．推进区域、行业、企业三层联动

甘肃省积极推进区域、行业、企业三个层面两化融合。区域层面，重点利用信息技术提升产业层次，提高中小企业自主创新能力，推动工业做优做强，带动区域协同发展。在行业和企业层面，推动生产装备智能化、生产过程自动化，加快普及先进过程控制和制造执行系统，实现生产过程的实施检测、故障诊断、质量控制和调度优化，推进企业管理信息系统的综合集成。在重点领域，倡导以信息化推动绿色发展，建立工业主要污染物排放自动连续监测和工业固体废弃物综合利用信息管理体系，加强对能源、资源的实时监测、精确控制和集约利用。同时，通过开展两化融合标准体系宣传推广、组织推荐贯标试点企业和服务机构等工作，推动企业生产管理逐步与两化融合管理体系标准对接。

6. 推动节能降耗

在节能降耗和循环经济方面，重点推进节能减排信息技术的普及和深入应用，加大主要耗能、耗材设备和工艺流程的信息化改造。中国铝业连城分公司“淘汰落后、环保节能”技术改造项目已建成投产，是目前国际上科技含量最高、容量最大、单系列产能最大的铝电解系列工程。祁连山水泥集团通过实施两化融合促进节能减排，创造直接效益2.61亿元。兰州市热力总公司高效煤粉锅炉成功点火运营，彻底了解决了传统锅炉污染严重、热电联产电厂供热效率低下、天然气供应严重不足等诸多问题，实现了安全环保、节能降耗的目标，为煤粉锅炉大规模推广打下很好的基础。

【两化融合发展水平分析】

（一）综合分析

2015年，甘肃省两化融合发展指数为53.13，比2014年提升了8.17个点，在基础环境、工业应用、应用效益方面都有显著提升。基础环境方面，2015年基础环境指数为71.33，比2014年提升了9.75个点。工业应用方面，2015年工业应用指数为46.67，比2014年提升了8.64个点。应用效益方面，2015年应用效益指数为47.86，比2014年提升了5.66个点（见表1）。

表1 2014—2015年甘肃省两化融合指数情况

指　标	2014年指数	2015年指数	变化情况
基础环境	61.58	71.33	↑9.75
工业应用	38.03	46.67	↑8.64
应用效益	42.20	47.86	↑5.66
发展指数	44.96	53.13	↑8.17

数据来源：中国电子信息产业发展研究院

（二）具体分析

1. 基础环境指数

2015年，甘肃省两化融合信息基础设施建设稳步推进。具体来看，2015年甘肃省城（省）域网出口带宽指数为45.54，比2014年提升了10.23个点；固定宽带普及率指数为50，比2014年提升了4.66个点；固定宽带端口平均速率指数为87.16，比2014年提升了18.5个点；移动电话普及率指数为58.16，比2014年提升了1.52个点。在互联网应用普及方面，互联网普及率指数为53.69，比2014年提升了2.19个点。在两化融合政策环境建设方面，2015年和2014年甘肃省均设有两化融合专项引导资金；中小企业信息化服务平台数指数为150，比2014年大幅提高了44.23个点；重点行业典型企业信息化专项规划指数为30.57，比2014年下滑了2.23个点。

2. 工业应用指数

2015年，甘肃省两化融合工业应用指数为46.67，比2014年提升了8.64个点。从具体指标看，重点行业典型企业ERP普及率指数为51.98，比2014年上升了2.88个点；重点行业典型企业MES普及率指数为38.19，比2014年下降了12.76个点；重点行业典型企业PLM普及率指数为50.38，比2014年提升了1.22个点；重点行业典型企业SCM普及率指数为41.94，比2014年提升了0.44个点；重点行业典型企业采购环节电子商务应用普及率指数为49.72，比2014年提升了14.82个点；重点行业典型企业销售环节电子商务应用普及率指数为28.88，比2014年下降了1.57个点；重点行业典型企业装备数控化率指数为47.34，比2014年提升了16.36个点；国家新型工业化产业示范基地两化融合发展水平指数为62.2，比2014年提升了40.99个点。

3. 应用效益指数

2015年，甘肃省两化融合应用效益有所提升，应用效益指数为47.86，比2014年提升了5.66个点。具体来看，工业增加值占GDP比重指数为40.74，比2014年下滑了2.32个点；第二产业全员劳动生产率指数为96.02，比2014年提升了38.86个点；工业成本费用利润率指数为20.26，比2014年下滑了5.6个点；单位工业增加值工业专利量指数为80.55，比2014年提升了1.3个点；单位地区生产总值能耗指数为58.44，比2014年上升了2.62个点；电子信息制造业主营业务收入指数为9.58，比2014年提升了0.33个点；软件业务收入指数为 14.08，比 2014 年上升了 1.28 个点。

【优劣势评价】

甘肃省两化融合发展主要具有以下优势。

一是“一带一路”倡议成为甘肃经济转型升级的新机遇。甘肃“一带一路”的发展机遇众多，丝绸之路经济带东边牵着亚太经济圈，西边系着欧洲经济圈，是“世界上最长、最具有发展潜力的经济大走廊”，有利于开拓甘肃新的经济增长点，带动经济实力较为薄弱的西部地区形成新的开放前沿。

二是信息通信基础设施进一步完善，两化融合的基础支撑能力进一步增强。截至 2015 年 12 月底，甘肃省局用交换机容量 278.1 万门（其中接入网设备容量达 68.5 万门），移动电话交换机容量达 2997 万户，光缆总长度达到 46.82 万公里，移动电话基站达到 8.67 万个（其中，3G 基站为 2.85 万个，4G 基站为 2.99 万个），互联网宽带接入端口达到 611 万个。电话用户数 2434.09 万户，其中移动电话用户达到 2108.1 万户；固定互联网用户达到 255.73 万户，其中固定互联网宽带接入用户达到 245.34 万户；移动互联网用户数达到 1598.81 万户。2015 年甘肃省固定宽带端口平均速率全国排名第 7 位，基础环境指数比 2014 年提升了 9.75 个点。

三是中小企业信息化服务平台发展较快。2015 年甘肃省中小企业信息化服务平台数全国排名第 12 位，比 2014 年提前了 7 位。为推动中小微型企业信息化应用，降低企业管理成本，2015 年甘肃省新认定 10 家省级中小企业公共服务平台，全面建成运营甘肃省中小企业公共服务平台网络，确定 500 家中小企业云平台试点企业，通过政府补贴、通信企业补贴、企业自筹等模式推进中小企业信息化应用，为中小微型企业创新发展、开拓市场提供了强有力支持。

四是国家新型工业化产业示范基地两化融合发展水平较高。2015 年，甘肃省国家新型工业化产业示范基地两化融合发展水平全国排名第 18 位，说明国家新型工业化产业示范基地发展水平并不落后。2015 年 7 月，全国首个“一带一路”创业创新产业基地示范园区落户甘肃，该示范园区由协会、企业、甘肃政府共同推动，打破了传统模式，集产、学、研、融、服、创为一体，是一个真正为中小企业服务、为创业创新服务、为区域经济建设服务的示范平台。

同时，甘肃省两化融合发展还存在以下 劣势。

一是投资力度不够。企业筹集资金难、投资规模小，企业信息化总体投入不足，信息化关键共性技术投资力度不大，一些具有很好发展前景的项目和产品以及市场状况良好的企业得不到及时的资金支持，造成项目建设周期长、见效慢。

二是单位地区生产总值能耗偏高。2015 年，甘肃省单位地区生产总值能耗全国排名第 28 位，工业成本费用利润率全国排名第 30 位，说明多数传统产业在信息技术升级改造、提高效益、控制污染、节能降耗等方面尚未取得明显成效。

【相关建议】

对甘肃省两化融合提出以下建议。

一是拓宽融资渠道。紧盯国际国内市场需求，围绕推进丝绸之路经济带甘肃段建设，采取参股、控股、并购、重组等多种方式开展产业招商、精准招商、以商招商，争取更多投资落户甘肃。鼓励金融机构进一步完善信贷管理、评审和考核制度，简化贷款审批手续，缩短贷款审批时限，加大对两化融合企业的信贷支持。支持金融机构创新金融产品，开展知识产权等质押贷款业务。鼓励符合条件的中小微企业借助全国中小企业股份转让系统或省股权交易中心挂牌融资。支持上市公司通过增资扩股、股权转让、定向增发等方式再融资，鼓励拥有自主知识产权、核心竞争力强、发展前景好的企业到境内外上市。

二是推动工业节能降耗。全面推行循环生产方式，支持原生、共生稀贵金属矿物的综合提取及高效分离提纯技术攻关和技术集成，推广应用难采选矿、低品位矿选矿和富集技术，提升矿渣、冶金渣、煤矸石、选矿废石等资源回收分选回用和综合利用水平。加快制造业绿色改造升级，加快钢铁、有色、化工、建材、轻工等传统制造业清洁生产步伐，大力降低工业生产过程中的资源能源消耗和污染物产生量。推广应用余热余压回收、水循环利用、有毒有害原料替代、废渣资源化、脱硫脱硝除尘等清洁高效生产工艺，促进生产过程中废物和能源的循环利用，实现少排放甚至“零排放”。

三是大力推进智能制造。以国家“互联网+”战略为契机，推动工业互联网配置市场资源和“智能制造”，推进大型企业研发、生产和经营管理各环节信息集成和业务协同创新发展。推动重点工业企业电子商务示范，促进重点行业节能减排信息技术的普及应用。落实国家智能制造三年专项行动计划，争取国家级工业云、工业大数据、工业电子商务集成创新试点。加快布局建设云计算数据中心，建成引领西北的云计算技术研发和综合应用示范核心区，带动行业、中小企业云计算应用；建成 RFID 产业基地和物联网应用示范基地。

四是推进两化融合管理体系贯标和认定试点。利用管理体系借助两化融合评估服务分平台，做好两化融合管理体系贯标和认定试点工作，组织企业在线评估，明确企业两化融合发展现状和重点，组织开展企业对标、培训交流、咨询服务活动，探索区域两化融合推进的创新工作模式。选择若干地区、行业开展贯标示范企业应用推广。

青海省两化融合发展水平分析

【总体情况】

（一）经济概况

2015 年，青海省地区生产总值 2417.05 亿元，按可比价格计算，比 2014 年增长 8.2%。分产业看，第一产业增加值 208.93 亿元，同比增长 5.1%；第二产业增加值 1207.31 亿元，同比增长 8.4%；第三产业增加值 1000.81 亿元，同比增长 8.6%。第一产业增加值占全省地区生产总值的比重为 8.6%，第二产业增加值比重为 50.0%，第三产业增加值比重为 41.4%。人均地区生产总值 41252 元，比 2014 年增长 7.2%。全省工业增加值 893.87 亿元，按可比价格计算，比 2014 年增长 7.4%。规模以上工业增加值比 2014 年增长 7.6%。工业优势产业中，新材料产业增加值比 2014 年增长 34.2%，新能源产业增长 29.7%，装备制造业增长 22.0%，生物产业增长 21.9%，有色金属产业增长 11.8%，轻工纺织业增长 9.7%，盐湖化工产业增长 2.7%，油气化工产业增长 4.2%，钢铁产业下降 0.5%。其中，装备制造业增加值占规模以上工业增加值的 5.6%，比重比 2014 年提高 1.0 个百分点。高技术产业增加值比 2014 年增长 26.6%，占规模以上工业增加值的 6.2%，比重比 2014 年提高 1.3 个百分点。

（二）两化融合主要进展

2015 年，青海省信息基础设施不断完善，出台多项保增稳产政策，开展了智能制造试点示范专项行动、工业云创新服务试点、信息化促进安全生产和节能减排等专项工作，信息化和工业化深度融合取得显著成效。

1．信息基础设施不断完善

2015 年，“宽带中国”青海专项行动有序开展，宽带青海重点工程进展顺利，推动村通工程、驻地网及三网融合。2015 年，青海通信行业累计完成业务总量 91.3 亿元，同比增长 30.1%。全省电话用户累计达到 648.3 万户，普及率达 111.1 部/百人，全省互联网用户达到 463.1 万户。完成主营业务收入 48 亿元，同比增长 2.7%。预计完成全年业务总量 98 亿元，同比增长 27%，主营收入 51.4 亿元，同比增长 3%。信息消费完成投入 93.2 亿元，信息消费规模达到 188.4 亿元。宽带青海建设投入 100 亿元，已连续两年行业投入超百亿，仅 2013 年以来行业投入超"十二五"规划投入（规划预计投入 86 亿元）近 200 亿元。

2．两化融合政策环境不断完善

青海省相继出台了《关于加快推进信息化与工业化深度融合的意见》《关于加快推进物联网发展的实施意见》《关于信息化推进工业经济转型升级和提质增效的实施方案（2014—2018 年）》《青海省工业企业两化融合发展水平评估办法（试行）》等政策措施，从加强组织领导、完善政策环境、加大政策支持等方面，进一步强化了信息化与工业化融合保障措施，培育了一批国家级两化融合管理体系贯标试点企业和省级两化融合示范企业。

3．实施多项惠企举措

青海省大力实施减负放权，连续四年出台保增稳产政策，取消、停征、免征中央和省级设立的行政事业性收费 69 项，2015 年又取消了行政审批许可项目 2 项、非行政审批许可项目 1 项，制定出台两委权力清单、责任清单和《青海省产业结构调整负面清单（2015 年本）》。促进企业融资多元化，鼓励企业发行企业债、中期票据、短期融资券等；推动有发展潜力、科技含量高的中小企业在青海股权交易中心挂牌，进行股权、债权融资。大力支持创新，启动实施 100 项企业技术创新项目，淘汰落后产能，支持企业采用新技术、新工艺、新设备。

4．开展两化融合专项工程

青海省围绕工业重点领域和关键环节，相继开展了国家级两化融合管理体系贯标、省级两化融合示范企业创建、信息化促进工业经济转型升级提质增效专项、物联网应用示范"1035"工程、智能制造试点示范专项行动、工业云创新服务试点、信息化促进安全生产和节能减排、两化融合发展水平评估、中小企业信息化体验计划等专项工作。

【两化融合发展水平分析】

（一）综合分析

2015 年，青海省两化融合发展指数为 49.52，比 2014 年提高了 1.24 个点。基础环境方面，2015 年基础环境指数为 72.8，比 2014 年大幅提升了 2.09 个点。工业应用方面，2015 年工业应用指数为 40，比 2014 年略微下降了 2.8 个点。应用效益方面，2015 年应用效益指数为 45.29，比 2014 年提升了 8.49 个点（见表 1）。

表 1　2014—2015 年青海省两化融合指数情况

指　标	2014 年指数	2015 年指数	变化情况
基础环境	70.71	72.80	↑2.09
工业应用	42.80	40.00	↓2.80
应用效益	36.80	45.29	↑8.49
发展指数	48.28	49.52	↑1.24

数据来源：中国电子信息产业发展研究院

（二）具体分析

1．基础环境指数

2015 年，青海省两化融合基础设施建设稳步推进，两化融合基础环境有较大改善。具体来看，青海省城（省）域网出口带宽指数为 13.4，比 2014 年提升了 0.94 个点；固定宽带普及率指数为 62.4，比 2014 年提升了 3.9 个点；固定宽带端口平均速率指数为 69.49，比 2014 年提升了 4.79 个点；移动电话普及率指数为 65.03，比 2014 年下降了 0.28 个点。在互联网应用普及方面，2015 年青海省互联网普及率指数为 66.14，比 2014 年提升 1.93 个点。在两化融合政策环境建设方面，2015 年青海省设立了两化融合专项引导资金；中小企业信息化服务平台数指数为 150，与 2014 年持平；重点行业典型企业信息化专项规划指数为 34.75，比 2014 年提升了 3.26 个点。

2．工业应用指数

2015 年，青海省两化融合工业应用指数为 40，比 2014 年略微下降了 2.8 个点。具体来看，重点行业典型企业 ERP 普及率指数为 40.84，比 2014

年下降了2.11个点；重点行业典型企业MES普及率指数为48.89，比2014年下降了0.38个点；重点行业典型企业PLM普及率指数为50.77，比2014年下降了3.38个点；重点行业典型企业SCM普及率指数为38.27，比2014年下降了0.31个点；重点行业典型企业采购环节电子商务应用普及率指数为34.95，比2014年下滑了8.21个点；重点行业典型企业销售环节电子商务应用普及率指数为36.11，比2014年下滑了10.31个点；重点行业典型企业装备数控化率指数为33.18，比2014年下滑了6.65个点；国家新型工业化产业示范基地两化融合发展水平指数为38.42，比2014年提升了7.83个点。

3．应用效益指数

2015年，青海省两化融合应用效益有所提升，应用效益指数为45.29，比2014年提升了8.49个点。具体来看，2015年青海省工业增加值占GDP比重指数为47.91，比2014年下降了4.3个点；第二产业全员劳动生产率指数为130.54，比2014年提升了63.64个点；工业成本费用利润率指数为32.54，比2014年下滑了13.77个点；单位工业增加值工业专利量指数为39.42，比2014年提升了4.7个点；单位地区生产总值能耗指数为35.55，比2014年提升了0.69个点；电子信息制造业主营业务收入指数为7.26，比2014年提升了2.81个点；软件业务收入指数为0.68，比2014年提升了0.17个点。

【优劣势评价】

青海省两化融合发展具有以下优势。

一是国家实施西部大开发、推进“一带一路”建设、强化生态文明建设、支持藏区发展等政策利好叠加，为青海经济带来前所未有的机遇。丝绸之路经济带范围广阔，青海与沿线国家的经济、社会、民族文化既存在着诸多共性，又存在着各自的特点，具有一定的互补性，为青海基础设施建设、能源合作、建材和现代服务业对外合作提供较大的市场开拓空间。

二是两化融合网络基础环境较好。2015年，青海省基础环境指数全国排名19位，处于中等水平，其中，移动电话普及率全国排名第13位，互联网普及率全国排名第11位，高于全国平均水平。2015年，青海省移动电话用户普及率为92.13部/百人，互联网用户469.2万户，移动互联网用户394.04万户，同比上升20.86%。

三是青海十大特色优势产业发展较好。2015年，青海省依托特色资源，新能源、新材料、盐湖化工、有色金属、油气化工、煤化工、装备制造、钢铁、轻工纺织、生物产业十大特色优势产业规模不断扩大，挑起了全省工业经济“大梁”，其中，新能源与新材料产业占规模以上工业比重的三成。因而在数据分析中，2015年，青海省第二产业全员劳动生产率全国排名第4位，工业增加值占GDP比重全国排名第17位，并不落后。

同时，青海省两化融合还存在以下劣势。

一是气候地理环境相对恶劣。青海省地广人稀，海拔高，气候高寒，昼夜温差大，气象灾害多，地理环境相对封闭，导致基础设施建设难度较大，干扰因素较多，建设成本偏高，对青海地域经济发展的制约巨大。

二是青海信息化底子薄，起步晚，信息技术服务企业数量少、规模小、人才缺、能力弱，同时，信息技术行业技术门槛高、人才需求大、资金投入多，青海信息技术服务企业在与省外企业竞争中处于劣势。

三是由于青海产业结构偏重、发展方式粗放等多种因素叠加影响，招商引资企业、项目和资金绝大多数集中在资源依赖型产业，几乎未涉及信息化领域，青海日益增长的信息技术服务需求与本土信息技术服务能力不相适应。

【相关建议】

对青海省两化融合提出以下建议。

一是进一步完善信息基础设施，提升两化融合发展支撑能力。以“宽带青海·数字青海”战略规划为指引，加快新一代移动通信网络建设，推进“三网融合”试点。大力改进西宁通往北京、上海、广州等城市的光纤宽带通道，有效提升青海节点在全国互联网络格局地位；优化陕西、新疆、西藏、甘肃等方向的链路网络，提升数据中心周边辐射能力。积极推进光缆路由优化改造，实现青海省与西安、成都国家骨干直连点的互联互通，降低出省路由延时。建设西宁到国际通信业务出入口局的国际数据通信专用通道，满足数据中心、产业园区国际数据通信需求。进一步完善 4G 等宽带移动通信网络，实现开发区、产业园区宽带网络无缝覆盖。加快骨干传输网、无线宽带网及新一代移动通信网络的建设和升级，推进千兆光纤到楼，百兆光纤到户。

二是推进云计算平台建设，促进信息产业发展。加快推进云计算服务，培育信息产业新业态。创新云计算服务模式，推进“云上青海基础支撑”加四大“云朵”应用为一体的“1+4”云平台建设，增强云计算服务能力，形成云技术应用新业态。不断推动互联网与各领域深度融合，以数据采集、分析、认证、计算、挖掘等新一代信息技术手段为载体，强化云计算在电子商务、工业制造、物流等行业的推广应用。

三是完善提升产业链，加快两化深度融合。围绕信息产业园区、国家新型工业化产业示范基地建设和大数据应用，推动工业互联网、智能制造实施进度。积极引进国内外电子信息制造业龙头企业，大力发展电器元件、光纤、锂离子电池等电子信息材料产品，逐步发展传感器、蓝牙、条形码、射频识别等数据采集设备产品，重点发展高性能低功耗储能产品、存储设备等云端设备。引进发展智能电子产品、可穿戴设备等配套端产品，构建配套体系，带动电子信息制造业做实做大，提高大数据产业配套能力。

四是加强节能减排，发展循环经济。建立完善能耗在线监测系统，强化约束性指标管理，实行能源和水资源消耗、建设用地等总量和强度双控行动，提高节能、节水、节地、节材、节矿标准和资源利用效率，开展能效、水效领跑者引领行动。发挥政府扶持资金的引导作用，支持企业技术改造，提升传统产业，扶持一批专业化节能环保服务企业，开展碳排放、水权、污染物排放等市场化交易。树立节约集约循环利用的资源观，积极发展清洁能源和可再生能源，主动控制碳排放，加强能耗管控，实施近零碳排放区示范工程，实现节能减排降碳控制目标和环境质量总体改善。

五是积极引导企业应用电子商务，发展互联网经济。提升电子商务产业聚集度，加快电子商务网络购物平台建设，深化大中型企业电子商务应用，鼓励本行业龙头企业组建本行业或跨行业商务服务平台，发展大宗原材料网上交易、工业产品网上定制等业务，建立产供销一体的农畜产品专业网络批发市场。加快电子商务物流配送聚集区、配送中心、末端网点城乡配送网络体系建设，结合上下游产品对接，鼓励省内企业开展同城和异地配送。加强网络基础设施建设和电子商务信用体系、统计监测体系建设。

宁夏回族自治区两化融合发展水平分析

【总体情况】

（一）经济概况

2015 年，宁夏回族自治区实现地区生产总值 2911.77 亿元，按可比价计算，比 2014 年增长 8.0%，比全国高 1.1 个百分点。分产业看，第一产业增加值 238.47 亿元，同比增长 4.6%；第二产业增加值 1379.04 亿元，同比增长 8.5%；第三产业增加值 1294.26 亿元，同比增长 7.9%。2015 年，全区规模以上工业实现增加值 972.2 亿元，比 2014

年增长7.8%，比全国高1.7个百分点。从轻重工业看，轻工业实现增加值173.8亿元，同比增长15.7%；重工业实现增加值798.3亿元，同比增长6.4%。从主导产业看，医药增长28.2%、化工增长27.7%、机械增长23.6%、轻纺增长15.4%、煤炭增长11.0%、其他工业行业增长7.3%、有色增长3.3%；电力下降3.7%、建材下降9.2%、冶金下降21.9%。从产品产量看，树脂增长90.4%、精甲醇增长74.0%、葡萄酒增长42.9%、钢材增长21.1%、铁合金增长19.1%；石墨及碳素制品下降19.1%、原铝下降13.7%、水泥下降9.2%。

（二）两化融合主要进展

2015年，宁夏通过完善信息网络基础设施，优化两化融合政策环境，开展“三百”企业示范与升级行动，大力推动工业云创新服务，有效推进了宁夏工业结构调整和产业转型升级。

1．建设和完善公共信息网络基础设施

宁夏建设和完善公共信息网络基础设施，优化网络结构，提高网络性能，推动电信网、广电网、互联网三网融合，实现向下一代网络的转型。建成大容量、高带宽、广覆盖的骨干传输和宽带接入的通信网络。截至2015年年底，光缆总长度超过7万千米，光纤铺设到了全区各市、县（区），乡镇和85%的行政村；移动宽带FTTH建设已覆盖245个小区、14.3万用户，提供8MB、10MB、20MB带宽，主流资费降幅最高达到32%。4G网络快速推进，已建成4G基站接近4400个，实现了5个地、市区域的连片覆盖、道路区域的不间断覆盖，WLAN公共运营接入点（AP）数达到3.3万个；建设物理站址0.7万座，通信基站1.7万座，通信杆路7.3万杆程公里，光纤覆盖用户102万户，全区光纤覆盖率达46%。全区互联网固定宽带接入用户达到78万户，全区互联网有线宽带接入端口数量为175.6万个。

2．两化融合政策环境进一步完善

宁夏两化融合推进机制日益完善，探索建立了自治区、市、县（区）和企业四级合力推进的工作格局，基本形成了全社会共同推进的良好氛围。政策环境不断优化，出台了《关于推进全区信息化和工业化深度融合五年行动计划实施的意见》，制定了《宁夏回族自治区两化融合管理体系贯标工作方案》等政策、指导文件。标准建设取得突破，委托工信部电子一所，建立了宁夏两化融合评估体系，推动企业信息化等标准的制定。不断加大两化融合投资力度，确保每年两化融合专项资金的持续投入，近5年累计投资约3000万元。

3．全面开展两化融合管理体系贯标工作

宁夏通过政策、资金引导和企业的积极参与，制定了《宁夏回族自治区两化融合管理体系贯标工作方案》，专门成立了两化融合管理体系工作领导小组，建立了由宁夏经信委产业信息化处统一协调，各相关业务处室分工协作的推进机制，对宁夏列入贯标试点的宁夏共享、吴忠仪表等13家企业，多次召开座谈会跟踪贯标工作进展情况，按照确定的进度及时调整推进方案，邀请贯标咨询服务机构深入试点企业开展贯标的指导。2014年的试点企业中，宁夏共享集团股份有限公司已通过全国首批200家两化融合管理体系评定，吴忠仪表有限责任公司、宁夏伊品生物科技股份公司已提交了申请评定文件，其余企业也均按计划进入体系试运、内审管理等阶段，2015年争取的巨能机器人系统有限公司、汇川服装有限公司等6家企业正进入两化融合贯标的前期启动阶段。2015年，宁夏开展自治区级两化融合管理体系贯标试点工作，经严格评审，确定了宁夏中银绒业股份有限公司、宁夏共享化工有限公司等10家公司为2015年自治区级两化融合管理体系贯标试点企业，贯标试点工作的开展，为企业树立了典范，为提升全区工业企业两化融合整体水平起到了积极的引导作用。

4．全力推动工业云创新服务

宁夏作为全国十六个“工业云”创新服务试点省市之一，鼓励支持服务特定领域、示范带动效应明显的“工业云”平台，推动宁夏工业云创新服务快速发展。一是加强宣传培训。2014年，宁夏经信委组织区内外装备制造业企业、软件服务商、科研院校、电信运营商共100余人召开了宁夏工业云项目启动会。通过培训引导，增强了企业对于工业云的理解，为相关企业工业云项目推广、交流合作提供了平台。二是为扩大工业云在不同行业的应用，宁夏经信委和三大电信运营商进行沟通交流，发挥电信运营商在技术、资源、网络等方面优势，创新商业运营模式，共同推进宁夏工业云服务平台建设。三是完成宁夏菲麦森流程控制技术有限公司工业云项目。积极和宝信集团、中欧互联等公司进行对接，不断帮助丰富工业云平台的应用，2014 年自治区经信委又安排 125 万元专项资金支持该平台建设。实现了基于云计算方式部署的研发、设计服务功能。截至 2015 年年底，宁夏工业云项目能够覆盖企业 50 家、用户 2000 人的规模，年底将完成项目验收工作。

【两化融合发展水平分析】

（一）综合分析

2015 年，宁夏两化融合发展指数为 53.25，比 2014 年上升了 4.47 个点。基础环境方面，2015 年宁夏基础环境指数为 54.85，比 2014 年下降了 4.56 个点。工业应用方面，2015 年宁夏工业应用指数为 53.98，比 2014 年提升了 7.96 个点。应用效益方面，2015 年宁夏应用效益指数为 50.17，比 2014 年上升 6.51 个点（见表 1）。

表 1　2014—2015 年宁夏回族自治区两化融合指数情况

指　标	2014 年指数	2015 年指数	变化情况
基础环境	59.41	54.85	↓4.56
工业应用	46.02	53.98	↑7.96
应用效益	43.66	50.17	↑6.51
发展指数	48.78	53.25	↑4.47

数据来源：中国电子信息产业发展研究院

（二）具体分析

1．基础环境指数

2015 年，宁夏回族自治区基础环境指数为 54.85，比 2014 年下降了 4.56 个点。在信息基础设施建设方面，2015 年宁夏回族自治区城（省）域网出口带宽指数为 15，比 2014 年提升了 3.01 个点；固定宽带普及率指数为 66.1，比 2014 年提高了 3.7 个点；固定宽带端口平均速率指数为 84.11，比 2014 年提高了 17.31 个点；移动电话普及率指数为 69.92，比 2014 年提高了 3.62 个点。在互联网应用普及方面，2015 年宁夏回族自治区互联网普及率指数 61.77，比 2014 年提高了 1.3 个点。在两化融合政策环境建设方面，2015 年宁夏自治区没有设立两化融合专项引导资金；中小企业信息化服务平台指数为 33.15，比 2014 年下降了 7.22 个点；重点行业典型企业信息化专项规划指数为 43.12，比 2014 年上升了 0.4 个点。

2．工业应用指数

2015 年，宁夏回族自治区工业应用指数为 53.98，比 2014 年提升了 7.96 个点。具体来看，重点行业典型企业 ERP 普及率指数为 48.97，比 2014 年下降了 5.79 个点；重点行业典型企业 PLM 普及率指数为 48.84，比 2014 年下降了 11.75 个点；重点行业典型企业 MES 普及率指数为 55.77，比 2014 年提升了 13.37 个点；重点行业典型企业 SCM 普及率指数为 53.14，比 2014 年上升了 0.09 个点；重点行业典型企业采购环节电子商务应用普及率指数为 42.62，比 2014 年下滑了 1.6 个点；重点行业典型企业销售环节电子商务应用普及率指数 40.92，比 2014 年下滑了 6.62 个点；重点行业典型企业装备数控化率指数为 21.39，比 2014 年下降了 11.14 个点；国家新型工业化产业示范基地两化融合发展水平指数为了 115.42，比 2014 年提升了 78.58 个点。

3．应用效益指数

2015 年，宁夏回族自治区应用效益指数为 50.17，比 2014 年上升了 6.51 个点。具体来看，工业增加值占 GDP 比重指数为 42.6，比 2014 年下降了 1.65 个点；第二产业全员劳动生产率指数为 126.82，比 2014 年上升了 44.15 个点；工业成本费用利润率指数为 24.65，比 2014 年下降了 5.51 个点；单位工业增加值工业专利量指数为 83.08，比 2014 年下降了 0.41 个点。在信息产业发展水平方面，电子信息制造业主营业务收入指数为 7.28，比 2014 年提升了 3.94 个点；软件业务收入指数 5.18，比 2014 年略微提升了 0.78 个点。

【优劣势评价】

宁夏回族自治区两化融合发展具有以下优势。

一是宁夏得天独厚的文化和地域优势。宁夏位居“一带一路”的枢纽，宁夏和伊斯兰国家的合作有着得天独厚的优势，与中国其他地区相比，宁夏开展对外经济合作潜力很大。

二是国家新型工业化产业示范基地两化融合发展水平高。2015 年，宁夏回族自治区国家新型工业化产业示范基地两化融合发展水平全国排名第 2 位，遥遥领先于全国大部分省份，说明宁夏重要工业示范园区内的龙头企业，信息化应用水平不比沿海地区落后，两化融合发展水平很高。

三是企业创新能力强，专利申请量高。2015 年，宁夏回族自治区单位工业增加值工业专利量全国排名第 16 位，排名靠前。宁夏印发了《宁夏回族自治区知识产权战略实施行动计划（2015—2020 年）》，开展知识产权强企工程、知识产权质押融资、知识产权服务等一系列工作，提高了企业发明专利创造的水平和能力，提高了企业申请专利的积极性。2015 年，宁夏发明专利年申请量达到 2626 件，同比增长 20.3%，发明专利申请占三种专利申请的比例为 59.8%，占比列全国第 2 位；发明专利年授权量 442 件，同比增长 81.9%，增幅排全国第 5 名，PCT 国际专利申请 4 件。

同时，宁夏自治区两化融合存在以下劣势。

一是基础设施建设水平低。宁夏回族自治区两化融合基础环境建设相对落后，绝大多数基础环境指标都处于全国中等偏下水平。2015 年，宁夏城（省）域网出口带宽全国排名第 29 位，固定宽带普及率全国排名第 22 位，互联网普及率全国排名第 20 位。

二是中小企业两化融合程度很低。宁夏相当一部分企业是中小企业，他们资金有限，对信息化的重视程度不够，不愿在信息化上进行过多的投入，目前大多数中小企业还处于两化融合的初级阶段，对于更高层次上的整体集成应用、业务协同应用还未涉及，需要政府帮扶。

【相关建议】

对宁夏回族自治区两化融合提出以下建议。

一是加快中阿网上丝绸之路建设。加大通信基础设施建设力度，加快“光网城市”建设，通过 4G/LTE 辅以无线局域网热点覆盖推进“无线宽带城市”建设，拓展出省通道，提升城域网和骨干网承载多种业务、处理海量数据的能力。按照国家中阿丝绸之路经济带的规划，充分发挥中阿经济带战略支点的作用，在建设空中丝绸之路的同时，建设网上丝绸之路。通过中阿跨境电子商务、中阿在线工业博览、中阿在线论坛和中阿人文交流等，开拓中阿国际数据服务，为迪拜等阿拉伯国家主要城市提供数据存储和备份服务，争取国家设立宁夏至中东国家的国际直达电路，带动宁夏回族自治区中阿互联网经济发展。

二是分类推进企业信息化应用，夯实两化融合基础。充分发挥企业主体作用，分类推进企业两化融合实践，对于中小企业，建立和完善信息化公共服务平台，建设中小企业信息化应用服务网络；对于大型企业，鼓励企业实施制造执行系统（MES）、企业资源规划（ERP）、数据挖掘系统、商业智能和决策支持系统等先进信息系统，加快集团管控、系统集成、业务协同和流程再造；对于行业龙头企业，推动建立全球供应链管理、协同研发设计制造系统和跨地域经营管理系统。

三是加快推进智能制造生产模式。优选基础条件好、需求迫切的行业、地区和企业，开展智能制造试点示范建设工程，推动物联网、大数据、云计算等在制造业领域的广泛深入应用，提升关键智能部件、装备和系统的自主化能力，建立健全智能制造标准化体系，全面提升制造业产品、装备、生产、管理和服务的智能化水平。

四是大力发展工业互联网。实施物联网专项工程，推进物联网在石化、冶金、食品、药品、大型装备、安全生产等领域的应用，培育智能检测、全产业链追溯等工业互联网新模式。制定工业互联网整体网络架构方案，对工业互联网 IPv6

地址资源进行前期规划和部署。

五是加快培育发展新兴产业。加快工业软件的研发和应用，大力发展汽车电子、交通电子、智能终端等领域的核心嵌入式软件平台；突破微型智能传感、虚拟工厂模型和仿真平台等关键技术；加快下一代移动通信网络增值业务、云计算技术和应用服务系统的开发，支撑战略性新兴产业发展，鼓励 IT 企业和新兴产业对接合作；组织工业电子商务试点示范，优化电子商务发展环境。

专题研究篇

从信息技术的发展态势看新经济

中国工程院院士　李国杰

近几年来，新经济的蓬勃发展给人们带来希望。在全球十大平台经济体中，中国占据了三席（阿里、腾讯、百度）。2016 年，中国服务业对国民经济增长的贡献率达到 58.2%，比第二产业高出 20.8 个百分点。另外，2016 年高技术产业增加值占规模以上工业比重只有 12.4%，以传统产业为主的工业结构没有根本改变，新经济的增量还不能抵消传统经济向下调整的减量。面对喜忧参半的形势，不少人对新技术能否形成新动能，新动能能否带动新经济还心存疑虑，我们究竟应怎样认识发展新经济的机遇和风险？我们认为，新技术是发展新经济的第一动力，从信息技术的发展态势可以对新经济的前景做出较为理性的判断。未来 10～15 年实现产业升级主要靠什么技术？人机物融合的智能技术为什么能推动经济转型？自主开发的新技术如何才能真正成为经济发展的新动能？要正确理解新经济，需要对这些问题做出回答。

【信息技术是未来 15～20 年发展新经济的主要动力】

鉴于摩尔定律靠近尾声、通信技术逼近香农极限，加上世纪之交的互联网泡沫，21 世纪初许多学者预测信息技术已基本完成驱动经济发展的历史使命，21 世纪上半叶将是生物科技的世纪。但近 10 来年云计算、物联网、大数据、人工智能技术一浪接一浪，信息技术不断展现出旺盛的活力，继续引领世界经济的发展。

（一）信息技术将继续唱主角

根据麦肯锡公司 2013 年发布的技术预测，到 2025 年可能形成 5 万亿～10 万亿美元经济效益的还是移动互联网、智能软件系统、云计算和物联网等信息产业，生物领域只有下一代基因组产业有可能做到 1 万亿美元规模，先进材料不到 0.5 万亿美元，可再生能源不到 0.3 万亿美元。其实，不只是麦肯锡公司做出了这样的判断，我们和许多科技人员、经济学家都有同样的看法：信息技术的潜力尚未充分发挥，而基因生物和纳米等技术还在孕育之中，未来 15 年甚至更长的时间内仍然是信息技术唱主角。

要理解信息技术对经济和社会的影响，需要承认技术进步不是以线性方式而是以指数方式发展的历史事实。国际上将这一规律称为技术进化的加速回报定律，所谓加速回报是指技术对经济的驱动力加速提升。石器时代经历了数万年的演进，印刷术的推广耗费了一个世纪的时间，而移动网络上微信的普及只需几年的时间。数字化信息技术是几十年前发明的技术，因此，它的推广速度和影响力必然大于几百年前发明的电力、冶炼等传统技术。

为什么信息技术有这么大的威力，这要从经济和信息的本源来认识。美国著名物理学家和经济学家塞萨尔·依达尔戈在《增长的本质》一书中指出，经济增长的本质是信息的增长，即物理秩序的增长。就拥有的质量和能量而言，在浩瀚的宇宙中地球是一颗十分渺小的星球，但我们居住的星球是宇宙中十分罕见的信息聚集地。信息技术在物理世界和人类社会之外增加一个Cyberspace（这个单词的原意是“控制域”，本文翻译成“信息空间”），使得人类社会和物理世界成为可控的世界。

（二）信息技术发展的深度和广度

判断信息技术的发展态势至少需要考虑两个维度，一是技术的深度，另一个是技术的广度。从深度上看，二战以后，支撑世界经济发展长波的基础性技术发明是电子数字计算机、晶体管、集成电路、光纤通信、无线通信、互联网和万维网。自万维网（WWW）以后，信息领域虽然不断出现新名词，如云计算、物联网、大数据等，但尚未再出现与上述技术可比拟的的基础发明。类脑计算、量子计等新技术短期内还不能形成支撑经济的新动能。从基础发明到产生重大经济影响一般需要20～30年，下一轮更高涨的经济长波也许要到20年以后，今后20年很可能是经济长波的周期性衰退期，按照历史的规律，也应该是基础性发明的密集出现期。由于历史上只有4～5个经济长波的样本数据，经济学中的长波理论未必能作为预测经济发展趋势的依据，但世界经济周期性发展的判断应该是可靠的。

从广度上看，历史上蒸汽机、内燃机、交流电等重大基础发明都是经过较长时间的技术改进和扩散之后才开始产生巨大经济效益，信息技术也不应例外。万维网等信息技术已经有20多年以上的技术扩散和储备，21世纪上半叶应该是信息技术提高生产率的黄金时期。重大技术应用的S曲线往往有相继的两条，第二条S曲线的生命周期更长，对经济的驱动力更强。目前的信息技术在今后20年内大多会遵循第二条S曲线的发展态势，技术的改进和广泛的渗透将是主要特点。也就是说，今后10～20年，对经济贡献最大的可能不是新发明的重大技术，而是信息技术融入各个产业的新产品、按需提供个性化产品和服务的新业态、产业链跨界融合的新模式。对信息时代而言，信息技术普及渗透还有很长的路要走，现在的信息技术应用只相当于工业革命的蒸汽机时代。

（三）新经济本质上是工业经济向信息经济（数字经济）过渡

不少人将新经济等同于战略性新兴产业，认为只有纳入国家划定的战略性新兴产业范围的产业才算新经济，这是一种误解，新经济有更广泛的内涵，包括用信息技术提升、改造传统产业。美国“国家新经济指数”将农场主应用互联网开展农业经营的比重，作为衡量新经济发展状况的25个指标之一。2016年世界经济论坛的数字化转型倡议指出：2016—2025年的10年内，各行业的数字化转型有望带来100万亿美元的社会与企业价值（主要是社会价值），其中汽车、消费品、电力、物流四大行业的数字化转型的潜在累积价值将超过20万亿美元。数字技术提升传统产业的前景十分光明。

中国有1.5亿名制造业工人，美国只有1400万，日本为900万。中国的机械供应商超过14万家，相当于日本的5倍，中国制造业升级的意义非同寻常。制造业高技术化本质上是信息技术与制造技术的深入融合。过去制造的产品叫机器或电器，今后制造的产品大多数是“网器”。所谓智能制造不仅仅是制造过程信息化，更重要的是制造业出来的产品要实现网络化、数据化和智能化。沈阳机床集团引领全世界智能制造的i5智能机床就是很好的范例。

新经济本质上是工业经济向信息经济（数字经济）过渡，目前采用的GDP统计不能正确反映数字经济的发展。数字经济倡导的共享、用户体验带来的消费者盈余、免费的开源软件、用户到用户的交易等都不统计在GDP中。国外不少机构与学者已在探讨更适合数字经济的统计方法。国内流行的说法是中国经济发展的新常态是L型，未来十几年将保持6%左右的平稳增长。这是沿用工业经济的思维，因为即使是保持6%甚至更低的GDP增长速度，数字经济的实际内涵已经发生很大的变化。

【重点发展人机物融合的智能技术】

推动新经济的新技术很多，我们认为最有引领性的新技术是人机物融合的智能技术，简称人机物智能，也称为人机物三元计算。它始于2010年左右，其主要特征是智能万物互联，即物与物之间、物与人之间能够互联，将智能融入万物，实现信息化与工业化无缝对接。传统的人工智能是让计算机具备人的智能，智能计算过程局限在信息空间，是一元计算。人机物智能将计算过程从信息空间拓展到包含人类社会（人）、信息空间（机）、物理世界（物）的三元世界。智能计算过程发生在人机物三元世界中，是三元计算。物理世界与人类社会既是智能计算过程的对象，也是智能计算过程的执行体。

人机物智能的本质是：通过信息变换优化物理世界的物质运动和能量运动以及人类社会的生产消费活动，提供更高品质的产品和服务，使得生产过程和消费过程更加高效，更加智能，从而促进经济社会的数字化转型。

人机物三元计算是中科院在2009年总结出的信息技术大趋势。相关概念包括万物互联网（Internet of Everything，IoE）、无缝智能（Seamles Intelligence）、信息物理系统（Cyber-Physical Systems）、“互联网+”等。人机物智能可以理解为万物互联网之上的无缝智能计算技术，需要发展新的核心技术与生态系统。

（一）人机物智能将延续和增强互联网发展动能，加速产业升级转型

过去15年来，信息产业是促进我国经济社会发展的主要动力。从福布斯全球企业2000强排名看，2007年，联想、阿里巴巴、腾讯三家公司分别位于第1338名、第1863名、第1905名，都在靠后或垫底的位置。在2016年的2000强排名中，这三家公司分别提升到第840名、第174名、第201名，在发展移动互联网的浪潮中，9年内中国公司进步显著。人机物智能的基础是移动互联网，其发展将延续和增强我国过去十几年形成的强大动能。

2016年中国信息产业有16家公司进入全球上市公司2000强，加上华为公司（华为不是上市公司），这17家公司实现了4317亿美元的销售额和506亿美元的利润。美国有74家公司进入全球2000强，实现了15821亿美元的销售额和2113亿美元的利润。中国信息产业公司的平均利润率为11.73%，高于全球2000强中全部中国公司的平均利润率（10.19%），低于美国信息产业公司的平均利润率（13.36%）。中国公司产生的利润只有美国公司的24%，远小于中美GDP比例（61%）。设想15年以后，中美信息产业的利润比例能与中美GDP比例同步，或中国信息产业公司2030年的销售收入达到美国公司2016年的水平，我们还有3～4倍的成长空间。

这些数据也部分反映了中国信息产业的短板。第一是“头重脚轻”。我国信息服务业发展不错，但软件和硬件还很弱。第二是消费侧强供给侧弱。我国近年来业绩不错的公司充分利用了我国移动互联网用户多的“网民红利”，实现了快速增长，但针对供给者或生产者（企业）的硬件、软件和服务则增长缓慢。第三是核心技术缺失。在全球2000强名单中，美国有14家芯片公司与14家软件公司，中国尚无一家。今后15年，我们面临从移动互联网向智能万物互联网转型的演变，应当高度重视人机物智能的新兴市场。根据业界的各种估计，到2030年，全球将有千亿到万亿个传感器，数百亿个物端设备，每个设备都需要新型的处理器芯片、操作系统、开发环境软件及新的使用模式。智能万物互联网尚未形成垄断，我国发展人机物智能，不但在产品和服务方面能延续和增强互联网发展动能，而且在硬件与软件核心技术方面能补齐我国信息产业的短板。

（二）人机物智能的5个内涵

发展人机物智能需要整合云计算、大数据、移动互联网、物联网等现有技术，突破新的科技挑战，实现使用模式与商业模式创新。下面列举5个科技要点。

人机物智能的计算机科学。将传统的局限于信息空间的计算机科学拓展到人机物三元世界，包括人机物可计算性理论，人机物智能系统的模块化体系结构，用户体验的复杂度刻画、无缝智能的科学表征，易用的自然交互界面等。

物端计算生态系统。桌面互联网和移动互联网的产业生态已经成型，桌面互联网由x86+Windows+Linux生态主导，移动互联网由ARM+

Android+iOS 生态主导。物端计算系统尚未出现主导的生态，更未定型，发展出支持亿级设备的物端计算生态系统，是一大挑战。

节能高效的智能计算平台。与今天的系统相比，人机物智能需要提升计算能力上千倍，同时能耗不增加。学习自然界，通过自适应和可重构等新技术整合专用部件与通用部件，是构造节能高效智能计算平台的可行路线。一个例子是中科院先导专项支持研制的寒武纪深度学习处理器，与通用处理器相比实现了性能功耗比的千倍提升。

信任互联网。由于人机物智能更加直接地涉及人类社会和物理世界，网络信息安全变得更加迫切和重要。我们要研究发展出这样一种智能万物互联网：它鼓励开放和分享，同时保障信息安全和用户隐私，又能接受政府依法监管。满足这5 个条件的和谐人机物环境称为信任互联网。近年来兴起的区块链技术是构建信任互联网的基础技术之一，值得高度重视。

身份联邦。智能万物互联网会产生许多需要命名的实体，涵盖人（如用户）、机（信息空间中的设备、数据与服务）、物（物理世界中的各个物体）。如何让用户通过一个身份就可以方便地使用所有设备和所有智能服务，是一个新挑战。现在是强制用户身份绑定在某一个厂商的账号平台上，理想的场景是每个用户拥有一个“国民信息账户”，可在任何时间、任何地点访问任何授权服务。

（三）培育新动能必须坚持自主创新和技术积累

新技术不会自动转化为生产力。由知识转化为现实生产力一般要经过 4 个环节：（1）通过科学研究发现新知识；（2）通过发明将知识转化为满足应用需求的新技术；（3）通过技术创新将技术变成新产品和服务，开始投入市场；（4）在应用中不断改进、提高产品和服务的市场竞争力。从科学知识到技术，从技术到产品，从产品到市场，每一步都要经过“死亡之谷”。越过死亡之谷没有捷径，只能靠自主创新的能力。人们常说核心技术是买不到的，其实真正买不到的是自主创新能力。支撑新经济的核心技术只有通过提高自主创新能力才能获得。

创新驱动已上升为国家发展战略，我们在贯彻这一战略时往往不提要重视技术积累，其实技术积累与技术创新同等重要。经济增长的重要因素之一是知识存量的增长，不论是对一个企业还是个人，知识的增长要靠创新实践不断沉淀的技术积累。中国高铁的成功被誉为“引进消化吸收再创新”的榜样，但我们不应忘记，从 20 世纪50 年代开始中国一直在从事铁路机车研制，通过“中华之星”等科研项目的锤炼，中车集团已有坚实的技术储备。

我国的战略性新兴产业有些发展快，有些发展慢，其中一个原因是不同行业的技术积累有差别。铁路机车制造的技术积累较扎实，但工业控制领域（包括高铁、航空的运行控制）的技术积累十分薄弱。据工信部 2014 年统计，我国 22 个行业 900 套大型工业控制系统大部分由国外厂商提供产品，特别是可编程逻辑控制器（PLC），外商占据了 94%以上的份额。由于工控领域国内企业仿制国外产品都难以做到，国外企业不需要在中国申请专利保护其产品销售，国外企业在华申请专利数长期维持在此领域中国专利总量的 10%左右（通信和计算机领域国外企业的专利占到 43%）。在国家大力支持智能制造、“互联网+”的形势下，在实现智能万物互联网的进程中，加大工控领域的研发投入，夯实工控领域的技术积累显得尤为重要。夯实技术积累要从教育抓起，我国工控领域的人才培养远远满足不了市场需求，几乎没有一个大学开设过与 PLC 技术有关的课程，装备制造业所需的信息技术人才还未列入许多省、市的紧缺人才需求目录。

积累技术跨越死亡之谷同时培养创新人才的一条路径是，积极参与国际上开放标准、开放软件和硬件源码的社区，努力发起并主导数个核心技术与平台生态的开源社区。我们要争取未来几年内培育出 2000 名社区核心志愿者，即得到全球同行认可与信任、对社区标准文档和软件硬件源码具有写权限的工程师。我国有近千万名软件工程师，应该制定有针对性的人才政策，鼓励他们为全球社区多作贡献。

大数据共享与开放及保护的挑战

中国工程院院士 邬贺铨

【大数据的共享与开放】

我们知道现在大数据本身有物理空间的数据，有信息空间的数据，还有智慧空间的数据，是三元数据。作为网络层面的数据有自媒体数据、富媒体数据、基层网络数据、日志数据，麦肯锡曾经讲过大数据的利用能给美国的保健、欧洲公共管理服务的提供者分别带来 3000 美元、2500 亿欧元和 6000 亿美元的年度价值，会给经销商带来 60%的利润增加，会给制造业带来 50%的成本降低。麦肯锡曾经统计过，在教育、运输、消费产品、电力、游戏、保健领域，如果政府在保证国家安全和公民隐私的情况下开放数据，可以带来年度的全球经济价值 32000 亿～54000 亿美元，所以大数据本身带来的产业价值是很大的。

（一）共享数据

国务院《关于促进大数据发展的行动纲要》里提到推动政府信息系统和公共数据的互联共享，消除信息孤岛，避免重复建设和数据打架，增强政府的公信力，促进社会信用体系建设。大数据共享是谈什么共享呢？政府部门之间的数据共享、跨行政区域政府间的信息共享、政府与企业间的数据的合作和共享、企事业单位之间的数据共享，这是很多方面的，当然我们可以先看政府层面的。需要设立大数据协同管理机构促进政府部门间的数据共享，必须有很多政府间合作才有很大的数据量，但是必须要健全地制定框架和制度体系，明确共享什么，明确参与共享的责任和义务，要在互利的前提下，否则共享是很难持久的。现在一些城市设立大数据局来做这个工作，如广州大数据管理局，主要做协调政府内部的信息平台的共享，怎么打破部门之间的信息壁垒，共享各项民生数据。

另外，需要建立进一步的基础数据库，一方面，要集中存储被共享的数据，同时进行清晰、校验和整合，提供可以共享的目录，以便用户可以接入和收取这些数据；另一方面，当然还要规定访问的权限，跟你没关的数据你不见得都需要去访问，还要灾备等等。

政府基础数据共享与交换平台，内容包括人口数据、空间地理数据、宏观地理数据、医疗数据、经济数据，需要对数据进行融合、重组、转换、关联，并保护数据安全。提供服务可以提供部门之间综合的服务，部门企业政府的数据共享。

按照《关于促进大数据发展的行动纲要》的要求，明年中央就要构建形成统一的互联网数据平台，要建立全国统一的数据集中的平台，当然这是逻辑上的统一，是不是物理上都是统一，这可以研究。有一些跨省级区域的大数据共享合作的例子，如连云港有个区地跨山东省和江苏省两个省，它彻底打破了行政区划的限制。整合了山东和江苏相邻几个地方的监控图像数据，做统计分析、轨迹展示、布防布控，实现一键查询、统一风控报警、快速判定行窃轨迹等，目前通过这个平台抓获了国内违法犯罪人员500多名，破案400余起，这仅仅是这一个区和周边五个县就已经取得这么好的成效。这是跨部门的大数据共享，《关于促进大数据发展的行动纲要》提出要加快建立公民法人和其他组织的统一社会信用代码制度，要有企业的信息公示系统。目前已经建成了网络执行查获系统，现在已经有13个国家部门、3000多家银行能够查询11类14项信息，这使得全国法院可以了解所有被执行人的情况，实现自动化的精准查询。

中央政府之间的共享方面，监察部对其他部门有监督作用，可以共享其他部门的数据，而不见得其他政府部门可以共享他的数据；中纪委的数据不太可能跟其他部门全部共享，部分的数据共享可能是不对称的。中央政府跟地方政府间的数据共享也是不对称的，中央政府可以看到所有地方政府的数据，但是不等于地方政府都能看到中央政府的数据。中央政府共享到什么层次，是省级、市级还有县级现在没有界定。政府数据共享到什么程度，是不是政府与政府部门之间所有工具都是透明的，至少公安部不会跟其他部门的数据透明。

政府跟企业间的数据共享是不对称的，政府提供给企业的数据本身就是可以公开的数据，除此之外政府也不能只给某个企业提供信息，而不给另一个企业提供信息。从国家安全出发，政府有权调用企业数据，但除此之外企业是不是有义务一定要向政府提供数据，这是有疑问的。在政府调用企业数据的情况下怎么保证企业的商业秘密不泄露，现在还没有完成规范，企事业单位间的数据共享，这实际上是交易行为。《国家大数据行动纲要》提到，2018年要开展政府和社会合作开发大数据的试点，不是简单说政府调用企业的数据，而是政府怎么跟企业合作开发。在关于积极推进“互联网+”行动计划方面，要开展一批社会治理互联网的应用试点，打通政府部门、企事业单位之间的信息壁垒，利用大数据分析手段提升政府的数据治理能力。政府为了很多数据，很多BAT数据政府是不拥有的，如果政府能把BAT数据融合在一起，对于政府能够掌控智慧城市、治理社会都会有很大的作用。

（二）开放数据

2013年在北爱尔兰召开的会议提出了开放数据、发布数据是为了激励创新。北爱尔兰开放了14个重点领域的数据，开放数据三项共同行动，激发国家的行动计划，每年都要评估政府开放数据的情况如何。要求发布的数据不是一般的数据，而是高价值的数据，包括预算、民主、环境，另外不仅仅发布加工过的数据，还要有源数据，往往我们认为政府发布的数据都是加工过的，实际上只要不影响国家安全和公民隐私，很多原始数据政府应该开放。开放的数据要完整的、重要的、及时的，很重要的数据不要对某些公民开放而对另一些公民不开放，不能说一定要有授权才能接入，不能开一阵就关掉了。共享是政府部门之间、政府和单位之间，开放是对社会，所以在这点上对开放的要求是很严格的。

美国政府有个开放网站，数据有些没有开放，在公民提出来要求开放的时候要分析，有些立即开放，有些经过一段时间再开放，因为安全隐私原因没法开放要向政府交代。而且开放数据要屏蔽掉隐私，比如开放人口数据，是安全编码分区域的人口数据，老龄化的有多少，上学儿童有多少，男的多少女的多少等，可以看出这个地方的情况；用电量、犯罪记录、中小学评估等等，可以判断这个地方的学区房值不值得买；还有小区的污染、噪声等等。还要注意到美国政府的开放数据同时开放了数据挖掘的工具，帮助老百姓利用这些数据，在政府开放数据的平台收集了老百姓通过挖掘这些数据得出的可视化的结果，所以非常有利于公民对社会的了解。美国开放数据可以开放到很多方面，有交通、空气污染、环境、支付各种数据。

英国的开放数据都在网上，比如你的收入是2万英镑，你就在网上点击，把鼠标拉到2万英镑，就可以得出你一年的税收是8774英镑，你的税收用到哪里，用到政府运行，每天的税收有1.69英镑用在国防，每个人都可以很清楚地看到你的纳税在政府部门的应用状况，是阳光透明的。英国总共收到的税收为6948万亿英镑，其中民众可以从网上了解到税收用在各个方面多少钱就知道政府开支具体的状况。中国政府开放得怎么样？

根据不完全统计，中国政府数据开放平台超过40%，其中，沿海经济发达地区占总数的 70%，西部、中部数据开放还是比较少的，我们开放了教育、医疗、文体、环境方面的数据，开放的数据存在什么问题呢？开放的总量偏低、结构化程度低、数据质量不高、民众参与反馈不准，我们还有很多方面做得不够。

以北京的政府开放数据为例，2016 年北京政府主动公开政府信息超过 100 万条，跟 2015 年差不多，其中主动公开的文件不到 10000 件，主动公开的重点政府领域信息 73 万条，细看一下北京公开的政府信息可以发现，开放数据中关于食品安全标准和食品生产的占了一半，关于企业信用系统的占 40%，两项加起来占了 90%，剩下的只有 10%，10%有政府的三公预算、农民征地、政府定价，可以看到还是很不全面的，还有很多可以开放、应该开放的数据没有开放。公民关心食品安全，所以这方面的数据比较多。

联合国电子政务发展指数有三项，包括信息基础设施、人力资源、在线服务的情况，其中在线服务跟开放数据有关。发展指数两年统计一次，2016 年开放电子政务发展最好的是英国，中国排第 63 位，还是比较靠后的。数据有个晴雨表：开放数据的准备程度、开放数据的执行力，开放了什么类型的数据、质量怎么样，开放数据的影响力、效果、透明性、对环境的影响、对国家经济的影响。根据三方面来评价，2014 年中国排在 46 位，第 1 位是英国，得分为 100 分，中国只有 28 分。2015 年中国退后了，排在第 55 位，不是说中国 2015 年跟 2014 年比没有前进，而是别的国家前进更多，相比之下中国得分排名反而下降。可以看到我们的影响力，特别是看到 2015 年的影响力只有 8，我们也开放，但是我们开放的效果比较差。北京开放 100 万条数据，从应用效果上来看还是不够的。政府开放数据需要技术框架来支持，包括开放数据管理、开放数据技术、开放数据门户。

社会上有免费开放数据的例子，有些公司在网上已经公开地表示大家只要上网去点，可以看到这些是免费的，谁都可以用，有些比较简单，有些是身份证查询、手机查询、IP 地址查询，还有股票、基金等，当然这些对老百姓可能有点用，但是基本上还是一种比较普通的开放数据。数据共享开放现在面临三大挑战：不愿意共享开放；政府部门各自为政，把数据开成自己的权利，很多政府部门以信息不对称作为手段；缺乏激励机制，和技术部门共享数据还得向公众开放数据，得不到商业回报，因此在多数情况下职能部门对于数据开放态度消极、被动。现在很多法律法规制度不够具体，不清楚哪些数据可以跨部门共享并向公众开放，数据信息的共享开放有一定的风险，搞不好把一些应该保密的数据开放了，搞不好泄露了公民隐私，因为制度的不明确，导致了我们政府开放数据存在风险，责任很难界定。现在缺乏公共平台，共享渠道不畅，过去信息的传递多数是部门之间通过电子邮件进行，安全性、保密性、可持续性很难保证，没有统一的标准规范，不同职能部门对数据的采集记录标准千差万别，统计口径和时间不一致，没法用。数据开放需要脱敏，缺乏必要的技术和人才支撑，很难按照技术标准来规范。

【大数据的流通与交易】

什么叫数据交易？数据有提供方也有使用方，很多时候需要通过数据中介方。政府开放的数据是脱敏以后的原始数据，有数据挖掘公司将开放了的政府数据收集、整理、加工后把它出售给数据使用方、行业用户，原始要脱敏的数据经数据挖掘中介方清洗后提供给行业用户。数据生产加工者，将清洗后的数据通过数据交易所转售给行业用户，或者数据生产者直接把原始脱敏的数据交给行业用户。

一般来讲，数据生产者很少直接面向最终用户，大多数据生产者通过中介渠道实现自身数据的变现，像美国的推特本身不直接销售他的数据，把他的数据授权给好几个公司，让他们卖，美国的数据中介市场在 2012 年的规模已经达到 1500 亿美元，数据中介本身也是一个很大的产业。

中国联通有很多用户数据，包括 OSS 上网流量、BSS 用户的详单等，这些数据不是中国联通的，都是用户的，中国联通可以进行加工利用，通过脱敏，屏蔽掉个人隐私，当然要通过审核，他可以接受很多公司的委托，审核委托的需求，通过各种分析、过滤最后可以提供服务，联通是以咨询的方式对外部的公司提供服务的，他们已经上线了身份核查、位置验证行为评估等等，已经服务于招行、蚂蚁金服、住建部、交通部等等，这是数据收集者直接挖掘数据然后提供服务的案例。

目前在我们国家网上出售的数据有多少呢？有公司已经出售了一些数据。总的来说现在网上出售的所谓大数据都不够大，不够大也不能说一点没有用，从大数据的角度还是有限的，这是公司本身的行为。

大数据交易的关键对数据质量要求，包括以下几个方面。（1）准确性，一般会提供原始数据，可用户怎么知道这个数据是真实的、完整的，万一提供的是不全面的、不真实的、假的；用户买的数据挖掘结果的真实性也不能确定，你告诉我这是数据挖掘，谁知道你挖了多少数据，最后怎么能判断你是真假。这里没有第三方，所以这是个大问题。（2）完整性，数据是不是缺漏，很多时候数据是过滤和脱敏以后的，如果说简单只是为了避免安全、隐私，但是最后数据还得有全面性，不能是片面的。（3）一致性，同类数据的表述形式是否一致，出现多次的数据是不是有差异，数据是不是符合标准，是不是合规，否则买来的数据也不好用。（4）合法性，你卖给我的数据所有权是不是你的，我现在问一些国内的数据交易所数据是哪儿来的，他说政府的数据，我说政府数据不能卖钱，政府数据能公开就说明它是免费的，他说还有些企业给我的数据，我说首先明确企业给你的数据是不是企业自身的，三大运营商有数据，但数据所有权不是三大运营商的。（5）及时性，你给我的数据是2017年的数据还是2016年的数据，你是不是有实时性。（6）可用性，你给我的数据我能不能容易理解，能不能用我的技术手段进行分析挖掘。（7）安全性，你给我的数据是不是真正把涉及国家安全和个人隐私的数据都屏蔽掉了，不然我用了以后变成我侵犯别人的商业机密和个人隐私了；我把数据存在你的中介那里，你能不能保证这个存储是安全的，不被污染的，数据不被窃取。

大数据交易权限。政府的数据如果能够开放那就是免费，不能开放的数据无论多少钱也不能卖，所以政府的数据不存在提供给中介方交易的问题。当然中介也许会收集政府的数据，通过加工再出售；运营商收集的用户数据原则上所有权是用户，BAT 收集的数据原则上所有权也是用户，但运营商和 BAT 拥有数据脱敏及挖掘分析后的加工结构数据的所有权。没有数据所有权，有数据的公司可以通过挖掘向政府和企业提供咨询报告，是不是允许在保护隐私和国家安全的情况下提供数据。虽然他没有数据所有权，但是他有数据挖掘能力，他进行挖掘加工了，这个时候他是不是可以提供？没有数据但是有数据挖掘能力的公司可以受委托完成数据挖掘。受委托挖掘数据以后，他能不能利用数据为非委托方服务呢？应该是不允许，但是现在没有明确规定。

没有数据也没有挖掘能力的公司，可以作为中介平台，但是不是可以允许他截留数据呢？中介方收集了政府开放的数据为己所有并且出售是不是合法？很多政府公开的数据，有些网站标明价格出售，按道理这是政府的数据，尽管你收集花了点时间，但是毕竟还是公开的东西，你是不是能出售？在数据源的稳定性、更新频率和数据扩散方面也要商量明确的界限。

怎么衡量数据的价值？精加工的数据可视化的数据怎么定价？怎么衡量数据挖掘的工作量？你做了多少工作？一次性买断的数据和可以重复多次出售的数据怎么定价？数据的价值跟时效性什么关系？如果随着时间掉价，是不是需要有对数据评估的第三方机构？国内的数据流通和交易存在什么问题？我国数据源的活性不够，数据中介机构处于起步阶段。政府企业组织没有充分认识到用外部数据可以对自身工作和业务起到巨大的提升作用，所以一般来讲都很少利用外部数据。很多数据拥有者对数据蕴含的内容缺乏足够的洞察，不放心让自己的数据进入流通环节，担心企业隐私机密泄露。既不愿意吸收外部数据，也不愿意把自己数据拿出去流通，因而造成大部分数据资源的垄断，企业若只关注自己的小生态圈，不愿意把自己的数据资源向生态圈之外的市场提供，那么数据的流通不够，交易也不够，利用更不够。

【大数据的利用与保护】

什么数据需要保护？和国家安全有关的数据要保护，和企业商业秘密有关的数据要保护，公民隐私的数据要保护。目前欧盟制定了严格的数据保护法案，中国虽然有宏观上的数据保护要求，但是没有全面的数据保护法规。关于欧盟的数据保护，2016 年 4 月欧洲议会通过了《通用数据保护法案》，也叫《一般数据保护要求》。这个法案在 2017 年 5 月 25 日生效，这个法案里没有国家安全、企业秘密，涉及欧盟的单位对多元数据的处理不管在欧盟内部还是欧盟外部都要受这个法规管来。在欧盟里没有分支机构，但是你向欧盟的消费者提供服务，不管你的服务是不是收钱都要受这个法规的约束；对欧盟的消费者进行行为监控，欧盟之外虽然已经有法律但受欧盟成员国控制的也要受其约束。所以要注意的是处理者不在欧盟里边不重要，但是欧盟里头的消费者都要受这个管理，中国的企业如果把微信、支付宝用到了欧洲，那么同样你也要受这个法案管理。

什么叫多元数据？多元数据是跟个人隐私、专业、公共生活有关的任何信息，包括姓名、照片、电子邮件地址、IP 地址等。针对个人的信息的收集、记录、组织、建构、存储、修改、咨询、使用、传播和其他的应用，包括排列组合，无论是人工处理还是自动化处理，你可以通过这些处理获得工作表现、经济状况、健康状况、个人偏好、兴趣。这里个人隐私的范围是很宽的，个人的 IP 地址都是隐私。个人对自己的数据有什么权益？个人具有管理自己个人数据的权益，具有自己的数据被泄露能够获得及时通知的权利及被遗忘权。对个人数据处理有什么要求？合法、公正、透明，必须有规有法。目的是有限的，你可能为某一个目的来收集处理，只要是为公共利益或者历史研究的目的、统计的目的，目标是有限的。数据具有最小性，你不能获得我的所有数据，可能跟某个目的有关的数据被使用，但是不能把所有数据都拿走。数据还有及时性，你用完以后要毫不延迟地删掉、处理掉。数据还有存储的有限性。只有为了公共利益或历史研究，个人数据才能长时间存储，其他目的情况下个人数据不能长时间存储。完整性，收集的数据要有技术措施保证它不能受非法授权、非法处理、遗失、丢失、损毁。

关于数据处理什么算合法？并不是说个人数据不能处理，在以下条件下可以处理。本人同意可以作为一个或多个特定目的，所谓本人同意是要书面同意。处理是为了执行法律，当然要征求同意。处理是为了保护自己，为了保护另一个自然人的切身利益，为了保护利益。处理是为了公共利益，处理是追求合法利益的必要前提，是允许商业利用的关键。获得利益的商业部门、企业要处理个人数据，首先要保护合法利益，当然不能侵犯提供个人信息的消费者的利益，尤其是儿童的利益。我们现在手机上的 APP（几乎所有 APP）都在收集个人信息，收集完了如果有合法的利益那利用数据是允许的。怎么界定你的合法利益？很多时候不见得是合法利益。有项社会调研提出你是否愿意为了将来的应用资费上的优惠牺牲你的隐私？全世界有 27%的人表示可以牺牲隐私。中国有 38%的人表示可以牺牲隐私。中国有更多人认为隐私不重要，反而优惠更重要。

数据的传输存储和开发要有要求，所有的软件（包括移动应用的 APP）在开发阶段和运行数据处理阶段要保护个人数据的隐私。数据控制也包含 APP，要有充分的技术和措施确保数据和移动应用的完整性。传输存储过程必须应对数据处理面临的风险，处理的时候是不是数据丢失了，有很多要求。数据传输存储违规怎么办？一般性的违规，处理上限是罚款 1000 万欧元；如果严重违规，则罚款上限是 2000 万欧元，再加上一年度营业额的 4%。BAT 的营业额都到几百亿的话，要罚起来不得了。云计算跟这个法规什么关系？管理者负主流责任，如果一个政府在云里存储了数据，政府就是管理者。很多人认为我把数据存在云平台，管理者是云平台，欧盟提出来你存进去数据则你应该对数据所有的保密、安全负责，所以云平台有云平台的责任，储存数据者也有自身的责任。法规不受限于公司国籍，不受限于云服务的地理位置，如果在中国存了关于欧洲公民的个人数据，这个法规也适用，所以在中国的云平台里不是说什么数据都存进去有用。目前 80%的云服务不会在合同终止的时候立即删除客户的数据，58%的云服务不能提供 IT 所有权的保证。对 20000 多个云服务的调查显示，只有 6%的云服务符合这个规定，如果现在云服务涉及欧盟的消费者，那就危险了。

这个法规对中国有什么影响？法规提出非欧盟成员国公司只要满足下面两个条件就受这个法规的管理。一是向欧盟境内可识别的自然人提供商品和服务，收集和处理他们的信息，如支付宝、微信肯定收集了他的信息。二是监控欧盟境内可识别自然人的行动并收集他们的信息，如做地图服务也收集了信息。在欧盟境内有分析机构的外国公司，分析机构被作为责任主体强制执行法规要求；如果在欧盟境内没有分支机构，一旦境外公司高管进入欧盟境内将直接执行。如果企业犯规的话，企高管进进入欧盟就会被罚、被抓。所以，这会对中国企业的移动应用安全数据收集处理交易产生重大的影响，首当其冲的是银行、电子商务、互联网、IT 企业、软硬件生产商。欧盟这个法规既有保护自身的意义，也有很多是限制。

中国当然也有一些数据开发应用的文件，工业和信息化部出台的《大数据产业发展规划》，2015 年出台的《网络安全法》都提到要保护个人信息和重要数据在境内存储的安全和个人隐私，但是中国的规范都很宏观、不具体，真正违反了怎么办并没有规定。跟欧盟的法规比，我们准备得还是比较粗的。

最后，数据的价值在于融合与挖掘，政府数据对公众的最大利益在于共享与开放。数据流通与交易有利于促进数据的融合挖掘，数据的使用必须面对保护的责任与义务，尤其是对个人隐私数据的保护。欧盟提出的 GDPR 将数据保护的严重性提高到了前所未有的程度，需要引起我们的高度重视。数据的共享开放、流通交易和数据保护及数据安全，对数据技术提出了研究挑战。区块链技术在数据流通交易的保护方面能起到一定的作用。数据的共享开放和流通交流使用及保护对法律的制定与执行提出了较高要求，同时也需要平衡数据保护与数据开发利用。

供给侧结构性改革与信息化

国务院发展研究中心　吴敬琏

2015 年 11 月，党中央有一项很重要的决策，那就是要求着力进行供给侧的结构改革。本文主要阐述供给侧结构改革和信息化发展之间的关系。这是一个非常重要的决策，当前或者甚至更早一点，整个经济面临的环境，一方面仍然处在一个战略机遇期，另一方面又面临着严峻的挑战。怎么应对这个挑战，是我们相当长时期内都在讨论的一个问题。而到了 2015 年 11 月，经过多年认识深化，最后这个决策凝聚成一句话，叫作着力于供给侧的结构改革。

关于面临什么样的挑战，概括起来说就是两年多以前党中央所说的一句话：三期叠加。第一就是增长速度下行；第二叫结构调整阵痛期；第三是前期的刺激政策的消化期，就是前期我们主要用刺激政策或者说叫作“扩需求保增长”这种应对办法迎接挑战，这种办法会带来一些问题。最突出的核心问题就是增速下降，增速下降其实不是这几年的事情，潜在增长率大概在 2003 年、

2004年开始下降，所以应对挑战首先就要应对增速下降的挑战。

应对这个挑战我们长时期用的一个分析方法，或者分析框架就是从需求侧去分析。为什么增速下降？是因为需求不足，就是通常说的三驾马车，三驾马车的力度不够了。要解决这问题，根据这种分析得出来的应对方略就是“扩需求保增长”。这种分析方法和对策在我们经济学界是有争论的，相当一部分经济学家不太同意，因为这种分析框架实际上是从凯恩斯主义短期分析框架演变出来的，这个理论对不对、政策对不对就有争论，它的本意是对付短期问题，而我们现在把它用来分析长期问题，在理论上就有点问题了。在实际中问题变得越来越明显，理论问题在我们这里很难引起决策部门的响应，但是实际问题是不能不面对的。运用这种方法就是增加需求来应对增速下降。需求是三驾马车，投资需求、消费需求、进出口形成的需求，这三种需求算来算去最后就是投资。消费要增长，首先收入要增长。另外进出口有两个问题，第一个问题是我们的贸易对象国有这个需要、有缺口；第二个问题是我们有竞争力。也就是说，蛋糕足够大，我们切蛋糕的能力又比较强，这个看来很难做到。最后一条是政府很擅长做的，那就是投资。从2009年所谓10万亿元的投资，实际上是将近30万亿元的投资，以后几乎每年都会来一次。连续搞了这么多年以后我们发现，有两个问题：一个问题是投资的回报越来越低，也就是说用投资去拉动增长，效果越来越差；另外一个问题就是债台高筑，大量的投入资源不够，资源不够就投资货币了，这样使得我们国家资产负债表中间的债务越来越高，就是说债务对GDP的比例越来越高。根据各种研究，到2015年6月的时候，总的资产负债表总的杠杆率是290～300。杠杆率高了就有发生系统性危机的风险，在某些环节上会出现资金链断裂，就是“跑路”。当然也有人说问题不大，比如日本，日本的杠杆率是400左右。但是，日本的杠杆率主要是政府的，而且是中央政府的；而我们的负债最严重的是企业。企业的杠杆率按照欧盟的标准，警戒线是90，我们现在是120～150，于是就不断地出现局部性的困难和“跑路”。如果这种现象继续积累，就容易产生系统性风险。这个是一定要避免的，这样一来再继续用这个办法就不大可行。虽然有些人希望用这个办法，这个办法比较简单；另外许多经济学家认为，分析长期问题不能用这个办法，不能用需求侧的分析，而要做供给侧的分析。

供给侧就是说问题的发生是因为供给侧出了问题，这个供给侧的因素主要有三个：K是资本；L是劳动；A是经济学中叫作索洛余值或者索洛残值。也就是说，资本和劳动都解释不了的，这个增长中间或者GDP的总量中间，就是这两项都解释不了的第三项，因为最先是索洛提出的，所以叫索洛余值。这个在实际经济生活里面就是全要素生产率。总之，从这种分析得出的结论就是中国要应对挑战，就要依靠创新提高效率。这就是从供给侧的分析得出的结论，我们的信息产业正好是创新和提高效率的一个中心环节。所以这样一个决策对我们来说具有非常重要的指导意义。

关于什么叫供给侧结构性改革，有学者认为这个提法有三个构成部分：一个是供给侧，一个是结构，一个是改革。我认为有两个部分：一个部分叫作供给侧，重点在供给侧，就要求提高供给侧的质量，就是提高效率；另外一个叫结构性改革。

关于供给侧，中央经济工作会议上强调的是要着重提高供给的质量，而不是着重扩大供给的数量。什么叫供给的质量，在我看来实际上就是提高索洛余量，就是销量，提高对增长的贡献。GDP的增量是由三个部分组成的：一个是资本增量，就是投资；一个是新增劳动力；再有一个就是效率提高。所以这个要求就是提高效率在增长中的贡献。21世纪初以后，我们全要素生产率贡献呈下降趋势，这是非常大的问题。其实这个问题不是最近才提出来的，它的实质就叫转变经济增长方式或者转变经济发展方式。所谓转变经济增长发展方式或者转变经济发展方式的核心就是由投资驱动或者资源驱动转化为创新和效率驱动。

所以说到创新，在现代经济中信息化是非常重要的，因为在现代经济里面，总成本中交易成本的核心是信息成本，而且信息成本所占比重越来越大，而信息化最重要的功能就是降低信息成本。那么问题是如何转变经济增长方式。

2015年是提出“转变经济增长方式”20周年，1995年制定第九个五年计划的时候提出来要转变经济增长方式，就是要从投资驱动转变为效率驱动。但是20年都没能解决，没有解决的原因在制定“十一五”规划时曾经做过总结，认为是因为存在体制性障碍。这个体制性障碍当时列了好几条，归拢起来就是一条，就是政府在资源配置中起决定性作用，这是它的体制性障碍，所以没有实现转变经济增长方式。

今天我们能够真正做到提高供给侧的效率，解决办法就是通过改革铲除体制性障碍。建立一个好的体制，才能够提高经济效率。这里就提到结构性改革。结构性改革这个说法，在国内很少用，欧洲人比较喜欢用这个词，但是我也翻了一些文献，他们说IMF也给英国提过这个建议，后来某杂志在国际金融危机以后也强调要进行结构性改革。他们说的结构性改革用我们的话来说就是体制改革，特别强调的是政府跟经济的关系、政府跟市场的关系、政府跟企业的关系的改革。

所以发展模式或者增长模式的转型，关键就在于建立新的体制机制。这就要求通过改革来建立这样的体制和机制。改革要达到的目的，从十八届三中全会来看就是两条：一个是政府在资源配置中起决定性作用；另一个就是要更好地发挥政府的作用。

我们建立十八届三中全会所讲的统一开放、竞争有序的市场体系，目的是什么呢？要做两件事。一件事就是有效地配置资源，通过这样的市场体系来有效地配置和再配置资源，在2016年实现供给侧的结构改革要做的五项任务里面，去产能、去库存、补短板这三项，其实用我们经济学的话来说，就是实现资源的再配置。也就是说，使得资源从那些无效的部门、过剩的部门转到短板部门，截长板补短板，这样整个水桶的容量就大了。另外，剥夺低效企业浪费社会资源的能力，让更有效率的企业使用这些资源，也就是通过市场机制来实现资源的再配置，这样就能够提高效率。第二件事就是通过市场建立一个正向的激励机制，讲究法律，优胜劣汰，实现结构的优化。目前这个问题很大，一个是官员的懒政；另一个就是企业家缺乏信心，导致缺乏投资积极性。而问题的根源在于激励机制有问题，我们要通过改革把激励机制建立起来。

另外，通过改革能更好地发挥政府的作用。也就是说政府的作用跟过去相比而言要更好，要正确地发挥政府的作用。第一，政府过去从宏观到微观干预过多，所以所谓更好地发挥政府的作用，并不是说在一切领域都更大地发挥政府的作用。政府主要不是直接用行政手段去调结构，而是提供公共品。从大的方面来说，一个就是改革，改革要靠政府去推动，当然还需要公众从下到上帮助政府建立这个体制。政府要下定决心，用更大的政治勇气和艺术去建立能够激励创新和创业的体制，这是它的首要任务。第二，政府要做一件事，在这个利益结构大调整的过程中，有许多社会矛盾暴露，比如说去产能，就有大量的老职工、老企业的职工下岗，政府需要运用自己的社会政策去托底。第三，跟我们产业有关的就是政府还需要对这个产业（如信息化、信息产业）发展进行帮助、支持。但是，怎么去支持可是一个非常大的问题。我们在相当大的程度上还是比较习惯于推动技术进步的办法，这种办法改革以前不用说，改革以后看起来效果不好。所以，怎么建立一个好的国家创新体系是需要认真研究总结经验来解决的问题。

简单地说，政府的功能是在各个领域提供公共品。以科研为例科研中基础性研究、应用研究和开发研究有所分工。基础性研究的外部性很大，所以政府和社会要负主要的功能；应用研究可能政府、学校、研究机构和企业都可以做；开发性的研究应该是企业的事情，而且它的激励机制也是从市场来的。政府要怎么安排这三个部分还有待深入研究。教育体系也是如此，特别是基础教育有很大外部性，政府应该建立体系担起责任。另外，对于创造发明，它在某些方面因为初始投资比较大，也具有外部性，所以政府用什么方式去帮助比较重要。最后要提到的是竞争，竞争也有这样的问题，需要政府帮助的。例如，一个是初始投资，产出成本比较高；另一个是达到最低有效规模、最低经济规模，这个过程中，企业很难承担，特别是小企业，政府应该伸出手去帮助。但是，怎么帮助确实是很大的问题，一般说来，竞争前的补助负作用比较小，竞争后已经进入竞争阶段了，对一个企业帮助就等于打击其他的企业；还有就是所谓补供方还是补需方，我们常常补供方，这个办法很不好。诸如此类问题需要深入研究。

“互联网+”与制造业融合的发展趋势

国家信息化专家咨询委员会常务副主任　周宏仁

进入21世纪以来，中国大规模国家信息化发展开始起步。由于有发达国家几十年积累起来的许多信息化成果和经验可资借鉴，中国利用“后发优势”，采取“跟随战略”，比较快、比较顺利地在各个领域完成了大量的、重要的信息化应用系统建设，在电子商务、电子政务、两化融合、三农信息化、现代信息服务业、新兴产业发展、居民信息化素质提升等方面都取得了举世瞩目的成就，产生了巨大的经济社会效益，极大地推动了中国经济社会的发展。就信息化而言，中国与发达国家的差距正在逐步缩小。相应地，中国的“后发优势”也已经所剩无几。

与之同期，全球信息化的发展正进入一个新的阶段，在经历了数字化和网络化的快速发展之后，智能化正成为全球信息化向高端发展最主要的特征之一。信息化发展过程中有几个关键步骤我们不能错过，否则和发达国家信息化水平的差距可能再一次被拉大。最近几年，媒体对服务业中“互联网+”发展有了较多的宣传，但是对制造业中“互联网+”发展的重视程度远远不够。制造业是国民经济的脊梁，如果没有制造业的发展，即使其他行业有巨大的发展，对中国这样一个大国来讲也是一件危险的事情。

【制造业信息化的发展】

制造业的发展首先关心的是企业，一个制造企业的内部信息化和外部信息化都存在着诸多值得研究的问题，图1给出了一些思考的方向。

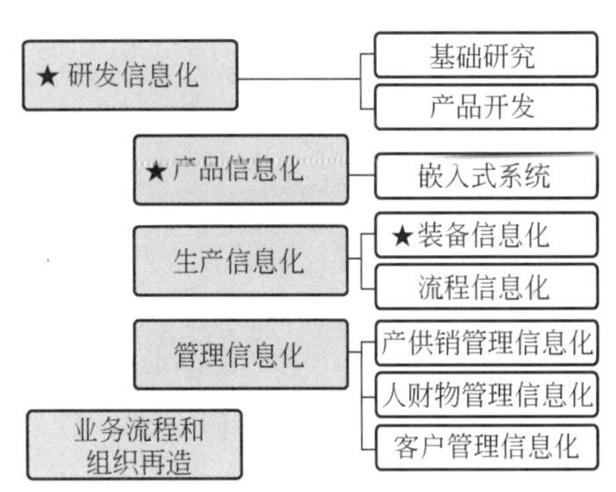

图1　企业内部信息化的内涵

企业内部信息化的内容包括研发信息化、产品信息化、生产信息化、管理信息化、信息化带来的业务流程和组织再造（见图1）。上述每个方面的信息化，都有自己丰富的内涵。例如，研发信息化覆盖基础研究和产品研发；产品信息化包括嵌入式系统的应用以促进产品智能化的发展；生产信息化包括生产装备信息化，以及生产流程管理信息化；而管理信息化则包括产供销、人财物、客户管理的信息化等。

任何一个企业，除了内部的各种业务关系外，还有广泛的外部联系，如图2所示。企业外部的输入有原材料、零部件、装备、人员等；企业产出的外部联系包括销售、银行、外协、客户等等。

企业内部和外部的环境加在一起，构成企业信息化的全部内涵。

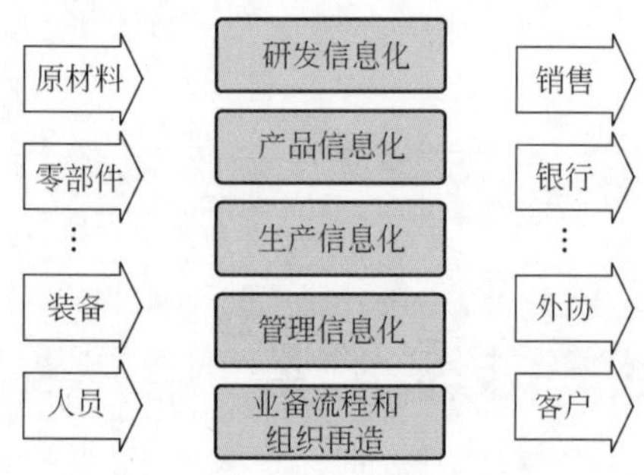

图 2 企业外部信息化的内涵

（一）企业数字化的发展

工业软件支撑了企业数字化的发展，例如，计算机辅助设计、辅助工艺、辅助工程，产品数据管理，全生命周期系统；生产制造过程也有很多软件。值得一提的是 ERP 系统，ERP 系统在企业数字化的发展中，扮演了整合不同数字化系统的关键性角色。

数字化对传统企业的改造，一步一步走得非常清楚。1974 年，第五代使用微处理芯片和半导体存储器的计算机数控装置研发成功，数控机床随之在制造业大量应用，对工业化升级产生了革命性的影响；20 世纪 50 年代，美国诞生了第一台计算机绘图系统，成为最早的计算机辅助绘图系统，催生了 60 年代初的计算机辅助工程；20 世纪 60 年代末，挪威开始研发计算机辅助工程设计；1971 年，法国雷诺公司率先成功实现计算机辅助制造（汽车车身的设计和加工）。数字化对传统工业的改造，从接到订单开始，产品设计、工业设计、主生产计划制订、备料和加工产品装配，直到交付，所有的这些环节，全部实现计算机化。

全三维数字化和数字仿真，是工业数字化向高端的发展。数字化的目标，是要形成一个完全数字化的企业，包括数字化的研发体系、数字化的设计体系、数字化的制造体系、数字化的管理体系和数字化的产品服务体系。同时，企业信息化向数字化大系统集成、最优能力集成的方向转变，向高度并行、多组织协同转变。实现完全数字化，不仅国外的先进企业已经做到，国内也有一些先进的制造企业能够做到。

工业软件的重要性非常值得重视。从 2010 年开始，中国的制造业总量已经位居全球第 1 位，在全球制造业的份额为 20.9%；美国排名第 2 位，占全球制造份额的 20.7%；位于第 3 位和第 4 位的日本和德国，分别只占 10.4%和 6.26%。但是，中国工业软件市场仅占全球工业软件市场的 1.7%。中国制造业的信息化水平由此可见一斑。目前，中国高端的工业软件 90%以上依赖进口，而且价格非常昂贵。制造业工业软件应用水平的低下，反映了制造业计算机、网络、数据的应用水平很低。工业软件是当前我国企业数字化发展的主要瓶颈之一。

抓制造业信息化的发展，工业软件是一个非常重要的抓手。必须认识到，工业软件并不单纯是一个软件，而是多种学科交叉的研究结果。只有制造行业的优秀专家、工程师与软件科学家的结合，才能够开发出一流的工业软件。高端工业软件是科学研究和技术创新成果的软件表现，学术、技术水平很高。

（二）企业网络化的发展

企业网络化的快速发展发生在 20 世纪 90 年代初。随着互联网应用在全球的普及，制造企业不断努力实现企业信息系统的网络化，也就是"互联网+"。许多企业开始构造企业的内部网和外部网。内部网就是把企业内部的各种不同功能的信息系统通过联网而"打通"；外部网则是把企业和外部的合作单位通过联网而"打通"。前者是企业内部信息系统的垂直整合，后者则是企业之间信息系统的横向整合。企业内部信息系统的一体化就是要把研发设计信息化、产品信息化、生产信息化、管理信息化、业务流程与组织再造这五部分"打通"，共享数据和信息。企业外部信息系统的一体化就是要把企业与外部合作单位的信息交换打通。例如，供货方可以查阅本企业的原材料和零部件消耗，确定是否需要立即采取何种方式向本企业供货；销售方可随时了解企业的生产情况及新品生产形势，考虑相关销售活动的安排和市场策略；企业所在的银行也可以进入外部网，了解企业财务状况，并在网上完成企业与银行之间的各种财务交易手续等。

“互联网+”在 20 世纪 90 年代末给企业带来了非常显著的效益。美国福特汽车公司的内部网连接了全球范围内的 12 万台计算机工作站；日立公司的外部网在 1997 年已经覆盖了全球 2100 家和它有联系的公司。另外，在利用互联网做电子销售方面，戴尔和思科是当时最为成功的企业，它们通过外部网大幅度地增加了销售金额。

以下列举三项比较先进的网络制造技术。

第一项是全三维的数字化、网络化协同平台。企业集团所有的下属企业和研究所利用这个平台协同工作，完全打造成一个整体，数据通过协同平台实现集成，生产流程通过协同平台实现网络集成。协同平台可以支持跨地域、跨企业的联合研制和生产。多场所、一体化、最优能力集成的研制生产新模式，提高了集团的协同创新能力。波音公司的全球协同环境，空客公司的混合并行工程环境都是这样的协同平台。一个全三维的数字化协同平台，对提高设计效率和质量，改善专业设计方式，提高设计能力非常重要，这是典型的、十分先进的“互联网+制造”。

第二项是关联设计系统。关联设计系统通过和虚拟现实系统的集成，实现虚拟现实环境下的设计协调、干涉检查和分析，可以支持成百上千的在线用户进行实时并行设计。利用这个技术，任何一个系统或一台装备的总体、各子系统、机械结构等三维设计的结果均可相互关联。只要在整体结构图上对零件进行了更改，就可以自动地完成零件图的修改，对相关零件进行必要的调整，从而缩短设计迭代周期，有效提高设计效率。

第三项是全三维标注技术。原来设计作图，只能做到二维，三维就非常困难了。利用这项技术，任何一个产品零件都是三维的，在全三维的模型中可以传递所有零部件的制造信息，保证所有产品单一数据源；还可以使设计制造并行工程效率大大提高，通过基于成熟度数据的并行，工艺设计、工装设计几乎可以同步开展，生产准备周期因而大幅缩短。显然，这个基于全三维模型定义的设计制造系统，也完全依赖于网络化。

上述这些技术代表了现代制造业的先进水平，但是这些技术依托的核心技术是各种各样的工业软件。这些软件的开发费用非常昂贵，有着“投入很大，用户很少”的特点。因此，这些软件的研发离不开国家的支持和帮助。

（三）企业智能化的发展

智能制造的核心问题有两个：一个是产品，制造业生产的产品必须智能化，尤其是装备制造企业生产出来的装备；另一个是生产过程，即生产过程必须智能化。生产过程的智能化，包括使用各种各样的信息技术、传感器技术，还有高性能计算来完成建模、模拟分析，也包括机器人、过程监测、自动化等。生产制造的智能化，早在数字化时期已经开始。早期的二维 CAD 技术，就是一项智能化的设计技术；三维 CAD 软件，更是一种高度智能化的产品。网络制造，如“数字化、网络化协同平台”“关联设计系统”“全三维标注技术”等，都是带有高度智能化特征的产品，是集数字化、网络化、智能化于一体的高度信息化的技术和产品，仍然是“互联网+”时代企业信息化必须追求和努力实现的目标。目前，企业的智能化正在向更新和更高的目标发展，具有代表性的就是德国提出的工业 4.0 和美国提出的工业互联网。二者殊途同归，最终目标是要构造一个实现人、（计算）机、物一体化集成的、智能化的系统，这是企业信息化向高端发展和创新的方向。

回顾过去几十年制造业信息化的发展历程。20 世纪 60 年代，企业信息化主要还是集中在工业软件方面，这推动了制造业数字化的发展，并且已经开始有了一些自动化的产品，如数控机床、嵌入式系统；到了 20 世纪 80 年代中期以后，开始走向网络化，即局域网、广域网等，同时也产生了很多相应的工业软件，随着网络化的发展有了内部网和外部网，还有互联网；在智能化方面出现了全三维标注、关联设计、全球协同平台等。21 世纪以来，企业信息化进入关注焦点区域内，如业务智能技术的应用。近年来，全球物联网成为全球信息化的一个热点，同时，智能产品、工业互联网、智能互联网系统都成为新一代企业信息化发展的核心问题。

【认识工业互联网系统】

未来企业信息化的发展，现在有两个说法，一个是工业 4.0，一个是工业互联网。工业互联网与工业 4.0，虽然在提法上有不同的侧重点，但本质上是一回事。二者强调的都是实现企业信息系统的一体化、智能化、自动化。工业互联网和工业 4.0 都是过去几十年企业信息化成就的总结，而且提出了未来 10～15 年企业信息化追逐的更高层次的目标。通过研究这两个新概念和新思想，我们可以看到，新一代的企业信息化将往哪里走，在企业实现了网络化、全三维数字化平台、关联设计等之后，企业信息化又要关注什么，最终的目标又是什么。

从我国大多数企业信息化的实际情况来看，不可能奢求在几年之内就完全实现工业 4.0 提出的各种设想和功能目标。当前企业应该审慎思考和评估的是，企业该做的、基础的、重要的信息系统是否都已完成，应用得好不好。企业必须在工业 4.0 或者工业互联网这个大方向的引导之下，抓紧企业数字化建设的“补课”。

（一）工业 4.0

工业 4.0 不仅强调了内网、外网的一体化，还强调了智能物理系统（Cyber-Physical System，CPS）在企业的应用，核心是推动企业的智能化和数字化的自动化。智能物理系统与嵌入式系统是两个不同的概念。嵌入式系统为产品的计算机化服务，强调在产品中增加新功能，提高产品性能。智能物理系统解决的是如何使企业的各种计算机系统和企业的各个物理系统协同工作，从而实现劳动生产率的最高化、系统运行的最优化，以及管理有效性的最大化。现有的系统工程理论中，还没有一套系统的、完善的、关于智能物理系统的理论体系。美国国家自然科学基金会认为，CPS 是系统工程理论未来一二十年重大的发展方向；早在 2006 年，美国就将这个领域作为信息时代系统工程理论的一个重大研究方向给予资助。无疑智能物理系统将促进理论研究的发展，也带来很多创新的空间。

（二）工业互联网

早在 2000 年 8 月，就有美国学者提出了工业互联网的概念，基本思路是把复杂的物理设备和网络，包括传感器和软件等，构造成一个系统化的整体，将大数据、机器学习、M2M 等全部整合在一起，利用所得的数据和信息，控制和调整设备，以得到最优化的结果。最终目的是构造企业级的一体化系统。工业互联网是一个综合性的企业信息化总体解决方案，包含一整套内置的核心技术，一定会成为一个综合性的技术大类。工业 4.0 和工业互联网这两个提法，个人比较倾向于工业互联网，因为它把未来企业界的网络，以及全球网络化的发展描述得比较清楚。

工业互联网具有 5C 架构（见图 3），5 层中的第一个字母都是一个“C”。最底层是智慧连接层（Connection），即一个企业所需要的数据都必须能够无障碍地获取；第二层是数据信息转换层（Conversion），即将数据转化为信息，对获得的数据进行数据挖掘和分析，得出对决策有用的信息；第三层是计算网络层（Cyber），是企业信息中心的枢纽，在这一层，将取自第二层的信息与原来设定的期望值进行对比，发现企业运行中的问题或机会；第四层是认知层（Cognition），由第三层获得的信息及监控资产和设备状况，以可视化的方式向决策者提供关于企业目前存在问题的认知，并使决策者能够做出相应的决策；第五层是配置层（Configuration），目的通过网络空间把决策信息送到物理空间，送到相应的子系统中，完成对相应的设备或系统做出调整的实际操作。

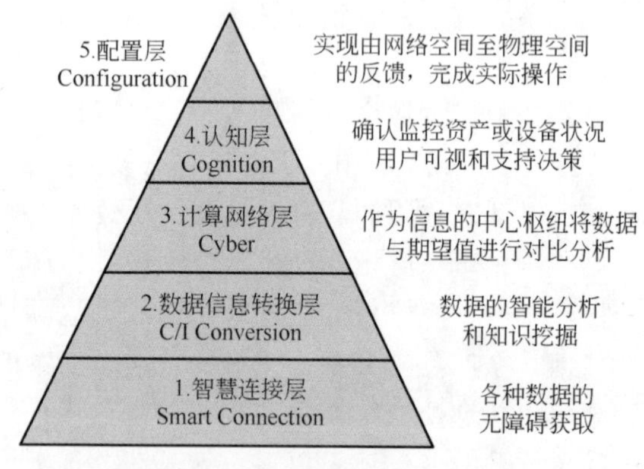

图 3　工业互联网的 5C 架构

这个 5C 架构，实际上是一个企业级的反馈控制系统，一个包括人、（计算）机、物在内的反馈控制系统。系统的控制对象，无论是人、机、物，其现况信息都通过 C1（第一层）来获取的；获取后，送到反馈器，即 C2（第二层），进行数据挖掘和分析；所得出的整个企业状况的实际值和期望值在C3（第三层）进行比较；比较后得出决策信息 C4（第四层），指示在什么地方需要做出怎样的调整或改变；最后由控制器C5（第五层）发出指令，实施对人、机、物的控制。反馈控制是自动控制理论最核心的思想之一，只有反馈控制才能达到最理想的控制效果。在人、机、物一体化的大系统情况下，反馈系统的一体化和优化设计，确实有很多重大的理论和创新问题。

认识工业互联网非常重要，尤其抓住它的本质和内涵对中国企业信息化的发展意义非凡。工业互联网系统不仅涉及信息技术的各个方面，而且也涉及很多相关的科学技术领域，世界上没有一个企业能够承担工业互联网的全部研发任务。为此，美国几个IT巨头牵头组织了工业互联网联盟。2015年6月，美国工业互联网联盟发布了一个工业互联网系统的参考架构，对工业互联网的构成要素、各要素之间的相互关系等都进行了比较系统的探讨和研究，为工业互联网的系统架构、解决方案架构和应用架构提供了一个开发指南，具有重要指导意义。

工业互联网提出了分析系统功能的四个维度，包括业务的维度、用户的维度、系统功能的维度、系统实现的维度，对每一个维度都做了详细的需求分析，研究了必须要考虑的基本问题。

工业互联网系统的参考架构将工业互联网系统分成内外三层：外缘层、平台层和企业层。企业需要的所有数据，通过外缘层进入企业的数据平台，在平台层进行数据的转换和分析；在完成一系列操作运算后，产生决策所需的数据，并送入企业层；企业层接收这些数据之后，根据决策系统设定的规则决定企业下一步怎么做，并将决策产生的控制信息流返回平台层；平台层对控制流进行分析后，再送到外缘层，包括企业外部的相关企业。整个过程中，核心的部分是数据的分析和处理，包括终端数据的获取、先进的数据处理、决策的执行模块、系统输出的产生等，各种模型的构建和数据的分析计算是数据处理系统的核心。

工业互联网系统涉及很多核心技术。第一层涉及物联网技术及应用；第二层用的是业务智能和大数据技术；第三层是云计算技术；第四层离不开计算科学技术；第五层则是网络化的自动控制技术。

不难看出，工业互联网所需要的技术支撑，实际上把当前信息技术发展的热点几乎都概括其中。目前，我国大数据、云计算、物联网等都炒得很热，但是，如果这些热门技术不围绕一个主题，朝着一个共同方向努力的话，是形不成竞争优势的。

2016年3月2日，工业互联网和工业4.0这两个技术平台，在瑞士苏黎世做了对接。双方达成协议，必须实现工业 4.0 参考架构模型和工业互联网系统架构模型的兼容性和互操作性，这是二者得以共享全球市场的一个重要步骤。中国也已推出自己的工业互联网架构模型，但总体来看，我们的步子还是慢了一些。如果我们的步子能够更快一些，工业互联网系统的竞争有可能形成三足鼎立的局势。特别是，其中涉及很多标准和规范问题，如果我们不参与前期标准的制定，就会非常被动。中国必须尽快建立团队，推出自己的工业互联网系统“参考架构（IIRA）”，并与工业4.0平台、工业互联网联盟展开协调行动，以避免被边缘化。

（三）全球物联网

工业互联网系统的快速发展，使全球物联网成为业界关注的焦点。如果一个企业进来的和出去的产品都具有联网功能的话，物联网的问题还只限于一个企业的内部，对产业影响不大。但是，如果全世界绝大多数的企业都需要将输入和输出的产品联网的话，这个物联网就变成了一个全球物联网（The Internet of Things），与几年前讲的物联网的概念不一样，它是一个第一个字母大写的物联网。全球物联网之所以提上了全球信息化发展的议事日程。英特尔公司估计，到2020年全球物联网大概要提供一个500亿物品互联的互联网基础架构。现在的互联网，是人的互联网，总共连接的只是30亿～40亿人，物联网将带来互联网十几倍甚至几十倍的扩张。Gartner公司估计，到2025年，全球互联的物品大概有2000亿个。这样一个庞大的物联网，给互联网未来的发展带来了巨大的挑战。不难看出，工业互联网本身就是一个人、机、物的互联网，全球物联网就是一个全球的人、机、物的互联网，这个网络在现有互联网的基础上生长起来，必将会带来巨大的经济和社会变革。

全球物联网覆盖所有的重要领域，包括各种各样的业务活动、能源、消费、健康与生命、IT技术和网络、安全和公安、零售业和交通制造等，由此将产生一个智能互联的世界。一些重要的行业，如通信、零售、汽车、医疗等，将发生重大的变革。这就是未来15～20年可能产生的新的前景。

物联网、大数据和云计算将走向融合。对于全球物联网，大数据可以帮助各行各业提升业务洞察力，推动全球基于数据驱动的经济发展，进而推动国家治理和社会发展。全球物联网成为全球最重要的数据采集和数据共享平台，形成新一轮的海量数据增长浪潮，成为衍生无数个具有真正商业价值和业务洞察力的大数据平台。这是工业互联网和全球物联网真正的价值所在。大数据和云计算的发展，将视物联网的发展而确定其方向和重点。各种形态的“云”和“云联网”，将为物联网和大数据提供不同类型的服务和所需要的不同的商业模式。

全球物联网不是一个垂直的或水平的、局域的物联网，而是一个人、机、物的互联网，这是一个必然的发展结果。意识到这一点，就知道全球信息化的发展方向发生了重大转变。现在最重要的是，我们必须转变思想和观念，迎接全球物联网带来的这种革命性变革。

大数据的发展也会面临很多挑战。上千亿物品的数据在网上流动，这些数据储存在哪里，需要什么样的数据中心、什么样的分析技术、什么样的隐私保护等，都是新生的问题。云计算也是一样，怎样在云与云之间实现互联，如内部网和外部网，未来就是云和云的互联，一个企业和很多其他关联企业的私有云的互联。云网络、云安全、云服务的管理等，也会带来一系列需要解决的问题。

应该看到，工业互联网系统的基本思想，不仅适用于任何制造企业，而且适应于政府和其他企事业单位。不仅对大型或跨国企业赢得国际竞争力极为重要，而且对国家信息化和信息产业的发展影响十分深远。工业互联网系统是一个“改朝换代”的系统和产品，市场需求极大，目前虽然是针对企业设计的，但全社会的每一个领域都会被“裹挟”进来。因此，工业互联网是全球信息化进入一个新时代的表征，中国决不可掉以轻心。未来10～15年，全球信息化在很大程度上将围绕推动工业互联网系统的发展而发展。全球信息技术和产业的生态将发生重大变革。

新形势下“互联网+”建议开展三方面工作

工业和信息化部赛迪研究院　信息化研究中心

《国务院关于积极推进“互联网+”行动的指导意见》发布一年多来，互联网与各领域创新融合取得显著成效，基于互联网的新模式、新业态层出不穷，包容有序的“互联网+”政策环境正在形成，“互联网+”已经成为撬动我国新经济增长的重要驱动力量。调研同时发现，“互联网+”向纵深发展的过程中，正面临新形势、新情况，建议有针对性地加强三方面工作。

【我国“互联网+”发展取得四方面显著成效】

（一）“互联网+”新模式、新业态大量涌现

互联网应用范围不断扩大，与各行业的跨界融合不断加深，助力新模式、新业态大量涌现。互联网与制造业融合加速，装备行业“互联网+”应用深入，众多企业能够借助物联网、大数据等技术提供产品全生命周期管理和服务，家电行业研发、供应链、生产环节协同制造应用普遍，消费品、原材料等行业智能制造扎实推进，服装、家居等行业个性化定制应用前景广阔，形成了一批可推广、可复制的“互联网+”协同制造新模式。互联网与服务业融合创新突出，加速了服务业社会化分工重组，催生出了一批互联网电商、互联网金融、互联网医疗、互联网教育、网络约租车等新兴业态。

（二）“互联网+”带动创业就业亮点频现

各方高度重视“互联网+”创业创新，产业资本和金融资本大量涌入，创业创新亮点频现。近两年，经国家认证的众创空间从50余家快速发展到2300余家，增长近46倍；截至2016年5月，全国有498家众创空间吸引创业投资352亿元；全国涌现出一大批双创典型代表城市，北京、上海、深圳、杭州、广州、成都六个城市孵化的创业公司总量全国占比达81%；大学生积极踊跃参与创新创业，中国“互联网+”大学生创新创业大赛连续两年举办，参赛高校达到2110所，参赛学生累计70多万名，参赛项目累计15.5万个。同时，“互联网+”创业创新有效拉动就业，以新的组织形式和劳动工种快速扩大岗位数量。截至2016年5月，国家级众创空间直接带动了6万余人就业；从平台企业来看，腾讯线上开放平台创业公司达到600万家，累计促进就业人口近1100万人。

（三）“互联网+”驱动国际竞争力显著提升

随着“互联网+”战略的加快实施，一批行业、地区典型快速涌现，部分企业已经跃升成为全球样本，驱动我国国际竞争力显著提升。从制造业企业来看，海尔集团、沈阳机床、青岛红领等一批领先企业正在引领智能制造发展，在战略、组织、生产、业务、管理等价值链关键环节全面推进变革，加速互联网融合向实体经济回归；从互联网企业来看，近两年我国诞生了一批规模大、创新力强、世界影响大的互联网企业，百度、阿里巴巴、腾讯、京东4家被列为全球互联网企业前10名；从科技创业企业来看，全球181家估值超过10亿美元的独角兽企业中，中国企业数量达到38家，分布在智能硬件、电子商务和互联网金融等多个领域。

（四）“互联网+”发展环境愈发包容有序

国家相关部门针对“互联网+”发展过程中的痛点和难点，制定出台了系列管理办法，开展了专项整治和分业监管，为“互联网+”创造了良好的持续发展环境。例如，工信部发布了《关于进一步防范和打击通讯信息诈骗工作的实施意见》，提出了29条铁律打击电信诈骗；国家发展和改革委发布了一批互联网市场准入负面清单，构建了鼓励创新、与时俱进、放管结合的市场环境；网信办、公安部、人民银行、工商总局、食药总局等部门组织了移动应用、电子商务、互联网金融、网络直播等领域的专项整治行动，有力保障了互联网新业态健康发展。

【面临三方面新形势新情况】

（一）新旧业态交织引爆矛盾点，“互联网+”的监管将向制度化深入

当前，互联网融合创新加快，新业态层出不穷，各领域监管不断加强。但部分领域监管往往针对某类业态以专项行动方式展开，亦或由政策的综合考量演变为单方面监管便利，不仅导致监管碎片化、治标不治本，更会给新业态发展和监管本身带来危害和挑战。当前，《网络安全法》顺利颁布，《电子商务法》提请审议，都在彰显互联网法治进程的加快。未来，随着新旧业态不断融合交替，矛盾点还将继续爆发，现有监管模式势必无法满足行业健康发展的需要，从根源上摸清互联网发展的规律和特点，强化“互联网+”顶层制度和法律体系

设计，将成为我国“互联网+”战略成功实现的重要保障。

（二）消费需求升级倒逼行业转型，“互联网+”的服务将由数量规模向质量效益提升

从电子商务发展情况来看，“互联网+”商贸服务令国民消费潜力得到极大释放，但面向国内消费需求升级和消费行为的改变，我国电子商务发展速度有所放缓。国家统计局统计数据显示，2016年前3季度，我国网上零售额达34651亿元，增速为26.1%，比2015年同期放缓10.1个百分点。同时，行业内假货现象、诚信危机、规范缺失、税收争议等严重困扰着行业发展，给其蓬勃发展带来不少隐忧。2016年网络交易商品质量专项抽检结果显示，总体不合格商品检出率仍为 34．6%，其中内在质量不合格率则达到93%。随着多部委发力“打假”和电商平台治理能力的提升，未来电商发展生态将不断优化，以品质提升力促电商转型升级。

（三）产业技术融合条件趋于成熟，“互联网+”的领域将由商业模式向关键技术扩展

从产业发展阶段来看，我国制造业覆盖门类广、细分行业属性差距大，互联网与制造融合创新应用仍处于初级阶段，与销售过程融合应用多、生产过程融合应用少，不同行业间差距仍然较大。数据显示，当前我国35%的企业仍处于起步建设阶段，47%的企业仍处于单向应用阶段。因此，从产业发展需求来看，未来“互联网+”要实现面向全生产环节集成的创新应用，则首先要实现工业大数据、人工智能等关键技术与全生产过程的有机结合。从技术发展情况来看，人工智能、虚拟现实等新一代信息技术已经跨越了启蒙阶段，成为行业的发展的应用热点。小米公司宣布建立VR和智能机器人探索实验室，百度公司无人驾驶汽车在环境感知的计算机视觉技术方面实现世界领跑。未来，更多企业将紧跟互联网新技术发展潮流，继续加大前沿新技术投资，驱动“互联网+”新应用层出不穷。

【进一步推进“互联网+”的措施建议】

（一）加快构建常态化、制度化治理体系

一是法律法规层面，要加强“互联网+”顶层制度和法律体系设计，加快制定专门性法律，贯彻网络法治执行理念，明确相关部门法律职责，进一步加强依法治网、依法管网，用法治来规范网络空间行为。二是探索以网络平台为核心的市场治理模式，辅以明确的底限规则，构建政府部门监管、平台自我管制、平台交叉监管和平台用户监管相结合的协同治理机制，保障平台相关方权益。三是克服“灭火式”监管，建立常态化的监管检查机制，明确监管核心，创新执法检查模式，搭建相关部门和企业信息对接平台，定期上报相关事项，保障监管检查的常态化执行。

（二）打造公平自律的平台内部治理机制

一是加强平台的权责一致性研究，明确“避风港规则”和“红旗规则”的适用边界和条件，引导平台企业制定合理的免责条款，平衡兼顾平台创新发展和惩治担责。二是加强平台规则的审核，探索建立平台规则审核办法，明确审核对象、审核内容、审核方法和备案申诉机制，促进平台生态良性发展。三是引导建立开放共赢的平台企业运行规则，鼓励企业设立平台治理部门，完善平台内部治理职能和治理方案，净化平台生态环境。

（三）协同推进重点领域重大示范项目

一是面向重大核心领域，切实以企业需求为依托，积极推进工业机器人、工业互联网、工业软件等领域的务实示范合作，切忌盲目智能化。二是创新产业推进机制，以联盟模式助推智能制造产业生态圈式发展，组织建立跨行业且涵盖技术研发、产品制造、应用推广和系统集成等功能在内的产业联盟，注重产业链上下游协同发展，加快推进标准制定、技术研发、产品生产、应用推广全链条发展。三是建立灵活的项目考评机制，充分依托第三方研究机构，加强“互联网+”重点领域评价指数标准研究与试验验证，开展“互联网+”项目实施评价工作。

工业互联网应抓好试点不要急于求成

神州数码董事局主席　郭为

工业互联网的概念在近几年成为热门词汇，流传较广，该概念强调的是互联网在制造行业的深入应用，有关内容各家各派有很多不同角度的阐释，综合各种描述，简单而言，我们认为工业互联网主要涵盖了以下四个层次的内容。

1．设备的智能化

新时代的制造设备本身应该具有数字化、智能化的特点，运用“计算机辅助运动控制系统”（简称“数控系统”）与传统的动力系统、机械运动系统及加工工具等的整合运用，使得制造业的加工或组装过程的精准度、可控性和可扩展性得以极大提升，改变了过去手工或手工控制机械制造时代的制造手段，解决了质量不稳定、加工精度不高、生产效率不均衡及更新换代耗时且昂贵等诸多问题，是未来各个行业先进制造方式发展的首要趋势。当前大量的数控设备的发明和更新换代，正在改变各行各业的制造手段，跟不上潮流的企业必将被淘汰。

2．车间的自动化

基于各类数控设备的联动，组合出可完成一系列连续的加工工艺的“制造单元”，配合机器人、传感与识别技术等物料传送辅助装备的共同运用，能够不间断自动完成某产品的部分或全部加工过程，成为全自动化生产的车间，这里除了装备的数控化，还需要计算机辅助的管理信息系统——通常所说的MES（制造执行系统）等进行管理支撑，以综合协调日常不断变化的设备工艺和产能、原材辅料供应、加工计划安排等，目前最典型的应用就是汽车制造行业的自动化组装车间。未来这种方式也必将逐步推广到各行各业。

3．企业的管理智慧化

企业管理智慧化最典型的应用就是基于计算机网络的企业级ERP（制造资源计划）系统的应用，这将对整个企业全局的产、供、销、人、财、物等各类资源进行综合管理，重点在于协调企业、客户、供应商这三者之间的任务互动，使得企业获得最大的效率和效益。除此以外，还有各类研发管理、行政人事管理、互联网供应链管理、经营数据分析管理等一些专业化的管理系统，这些管理系统将进一步强化整体的管理深度和关联度。上述众多的企业管理信息系统，与数控制造设备和自动化制造单元的“集成化”，以及整体的“互联网化”和“智能化”，将是未来发展的方向。

4．社会全生产要素供应的网络化

基于上述三个层次的基础运用，目前在个别行业或个别领域，正在诞生一种更高层次的制造业协同模式。这种模式可以明确的产品制造任务为触发，迅速在互联网上产生关联规划和部署，根据需要组合起所有与制造任务相关的配制，如设备工艺和产能匹配、人员匹配、原材辅料匹配、物流资源匹配等，迅速地、精确地、优质低耗地满足制造需求。这种模式实际上已经提前将尽可能多种类的生产要素集中到互联网的云平台上进行了细致的管理，理论上可以满足任何成熟的制造需求；同时，由于这种基于互联网的包括设备、人才、知识技术等在内的社会全生产要素的集中管理，对各个行业新产品的设计、试制和量产也将带来革命性的支撑，并使得试错的成本降到最低，从而使人类达成目前所能的所有制造能力，迅速焕发出无限的可能性，可以支撑制造出过去难以想象的各种新产品。

工业互联网概念的内涵，当下已成为欧美和全世界制造业努力的方向，是人类面向自身和大自然进行更高层次互动的趋势，我们一定要牢牢把握住这样的主流方向，力争在新工业革命的浪潮中不掉队、不落后，甚至走在前列。

针对工业互联网建设应用的大量具体环节，需要我们深入细致地研究和攻关，不能单纯炒作概念，一定要扎扎实实地实践。同时，也建议工信部能够专门建立相关领导部门进行长期研究、长期指导、长期跟踪。

有关工业互联网应用的各个方面，经过多年的努力，目前也都有了一定的积累，因此建议在国家有关部委统一领导下，将相关的、相对成熟的技术及解决方案进行示范推动，开展“梦工厂”建设。在实践过程中，涉及的设备数控系统、MES 和 ERP 等管理信息系统、互联网云端虚拟制造平台等重点环节的攻关和建设，以及相关“数据安全”保障体系的研究和运作实践、数据通讯网络体系的建设和运营保障等方方面面的具体需求都会细致地一一浮现，我们可以据此逐步建立行业标准和规范，推出适合的政策和法规保障，为今后全行业大规模的工业互联网建设做好准备、打好基础。

这项工作的艰巨性、复杂性和长期性都是显而易见的，我们必须充分地认识到这一点，要切实推进并收获实效，就要从细节做起，扎扎实实，不可盲目夸大，不能急于求成，关键是要培养和保护好我们有关的人才。无论是对现有企业中有关的管理者、技术专家、研发和推广团队，还是正在持续引进的跨行业或海外人才等，如何长期地、顺畅地保障他们的工作机会和工作环境，激励他们的工作热情，培养更多的后续梯队等，都将是我们完成这项艰巨工作的关键抓手，也是众多工作能够具体落实的有力保障。建议能够建立针对性的政策措施，从保护有关人才的角度，坚决推进各个环节的具体工作。

利用区块链技术健全大数据价值流通体系

工业和信息化部赛迪研究院　刘　倩　蒲松涛　潘　文

数据资源是大数据产业发展的关键基础，作为大数据时代重要的生产要素和战略资产，其价值体现以数据开放和流通为前提。然而，目前数据资源在流通过程中存在权益体系与监管体系不完善、分级分类机制缺失、安全可靠保障体系不健全等问题，制约了大数据产业的健康发展。区块链作为一种新兴的信息技术，在金融、能源、农业等多个领域已被证实具有广阔的应用潜力，其去中心化、集体维护、数据不可篡改与伪造等特性，使其成为破解数据流通难题的有效工具。如何推动区块链与大数据协同发展值得深入探索与研究。

【大数据价值流通过程中的突出问题】

（一）基于数据确权的权益体系亟待建成

数据确权是指对数据的所有权、占有权、使用权、受益权和他项权利的确认、确定，是构建数据权益体系的基础与核心。一个国家对本国数据资源的控制是维护数据资产利益的关键，各国都高度重视对数据主权的保护。以美国为代表的西方国家利用技术优势实施数据霸权，通过服务全球变相收集、汇聚网络数据，威胁其他国家的数据资源所有权。由于我国基础核心技术支撑能力较弱，数据跨境流动保护等规则缺失，无法对数据资源在网络空间的传播过程实现有效监督管理，数据主权的确认及维护面临巨大挑战。同时，数据权益体系的不健全也极大阻碍了价值数据的流通，为我国数据开放、数据交易和隐私保护带来诸多困难。以数据交易为例，由于数据确权机制不完善，北京、上海、贵州等地大数据交易平台的数据开放进程缓慢、供需不对称，严重影响了数据的成交率与成交额。我国亟须运用网络新技术完善数据流通过程中的确权功能，同时提升维护数据主权的技术能力，避免丧失国家的信息主导权。

（二）面向数据资源综合管理的分级分类机制缺失

数据分级分类管理，是指对用户数据资源按照内容属性、价值层次和重要性进行级别和类型的确定，旨在明确各类数据的使用范围与方式，并依据各类信息的价值和安全风险实施不同程度的管理和保护。实行数据分级分类管理，不仅有助于从国家层面加强对政府部门数据的统筹管理，提升政府数据共享、开放的标准化程度，从而更快地推进政府数据共享和公共数据开放工作，也有助于数据管理机构或平台制定数据流通规则，促进各行业数据的交易与交换。我国在《促进大数据发展行动纲要》提出，在“2020年年底前，要逐步实现信用、交通、医疗、卫生等民生保障服务相关领域的政府数据集向社会开放”。然而，就目前来看，我国分级分类管理体系的不健全导致数据授权机制迟迟未能建立，政府数据的开放共享进程异常缓慢，甚至引发了一系列的信息泄露案件。

（三）数据追溯等监管手段有待改进

数据追溯是实现大数据监管的重要功能，也是明确数据所有权的基本手段之一，依赖于数据流通路径的确定。数量巨大、来源分散、格式多样的大数据对政府监管能力是一种新挑战，若能实现对网络数据流经过程的全记录，将极大丰富对网络数据的监管功能，并为数据资源的综合管理与网络违法案件的查处提供新手段。《国务院办公厅关于运用大数据加强对市场主体服务和监管的若干意见》指出，利用信息技术建立产品质量追溯体系，对食品、药品、农产品等关系人民群众生命财产安全的重要产品数据形成来源可查、去向可追、责任可究的信息链条，有助于监管部门监管和社会公众查询。目前，对网络数据的非法收集、窃取、贩卖和利用行为日益猖獗，并已形成规模巨大的黑色地下产业链。通过对数据流通路径的全记录，可在第一时间确定犯罪嫌疑人，掌握犯罪记录，推动构建形成安全有序的网络空间。

（四）数据资源的防丢失和防篡改功能仍不健全

防丢失、防篡改是构建数据资源安全保障体系的重要环节，直接影响着数据的真实性、可靠性及完整性。当前，政府、金融、互联网等重要领域和行业的信息基础设施承载着大量的业务数据和用户数据，保证关键数据免遭非法篡改与利用成为大数据健康发展的重要基础和关键保障。然而，实际状况却令人担忧。一方面是价值数据易丢失、易被篡改或破坏的缺点依然突出；另一方面是各行业领域网络频遭黑客攻击，导致互联网平台数据被篡改和丢失事件时有发生，从而给互联网和大数据发展带来恶劣影响。例如，携程等互联网企业部分服务器数据库的备份数据曾遭物理删除；有个别地方环保部门非法篡改环境监测数据以掩盖污染事实；还有个别教育考试院工作人员篡改考试成绩数据记录等。诸如此类的案件不同程度地影响了各行业数据的真实性和完整性，不利于促进数据时代经济社会的健康发展。总体上，我国大数据安全可靠的保障体系尚不健全，重要数据资源的防丢失和防篡改能力亟待加强。

【区块链是健全数据价值流通体系的有效技术保障】

（一）共识机制推动大数据权益体系建立

在基于去中心化的分布式对等网络中，所有节点均拥有数据保存及获取区块构建能力的权利与机会，为区块链技术赋予了强大的共识机制。这种共识机制保证了区块链体系中各个节点对区块构建及其发展的认可。基于共识机制，在数据资源产生或流通之前，将确权信息和数据资源有效绑定并登记存储，使全网节点可同时验证确权信息的有效性，并以此明确数据资产的权利所属人。通过数据确权建立全新的、可信赖的大数据权益体系，为数据交易、公共数据开放、个人数据保护提供技术支撑，同时为维护数据主权提供有力保障。对于数字资产的确权，区块链技术已经被证实是一种存储永久性价值数据的理想解决方案，目前在真实性验证、土地所有权、股权交易等场景中已得到应用。“小蚁”系统正在尝试构建基于区块链的公司股权登记系统，使区块链成为公司的股东名册及持股信息的合法记载场所。

（二）全记录的区块数据可为数据监督与管理提供新手段

区块链技术本质上是一个不可篡改的、全历史的分布式数据库。在比特币等典型的区块链数据结构中，巨大的区块数据集合包含了每一笔数据交易的全部历史，能够实现对数据资源流转的全生命周期记录。该特性使得区块链技术能够实现对数据交易过程的可追溯，从而为数据在流通过程中的监管提供便利，为政府和行业部门治理非法数据使用和交易提供有效手段。区块链公司 R3 宣布与 Axoni 公司、瑞士信贷公司、联博（AB）公司及汇丰银行等 7 家公司合作，共同建立以区块链技术为支撑的高效自动化信息处理系统，用以追溯金融业不清晰、不准确的参考数据，保证金融市场的良好运营。

（三）加密技术和存储方式提升了数据安全保障能力

区块链技术要求系统内所有节点对已验证的数据进行存储备份。数据存储采用非对称加密算法，一方面可保证数据经过脱敏处理后才能流通，有利于突破信息孤岛；另一方面能够辨识任何改动数据的行为，使区块链数据具有不可篡改性。信息一旦经过验证并添加到区块链上，就会被所有系统节点存储，只有同时控制整个系统中超过51%的节点，才有可能对已记录的数据进行修改或删除，这就极大提高了面向价值数据资源进行网络攻击的难度。与此同时，如果将非对称加密算法与数据的分级分类机制有机结合，就能为网络空间数据管理带来新手段。基于区块链的比特币自 2009 年诞生以来不断发展壮大，当前总市值已超过 100 亿美元，其系统的稳定性正是依赖于强大的安全保障机制。剑桥大学博士兼研究员 GregIrving 在药物开发和测试过程中，利用区块链的不可篡改性创造了一个区块链系统，防止制药公司和研究人员修改真实试验协议，从而保证了临床试验数据的安全可靠。

【政策建议】

（一）致力于核心技术，提升融合创新能力

一是积极把握区块链核心技术的研究进展与发展趋势，密切跟踪国际区块链技术发展的前沿动向，抢占区块链相关理论与技术的先行高地。二是加大投资支持力度，引导科研单位和科技企业特别是大数据企业加强对区块链技术的研究应用，促进产学研合作，加快突破大数据与区块链融合发展关键技术，以企业为主体形成成熟的产品、服务及行业应用解决方案。三是鼓励以开源的方式推动区块链核心技术创新，支持重点企业和科研单位参与全球区块链开源项目，提高我国在全球区块链技术创新中的贡献度与话语权。四是推动建立区块链大数据应用实验和测试平台，构建基于区块链技术的价值数据存储新体系。

（二）加强实践先导，开展融合应用示范

一是围绕国家大数据综合试验区建设，在大

数据产业基础条件好、示范效应强的地区，组织开展区块链技术应用区域试点示范，推动形成技术成熟、应用价值高且面向大数据价值流通体系的行业应用解决方案。二是重点结合数据交易、用户隐私保护、价值数据追溯等应用场景，以企业为主体，强化政府引导，创新组织形式，组织实施一批典型的区块链应用案例工程，形成可复制、易操作的示范案例，开展推广工作。三是加强各方协调，集聚产业优势资源，优先在民生服务领域探索建立基于区块链的政府数据开放与管理机制，利用区块链技术优化管理流程，提升安全保障水平，提高政府数据资源对大数据产业发展的牵引作用。

（三）实施安全认证，构建融合保障体系

一是建立基于区块链技术应用认证体系，依据区块链规模和应用范畴，探索制定区块链等级划分制度，制定行业分级认证标准，依托第三方机构开展区块链技术应用认证服务，规范行业竞争市场，避免恶性竞争和虚假宣传。二是依托第三方服务机构开展区块链产品和解决方案的评测服务，明确相关产品的功能与适用范围，提高产品和解决方案的应用稳定性。三是探索研究制定基于区块链技术的大数据行业管理和安全监督机制，组织开展区块链应用于大数据领域的安全风险评估，加强对敏感数据的管制，强化对用户隐私的保护能力，提升信息安全保障水平。四是积极推动区块链相关标准的制定与宣贯，制定大数据产业应用区块链技术发展标准路线图，逐步完善应用标准体系。

以信息化推进国家治理体系和治理能力现代化的对策研究

工业和信息化部赛迪研究院　许旭

当前，我国经济和社会进入重大转型期，国家治理面临前所未有的机遇和挑战，国家治理的开放性、多样性、复杂性程度越来越高，要求形成更有效、更科学的治理体系。党的十八届三中全会提,出要完善和发展中国特色社会主义制度，推进国家治理体系和治理能力现代化。国家治理体系和治理能力现代化是对传统政府管理的继承和创新，是对国家治理全面、系统的改革和优化，亟须找到新思路、新方法和新路径。习近平总书记指出，“没有信息化就没有现代化”。《国家信息化发展战略纲要》明确提出，要以信息化推进国家治理体系和治理能力现代化。在信息时代，信息化既是国家治理体系和治理能力现代化的应有之义，也是推进国家治理体系和治理能力现代化的重要手段。因此，阐述国家治理体系和治理能力现代化的内涵，分析信息化发展给国家治理带来的机遇和挑战，提出相应对策建议，对于破解当前国家治理中存在的问题、推动建立一套科学有效的治理机制、实现国家治理能力现代化具有重要参考价值。

【信息时代国家治理面临的挑战】

（一）互联网发展要求传统治理模式随之变革

诞生于工业时代的科层制政府组织结构具有严格的规章制度、明确的组织分工，虽然能够高效完成大规模团队任务，符合专业化生产所需要的稳定和效率，但同时也存在对外部环境的应变反应滞后等弊端。随着互联网时代的到来，实体空间信息流程和传播规律被改变，政府信息垄断被打破，民众参政议政的渠道大大拓宽，体现了民意诉求多样化、社会问题交织化、社会舆论多元化、信息影响复杂化等特点，在这样的形势下，科层级政府组织结构的缺陷被日益放大和凸显，传统的上令下达、分层次走程序、定期发布信息等管理体制、管理手段和宣传理念明显滞后，已经难以实现科学有效的管理。

（二）信息供给爆炸式增长要求提高政府信息处理能力

随着云计算、大数据、社交媒体等新技术、新手段的发展，人们日常的生产生活越来越多地映射互动到网络空间，累积形成了规模巨大、增长迅猛的数据资源。信息资源呈现多、杂、碎、快等新特点，数据规模大，数据类型多，数据来源广，信息快速涌现，即时即兴信息占有很大比例，一些信息还没来得及利用就被覆盖，变成了历史数据；还有一些有价值的信息被淹没在数据的海洋里难以被甄别和提取，这些新情况、新问题的出现都对政府的信息处理能力提出了挑战。如果没有强大的信息能力，无法对巨量信息进行有效筛选、提取、整合，就可能被信息淹没，难以形成治理所需的有效信息，从而失去提升治理能力的机遇。

（三）经济社会活动互联网化亟待加强网络空间治理

当前，人类在网络空间的活动大量展开，经济社会正进入基于信息网络的大创新、大变革时代，网络空间正逐渐成为人类社会充满生机与活力、兼具挑战与机遇的全新生存空间。网络空间的诞生和发展，使人类经济、政治、文化、科技形态发生了质的转变，改变了人们的学习、工作、生活和思维方式，增进了人们的沟通。但同时，也极易成为诱发政治安全和社会稳定问题的因素、沦为文化渗透的新工具、网络犯罪的新天堂和国际博弈的新战场。尤其是当前我国正处于社会转型与改革攻坚的关键时期，信息庞杂、泥沙俱下、意识形态碰撞激烈的网络空间极易成为不稳定、不安全因素的发酵池，直接影响着国家安全与社会稳定，因此加强国家网络空间治理成为体现治理能力的焦点和关键点。

（四）颠覆性技术冲击社会制度变革和价值观重塑

当前信息技术的更新是飞速的，更是颠覆性的，无人驾驶、人工智能、虚拟现实等看似遥远的技术不再遥不可及，将对我们的生活、制度和文化带来颠覆性的影响。例如，无人机、无人汽车等技术和产品的应用问题已经触及了许多法律和政策的模糊区域、空白区域，要求法律和制度的建设跟上技术的进步；区块链技术的应用使得数据的传输不再依赖某个中心节点，每个人均可参与数据库记录，而当前我们的国家、家庭及所有的社会机构都是一个中心化的组织，去中心化的区块链势必会挑战我们现有的价值观。这些新技术的出现和应用都要求政策制定者不仅要跟上时代步伐，而且要能预判未来趋势，合理地制定政策法规明确技术未来发展的方向。

【信息化在推进国家治理体系和治理能力现代化中发挥重要作用】

在信息时代，信息技术已经与经济、政治、文化、社会等领域的改革深度融合，为国家治理带来新理念、新方法、新途径，有利于党和政府更好地利用信息化手段感知社会态势、畅通沟通渠道、辅助科学决策。

（一）无障碍的信息交互，有利于促进治理信息获取由高成本、单渠道向低成本、多渠道转变

在传统治理模式下，治理信息的获得大多依靠纸质材料的流转和政府部门的层层上报，信息扩散更多依靠电视、报纸、宣传窗等渠道，不仅耗费时间、人力，而且受时间、空间限制。互联网时代的到来改变了特定空间中时间存在的一维性，大量不同时段、不同时点的信息在网络的虚拟空间内得以充分储存、传输和扩散，信息的生成、传递、处理方式日益去中心化、多渠道化。只要存在需求，信息即时供给的成本就变得非常

低；相应地，政府获取治理信息的成本较以往大大降低，为政府更全面、快速地获取治理信息创造了社会和技术条件。截至2015年，我国政务微博账号近28万个，政务微信公号已逾10万个，很多地方党政机构运用政务微博、微信等新渠道进行政民互动，为快速了解民情、回应民生需求提供了有效方式。

（二）高集成的信息处理，有利于促进治理机制由政出多门、互相掣肘向协同共治、集成共享转变

当前，由于我国统筹管理机制不完备，信息共享、资源统筹、工作协调不够，政府治理过程中信息碎片化、应用条块化、服务割裂化现象比较突出，部门分割和利益冲突制约了信息的自由流动和交互共享，重复建设、投资浪费和信息孤岛等现象严重。这种信息无法集成共享的现状，制约了治理主体信息能力的提升，影响了信息在推进国家治理现代化进程中作用的发挥。新形势下，云计算、大数据等信息技术的广泛应用使得政务云逐步演变为电子政务的新型基础设施，促使信息共享整合交互和业务协同成为现实。通过电子政务云平台的建设、推广和应用，多个政府部门可以共用相应的基础架构，实现各政务系统之间软硬件和信息资源共享，从而推动政府管理服务从各自为政、相互封闭的运作方式向跨部门、跨区域、跨层级的协同互动和资源共享转变；通过建设一体化在线公共服务平台，整合共享政务资源，再造业务流程，实现居民需求与公共服务无缝对接。

（三）精准化的信息分析，有利于促进治理反应由粗放、低效、滞后向精准、高效、灵敏转变

随着人类社会的发展，人类利益诉求不断多元化，公共管理事务变得日益复杂化、碎片化，依靠集体智慧或个人的实践经验等作决策的方式已经很难全面认知、把握正在发生事情的本质规律，并作出正确的决策。大数据、云计算等信息技术的深度应用能够实现海量信息的快速捕捉、精准判别、筛选分析和科学处理，通过数据关联分析、数学建模、数据统计等技术进行模块化分析和趋势预测，为决策提供更为系统、准确、科学的参考依据，为决策实施提供更为实时、精准的追踪反馈，从而推动政府治理向高效协同、集成共享、精准灵敏转变。例如，上海市财政局通过汇总各税种、各行业税收收入、国库收入数据、主要经济指标数据等各部门数据，预测分析产业发展趋势，及时调整产业政策和财政扶持重点。2016年9月上线的全国空气质量高分辨率预报和污染控制决策支持系统（NARS）通过动态分析大气污染控制的代价和社会效益，定量得出最优动态控制方案，针对性地提出主要污染源减排或动态限排措施，为大气污染应急控制、产业结构调整提供了科学决策依据。

（四）高质量的信息公开，有利于促进治理方式由封闭型决策向开放透明的民主决策转变

过去，政府信息公开多采用传统的政府公报、报刊、电视、广播等方式，辐射力有限，及时性较差，也难以激发公众参与治理的热情。互联网以“开放、共享、交互、透明”等特征逐渐成为公民与政府部门工作与生活不可或缺的工具，为政府信息公开、为民服务、网络理政提供便捷、有效的技术支撑。政府利用门户网站、网上政务办事大厅、微博、微信、APP等多种形式的政民互动平台，既使得政府决策公开、执行公开、管理公开、服务公开、结果公开，管理更加及时、充分、透明，也丰富了公民获取信息、表达利益诉求的渠道，公民能够更大程度参与政策制定、执行和监督。例如，中国政府网发起的“2015政府工作报告我来写——我为政府献一策”活动，是我国首次由政府网站发起的政府工作报告互动参与活动，活动先后收到网民建言7.9万条，摘选送到报告起草组的有代表性的意见1426条，影响之大、参与人数之多前所未有。

【以信息化推进国家治理体系和治理能力现代化的对策建议】

以信息化创新应用为基础和动力，以推动党、政府、社会力量协同治理为主线，以充分发挥信息在国家治理中的基础性作用为抓手，不断深化改革，促进信息资源开放共享和高效利用，稳步提高党的网络执政能力，积极推动政府职能转变，

广开大众在线参与治理模式，建立健全网络空间治理体系，从而实现“主体协同互动、治理权责匹配、信息高效利用、网络空间有序”的国家治理新局面。

（一）充分发挥信息在国家治理中的基础性作用

一是推动信息开放共享，夯实国家治理的信息基础。推动全国政务数据资源和基础设施建设的互联互通、整合共享；建立完善的政府部门间信息资源共享体系，建立跨部门调取运用数据的长效机制；建立跨部门、跨层级的国家信息资源共享技术平台，为信息资源共享制度提供技术支撑，推动信息资源在政务部门内部顺畅流转。建立全国统一规范、协调联动的数据开放技术服务体系，为各部门开放公共数据资源提供培训和技术支撑。

二是加强大数据统筹管理，提高数据整合利用能力。在国家层面设立专门机构，统筹管理国家数据资源的共享开放和整合利用；引导协调并监督其他各部门、各级政府推进大数据发展、应用；建立数据资源目录清单管理制度，对关系公众利益、经济运行、国家安全等重要数据资源进行分级分类统筹管理。

三是创新大数据应用，提高政府信息能力。在宏观经济、市场监管、公共服务、社会管理等领域组织开展大数据应用试点示范，探索以大数据应用提高感知社会、政民互动和决策能力的模式、机制和路径。总结推广全国各地以大数据提升治理能力的创新性案例和典型经验。加大对基层公务人员的大数据应用培训力度，培养选调既有大数据应用意识又懂经济社会管理的复合型人才，提高公务人员搜集数据、分析数据、甄别信息、处理信息的能力。

四是加快推进大数据相关立法进程。推进大数据权益相关立法，加快制定个人大数据立法、大数据交易立法等相关法律法规，确定各类数据开发应用与个人隐私的权利边界，明晰各主体与数据之间的责任、权利、义务和风险，规范约束交易主体行为。完善大数据安全法律体系，加快关键基础设施保护、网络安全审查、个人信息保护等法律法规的增补完善，建立保护国家安全、市场安全和个人隐私安全的法律法规和制度体系。

（二）加强党的在线执政能力

一是加强党组织自身信息化建设。整合利用各级党委部门信息资源，建设完善党的决策指挥管理系统、执政资源配置和运行监测系统、惩治和预防腐败系统、社会管理和群众工作服务系统等信息化系统。推动建立覆盖行政权力运行全流程、全领域、全岗位的综合电子监察系统，实现权力主体明晰规范、权力空间量化限制、权力运行全程监督。在线发布权力清单、责任清单、负面清单，完善权力运行的网络监管。

二是加强党对信息工具的利用能力。利用信息技术提升党的网络反腐、科学决策、联系群众的能力和水平。建立网络反腐直通窗口，利用网络举报、网络曝光、网络舆论监督等方式加强反腐倡廉网络信息收集工作，加强完善举报网站法规制度建设，健全举报网站受理机制及线索运用和即时反馈制度，为公民利用网络依法行使监督权利提供便捷、畅通的渠道。建立基于大数据的网络民意测量研判机制，实时分析网络民意的总体趋向、主要观点、网民情绪，并将网民意见经过整合分析及时传递到决策部门。

三是利用信息技术发展党内民主。建立机制化、常态化的网络协商参与平台，利用网络议政和远程协商等形式广泛开展专题协商、对口协商、界别协商、提案办理协商等广泛而多层次的协商活动，推进政治协商民主化。建立人大、政协提案、议案和建议库，促进政协定期会商与立法机关、政府机关的资政议政信息共享。

（三）统筹发展电子政务，助推政府职能转变

一是创新电子政务统筹管理机制，提升在线政府执行力。加强电子政务顶层设计和规划，系统考虑网络整合、平台建设、业务应用、信息资源开发利用、技术服务体系、信息安全、标准体系等建设内容和实施路径。建立全国电子政务协调发展机制，在各省份和有条件的地市设置网信办机构，负责本地区电子政务推进工作，形成在中央网信办领导下的自上而下、业务顺畅的电子政务协调推进体系；构建跨部门一体化联合推进

机制，建立电子政务发展部际联席会议制度，统筹推进电子政务网络建设、数据资源开放共享、业务协同和在线政务服务等工作。

二是推进“互联网+政务服务”，提升政府公共服务供给水平。在共享协同前提下开发部署跨部门网上办公和业务应用系统，推进已有系统与新建系统、垂直领域应用系统和地方综合应用系统的衔接，支持跨部门、跨区域的业务协同和信息资源共享，提高各级政务部门履职能力。围绕简政放权，积极推进网上并联审批，加强事中事后监管的信息化支撑力度，助力推进行政体制改革。大力发展服务型电子政务，对公共服务进行资源整合和流程再造，构建跨部门、综合性、一体化在线公共服务体系，为公众提供无缝对接的全流程服务。发挥社会化网络平台的资源整合和服务优势，建立多元有效的服务供给体系。

（四）广开大众在线参与治理模式

一是运用多元化网络平台拓展公众参政议政渠道。建设和完善基于政府网站、政务微博、微信等新媒体的政民互动平台，完善对话管道，规范在线咨询、民意征集、网上调查等互动方式流程，探索网络会议、网络议政、微信群、QQ群、网络提案、网络社情民意等多种“互联网+”模式，实现网络问政有序化、规则化。加强对影响力较大的第三方网站、网络论坛、BBS等社交平台的规范管理，规范网民在线发表意见行为，引导网民理性讨论，善意提出完善政策和改善民生的对策建议。

二是建立基于网络的公众诉求受理回馈模式。建立基于大数据分析的公众诉求研判回应机制，组建专门队伍和部门搜集汇总网民关切的民生热点问题，加强研判分析和分类处理，主动邀请政府官员、专家学者和当事人进行在线访谈解答，并根据工作进展情况，持续发布权威信息。加强业务部门、宣传、网信等部门联合参与的民意回应联动机制，加强与有关媒体、网站的协调沟通，扩大回应信息传播范围。

三是加强公众网络参政议政能力建设。实施网民信息素养能力提升计划，通过在线教育、培训、宣传等方式，政府官员、学生、其他网民、社会组织等不同群体有效利用信息，正确表达观点和诉求，提高各类主体甄别、自律、自控能力。规制网络经营组织和从业人员的行为，督促网络媒体对其参与者进行必要的监督审查，一旦发现不良信息，及时删除，防止进一步传播。

（五）健全和完善网络空间治理体系

一是加强网络空间法律法规建设。推进已有法律法规在信息化和网络空间的延伸适用。弥补信息化和网络空间的立法短板，推动网络基础设施保护、个人信息保护、信息服务与管理、信息资源开发利用及网络安全管理等领域法律法规的制定和出台，形成完备的网络空间法律法规体系，保护互联网用户权益，以及互联网设施的正常运营和安全运行。注重通过立法建立起保护、鼓励网络空间合法行为的社会制度，在实施可信身份管理的基础上，提倡网上办公、网络会议、远程服务，在各行业推广电子发票、电子单据等。

二是加强网络空间监管。加强多部门相互配合和统筹协调，建立全国一体、统分结合、功能齐全、上下联动的网络监管信息系统和平台，形成网络联合监管机制，明确各自监管责任。建立有效的“筛查甄别→调查审核→处理反馈”的网络监管流程，鉴别、认定和处理网络信息和网络行为。建立网络执法效果评估和绩效考核制度，对网络执法行为进行规范化考量考评。正确发挥社会力量，全力支持并促进民间网络监督的发展，完善正常民意的网络表达机制。

三是加强网络舆论的引导和规范。建立健全规范化、常态化、立体化的舆论监测预警体系，基于网络搜索、数据挖掘、数据分析等关键技术开展针对重点领域、重点人群和重大事件的监测预警，强化网络舆论感知能力。构建上下互通、横纵联合的舆情研判与处置机制，推动各地域、各单位、各部门之间舆情信息研判、报送、发布的有效沟通，提高针对网络舆情裂变式传播的风险管控和协同应对能力。推动传统媒体和新媒体在内容、渠道、平台、经营、管理等方面的融合发展，强化新型主流媒体在弘扬社会主义核心价值观方面的传播引领作用，打造基于互联网的危机应对和舆情引导主阵地。

四是加强网络信息安全管理。构建统一权威、科学高效的网络安全标准体系和标准化工作机制，加强相关国家标准与网络安全标准体系的协调一致。建立网络安全审查制度，对进入我国市场的关键信息基础设施使用的重要信息技术产品及其提供者进行网络安全审查，提高产品和服务安全可控性。继续落实涉密信息系统分级保护、非涉密信息系统等级保护制度。加强互联网域名、地址等基础资源管理，依法对互联网信息服务实行行政许可制度。

我国制造业与互联网融合“新载体”研究

工业和信息化部赛迪研究院　许　旭

目前，我国经济增速放缓，已经从高速增长进入到中高速增长阶段，制造业依靠大规模投资、低成本要素投入和出口拉动的传统模式已难以为继，必须把发展基点放在创新上，着力发展高端产业，增强有效供给能力，形成高端引领的发展格局。“双创”通过集众智、汇众力，挖掘创新发展潜力，增强创新发展动力，推动制造业向更多依靠创新驱动转变。制造业是“双创”的主战场，大型制造企业是“双创”的主力军，大企业“双创”平台正成为制造业与互联网深度融合的新载体。当前，全国制造业“双创”平台建设如火如荼，开放创新平台、协同创新平台、虚拟孵化器、众创空间等各类“双创”平台大量涌现，在深化制造业与互联网融合发展方面发挥着越来越重要的作用，全面支撑以协同化创新、网络化制造、平台化服务为特征的新型制造体系建设。

【“双创”平台是制造业与互联网融合的“新载体”】

推动制造业与互联网融合发展就是要充分发挥互联网创新引领的优势，把互联网的创新要素、创新作用不断融入制造业的研发、生产、制造、物流、配送服务全流程，提高各环节资源配置效率，推动产业链、价值链、创新链“三链融合”。“双创”平台汇集信息流、技术流、资金流、人才流、物资流，推动资源要素高效对接和优化配置，推动企业发展理念、战略、组织、流程、管理和商业模式创新，是制造业应对全球新一轮科技革命和产业变革的重要突破口和切入点。推进大型制造企业、基础电信企业、互联网企业搭建基于互联网的“双创”平台，是推动制造业提质增效升级的重要措施，是深化制造业与互联网融合发展的重要抓手。

（一）“双创”平台正成为资源高效整合的新手段

开放共享是互联网时代创新发展的重要方式，基于先进网络技术的创新平台具有突出的开放性、虚拟性、协同性等属性，在企业生产经营中的网络效应与规模效应日益凸显。制造企业通过基于互联网的“双创”平台，不断突破地域、组织、技术的界限，在全球范围内整合集聚、开放、共享各类创新要素和制造资源，推动制造资源的高效对接和优化配置，有效提升了企业的设计、制造、管理和服务水平，实现了跨越式发展。

一是通过自建“双创”平台整合资源。不少大企业利用技术、资金等资源优势，集中力量搭建了一批开放创业创新平台，集聚企业内外部创新资源为自身发展所用。海尔集团打造了开放创新平台 HOPE，聚集了 10 多万家创新资源，实现与全球专家、用户、发烧友的实时互动，大幅提升了产品研发效率，如家电模块商基于 HOPE 平台的产品研发效率提高了 30%，开发时间缩短了 70%。中航工业的爱创客平台以企业资源和产业生态为核心，推动基于互联网的开放式创新和联合创业，实现以企业自身资源牵引各类创新创业要素聚集、开放、融合和共享。

二是通过第三方“双创”平台整合资源。与自建开放式“双创”平台的高门槛、高投入、高风险相比，利用第三方“双创”平台开展低成本、高效率的创业创新活动，也是大企业利用外部创新资源的重要方式，这既能弥补企业自身创新发展短板，也能实现企业创新能力提升。例如，由北大、清华、中科院等 13 家学术单位和商飞、潍柴等 70 多家行业领军企业共同成立的北京协同创新研究院，正在推动建设仿真与设计、智能机器人等 18 个协同创新中心，全力打造行业重大技术联合攻关与高端人才培养的新高地，为重大科技突破与转化、行业技术进步、中小企业产品创新提供强有力的技术支撑。

（二）“双创”平台正成为组织管理创新的新方式

大型制造企业在建设“双创”平台过程中，通过组织结构与管理机制创新，充分挖掘释放企业内部“众”部门、“众”环节、“众”员工的创业创新潜力，推动企业向网络化、平台化、扁平化创新型组织转型发展。从实践经验看，目前大企业推动的组织管理创新包括完善创新激励制度、推动管理体制微创新、向创新型组织结构转型等。

一是完善企业员工创新激励制度。激励企业内部员工创新潜力的制度安排由来已久，可以追溯到 1872 年德国克虏伯提出的合理化建议管理理念。从实践看，采用这种传统但有效的制度安排激励内部员工创新活力的大企业较多，也有不少大企业仅开展创业创新竞赛活动。例如，哈尔滨一机集团、中国一重、盾安集团、广汽集团等通过合理化建议制度有效激发了员工创业创新活力。其中，盾安集团在 2010—2015 年间采纳合理化建议累计达 3 万余项，产生的效果十分显著；广汽集团 10 年间共产生改善提案 253 万余条，参与人数超 27.5 万人次，为集团创造直接经济效益达 30.3 亿元。又如，亚宝药业、杭叉集团、中钢集团等大企业在国家“双创”政策的引导下积极开展创业创新大赛活动，有效提升了企业创新发展活力。其中，亚宝药业全面开展“五小”（小发明、小创造、小革新、小设计、小建议）竞赛活动，在促进企业提质增效方面效果显著。

二是推动管理体制微创新。国外企业发展经验表明，企业的创新发展往往依赖于稳扎稳打的微创新，而非激烈的“颠覆式”创新，不管技术还是管理均如此。我国大企业规模大、人员多，管理体制大变革难度高，在国家“双创”政策支持与引导下，通过在企业内部设立创业创新部门、推动管理体制微创新，已经成为不少大企业创新发展的现实选择，并取得了积极成效。例如，大华股份鼓励技术骨干与公司共同组建创业团队，横店东磁在基层生产经营和管理单位组建先进会、智慧创想会等创新小组，山东临工摸索出“一全二创三结合”的全员创新管理模式，中信重工开设创客工作室、大工匠工作室等创新单元，一拖集团创建劳模创新工作室，中钢集团建立创新社群“中钢创新思享会”等。其中，中信重工通过聘请 10 位中国工程院院士和 15 位行业领军人才，牵头组建了 18 个技术创新团队，并建立了劳模工作室、大工匠工作室和工人创客群体，直接参与者超过 500 人，带动 4000 多名一线工人成长成才，由 5 个大工匠领衔的创客工作室仅在 2014 年就取得了创新成果 46 项，为企业创造价值 1285 万元。

三是推动组织结构平台化变革。除传统的创新激励管理措施和企业管理体制微创新外，有个别大企业充分借助互联网技术力量，已经完成了企业组织结构的变革与重构，实现了从传统科层制管理到扁平化、平台化、创新型组织的转型。海尔是其中的典型，海尔集团打散了传统的“金字塔”型多层级企业组织结构，去掉中间管理层，在 8 万多名企业员工中组建起 2000 多个自决策、自创新、自驱动、自运转、自结算的创业型“自主经营体”，集团为这些自主经营体提供完善的研发资金、试验设备、供应链资源等平台服务。在“自主经营体”内，负责人竞争上岗且时刻受到员工监督，在报酬方面则打破过去按级别、职务拿薪酬的办法，实行“超利分享”，即当创造的利润超过行业平均水平 1.2 倍以后就可以加速分享收益，极大地激发了员工创业创新活力。

（三）“双创”平台正成为生产方式变革的新引擎

“双创”平台建设推动创新要素加速向多业务、全链条、全周期渗透，牵引和引领着企业转型，不断加快传统制造企业发展理念、战略、组织、流程、管理和商业模式创新，实现企业向研发设计、增值服务等价值链高端环节延伸。

一是驱动生产方式网络化、协同化变革。“双创”平台是制造技术和信息技术深度融合的有效载体，促进了企业内部及企业间研发设计、生产制造、营销管理各系统的无缝衔接和综合集成，催生了网络化协同制造、智能工厂等新型制造模式。潍柴构建全球协同研发平台和供应商协同设计平台，实现全球范围内协同研发创新，大幅缩短产品研发周期。

二是加快向个性化定制模式转型。个性化定制的关键是激发消费者创新活力，将消费者创新与企业创新紧密结合，推动生产者与消费者融合，进而实现企业柔性化生产、零库存运营的创新发展。个性化定制模式对企业转型要求较高，目前在服装、家具领域较常见。例如，报喜鸟服饰已经利用互联网技术、大数据技术等建立了大规模个性化智能定制系统，消费者可随时通过官网、移动互联网、第三方电商平台、门店智能终端等渠道接入公司开放定制平台，进行自主DIY设计和面料、辅料、工艺、款式、领型、纱线颜色等个性化需求选择，并通过智能化数据分析和信息整合生成订单信息指令，驱动智能工厂进行大规模个性化制造。

三是推动制造业向生产服务型转变。一些大型制造企业通过“双创”平台开拓附加值更高的服务化新业态，使服务化成为制造业价值链的主要增值点，同时依托“双创”平台促进信息流、技术流、资金流和物流的贯通与整合，大幅降低制造企业服务化转型成本，推动制造业与服务业加速融合，提升发展质量和效益。例如，三一重工、徐工等大企业通过建立“双创”平台，创新服务模式，拓展产品全生命周期管理、在线远程监测诊断运维等服务，实现从提供单一产品向提供系统集成和整体解决方案的服务化转型。

（四）“双创”平台正成为产业链效率提升的新途径

除挖掘企业内外部人才创新潜力外，通过推动产业链协同创新，激发产业链上不同企业甚至消费者的创新优势和活力，也是“双创”的重要方面。资源整合能力突出的大企业具有天然优势，这些企业通过“双创”平台集聚产业链上的创业创新资源，面向个性化、多样化市场需求，推动产业链协同创新与生态化发展，积极打造“抱团”发展的综合竞争新优势。

一是利用综合优势构建产业生态。一些大型制造企业“双创”平台面向产业链上下游开放“双创”平台资源，不断丰富创业孵化、专业咨询、人才培训、检验检测、投融资等服务，加强了与中小企业的专业分工、服务外包、订单生产等多种形式协作，形成资源富集、创新活跃、高效协同的产业创新集群。鲜易控股打造了一个开放共享、共生共赢的智慧生鲜供应链创业创新生态圈，汇集了数万个供应商、采购商、品牌商、运营商和服务商，共享金融、数据、技术、标准、信息等资源要素。

二是利用技术优势建立协同创新平台。一些大企业通过“双创”探索出了一系列带动产业链上相关方协同发展的新模式新业态。例如，山东如意集团创造性地探索出“1+X+N”的家庭工厂模式，通过为农户提供设备、资金、培训等开办家庭工厂，挖掘广大农户闲时劳动力，激发创业活力，实现产业链生态化发展。

三是利用资金优势发展产业链金融。大企业资金实力雄厚，利用资金优势开展产业链金融服务，带动产业链上创新能力强、资金需求大的中小企业协同创新，是构建产业综合竞争新优势的重要途径。通过调研，不少大企业将发展产业链金融作为推动“双创”的主要手段。例如，森源电气通过融资租赁、回购承诺等“销售+金融”的模式，支持难以获得银行贷款的民营企业或弱势区域企业的发展，不仅有效缓解了中小企业融资难题，而且带动相关设备制造稳步增长。2015 年 5 月，中国中车、首钢、智德盛等六家大型企业发起设立了中企云链金融信息服务股份有限公司，旨在通过嫁接互联网与供应链金融创造一种新业态，降低中小企业融资成本，进而降低供应链企业的生产成本。

（五）“双创”平台正成为创业孵化的新空间

建立一批面向内部员工或社会创业人员的创业孵化器，加速创新技术、产品与模式的商业化进程，已经成为多数大企业开展“双创”的重要模式。与传统孵化基地相比，互联网时代的大企业创业孵化器集聚了更多资源，并为创业创新团队提供“一站式”综合服务，有效降低了创业创新的外部成本。

一是建立企业内部孵化器。与企业原有的组织结构相比，企业内部孵化器是要集聚企业资源，加快推动内部员工创意创新产业化。例如，北汽福田工程研究总院2015年6月正式启动创新技术孵化平台，鼓励青年员工立足于岗位创新，创建跨部门、中心乃至事业部的协作模式，通过科技创新提升企业核心竞争力，目前车联网、指纹识别、空气动力学、商用车抬头显示器等 6 个项目正在研究孵化中。美亚柏科在 2015 年推出了激发企业内外部人才创业创新活力的“A+X”众创计划，其中“A 计划”聚焦内部员工的创新和创业，鼓励内部人员创业“人人争做 CEO”。通过为内部员工创业提供资金、技术、资源等支持，成功孵化出了厦门服云信息科技有限公司，目前估值超过 2.3 亿元。

二是建立业务关联型创业孵化器。为提升企业中长期创新发展能力，一些大企业利用在行业细分领域的专业优势，搭建起与自身业务紧密相关的创业孵化器，目前在医药、航天等领域已成功建立起一批专业性创业孵化器，有力推动了产业的生态化发展。例如，先声药业“百家汇”众创空间聚焦创新药物、诊断与器械、移动医疗等生命科学领域创业创新项目，哈工大以机器人技术及相关创业项目的引进孵化为主，大唐创新港提供 IC 产业孵化平台等。

三是建立独立型创业孵化器。一些大企业整合各类创新资源建立面向全社会的独立创业孵化器，为社会创业创新项目孵化提供综合集成服务，大企业在获取场租、投资等多元化收益的同时，也推动社会创业创新项目加速产业化，改善社会创新氛围。例如，海尔集团的“海立方”平台集聚了丰富的政府园区资源、30 亿元孵化基金、3 万家销售渠道和 6 万家加工制造资源，为创业创新提供全产业链服务。目前，平台上的创业项目覆盖了家居家电、智能硬件、健康、互联网、车联网等众多领域，已有概念项目 311 项、在研项目 536 项、完成项目 289 项，并有 37 个项目已实现盈利。

（六）“双创”平台正成为支撑中小企业创业创新的新载体

中小企业是我国国民经济和社会发展的重要力量，在增加就业、促进增长、科技创新与社会和谐稳定等方面具有不可替代的作用。然而，中小企业发展存在着创新能力弱、管理水平低、资金不足、市场开拓难等突出困难。因此，充分发挥大型制造企业、基础电信企业、互联网企业的力量，建立面向中小企业的专业化、社会化、第三方“双创”服务平台，运用互联网和信息技术缓解中小企业发展难题，具有十分重要的意义。

一是中小企业信息化推进工程和“互联网+”中小微企业创新创业培育行动加快实施，支持互联网运营商和信息化服务企业建设一批信息化服务平台，为中小企业的研发设计、经营管理、生产控制和电子商务等提供互联网和信息技术应用服务。例如，山西省中小企业维权服务中心和北京智慧联合科技公司联合开发的“山西省中小企业产业信息大数据应用服务平台”，是全国首家为中小企业提供产业信息服务的大型专业平台，主要为全省中小企业提供产业动态、供需情报等基础性情报信息，还可以根据企业的不同需求提供个性化定制情报，帮助广大中小企业形成“数据驱动决策”的智能商务模式，提升传统企业的核心竞争力。

二是互联网金融平台服务商、电子商务服务商、金融机构等通过提供供应链金融、电子商务信用、融资担保、知识产权抵押等服务，缓解小微企业融资难问题。例如，阿里巴巴通过自营小贷公司平台开展“蚂蚁小贷”业务，为数量庞大的网商、小微企业和个人创业者解决小额短期贷款，累计服务小微企业140多万家，发放贷款超过3000亿元，平均每笔贷款3.3万元，不良率在1%左右。

三是“创客中国”公共服务平台上线，采取众创、众包、众扶和众筹模式，运用云设计、网络制造、3D打印、开源技术等技术，支持中小企业与大企业协同研发与制造，参与产业链和创新链，推动个性化定制和柔性化生产。

四是众创空间是为小微创新企业成长和个人创新创业提供低成本、便利化、全要素的开放式综合服务平台。2015年，政府对商事登记制度、科研经费使用制度、创新产业的税收减免制度等进行了一系列重大改革，公司注册、兴办的门槛大大降低，极大地鼓励了创业创新的热情。涌现了以优客工场、无界空间、36氪、洪泰创新空间、SOHO3Q等为代表的一批众创空间，出现了中关村创业大街等一批众创空间聚集地，为创业者提供了交流空间，也为资本和创意的结合提供了平台。截至目前，全国各类众创空间已超过2300家，与现有2500多家科技企业孵化器、加速器，11个国家自主创新示范区和146个国家高新区，共同形成完整的创业服务链条和良好的创新生态。

【制造业“双创”平台建设存在的问题】

制造企业互联网化转型需求比较迫切，但目前基于互联网的“双创”平台，在汇聚整合创业创新资源，带动技术产品、组织管理、经营机制创新的潜力还没有发挥出来。同时，许多制造企业与互联网企业对“双创”平台建设的复杂性认识也不足，对“双创”平台建设的规律性还认识不清，企业“双创”仍然面临着不少亟待克服的困难。

（一）“双创”支持政策落实不到位

2015年以来，国家“双创”相关政策密集出台，各级政府部门落实成效不明显。一是政策密度大但针对性不足。部分地方和企业反映当前出台的“双创”政策仍是以指导性为主，实施性和操作性不够强。二是政策落实难度大。政策密集出台导致地方理解不足，难以制定实施细则，同时频频出台的政策都需要手段支持，这也给资源有限、手段不足的地方带来落实困境。目前，一些地方存在疲于应对、无暇消化的情况，以直接转发文件的形式落实中央文件。一些企业反映尽管政策较多，但缺少实施细则和具体支持措施，一定程度上影响了地方创业者的创业创新热情。三是政策宣传推广不够。一些企业反映希望政府主管部门加强政策的宣传讲解。

（二）管理体制机制掣肘“双创”发展

大企业一般具有严格的科层组织结构，传统的管理体制机制对创业创新的束缚较大。一是在人才选拔机制上，大企业论资排辈的用人观念较重，人才上升和流通的通道不畅。二是在研发机制方面，研发项目“行政式命令”较多，基于市场需求、用户意愿、员工自主创新开展的研发项目少。三是在薪酬制度方面，员工的工资多数按级别、职务发放，科研人员的收入没有与技术创新效益挂钩，无法体现“多劳多得”，对员工的激励不够。

（三）社会信用体系不完善

基于互联网的大企业“双创”平台实现了个体与企业、企业与企业、个体与个体创新资源及服务的直接对接，其健康发展与个人和企业信用评价体系紧密相关，但是目前我国社会信用体系的完善程度还有待提高。一方面，覆盖全社会的征信系统尚未形成，社会成员信用记录严重缺失，现有信用评价体系难以对创业创新参与者能力水平、信誉情况进行有效的评判和标识，影响用户对“双创”平台及创新类平台服务的接受度和信任度。另一方面，针对海量创业创新主体的监管乏力，无法有效响应各类突发问题，对恶意违约、危害安全等失信行为缺乏有效的惩治手段。

（四）知识产权保护力度亟待加强

知识产权保护是保护创业创新成果的重要手段，是激发创业创新热情的有效支撑。当前，开放式的大企业“双创”平台使得创业创新成本大幅降低，但与此同时，知识产权保护面临着越来越多的问题。调研显示，知识产权保护环境较差是大企业建设“双创”平台意愿不强的重要原因之一，创新成果保护困难是大企业创业创新面临的最突出问题。投入巨大的创新成果轻易被一些企业仿制、仿冒，造成“劣币驱逐良币”，打击企业创新热情。同时，企业、个人通过“双创”平台开发出来的技术、产品越来越多，开发周期越来越短，现有的知识产权保护保护法律体系难以快速、准确地认定，导致很多产品上线后很快就会被侵权。互联网时代技术创新与技术挟持界限模糊，模式创新方面的模仿与抄袭难以准确定义，导致技术创新和模式创新的知识产权侵权认定难、维权更难。

（五）创业创新人才缺乏

人才是推动创业创新的根本保障。当前企业普遍反映“双创”人才紧缺。一是区域创新人才不平衡。全国创新人才主要集中在北京、上海、深圳等城市，其他城市都不同程度地面临着创业创新人才稀缺问题。一方面企业难以招聘到具有创新、创业精神的员工，内部创业创新活力不足；另一方面多数地区高校毕业生的主流选择是就业而非创业，导致不少创业孵化器难以有效运行。二是互联网技术人才紧缺。应用互联网技术搭建开放式创新平台，是大企业“双创”的重要途径。但是，目前多数优秀互联网技术人才流向金融、互联网等领域，不少制造业大企业反映互联网技术人才紧缺，创新平台搭建和运维困难。三是知识产权人才缺乏，导致大企业在专利布局、申请、维权等方面保障不足。

【如何推进制造业与互联网融合“新载体”】

（一）加强大企业“双创”研究和政策制定

一是组织力量研究大企业“双创”的背景、意义、内涵等，厘清“双创”与两化融合、制造业与互联网融合等关系，编撰形成“双创”知识读本，供各级政府部门与企业参阅，推动形成“双创”能看懂、能落地、出效益的共识。二是遴选一批“双创”模式成熟、经验丰富的大企业开展示范推广，总结大企业建设、推广“双创”平台的内容、路径、模式，推动“双创”平台健康发展，提高“双创”平台服务能力。三是开展大企业“双创”专题培训，深化政府、企业对推进“双创”工作的认知和理解。四是研究促进大企业“双创”发展的政策文件，形成大企业“双创”发展的中长期目标、战略路线图和重点任务。

（二）分类开展大企业“双创”试点示范

一是开展大企业研发创新平台试点示范。在钢铁、石化、冶金等行业，选择系统集成能力强的行业骨干企业，建立持续改进、及时响应、全流程创新的产品研发平台，探索构建基于智能感知、知识挖掘、工艺分析、系统仿真等技术集成应用的研发新体系。在消费电子、家电、制鞋、服装等行业，选择创新能力强、用户规模大的行业骨干企业建立开放创新交互平台，探索用户深度参与、需求动态感知的研发设计新模式。二是开展大企业网络化协同制造平台试点示范。选择一批重点行业骨干企业开展试点示范，围绕工业网络、控制系统、管理软件和数据平台的纵向集成，以及研发设计、智能装备、生产制造、检验检测、营销服务、经营管理等环节的无缝衔接和综合集成，构建生产管理运营平台，探索全流程信息共享和业务协同新模式。三是开展大企业数据驱动型产品服务平台试点示范。在工程机械、汽车等行业选择一批骨干企业开展试点示范，围绕推进大型装备产品的智能化、高端化、服务化，建设基于数据分析的产品全生命周期服务平台，探索发展面向产品设计制造、检测诊断、远程维护、回收处置等过程的信息共享、质量控制、产品追溯和精准服务新模式。

（三）持续创新企业体制机制

一是持续深化大企业内部改革，将内部创业创新平台纳入企业治理体系，给予创业创新项目和员工创新资金、政策、场地等全方位支持。二是建立完善科学的绩效评价体系和激励机制，研究科技人员股权和分红权激励等措施，建立创新成果利益合理分享机制，鼓励员工开发更多具有自主知识产权的科技成果。三是建立灵活高效的人才选拔培养机制。通过集中培育、成果奖励、“双创”大赛等多种形式，开放利用全球创新人才资源，发现和集聚引领技术发展的领军人才，培养技艺精湛的高技能人才。

（四）加快构建信用评价体系

一是引导大企业“双创”开放平台通过网络实名认证制，建立健全涵盖市场主体基础信息、交易信息、履约情况等信用记录。二是利用数据分析进行个人、企业信用评分评级。将实施网络欺诈、造谣传谣、侵害他人合法权益等严重网络失信行为的企业、个人列入黑名单，并及时向社会公布，保障用户知情权。三是制定支撑大企业“双创”平台发展、社会化运营的关键信用标准，规范信用信息采集、处理、评价、应用、交换、共享和服务，依法合理利用网络交易行为积累的信用数据，实现对诚实守信企业、个人的奖励激励和违法失信者的联合惩戒。

（五）营造公平宽松的“双创”平台发展环境

一是进一步转变政府职能，放宽融合性、创新性产品和服务，以及平台类企业的市场准入限制，制定和实施各行业互联网创业创新准入的负面清单。二是加大对大企业“双创”平台建设运营和应用试点示范项目的支持力度，重点在相关法规制度建设、标准制定、创新应用市场培育推广等方面予以引导和支持。三是加强知识产权保护，简化审查和注册流程，实现知识产权在线登记、申请和审批，加强对网络的监管和对侵权行为的处罚力度，增强创业者道德和法律意识，营造出不敢侵权、不能侵权、不愿侵权的互联网创业创新环境。

互联网×传统产业＝重资产的轻工业化

清华大学互联网产业研究院院长　朱　岩

【连接是一种资源】

2017年政府工作报告为变革指明了方向：以创新来引领实体经济的转型升级，推动实体经济结构化调整，不断释放我们新的需求。

为什么会提出这个发展方向呢？因为我们原有的资源优势尽失。曾几何时，我们以自然资源、政府资源为骄傲，但是我们突然发现，高昂的成本变得让人难以接受，似乎一无所有，那么我们有什么呢？

扎克伯格说，连接是我们的优势，也是我们的资源。扎克伯格认为，自己对世界最大的贡献就是连接，不仅是人和人之间的连接，也包括所有事务之间的连接，因为这会带来我们商业模式上的一种根本性的转变。

在传统情况下，企业连接的关系非常简单，就是将商品卖出，与客户建立单向联络。但是互联网时代不同，没有关系的客户也会连接在一起，这意味着企业可以打开更多通道，商业模式也就必然发生改变。这意味着什么？这意味着我们完全放弃原来的“买卖”关系，以增值的方式获得价值。或许企业原来只考虑竞争就够了，但是在企业建立起来各种各样的连接关系后，电商企业会发现自己越来越向金融靠近，是不是所有的电商都一定要连接金融呢？未必如此。因为，这取决于客户在哪里，你如何通过关联，获得新的盈利方式。

这样，多边市场的效应在重新定义新电商环

境。企业要想办法让所有的产品具备可连接性。哪怕你做的是袜子，哪怕你做的是吸管，哪怕你做的是一个杯子……

如果杯子上加了一个温度传感器，或者蓝牙模块，就有了黏性。这个杯子可以告诉你里边的水多少度，如果能跟手机连在一起，当你离开这个杯子超过30米，手机就报警了。如果我们在杯子的平面变成屏幕、游戏屏、LED屏，这家杯子企业要发生革命性的变化。也许，这个企业生产一千万个杯子的时候，这家公司就成为媒体公司了，我们可以尽情设想在这些杯体上承载的各种信息。在物联网时代，一旦具备了连接性，运营方式就很不一样了。

【新电商时代到来】

新电商表现为三个基本特征：移动性、参与性、智能性。

移动性并不仅限于APP，而是在信息广泛存在情况下的协同性，产品、服务与相关方广泛协同，这才是叫作移动性。参与性，就是共享经济。无论是政府还是企业管理，以开放心态，以互联网思维，发挥人民的力量促进经济主体生产。智能性，就是要用互联网方式来执政，用互联网方式管理企业，让一切变得更加智能。

新技术助长新生态，新电商创造新规则。在经济不景气时，传统模式往往以鼓励商家到实体店购物的方式刺激消费，但是随着“互联网+”、大数据、云计算等新技术的普及和应用，这种刺激消费的方式正在发生改变。你完全可以将线上游戏与线下购物场景有机结合，甚至商场可以在线红包的方式激励消费，商家完全可能通过这种促销模式诞生新的“爆品”。我们面临的不是没有需求，而是在新技术条件下需求方式的变化。

这样，新技术改变了传统的经营模式，也完全可能在迭代中创造出独一无二的商业生态，并演化出与之匹配的新规则。例如，区块链技术是比特币诞生的基础，8年时间里比特币上升了150万倍。这种去中心化的算法影响的不只是金融行业，而是推动金融体系的重塑，甚至整体行业的转变。

如果说在传统国际贸易、国际金融领域，中国还难以成为领先者，那么，在新商业生态演化出新商业规则的时刻，我们有了机会，国际结算银行正向中国转移。我们应该加大对新规则的研究。这是一个新商业、新技术带动新规则大量涌现的历史阶段，我们有足够的理由在世界经济舞台上面参与、书写这些新规则。

在通讯技术领域，华为正成为规则的主导者。在电商领域，完全可以借鉴区块链去中心化的思想和实践思路，开创新电商规则。

【共享经济的春天】

共享经济在北美市场的规模已经相当巨大。这是所有人能够参与、所有物品都能参与的一种经济模式。在美国，没有什么不可以拿来共享，这给我们很大的启示。中国是一个人口众多、资源相对不足的国家。我们有责任维持可持续发展，让子孙后代依然能够享受到这片土地上留给他们的一些自然资源。这就非常有必要去发展各种各样的共享经济。

幸运的是，在中国，共享经济正如火如荼发展。共享经济渗透到住房、出行、金融、教育等不同领域。

在住房领域，已经有了若干个途家、小猪，这种分享住房的模式完全可以与Airbnb媲美；在出行方面，滴滴之后，共享单车进入市场；在技能方面，有猪八戒网；在金融领域，有P2P平台；还有各种教育分享方式。各种场景的分享模式均可能出现。

那么互联网创新价值到底如何？你会看到互联网带动传统产业所爆发出的能量，正帮企业带来指数级的价值突破。我把它总结为一个公式叫作“互联网×传统产业=重资产的轻工业化”。

我们在原有的重资产之上引入多边市场，引入各种各样的新经营模式。重资产模式进入门槛高，我们以全新的方式发挥我们重资产的价值，同时考虑到轻资产能够给我们带来价值的提升。这是我们在新经济时代要遵循的发展道路。唯有此，才能开创中国电商的新的篇章。

互联网推动实体经济提档升级

工业和信息化部赛迪研究院　陆峰

2017年4月21日，习近平总书记在广西考察工作时强调，一个国家一定要有正确的战略选择，我国是个大国，必须发展实体经济，不断推进工业现代化，提高制造业水平，不能脱实向虚。实体经济是经济发展的根基，是国家强盛的基石。近年来，互联网对实体经济发展产生的影响重大而深远，对实体经济传统的组织、运作、服务和商业模式带来了不小冲击，让实体经济步入转型发展的阵痛期。当前，提高认识，积极主动，顺势而为，正确看待实体经济领域互联网应用产生的颠覆性影响，积极发挥互联网第一创新要素作用，大力推进互联网和实体经济融合创新，将为实体经济注入新的发展动能，开启我国实体经济发展新方位。

【互联网正在颠覆实体经济传统的组织、运作、服务和商业模式】

(一)互联网正在颠覆实体经济传统组织模式

互联网正在深刻地影响实体经济传统组织模式，平台化组织、网络化协作、众包众创等新型组织模式正在成为企业新的组织模式，企业管理、组织和资源整合能力得到大大增强。另外，网络化管理、平台化组织带来的零边际成本效应，正在颠覆企业金字塔型的管理模式，让企业管理走向网状化和扁平化，市场响应能力和决策能力大幅提高，一线员工创造潜力得到极大挖掘。不仅阿里巴巴、猪八戒网、滴滴出行、摩拜单车、菜鸟物流、美团等互联网公司正在利用网络平台分别在零售、工业设计、交通出行、物流运输、外卖服务等领域创新传统企业组织模式，实现社会资源的有效整合，推动传统行业互联网条件下的变革升级；传统制造企业也正在加速利用互联网改变其组织模式，海尔企业平台化、员工创客化、用户个性化的转型模式探索也正在颠覆传统制造企业管控模式，建立适应信息生产力发展的生产关系，激发企业各环节员工的创造性。

(二)互联网正在颠覆实体经济传统运作模式

互联网正在深刻影响实体经济传统运作模式，凭借互联网信息获取的便捷性，低成本快速试错，多款少量、以销定产，从大规模、批量化的大众服务转为多批次、小批量的小众服务，提供个性化定制服务，已经成为了许多企业适应新常态、把握新常态、引领新常态的重要途径。依托网络平台，紧盯市场、随机应变，低成本快速学习，已经成为了许多企业快速响应市场需求、提高市场变化应对能力、加速技术和产品创新的重要法宝。依托社交网络，利用碎片时间，深度影响用户，实现低成本高频互动，推进企业用户向企业粉丝转变已经成为许多企业提高用户黏性、培育企业粉丝的主要模式。红领制衣、海尔冰箱、尚品宅配等企业个性化定制服务模式创新，推进了供给侧改革，激发了消费者的需求，成为行业发展的领头羊，引领着行业发展方向。韩都衣舍、凡客诚品凭借“款式多、更新快、性价比高”的产品理念，深得全国消费者的喜爱和信赖。小米公司手机橙色星期五的研发测试模式培育了一大批忠实发烧友和粉丝，雷军、陈欧、任志强、潘石屹、马云等一众企业家，都是通过网络自我营销手段，培育了一大批忠实粉丝。

（三）互联网正在颠覆实体经济传统服务模式

互联网正在深刻影响实体经济传统服务模式，移动服务、就近服务、O2O体验服务、在线监测、远程运维等新型服务模式孕育而生，服务业态创新改变了生产者和消费者之间的关系，客户连接更加紧密，供求关系更加高效对接。滴滴出行、百度外卖、大众点评、携程等公司移动服务、就近服务深刻改变了出租车、餐饮、住宿等行业服务模式，解决了大众生活、出行的痛点，促进了供求信息高效匹配和精准对接。苏宁易购、顺丰嘿店、京东到家等服务模式正在让线上线下服务融合更加紧密，客户体验更加优化。三一重工、陕鼓集团、振华港机等公司装备产品在线监测、远程运维等服务模式正在深刻改变装备制造业的服务模式，不仅提高了重大装备故障预判率，优化了售后运维供应链服务体系，更是拓展了装备产品价值来源，推进了工程装备企业服务化转型。

（四）互联网正在颠覆实体经济传统商业模式

互联网改变了企业的客户关系，个性化定制、用户全程参与、服务化转型等服务商业业态创新已经成为企业应对经济新常态、增加用户服务价值的主要手段。红领西服个性化定制、小米手机用户参与设计、海尔空调用户全程参与制造、陕鼓集团服务化转型等各类业态创新，已经让此类企业成为同行业的领头羊。互联网强化了企业的连接关系，企业之间的竞争更加激烈、合作更加紧密，催生的平台型竞争、产业链竞争、生态圈竞争让传统竞争更加健康有序。苹果、谷歌各自依托互联网在智能手机领域整合产业链上下游资源，构建起了两大移动服务帝国；阿里巴巴和京东两大公司以电子商务起家，正在向集合电商、金融、数据于一体的网络帝国迈进。互联网正在改变实体经济的变现模式，羊毛出在猪身上、平台交叉模式等商业模式正在从互联网虚拟经济向实体经济渗透，从消费互联网领域向产业互联网领域渗透。

【互联网为实体经济转型升级和变革创新发展注入了新动能】

（一）互联网打通了束缚实体经济发展的信息流动壁垒

互联网打通了束缚实体经济发展的信息流动壁垒，实现了信息在消费者、研发设计、生产制造、仓储物流、经营销售之间的无障碍流动，促进了机器之间、车间之间、人与物之间的信息流动，培育了个性化定制、协同制造、智能物流、电子商务的发展，提高了生产者对消费者需求的挖掘能力。互联网促进了商贸信息、物资信息、技术信息、人才信息流动更加匹配，以信息流带动技术流、资金流、人才流、物资流，促进资源配置优化，促进全要素生产率提升，对推动创新发展、转变经济发展方式、调整经济结构发挥积极作用。

（二）互联网让实体经济发展摆脱了资源环境等外在条件约束

互联网为企业发展开拓了新的发展空间，让企业许多服务在网络空间以逼近零边际成本，突破了时空、资源和成本约束，促进了业态创新。在未来社会，物理空间和网络空间将并驾齐驱，物理空间将受到各种时间空间、环境资源等外在条件约束，企业发展空间有限。网络空间不受时空、资源、环境等外在条件约束，将成为企业把握未来生存主导权的又一重要战略要地。马云前瞻到了未来全社会商务形态是基于网络空间信息流来引领线下物质流、资金流和技术流，因而超前布局，率先构建起了支撑未来商业运行的电子商务基础设施，让阿里巴巴成为了网络空间中全球最大的商业帝国。

（三）互联网为实体经济发展营造了更加公平透明的发展环境

互联网让企业置于信息更加透明、竞争更加充分、资源更加充裕的发展环境中，要求企业通过技术服务创新、开放合作和资源整合来寻求发展。互联网弥补了信息的不对称、政策信息、供求信息、价格信息、物流信息、物资信息等都极度透明，靠垄断信息获取发展的时代已经一去不复返。互联网让所有企业都处在同一个平台上竞争，全行业竞争、全球化竞争、开放式竞争、产业链竞争、生态圈竞争，既有竞争又有合作。

（四）互联网增强了实体经济发展的资源整合和要素配置能力

互联网正在颠覆实体经济要素配置模式，众包众创、生态圈竞争、全球合作等模式极大地整合资源，优化了要素资源配置。滴滴出行、猪八戒网、回家吃饭网、小猪短租、微商、人人快递等模式在交通出行、工业设计、餐饮住宿、商贸物流开启了众包众创时代，社会闲置资源得到了优化配置。阿里巴巴、亚马逊、苹果、谷歌等互联网企业围绕主营业务打造产业生态圈，加速了经济全球化，促进了产业链合作，优化了全球资源要素配置。

（五）互联网倒逼着束缚实体经济发展的体制机制障碍加速破除

互联网已经成为了全面深化改革的重要驱动力，正以“鲶鱼效应”倒逼着多个领域改革步伐加速破除体制机制障碍，以新的信息生产关系来更好地适应和解放信息生产力的发展。交通出行、金融、新闻媒体、医疗卫生、文化教育等领域互联网应用业态的创新，正在以“打人民群众战”之势倒逼上述行业加速改革，为推进出行绿色化、金融普惠化、个体品牌化、服务均等化及完善服务供给模式提供制度保障。众多互联网企业赴美上市显示出，我国股权投融资市场与国家创新战略的不匹配，倒逼着我国股权投融资市场体制机制加速改革，积极探索复杂股权结构互联网企业国内上市模式。电商假货、互联网金融诈骗、微信招嫖、直播涉黄等互联网新业态问题，倒逼着我国网络社会信用体系加速构建，为实体经济发展提供更加健康、诚信的发展环境。

【互联网新经济开启了实体经济发展的新时代】

随着互联网在经济社会大规模部署应用和普遍安装，互联网已经从技术应用向通用基础设施和创新要素转变，全面驱动着实体经济组织模式、运作模式、服务模式和商业模式的变革和创新，快速催生互联网为主要特色的网络新经济的发展。互联网不会摧毁实体经济，只会为实体经济发展注入更多创新要素。互联网和实体经济深度融合创新，将推动实体经济加速转型升级，将更好地适应新常态、把握新常态和引领新常态，开启实体经济发展新模式、新征程和新方位。发展互联网新经济将成为实体经济转型的重要方向，成为实体经济历史发展进程中的时代写照。

政策法规篇

国家信息化发展战略纲要

当今世界，信息技术创新日新月异，以数字化、网络化、智能化为特征的信息化浪潮蓬勃兴起。没有信息化就没有现代化。适应和引领经济发展新常态，增强发展新动力，需要将信息化贯穿我国现代化进程始终，加快释放信息化发展的巨大潜能。以信息化驱动现代化，建设网络强国，是落实“四个全面”战略布局的重要举措，是实现“两个一百年”奋斗目标和中华民族伟大复兴中国梦的必然选择。

本战略纲要是根据新形势对《2006—2020年国家信息化发展战略》的调整和发展，是规范和指导未来10年国家信息化发展的纲领性文件，是国家战略体系的重要组成部分，是信息化领域规划、政策制定的重要依据。

一、国家信息化发展的基本形势

（一）人类社会经历了农业革命、工业革命，正在经历信息革命

当前，以信息技术为代表的新一轮科技革命方兴未艾，互联网日益成为创新驱动发展的先导力量。信息技术与生物技术、新能源技术、新材料技术等交叉融合，正在引发以绿色、智能、泛在为特征的群体性技术突破。信息、资本、技术、人才在全球范围内加速流动，互联网推动产业变革，促进工业经济向信息经济转型，国际分工新体系正在形成。网信事业代表新的生产力、新的发展方向，推动人类认识世界、改造世界的能力空前提升，正在深刻改变着人们的生产生活方式，带来生产力质的飞跃，引发生产关系重大变革，成为重塑国际经济、政治、文化、社会、生态、军事发展新格局的主导力量。全球信息化进入全面渗透、跨界融合、加速创新、引领发展的新阶段。

随着世界多极化、经济全球化、文化多样化、社会信息化深入发展，全球治理体系深刻变革，谁在信息化上占据制高点，谁就能够掌握先机、赢得优势、赢得安全、赢得未来。发达国家持续推动信息技术创新，不断加快经济社会数字化进程，全力巩固领先优势。发展中国家抢抓产业链重组和调整机遇，以信息化促转型发展，积极谋求掌握发展主动权。世界各国加快网络空间战略布局，围绕关键资源获取、国际规则制定的博弈日趋尖锐复杂。加快信息化发展，建设数字国家已经成为全球共识。

（二）进入新世纪特别是党的十八大以来，我国信息化取得长足进展，但与全面建成小康社会、加快推进社会主义现代化的目标相比还有差距，坚持走中国特色信息化发展道路，以信息化驱动现代化，建设网络强国，迫在眉睫、刻不容缓

目前，我国网民数量、网络零售交易额、电子信息产品制造规模已居全球第一，一批信息技术企业和互联网企业进入世界前列，形成了较为完善的信息产业体系。信息技术应用不断深化，“互联网+”异军突起，经济社会数字化网络化转型步伐加快，网络空间正能量进一步汇聚增强，信息化在现代化建设全局中引领作用日益凸显。同时，我国信息化发展也存在比较突出的问题，

主要是：核心技术和设备受制于人，信息资源开发利用不够，信息基础设施普及程度不高，区域和城乡差距比较明显，网络安全面临严峻挑战，网络空间法治建设亟待加强，信息化在促进经济社会发展、服务国家整体战略布局中的潜能还没有充分释放。

我国综合国力、国际影响力和战略主动地位持续增强，发展仍处于可以大有作为的重要战略机遇期。从国内环境看，我国已经进入新型工业化、信息化、城镇化、农业现代化同步发展的关键时期，信息革命为我国加速完成工业化任务、跨越“中等收入陷阱”、构筑国际竞争新优势提供了历史性机遇，也警示我们面临不进则退、慢进亦退、错失良机的巨大风险。站在新的历史起点，我们完全有能力依托大国优势和制度优势，加快信息化发展，推动我国社会主义现代化事业再上新台阶。

二、指导思想、战略目标和基本方针

（一）指导思想

高举中国特色社会主义伟大旗帜，全面贯彻落实党的十八大和十八届三中、四中、五中全会精神，以邓小平理论、“三个代表”重要思想、科学发展观为指导，深入学习贯彻习近平总书记系列重要讲话精神，紧紧围绕“五位一体”总体布局和“四个全面”战略布局，牢固树立创新、协调、绿色、开放、共享的发展理念，贯彻以人民为中心的发展思想，统筹国内国际两个大局，统筹发展安全两件大事，坚持走中国特色信息化发展道路，坚持与实现“两个一百年”奋斗目标同步推进，以信息化驱动现代化为主线，以建设网络强国为目标，着力增强国家信息化发展能力，着力提高信息化应用水平，着力优化信息化发展环境，推进国家治理体系和治理能力现代化，努力在践行新发展理念上先行一步，让信息化造福社会、造福人民，为实现中华民族伟大复兴的中国梦奠定坚实基础。

（二）战略目标

到 2020 年，固定宽带家庭普及率达到中等发达国家水平，第三代移动通信（3G）、第四代移动通信（4G）网络覆盖城乡，第五代移动通信（5G）技术研发和标准取得突破性进展。信息消费总额达到 6 万亿元，电子商务交易规模达到 38 万亿元。核心关键技术部分领域达到国际先进水平，信息产业国际竞争力大幅提升，重点行业数字化、网络化、智能化取得明显进展，网络化协同创新体系全面形成，电子政务支撑国家治理体系和治理能力现代化坚实有力，信息化成为驱动现代化建设的先导力量。

互联网国际出口带宽达到20太比特/秒(Tbps)，支撑“一带一路”建设实施，与周边国家实现网络互联、信息互通，建成中国－东盟信息港，初步建成网上丝绸之路，信息通信技术、产品和互联网服务的国际竞争力明显增强。

到 2025 年，新一代信息通信技术得到及时应用，固定宽带家庭普及率接近国际先进水平，建成国际领先的移动通信网络，实现宽带网络无缝覆盖。信息消费总额达到 12 万亿元，电子商务交易规模达到 67 万亿元。根本改变核心关键技术受制于人的局面，形成安全可控的信息技术产业体系，电子政务应用和信息惠民水平大幅提高。实现技术先进、产业发达、应用领先、网络安全坚不可摧的战略目标。

互联网国际出口带宽达到48太比特/秒(Tbps)，建成四大国际信息通道，连接太平洋、中东欧、西非、北非、东南亚、中亚、印巴缅俄等国家和地区，涌现一批具有强大国际竞争力的大型跨国网信企业。到 21 世纪中叶，信息化全面支撑富强、民主、文明、和谐的社会主义现代化国家建设，网络强国地位日益巩固，在引领全球信息化发展方面有更大作为。

（三）基本方针

——统筹推进。信息化事关国家经济社会长期可持续发展、事关国家长治久安、事关人民群众福祉，必须胸怀大局、把握大势、着眼大事，统筹中央和地方，统筹党政军各方力量，统筹发挥市场和政府作用，统筹阶段性目标和长远目标，统筹各领域信息化发展重大问题，确保国家信息化全面协调可持续健康发展。

——创新引领。全面实施创新驱动发展战略，把创新发展作为应对发展环境变化、增强发展动力、把握发展主动权，更好引领经济发展新常态的根本之策，以时不我待、只争朝夕的精神，努力掌握核心技术，快马加鞭争取主动局面，占据竞争制高点。

——驱动发展。最大程度发挥信息化的驱动作用，实施国家大数据战略，推进“互联网+”行动计划，引导新一代信息技术与经济社会各领域深度融合，推动优势新兴业态向更广范围、更宽领域拓展，全面提升经济、政治、文化、社会、生态文明和国防等领域信息化水平。

——惠及民生。坚持以造福社会、造福人民为工作的出发点和落脚点，发挥互联网在助推脱贫攻坚中的作用，推进精准扶贫、精准脱贫，不断增进人民福祉；紧紧围绕人民期待和需求，以信息化促进基本公共服务均等化，让亿万人民在共享互联网发展成果上有更多获得感。

——合作共赢。坚持国家利益在哪里、信息化就推进到哪里，围绕“一带一路”建设，加强网络互联、促进信息互通，加快构建网络空间命运共同体；用好国内国际两个市场两种资源、网上网下两个空间，主动参与全球治理，不断提升国际影响力和话语权。

——确保安全。网络安全和信息化是一体之两翼、驱动之双轮，必须统一谋划、统一部署、统一推进、统一实施，做到协调一致、齐头并进；切实防范、控制和化解信息化进程中可能产生的风险，以安全保发展，以发展促安全，努力建久安之势、成长治之业。

三、大力增强信息化发展能力

（一）发展核心技术，做强信息产业

信息技术和产业发展程度决定着信息化发展水平。我国正处于从跟跑并跑向并跑领跑转变的关键时期，要抓住自主创新的牛鼻子，构建安全可控的信息技术体系，培育形成具有国际竞争力的产业生态，把发展主动权牢牢掌握在自己手里。

1．构建先进技术体系。制定国家信息领域核心技术设备发展战略纲要，以体系化思维弥补单点弱势，打造国际先进、安全可控的核心技术体系，带动集成电路、基础软件、核心元器件等薄弱环节实现根本性突破。积极争取并巩固新一代移动通信、下一代互联网等领域全球领先地位，着力构筑移动互联网、云计算、大数据、物联网等领域比较优势。

2．加强前沿和基础研究。加快完善基础研究体制机制，强化企业创新主体地位和主导作用，面向信息通信技术领域的基础前沿技术、共性关键技术，加大科技攻关。遵循创新规律，着眼长远发展，超前规划布局，加大投资保障力度，为前沿探索提供长期支持。实施新一代信息技术创新国际交流项目。

3．打造协同发展的产业生态。统筹基础研究、技术创新、产业发展与应用部署，加强产业链各环节协调互动。提高产品服务附加值，加速产业向价值链高端迁移。加强专利与标准前瞻性布局，完善覆盖知识产权、技术标准、成果转化、测试验证和产业化投资评估等环节的公共服务体系。

4．培育壮大龙头企业。支持龙头企业发挥引领带动作用，联合高校和科研机构打造研发中心、技术产业联盟，探索成立核心技术研发投资公司，打通技术产业化的高效转化通道。深化上市发审制度改革，支持创新型企业在国内上市。支持企业在海外设立研发机构和开拓市场，有效利用全球资源，提升国际化发展水平。

5．支持中小微企业创新。加大对科技型创新企业研发支持力度，落实企业研发费用加计扣除政策，适当扩大政策适用范围。完善技术交易和企业孵化机制，构建普惠性创新支持政策体系。完善公共服务平台，提高科技型中小微企业自主创新和可持续发展能力。

（二）夯实基础设施，强化普遍服务

泛在先进的基础设施是信息化发展的基石。要加快构建陆地、海洋、天空、太空立体覆盖的国家信息基础设施，不断完善普遍服务，让人们通过网络了解世界、掌握信息、摆脱贫困、改善生活、享有幸福。

6．统筹规划基础设施布局。深化电信业改革，鼓励多种所有制企业有序参与竞争。统筹国家现代化建设需求，实现信息基础设施共建共享，推进区域和城乡协调发展。协调频谱资源配

置，科学规划无线电频谱，提升资源利用效率。加强信息基础设施与市政、公路、铁路、机场等规划建设的衔接。支持港澳地区完善信息基础设施布局。

7. 增强空间设施能力。围绕通信、导航、遥感等应用卫星领域，建立持续稳定、安全可控的国家空间基础设施。科学规划和利用卫星频率和轨道资源。建设天地一体化信息网络，增强接入服务能力，推动空间与地面设施互联互通。统筹北斗卫星导航系统建设和应用，推进北斗产业化和走出去进程。加强陆地、大气、海洋遥感监测，提升对我国资源环境、生态保护、应急减灾、大众消费以及全球观测的服务保障能力。

8. 优化升级宽带网络。扩大网络覆盖范围，提高业务承载能力和应用服务水平，实现多制式网络和业务协调发展。加快下一代互联网大规模部署和商用，推进公众通信网、广播电视网和下一代互联网融合发展。加强未来网络长期演进的战略布局和技术储备，构建国家统一试验平台。积极开展第五代移动通信（5G）技术的研发、标准和产业化布局。

9. 提高普遍服务水平。科学灵活选择接入技术，分类推进农村网络覆盖。发达地区优先推进光纤到村。边远地区、林牧区、海岛等区域根据条件采用移动蜂窝、卫星通信等多种方式实现覆盖。居住分散、位置偏远、地理条件恶劣的地区可结合人口搬迁、集中安置实现网络接入。完善电信普遍服务补偿机制，建立支持农村和中西部地区宽带网络发展长效机制，推进网络提速降费，为社会困难群体运用网络创造条件。

（三）开发信息资源，释放数字红利

信息资源日益成为重要的生产要素和社会财富，信息掌握的多寡、信息能力的强弱成为衡量国家竞争力的重要标志。当前，我国信息资源开发利用不足与无序滥用的现象并存，要加强顶层设计和系统规划，完善制度体系，全面提升信息采集、处理、传输、利用、安全能力，构筑国家信息优势。

10. 加强信息资源规划、建设和管理。推动重点信息资源国家统筹规划和分类管理，增强关键信息资源掌控能力。完善基础信息资源动态更新和共享应用机制。创新部门业务系统建设运营模式，逐步实现业务应用与数据管理分离。统筹规划建设国家互联网大数据平台。逐步开展社会化交易型数据备份和认证，确保数据可追溯、可恢复。

11. 提高信息资源利用水平。建立公共信息资源开放目录，构建统一规范、互联互通、安全可控的国家数据开放体系，积极稳妥推进公共信息资源开放共享。发展信息资源市场，促进信息消费。引导和规范公共信息资源增值开发利用，支持市场主体利用全球信息资源开展业务创新。

12. 建立信息资源基本制度体系。探索建立信息资产权益保护制度，实施分级分类管理，形成重点信息资源全过程管理体系。加强采集管理和标准制定，提高信息资源准确性、可靠性和可用性。依法保护个人隐私、企业商业秘密，确保国家安全。研究制定信息资源跨境流动管理办法。

（四）优化人才队伍，提升信息技能

人才资源是第一资源，人才竞争是最终的竞争。要完善人才培养、选拔、使用、评价、激励机制，破除壁垒，聚天下英才而用之，为网信事业发展提供有力人才支撑。

13. 造就一批领军人才。依托国家重大人才工程，加大对信息化领军人才支持力度，培养造就世界水平的科学家、网络科技领军人才、卓越工程师、高水平创新团队和信息化管理人才。吸引和扶持海外高层次人才回国创新创业，建立海外人才特聘专家制度，对需要引进的特殊人才，降低永久居留权门槛，探索建立技术移民制度，提高我国在全球配置人才资源能力。

14. 壮大专业人才队伍。构建以高等教育、职业教育为主体，继续教育为补充的信息化专业人才培养体系。在普通本科院校和职业院校中设置信息技术应用课程。推广订单式人才培养，建立信息化人才培养实训基地。支持与海外高水平机构联合开展人才培养。

15. 完善人才激励机制。采取特殊政策，建立适应网信特点的人事制度、薪酬制度、人才评价机制，打破人才流动的体制界限。拓宽人才发现渠道，支持开展创新创业大赛、技能竞赛等活

动，善用竞争性机制选拔特殊人才。完善技术入股、股权期权等激励方式，建立健全科技成果知识产权收益分配机制。

16．提升国民信息技能。改善中小学信息化环境，推进信息化基础教育。全面开展国家工作人员信息化培训和考核。实施信息扫盲行动计划，发挥博士服务团、大学生村官、大学生志愿服务西部计划、“三支一扶”等项目的作用，为老少边穷地区和弱势群体提供知识和技能培训。

（五）深化合作交流，拓展发展空间

互联网真正让世界变成了地球村，让国际社会越来越成为你中有我、我中有你的命运共同体。要积极开展双边、多边国际交流合作，共同应对网络安全面临的挑战，共同维护网络空间的公平正义，共同分享全球信息革命的机遇和成果。

17．深化国际合作交流。加强在联合国、二十国集团、金砖国家、亚太经济合作组织、上海合作组织等国际框架和多边机制内的协调配合，推动建立信息化领域国际互信对话机制。组织搭建合作渠道，建设全球信息化最佳实践推广平台。实施中美、中欧、中英、中德数字经济合作项目。

18．参与国际规则制定。积极参与国际网络空间安全规则制定。巩固和发展区域标准化合作机制，积极争取国际标准化组织重要职位。在移动通信、下一代互联网、下一代广播电视网、云计算、大数据、物联网、智能制造、智慧城市、网络安全等关键技术和重要领域，积极参与国际标准制定。鼓励企业、科研机构、社会组织和个人积极融入国际开源社区。

19．拓展国际发展空间。推进“一带一路”建设信息化发展，统筹规划海底光缆和跨境陆地光缆建设，提高国际互联互通水平，打造网上丝绸之路。加快推动与周边国家信息基础设施互联互通，打通经中亚到西亚、经南亚到印度洋、经俄罗斯到中东欧国家等陆上通道，积极推进美洲、欧洲、非洲等方向海底光缆建设。合作建设中国—中亚信息平台、中国—东盟信息港、中阿网上丝绸之路。统筹规划我国全球网络设施建设，支持企业拓展海外业务与节点布局，提升我国在全球网络中的影响力。

20．共建国际网络新秩序。坚持尊重网络主权、维护和平安全、促进开放合作、构建良好秩序的原则，推动建立多边、民主、透明的国际互联网治理体系。积极参与和推进互联网名称与数字地址分配机构（ICANN）国际化改革。加强国际网络空间执法合作，推动制定网络空间国际反恐公约。健全打击网络犯罪司法协助机制，共同维护网络空间和平安全。

四、着力提升经济社会信息化水平

（一）培育信息经济，促进转型发展

加快建设数字中国、大力发展信息经济是信息化工作的重中之重。要围绕推进供给侧结构性改革，发挥信息化对全要素生产率的提升作用，培育发展新动力，塑造更多发挥先发优势的引领型发展，支撑我国经济向形态更高级、分工更优化、结构更合理的阶段演进。

21．推进信息化和工业化深度融合。加快实施《中国制造2025》，推动工业互联网创新发展。以智能制造为突破口，加快信息技术与制造技术、产品、装备融合创新，推广智能工厂和智能制造模式，全面提升企业研发、生产、管理和服务的智能化水平。普及信息化和工业化融合管理体系标准，深化互联网在制造领域的应用，积极培育众创设计、网络众包、个性化定制、服务型制造等新模式，完善产业链，打造新型制造体系。

22．加快推进农业现代化。把信息化作为农业现代化的制高点，推动信息技术和智能装备在农业生产经营中的应用，培育互联网农业，建立健全智能化、网络化农业生产经营体系，加快农业产业化进程。加强耕地、水、草原等重要资源和主要农业投入品联网监测，健全农业信息监测预警和服务体系，提高农业生产全过程信息管理服务能力，确保国家粮食安全和农产品质量安全。

23．推进服务业网络化转型。支持运用互联网开展服务模式创新，加快传统服务业现代化进程，提高生活性服务业信息化水平。积极培育设计、咨询、金融、交通、物流、商贸等生产性服务业，推动现代服务业网络化发展。大力发展跨境电子商务，构建繁荣健康的电子商务生态系统。引导和规范互联网金融发展，有效防范和化解金融风险。发展分享经济，建立网络化协同创新体系。

24. 促进区域协调发展。转变城镇化发展方式，破解制约城乡发展的信息障碍，促进城镇化和新农村建设协调推进。加强顶层设计，提高城市基础设施、运行管理、公共服务和产业发展的信息化水平，分级分类推进新型智慧城市建设。实施以信息化推动京津冀协同发展、信息化带动长江经济带发展行动计划。支持港澳地区发展信息经济。

25. 夯实发展新基础。推进物联网设施建设，优化数据中心布局，加强大数据、云计算、宽带网络协同发展，增强应用基础设施服务能力。加快电力、民航、铁路、公路、水路、水利等公共基础设施的网络化和智能化改造。发挥信息化支撑作用，推动安全支付、信用体系、现代物流等新型商业基础设施建设，形成大市场、大流通、大服务格局，奠定经济发展新基石。

26. 优化政策环境。完善互联网企业资本准入制度，设立中国互联网投资基金，引导多元化投融资市场发展。发挥中国互联网发展基金会的作用，组建中国“互联网+”联盟，支持中小微互联网企业成长。深入推进简政放权、放管结合、优化服务。设立国家信息经济示范区。

（二）深化电子政务，推进国家治理现代化

适应国家现代化发展需要，更好用信息化手段感知社会态势、畅通沟通渠道、辅助科学决策。持续深化电子政务应用，着力解决信息碎片化、应用条块化、服务割裂化等问题，以信息化推进国家治理体系和治理能力现代化。

27. 服务党的执政能力建设。推进党委信息化工作，提升党委决策指挥的信息化保障能力。充分运用信息技术提高党员、干部、人才管理和服务的科学化水平。加强信息公开，畅通民主监督渠道，全面提高廉政风险防控和巡视工作信息化水平，增强权力运行的信息化监督能力。加强党内法规制度建设信息化保障，重视发挥互联网在党内法规制定和宣传中的作用。推进信息资源共享，提升各级党的部门工作信息化水平。

28. 提高政府信息化水平。完善部门信息共享机制，建立国家治理大数据中心。加强经济运行数据交换共享、处理分析和监测预警，增强宏观调控和决策支持能力。深化财政、税务信息化应用，支撑中央和地方财政关系调整，促进税收制度改革。推进人口、企业基础信息共享，有效支撑户籍制度改革和商事制度改革。推进政务公开信息化，加强互联网政务信息数据服务平台和便民服务平台建设，提供更加优质高效的网上政务服务。

29. 服务民主法治建设。建立健全网络信息平台，密切人大代表同人民群众的联系。加快政协信息化建设，推进协商民主广泛多层制度化发展。实施“科技强检”，推进检察工作现代化。建设“智慧法院”，提高案件受理、审判、执行、监督等各环节信息化水平，推动执法司法信息公开，促进司法公平正义。

30. 提高社会治理能力。加快创新立体化社会治安防控体系，提高公共安全智能化水平，全面推进平安中国建设。构建基层综合服务管理平台，推动政府职能下移，支持社区自治。依托网络平台，加强政民互动，保障公民知情权、参与权、表达权、监督权。推行网上受理信访，完善群众利益协调、权益保障机制。

31. 健全市场服务和监管体系。实施“多证合一”“一照一码”制度，在海关、税务、工商、质检等领域推进便利化服务，加强事中事后监管与服务，实现服务前移、监管后移。以公民身份号码、法人和其他组织统一社会信用代码为基础，建立全国统一信用信息网络平台，构建诚信营商环境。建设食品药品、特种设备等重要产品信息化追溯体系，完善产品售后服务质量监测。加强在线即时监督监测和非现场监管执法，提高监管透明度。

32. 完善一体化公共服务体系。制定在线公共服务指南，支持各级政府整合服务资源，面向企业和公众提供一体化在线公共服务，促进公共行政从独立办事向协同治理转变。各部门要根据基层服务需求，开放业务系统和数据接口，推动电子政务服务向基层延伸。

33 新电子政务运行管理体制。建立强有力的国家电子政务统筹协调机制，制定电子政务管

理办法，建立涵盖规划、建设、应用、管理、评价的全流程闭环管理机制。大力推进政府采购服务，试点推广政府和社会资本合作模式，鼓励社会力量参与电子政务建设。鼓励应用云计算技术，整合改造已建应用系统。

（三）繁荣网络文化，增强国家软实力

互联网是传播人类优秀文化、弘扬正能量的重要载体。要始终坚持社会主义先进文化前进方向，坚持正确舆论导向，遵循网络传播规律，弘扬主旋律，激发正能量，大力培育和践行社会主义核心价值观，发展积极向上的网络文化，把中国故事讲得愈来愈精彩，让中国声音愈来愈洪亮。

34. 提升网络文化供给能力。实施网络内容建设工程。加快文化资源数字化建设，提高网络文化生产的规模化、专业化水平。整合公共文化资源，构建公共文化服务体系，提升信息服务水平。引导社会力量积极开发适合网络传播特点、满足人们多样化需求的网络文化产品。

35. 提高网络文化传播能力。完善网络文化传播机制，构建现代文化传播体系。推动传统媒体和新兴媒体融合发展，有效整合各种媒介资源和生产要素。实施中华优秀文化网上传播工程，加强港澳地区网络传播能力建设，完善全球信息采集传播网络，逐步形成与我国国际地位相适应的网络国际传播能力。

36. 加强网络文化阵地建设。做大做强中央主要新闻网站和地方重点新闻网站，规范引导商业网站健康有序发展。推进重点新闻网站体制机制创新。加快党报党刊、通讯社、电台电视台数字化改造和技术升级。推动文化金融服务模式创新，建立多元网络文化产业投融资体系。鼓励优秀互联网企业和文化企业强强联合，培育一批具有国际影响力的新型文化集团、媒体集团。

37. 规范网络文化传播秩序。综合利用法律、行政、经济和行业自律等手段，规范网络信息传播秩序。坚决遏制违法有害信息网上传播，巩固壮大健康向上的主流舆论。完善网络文化服务市场准入和退出机制，加大网络文化管理执法力度，打击网络侵权盗版行为。

（四）创新公共服务，保障和改善民生

围绕人民群众最关心最直接最现实的利益问题，大力推进社会事业信息化，优化公共服务资源配置，降低应用成本，为老百姓提供用得上、用得起、用得好的信息服务，促进基本公共服务均等化。

38. 推进教育信息化。完善教育信息基础设施和公共服务平台，推进优质数字教育资源共建共享和均衡配置，建立适应教育模式变革的网络学习空间，缩小区域、城乡、校际差距。建立网络环境下开放学习模式，鼓励更多学校应用在线开放课程，探索建立跨校课程共享与学分认定制度。完善准入机制，吸纳社会力量参与大型开放式网络课程建设，支撑全民学习、终身教育。

39. 加快科研信息化。加强科研信息化管理，构建公开透明的国家科研资源管理和项目评价机制。建设覆盖全国、资源共享的科研信息化基础设施，提升科研信息服务水平。加快科研手段数字化进程，构建网络协同的科研模式，推动科研资源共享与跨地区合作，促进科技创新方式转变。

40. 推进智慧健康医疗服务。完善人口健康信息服务体系，推进全国电子健康档案和电子病历数据整合共享，实施健康医疗信息惠民行动，促进和规范健康医疗大数据应用发展。探索建立市场化远程医疗服务模式、运营机制和管理机制，促进优质医疗资源纵向流动。加强区域公共卫生服务资源整合，探索医疗联合体等新型服务模式。运用新一代信息技术，满足多元服务需求，推动医疗救治向健康服务转变。

41. 提高就业和社会保障信息化水平。推进就业和养老、医疗、工伤、失业、生育、保险等信息全国联网。建立就业创业信息服务体系，引导劳动力资源有序跨地区流动，促进充分就业。加快社会保障“一卡通”推广和升级，实行跨地区应用接入，实现社会保险关系跨地区转移接续和异地就医联网结算。加快政府网站信息无障碍建设，鼓励社会力量为残疾人提供个性化信息服务。

42. 实施网络扶贫行动计划。构建网络扶贫信息服务体系，加快贫困地区互联网建设步伐，扩大光纤网、宽带网有效覆盖。开展网络公益扶贫宣传，鼓励网信企业与贫困地区结对帮扶，开发适合民族边远地区特点和需求的移动应用，建立扶贫跟踪监测和评估信息系统。

（五）服务生态文明建设，助力美丽中国

建设生态文明是关乎人民福祉和民族未来的长远大计。要着力破解资源约束趋紧、环境污染严重、生态系统退化问题，构建基于信息化的新型生态环境治理体系，加快建设天蓝、地绿、水净的美丽中国。

43. 创新资源管理和利用方式。开展国家自然生态空间统一确权登记。整合自然生态空间数据，优化资源开发利用的空间格局和供应时序。完善自然资源监管体系，逐步实现全程、全覆盖动态监管，提高用途管制能力。探索建立废弃物信息管理和交易体系，形成再生资源循环利用机制。

44. 构建新型生态环境治理体系。健全环境信息公开制度。实施生态文明和环境保护监测信息化工程，逐步实现污染源、污染物、生态环境全时监测，提高区域流域环境污染联防联控能力。推动建立绿色低碳循环发展产业体系，鼓励有条件地区探索开展节能量、碳排放权、排污权、水权网上交易。利用信息技术提高生态环境修复能力，促进生态环境根本性改善。

（六）加快信息强军，构建现代军事力量体系

积极适应国家安全形势新变化、信息技术发展新趋势和强军目标新要求，坚定不移把信息化作为军队现代化建设发展方向，贯彻军民融合深度发展战略思想，在新的起点上推动军队信息化建设跨越发展。

45. 加强体系化建设。创新发展信息化军事理论，加强信息化建设集中统管，发挥作战需求牵引作用，推进机械化信息化有机融合。完善信息基础设施，推动指挥信息系统集成运用，加大信息资源开发利用力度，构建信息安全防御体系，全面提高打赢信息化局部战争能力。

46. 提高实战化训练水平。适应战争形态演变趋势，依托网络信息系统，开展以信息主导、体系对抗、精确作战、全域机动、网络防控为主要特征的检验性、对抗性演习，推进军事训练向实战化转变，提高以夺取制信息权为核心的战场综合控制权能力。

47. 深化军事斗争准备。充分发挥信息化融合、渗透作用，深化国防和军队改革，推进军队组织形态现代化。健全国防信息动员领导管理体制机制，完善国防信息动员与应急保障预案。大力培养信息化作战指挥、信息技术专业、信息系统组织运用及操作维护等作战急需人才，不断增强官兵运用信息系统和信息化装备打胜仗的能力。

五、不断优化信息化发展环境

（一）推进信息化法治建设

依法推进信息化、维护网络安全是全面依法治国的重要内容。要以网络空间法治化为重点，发挥立法的引领和推动作用，加强执法能力建设，提高全社会自觉守法意识，营造良好的信息化法治环境。

48. 完善信息化法律框架。以网络立法为重点，加快建立以促进信息化发展和强化网络安全管理为目标，涵盖网络基础设施、网络服务提供者、网络用户、网络信息等对象的法律、行政法规框架。

49. 有序推进信息化立法进程。坚持急用先行，加快出台急需法律法规和规范性文件。强化网络基础设施保护，加快制定网络安全法、电信法、电子商务法，研究制定密码法。加强网络用户权利保护，研究制定个人信息保护法、未成年人网络保护条例。规范网络信息服务与管理，修订互联网信息服务管理办法。研究制定电子文件管理条例。完善司法解释，推动现有法律延伸适用到网络空间。

50. 加强执法能力建设。加强部门信息共享与执法合作，创新执法手段，形成执法合力。理顺网络执法体制机制，明确执法主体、执法权限、执法标准。

（二）加强网络生态治理

网络空间是亿万民众共同的精神家园。网络空间天朗气清、生态良好，符合人民利益。坚持

正能量是总要求、管得住是硬道理，创新改进网上正面宣传，加强全网全程管理，建设为民、文明、诚信、法治、安全、创新的网络空间，使网络空间清朗起来。

51．强化互联网管理。坚持积极利用、科学发展、依法管理、确保安全的方针，建立法律规范、行政监管、行业自律、技术保障、公众监督、社会教育相结合的网络治理体系。落实网络身份管理制度，建立网络诚信评价体系，健全网络服务提供者和网民信用记录，完善褒奖和惩戒机制。加强互联网域名、地址等基础资源管理，确保登记备案信息真实准确。强化网络舆情管理，对所有从事新闻信息服务、具有媒体属性和舆论动员功能的网络传播平台进行管理。依法完善互联网信息服务市场准入和退出机制。

52．形成全社会参与的治理机制。坚持依法治网，加快建立政府引领，企业、社会组织、技术社群、公民共同参与、相互协作的互联网治理机制。强化互联网企业的主体责任，引导企业公平竞争、自我管理和改善服务。建立健全网络社会组织，充分发挥社会组织自我管理、自我监督作用。加强社会力量引导，积极培育“中国好网民”。

53．维护公民合法权益。依法保护信息自由有序流动，切实保障公民基本权利和自由。全面规范企业和个人信息采集、存储、使用等行为，防范信息滥用。加强个人数据保护，依法打击网络违法犯罪。

（三）维护网络空间安全

树立正确的网络安全观，坚持积极防御、有效应对，增强网络安全防御能力和威慑能力，切实维护国家网络空间主权、安全、发展利益。

54．维护网络主权和国家安全。依法管理我国主权范围内的网络活动，坚定捍卫我国网络主权。坚决防范和打击通过网络分裂国家、煽动叛乱、颠覆政权、破坏统一、窃密泄密等行为。

55．确保关键信息基础设施安全。加快构建关键信息基础设施安全保障体系，加强党政机关以及重点领域网站的安全防护，建立政府、行业与企业网络安全信息有序共享机制。建立实施网络安全审查制度，对关键信息基础设施中使用的重要信息技术产品和服务开展安全审查。健全信息安全等级保护制度。

56．强化网络安全基础性工作。加强网络安全基础理论研究、关键技术研发和技术手段建设，建立完善国家网络安全技术支撑体系，推进网络安全标准化和认证认可工作。提升全天候全方位感知网络安全态势能力，做好等级保护、风险评估、漏洞发现等基础性工作，完善网络安全监测预警和网络安全重大事件应急处置机制。实施网络安全人才工程，开展全民网络安全教育，提升网络媒介素养，增强全社会网络安全意识和防护技能。

六、体制保障和组织实施

要加强统筹协调，有力整合资源，形成推进合力，切实将各项战略任务落到实处，确保战略目标如期实现。

（一）强化组织领导

坚持中央网络安全和信息化领导小组对国家信息化发展的集中统一领导，信息化领域重大政策和事项须经领导小组审定。各级网络安全和信息化领导小组要加强统筹，研究解决本地区信息化发展中的重大问题。

（二）健全工作机制

中央网络安全和信息化领导小组办公室负责统筹协调本战略纲要的实施和督促检查。各级网络安全和信息化主管部门要充分发挥组织协调作用，加强部门、行业、区域、军地间合作，形成统一领导、分工合理、责任明确、运转顺畅的信息化推进机制。加快中国特色新型信息化智库建设，完善重大政策、重大项目专家咨询制度。

（三）完善配套政策

各地区各部门要将本战略纲要提出的任务与经济社会发展规划有效衔接、同步推进，制定好“十三五”信息化发展规划和相关专项规划。相关部门要加快完善产业、财税、金融、科技、教育等领域配套政策措施，加大财政投入和管理，重点支持关键性、基础性、公共性领域的信息化建设和网络安全保障。加大政府购买服务力度，创新信息化投融资机制，在信息化领域实行有利于商业运作、持续运营的政策，为社会投资参与创造条件。

（四）加强督促落实

各地区各部门要按照职责分工细化任务，明确时限，逐级落实。建立和完善信息化统计指标体系，加强信息化统计监测和评估工作，组织开展战略实施年度检查与绩效评估。加大信息化工作考核力度，将考核结果作为评价有关领导干部的内容。

五部委深入推进新型工业化产业示范基地建设的指导意见

“新型工业化产业示范基地”（以下简称“示范基地”）是指按照新型工业化内涵要求建设提升、达到先进水平的产业集聚区。为贯彻落实《中国制造 2025》《国民经济和社会发展第十三个五年规划纲要》《国家重大区域发展战略》等有关部署，进一步做好国家新型工业化产业示范基地创建和经验推广，在更高层次上发挥示范基地引领带动作用，促进产业集聚区规范发展和提质增效，推进制造强国建设，特制定本指导意见。

一、总体要求

（一）指导思想

全面贯彻党的十八大和十八届三中、四中、五中全会精神，按照发展新理念和新要求，以提高发展质量和效益为中心，以供给侧结构性改革为主线，以协同创新、集群集约、智能融合、绿色安全为导向，通过实施分级、分类指导，加强动态管理，创新体制机制，巩固提升已有优势，加快培育发展新动能，不断增强核心竞争力，构建从培育、创建、提升到打造卓越的示范基地体系，推动产业集聚区向示范基地转型升级，充分发挥示范基地的支撑引领带动作用，加快推动我国从制造大国向制造强国的历史性跨越。

坚持协同创新发展。鼓励示范基地营造利于创新要素集聚和紧密协作的环境与平台，加快技术产品、业态模式和体制机制创新，推动示范基地步入创新驱动的发展轨道。积极参与全球创新合作与产业交流，提高示范基地国际化水平。

坚持集群集约发展。引导不同行业和地区示范基地进一步发挥各自比较优势，形成特色鲜明、优势突出、差异化发展的产业集群。促进生产要素集约高效利用，提高示范基地投入产出强度和能源资源综合利用水平。

坚持智能融合发展。加快推动示范基地与“互联网+”融合发展，推进示范基地企业生产和园区管理的数字化、网络化、智能化，发展工业互联网，积极培育智能制造新业态新模式，建设成为推进两化深度融合发展的示范平台。

坚持绿色安全发展。按照产品全生命周期管理要求，推动示范基地节能减排降耗，大力发展循环经济，构建清洁、低碳、循环的绿色制造体系，建立健全安全生产管理体系、产品质量追溯体系，加强应急管理，走绿色、安全、可持续的发展道路。

（二）主要目标

“十三五”期间，示范基地培育、创建、提升体系不断完善，启动示范基地卓越提升计划，示范基地的发展质量和效益明显提高，示范引领带动作用更加明显，在我国工业经济稳增长调结构增效益中发挥更加突出的作用。到 2020 年，规模效益突出的优势产业示范基地从现有的 333 家稳步提升到400家左右，发展一批专业化细分领域竞争力强的特色产业示范基地，形成 10 家以上具有全球影响力和竞争力的先进制造基地。

到 2025 年，示范基地的核心竞争力和品牌影响力不断增强，卓越提升计划取得明显进展，一批具有全球影响力和竞争力的先进制造基地成为我国制造强国建设的重要标志和支撑。

二、明确发展方向，提升示范基地建设质量和效益

按照新型工业化发展新内涵和新要求，深入推进示范基地建设，提升发展水平，加快形成新型工业化发展新格局。

（一）加强创新发展，增强竞争新优势

引导示范基地完善创新环境，集聚创新资源，构建各创新主体紧密协作的创新网络，加快创新成果转化，加强知识产权保护，探索新模式，培育新业态，实现发展动力转换。依托国家级示范基地，开展政产学研用协同创新深度合作，加快建设一批产业技术基础平台和服务支撑中心，推动共性技术研发和推广应用，形成若干具有强大带动力的区域创新中心。支持示范基地采取品牌共享、合作共建、整合托管等方式，探索跨区域合作发展新模式，增强示范基地品牌辐射带动作用，推动跨区域协同创新与产业链整合。强化企业创新主体地位和主导作用，鼓励示范基地企业承担国家科技计划（专项、基金等）任务、参与标准制定，引导企业围绕创新发展开展并购重组，提高整合运用国内外创新资源的能力和水平。鼓励依托国家级示范基地建设“双创”示范基地，支持示范基地建立完善大众创业、万众创新服务平台，加强创新资源共享，推广新型创业孵化模式，鼓励发展众创、众包、众扶、众筹。

（二）培育优势集群，推动高端化发展

落实京津冀协同发展、长江经济带发展、“一带一路”建设等重大区域发展战略的有关要求，围绕《中国制造 2025》重点领域，结合示范基地自身特点，有所为、有所不为，加快培育创新动力强劲、特色优势突出、平台支撑有力的产业集群，成为东部地区开放创新的新高地、中西部地区经济增长的重要支撑、跨区域产业转移合作的主要载体。支持国家级和省级重大产业项目优先向示范基地集中，推动新兴产业集群加快发展，传统产业集群转型升级。充分发挥产业集群内部合作机制，提升龙头骨干企业带动作用，强化专业化协作和配套能力建设，支持专特优精单项冠军企业发展。推动示范基地加强质量品牌建设，打造产业集群区域品牌，提高区域品牌国际影响力。支持示范基地完善企业市场化退出机制，着力化解过剩产能，加快处置不符合标准且长期亏损的企业，推动产业集群优化结构，发展迈向中高端。促进示范基地产业集群与周边地区建立更广泛密切的合作关系，依托城市服务功能进一步吸引产业、技术、人才等资源集聚，以示范基地为核心枢纽，建立产业链条完整、产业组织结构合理、各环节协同发展的产业生态体系。

（三）推动智能发展，引领转型升级

鼓励示范基地向智能化方向转型，加快推进示范基地与“互联网+”融合发展，开展智能制造、工业互联网试点示范，引领产业优化升级。国家级示范基地要率先推动工业互联网、云计算、大数据的发展和应用，支持有条件的示范基地建立工业互联网、云计算、大数据公共服务平台,推动数据资源的有效整合和共享应用，开展网络实时诊断、流程优化再造、产品质量追溯、云服务等新型服务。加快新型网络化智能工厂建设，发展网络制造等新型生产方式，建立设计、研发、制造、销售、物流及回收利用等全环节管理、全过程追溯的智能制造生产体系，加快推动传统制造向智能制造方向升级。鼓励有条件的示范基地积极开展智慧园区建设试点，推动园区智能化管理，培育一批智能化水平较高的示范基地。

（四）推行绿色制造，实现可持续发展

鼓励示范基地全面推行绿色制造，促进企业、园区、行业间链接共生、原料互供、资源共享，推动产品、工厂、园区绿色化发展，打造绿色供应链。优先选择一批基础条件好、代表性强的示范基地，推行综合能源资源一体化解决方案，提升能源资源利用效率。加强示范基地能源需求侧综合治理，建设集中供能、“三废”集中处理等节能减排公共基础设施，严格建设项目环保准入门槛，严禁开展不符合环境容量和节能环保要求的开发建设。严格执行主要污染物总量控制、排污许可和环境资源有偿使用制度，建立和完善节能减排指标监测，鼓励企业采用先进节能环保新技术，开展锅炉、电机等节能减排技术改造，推广太阳能、风能等可再生能源应用，支持有条件的地区依托示范基地探索用能、用水、排污、碳排放交易试点，开展近零碳排放区示范工程。实行最严格的节约集约用地制度，合理设置示范基地项目准入条件，严格执行各类工业用地标准，引导企业增容改造，鼓励建设标准厂房，提高工业用地利用效率和效益。加强示范基地安全生产基础能力建设，建立风险识别、质量追溯和预警应急机制，提高安全生产风险防控能力，健全安全生产体系。

三、加强统筹指导，完善示范基地体系建设

加强对示范基地的指导和支持，总结推广示范基地创建经验，按照“培育一批、创建一批、提升一批”的总体思路，梯度推进，进一步完善示范基地体系建设。

（一）培育一批有特色优势的产业集聚区

鼓励各省（市、区）发挥地方积极性，选择有发展基础和成长空间的产业集聚区，按照新型工业化的新内涵和新要求，统筹规划、集中资源，结合区域特点和产业特色，推动规模效应明显的产业集群加快做大做强，推动专业化细分领域特色突出的产业集群加快做精做优。培育一批有特色优势的产业集聚区，作为省级示范基地的储备，带动地方经济发展。

（二）创建一批省级和国家级的示范基地

完善省级示范基地创建的规范要求，加强组织领导保障，健全工作推进机制，突出新型工业化示范要求，创建一批省级示范基地，加强对省级示范基地的管理，建立优胜劣汰动态调整机制，突出奖惩激励导向，引导省级示范基地不断提高协同创新、集群集约、智能融合、绿色安全发展水平。在省级示范基地的基础上，按照国家级示范基地的标准，好中选优，遴选创建一批国家级示范基地，参与更高层次合作与竞争。

（三）提升一批具有全球影响力的示范基地

加强对国家级示范基地发展情况的动态监测和质量评价，进行分级分类指导，完善动态调整机制，推动整体水平不断提升，示范引领带动效应更加突出。实施示范基地卓越提升计划，优选处于全国领先水平的国家级示范基地，与国际先进产业园区、产业集群加强交流合作，集中各方资源力量，打造一批具有全球影响力和竞争力的先进制造基地。

四、推进产业升级，发挥示范基地引领带动作用

结合各类型示范基地的行业领域特点和提升发展需求，明确转型升级的重点和方向，打通关键发展环节，解决发展瓶颈问题，提高产业层次水平，进一步发挥示范基地对重点行业领域发展的引领示范和辐射带动作用。

（一）装备制造示范基地

围绕主导产业进行“强链”“补链”，鼓励示范基地培育或引进一批技术含量高、资金密集度强和产业关联度高的龙头企业，推动其与配套零部件企业集聚发展。推动示范基地构建协同创新网络体系，支持共性技术研发、检验检测等平台建设，优化资源配置，引导大中小企业协同创新和制造。加快企业生产设备智能化改造，提高精准制造、敏捷制造能力，鼓励建设智能工厂和数字化车间，培育个性化定制、众包设计、云制造、远程运维服务等服务型制造新模式。

推动电力装备、轨道交通装备等产业领域的示范基地进一步放大中国“名片”效应；积极培育新能源汽车、航空航天、船舶和海洋工程装备、工业机器人等战略性领域的示范基地；加快工程机械、农业机械等传统优势领域示范基地的转型升级；依托示范基地加快建设“四基”企业集聚区。

（二）信息产业示范基地

加强核心电子器件、高端通用芯片、基础软件产品、信息技术服务、工业大数据、工业云、智能硬件、计算机与通信设备、卫星通信导航、智能感知等关键技术、产品和服务的研发创新及应用，发展检验检测、技术交易、成果转化、知识产权、专利代理、科技咨询、创业培训等公共服务平台，提高资源配置和使用效率，打造一批协同发展的优势产业链，构筑从基础研究到技术研发和成果转化的创新链。进一步做大做强优势企业，加强与上下游配套企业的协作，推动产学研合作和人才培养，增强软硬件一体化解决方案的服务能力。

（三）原材料示范基地

加大技术开发力度，加强品种结构调整，发展高技术含量、高附加值产品，加快发展新材料产业。积极推进行业间的链接共生，推广应用节能环保先进技术，提高资源利用效率，强化污染治理，显著减少污染物排放，促进低碳化、循环化和集约化发展。进一步完善建设标准和规范，严格安全生产管理，健全安全应急响应机制。不断完善产业发展预警体系，规范投资活动，推动企业重组联合，提高产业集聚度和市场竞争力。

（四）消费品示范基地

积极适应新的消费方式变化，针对差异化和个性化的消费需求，改善供给结构，在示范基地实施“三品”战略，创新丰富产品品种，提升产品质量品质，创建优质产品品牌。深入实施“互联网+”战略，推进产品关键工序智能化和供应链优化管理，围绕终端市场，加强展示平台和立体营销网络建设。积极培育和引进第三方工商业设计、时尚创意机构，提高对企业转型升级的助推作用。

（五）军民融合示范基地

进一步突出示范基地的军民融合特色，调整优化产业结构，加速向产业链、价值链、创新链的高端迈进。军工资源密集的示范基地，着力推动军用技术转化，增强先进军工技术对制造业发展的牵引力，带动传统产业转型升级。民口资源优势突出的示范基地，着力提升优质民用资源对军工科研生产的支撑保障水平，拓展“民参军”的范围和层次。鼓励引导以示范基地为载体搭建协同创新平台，推动军工科研院所及各类创新主体开展国防科技协同创新，健全军民信息对接、技术孵化、产权交易等支撑服务体系。支持示范基地与军队有关部门及军工集团公司建立常态化的对接合作机制，推动战区建设、装备研制、后勤保障等军事需求与示范基地发展建设的有机衔接。引导有条件的地区，以示范基地为基础和支撑，开展国家军民融合创新示范区建设，推进军民融合发展体制机制改革创新。

（六）新产业、新业态示范基地

鼓励、引导和支持新兴产业领域示范基地的培育，重点推动工业设计、研发服务、工业物流等服务型制造领域、节能环保安全领域、以及围绕“互联网+”涌现的新产业、新业态发展。服务型制造领域重点围绕工业设计等产业发展，支持基于新技术、新工艺、新装备、新材料、新需求的设计应用研究，加强配套设施和服务平台建设，将设计服务支撑范围扩展到产品的生命周期全过程，促进工业设计向高端综合设计服务转变。节能环保安全领域要从关键技术、装备、产品和服务等方面，培育高效节能、先进环保、资源循环利用、安全产业、应急产业等新产业和新业态，促进创新链、产业链与服务链协同发展。“互联网+”领域重点围绕工业互联网等产业发展，加快下一代互联网、公共无线网络等网络基础设施建设，加强信息通信企业、互联网企业与工业企业的紧密协作、融合对接，推动无线移动技术、IPv6、标识解析等互联网关键技术应用，加强工业互联网标准化工作，在安全可控基础上提高互联互通水平。

五、保障措施

（一）加强统筹协调

强化部门联动。建立工业和信息化、发展改革、科技、财政、国土、环保、商务、海关总署等政府部门之间的沟通协调机制，加大与金融机构的交流合作。建立健全各地区示范基地工作机制和组织保障，推动有条件的地区建立示范基地联席会议制度。

深化多方合作。充分利用国家和地方合作机制推动示范基地建设，建立示范基地会商和定期交流机制，强化信息沟通和资源共享。探索多方合作共同推进示范基地卓越提升试点，联合制定合作方案，根据新情况、新要求，不断丰富合作内容，形成政策和资金支持合力。

加大智力支持。充分发挥行业协会、研究机构、咨询机构、高校等多层次、多领域、多形态的智库作用，为示范基地建设提供强大智力支持，研究示范基地建设的前瞻性、战略性重大问题，组织专家对不同行业、不同类型示范基地问诊把脉，提供决策建议。

（二）加大政策支持

加强财政支持。利用现有资金渠道支持示范基地项目建设，优先在示范基地内开展中国制造2025重大工程试点示范。支持通过鼓励社会资本以市场化方式设立产业投资引导基金、知识产权作价入股等方式推进政府与社会资本合作（PPP），推动有条件的地区设立专项资金（基金）支持示范基地建设，推动卓越提升计划实施。搭建资金、技术、人才与产业对接平台，吸引社会资本参与示范基地基础设施和公共服务平台建设。

完善金融保障。创新并用好金融工具，引导金融机构加大对示范基地重大工程和项目支持力度。促进示范基地内企业与银行对接，建立银企交流机制。探索建立科技创新风险机制，吸引各类风险资本，为成长性好的专精特新中小企业提供综合服务。发展能效贷款、排污权抵押贷款等绿色信贷。发挥信用保证保险的融资担保和增信功能，支持保险机构在示范基地内积极发展保险产品和服务。

优化土地配置。严格控制工业用地总量，对新增建设用地要向投入产出效益高、土地综合利用效率高的示范基地及企业倾斜。加大对示范基地闲置土地的监管和对闲置、低效用地的处置力度，探索存量建设用地二次开发机制。推进节地技术和节地模式，开展节约集约用地评价考核，探索工业用地节地节约利用的税收调控方式。

（三）推进规范管理

完善管理规范。完善国家级示范基地相关管理办法，对创建类型、条件、程序等进行必要调整。调动发挥地方、行业工作积极性，分地区、分行业建立健全示范基地创建和管理的规范要求。

加强运行监测。完善示范基地经济运行监测体系和信息管理制度，密切跟踪示范基地发展情况，建立常态化数据收集、挖掘和共享机制。依托制造强国产业基础大数据等平台，做好监测预测预警分析和相关研究。

抓好质量评价。组织开展示范基地发展质量评价工作，建立分级分类指导的工作基础，加强动态管理，完善退出机制，保持示范基地发展先进性，促进优势特色产业集群发展，培育有全球影响力和竞争力的先进制造基地。

（四）健全人才培养体系

加强专业技术人才队伍建设。发挥产业集聚优势，围绕示范基地主导产业发展需求，引进“高精尖缺”专业技术人才。支持示范基地骨干企业与高校院所合作，共同建设研究生培养（实习）基地、行业公共（共性）技术平台。组织实施示范基地“博士服务团”“专家服务团”行动计划。

实施管理队伍能力提升工程。利用中德合作等平台，推动与国外先进园区和知名企业合作，加强示范基地管理人才和企业管理人才培养。选拔示范基地中小企业经营管理人才参加领军人才培训班，培养造就一批具有战略眼光、市场开拓精神和管理创新能力的优秀经营管理人才队伍。

加大技能人才培养培训力度。构建校企对接

平台，加强示范基地与职业院校合作，采取“企业+院校”联合办学、订单式培训等模式，造就一批紧缺产业工人和高级技师，培育精益求精的工匠精神。支持示范基地建立高技能人才培训中心和技能大师工作室，完善高技能人才技术培训体系，形成政府、行业、企业和社会力量四位一体的高技能人才开发培养体系。

（五）强化示范带动

推动交流合作。鼓励通过联盟等形式，推动示范基地建立行业性、区域性的合作交流平台，完善合作交流机制。通过业务培训、会议交流、项目观摩、现场考察等多种形式，推动示范基地之间的经验分享与交流合作。

加大宣传力度。通过编制发布示范基地年度发展报告、媒体宣传等多种渠道和方式，加大对示范基地推进工作成效和典型经验的宣传力度，加强对其他产业集聚区的辐射带动作用。

加强对外合作。通过多种方式加强与有关国际组织、国外园区的沟通交流与合作，提升示范基地国际影响力。开展示范基地国际对标，学习借鉴国际先进经验和做法。鼓励示范基地以“一带一路”沿线国家、境外产业园区为重点，有序参与重点领域投资合作。支持以示范基地为载体，开展国际合作园区建设。

互联网信息搜索服务管理规定

第一条　为规范互联网信息搜索服务，促进互联网信息搜索行业健康有序发展，保护公民、法人和其他组织的合法权益，维护国家安全和公共利益，根据《全国人民代表大会常务委员会关于加强网络信息保护的决定》和《国务院关于授权国家互联网信息办公室负责互联网信息内容管理工作的通知》，制定本规定。

第二条　在中华人民共和国境内从事互联网信息搜索服务，适用本规定。

本规定所称互联网信息搜索服务，是指运用计算机技术从互联网上搜集、处理各类信息供用户检索的服务。

第三条　国家互联网信息办公室负责全国互联网信息搜索服务的监督管理执法工作。地方互联网信息办公室依据职责负责本行政区域内互联网信息搜索服务的监督管理执法工作。

第四条　互联网信息搜索服务行业组织应当建立健全行业自律制度和行业准则，指导互联网信息搜索服务提供者建立健全服务规范，督促互联网信息搜索服务提供者依法提供服务、接受社会监督，提高互联网信息搜索服务从业人员的职业素养。

第五条　互联网信息搜索服务提供者应当取得法律法规规定的相关资质。

第六条　互联网信息搜索服务提供者应当落实主体责任，建立健全信息审核、公共信息实时巡查、应急处置及个人信息保护等信息安全管理制度，具有安全可控的防范措施，为有关部门依法履行职责提供必要的技术支持。

第七条　互联网信息搜索服务提供者不得以链接、摘要、快照、联想词、相关搜索、相关推荐等形式提供含有法律法规禁止的信息内容。

第八条　互联网信息搜索服务提供者提供服务过程中发现搜索结果明显含有法律法规禁

止内容的信息、网站及应用，应当停止提供相关搜索结果，保存有关记录，并及时向国家或者地方互联网信息办公室报告。

第九条　互联网信息搜索服务提供者及其从业人员，不得通过断开相关链接或者提供含有虚假信息的搜索结果等手段，牟取不正当利益。

第十条　互联网信息搜索服务提供者应当提供客观、公正、权威的搜索结果，不得损害国家利益、公共利益，以及公民、法人和其他组织的合法权益。

第十一条　互联网信息搜索服务提供者提供付费搜索信息服务，应当依法查验客户有关资质，明确付费搜索信息页面比例上限，醒目区分自然搜索结果与付费搜索信息，对付费搜索信息逐条加注显著标识。

互联网信息搜索服务提供者提供商业广告信息服务，应当遵守相关法律法规。

第十二条　互联网信息搜索服务提供者应当建立健全公众投诉、举报和用户权益保护制度，在显著位置公布投诉、举报方式，主动接受公众监督，及时处理公众投诉、举报，依法承担对用户权益造成损害的赔偿责任。

第十三条　本规定自 2016 年 8 月 1 日起施行。

国务院办公厅关于促进和规范健康医疗大数据应用发展的指导意见

国办发〔2016〕47 号

各省、自治区、直辖市人民政府，国务院各部委、各直属机构：

健康医疗大数据是国家重要的基础性战略资源。健康医疗大数据应用发展将带来健康医疗模式的深刻变化，有利于激发深化医药卫生体制改革的动力和活力，提升健康医疗服务效率和质量，扩大资源供给，不断满足人民群众多层次、多样化的健康需求，有利于培育新的业态和经济增长点。为贯彻落实《国务院关于印发促进大数据发展行动纲要的通知》（国发〔2015〕50 号）要求，顺应新兴信息技术发展趋势，规范和推动健康医疗大数据融合共享、开放应用，经国务院同意，现提出如下意见。

一、指导思想、基本原则和发展目标

（一）指导思想

深入贯彻落实党的十八大和十八届三中、四中、五中全会精神，牢固树立并切实贯彻创新、协调、绿色、开放、共享的发展理念，按照党中央、国务院决策部署，发挥市场在资源配置中的决定性作用，更好发挥政府作用，以保障全体人民健康为出发点，强化顶层设计，夯实基层基础，完善政策制度，创新工作机制，大力推动政府健康医疗信息系统和公众健康医疗数据互联融合、开放共享，消除信息孤岛，积极营造促进健康医疗大数据安全规范、创新应用的发展环境，通过“互联网+健康医疗”探索服务新模式、培育发展新业态，努力建设人民满意的医疗卫生事业，为打造健康中国、全面建成小康社会和实现中华民族伟大复兴的中国梦提供有力支撑。

（二）基本原则

坚持以人为本、创新驱动。将健康医疗大数据应用发展纳入国家大数据战略布局，推进政产学研用联合协同创新，强化基础研究和核心技术攻关，突出健康医疗重点领域和关键环节，利用大数据拓展服务渠道，延伸和丰富服务内容，更好满足人民健康医疗需求。

坚持规范有序、安全可控。建立健全健康医疗大数据开放、保护等法规制度，强化标准和安全体系建设，强化安全管理责任，妥善处理应用发展与保障安全的关系，增强安全技术支撑能力，有效保护个人隐私和信息安全。

坚持开放融合、共建共享。鼓励政府和社会力量合作，坚持统筹规划、远近结合、示范引领，注重盘活、整合现有资源，推动形成各方支持、依法开放、便民利民、蓬勃发展的良好局面，充分释放数据红利，激发大众创业、万众创新活力。

（三）发展目标

到 2017 年年底，实现国家和省级人口健康信息平台以及全国药品招标采购业务应用平台互联互通，基本形成跨部门健康医疗数据资源共享共用格局。到 2020 年，建成国家医疗卫生信息分级开放应用平台，实现与人口、法人、空间地理等基础数据资源跨部门、跨区域共享，医疗、医药、医保和健康各相关领域数据融合应用取得明显成效；统筹区域布局，依托现有资源建成 100 个区域临床医学数据示范中心，基本实现城乡居民拥有规范化的电子健康档案和功能完备的健康卡，健康医疗大数据相关政策法规、安全防护、应用标准体系不断完善，适应国情的健康医疗大数据应用发展模式基本建立，健康医疗大数据产业体系初步形成、新业态蓬勃发展，人民群众得到更多实惠。

二、重点任务和重大工程

（一）夯实健康医疗大数据应用基础

1．加快建设统一权威、互联互通的人口健康信息平台。实施全民健康保障信息化工程，按照安全为先、保护隐私的原则，充分依托国家电子政务外网和统一数据共享交换平台，拓展完善现有设施资源，全面建成互通共享的国家、省、市、县四级人口健康信息平台，强化公共卫生、计划生育、医疗服务、医疗保障、药品供应、综合管理等应用信息系统数据采集、集成共享和业务协同。创新管理模式，推动生育登记网上办理。消除数据壁垒，畅通部门、区域、行业之间的数据共享通道，探索社会化健康医疗数据信息互通机制，推动实现健康医疗数据在平台集聚、业务事项在平台办理、政府决策依托平台支撑。

2．推动健康医疗大数据资源共享开放。鼓励各类医疗卫生机构推进健康医疗大数据采集、存储，加强应用支撑和运维技术保障，打通数据资源共享通道。加快建设和完善以居民电子健康档案、电子病历、电子处方等为核心的基础数据库。建立卫生计生、中医药与教育、科技、工业和信息化、公安、民政、人力资源社会保障、环保、农业、商务、安全监管、检验检疫、食品药品监管、体育、统计、旅游、气象、保险监管、残联等跨部门密切配合、统一归口的健康医疗数据共享机制。探索推进可穿戴设备、智能健康电子产品、健康医疗移动应用等产生的数据资源规范接入人口健康信息平台。建立全国健康医疗数据资源目录体系，制定分类、分级、分域健康医疗大数据开放应用政策规范，稳步推动健康医疗大数据开放。

（二）全面深化健康医疗大数据应用

3．推进健康医疗行业治理大数据应用。加强深化医药卫生体制改革评估监测，加强居民健康状况等重要数据精准统计和预测评价，有力支撑健康中国建设规划和决策。综合运用健康医疗大数据资源和信息技术手段，健全医院评价体系，推动深化公立医院改革，完善现代医院管理制度，优化医疗卫生资源布局。加强医疗机构监管，健全对医疗、药品、耗材等收入构成及变化趋势的监测机制，协同医疗服务价格、医保支付、药品招标采购、药品使用等业务信息，助推医疗、医保、医药联动改革。

4．推进健康医疗临床和科研大数据应用。依托现有资源建设一批心脑血管、肿瘤、老年病和儿科等临床医学数据示范中心，集成基因组学、蛋白质组学等国家医学大数据资源，构建临床决策支持系统。推进基因芯片与测序技术在遗传性疾病诊断、癌症早期诊断和疾病预防检测方面的应用，加强人口基因信息安全管理，推动精准医疗技术发展。围绕重大疾病临床用药研制、药物产业化共性关键技术等需求，建立药物副作用预测、创新药物研发数据融合共享机制。充分利用优势资源，优化生物医学大数据布局，依托国家临床医学研究中心和协同研究网络，系统加强临床和科研数据资源整合共享，提升医学科研及应用效能，推动智慧医疗发展。

5．推进公共卫生大数据应用。加强公共卫生业务信息系统建设，完善国家免疫规划、网络直报、网络化急救、职业病防控、口岸公共卫生风险预警决策等信息系统以及移动应急业务平台应用功能，推进医疗机构、公共卫生机构和口岸检验检疫机构的信息共享和业务协同，全面提升公共卫生监测评估和决策管理能力。整合社会网络公共信息资源，完善疾病敏感信息预警机制，及时掌握和动态分析全人群疾病发生趋势及全球传染病疫情信息等国际公共卫生风险，提高突发公共卫生事件预警与应急响应能力。整合环境卫生、饮用水、健康危害因素、口岸医学媒介生物和核生化等多方监测数据，有效评价影响健康的社会因素。开展重点传染病、职业病、口岸输入性传染病和医学媒介生物监测，整合传染病、职业病多源监测数据，建立实验室病原检测结果快速识别网络体系，有效预防控制重大疾病。推动疾病危险因素监测评估和妇幼保健、老年保健、国际旅行卫生健康保健等智能应用，普及健康生活方式。

6．培育健康医疗大数据应用新业态。加强健康医疗海量数据存储清洗、分析挖掘、安全隐私保护等关键技术攻关。积极鼓励社会力量创新发展健康医疗业务，促进健康医疗业务与大数据技术深度融合，加快构建健康医疗大数据产业链，不断推进健康医疗与养生、养老、家政等服务业协同发展。发展居家健康信息服务，规范网上药店和医药物流第三方配送等服务，推动中医药养生、健康养老、健康管理、健康咨询、健康文化、体育健身、健康医疗旅游、健康环境、健康饮食等产业发展。

7．研制推广数字化健康医疗智能设备。支持研发健康医疗相关的人工智能技术、生物三维（3D）打印技术、医用机器人、大型医疗设备、健康和康复辅助器械、可穿戴设备以及相关微型传感器件。加快研发成果转化，提高数字医疗设备、物联网设备、智能健康产品、中医功能状态检测与养生保健仪器设备的生产制造水平，促进健康医疗智能装备产业升级。

（三）规范和推动“互联网+健康医疗”服务

8．发展智慧健康医疗便民惠民服务。发挥优质医疗资源的引领作用，鼓励社会力量参与，整合线上线下资源，规范医疗物联网和健康医疗应用程序（APP）管理，大力推进互联网健康咨询、网上预约分诊、移动支付和检查检验结果查询、随访跟踪等应用，优化形成规范、共享、互信的诊疗流程。探索互联网健康医疗服务模式。以家庭医生签约服务为基础，推进居民健康卡、社会保障卡等应用集成，激活居民电子健康档案应用，推动覆盖全生命周期的预防、治疗、康复和健康管理的一体化电子健康服务。

9．全面建立远程医疗应用体系。实施健康中国云服务计划，建设健康医疗服务集成平台，提供远程会诊、远程影像、远程病理、远程心电诊断服务，健全检查检验结果互认共享机制。推进大医院与基层医疗卫生机构、全科医生与专科医生的数据资源共享和业务协同，健全基于互联网、大数据技术的分级诊疗信息系统，延伸放大医疗卫生机构服务能力，有针对性地促进“重心下移、资源下沉”。

10．推动健康医疗教育培训应用。支持建立以国家健康医疗开放大学为基础、中国健康医疗教育慕课联盟为支撑的健康医疗教育培训云平台，鼓励开发慕课健康医疗培训教材，探索新型互联网教学模式和方法，组织优质师资推进网络医学教育资源开放共享和在线互动、远程培训、远程手术示教、学习成效评估等应用，便捷医务人员终身教育，提升基层医疗卫生服务能力。

（四）加强健康医疗大数据保障体系建设

11．加强法规和标准体系建设。制定完善健康医疗大数据应用发展的法律法规，强化居民健康信息服务规范管理，明确信息使用权限，切实保护相关各方合法权益。完善数据开放共享支撑服务体系，建立“分级授权、分类应用、权责一致”的管理制度。规范健康医疗大数据应用领域的准入标准，建立大数据应用诚信机制和退出机制，严格规范大数据开发、挖掘、应用行为。建立统一的疾病诊断编码、临床医学术语、检查检验规范、药品应用编码、信息数据接口和传输协议等相关标准，促进健康医疗大数据产品、服务流程标准化。

12．推进网络可信体系建设。强化健康医疗数字身份管理，建设全国统一标识的医疗卫生人员和医疗卫生机构可信医学数字身份、电子实名认证、数据访问控制信息系统，积极推进电子签名应用，逐步建立服务管理留痕可溯、诊疗数据安全运行、多方协作参与的健康医疗管理新模式。

13．加强健康医疗数据安全保障。加快健康医疗数据安全体系建设，建立数据安全管理责任制度，制定标识赋码、科学分类、风险分级、安全审查规则。制定人口健康信息安全规划，强化国家、区域人口健康信息工程技术能力，注重内容安全和技术安全，确保国家关键信息基础设施和核心系统自主可控稳定安全。开展大数据平台及服务商的可靠性、可控性和安全性评测以及应用的安全性评测和风险评估，建立安全防护、系统互联共享、公民隐私保护等软件评价和安全审查制度。加强大数据安全监测和预警，建立安全信息通报和应急处置联动机制，建立健全“互联网+健康医疗”服务安全工作机制，完善风险隐患化解和应对工作措施，加强对涉及国家利益、公共安全、患者隐私、商业秘密等重要信息的保护，加强医学院、科研机构等方面的安全防范。

14．加强健康医疗信息化复合型人才队伍建设。实施国家健康医疗信息化人才发展计划，强化医学信息学学科建设和“数字化医生”培育，着力培育高层次、复合型的研发人才和科研团队，培养一批有国际影响力的专门人才、学科带头人和行业领军人物。创新专业人才继续教育形式，完善多层次、多类型人才培养培训体系，推动政府、高等院校、科研院所、医疗机构、企业共同培养人才，促进健康医疗大数据人才队伍建设。

三、加强组织实施

（一）强化统筹规划

建立党委政府领导、多方参与、资源共享、协同推进的工作格局。国家卫生计生委要综合统筹、强化实施，各有关部门要密切配合、形成合力，推动重点任务落实。各地区要重视健康医疗大数据应用发展，切实搞好总体规划、基础建设、安全监管，确保各项任务措施落到实处。推进健康医疗大数据军民融合发展，促进军地健康医疗数据规范衔接、互通共享、协同应用。加强对健康医疗大数据应用发展的指导，强化对技术研发、新业态构建、应用推广的统筹协调，研究建立专家委员会，组织研究制定发展战略及相关政策、法规、标准。

（二）抓住重点着力突破

从人民群众迫切需求的领域入手，重点推进网上预约分诊、远程医疗和检查检验结果共享互认等便民惠民应用。加快推进基本医保全国联网和异地就医结算。支持发展医疗智能设备、智能可穿戴设备，加强疑难疾病等重点方面的研究。选择一批基础条件好、工作积极性高、隐私安全防范有保障的地区和领域开展健康医疗大数据应用试点，总结经验，扎实有序推进。

（三）加大政策扶持力度

研究制定政府支持政策，从财税、投资、创

新等方面对健康医疗大数据应用发展给予必要支持。推广运用政府和社会资本合作（PPP）模式，鼓励和引导社会资本参与健康医疗大数据的基础工程、应用开发和运营服务。鼓励政府与企事业单位、社会机构开展合作，探索通过政府采购、社会众包等方式，实现健康医疗大数据领域政府应用与社会应用相融合。充分发挥已设立的有关投资基金作用，充分激发社会资本和民间资本参与热情，鼓励创新多元投资机制，健全风险防范和监管制度，支持健康医疗大数据应用发展。

（四）加强政策宣传普及

加强健康医疗大数据应用发展政策解读，大力宣传应用发展的重要意义和应用前景，积极回应社会关切，形成良好社会氛围。积极引导医疗卫生机构和社会力量参与开展形式多样的科普活动，宣传普及健康医疗大数据应用知识，鼓励开发简便易行的数字医学工具，不断提升人民群众掌握相关应用的能力和社会公众健康素养。

（五）推进国际交流合作

有序推进健康医疗大数据应用发展的人才技术交流与合作。鼓励相关企业和科研单位开展对国际先进技术的引进、消化吸收和再创新，推动我国自主技术与全球同步发展。加大对国际健康医疗大数据应用标准的跟踪、评估和转化力度，积极参与国际标准制定，增强相关规则制定的话语权。坚持以我为主、加强监管、确保安全原则，稳步探索国际健康医疗大数据应用发展合作新模式，不断提升我国健康医疗大数据应用水平、产业核心竞争力和国际化水平。

国务院办公厅
2016年6月21日

“互联网+”人工智能三年行动实施方案

为贯彻落实《国务院关于积极推进“互联网+”行动的指导意见》（国发〔2015〕40号），充分发挥人工智能技术创新的引领作用，支撑各行业领域“互联网+”创业创新，培育经济发展新动能，特制定本实施方案。

一、总体思路与目标

总体思路。贯彻落实创新、协调、绿色、开放、共享发展理念，以提升国家经济社会智能化水平为主线，着力突破若干人工智能关键核心技术，增强智能硬件供给能力。着力加强产业链协同和产业生态培育，提升公共创新平台服务能力。着力加强人工智能应用创新，引导产业集聚发展，促进人工智能在国民经济社会重点领域的推广。加快发展“互联网+”新模式新业态，培育壮大人工智能产业，为打造大众创业、万众创新和增加公共产品、公共服务“双引擎”提供有力支撑。

实施目标。到2018年，打造人工智能基础资源与创新平台，人工智能产业体系、创新服务体系、标准化体系基本建立，基础核心技术有所突破，总体技术和产业发展与国际同步，应用及系统级技术局部领先。在重点领域培育若干全球领先的人工智能骨干企业，初步建成基础坚实、创新活跃、开放协作、绿色安全的人工智能产业生态，形成千亿级的人工智能市场应用规模。

二、培育发展人工智能新兴产业

主要任务：加快建设文献、语音、图像、视频、地图等多种类数据的海量训练资源库和基础资源服务公共平台，建设支撑超大规模深度学习的新型计算集群，建立完善产业公共服务平台。研究网络安全全周期服务，提供云网端一体化、综合性安全服务。进一步推进计算机视觉、智能语音处理、生物特征识别、自然语言理解、智能决策控制及新型人机交互等关键技术的研发和产业化，为产业智能化升级夯实基础。

重点工程如下。

（一）核心技术研发与产业化工程

加强产学研用合作，支持国家工程实验室、国家工程（技术）研究中心等创新平台建设，布局国家级创新中心，共同推动人工智能基础理论、共性技术、应用技术研究。推动基于感知数据、多媒体、自然语言等大数据的深度学习技术研发，开展类脑神经计算系统、类脑信息处理等类脑智能领域的前沿理论和技术研究。支持人工智能领域的芯片、传感器、操作系统、存储系统、高端服务器、关键网络设备、网络安全技术设备、中间件等基础软硬件技术开发，支持开源软硬件平台及生态建设。加快基于人工智能的计算机视听觉、生物特征识别、复杂环境识别、新型人机交互、自然语言理解、机器翻译、智能决策控制、网络安全等应用技术研发和产业化。加强前沿技术布局，构造未来融合创新技术基础。

（二）基础资源公共服务平台工程

建设面向社会开放的文献、语音、图像、视频、地图及行业应用数据等多类型人工智能海量训练资源库和标准测试数据集。建设满足深度学习等智能计算需求的新型计算集群共享平台、云端智能分析处理服务平台、算法与技术开放平台、智能系统安全公共服务平台、多种生物特征识别的基础身份认证平台等基础资源服务平台，降低人工智能创新成本。支持建设类脑基础服务平台，模拟真实脑神经系统的认知信息处理过程，通过类脑智能研究推动人工智能发展。整合政产学研用等资源，建立产业公共服务平台。推动公共服务平台、领军企业和创新型企业加强合作，汇聚人工智能创新创业资源，提供相关研发工具、检验评测、安全、标准、知识产权、创业咨询等专业化的创新创业服务。

三、推进重点领域智能产品创新

主要任务：推动互联网与传统行业融合创新，加快人工智能技术在家居、汽车、无人系统、安防等领域的推广应用，提升重点领域网络安全保障能力，提高生产生活的智能化服务水平。支持在制造、教育、环境、交通、商业、健康医疗、网络安全、社会治理等重要领域开展人工智能应用试点示范，推动人工智能的规模化应用，全面提升我国人工智能的集群式创新创业能力。

重点工程如下。

（三）智能家居示范工程

鼓励家居企业整合产业链资源，提升家电、耐用品等家居产品的智能化水平和服务能力，创造新的消费市场空间。支持智能家居企业创新服务模式，在健康医疗、智慧娱乐、家庭安全、环境监测、能源管理等领域开展应用服务创新示范，提供互联共享解决方案。面向酒店、办公楼、商场、社区、家庭等，开展智能家居产品定制设计，提供大数据应用服务。

（四）智能汽车研发与产业化工程

支持骨干汽车企业与互联网企业开展深度合作，设立跨界交叉融合创新平台。加快智能辅助驾驶、复杂环境感知、车载智能设备等软硬件产品的研发与应用，支持自适应巡航、自动泊车、安全驾驶等技术研发。推进无人驾驶汽车的技术研发、应用与生态建设，发展智能汽车芯片和车载智能操作系统、高精度地图及定位、智能感知、智能决策与控制等重点技术，实现无人驾驶汽车技术和产品的逐步成熟。在有条件的地方实施智能汽车试点工程，建设安全、泛在、智能的云网端一体化车联网体系，推动智能汽车典型应用。

（五）智能无人系统应用工程

推动人工智能技术在无人系统领域的融合应用，发展无人飞行器、无人船等多种形态的无人设备。加快消费级和行业级无人系统的商用化进程，完善无人飞行器等无人系统的适航管理、安全管理和运营机制。支持微型和轻小型智能无人系统的研发与应用，突破高性能无人系统的结构设计、智能材料、自动巡航、远程遥控、图像回传等技术。以需求为导向推进智能无人系统的应用示范，提升无人系统的智能化水平，推动在物流、农业、测绘、电力巡线、安全巡逻、应急救援等重要行业领域的创新应用。

（六）智能安防推广工程

鼓励安防企业与互联网企业开展合作，研发集成图像与视频精准识别、生物特征识别、编码识别等多种技术的智能安防产品，推动安防产品的智能化、集约化、网络化。支持面向社会治安、工业安全以及火灾、有害气体、地震、疫情等自然灾害智能感知技术的研发和成果转化，推进智能安防解决方案的应用部署。支持部分有条件的社区或城市开展基于人工智能的公共安防区域示范，加快重点公共区域安防设备的智能化改造升级。

四、提升终端产品智能化水平

主要任务：加快智能终端核心技术研发及产业化，丰富移动智能终端、可穿戴设备、虚拟现实等产品的服务及形态，提升高端产品供给水平。制定智能硬件产业创新发展专项行动方案，引导智能硬件产业健康有序发展。推动人工智能与机器人技术的深度融合，提升工业机器人、特种机器人、服务机器人等智能机器人的技术与应用水平。

重点工程如下。

（七）智能终端应用能力提升工程

支持智能交互、智能翻译等云端和终端协同的智能化应用研发，支持面向人工智能应用优化的图像处理、操作系统、应用程序等智能终端基础软硬件的研发。鼓励服务模式及业态创新，发展个性化、专用化等多元供给模式，加快满足个人消费、家庭生活、汽车驾驶、医疗健康、生产制造等需求的智能终端产品创新发展。

（八）智能可穿戴设备发展工程

突破轻量级操作系统、低功耗高性能芯片、柔性显示、高密度储能、快速无线充电、虚拟现实和增强现实等关键技术，加快技术成果在智能可穿戴设备中的应用。鼓励企业面向健康、医疗、体育、人身安全、工业、商业等领域，积极开展差异化细分市场需求分析，促进应用人工智能技术的可穿戴设备创新，大力丰富应用服务，提升用户体验。

（九）智能机器人研发与应用工程

推动互联网技术以及智能感知、模式识别、智能分析、智能控制等智能技术在机器人领域的深入应用，大力提升机器人产品在传感、交互、控制、协作、决策等方面的性能和智能化水平，提高核心竞争力。支持在劳动强度大、危险程度高和对生产环境洁净度、生产过程柔性化要求高的行业开展智能工业机器人应用示范，针对救灾救援、反恐防暴等特殊领域推广应用智能特种机器人，推动医疗康复、教育娱乐、家庭服务等特定场景的智能服务机器人研发与应用。

五、保障措施

（一）资金支持

统筹利用中央预算内资金、专项建设基金、工业转型升级资金、国家重大科研计划等多种渠道，更好发挥财政资金的引导作用。完善天使投资、风险投资、创业投资基金及资本市场融资等多种融资渠道，引导社会多元投入。鼓励通过债券融资等方式支持企业发展，支持有条件的人工智能企业发行公司债券。

（二）标准体系

建设人工智能领域融合标准体系，建立并完善基础共性、互联互通、行业应用、网络安全、隐私保护等技术标准，开展人工智能系统智能化水平评估。加强智能家居、智能汽车、智能机器人、智能可穿戴设备等热点细分领域的网络、软硬件、数据、系统、测试等标准化工作，保障人工智能产业的开放协同、公平竞争，形成良性发展的产业生态。鼓励有关部门、研究机构、标准化组织、行业组织、企业积极参与人工智能领域的国际标准化工作，建立与国际标准化组织、有影响力国际学术和产业组织间的标准交流合作机制。推动我国人工智能领域标准走出去，不断增强国际话语权。

（三）知识产权

鼓励企业在人工智能重点技术和应用领域加强专利布局。加强人工智能知识产权政策研究，增强标准与专利政策的有效衔接。建立人工智能领域的专利合作授权机制和专利风险防控机制，推动人工智能领域知识产权成果转化。加快推进专利基础信息资源开放共享，建设人工智能公共专利池，支持在线知识产权公共服务平台建设，鼓励服务模式创新，提升知识产权服务附加值。

（四）人才培养

鼓励相关研究机构、高等院校和专家开展人工智能基础知识和应用培训。依托国家重大人才工程，加快培养引进一批高端、复合型人才。完善高校的人工智能相关专业、课程设置，注重人工智能与其他学科专业的交叉融合，鼓励高校、科研院所与企业间开展合作，建设一批人工智能实训基地。支持人工智能领域高端人才赴海外开展前沿技术、标准等学术交流，提升技术交流水平。

（五）国际合作

结合“一带一路”等国家重大举措，鼓励具有竞争优势的人工智能企业率先“走出去”，积极拓展海外用户，共同开拓国际市场。鼓励与相关国家加强人工智能技术研发与应用合作，整合国内外创新资源，提升人工智能产业创新能力和国际竞争力。支持相关行业协会、产业联盟及商业服务机构搭建服务平台，为人工智能领域的创新企业提供国际合作、海外创新服务。

（六）组织实施

充分利用“互联网+”部际联席会议制度，建立“互联网+”人工智能专家和骨干企业定期联络机制。有效统筹中央、地方资源，推动建立人工智能产业发展联盟，发挥各类企业、机构、组织的支撑作用，推进各项工程的顺利实施。各部门、各地区要明确职责分工，对落实情况进行跟踪督促，落实相关工作，重大情况及时加强与“互联网+”部际联席会议办公室的沟通。

网络出版服务管理规定

第一章　总则

第一条　为了规范网络出版服务秩序，促进网络出版服务业健康有序发展，根据《出版管理条例》《互联网信息服务管理办法》及相关法律法规，制定本规定。

第二条　在中华人民共和国境内从事网络出版服务，适用本规定。

本规定所称网络出版服务，是指通过信息网络向公众提供网络出版物。

本规定所称网络出版物，是指通过信息网络向公众提供的，具有编辑、制作、加工等出版特征的数字化作品，范围主要包括：

（一）文学、艺术、科学等领域内具有知识性、思想性的文字、图片、地图、游戏、动漫、音视频读物等原创数字化作品；

（二）与已出版的图书、报纸、期刊、音像制品、电子出版物等内容相一致的数字化作品；

（三）将上述作品通过选择、编排、汇集等方式形成的网络文献数据库等数字化作品；

（四）国家新闻出版广电总局认定的其他类型的数字化作品。

网络出版服务的具体业务分类另行制定。

第三条　从事网络出版服务，应当遵守宪法和有关法律、法规，坚持为人民服务、为社会主义服务的方向，坚持社会主义先进文化的前进方向，弘扬社会主义核心价值观，传播和积累一切有益于提高民族素质、推动经济发展、促进社会进步的思想道德、科学技术和文化知识，满足人民群众日益增长的精神文化需要。

第四条　国家新闻出版广电总局作为网络出版服务的行业主管部门，负责全国网络出版服务的前置审批和监督管理工作。工业和信息化部作为互联网行业主管部门，依据职责对全国网络出版服务实施相应的监督管理。

地方人民政府各级出版行政主管部门和各省级电信主管部门依据各自职责对本行政区域内网络出版服务及接入服务实施相应的监督管理工作并做好配合工作。

第五条　出版行政主管部门根据已经取得的违法嫌疑证据或者举报，对涉嫌违法从事网络出版服务的行为进行查处时，可以检查与涉嫌违法行为有关的物品和经营场所；对有证据证明是与违法行为有关的物品，可以查封或者扣押。

第六条　国家鼓励图书、音像、电子、报纸、期刊出版单位从事网络出版服务，加快与新媒体的融合发展。

国家鼓励组建网络出版服务行业协会，按照章程，在出版行政主管部门的指导下制定行业自律规范，倡导网络文明，传播健康有益内容，抵制不良有害内容。

第二章　网络出版服务许可

第七条　从事网络出版服务，必须依法经过出版行政主管部门批准，取得《网络出版服务许可证》。

第八条　图书、音像、电子、报纸、期刊出版单位从事网络出版服务，应当具备以下条件：

（一）有确定的从事网络出版业务的网站域名、智能终端应用程序等出版平台；

（二）有确定的网络出版服务范围；

（三）有从事网络出版服务所需的必要的技术设备，相关服务器和存储设备必须存放在中华人民共和国境内。

第九条　其他单位从事网络出版服务，除第八条所列条件外，还应当具备以下条件：

（一）有确定的、不与其他出版单位相重复的，从事网络出版服务主体的名称及章程；

（二）有符合国家规定的法定代表人和主要负责人，法定代表人必须是在境内长久居住的具有完全行为能力的中国公民，法定代表人和主要负责人至少 1 人应当具有中级以上出版专业技术人员职业资格；

（三）除法定代表人和主要负责人外，有适应网络出版服务范围需要的 8 名以上具有国家新闻出版广电总局认可的出版及相关专业技术职业资格的专职编辑出版人员，其中具有中级以上职业资格的人员不得少于 3 名；

（四）有从事网络出版服务所需的内容审校制度；

（五）有固定的工作场所；

（六）法律、行政法规和国家新闻出版广电总局规定的其他条件。

第十条　中外合资经营、中外合作经营和外资经营的单位不得从事网络出版服务。

网络出版服务单位与境内中外合资经营、中外合作经营、外资经营企业或境外组织及个人进行网络出版服务业务的项目合作，应当事前报国家新闻出版广电总局审批。

第十一条　申请从事网络出版服务，应当向所在地省、自治区、直辖市出版行政主管部门提出申请，经审核同意后，报国家新闻出版广电总局审批。国家新闻出版广电总局应当自受理申请之日起60日内，作出批准或者不予批准的决定。不批准的，应当说明理由。

第十二条　从事网络出版服务的申报材料，应该包括下列内容：

（一）《网络出版服务许可证申请表》；

（二）单位章程及资本来源性质证明；

（三）网络出版服务可行性分析报告，包括资金使用、产品规划、技术条件、设备配备、机构设置、人员配备、市场分析、风险评估、版权保护措施等；

（四）法定代表人和主要负责人的简历、住址、身份证明文件；

（五）编辑出版等相关专业技术人员的国家认可的职业资格证明和主要从业经历及培训证明；

（六）工作场所使用证明；

（七）网站域名注册证明、相关服务器存放在中华人民共和国境内的承诺。

本规定第八条所列单位从事网络出版服务的，仅提交前款（一）、（六）、（七）项规定的材料。

第十三条　设立网络出版服务单位的申请者应自收到批准决定之日起 30 日内办理注册登记手续：

（一）持批准文件到所在地省、自治区、直辖市出版行政主管部门领取并填写《网络出版服务许可登记表》；

（二）省、自治区、直辖市出版行政主管部门对《网络出版服务许可登记表》审核无误后，在10日内向申请者发放《网络出版服务许可证》；

（三）《网络出版服务许可登记表》一式三份，由申请者和省、自治区、直辖市出版行政主管部门各存一份，另一份由省、自治区、直辖市出版行政主管部门在 15 日内报送国家新闻出版广电总局备案。

第十四条　《网络出版服务许可证》有效期为5年。有效期届满，需继续从事网络出版服务活动的，应于有效期届满 60 日前按本规定第十一条的程序提出申请。出版行政主管部门应当在该许可有效期届满前作出是否准予延续的决定。批准的，换发《网络出版服务许可证》。

第十五条　网络出版服务经批准后，申请者应持批准文件、《网络出版服务许可证》到所在地省、自治区、直辖市电信主管部门办理相关手续。

第十六条　网络出版服务单位变更《网络出版服务许可证》许可登记事项、资本结构，合并或者分立，设立分支机构的，应依据本规定第十一条办理审批手续，并应持批准文件到所在地省、自治区、直辖市电信主管部门办理相关手续。

第十七条　网络出版服务单位中止网络出版服务的，应当向所在地省、自治区、直辖市出版行政主管部门备案，并说明理由和期限；网络出版服务单位中止网络出版服务不得超过180日。

网络出版服务单位终止网络出版服务的，应当自终止网络出版服务之日起 30 日内，向所在地省、自治区、直辖市出版行政主管部门办理注销手续后到省、自治区、直辖市电信主管部门办理相关手续。省、自治区、直辖市出版行政主管部门将相关信息报国家新闻出版广电总局备案。

第十八条　网络出版服务单位自登记之日起满180日未开展网络出版服务的，由原登记的出版行政主管部门注销登记，并报国家新闻出版广电总局备案。同时，通报相关省、自治区、直辖市电信主管部门。

因不可抗力或者其他正当理由发生上述所列情形的，网络出版服务单位可以向原登记的出版行政主管部门申请延期。

第十九条　网络出版服务单位应当在其网站首页上标明出版行政主管部门核发的《网络出版服务许可证》编号。

互联网相关服务提供者在为网络出版服务单位提供人工干预搜索排名、广告、推广等服务时，应当查验服务对象的《网络出版服务许可证》及业务范围。

第二十条　网络出版服务单位应当按照批准的业务范围从事网络出版服务，不得超出批准的业务范围从事网络出版服务。

第二十一条　网络出版服务单位不得转借、

出租、出卖《网络出版服务许可证》或以任何形式转让网络出版服务许可。

网络出版服务单位允许其他网络信息服务提供者以其名义提供网络出版服务，属于前款所称禁止行为。

第二十二条　网络出版服务单位实行特殊管理股制度，具体办法由国家新闻出版广电总局另行制定。

第三章　网络出版服务管理

第二十三条　网络出版服务单位实行编辑责任制度，保障网络出版物内容合法。

网络出版服务单位实行出版物内容审核责任制度、责任编辑制度、责任校对制度等管理制度，保障网络出版物出版质量。

在网络上出版其他出版单位已在境内合法出版的作品且不改变原出版物内容的，须在网络出版物的相应页面显著标明原出版单位名称以及书号、刊号、网络出版物号或者网址信息。

第二十四条　网络出版物不得含有以下内容：

（一）反对宪法确定的基本原则的；

（二）危害国家统一、主权和领土完整的；

（三）泄露国家秘密、危害国家安全或者损害国家荣誉和利益的；

（四）煽动民族仇恨、民族歧视，破坏民族团结，或者侵害民族风俗、习惯的；

（五）宣扬邪教、迷信的；

（六）散布谣言，扰乱社会秩序，破坏社会稳定的；

（七）宣扬淫秽、色情、赌博、暴力或者教唆犯罪的；

（八）侮辱或者诽谤他人，侵害他人合法权益的；

（九）危害社会公德或者民族优秀文化传统的；

（十）有法律、行政法规和国家规定禁止的其他内容的。

第二十五条　为保护未成年人合法权益，网络出版物不得含有诱发未成年人模仿违反社会公德和违法犯罪行为的内容，不得含有恐怖、残酷等妨害未成年人身心健康的内容，不得含有披露未成年人个人隐私的内容。

第二十六条　网络出版服务单位出版涉及国家安全、社会安定等方面重大选题的内容，应当按照国家新闻出版广电总局有关重大选题备案管理的规定办理备案手续。未经备案的重大选题内容，不得出版。

第二十七条　网络游戏上网出版前，必须向所在地省、自治区、直辖市出版行政主管部门提出申请，经审核同意后，报国家新闻出版广电总局审批。

第二十八条　网络出版物的内容不真实或不公正，致使公民、法人或者其他组织合法权益受到侵害的，相关网络出版服务单位应当停止侵权，公开更正，消除影响，并依法承担其他民事责任。

第二十九条　国家对网络出版物实行标识管理，具体办法由国家新闻出版广电总局另行制定。

第三十条　网络出版物必须符合国家的有关规定和标准要求，保证出版物质量。

网络出版物使用语言文字，必须符合国家法律规定和有关标准规范。

第三十一条　网络出版服务单位应当按照国家有关规定或技术标准，配备应用必要的设备和系统，建立健全各项管理制度，保障信息安全、内容合法，并为出版行政主管部门依法履行监督管理职责提供技术支持。

第三十二条　网络出版服务单位在网络上提供境外出版物，应当取得著作权合法授权。其中，出版境外著作权人授权的网络游戏，须按本规定第二十七条办理审批手续。

第三十三条　网络出版服务单位发现其出版的网络出版物含有本规定第二十四条、第二十五条所列内容的，应当立即删除，保存有关记录，并向所在地县级以上出版行政主管部门报告。

第三十四条　网络出版服务单位应记录所出版作品的内容及其时间、网址或者域名，记录应当保存60日，并在国家有关部门依法查询时，予以提供。

第三十五条　网络出版服务单位须遵守国家统计规定，依法向出版行政主管部门报送统计资料。

第四章　监督管理

第三十六条　网络出版服务的监督管理实行属地管理原则。

各地出版行政主管部门应当加强对本行政区域内的网络出版服务单位及其出版活动的日常监督管理，履行下列职责：

（一）对网络出版服务单位进行行业监管，对网络出版服务单位违反本规定的情况进行查处并报告上级出版行政主管部门；

（二）对网络出版服务进行监管，对违反本规定的行为进行查处并报告上级出版行政主管部门；

（三）对网络出版物内容和质量进行监管，定期组织内容审读和质量检查，并将结果向上级出版行政主管部门报告；

（四）对网络出版从业人员进行管理，定期组织岗位、业务培训和考核；

（五）配合上级出版行政主管部门、协调相关部门、指导下级出版行政主管部门开展工作。

第三十七条　出版行政主管部门应当加强监管队伍和机构建设，采取必要的技术手段对网络出版服务进行管理。出版行政主管部门依法履行监督检查等执法职责时，网络出版服务单位应当予以配合，不得拒绝、阻挠。

各省、自治区、直辖市出版行政主管部门应当定期将本行政区域内的网络出版服务监督管理情况向国家新闻出版广电总局提交书面报告。

第三十八条　网络出版服务单位实行年度核验制度，年度核验每年进行一次。省、自治区、直辖市出版行政主管部门负责对本行政区域内的网络出版服务单位实施年度核验并将有关情况报国家新闻出版广电总局备案。年度核验内容包括网络出版服务单位的设立条件、登记项目、出版经营情况、出版质量、遵守法律规范、内部管理情况等。

第三十九条　年度核验按照以下程序进行：

（一）网络出版服务单位提交年度自检报告，内容包括：本年度政策法律执行情况，奖惩情况，网站出版、管理、运营绩效情况，网络出版物目录，对年度核验期内的违法违规行为的整改情况，编辑出版人员培训管理情况等；并填写由国家新闻出版广电总局统一印制的《网络出版服务年度核验登记表》，与年度自检报告一并报所在地省、自治区、直辖市出版行政主管部门；

（二）省、自治区、直辖市出版行政主管部门对本行政区域内的网络出版服务单位的设立条件、登记项目、开展业务及执行法规等情况进行全面审核，并在收到网络出版服务单位的年度自检报告和《网络出版服务年度核验登记表》等年度核验材料的45日内完成全面审核查验工作。对符合年度核验要求的网络出版服务单位予以登记，并在其《网络出版服务许可证》上加盖年度核验章；

（三）省、自治区、直辖市出版行政主管部门应于完成全面审核查验工作的15日内将年度核验情况及有关书面材料报国家新闻出版广电总局备案。

第四十条　有下列情形之一的，暂缓年度核验：

（一）正在停业整顿的；

（二）违反出版法规规章，应予处罚的；

（三）未按要求执行出版行政主管部门相关管理规定的；

（四）内部管理混乱，无正当理由未开展实质性网络出版服务活动的；

（五）存在侵犯著作权等其他违法嫌疑需要进一步核查的。

暂缓年度核验的期限由省、自治区、直辖市出版行政主管部门确定，报国家新闻出版广电总局备案，最长不得超过180日。暂缓年度核验期间，须停止网络出版服务。

暂缓核验期满，按本规定重新办理年度核验手续。

第四十一条　已经不具备本规定第八条、第九条规定条件的，责令限期改正；逾期仍未改正的，不予通过年度核验，由国家新闻出版广电总局撤销《网络出版服务许可证》，所在地省、自治区、直辖市出版行政主管部门注销登记，并通知当地电信主管部门依法处理。

第四十二条　省、自治区、直辖市出版行政主管部门可根据实际情况，对本行政区域内的年度核验事项进行调整，相关情况报国家新闻出版广电总局备案。

第四十三条　省、自治区、直辖市出版行政主管部门可以向社会公布年度核验结果。

第四十四条　从事网络出版服务的编辑出版等相关专业技术人员及其负责人应当符合国家关于编辑出版等相关专业技术人员职业资格管理的有关规定。

网络出版服务单位的法定代表人或主要负责人应按照有关规定参加出版行政主管部门组织的岗位培训，并取得国家新闻出版广电总局统一印制的《岗位培训合格证书》。未按规定参加岗位培训或培训后未取得《岗位培训合格证书》的，不得继续担任法定代表人或主要负责人。

第五章　保障与奖励

第四十五条　国家制定有关政策，保障、促进网络出版服务业的发展与繁荣。鼓励宣传科学真理、传播先进文化、倡导科学精神、塑造美好心灵、弘扬社会正气等有助于形成先进网络文化的网络出版服务，推动健康文化、优秀文化产品的数字化、网络化传播。

网络出版服务单位依法从事网络出版服务，任何组织和个人不得干扰、阻止和破坏。

第四十六条　国家支持、鼓励下列优秀的、重点的网络出版物的出版：

（一）对阐述、传播宪法确定的基本原则有重大作用的；

（二）对弘扬社会主义核心价值观，进行爱国主义、集体主义、社会主义和民族团结教育以及弘扬社会公德、职业道德、家庭美德、个人品德有重要意义的；

（三）对弘扬民族优秀文化，促进国际文化交流有重大作用的；

（四）具有自主知识产权和优秀文化内涵的；

（五）对推进文化创新，及时反映国内外新的科学文化成果有重大贡献的；

（六）对促进公共文化服务有重大作用的；

（七）专门以未成年人为对象、内容健康的或者其他有利于未成年人健康成长的；

（八）其他具有重要思想价值、科学价值或者文化艺术价值的。

第四十七条　对为发展、繁荣网络出版服务业作出重要贡献的单位和个人，按照国家有关规定给予奖励。

第四十八条　国家保护网络出版物著作权人的合法权益。网络出版服务单位应当遵守《中华人民共和国著作权法》《信息网络传播权保护条例》《计算机软件保护条例》等著作权法律法规。

第四十九条　对非法干扰、阻止和破坏网络出版物出版的行为，出版行政主管部门及其他有关部门，应当及时采取措施，予以制止。

第六章　法律责任

第五十条　网络出版服务单位违反本规定的，出版行政主管部门可以采取下列行政措施：

（一）下达警示通知书；

（二）通报批评、责令改正；

（三）责令公开检讨；

（四）责令删除违法内容。

警示通知书由国家新闻出版广电总局制定统一格式，由出版行政主管部门下达给相关网络出版服务单位。

本条所列的行政措施可以并用。

第五十一条　未经批准，擅自从事网络出版服务，或者擅自上网出版网络游戏（含境外著作权人授权的网络游戏），根据《出版管理条例》第六十一条、《互联网信息服务管理办法》第十九条的规定，由出版行政主管部门、工商行政管理部门依照法定职权予以取缔，并由所在地省级电信主管部门依据有关部门的通知，按照《互联网信息服务管理办法》第十九条的规定给予责令关闭网站等处罚；已经触犯刑法的，依法追究刑事责任；尚不够刑事处罚的，删除全部相关网络出版物，没收违法所得和从事违法出版活动的主要设备、专用工具，违法经营额1万元以上的，并处违法经营额5倍以上10倍以下的罚款；违法经营额不足1万元的，可以处5万元以下的罚款；侵犯他人合法权益的，依法承担民事责任。

第五十二条　出版、传播含有本规定第二十

四条、第二十五条禁止内容的网络出版物的，根据《出版管理条例》第六十二条、《互联网信息服务管理办法》第二十条的规定，由出版行政主管部门责令删除相关内容并限期改正，没收违法所得，违法经营额1万元以上的，并处违法经营额5倍以上10倍以下罚款；违法经营额不足1万元的，可以处5万元以下罚款；情节严重的，责令限期停业整顿或者由国家新闻出版广电总局吊销《网络出版服务许可证》，由电信主管部门依据出版行政主管部门的通知吊销其电信业务经营许可或者责令关闭网站；构成犯罪的，依法追究刑事责任。

为从事本条第一款行为的网络出版服务单位提供人工干预搜索排名、广告、推广等相关服务的，由出版行政主管部门责令其停止提供相关服务。

第五十三条　违反本规定第二十一条的，根据《出版管理条例》第六十六条的规定，由出版行政主管部门责令停止违法行为，给予警告，没收违法所得，违法经营额1万元以上的，并处违法经营额5倍以上10倍以下的罚款；违法经营额不足1万元的，可以处5万元以下的罚款；情节严重的，责令限期停业整顿或者由国家新闻出版广电总局吊销《网络出版服务许可证》。

第五十四条　有下列行为之一的，根据《出版管理条例》第六十七条的规定，由出版行政主管部门责令改正，给予警告；情节严重的，责令限期停业整顿或者由国家新闻出版广电总局吊销《网络出版服务许可证》：

（一）网络出版服务单位变更《网络出版服务许可证》登记事项、资本结构，超出批准的服务范围从事网络出版服务，合并或者分立，设立分支机构，未依据本规定办理审批手续的；

（二）网络出版服务单位未按规定出版涉及重大选题出版物的；

（三）网络出版服务单位擅自中止网络出版服务超过180日的；

（四）网络出版物质量不符合有关规定和标准的。

第五十五条　违反本规定第三十四条的，根据《互联网信息服务管理办法》第二十一条的规定，由省级电信主管部门责令改正；情节严重的，责令停业整顿或者暂时关闭网站。

第五十六条　网络出版服务单位未依法向出版行政主管部门报送统计资料的，依据《新闻出版统计管理办法》处罚。

第五十七条　网络出版服务单位违反本规定第二章规定，以欺骗或者贿赂等不正当手段取得许可的，由国家新闻出版广电总局撤销其相应许可。

第五十八条　有下列行为之一的，由出版行政主管部门责令改正，予以警告，并处3万元以下罚款：

（一）违反本规定第十条，擅自与境内外中外合资经营、中外合作经营和外资经营的企业进行涉及网络出版服务业务的合作的；

（二）违反本规定第十九条，未标明有关许可信息或者未核验有关网站的《网络出版服务许可证》的；

（三）违反本规定第二十三条，未按规定实行编辑责任制度等管理制度的；

（四）违反本规定第三十一条，未按规定或标准配备应用有关系统、设备或未健全有关管理制度的；

（五）未按本规定要求参加年度核验的；

（六）违反本规定第四十四条，网络出版服务单位的法定代表人或主要负责人未取得《岗位培训合格证书》的；

（七）违反出版行政主管部门关于网络出版其他管理规定的。

第五十九条　网络出版服务单位违反本规定被处以吊销许可证行政处罚的，其法定代表人或者主要负责人自许可证被吊销之日起10年内不得担任网络出版服务单位的法定代表人或者主要负责人。

从事网络出版服务的编辑出版等相关专业技术人员及其负责人违反本规定，情节严重的，由原发证机关吊销其资格证书。

第七章　附则

第六十条　本规定所称出版物内容审核责任制度、责任编辑制度、责任校对制度等管理制度，参照《图书质量保障体系》的有关规定执行。

第六十一条　本规定自2016年3月10日起施行。原国家新闻出版总署、信息产业部2002年6月27日颁布的《互联网出版管理暂行规定》同时废止。

2015 年国家新增信息化相关法律法规目录

【法规标题】关于推进农业农村大数据发展的实施意见
【颁布单位】农业部
【发文字号】农市发〔2015〕6 号
【颁布时间】2015-12-31

【法规标题】关于同意建立公共资源交易平台整合工作部际联席会议制度的函
【颁布单位】国务院办公厅
【发文字号】国办函〔2015〕156 号
【颁布时间】2015-12-29

【法规标题】关于中国（杭州）跨境电子商务综合试验区出口货物有关税收政策的通知
【颁布单位】财政部 国家税务总局
【发文字号】财税〔2015〕143 号
【颁布时间】2015-12-18

【法规标题】关于第一次全国政府网站普查情况的通报
【颁布单位】国务院办公厅
【发文字号】国办函〔2015〕144 号
【颁布时间】2015-12-4

【法规标题】关于加强和规范网络交易商品质量抽查检验的意见
【颁布单位】国家工商行政管理总局
【发文字号】工商消字〔2015〕189 号
【颁布时间】2015-11-12

【法规标题】工商总局关于加强网络市场监管的意见
【颁布单位】国家工商行政管理总局
【发文字号】工商办字〔2015〕183 号
【颁布时间】2015-11-6

【法规标题】关于促进农村电子商务加快发展的指导意见
【颁布单位】国务院办公厅
【发文字号】国办发〔2015〕78 号
【颁布时间】2015-10-31

【法规标题】关于加强互联网领域侵权假冒行为治理的意见
【颁布单位】国务院办公厅
【发文字号】国办发〔2015〕77 号
【颁布时间】2015-10-26

【法规标题】关于进一步加强和改进网络音乐内容管理工作的通知
【颁布单位】文化部
【颁布时间】2015-10-23

【法规标题】关于推进线上线下互动加快商贸流通创新发展转型升级的意见
【颁布单位】国务院办公厅
【发文字号】国办发〔2015〕72 号
【颁布时间】2015-9-18

【法规标题】整合建立统一的公共资源交易平台工作方案
【颁布单位】国务院办公厅
【发文字号】国办发〔2015〕63 号
【颁布时间】2015-8-10

【法规标题】生态环境监测网络建设方案
【颁布单位】国务院办公厅
【发文字号】国办发〔2015〕56 号
【颁布时间】2015-7-26

【法规标题】互联网保险业务监管暂行办法
【颁布单位】中国保险监督管理委员会
【发文字号】保监发〔2015〕69 号
【颁布时间】2015-7-22

【法规标题】国家税务总局关于发布增值税发票系统升级版与电子发票系统数据接口规范的公告
【颁布单位】国家税务总局
【发文字号】国家税务总局公告 2015 年第 53 号
【颁布时间】2015-7-20

【法规标题】关于促进互联网金融健康发展的指导意见
【颁布单位】中国人民银行 工业和信息化部 公安部等
【颁布时间】2015-7-18

【法规标题】关于促进智能电网发展的指导意见
【颁布单位】国家发展和改革委员会 国家能源局
【发文字号】发改运行〔2015〕1518 号
【颁布时间】2015-7-6

【法规标题】国务院关于积极推进“互联网+”行动的指导意见
【颁布单位】国务院
【发文字号】国发〔2015〕40 号
【颁布时间】2015-7-1

【法规标题】社会保障卡芯片备案管理办法
【颁布单位】人力资源和社会保障部办公厅
【发文字号】人社厅发〔2015〕109 号
【颁布时间】2015-6-30

【法规标题】社会保障 PSAM 卡销售备案管理办法
【颁布单位】人力资源和社会保障部办公厅
【发文字号】人社厅发〔2015〕110 号
【颁布时间】2015-6-30

【法规标题】关于进一步加强对网上未成年人犯罪和欺凌时间报道管理的通知
【颁布单位】国家互联网信息办公室
【颁布时间】2015-6-30

【法规标题】关于促进跨境电子商务健康快速发展的指导意见
【颁布单位】国务院办公厅
【发文字号】国办发〔2015〕46 号
【颁布时间】2015-6-16

【法规标题】《全国公路水路交通运输环境监测网总体规划》及《公路水路交通运输环境监测网总体规划编制办法（试行）》
【颁布单位】交通运输部
【颁布时间】2015-5-28

【法规标题】通信短信服务管理规定
【颁布单位】工业和信息化部
【发文字号】工业和信息化部令第 31 号
【颁布时间】2015-5-19

【法规标题】关于加快高速宽带网络建设推进网络提速降费的指导意见
【颁布单位】国务院办公厅
【发文字号】国办发〔2015〕41 号
【颁布时间】2015-5-16

【法规标题】关于加强公共安全视频监控建设联网应用工作的若干意见
【颁布单位】国家发展和改革委员会 工业和信息化部 公安部等
【发文字号】发改高技〔2015〕996 号
【颁布时间】2015-5-6

【法规标题】关于大力发展电子商务加快培育经济新动力的意见
【颁布单位】国务院
【发文字号】国发〔2015〕24 号
【颁布时间】2015-5-4

【法规标题】关于促进交通一卡通健康发展加快实现互联互通的指导意见
【颁布单位】交通运输部
【发文字号】交运发〔2015〕65 号
【颁布时间】2015-4-30

【法规标题】电子认证服务管理办法（2015）
【颁布单位】工业和信息化部
【发文字号】工业和信息化部令第 29 号
【颁布时间】2015-4-29

【法规标题】关于规范网络转载版权秩序的通知
【颁布单位】国家版权局办公厅
【发文字号】国版办发〔2015〕3 号
【颁布时间】2015-4-17

【法规标题】教育部关于加强高等学校在线开放课程建设应用与管理的意见
【颁布单位】教育部
【发文字号】教高〔2015〕3 号
【颁布时间】2015-4-13

【法规标题】国务院办公厅关于开展第一次全国政府网站普查的通知
【颁布单位】国务院办公厅
【发文字号】国办发〔2015〕15 号
【颁布时间】2015-3-11

【法规标题】国务院关于同意设立中国（杭州）跨境电子商务综合试验区的批复
【颁布单位】国务院
【发文字号】国函〔2015〕44 号
【颁布时间】2015-3-7

【法规标题】互联网危险物品信息发布管理规定
【颁布单位】公安部 环境保护部 工业和信息化部等
【发文字号】公通字〔2015〕5 号
【颁布时间】2015-2-5

【法规标题】互联网用户账号名称管理规定
【颁布单位】国家互联网信息办公室
【颁布时间】2015-2-4

【法规标题】关于促进智慧旅游发展的指导意见
【颁布单位】国家旅游局
【颁布时间】2015-1-10

【法规标题】关于促进云计算创新发展培育信息产业新业态的意见
【颁布单位】国务院
【发文字号】国发〔2015〕5 号
【颁布时间】2015-1-6

先进典范篇

优秀单位

成都市安全生产监督管理局

“互联网+”安全 创建安全生产预警体系

2016年4月9日21点55分，成都市安全生产预警中心（见图1）和企业安全管理信息中心警报响起，警报信号来自成都某食品有限公司液氨冷冻库区，监控系统实时监测到该企业危险化学品液氨发生泄漏。同时，中心系统通过电话和短信将探测到的危险化学品泄漏预警信息传递给企业安全员和负责人。企业安全员接到预警信息，立刻赶赴现场，关闭了正在泄漏汽化的液氨管道阀门，在险情处置“黄金时间”内，液氨泄漏得到了有效控制；22点05分，液氨泄漏报警值逐步下降，险情解除，避免了一次可能因液氨泄漏发生的安全生产事故，事后查明，该次泄露直接原因系压缩机阀门垫圈老化，导致氨气泄漏。成都市安全生产预警体系运行至今，已经处置相同或类似的氨气、氯气泄漏等重大安全生产险情110起，有效避免了安全生产重大安全生产事故的发生，全市安全生产预警体系作用逐步显现。

图1　成都市安全生产预警中心

【体系建设推进情况】

为认真贯彻落实国家安全监管总局《标本兼治遏制重特大事故工作指南》和《四川省安全生产监督局实施方案》的部署要求，加强重大安全风险管控和隐患排查治理，提高安全生产事故预警预防水平和科学决策能力，成都市安全监管局积极利用信息化技术手段，大力推进基于物联网和云计算的安全生产预警体系建设（见图2）。成都市安全生产预警体系主要包括安全生产统一数据库、重大危险源动态监控系统、隐患排查治理动态监管系统、职业卫生预控服务系统、应急救援指挥系统“一库四系统”。

图2　成都市安监局信息化建设工作会

体系以“互联网+”为理念，整合了全市云计算中心（见图 3）、政务地理信息数据库、天网监控系统和 4G 通信网络等信息化基础设施资源，应用气体探测、传感组网、视频监控、无线和有线通信、云计算等现代信息技术，构建起全市安全生产信息化预警体系，整个体系依托四大子系统，从不同重点和侧面实现对全市安全生产的智能化预警和监管。

图 3　第三方机构为政府和企业提供值守安全服务

依托市重大危险源动态监控系统（见图 4），主要实现对重大危险源和高危企业安全状况的连续实时动态监测监控及自动预警功能。截至目前，系统接入高危企业 874 家，安装在危险化学品从业单位和 110 处重大危险源现场的 13600 多个液压液位、湿度温度、气体浓度探测预警器和视频监控设备，将监管企业的安全生产数据信息实时、准确、快速传输到云计算中心，云计算中心对数据进行智能分析和预警处置，为政府和企业提供全天候、24 小时安全服务。平台投入运行至今，接受各类监管数据 7 亿多条，处置重要事故预警 2008 起，接入企业连续三年安全生产事故伤亡为零。当前正在进行系统功能拓展，接入寺观教堂安防监控、地铁建设安全风险管理、危险化学品运输 GPS 监控等重点行业领域信息化系统数据，不断延伸城市安全感知预警系统。

图 4　重庆危险源动态监控系统视频监控界面

依托市隐患排查治理动态监管系统（见图 5），建立全市安全生产风险源、风险点分级管控体系，系统设置政府端、企业端和社会公众端。企业根据系统提供的 14 大类、39 小类、9000 多个风险源分类标准和对应的隐患检查标准，方便企业开展风险辨识管控及隐患自查、自报、自改。政府相关部门监控企业隐患排查治理情况，上传执法检查发现隐患，推动实现隐患治理全过程的闭环式管理。社会公众可以利用系统隐患 APP 模块举报安全隐患，参与到安全生产监督之中。截至目前，系统企业用户已达到 40000 余家，企业自查上报隐患超过百万条，隐患整改率达到 99.7%。

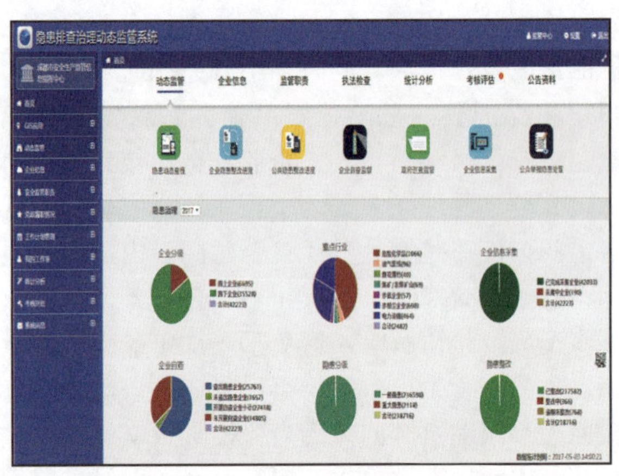

图 5　隐患排查动态监控系统界面

依托职业卫生预控服务系统（见图 6），实现用人单位职业病预防的自主管理和监管部门的职业危害动态监管功能。系统自 2016 年 1 月投入使用以来，注册用户达到 9000 余家。根据系统统计，与 2015 年相比，2016 年全市用人单位开展职业健康体检比 2015 年同期增长 30%；危害因素监测点位 4.3 万余个，同比增长 15%；检查合格 94%，同比增长 35%；开展劳动者上岗前和在岗职业卫生培训 38 万余人次，比 2015 年同期增长 35%。

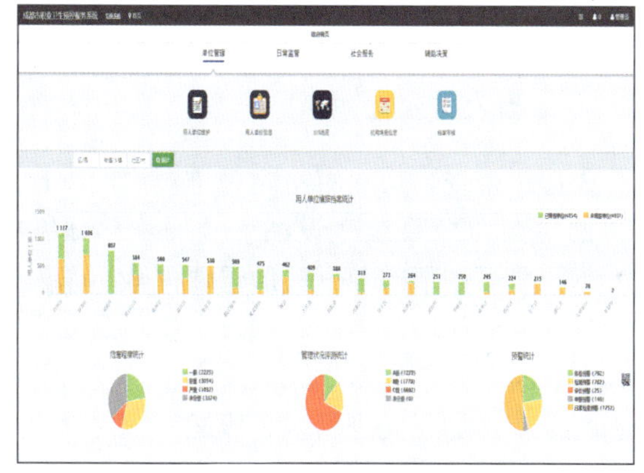

图 6　职业卫生预控服务系统界面

依托市应急救援指挥系统（见图 7），构建全市危险化学品应急救援指挥体系，平时以应急保障资源管理为核心，实现对危险化学品应急专家、机构、物资、仓库、队伍、装备等各类应急救援力量的维护，以及应急指挥相关知识、应急专项预案的数字化管理。当事故发生时，平台能够实现对危险化学品事故的先期研判、辅助决策、指挥调度、事后评估的完整业务支撑。

图 7　应急救援指挥系统界面

为及时、快速、有效处置信息化系统的预警信息，加强安全生产预警中心建设。成都市预警中心采取政府购买服务的方式，委托第三方机构服务管理，实施 24 小时监控预警，及时跟踪报告预警信息处置情况，保障每一条预警信息得到有效处置。在此基础上，成都市从 2015 年开始实施危化品集中区（市）县的预警分中心建设，截至目前，已经完成 4 个预警分中心的建设，正在实施 7 个预警分中心建设，加快实现安全生产预警信息市、区（市）县、街道（乡镇）、园区和企业分级联动处置。

成都市安全生产预警体系已经成为保障全市安全生产的“智慧之眼”。2016 年 7 月 24 日，国家安监总局主要领导视察成都市安全生产预警中心时指出：“成都市的安全生产预警体系建设为我们监管提供了新的思考、新的办法，一些隐患靠人发现很难，靠技术就能够监测出来，对实现监管智能化大有好处。”2016 年 10 月 31 日，国务院安全生产第 6 督察组到成都市安全生产预警中心检查工作，也对成都市应用现代信息技术建设全市安全生产预警体系给予了高度的评价（见图 8）。

图 8　2016 年 10 月 30 日，国务院安全生产第 6 督察组到预警中心检查工作

【体系发挥的主要作用】

（一）提升安全生产事故防范能力

预警体系加强了对成都市重大安全风险点、危险源的全程实时管控，强化企业隐患和职业危害的动态监管，实现了安全监管“间断性检查”向“连续性实时监控”“人为判断”向“智能分析”“事后反应”向“自动响应”的转变，为构建双重预防性工作机制提供了相应技术保障。

（二）提升企业安全生产管理能力

预警体系汇总安全生产法律法规，以及各行业领域企业风险辨识标准、隐患排查治理标准和职业卫生工作标准，企业依据法律法规和标准规范制定企业自身的风险隐患标准，排查治理安全隐患、落实风险防控措施，有效解决了企业安全生产“管什么、怎么管、管不到”的问题，推动企业更好地履行安全生产法定职责和义务（见图9和图10）。

图9　接受监控预警的大型化工园区

图10　企业安全生产监控预警中心

（三）提升安全生产监管效能

预警体系作为安全监管有力辅助手段，其信息化系统监测监控功能在一定程度上反映出企业的危险程度、安全条件和安全管理情况，有利于安全监管部门全面掌握企业安全生产状况，实施高风险企业重点监管，加强对安全保障条件差企业的跟踪指导，有力推动企业落实主体责任，有效促进分类分级、随机抽查等监管检查方式改革的运用和推进。

（四）提升安全生产预警决策能力

预警体系动态收集企业和重点行业领域海量安全生产信息数据，为开展安全生产大数据应用、分析研究事故发生和事故处置特点、认识和把握安全生产客观规律、针对性和预见性地制定事故防范措施和安全生产重大政策提供了有力的数据支撑和决策参考。

【体系建设经验与体会】

（一）加强建设组织保障

成都市市委、市政府将隐患排查治理监管系统和危险源监控系统建设纳入全面深化体制机制改革、全面创新改革试验的重要内容，作为全市物联网重大应用试点示范项目。特别是成都市委、市政府主要领导多次强调安全生产要人防、技防两结合，加强先进科技手段运用，提高安全监管、隐患治理、事故预防的信息化和专业化水平。成都市财政先后投入3500余万元专项资金，用于预警体系各系统开发建设和运行维护。

（二）强化体系顶层设计

按照“需求引领、突出重点、急用先行、分步实施”的原则，先后编制了《成都市安全生产预警体系建设实施方案》《成都市安全生产综合信息平台建设实施方案》《成都市“互联网+”安全生产2016—2018年行动计划》，切实加强安全生产信息化建设的顶层设计。

（三）做好技术保障支撑

安全生产预警体系建设需要依托云计算中心、地理信息平台、物联网感知系统等信息化基础设施及资源，运用集成射频识别、全球定位、气体探测、红外传感等现代技术，对采集的信息数据进行智能分析，系统建设具有较强综合性、技术性和复杂性。在建设过程中，成都市安全生产管理局与承建物联网企业建立了信息化建设项目长期合作关系，实现了政府与承建企业之间监管与技术的优势互补（见图11和图12）。

图11　维护人员保障系统安全运行

图 12　第三方机构技术人员到企业服务

（四）完善体系功能设置

在建设过程中，成都市安全生产管理局坚持试点先行，系统开发后，组织部分监管部门、乡镇（街道）、园区、重点企业对系统基本构架、功能设置、数据应用等进行先行试用，根据试用意见和建议，督促指导开发建设单位不断完善系统功能，提高系统实用化、智能化、便捷化操作水平。

（五）抓好系统推广应用

为提高企业运用系统的积极性、主动性，成都市安全生产管理局采取政府承担监控企业“围墙外”所有建设费用的做法，减轻企业关联进入危险源监控系统的负担。成都市委、市政府将系统应用纳入综合目标绩效考核内容，推动区（市）县监管部门加大监管执法力度，促进企业利用系统开展隐患自查自报自改、接受实时动态监管。2017 年，成都市将职业卫生预控服务系统的建设和应用纳入民生工程目标予以强力推动。

【体系建设下一步思路】

成都市将深入贯彻落实习近平总书记、李克强总理重要指示批示精神，按照党中央国务院、四川省委省政府、成都市委市政府的统一部署，在国家安监总局和四川省安监局的具体指导下，持续加大安全生产预警体系建设力度，积极构建风险分级管控和隐患排查治理“两道防线”。

一是进一步拓展重大危险源监控系统实时动态监控领域，积极推进易燃易爆、有毒有害企业和大型城市综合体、宗教寺庙等人员密集场所的接入，提高事故预警防范覆盖面。

二是大力推进企业利用隐患排查治理动态监管系统开展隐患自查自报自改，完善隐患排查治理动态监管系统企业风险管理模块功能，为企业实现安全风险自主辨识、自我管控提供支撑。

三是加快推进职业卫生预控服务和 应急救援处置系统的开发建设和实践应用，全面完成安全生产预警体系建设，积极构建常态长效的安全风险管控和隐患排查治理工作机制。

四是扎实推进全国安全生产大数据应用试点，推进重点行业领域安全生产监测监控信息系统互联互通、信息共享，建立统一的安全生产数据库，开展安全生产大数据应用研究，加强安全生产周期性、关联性等特征分析，提高事故预测预警和科学决策水平。

大唐电信科技产业集团

大唐电信科技产业集团（简称大唐电信集团），是国务院国有资产监督管理委员会管理的一家专门从事电子信息系统装备开发、生产和销售的大型高科技中央企业，总资产规模近 500 亿元，总部位于北京，在上海、天津、成都、西安、重庆、深圳等主要经济发达城市设有研发与生产基地，是我国信息通信领域研究开发综合实力最强的研究型企业之一。集团总人数近3万人，研发人员占约50%，每年研发投入占收入约10%。

【高科技领域的科技创新典范】

大唐电信集团建有国家重点实验室、国家工程实验室、企业技术中心、工程技术研究中心4个国家级研究机构，设有博士后流动工作站，教育部批准的研究生部具有博士、硕士授予权。

大唐电信集团是TD-SCDMA 3G/TD-LTE 4G移动通信国际标准的提出者、产业化推动者、设备市场领先者。作为我国创新型企业的典型代表，大唐电信集团走出了一条独具特色的正向系统创新之路，通过推动自主创新的TD-SCDMA 3G和TD-LTE 4G国际标准的产业化与市场化进程，实现了我国移动通信产业从受制于人、技术跟随到并驾齐驱的根本转变，成为我国高科技领域科技创新的典范，书写了中国电信史上的传奇。

大唐电信集团在集成电路领域具有雄厚的技术实力，面向通信行业重大应用，实施“4G+28nm”工程，全面支撑TD-LTE 4G大规模商用和移动互联网快速发展，实现移动通信与集成电路产业的良性互动和转型升级。随着产业发展周期和市场需求变化，不断推出新的产品，从电信智能卡芯片、二代身份证芯片、金融社保芯片，到如今的金融IC 芯片、TD 终端芯片和LTE终端芯片等产品。

大唐电信集团打通了移动通信和集成电路产业链，形成了移动通信、集成电路设计和制造、特种通信三个核心业务板块。同时，积极在移动互联网、物联网、三网融合、云计算等新兴产业领域布局，成功将TD技术应用于信息安全、行业信息化、智慧城市等领域。

大唐电信集团的企业发展宗旨是“以提升员工价值为基点，以创造客户价值为导向，以带动产业进步为保障，以技术价值转化为市场价值为抓手，以实现企业价值为目标，以保障国家信息安全、实现国有资产保值增值为己任”。企业使命愿景是“创新沟通未来——信息通信价值创造者”。企业价值观是“创新、市场、诚信、责任”。

【主要科技工作进展及成果】

（一）完成“多流波束赋形的无线传输技术”研究，获国家技术发明奖二等奖

该科技成果从技术原理出发，突破波束赋形与空间复用技术在传输机理上的矛盾，发明了基于小间距天线阵列的多天线多流波束赋形技术，实现了4G系统高速传输与大覆盖；发明了三维资源调度和联合干扰管理方法，大幅提升系统容量。同时，发明了宽带OFDM TDD传输控制与接入技术，使得多流波束赋形技术在4G LTE标准得以应用。

国内外同类技术先进性对比。集团所发明的多流波束赋形技术，经多轮国内外权威组织的性能评估和现场测试，如国际权威组织3GPP和ITU评估的多厂家仿真评估，工信部的LTE 4G工作组组织的多场景外场测试，TD-LTE技术全球推进组织GTI的技术评估等，表明基于多天线多流波束赋形技术的TD-LTE系统在平均频谱效率、覆盖和小区边缘频谱效率等技术关键指标上达到并大幅度超过ITU对4G系统指标需求，处于国际领先水平。

成果授权发明专利和标准制定情况。在3GPP、ITU等国际标准化组织提交LTE 4G国际标准文稿226篇；授权核心发明专利45件，国际PCT专利12件。大唐以本成果的技术发明为关键要件，与法国电信等公司发起成立国际LTE 4G专利池，即将向一些国际著名公司许可专利。主导和参与制定3GPP LTE 4G国际标准14项，提升了我国国际标准话语权。主导和参与制定我国LTE 4G通信行业标准11项，带动了行业进步。

（二）推进5G关键技术研究，完成重点关注方向的技术研究，并形成技术框架。在全球范围内率先发布5G白皮书和5G网络空间安全白皮书，夺取5G标准竞争制高点

集团开展了6个重点技术方向（Massive

MIMO、UDN、低时延高可靠、PDMA、高频段、灵活频谱共享）的技术研究，并在其中四个方向（Massive MIMO、UDN、PDMA、高频段）取得突破性进展。共提交 IMT-2020 标准提案 39 篇，申请专利 63 项，发表论文 9 篇。基于关键技术研究成果，开展系统技术研究，完成《5G 系统解决方案框架报告》，提出 5G 系统的整体解决方案。成功申请 2016 年重大专项 2 项——《5G 高频段通信技术方案与试验系统研发》和《5G 超密集组网技术与试验系统研发》，为后续 5G 技术标准化和产业发展提供了强有力的支撑。参与国内外多个 5G 组织（NGMN、ITU、CJK、中韩论坛、中欧论坛等），负责重要内容的研究，对外开展大唐 5G 技术宣讲 20 多次，提升了在 5G 方向的国内外影响力。

在 ITU 组织中，主导了《ITU 建议书 M.2083》（《5G 愿景和框架建议书》），大唐白皮书中提出的关键技术指标和 PDMA 概念写入《ITU-R 5G 愿景建议书》。

完成 5G 综合验证系统软件总体设计和硬件定制。5G 综合验证系统硬件定制工作于 2014 年启动，2015 年顺利完成了第一版硬件的外协开发工作，目前该硬件经过单板测试、硬件整机联调测试，已用于 5G 综合验证系统的软件调试工作中；5G 综合验证系统软件总体设计于 2015 年上半年完成；定制的 5G 综合验证系统于 2015 年参加了 5G 峰会、上海通信展、北京通信展、ITU 通信展等展会。

（三）保持 LTE-Hi 技术领先性，持续开展 LTE-Hi 标准预研及算法研究，支撑产品研发和规模试验

完成 LTE-Hi 重大专项的验收相关工作，包括三方测试方案及三方测试相关的组网方案和关键算法，顺利完成了 LTE-Hi 项目技术验收。同时，超密集组网技术（UDN）作为 LTE-Hi 后续演进技术也开始受到重视，开展了相关预研，提出虚拟小区、干扰协调等关键技术，向工信部 IMT-2020 推进组提交文稿 8 篇，开展了面向工信部 5G 技术实验中 UDN 特性的系统概要设计，确定了关键特性和测试用例。

标准方面，在 LAA 系统共存评估、信道接入机制、DL 传输方案、DL/UL 帧结构、非授权频段 Small Cell 发现方案等方面进行深入研究与充分的讨论，输入 3GPP 文稿 62 篇，通过 22 篇，申请专利 14 项。完成了《LTE Rel-13 LAA 物理层技术研究报告》。搭建了链路级仿真平台，用于 LAA 小区发现信号设计等关键技术研究；搭建了系统仿真平台，用于 LAA 系统共存性的研究。相关平台已完成代码整理归档、平台说明文档和测试报告等。

（四）完成“多模基站平台研发与应用”研究，获中国通信学会科学技术奖二等奖

基于软无线电技术，根据无线通信系统的应用、业务、环境特点量身定制，开发高性能、低成本的小型化多模基站平台。主要研究开发内容包括小型化的基站硬件平台，统一软件平台，支持 3G、4G 特性和多模混合组网。

多模基站平台是大唐移动第五代多制式基站硬件平台，支持 BBU+RRU 架构的紧凑型分布式基站产品，具备体积小、重量轻、高集成度、高性能、灵活支持各种无线通信制式等特点。

主要技术创新包括高可靠性集成化设计、智能功耗管理、自适应支持 IR 和 CPRI 接口、支持各种制式 RRU 接入。其大容量基带处理技术，最先实现业界最大容量 18 个 TD-SCDMA 载波的基带板，同时支持系统平滑升级扩容。此平台基站产品广泛应用于移动通信系统，可同时支持 TD-SCDMA、TD-LTE 和 FDD-LTE 系统，也可用于行业专网。

（五）多款移动通信芯片完成研发并开始量产

“4G+28nm”移动通信芯片 LC 1860 年出货量达到千万片，TD-LTE/TD-SCDMA/GSM 多模多频智能终端单芯片研发正在加速开发；安全芯片方面，金融 IC 卡取得突破性进展，多接口移动支付核心控制芯片设计项目，应用于国家发改委金融领域安全 IC 专项的高性能双界面金融 IC 卡芯片项目即将量产，成功实现社保卡模块批量商用且累计出货 2.1 亿只，自主研发成功的金融 IC 卡双界面芯片，已在

银行、卫生、教育、交通等行业实现千万只以上的批量商用，保持了国内领先的竞争优势；汽车电子市场取得突破。

（六）在交换、处理、散热等方向取得了重要的技术突破

在交换方向，掌握了 RapidIO 交换架构和技术，并成功在 5G 验证平台中得以应用；处理器方向，掌握了新一代 DSP 处理器、多核处理器、大型 FPGA 设计技术，同时也掌握了 Intel 新一代面向嵌入式应用的至强系列处理器设计技术；在散热方向，实现了单槽位 450W 以上的散热能力。通过这些技术的掌握和应用，构建了完整的 5G 技术验证平台，同时该平台已经被多家合作单位采用，并在数据通信网络中应用。

（七）车联网技术获得全面发展

2015 年在车联网技术研究与标准推动、小型化预商用产品研发、系统演示与市场合作方面全面展开工作。在技术研究与标准推动方面，联合牵头 R14 RAN LTE-V2X 研究项目和 PC5 V2V 标准项目，是主要技术贡献者和报告人，成功申请 LTE-V 重大专项；在小型化预商用产品研发方面，基于联芯 LC1860 芯片完成 LTE-V 平台的总体设计、接口设计和单元模块编码测试等工作，为 2016 年推出 LTE/LTE-V 双模平台奠定基础；在系统演示与市场合作方面，LTE-V 已成为大唐 5G 宣传的新亮点，亮相 2015 年德国汉诺威消费电子展、南京第十四届亚太智能交通论坛，完成业内基于社会道路的第一次演示，得到国内外车企、高校的广泛关注，与一汽、长安、广汽、招商云途、车网互联等企业建立了良好的合作关系。

京东方科技集团股份有限公司（BOE）

建设“芯屏气/器和”生态　加速布局智慧物联网

京东方科技集团股份有限公司（BOE）创立于 1993 年 4 月，是一家物联网技术、产品与服务提供商。基于在发展中积累的半导体、显示、传感、人工智能、大数据等技术优势，BOE（京东方）形成三大核心事业：显示器件（Display Device Business）、智慧系统（Smart System Business）和健康服务（Healthcare Service Business）。公司产品广泛应用于手机、平板电脑、笔记本电脑、显示器、电视、车载、数字信息显示、健康医疗、金融应用、可穿戴设备等领域。

【加速布局智慧物联网】

创新是 BOE（京东方）发展的不竭动力。2015 年，BOE（京东方）年新增专利申请量 6156 件，其中发明专利超过 80%；2016 年上半年，BOE

（京东方）新增专利申请量突破4000件，同比增长25%，继续保持业内第一；京东方科技集团股份有限公司累计可使用专利超过45000件，位居全球业内前列。全球创新活动的领先指标——汤森路透《2016全球创新报告》显示，BOE（京东方）已跻身半导体领域全球第2大创新公司。

2016年，BOE（京东方）智能手机液晶显示屏、平板电脑显示屏市占率保持全球第1位，笔记本电脑显示屏、显示器显示屏市占率提升至全球第2位，电视液晶显示屏市占率保持全球第3位。

信息技术正在向制造业、交通、教育、能源、地产、医疗、环境、科研，甚至人们的日常生活中渗透。预计到2030年，物联网、人工智能和大数据的市场规模将超过14.2万亿美元，从现在约占全球GDP的不到1%增长到10%。

基于这一发展趋势，BOE（京东方）董事长王东升创造性地提出了“芯屏气/器和”（Ecore-system: Open and Connected）的物联网生态理念。他认为，如果将物联网系统简化为基本物理要素来理解，物联网可视为由功能硬件、计算单元、传感单元、人机交互单元、通信单元、软件与内容等要素组成的系统。其中，芯片是计算、通信、传感等单元的核心部件；显示屏是人机交互单元的核心部件，也是未来物联网最重要的信息出入口；软件和内容是无形的，如同空气一样存在或被传送，可以称之为“气”；各类功能硬件是有形的，可以称之为“器”，它们要成为物联网的节点或端口，需要加上芯、屏和软件。物联网就是将相关的芯片、显示器件、软件和内容、功能硬件和谐地组合起来，形成一个人与人、人与物、物与物相关联的价值创造系统。

未来五年，BOE（京东方）将全面开放技术端和应用端，开放至少5000个合作项目，提供至少50亿个物联网端口，从产品开发、技术研发、生产制造、工艺改善到平台搭建、软件开发等方方面面，与合作伙伴携手共建物联网生态系统。

【建设“芯屏气/器和”生态】

（一）做强物联网显示器件

BOE（京东方）显示器件事业包括TFT-LCD、AMOLED、虚拟显示和薄膜传感器等业务。显示屏是物联网系统的硬件入口，薄膜传感器是物联网信息采集端的关键器件。BOE（京东方）引领TFT-LCD技术的创新和发展，致力于加快AMOLED、柔性显示、增强现实、虚拟现实等新型显示器件及薄膜传感器件的进步。

目前，BOE（京东方）拥有11条半导体显示生产线，包括北京第5代和第8.5代TFT-LCD生产线、成都第4.5代TFT-LCD生产线、合肥第6代TFT-LCD生产线和第8.5代TFT-LCD生产线、鄂尔多斯第5.5代LTPS/AMOLED生产线，以及重庆第8.5代TFT-LCD生产线共7条运营生产线，还有在建中的3条生产线：成都第6代AMOLED生产线、福州第8.5代TFT-LCD生产线、全球最高世代线——合肥第10.5代TFT-LCD生产线，以及绵阳第6代AMOLED生产线。其中，绵阳第6代AMOLED生产线是中国大陆惟一能够自主研发、生产和制造1.5～110英寸全系列半导体显示产品的企业。

此外，BOE（京东方）积极布局柔性显示、微显示等前沿显示技术。2014年BOE（京东方）注资美国著名AR公司Meta，继而于2016年投资国内初创AR公司枭龙科技，快速进入AR/VR显示技术领域，在可穿戴、增强现实技术领域加快布局。2016年7月22日，中国首条柔性AMOLED生产线——BOE（京东方）成都第6代AMOLED生产线主体厂房顺利封顶，预计2017年投产。2016年10月28日，BOE（京东方）加速布局柔性显示，其绵阳第6代AMOLED（柔性）生产线项目于四川省绵阳高新技术产业开发区正式签约，预计2019年实现量产。

BOE（京东方）多年来的快速发展，离不开两条定律的指引。其一，基于多年对产业发展规律的深刻研究和独到理解，BOE（京东方）董事长王东升创造性地提出了深远影响显示产业发展的“生存定律”，业内称为“王氏定律”，也就是说，若保持价格不变，显示产品性能每36个月须提升一倍以上，而这一周期正被缩短。王氏定律的提出对BOE（京东方）加快创新、形成“价值创造驱动”发展机制起到了非常重要的指导作用。其二，5P1H理论，该理论指引了BOE（京东方）产品和技术创新的方向，即高画质（Picture）、节能（Power）、功能融合（Panel as System & Service）、时尚（Pilot of

Fashion）、高性价比（Price）、健康（Health）。

在强劲的技术创新力驱动下，BOE（京东方）全球首发产品覆盖率达 39%，2016 年上半年提升至 40%，继续保持业内第 1 位。BOE（京东方）推出的 10K、8K 等超高清产品，多次斩获 SID“Best in Show”奖、“IFA 产品技术创新大奖”、CEATEC“生活方式创新产品大奖”等国际荣誉，其中，全球最薄 65 英寸 8K 超高清显示屏，采用全贴合背光工艺，最薄处仅为 3.8mm；82 英寸 10K 曲面显示屏，是全球最高分辨率的曲面显示产品；9.55 英寸柔性透明 AMOLED 显示屏集柔性和透明显示于一身。此外，BOE（京东方）还推出曲率半径达 900R 的全球最大曲率 34 英寸 WQHD 曲面显示屏、弯曲半径为 10mm 的 4.8 英寸 AMOLED 可穿戴臂环柔性显示屏、弯曲半径达 5mm 的 4.35 英寸可折叠柔性显示屏、可在-30～85℃环境下正常工作的 12.3 英寸异形曲面车载显示屏等多款亮点产品。同时，BOE（京东方）推出的透明显示、镜面显示、防偷窥显示等一系列面向物联网时代的创新应用产品也受到市场广泛关注。

在显示器件领域，BOE（京东方）正通过技术方向、应用拓展等维度的创新转型成为全球领导者。

从技术方向来看，BOE（京东方）从非晶硅向氧化物、LTPS、刚性 AMOLED、柔性 AMOLED 和传感等技术方向转型，加大在 AMOLED 领域技术积累和产线投入力度，加快在微型显示领域的布局，抓住 VR/AR 产业的战略机遇，并新成立了传感器件事业部，主攻医用光电传感器、基因测序传感器、分子天线等非显示产品和解决方案，实现跨界应用 创新。

从应用拓展来看，BOE（京东方）从电视、显示器、笔记本、平板电脑、手机五大传统应用领域，向透明、车载、工控、医疗、镜面、穿戴、拼接、虚拟显示等新显示应用领域及非显示应用领域（如传感器）等方向转型发展，加速物联网出入口布局。

（二）打造物联智慧系统

BOE（京东方）智慧系统事业以“物联网和人工智能”为主要方向，包括智能制造、智慧屏联、智慧车联、智慧能源等业务，本质上是物联网大数据和人工智能技术在细分市场上的创新应用。

在智能制造业务领域，BOE（京东方）主要从两个方面入手：一是打造智能工厂，BOE（京东方）已在苏州、合肥及重庆布局三座智能工厂，采用自动化生产线、智能物流和智能仓储系统等先进技术，旨在通过打造一系列的智能工厂，颠覆现有代工制造模式，实现工业化和信息化深度融合，促进制造产业向智能化方面快速转移，带给客户全新的智能制造服务体验；二是打造个性化定制服务，BOE（京东方）正在打造由 1 个线上平台（iMaker）和 2 个线下平台（创客工坊、智能工厂）组成的个性化定制服务体系，旨在将新一代信息技术与传统制造业融合，打造以客户为中心、信息共享、过程联动、生产自动化、高度统一的系统，即客户或创客提出需求订单，如个性 Logo、定制电视、定制画框等，之后进入由创客工坊实现创意产品、智能工厂实现批量生产、最终交付客户的生产模式，力图为创新者和消费者提供个性化定制服务和创新辅导服务。

在智慧屏联业务领域，BOE（京东方）致力于提供“硬件产品+软件平台+场景应用”的整体解决方案。BOE（京东方）正在搭建两个平台：一个是有 BOE 特色的画框、透明、触控、拼接等一系列显示终端产品平台；另一个是基于人工智能与大数据技术的屏联网软件平台。依托这两个平台，可以形成智慧银行、智慧教育、智慧画廊等一系列行业解决方案。2016 年 11 月 8 日，BOE iGallery 全球首发，这是世界上第一款家庭云艺术馆，它包含精选艺术内容库、艺术欣赏交易云平台、能还原艺术原作的显示终端及更多附加服务，可以让追求生活品位的人轻松在家用BOE iGallery 显示终端即时欣赏最新艺术，开启艺术欣赏新时代。

在智慧车联业务领域，BOE（京东方）可为用户提供高清、异形和曲面车载显示模组，并致力于提供全车显示系统、液晶天线系统、先进驾驶辅助系统、高精度定位系统等全车电子系统。目前 BOE（京东方）在 Passive 车载显示市场已居全球第 1 位，客户几乎覆盖全球所有主流汽车品牌。依托已有基础，BOE（京东方）将快速提升在高端车载显示市场的份额，并借助汽车产业变革契机，通过抬头显示、分子天线系统等创新产品进入车载显示系统和全车电子系统市场。

在智慧能源业务领域，BOE（京东方）在新能源领域已经耕耘了 8 年，是中国最早进入新能源行业的企业之一。当前能源行业正处于能源结构优化和中国“互联网+电改”政策的双重机遇期，BOE（京东方）着力推进人工智能与大数据技术在能源领域的应用，加快建设光伏电站，拓展配售电业务，打造智能微电网平台，从而实现发电侧与用电侧的高效互联，为用户提供清洁、透明、高效的能源服务。

（三）开拓智慧医疗服务

健康服务事业是以“信息医学和大数据”为基本特点，业务范围包括 O2O 医疗服务、移动医学、再生医学、健康园区等业务，各业务全面整合、协同发展，共同为客户提供以人为中心的家庭式健康医疗服务，本质上是物联网大数据和人工智能技术在健康医疗领域的跨界创新和应用。

O2O 医疗服务是指搭建一个从预防到康复、线上线下相结合的分级诊疗服务体系。目前 BOE（京东方）已经布局了两家国际化高端综合医院——北京明德医院和 2016 年建设的合肥京东方数字医院，数字医院与美国 Dignity Health 展开合作，引进国际顶尖的医疗技术和运营理念。同时，北京、成都、重庆、福建四地的布局已在规划和探讨中。未来，BOE（京东方）还将在全国建设更多的数字医院。

移动医学主要从两方面入手：一方面开发前沿的移动健康智能产品，如无创血糖仪、脑电波监测仪等产品；另一方面联合 IBM 开发相应病种的机器人医生，通过移动终端的检测数据，机器人医生就可以预测健康风险、出具治疗建议方案，为客户提供个性化的健康和慢病管理服务。

再生医学将按照三位一体的模式，即细胞工程实验室、细胞制备中心（CPC）、临床转化中心同步推动落地，以客户需求为导向，从自体细胞（如皮肤、角膜、心肌等）入手，推动临床转化和产业化，并同步推进异体细胞的研究和开发。

健康园区将聚焦融合了医疗、绿色、科技、人文等元素的智慧健康园区，提供园区整体解决方案。BOE（京东方）在健康园区业务领域积累了近 20 年的专业园区建设和运营经验，形成了六大核心能力：投资引进、策划定位、规划设计、项目代建、客户整合、资产管理。目前，由 BOE（京东方）提供整体解决方案的规模化项目达 10 余个，运营管理资产超 600 亿元，累积战略客户上千家，很多项目已经成为业内知名品牌。

BOE（京东方）将半导体显示技术、传感技术等电子信息技术与医学、生命科技相结合，跨界创新，发展信息医学、移动医学和再生医学，建立以人为中心的健康服务体系和大数据系统，不断提升人们的健康寿命，让老百姓都能享受高品质的智慧健康服务。

国网大连供电公司

杨万清　吴江宁　张葆刚　刘　冰　王跃东

国网大连供电公司（以下简称大连供电）隶属于国家电网公司，是特大型供电企业，供电区域 1.26 万平方千米，用电客户 366 万户。固定资产原值 229.02 亿元、资产净值 89.13 亿元，资产总额 112.53 亿元。大连供电管辖 66 千伏及以上（含 35 千伏）变电站 244 座，变电容量 2302 万千伏安，输电线路 5940 公里。公司下设 9 个供电分公司。2015 年，公司售电量 251.39 亿千瓦时，东北地区名列前茅，更是全国首批一流供电企业，更是国家电网公司唯一的国家级两化深化融合示范企业及两化融合管理体系首批通过评定的供电企业。

【依托信息通信技术推进业务贯通优化】

“人、财、物”是企业经营管理的基础，也是供电企业业务贯通、优化的关键。大连供电依托新一代信息通信技术与业务的融合创新，结合管理改进、效率提升、价值创造，统筹“人、财、物”核心资源，深入推进公司“人、财、物”集约化管理。通过优化业务模式，压缩管理层级，缩短业务链条，组建创新团队，在“人、财、物”集约化管理基础上实现协同高效运作，为公司实现以提质增效为目标的关键业务贯通、优化起到了关键作用。

（一）推进电力人才兴起战略实施

大连供电以“集约化、扁平化、专业化”为主线，结合信息化技术应用，以提升专业能力为抓手，建设统筹集约、资源共享、专业融合为特征的现代化人力资源管理体系，为关键业务贯通、优化提供坚强的人才保障和广泛的智力支持。

夯实基础，提高人力资源集约管控能力。大连供电全面开展企业资源计划（ERP）系统人力资源基础数据、业务流程的清理工作，人力资源基础数据的准确性和信息质量得到了有效提高。结合电网关键业务贯通和优化，修订人力资源相关业务管理标准、程序、流程近1230余项，并纳入 ERP 人资模块及 SG186 人力资源管控系统中固化。规范人事事件、人员配置与组织机构、人员基础信息等，实现人力资源业务流程与人员全面覆盖，人事事件及薪资发放准确率、及时率、正确率保持 100%。

深化融合贯通，提升人力资源统筹管理水平。人力资源专业与生产、营销、安监、审计、工会等专业深度融合，开发“综合业绩考核”、“领导干部 360 度测评系统”、“员工积分管理系统”等业务支撑系统，采取公司级部署，二级单位推广应用的方式，进一步提升人力资源集约化管理的广度与深度。

扩大管控范围，实现人力资源管理全覆盖。构建公司层面人力资源业务管控平台，包含集体企业人员，实现全口径员工从录用、培训、内部流动、转岗晋级、退休的全过程管控，与辽宁省公司专业数据库实现无缝对接，形成公司员工、农电用工、集体企业用工、劳务派遣用工等全覆盖的人力资源业务管控应用体系。创新员工培训方式，实现员工自主网络培训、现场培训、集中适应性培训等多种方式相结合的培训模式。

（二）强化企业财务链全过程管控

全面开展 ERP 系统财务专业数据清理及深化应用工作，以企业价值挖掘为手段，通过资金链的业务关联及大数据分析，使得数据的使用价值和信息质量得到有效保障。2016 年，大连供电修订管理办法 60 余项，优化财务业务流程 83 项，并纳入财务管控系统中固化；规范成本中心设置管理，成本中心由集约化前的 39 个压缩到目前的 16 个；制定标准成本定额 65 项，实现了标准成本定额管理的全面覆盖；优化拓展凭证业务协同功能，网间及省内对账率保持 100%。

开发现金预算管控辅助分析系统，实现预算管控。构建覆盖全部二级单位的预算管理平台，现金流量预算日编报、日分析、日监控，现金流量预算准确率达到 99%，高质量地完成国家电网公司的预算考核任务。同时，建立预算动因和标准成本定额管理制度，统筹公司财务资源，实施项目储备库管理，加大业务预算执行监控与考核，细化现金流量预算管理，将收支预算维度从旬细化到日，以现金流量预算控制财务预算和业务预算，实现了预算的均衡发生。建设综合财务资产管控平台，优化资产管理流程，实现资产从新增、调拨、评估、盘点、报废到处置的全过程管控。率先设计并应用了银行卡内部结算、银行和企业自动对账等功能，配合辽宁省公司完成远程财务决算在线审核，实现了会计核算一本账、会计报表一键式生成。

推进财务与生产、基建、营销、物资等各业务环节的集成应用，强化资金计划管理。依托企业资源计划管理系统的项目管理与资金管理功能，将前端实际业务与财务资金直接挂钩，真正做到业务流与资金流同步流转，为企业资金计划管控提供客观依据。以信息技术为支撑不断推动资金管理模式革新，实现财务信息从业务执行层到管理决策层的实时掌控和全程监督，提高财务精益化管理水平。

推进资金集中支付、电子支付和银行卡转账结算，强化资金链过程管控。通过加强资金安全管控，实施集团账户管理，撤销银行账户 132 个，集团账户挂接率完成达 100%。不断强化过程管控，优化资金归集方式，实现了电费资金实时划转和“零余额”管理，在辽宁省公司系统内率先完成了“零现金”结算管理。

规范资产管理流程，提高资金决算管理水平。完成项目决算流程、资产管理界面、价值管理方式的优化与调整工作；严格控制信息系统中采购设备到固定资产增资的数据流转，加强固定资产归口管理和动态管理，实施固定资产移动盘点管理推广工作，实现资产卡片与设备台账联动管理，固定资产账卡物相符率为 100%。以资产信息化为支撑，规范固定资产动态管理，调拨资产 82 亿元；持续开展债权债务清理，截至 2015 年年底累计清理债权 8 亿元，年流动资产周转率由 13.30 次提高到 169 次。

（三）建设支持全业务、全过程物资管理一体化信息平台

大连供电以“内部一体、外部贯通、科学管控、卓越运营”为目标，建立了现代设备物资仓储及供应体系；按照“统一规划，分步实施”的原则，不断扩展 ERP 业务功能，完成仓储信息系统与主系统 ERP 的对接，构建支持全业务、全过程物资管理一体化信息平台，实现物资管理信息系统的全覆盖，实时掌握库存量和应急物资，并在此基础上，构建完善了包括网上寻源采购、合同全过程管理、供应商业务协同等在内的电子商务平台，实现物资管理信息系统的全覆盖，实时展现外购物资及库存物资的动态情况，为电网全新发展环境下的关键业务贯通和优化提供可靠的物资保障。

结合物资管理一体化信息平台建设，修订管理办法 16 项，优化物资业务流程 15 项，并在 ERP 系统中固化。同时依托 SG-ERP 平台，以电子商务平台为补充手段，以资产寿命全过程管理为目标，有效衔接物资计划、采购、履约、结算、售后、仓储、配送、废旧物资处理等环节，推行物资管理全过程的信息化管理。根据国网 MDM 仓库主数据及 ERP 系统的管理要求，优化整合仓储资源，实施仓库集中统筹管理，各二级库资源可作为整体的共用库存，体现了虚拟仓储成本低、风险小、库存资源高周转等特点。最大限度地提高了仓库作业和储存能力，有效满足了电网物资周转业务需求。公司物资供应的工作基本都在 ERP 信息化平台上操作完成。从对物料的需求申请，到物资合同的生效生成，对物料的收货、发货，维护供应商的配送单、交接单，均依靠 ERP 系统完成。

采用物联网和自动化技术，对物资装卸、接收、验货、进出过程实行智能化管理，现场物资数据实时回传，仓储作业更加快速便捷，实现了无差错、低损耗的 ABC 分类管理，效率效益明显提高；推广应用仓储管理系统（WMS）及条形码、PDA、视频远传等先进手段，不断完善仓储管理信息与作业的“可视化”；全面推行废旧物资在线招标处置，实现资产报废与处置联动的应用覆盖，提高处置回收效率。建立并健全物资数据标准化制度，确保原始数据的记录、采集、整理、传递过程的可控、在控，并保证数据的全面性、准确性、及时性、统一性和可追溯性，为公司的整体运营提供有效的数据支撑。

【推行地县电网调度控制一体化管理】

（一）实现调度监控合二为一

将原来的变电监控、变电运维全面分离，将监控业务与调度业务融合，实现电网调度与电网监控一体化管理。这种新的管理模式显著提高了电网故障处理效率和日常操作效率，保证了运行人员统筹调配，实现了减员增效。成立大连电力调度控制中心，调度、监视控制在一起值班，监控可以第一时间了解调度意图，同时调度也可以及时了解变电站设备状况，减少信息传递的环节和传递中的不确定因素，提高事故处理速度和工作效率。

为保证变电站运行管理的顺畅，根据大连地区的区域划分和电网结构，并综合考虑值班员生活方便、交通便利、办公环境等因素，在智能一体化调控系统建设的同时新成立了集控中心，并

分区建设相应的操作队，负责所辖区域的变电站运行管理和倒闸操作（见图 1)。大连供电研发“调控模式下的调度防误系统”，实现了调控中心的调度防误和监控防误，能有效地防止误调度、误遥控的发生，进一步加强调控中心调控合一操作的安全性，提高调控人员的工作效率。

图 1　电力调度控制中心值班席

（二）建设智能电网调度技术支持系统

为了形成以“集约运行、源端维护、分布应用、扁平管理、优化流程”为核心的地县一体化调度管理体系，大连供电完成长海、金州、开发区、旅顺、普兰店、瓦房店、庄河共 7 县调自动化系统改造项目，建成以广域互联网络结构、一体化软件集成平台和分布式数据采集为特点的智能电网调度技术支持系统。系统于 2014 年 6 月正式上线，面向地区调度的实时监控与分析应用、调度计划应用、调度管理应用，可实现一体化协调监视与控制目标，满足一体化调度运行的需要。智能电网调度技术支持系统的建成，提升了调度系统的在线化、精细化、实用化、一体化水平，为统一的智能电网安全、优质、经济运行提供了技术支撑。系统按照业务特性将智能电网调度技术支持系统功能分为实时监控与分析、调度计划、调度管理三类。系统整体框架分为应用类、应用、功能、服务四个层次。应用类是由一组业务需求性质相似或者相近的应用构成，用于完成某一类的业务工作；应用是由一组互相紧密关联的功能模块组成，用于完成某一方面的业务工作；功能是由一个或多个服务组成，用于完成一个特定业务需求；服务是实现各种功能的程序。

（三）优化电网调度控制业务流程

智能电网调度技术支持系统实施后，可以满足一体化调度运行的需求；可由变电站自动化人员统一对电网数据进行维护，大幅减少了系统的运维工作量，提高了调度自动化运维效率。在此基础上，还可以进一步优化业务流程，调度控制业务分区域维护，流程规范为：变电二次运检班提交变电站新建或改造申请→电力调度控制中心二次专责初审→电力调度控制中心副主任审批→电力调度控制中心二次专责下发任务→自动化运维班、变电站的运维人员接到任务配合现场二次运检班进行现场调试→自动化运维班班长或技术员审核验收→电力调度控制中心二次专责核查无误后归档。

（四）实现生产系统数据贯通

大连供电建成了电能质量在线监测系统，实现了大连电网 10 千伏及以上电压等级的电网电压、输变电系统、调度系统、营销系统、PMS 生产系统的数据全部贯通，实现了各电压等级的电网电压、输变电系统可靠性数据、供电可靠性数据的自动采集，电网运行监控能力大幅提升。基于生产系统获取的数据，大连供电采用物联网技术及神经元网络技术构建 SAVC（智能自动电压控制系统），从全局角度对广域分散的电网无功补偿装置进行协调优化控制，显著改善了现有供电系统的电压质量，重要用户供电可靠率高达99.9999%以上，有效满足了包括 Intel（英特尔公司）在内的芯片制造、精细化工、精密仪器等大型高端企业对供电质量和连续性的超高要求。

【推进营配调业务贯通】

所谓营配调业务贯通，就是通过营销、配电、调度等各专业的数据共享和信息集成，营配调末端业务融合，实现基础数据“一个源头”、业务流程“一套标准”，基于“营配调一张图”开展跨专业一体化应用，促进营配数据质量和营配业务应用水平的持续提升，实现客户需求的快速响应、客户服务的优质高效。通过营配调等关键业务的贯通与优化，工作效率和管理水平得到显著提升，用电客户得到更加优质、高效的用电服务。

（一）推进营配调数据采录工作

各单位设立专职人员，负责营配调贯通工作数据与采录过程的专业沟通、信息上报等工作。各专职联络人负责及时整理反馈工作中遇到的问题，并按时向公司营配调贯通工作组上报《营配调贯通专项工作周报》。

各部门、单位按照营配调贯通工作要求，结合本地区和本单位的实际情况，建立以公司营配调贯通工作组牵头，营销、运检、调控、安质、信通各专业协同配合的工作机制，确保营配调贯通工作的顺利开展。定期召开营配调贯通例会，及时掌握并通报各部门、单位数据采录和治理进度、质量情况，协调解决数据清理过程中的问题，讨论解决方案，积极推进营配调数据采录和治理工作有序开展。

建立监督考核制度，科学设置考核指标，细化分解指标任务，全面落实工作职责，加强考核指标过程监控。各部门、单位每周三 17：00 前向公司营销部报送工作周报，由营销部汇总后上报省公司，公司营配调贯通工作组每周对营配调贯通数据采录和治理进行通报。

（二）建立多角度专业协同机制

大连供电针对此前营销、运检、调度等专业相对独立运行并导致信息协同异动的问题，通过下发文件、联合培训、专题会议、双周例会等形式，从本部到各基层单位，统一思想，加强理念，形成机制，强化专业间的工作协同。客户服务中心作为营配调贯通建设的责任主体，按照公司统一部署，负责开展营配调贯通实施工作。各部门、单位建立营配调贯通工作协同机制，主要领导负责，营销、运检、安质、信通等专业紧密协同，共同推进。同步建立多专业的数据动态更新协同机制，确保已核查数据随业务变动常态化维护，杜绝“前清后乱”。

（三）建设配抢平台推动业务深入融合贯通

配网抢修管控平台最初面向配电网故障研判和抢修指挥而研发，随着电网的发展及业务贯通工作的需要，大连供电利用该平台整合原有的配电自动化系统、调度管理系统、电网 GIS 平台、95598 系统、用电信息采集系统等，实现了与相关系统的信息交互，推动了营配调工作的深入开展。配网抢修管控平台通过集成生产管理系统、营销管理系统、95598 系统、配电 GIS 系统、配电生产管理系统、调度 EMS 系统等，实现了各业务系统间各类实时数据、静态数据、图形数据的交互，消除了传统意义上的信息孤岛，达成了系统应用智能化的集成与共享；在此基础上，充分发挥配网抢修指挥机构信息汇集、统筹指挥、统一调配的作用，全面提升配网抢修专业化管理水平、提高供电可靠性及提升优质服务质量。

九江萍钢钢铁有限公司

九江萍钢钢铁有限公司（以下简称九钢公司）是辽宁方大集团旗下江西方大钢铁集团有限公司的全资子公司，具备年产 550 万吨钢的生产能力，进入工信部公示的第二批符合钢铁行业规范条件企业名录，拥有员工 5750 余人，平均年龄 35.4 岁，营业务收入约 102 亿元，是一家朝气蓬勃的现代化企业。

【取得的主要成绩】

近年来，面对钢铁持续严冬，九钢公司稳中有进，发展逆势向好，取得了较好的经济效益和社会效益，主要体现在以下三个方面。

1．盈利水平创历史新高

九钢公司 2012 年重组时账面亏损达 12 亿元，重组后连续三年盈利，2016 年，九钢公司实现利税总额 15.94 亿元，上交税金 4.3 亿元。吨钢材利润名列行业第 5 位，2016 年人均产钢达到 930 吨，劳动生产率迈入同行业先进水平。

2．产品产量创历史新高

2015 年产铁 464.97 万吨、产钢 512.44 万吨、产材 506.89 万吨，分别完成年计划的 103.33%、100.48%、100.71%，同比分别增长 8.27%、4.14%、3.58%，钢与材产量首次突破 500 万吨；2016 年产铁 474.26 万吨、产钢 533.37 万吨、产材 526.11 万吨，分别完成年计划的 100.4%、102.51%、101.96%，同比分别增长 2%、4.08%、3.79%。生产水平向产钢 550 万吨目标迈进了一大步。

3．企业发展转型升级

九钢公司结合自身实际，确立了具有企业特色的发展战略，由追求规模、投资驱动、粗放型发展，转变为创新驱动、管理驱动、绿色驱动，走上了建材精品化、板材差异化发展之路。企业产品规格品种多、制造成本低。同时，近几年来，九钢公司每年环保投入超亿元，实施了烧结烟气脱硫、自发电、污水处理、在线监测等系列环保新工艺。企业入选国家工信部符合钢铁行业规范条件企业名单，装备全部符合国家产业政策要求。

【两化融合建设情况】

（一）工业化建设方面

1．基础自动化建设

近年来，九钢公司通过不断提升信息化环境下的新型工业能力，加快基础自动化建设，一级 PLC 系统覆盖率达到 100%。九钢公司拥有一套完整的天网视频监控系统，其中高清摄像头比例达到 80%以上。

同时，九钢公司立足本身，依托公司自动化部等技术团队，自主研发了远程计量系统、集中供水系统、无人道口值守系统、机器清舱代替人工清舱等。

2．智能制造建设

通过信息化与工业化的深度融合，九钢公司依托信息化建设手段，加大了在智能化生产方面的建设力度。建立了高炉炉缸侵蚀模型、中厚板轧制模型、加热炉燃烧优化控制模型、铸坯提温模型、能源智能管控系统、线螺成品自动打包、钢板自动喷印系统等智能化生产系统，为两化融合奠定了扎实的基础，如中厚板生产线目前已实现一级、二级、三级系统全流程覆盖，通过三级系统下发订单后，与二级系统通信生成轧制计划，再控制一级系统执行，整个过程中涉及了轧机过程控制系统、剪切线过程控制系统、轧机模型系统、ACC 模型系统、MES 系统。

（二）信息化建设方面

1. 生产运营管理信息化建设

为了提升九钢公司的信息化水平，近年来九钢公司在信息化建设项目投资近 5400 万元，如生产运营管理系统（MES 系统）、办公协同平台（OA 系统）、智慧九钢手机平台等，特别是 MES 系统于 2016 年 11 月底全线投入上线后，对九钢信息化的提升带来显著影响。

2. 物联管理信息化系统建设

根据两化融合思路的指导，九钢公司物联信息化方面也取得了一定的成绩，建立了 BDS（北斗导航系统），依托该套系统九钢公司实现了销售管理信息一体化。

3. 信息化体系认证方面

2015 年 12 月 7 日，九钢公司携手金蝶软件（中国）有限公司启动两化融合管理体系贯标工作，借助此次两化融合贯标对信息化和业务流程进一步梳理和优化，提高了工作效率，并于 2017 年 2 月通过了国家工信部审核，2017 年 3 月已获得两化融合管理体系认证证书。

【经典案例介绍】

（一）天网监控系统

该系统实现了对出入厂车辆车斗监控，减少了人员翻爬车辆，对出入厂物资情况进行跟踪，防止物资丢失。对关键岗位、关键工艺进行监控。通过监控能实时掌握生产组织活动中的异常情况，快速作出反应。该系统也为事故原因真实性的追溯提供了重要依据。

（二）远程计量系统

通过该项目的实施，实现了管理集中化；目前远程计量系统覆盖 7 个汽车衡、5 台皮带秤、3 台辊道秤，负责公司所有进厂原料、出厂成品、内部倒运物资、坯料计量等工作，通过技术人员对系统功能的不断延伸与完善，使公司计量数据更精准、计量工作更顺畅；目前各产线计量数据已接入生产运营管理系统，可自动生成计量报表、结算报表（见图 1）。

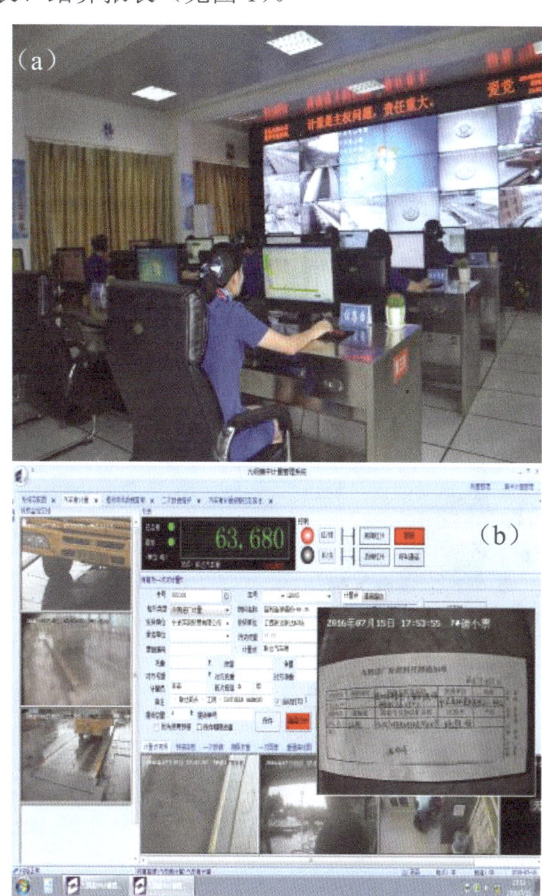

图 1　（a）远程计量操控室及（b）远程计量系统界面

（三）集中供水系统

该系统是九钢自主开发的一套西门子 300 系列控制系统，主要功能是把分散的各个水泵房集中到一起，由系统进行远程集中操作及控制；通过集中管理、集中操作，降低了员工劳动强度，改善了员工工作环境，提升了劳动效率。

集中供水系统由九钢自动化部自主设计、研发、安装，九钢动力厂负责具体实施工作，在原有供水系统的基础上，将原 13 个独立运行泵房的监控、操作系统通过统一规划、布线接入到位于新区中板泵站处的供水大厅集中管理。系统可实时监测蓄水池的液位，自动控制水泵的启停，控制精度高、实用性强，实现在供水大厅直接监控各个泵房的生产运行情况（见图 2）。集中统一调配水资源，有利于水资源节能减排综合利用；

在原有基础上减员增效，最大限度发挥人力和资源作用；提高自动化操作程度，降低员工劳动强度。

降低人力成本 417.88 万元/年（按人均年人力成本 6.74 万元计算）。降低新水消耗情况如下：项目实施前，吨钢新水消耗量为 3.1 吨左右；项目上线后，吨钢新水消耗量降到了 2.6 吨左右，每年减少长江取水 300 多万吨。

图 2　集中供水系统图示

（四）铁路道口无人值守系统

系统实施前：运输站共有 5 个有人值守道口（东区 2 个、西区 3 个），每个道口设一名道口工值守，手动操作现场按钮进行栏杆的开启、关闭。

系统实施后：电动栏杆手动按钮信号直接接入现场的 PLC 站点（目前的各道口房），再通过远程传输至值班室由信号工进行操作（东区与西区各一人分开操作）；新增视频监视系统，将道口附近道路、铁路情况全部传输至无人值守系统进行处理，配置高清摄像头，能有效实时进行监控；增加语音广播系统，对道口进行实时广播。

九钢公司实现了铁路道口无人值守系统，将传统的有人值守改变为“远程可监视、可控制的无人值守”，撤消道口看守员，改由道口集中控制中心操作员根据列车生产作业情况直接远程控制道口作业，系统基于西门子 PLC 控制系统，集成了远程列车运行系统、道口视频监控系统、道口语音对讲系统、道口远程控制系统，实现了铁路道口无人值守系统安全、稳定、可靠运行。原有 5 个有人值守道口通过监控摄像头和 5 套 PLC 控制系统实现了远程监控及控制栏杆启停。

（五）生产运营管理系统——MES 系统

九钢公司结合公司生产、物流、信息化现状，量身设计出公司钢后 MES 系统；并延伸了管理原料进厂、销售结算等功能模块；MES 系统是九钢公司目前最大的信息化管理系统。MES 系统以提高产品质量、提升效率和效益为追求，以增强综合竞争能力为目标；通过资源整合、集中管理，构建先进的运营管理模式和运行机制，帮助企业实现准时制造、精益生产，提升企业运营管理水平，最终为客户创造最大价值。

项目实施前后对比如下。

（1）项目实施前，各生产工序间数据分散、各工序岗位重复录入、重复数据统计，且数据录入与沟通环节容易产生错误。项目实施后，数据传输及时、准确、减少了人工录入与统计、大大降低了员工劳动强度、提升了劳动效率；废除纸质单据、纸质台账的填写与流转，改为系统自动生成单据与报表；实现了无纸化办公。

（2）项目实现了内部供应链计划（销售、生产、采购计划）的协调统一，加强和提高了各层次计划的及时性和准确性，提高了产能利用率，缩短了生产周期，提高了交货及时性，提高了企业对市场的应变能力；同时，实现了生产信息共享、生产协调加强，通过监控车间的生产执行情况，可对车间作业中出现的异常情况及时处理，并及时反馈到生产计划中，从而控制生产作业计划不偏离，保证生产计划的正确执行。

（3）项目实现了质量的一贯制管理，进行质量控制、质量数据自动生产报表，加强了质量检验结果的统计分析，有效地进行生产全过程的质量跟踪，支持企业不断地提高产品质量和客户服务水平。

（六）BDS 定位管理系统

利用 3G/4G 通信网络和 BDS，建立车辆、船舶调度服务系统，实现对车辆、船舶的实时定位、调度监控、防劫防盗报警等功能。实现了及时监控运输情况，及时掌握产品运输中的信息，对运输中的异常情况能快速作出反应。目前该系统已投运在销售公司，运行状况良好。

两化融合建设提升了九钢生产经营管理水平，九钢将继续不断地推动两化融合建设：建立覆盖企业生产管理业务完整价值链的、集成的、需求驱动型（客户需求→生产计划→原料准备→生产→提交客户→财务核算）的信息化管理系统；将信息化管理提升到公司战略高度，通过对公司信息化顶层设计、整体规划，以信息化引领工业化发展；通过物联网打造生产智能化，通过生产系统与其他应用系统的高度集成打造产供销一体化；建立企业的数据中心，利用大数据技术对企业资源进行科学分析，指导公司精细化管理，为高层领导决策提供数据支持，实现智能决策，确保公司战略的有效实施，加快新型工业化发展进程，逐步实现智能化工厂。

中国宝武钢铁集团有限公司

2016 年，中国宝武集团面对严峻的行业态势，通过管理创新与信息技术创新相结合，有效地支撑了公司发展要求和商业模式的创新，顺利完成了各项重点工作。主要表现在如下方面。

【推进党建系统建设】

党建系统建设于 2016 年 6 月正式启动，采用引进中软公司“党建云”基础产品+宝信软件二次开发的模式，于 7 月 1 日率先在沪内党组织、全体党员上线使用。党建系统目前已覆盖原宝钢集团各级党组织，基本实现了“党员全政治生命周期管理”和“党建工作的全过程管理”的双“全”目标，较好地支撑了基层党建工作的开展。

【结合公司转型，策划穿透式风险管控机制】

根据公司“国有资本投资公司”的定位，开展基于信息化的动态化、穿透式监督机制研究，结合国资委“两金”、债务管理的具体管理要求，初步策划财务类相关风险监管信息化方案。

【与联合重组同步，规划资讯平台建设】

根据宝武联合重组从联合走向整合、融合、化合的发展要求，充分运用新媒体手段，策划集团公司统一的资讯平台。对外：传播宝武声音、提升宝武形象、构筑良好公共关系。对内：强化集团文化宣传的权威性、影响力和效度，实现“一种精神、一种文化、一个目标、一个梦想”；及时、准确地传递高层声音；强化核心精神的传导和关键制度的落实；强化重点战略行动的布局和推进；强化员工对信息、知识和方法的分享与学习。截至 2016 年年底，已正式启动平台建设，并计划于 2017 年 4 月底投运。

【构建宝钢云学习平台】

宝钢云学习平台的建设目标为：建成国内领先、功能完善、技术先进的企业在线学习平台，在降低培训成本的同时，提高学习体验和效率。建设计划分为两个阶段：第一阶段（2016 年年底），完成学习中心、在线考试、微课众创和学习地图等核心功能建设；第二阶段（2017 年 6 月底），完成整体功能建设。截至

2016 年年底，在线考试系统已提前投运，并已组织实施 11 场初级、中级技能等级工的鉴定考试和 2 场委托代理人法律知识考试；学习地图于 2016 年 12 月中旬在宝钢股份总部 5 家单位进行试点推广使用；微课众创工具于 2016 年 12 月中旬在宝钢国际员工微课设计与创作大赛试用；学习中心于 2016 年年底进入测试阶段。

【持续推进标准财务系统向子公司的深度覆盖】

保障了标准财务系统新覆盖单元（宝钢金属、韶关钢铁）的业务顺行和规范作业，基本完成了标准财务系统对宝钢资源、宝地置业、宝钢化工下属三家子公司（宝宁公司、宝化万辰、宝化湛江）的覆盖实施工作。完善集团财务管理及分析系统，为进一步加强会计监管提供了新手段和便利的监督环境。组织、落实国资委、财政部各项监管要求，强化公司内部基础规范管理，优化集团财务信息化评价指标体系，推动 XBRL 平台研发，一次性通过国家财政部、认监委的 XBRL 软件产品认证工作，为后续推广覆盖奠定基础。

【持续推进智慧工作平台的优化和完善】

优化和完善移动公文查询、移动通知、移动宝钢名录等功能，进一步提升移动办公的响应能力和使用效率。通过对待办、消息的分类和优先级处理，解决大并发消息下的信息延迟问题，使得更多的外部信息系统能有效接入智慧工作平台，提升员工的办事效率。根据集团公司出差请假规范要求，调整出差请假标准应用，并择机迁入云中心，同步扩大出差请假模块的子公司覆盖范围。完成了对集团总部管理变革的快速支撑。

【持续推进 eHR 系统的完善和深度覆盖】

完成宝钢资源、宝地置业等单位的人力资源成本与财务统一抛账，完成 eHR 对八一钢铁、宝钢工程、宝钢发展、欧冶云商等 28 家下级或新进业务单元的覆盖。完善薪酬管控机制，开展网上共享服务平台建设，增强人力资源移动 APP 服务功能，提升共享服务效率。配套公司共享服务公司化运作，完成支持建设宝钢心越对外服务门户及业务系统。

【推进科技管理系统对科技创新体系的支撑】

2016 年年内完成了系统对宝特长材、湛江化工的覆盖；完成了宝钢股份科技管理子系统的升级改版，实现了外协精细化报价和外协单位职能推荐改造；新增科研项目产权服务，针对重点科研项目立项前期的专利查新及专利风险评估工作实现规范化管理，新增项目结题及牌号转产后评估管理，并实现对新产品项目转产评价、无明确用户试制、新试赠送、研发加计扣除数据统计政策适应性调整等内容的改版等功能升级改造。2016 年，新增科研项目立项 781 项，结题科研项目 924 项，外协合同签订 297 项，专利受理 1028 项，采纳合理化建议 64603 条。

【推进办公文具采购平台的进一步覆盖和升级】

2016 年，新加入公司 13 家，累计覆盖公司 120 家，全年各单位通过系统阳光采购商品 60.8 万件。2016 年 11 月底完成向欧冶采购电商平台的迁移和归并、新增收藏夹等功能，优化了平台的性能和订单收发货协同功能，在降低成本的同时，减少了平台运营投入。

【推进集团管控系统与武钢集团的对接工作】

启动了宝武集团五大管控信息系统（党建云、智慧工作平台、人力资源、标准财务、审计管理系统）与武钢集团对接的前期交流工作，并基本明确了党建云、智慧工作平台延伸至武钢集团的实施方案和进度安排。

【支撑八钢、韶钢扭亏增盈工作】

完成八钢、韶钢存货可视化系统、全过程成本管控系统建设。通过存货可视化系统建设，理顺存货基础管理，建立存货价值化管理，优化库存结构，减少存货资金占用。通过全过程成本管控系统建设，满足成本精细化管理的要求，发现价值，促进成本相关业务的持续改善。

建设完成八钢现场成本系统，实现成本管理重心下移，及时发现现场成本的异常，支持现场成本管理改善活动，强化对明细产品标准成本和产品盈利分析功能，支撑八钢经营决策。

【宝之云应用推进】

2016 年年内又有 30 套业务系统入驻宝之云。截至 2016 年年底，共 214 套信息系统、345 套 IT 基础环境运行在宝之云中。搭建欧冶云商专属资源池，共有 54 套系统、77 套 IT 基础环境在其中运行。进一步加强宝之云安全和规范建设，年内分别通过了工信部的可信云认证和公安部的信息系统安全等级保护三级评测，IDC 数据中心也顺利通过国际 Uptime M&O 权威认证（国内第 3 家，全球第 97 家）。另外，在重庆建立了宝之云分数据中心，开启了全国布点的序幕，同时，为更好地服务于宝武集团全国各地分、子公司做好了准备。

【网络与信息安全及软件正版化工作】

推进安全管理，优化升级商密保护系统及认证服务。完成商密保护系统升级，完善系统授权管理。开展邮箱系统安全审计，完成 11050 个账户的禁用。调查处置 4 件安全事件，对宝钢钢构系统、集团门户网站、协力主机系统、统一认证系统进行安全处置。实施人力资源系统、统一认证系统漏洞扫描及安全审计，统一认证系统完成更换国产密码体系工作。推进软件正版化工作，完成新一轮防病毒软件的选型、需求收集、与供应商谈判等工作。完成 WPS 软件升级到 WPS2016 版本的供应商谈判及合约签订，将 WPS 软件全面扩展到原宝钢集团及其下属企业。开展集团公司因特网扩容设备改造工作，完成与运营商因特网带宽扩容谈判，根据谈判结果，平均带宽费用同比可下降 60%。

大连理工大学

2016 年，大连理工大学网络与信息化中心（以下简称网信中心）坚持把提升教学、科研、管理服务保障能力，建设一流的网络环境和信息化应用，建设一流的公共服务平台作为工作目标，扎实工作、努力创新，积极推动学校智慧校园的规划与建设。

【完善智慧校园公共服务体系建设】

校园网出口带宽升级至 10GB，盘锦校区增加 1GB 带宽并开通 IPv6 互联；完成主楼校园网设备升级，完成能动学院新楼、主楼西侧楼的校园有线网、无线网同步建设开通；完成标准化考场视频专网、大型仪器共享平台专网、录播教室专网等多业务支撑网建设；完成 2016 年校园网核心设备升级产品的测试；完成校园无线网无感知认证系统测试；完成新版“VPN”远程访问系统部署，使校外访问校内网络资源更加安全、便捷；完成“大工云盘”服务部署，为师生提供 50GB 个人存储空间和 50GB 群组存储空间；增加邮件系统日程和通讯录同步到手机等新功能；启用新版校园网自助服务系统，为师生提供清晰、便捷的一站式校园网自助服务；完成校内微软正版授权平台部署，面向校内教工提供微软正版软件授权服务；完成新版视频会议系统的部署，提供更高效的视频会议服务；与腾讯公司签署战略合作协议，明确了移动校园建设方向和发展思路。

【建成“凌云”超级计算机并投入使用】

完成了投资 2100 万元的超算中心及配套电力改造等建设工程，大连理工大学超级计算中心和大连市超级计算中心正式挂牌成立；“凌云”超级计算机已进入试运行阶段，其计算能力达到每秒 350 万亿次，全球高性能计算机 TOP500 强排名 418 位，性能位于国内高校前列；中心学生超算团队参加 2015 亚洲大学生超算大赛（ASC15）获优胜奖；完成研究生大类公共基础课《大规模并行计算与应用》课程建设，2016 年春季面向全校硕士、博士研究生开课。

【推进学校核心业务系统建设和技术支持】

建立了学校年度信息化项目立项审批制度，共有 16 个项目通过 2016 年度学校信息化项目立项；迎新离校系统正式上线投入使用，极大提高了学校迎新离校工作的效率和质量；完成了会议网财务审批模块的二期建设，全年建立 11 个会议网站；启动了 3D 校园建设，2016 年春季上线；协助完成了公寓管理、研究生管理、组工人事、事业统计、学工一体化管理、OA 等系统的上线、招标、验收等工作；启动了“i 大工”微信和 QQ 平台一期建设。

【加强数据中心安全和资源建设】

优化数据中心的安全策略及资源配置，完成了网站群集群升级工作，实现学校各级网站的分级管理；开展校内信息系统的安全检测，对学校迎新、离校、研究生、教务等核心信息系统的 Web 应用安全进行重点检测，确保系统及数据安全；完成堡垒机、漏洞扫描设备的采购，从技术上提高校内信息安全防护水平，新增安全设备于 2016 年上半年正式上线；加强数据中心资源建设，全年为各单位新建云主机 14 台；加强数据安全和使用管理，出台了《大连理工大学信息化数据管理办法》。

【拓展“一卡通”服务内涵】

完成一卡通一期项目验收工作；召开全国一卡通经验交流会议；拓展一卡通应用，完成了学生宿舍门禁系统、体育馆教工刷卡健身认证系统、校内班车一卡通缴费系统、学生宿舍的一卡通自助购电系统、教工食堂一卡通消费、食堂和浴室双线路改造等建设；启动了一卡通微信平台充值及查询等移动应用建设。

【加强校园通讯基础设施建设】

与网通公司签订新的合作协议，完成通信设备升级，实现了西部校区、盘锦校区与主校区的通话免费；完成杨树北街家属区联通固话架空线路拆除工作；完成了校内基站建设前期的规划。

先进人物

毕咏力

山西一建集团有限公司网络信息中心经理。负责集团信息化建设规划和战略的制定等。从事信息化研究应用工作10余年，经验丰富，其间多次主持或参与省级科技计划项目，并获得多项信息化成果专利。

2006年参与山西建工集团申报“科技厅 山西建工集团 VOIP（内部网络虚拟建设）项目”立项并获得资金支持；2007年参与山西建工集团申报“科技厅 山西建工集团 VPN（虚拟专网建设）项目”立项并获得资金支持；2010年参与山西建工集团申报“发改委 工程项目管理信息化系统项目”立项并获得资金支持；2013年获得“建筑业视讯统一调度平台”国家实用新型专利证书；2014年获得“一种能够远程实时管理的塔吊安全生产监控系统”国家实用新型专利证书；2014年获得“施工现场人员考勤管理设备”国家实用新型专利证书；2014年获得“一种能够实现在线学习、考试及监考的装置”国家实新型专利证书；2015年参与《视讯统一调度平台在建筑施工企业中的研究与应用》论文编写，并被国家级刊物《施工技术》录用；2015年主持并参与山西一建集团申报“省科技厅 建筑业视讯统一调度平台项目”立项并获得资金支持；2016年主持并参与山西一建集团申报“省科技厅 建筑业劳务人员远程管控平台项目”目前已在拟立项公示期。

另外，主持山西一建集团视讯统一调度平台的建设工作，建成的平台自2012年10月投入使用至今，平均每年组织各类视频活动75次，约350小时，节省差旅会务费用至少在百万元级别/年。该平台与传统沟通管理方式相比，具有节约管理成本、缩短沟通时间、扩大影响范围等优势，从而达到降低管理成本、提升管理水平、提高管理效率的效果。该平台可推广至金融、能源、通信、交通、医疗、教育等重点行业应用，具有广阔的推广前景。

主持山西一建集团施工现场人员考勤信息系统的建设工作；该系统的应用实现了施工现场人员底数清、人员基本信息清、出勤记录清、进出场时间清，有效预防了劳务用工法律风险，规范了施工现场人员管理，进一步加强了施工现场作业人员的动态管理，防范了劳务工资纠纷，促进了项目工程质量、安全管理水平的提升。

岑谷雨

内蒙古航天信息有限公司副总经理。专业特长为互联网技术、物联网技术、企业战略管理咨询，全面负责公司信息化建设工作，同时积极参与内蒙古地区两化融合建设工作。

在工作中充分利用物联网技术，“互联网+”、大数据分析等相关技术，2015 年完成与内蒙古自治区食品药品监督局“内蒙古指挥食品药品综合追溯平台项目”建设，项目预计总投资 11900 万元，建设完成大数据中心、综合追溯平台、应急指挥平台、决策支持平台、“互联网+”综合服务平台、协同办公平台；建设完成“内蒙古农蓄产品全称可视化追溯平台”、农畜产品分析大数据中心，项目预计总投资 29967.65 万元，项目成功运用于爱在人间葵花籽追溯、二龙屯农畜产品追溯。2016 年指导完成公司综合服务平台建设工作，推进公司信息化建设进程，年度信息化建设方面实现销售收入 1.2 亿元。

陈晓明

重庆城市交通开发投资（集团）有限公司科技信息部部门经理。长期参与重庆交通科技信息一线工作，参与了重庆交通“十一五”“十二五”信息化发展规划和多个重大项目的整体规划和设计。是重庆市发改委信息化项目评审专家、市政府采购评审专家、交通运输部机电工程评审专家、美国 PMI 协会认证的 PMP（项目管理专家）。

1997 年获重庆市科技进步二等奖；2003 年起，作为项目主要负责人组织开发重庆市交通规费联网征稽信息服务系统（重庆市“十五”ITS 应用试点示范工程），后期升级建设重庆市公路规费征收、稽查、信息服务一体化系统，获得重庆市交通科学技术一等奖。2004—2005 年获重庆市青年岗位能手；2006 年所带领的征稽局计算机中心被交通部评选为全国交通通信系统创建文明行业先进集体；2008 年牵头实施交通运输部重点项目“重庆市公路交通信息资源整合及服务工程”，在 2010 年该项目成为全国第一家接受并通过交通部专家终验的项目，并被交通运输部评选为“十一五”交通运输行业信息化优秀项目。

2013 年到重庆交通开投集团任职后，充分运用积累的行业管理经验和自身专业特长，结合企业实际需求，以优化企业运营生产、深化公众出行信息服务、加强行业监管为目标，继续丰富、拓展集团科技信息工作，将“互联网+”、大数据等新兴技术应用到实际工作中。作为一线技术管理同志，先后实施“重庆公交电子站牌”和交通运输部重点项目“重庆公交智能化示范工程”等项目；并参与国家发改委“轨道交通互联互通的 CBTC 系统研发及产业化”等相关科研课题研究；以及《重庆市建设绿色低碳交通城市区域性试点实施方案》涉及的集团节能减排工作。此外，还积极以自身行动推进集团发展与转型。2014 年被评为全国优秀首席信息官；2017 年被《IT 经理世界》评选为 2016 年度中国优秀 CIO；还被评为重庆交通优秀科技工作者。

陈哲

大港油田公司高级专家、信息中心技术总监。1988 年 6 月于中山大学地质系毕业，同年，分配到大港油田地质研究院储量室，从事储量计算与储量数据库工作；2001 年 3 月调任研究院档案信息室副主任，从事大港油田公司勘探开发信息化工作；2009 年任大港油田信息中心数据管理科科长，负责大港油田地震、钻井、录井、测井、试油、分析化验等专业数据管理工作；同年，受聘大港油田信息化建设高级技术专家。

通过近 30 年的勘探开发信息化工作经历，在勘探开发数据模型设计、勘探开发数据管理系统开发、勘探开发数据治理、勘探开发应用系统开发、面向大型石油专业软件的集成等方面，具有一定的技术专长。在大港油田专业数据库管理系统（包括钻井、录井、测试、试油、化验专业）开发和部署、油田主数据库系统建立、油田面向 SOA 数据服务体系建立、油田数据治理框架建立、专业数据可视化集成系统建立、油田石油专业软件云建立、油田云计算环境建立方面作出很大贡献。

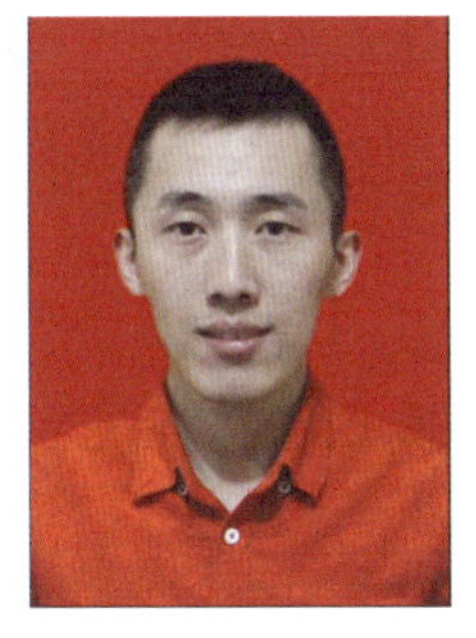

范彦国

1985年5月6日出生，山西五建集团有限公司网络信息中心总工。主要负责集团公司新企业门户网站建设、新中大软件招标及新中大首阶段OA实施的相关工作。主要进行了集团公司两大微信公众号建设（山西五建集团、五建集团团青）、新的多功能视频会议室的招标建设及新中大信息平台系统建设。

封彬

内蒙古小尾羊牧业科技股份有限公司大数据中心经理。主要成果如下。

1．首批全国两化融合贯标评定通过企业

组织公司内部各部门深入学习两化融合贯标体系，编写《两化融合管理手册》《程序文件》和《作业文件》等各类文件，并在信息系统建设和组织机构业务流程优化过程中，深入贯彻各项标准和制度。2015年4月通过两化融合贯标评定为全国首批通过两化融合企业。通过持续建设公司可持续发展战略、信息系统的建设与更新、组织架构业务流程优化，全面提升了企业管理的规范化与精细化水平，有效提升了企业的管理水平和核心竞争力，实现了业务流程规范与优化、专业化部门职责明晰与优化。

2．餐饮系统O2O应用

在原有餐饮信息系统集团化管理的基础上再次升级餐饮信息系统，从2014年年底充分利用互联网工具助力新市场开拓，引入智慧餐厅系统，通过团购、微信、支付宝口碑等信息化平台为餐饮业开拓新市场，目前在微信公众号上逐步实现了企业形象展示、微信预定、远程等位、微信点餐、微信支付、微会员、电子优惠券等功能。通过企业公众平台的建设，提升企业品牌形象与服务质量，形成良好的用户体验，达到促销的最终销售目标。

通过餐饮软件管理系统的实施及应用推广，建立起了强大的分析能力和体系。通过对数据库的深度挖掘、数据抽取、数据清理和转换形成数据分析库，餐饮公司各管理部门可以直接对门店进行运营指导和管理，提高了商业敏捷性。

通过会员系统沉淀的大量数据，分析客户在过去一段时间的就餐消费行为，对顾客进行分类，实现精准营销，企业提供针对单个顾客的个性化服务，优化产品结构、精准定位畅销产品，为市场营销提供指导意见。

3．食品质量安全追溯系统

通过在牧业养殖、生产加工、仓储、流通、销售等供应链各环节建立追溯系统，实现了企业内部生产过程的安全控制及对流通环节的实时监控；通过对最终产品的电子质量安全码扫描，可以查询到所购产品在流通各环节中的信息；通过增加食品生产过程的透明度、控制食品源头、提高生产企业诚信确保食品安全。在物流上，产品信息记录在货品外包装箱和产品包装盒的标签上，通过标签获得产品的详细信息，为商品销售提供详尽的数据，用户通过扫描二维码可方便了解到安全可靠的产品信息。

4．餐饮连锁门店信息系统应用推广

完成小尾羊餐饮公司所属直营门店信息系统推广和应用。实现统一的物料清单、菜品档案管理、营销活动管理、会员管理，信息化的应用覆盖餐饮公司的各个环节，对促进餐饮企业降低运营成本、提高管理效益、优化服务流程发挥了重要的作用。

付国军

山西科达自控股份有限公司董事长兼总经理。1988年山西省矿业学院自动化专业研究生毕业，1988—1992年在山西省矿业学院任教；1992年至今在山西科达自控股份有限公司任职，现任科达自控公司董事长兼总经理。从公司成立以来，一直坚持在科技领域求真务实、不断创新，主持并参与创造获得发明专利5项、实用新型专利16项，并获得软件著作权28项；其间发表专业论文4篇；曾作为项目负责人承担国家“十二五”智能装备发展专项、国家级火炬计划项目等多项国家、省（市）及高新区科技项目，并获得10项科技成果鉴定。所承担项目两次获得山西省科技进步奖三等奖、两次获得山西省科技奉献奖一等奖及太原市优秀项目等。2015年公司作为山西省工业控制系统与安全联盟的成员单位，开始致力于为煤炭行业用户提供安全可行的工控安全整体解决方案。

巩韶飞

1965年4月17日出生，内蒙古自治区电子信息产品质量检验院信息工程检测室主任、兼任院长助理。

主要成就如下：

（1）填补了内蒙古自治区信息检测市场空白，是内蒙古软件测试行业先行人；

（2）引资300余万元主持建设了《内蒙古电子信息产品质检院云测试平台》，该平台是全国质监系统首个“云测试平台”；

（3）创新检测方法，获取“软件作弊证据”，从技术上率先解决了全国机动车“检测数据造假，出具虚假报告”的监管难题。作为质监局技术支撑的汽车检测线打假项目被列为全国质监利剑行动10大案例之一；

（4）着眼于满足社会公众需求，全面提升质监能力水平，大胆承接质监局“金质工程”，主持建设了《内蒙古质监局综合业务云平台》；

（5）主持建设了《内蒙古质监局食品相关产品质量安全追溯监管系统》《内蒙古畜产品追溯体系监管平台》；

（6）针对内蒙古地区特点，提出了智慧牧业建设思路，承接了锡盟智慧牧业两个试点工程项目的建设工作，目前项目即将竣工，得到锡盟相关领导的高度认可。

学术成果如下：

（1）2014年3月在《中国消费与质量杂志》发表《浅谈信息安全及其解决方案》；2014年8月在《中国消费与质量杂志》发表《大数据、网络安全与社会主义计划经济》。

（2）申报撰写了《智能楼宇通信塑料光纤综合布线系统总体技术要求》及《计算机网络系统工程安全技术规范》两项地方标准；同时，汽车检测系统已被列入自治区监管检测项目之列；已经开发的信息安全检测系统已获认定，正在等待批准实施中。

（3）参与编写制定了国家标准《软件测试成本度量规范》；参与修订了《系统与软件工程 系统与软件质量要求和评价（SQuaRE）》第51部分《就绪可用软件产品（RUSP）的质量要求和测试细则》；参与修订《系统与软件工程 系统与软件质量要求和评价（SQuaRE）》第10部分《系统与软件质量模型》等。

（4）介于目前内蒙古自治区信息行业收费混乱的情况，2014年大胆提出了信息工程项目制定造价评估标准的思路及方案，得到了主管部门的肯定与参与，目前《软件工程项目造价评估规范》《计算机机房工程项目造价评估规范》《综合布线工程项目造价评估规范》《物联网工程项目造价评估规范》《信息系统升级改造项目造价评估规范》已通过了意见征求，即将发布。

（5）针对机动车检测线的技术监管方案，申报并研发《机动车检测数据甄别》科技项目；为了提高自身及行业的软件测试水平，申报了《软件审计公共服务平台建设》能力提升项目。

韩宇

洛阳双瑞橡塑科技有限公司信息化主管。13年制造业企业信息化工作经验，丰富的信息化规划、项目建设、基础IT环境管理经验；超过7年的ERP系统管理经验；6年信息化主管工作经验，丰富的制造业企业信息化管理经验，具备集团化企业（营业额超50亿元，人员超5000人）信息化项目建设及规划经验。先后从事企业管理和信息化工作。在主持中国重工洛阳双瑞橡塑科技有限公司信息管理工作的5年多时间里，大力改革和推进信息化建设，主持双瑞橡塑协同平台应用推进项目、双瑞橡塑公司弱电系统集成项目、双瑞橡塑科研文档数字化载体信息安全项目、双瑞橡塑公司产品生命周期管理（PLM）项目，并作为核心成员参与双瑞集团数据编码标准化项目、双瑞集团（中船重工第七二五研究所）ERP项目，取得全面建设成就，提升了企业信息化管理水平。

在北方易初摩托车有限公司公司期间，作为核心成员参与信息化管理平台及营销、供应链、国贸管理系统，该项目获年度“中国信息化建设项目成就奖”；并作为ERP核心管理团队成员全程参与了ERP项目建设。

在e-works举办的“2016中国两化融合岁末盘点”评选活动中，经过评审专家组最终综合评定，获评“2016年度中国两化融合优秀CIO”。

贺金水

上海朗脉洁净技术股份有限公司IT总监。1979年10月出生于湖北十堰，毕业于武汉理工大学及上海交通大学EMBA高级研究班，曾荣获“信息化年度贡献人物”、“全国优秀首席信息官”。

作为企业信息化行业的老兵，技术出生，从最初开发MIS系统，到咨询顾问，再到目前主管企业信息化，十几年来致力于企业信息化治理与推广。现任职于上海朗脉洁净技术股份有限公司（以下简称朗脉），朗脉隶属于洁净工程行业，是以施工过程管控为导向的传统行业，“三边工程”是工程施工中面临的普遍问题，这给企业管理带了很大困难。在实践中摸索，在摸索中完善，经过几年努力，公司搭建了以项目为主线的项目全生命周期管理平台，从营销立项、商机跟进、招投标、工程立项、深化设计、采购管理、生产管理、仓储管理、项目执行、项目竣工决算、售后服务、项目成本归集、收付款的端到端的闭关管理。朗脉信息化水平在洁净工程行业处于领先水平，实现了集团业务财务一体化、集团业务协同一体化，为行业信息化管理探索出了一条新路。

胡丽琴

中国科学院核能安全技术研究所软件中心研究员。长期从事核安全及核能软件研发相关工作，学术成就如下。

（1）作为技术负责人主持设计和开发了秦山第三核电站风险监测器系统TQRM，已在核电站稳定运行6年，被中国核能行业协会组织的知名专家鉴定为“国内第一个具有完全自主知识产权的核电厂风险监测器系统，已达国际先进水平”；作为主要技术骨干开发了国内唯一自主知识产权的大型集成概率安全评价软件系统RiskA，被鉴定为：“拥有完全自主知识产权的RiskA处于国际先进水平。”

（2）提出了一套适用于聚变堆系统概率安全评价的过程和方法体系，该体系主要包括故障模式影响分析；假设始发事件—潜在影响表分析和事件树分析；并采用该系列分析方法对ITER双功能液态锂铅实验包层系统进行了概率安全评价研究，相关工作获国际专家较高评价。首次系统性地对包括聚变裂变混合堆、聚变发电反应堆、聚变实验堆等在内的一系列聚变系统进行了安全原理性分析，明确了不同聚变堆系统的安全特点和概率安全评价的侧重点。

（3）主持研发数字社会环境下的虚拟核电站平台，支持数字社会环境下核电站全范围、全周期安全评价与应急决策支持，相关模块已在80多个国家获得规模化应用。平台被多名院士专家组鉴定为：“促进了新型反应堆设计流程的革新，达到国际先进水平，在自动化程度上优于国际同类产品。”

获得荣誉包括：2016年中国自动化学会科技进步一等奖、2011年国家能源科学技术进步奖一等奖、2010年中国核能行业协会科学技术奖一等奖、2014年中国科学院十大科研信息化优秀案例。

胡敏锐

南昌矿山机械有限公司综合信息部主任。湖南警察学院计算机大队计算机安全与防范专业。入职南昌矿山机械有限公司11年，主导公司信息化的规划、选型、实施、运维，ERP项目经理、PDM项目经理，多次获得公司优秀员工、劳模、贴心服务明星、优秀部门经理、优秀部门等荣誉。

负责公司技术图纸资料保密工作，使其从无到有，到日益完善；六层新办公大楼公司整体网络一卡通（门禁、考勤、消费、监控）的规划设计及实施，机房从无到有；担任ERP项目经理，2012—2016年ERP调研，考察，整体方案设计、招标、评标、实施、测试、培训、运维等工作，公司仓库几乎从无到有，到各个业务模块得到管控，公司建厂50年来第一次大盘点；2016年对ERP之外各系统调研（CRM、OA、PLM、MES等），制定公司信息化整个规划框架；担任PDM项目经理，负责PDM的调研、考察、方案设计、招标文件撰写、实施等工作。获得2014年ERP最佳实践奖（e-works）、2016年度中国制造业优秀CIO（e-works）。

季明光

河北中煤旭阳焦化有限公司信息管理部经理，兼邢台园区信息管理部经理。2005年以来一直从事企业信息化、自动化方面的工作。十年间，跟随企业共同成长，在其领导下，组织建设了公司信息化管理团队、完成初期信息化规划，稳步推进相关建设工作，截至目前已完成企业网络、数据中心、生产自控系统、MES系统、LIMS系统、设备管理系统、物流自动化系统、OA系统、ERP系统等百余套信息自动化系统建设，强有力地支撑了企业生产经营管理工作。

姜源

北京宏福集团信息化办公室总监。北京邮电大学软件工程硕士研究生学历。2006—2014年在北京宏福集团温都水城从事IT运维工作；2014—2015年，在北京宏福集团软件开发部从事软件系统开发工作；2016年至今在北京宏福集团信息化办公室从事全面IT建设和软件开发工作。在主持北京宏福集团信息化工作的10多年时间里，大力改革和推进信息化建设，带头开发了数十个信息化管理系统，取得全面的建设成就。

蒋珏

重庆旗能电铝有限公司智能和信息化中心主任。重庆大学工商管理硕士研究生，重庆市首席信息官（CIO）协会理事。2004—2005年在成都市龙泉驿区建委从事行政管理工作。2005—2006年在上海聚众目标传媒有限公司任职西南大区总监助理。2006—2009年在北城致远集团北城置业公司任职总裁秘书、行政部经理。2009年至今在重庆旗能电铝有限公司工作，先后从事企业行政管理和信息化工作。

主持重庆旗能电铝有限公司信息化工作的3年多时间以来，规划公司信息化建设体系，从无到有实施了旗能公司的信息化建设工作，大力推进企业管理改革，取得了全面的建设成绩。

先后组织实施了全厂IT基础设施建设及MES（制造执行系统）、ERP（销产供财一体化信息系统）、HSE（安健环管理系统）、BW/BO（大数据应用）、数字化工厂智能制造等多个信息系统项目，实现了公司销产供一体化、财务业务一体化的管理目标，完成公司大数据价值应用目标，铺设了公司智能制造渠道。

2016年，个人参加全国优秀首席信息官评定，荣获全国百佳首席信息官。2016年，公司参加全国两化融合试点企业认证工作，一次性通过认证并获得两化融合管理体系评定证书。

矫树春

北京金阳普泰石油技术股份有限公司副总经理。1999—2006 年于兰州大学地理信息系统硕士专业毕业；2006—2007 年担任北京东方泰坦公司遥感算法工程师，是多个国防项目的负责人；2007 年至今就职于北京金阳普泰石油技术股份有限公司，历任 Map 组研发工程师、研发部经理、研发总监、项目事业部总经理、主要研发副总经理。主持并参与的公司主要产品研发工作包括 GPTMap、GPTModel、I-GeoSeis、CoRes、GDS 等；主持了公司所有的大型项目 50 多个，项目涉及信息化、石油地质专业系统、油藏工程系统、地震解释系统、测井解释系统、决策分析系统等。专业特长：专注于技术及技术管理，技术重点在于计算机辅助设计、图形图像设计、信息化技术、三维可视化技术、地理信息技术等。

李栋

北京汇源集团信息部总监。2003 年 9 月毕业于山东理工大学计算机科学与技术学院。2003 年 10 月至 2005 年 2 月在山东科技职业学院培训中心培训担任讲师；2005 年 3 月加入汇源集团信息部，历任运维主管、项目经理、信息部经理、信息部总监；2015 年任汇源集团信息总监（CIO）。入职汇源 11 年，参与和主导了企业大部分信息化系统建设，在技术创新、IT 规划、业务流程重组等方面取得了突出业绩。

1．2009 年参与实施了汇源 MVS 移动访销系统

通过 MVS 系统的实施，业务人员实现了手机拜访终端、实施订单传输等功能，大大加快了集团公司的市场反应速度。MVS 系统使经销商的职能发生转变，逐步过渡为以配送为主。截至目前此系统累计数据达到 15TB。

2．2010 年主导实施了视频会议系统

视频会议系统的应用有效提高了公司沟通效率。通过与 RTX 系统集成，实现了即时通信与视频会议的无缝链接，集团每个用户都可以实时发起工作会议，最高可支持 1000 人的工作会议。

3．2011 年主导实施了集团客服呼叫中心系统

呼叫中心系统的使用有效提高了客户服务质量，客服信息实现了数据共享，为客服部门提供了信息化平台支撑。

4．2015 年主导实施了汇源营业所财务、供应链管理系统

2015 年汇源建立了营业所直营体系，通过实施浪潮 GS 系统实现了营业所财务、仓储、销售、分销、回款闭环业务链管理，并在 3 个月内完成了 800 家营业所上线工作。

此外，重视团队建设，把 6 名管理、技术骨干提拔到中高层岗位，招聘管理、技术人才 14 名。推行精细化管理，提升了信息化管理水平。带领团队攻坚克难，不断自主创新，实现技术性突破，2015—2016 年，信息部连续获得集团最佳团队奖。

李福娟

东方航空股份有限公司信息部副总经理。拥有管理工程学博士学位。长期从事航空业信息化建设工作，拥有近 18 年的民航信息技术及信息管理的丰富经验。主要负责航空公司信息化规划、架构设计、财务资金系统、管理 ERP、物流相关信息化建设等工作；曾参与实施航空公司航线网络、呼叫中心、收益管理、数据仓库等工作。带领团队

先后获得了“全国企业管理现代化创新成果”、中国交通运输协会颁发的 2016 年度中国交通运输信息化智能化工作先进集体、中国计算机用户协会颁发的 2016 年度互联网技术应用优秀实践单位等奖项。

李俊杰

男，汉族，1966 年 8 月出生，辽宁建平人，内蒙古中煤蒙大新能源化工有限公司副总经理（主持工作）、党委副书记。

1988 年参加工作，1995 年 3 月入党，毕业于西安科技大学计算机应用专业，大学学历，高级工程师。从 1988 年开始，先后在大庆油田、中石油大庆炼化公司、神华煤制油、大唐国际工作。2012—2016 年在中煤陕西公司工作，主持全厂信息化建设工作。2016 年至今在中煤蒙大化工公司工作。

在主持中煤陕西公司信息化工作期间，荣获 2015 年度中国石油化工联合会两化融合优秀推进奖、2015 年全国优秀首席信息官等荣誉称号，2015 年被中国石油化工联合会聘为“石化企业智能工厂应用体系”课题研究专家组专家、中国仪器仪表学煤化工测控专家组副组长。中煤陕西公司荣获 2015 年中国石油化工联合会两化融合优秀企业、全国质量标杆企业和供应链十佳企业荣誉称号；荣获 2015 年中国煤炭工业协会两化融合示范项目。

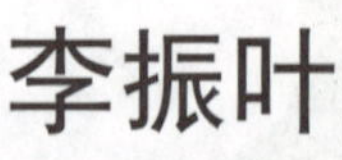

李振叶

宁夏医科大学总医院信息中心主任，正高职高级工程师，硕士生导师；兼任中国卫生信息学会电子病历与医院信息化专业委员会常务委员；中国医院协会信息管理专业委员会委员；宁夏医院信息化管理专业委员会副主任委员及宁夏政府信息化评审专家等 14 个社会兼职。自 2006 年起，全面部署上线实施医院信息系统，实现了数字医院的建设，截至 2015 年，已上线运行系统 55 个。2015 年宁夏医科大学总医院成为全国第 6 家、西部第 2 家、西北第 1 家申请并通过国家卫计委医院信息互联互通标准化成熟度四级甲等测评工作的医院。

李智伟

焦作铁路电缆有限责任公司党委书记、副总经理。1985 年毕业于东北重型机械学院，本科学历；1999—2012 年于南京大学 MBA 研修班毕业；2015 年国资委党校毕业。从 1985 年开始，在焦作铁路电缆有限责任公司工作，历任分厂厂长、工会主席、党委副书记纪委书记、党委书记兼副总经理、高级工程师。

从 2003 年任党委副书记纪委书记开始到现在，主管信息化工作，任公司 CIO，具有从事信息化工作 13 年的经历，积极进取、勇于创新、深入实践，实施和推动公司多项信息化项目的上线和运维，先后多次参加各种信息化方面的培训和会议，对信息化工作具有开阔的视野和深刻的认识。

任 CIO 之后，于 2008 年实施了 ERP 系统和 OA 系统，首次在全公司范围内实现了信息系统的运行，突破了以前只在个别部门内部使用信息系统的限制，打通了各业务之间的数字鸿沟，极大地提升了公司的业务效率和管理水平。

推动公司在 2013 年对既有设备高速物理发泡绝缘生产线进行了 PLC 编程控制的数字化改造，为制造执行系统（MES）和智能制造理念的应用进行探索；与此同时，对不具备或不必要进行数字化改造的设备，探索使用手持电脑（PAD）在现场传递和采集信息，解决了各种设备的数字化难题，取得了良好的效果，为制造升级打下了良好的基础。

带领公司于 2015 年 9 月成功上线了 SAP ERP 系统，取代了已运行 7 年的原 ERP 系统。新 ERP 系统自上线后，持续正常运行，强化了各业务模块之间的关系，理顺并规范了基础数据，进一步提高了公司管理效率和业务模块之间的协作关系，为即将实施的 MES 系统提供了基础数据来源，方便打通生产现场与管理系统之间的屏障。

2016 年，为了能够深入学习、领会、开创两化深度融合、智能制造对企业带来的革命性变革，分别前往杭州、南京、沈阳、厦门等地学习考察，考察之后进行了综合分析、努力创新、因地制宜，找到了适合公司自己的发展之路。

蔺炜

九江萍钢钢铁有限公司自动化部部长。2014—2015 年，任九江萍钢钢铁有限公司自动化部副部长，领导信息化团队优化了一级自动化系统、二级过程控制系统，启动了三级制造执行系统（MES），建设完成了远程计量、集中供水等集中控制系统。2015—2016 年，任九江萍钢钢铁有限公司自动化部部长，全面负责信息化工作，带领团队完成了三级制造执行系统，升级了办公自动化系统，自主开发了手机 APP 智慧九钢，实施了智能监控 DBS 定位管理系统和天网监控系统，建立了两化融合管理体系。在信息化工作中，带领公司信息化团队深入开展两化融合建设，不断完善提升公司在信息化环境下的新型工业能力，完成了公司的信息化从起步阶段、单项覆盖阶段向综合集成阶段的演进，通过两化融合管理体系，使公司流程、管理和 IT 能够支持业务变革、自我完善、自我成长、持续改进。根据公司的战略，通过信息化，增强了公司的核心竞争力。

刘光焱

中交第一公路工程局有限公司企业规划部信息化管理部总经理。具有丰富的公路施工企业项目管理经验，以及企业经营管理、风险管理等相关业务经验，具有一级注册建造师、注册安全工程师、企业法律顾问、高级企业信息管理师等资格。

自 2007 年负责公司信息工作以来，先后组织制定了企业“十二五”和“十三五”信息化发展规划，组织完成了中交第一公路工程局集成管理系统 V1.0，并负责项目的整体策划和推广实施，该集成系统涵盖了公文办公、投标管理、进度管理、合同管理、预算管理、物资管理、设备管理、安全管理、质量管理、档案管理共 10 个模块，系统建成后迅速在全公司 12 家单位的近 300 个项目推广使用，使公司的公文处理，项目管理过程中的合同审批、结算审批，物资收、发、存等实现了从手工到线上的转变，大大提高了工作效率。

2012 年在完成了企业集成管理信息系统 V1.0 版权的全部建设内容之后，根据企业发展需要、管控重点和新兴业务需求，在已建成的企业集成管理信息系统的基础上进行了升级换版，并先后增加业主管理系统、集中结算管理系统、内部招标平台、标后预算数据库、移动微办公平台等系统，实现了系统从 PC 端到移动端的升级。

2012 年中交一公局集成管理系统（V1.0 版）通过了住房和城乡建设部信息化示范项目的验收，同时被评为 2012 年度优秀软件；取得《合同管理》等 6 个软件著作权证；个人被中国施工企业管理协会授予 2014 年工程建设行业信息化突出贡献个人。

刘国荣

1971 年 4 月 6 日出生，新疆泰克软件开发有限公司总经理，福建联合会副会长；新疆维吾尔自治区安全技术防范行业协会

副理事长；新疆软件协会、新疆计算机协会、新疆电子学会执行副理事长。

参与的典型重大视频监控建设项目包括：乌什县“天网”系统工程项目，资金 2995 万元；乌木齐市公安局高清卡口工程一、二、三期视频监控项目，资金 4276 万元；新疆克孜尔石窟安全防范系统工程，资金 1350 万元；阿瓦提县公安局视频监控系统，资金 1257.6 万元；新和县“平安城市”高清治安卡口、电子警察视频监控系统，资金 705 万元；沙湾平安城市三期视频监控项目，资金 968.2 万元；新和县看守所、拘留所技防设施视频监控系统建设，资金 506.5 万元；乌什县应急指挥中心视频监控建设，资金 560 万元；疏勒县平安城市监控系统工程，资金 928 万元；库车平安城市一、三、四期视频监控项目，资金 2391 万元等。

专业领域：社会公共安全技术防范工程；高清智能监控系统 3111“天网”平安工程；高清智能交通卡口及闯红灯抓拍系统工程；一卡通微波射频自动识别技术应用；计算机信息资源开发与应用；高清视频会议可视化指挥系统；液晶大屏幕无缝拼接、3G-SDI 高清混合矩阵无缝切换显示系统等。

主要学术成就：2010－2016 年连续被评为“平安城市建设推荐优秀安防工程企业”“2014 年度自治区计算机系统集成十强企业”“2012 年度新疆安防行业优秀工程商”。

刘焜

男，汉族，高级会计师，工商管理硕士研究生学历，内蒙古伊泰信息技术有限公司总经理。熟悉财务管理、信息化管理及大型项目管理等。

2010 年 3 月起全面负责伊泰集团的信息化工作，相继主持开展并实施了传输通信网络（MSTP）、物资管理综合平台、IT 规划、客户关系管理系统、资金管理系统、商务智能系统、工程管理信息系统项目、生产运营指挥平台项目、设备管理项目、SAP EHP6 升级优化项目，具有丰富的信息技术项目建设与管理经验，对企业信息化建设做出了卓越的贡献。获得“十一五”中国信息化杰出人才、2012 年煤炭工业信息化先进个人、2014 年煤炭工业两化融合先进个人、2014 年全国优秀首席信息官、2015 年全国石油和化工行业两化融合优秀推进奖等奖项。

龙涛

中国石油大港油田信息中心副主任。中共党员，高级工程师，1993 年 6 月毕业于成都科技大学计算机软件专业，同年分配至大港油田地质研究院工作；1993—2005 年，先后在大港油田研究院采收率室、开发所、地球物理所、档案信息中心工作；2005—2011 年任大港油田信息中心勘探开发信息科科长；2011—2013 年任大港油田信息中心勘探开发信息部主任；2013—2016 年任信息中心主任助理，兼勘探开发信息部主任；2016 年至今任大港油田信息中心副主任。

通过 20 多年的勘探开发及信息化工作经历，熟悉了石油石化行业研究、生产、管理、经营、辅助决策各项业务，对云计算、物联网、大数据、移动应用等信息技术尤其是在石油石化行业中的应用促两化融合有较深理解，擅长数字油田、智慧油田信息化建设项目规划、设计及建设实施。

主要成就如下。

先后从事油田三次采油、油田老区综合调整、网络、数据库、软件开发、勘探开发信息化规划及建设等工作，长期致力于云计算、物联网、大数据、地理信息等信息技术研究及在石油石化行业中的应用实践，“十一”“十二五”期间先后负责中国石油统建勘探开发技术数据管理系统（A1）、油气水井生产数据管理系统（A2）、地理信息系统（A4）、采油与地面运行数据管理系统（A5）、生产调度指挥系统（A8）在大港油田的建设实施等各类油田自建信息化建设项目 20 余项，以及信息集成、移动应用等技术研究，并负责完成大港油田两化融合贯标工作。目前主要负责开展勘探开发协同研究与集成应用平台（A6）、油气生产物联网系统（A11）的建设与应用。并负责大港数字油田、智慧油田相关技术研究与项目建设工作。自 2005 年起，共组织承担局级科研攻关项目 20 余项，共获天津市、河北省、大港油田等局级以上技术创新奖 19 项，在省部级以上核心刊物发表论文 10 余篇，2014 年荣获天津市五一劳动奖章。

罗军

柳钢集团公司副总经理、总工程师，全国优秀首席信息官。1992 年至今在柳钢集团先后从事技术开发、企业管理和信息化工作，通过近年来不断地探索推进，在公司信息化建设中，取得显著成效并积累了丰富经验。

2010 年组织研发了热轧厂生产制造执行系统，实现了由检查式粗放型管理模式向常态式精细化生产管控模式的转变。2014 年，负责的《柳钢能源管理中心建设示范项目》全面建成投用，并顺利通过国家工信部委托自治区工信委的审核验收，使柳钢成为广西首家通过该示范项目验收的大型企业。组织开发的《柳钢 MES 项目》于 2016 年 11 月全部上线，全面提升柳钢信息化水平和企业综合竞争力。为顺应国家“互联网+”发展战略，抓住柳州市加快电子商务产业发展的契机，重点主持谋划钢铁电商平台项目，跟上行业电商步伐。目前，正全力推进公司 ERP 项目建设。

马哲

上海汇得科技股份有限公司首席信息官。专注于信息技术在企业管理中的实践研究，在中小型企业信息化战略实施方面有丰富的咨询经验。主持汇得科技信息化工作期间，自主研发并成功部署符合企业实际的 ERP 软件，并成功实现与工业自动化融合，自创面向场景的软件设计理论和可配置平台的技术规范，借助 IT 技术全面改良公司运营模式，成功推动公司管理的整体转型，促进了公司市场拓展和产品研发的全面提升，走出一条低成本、高成效的企业信息化实施之路，树立了行业中信息化战略实施的典范。

么伟

天津水泥工业设计研究院有限公司信息中心副主任，高级工程师，武汉理工大学工业工程硕士。2001 年至今在天津水泥工业设计研究院有限公司信息中心从事信息化建设工作，对公司的信息化系统建设工作和信息系统应用推动作出了巨大贡献，效果显著。

作为技术骨干，全程主持参加公司设计项目管理信息系统的建设工作，推动系统在公司深入应用。该项目获第五次建材行业优秀工程勘察设计计算机软件奖一等奖；主持建设的安全管理信息化平台获第八次建材行业优秀工程勘察设计计算机软件奖二等奖；目前主持建设的公司工程总承包项目管理信息系统已经正式上线运行。2015 年、2016 年连续两年被评为建材行业优秀首席信息官；2016 年被评为全国优秀首席信息官。

潘孟毅

渤化永利化工股份有限公司网通部部长。有 30 余年的 IT 工作经验，负责过多个大型企业信息化项目建设，企业 ERP（企业资源计划管理系统）项目建设；负责企业 MES（生产制造执行系统）的建设；负责企业 EMS（能源管理信息系统）的建设。2015 年被中国石油和化学工业联合会评为“全国石油和化工行业两化融合优秀企业”；2015 年获得中国首席信息官联盟优秀奖。

秦明

国电联合动力技术有限公司运行技术中心主任。浙江大学材料学博士，研究员。2007 年 5 月进入国电联合动力技术有限公司工作，历任国电联合动力技术有限公司叶片事业部副总经理、风电设备技术研究所所长、技术管理部经理、运行技术中心主任，兼任中国复合材料学会常务理事、副秘书长，SAMPE 中国理事等社会职务。长期从事风电、海洋能发电装备的研发、智能制造等技术及管理工作，积极推动两化融合贯标，以两化深度融合为抓手，促进公司从制造业向制造服务业战略转型发展。曾主持及参与多项国家“973”“863”计划项目课题及国家能源局、国家海洋局、国电集团等科技专项的科研及管理工作，合作申请并获得国家发明专利近 20 项、实用新型近 60 项，合作发表研究论文近 20 篇。入选北京市 2010 年度科技新星，荣获 2010 年度国电一级奖章及国电集团总经理奖励基金一等奖、2010 年度国电集团科学技术进步一等奖、2010 年度中国电力科学技术奖三等奖、2012 年度国电集团科学技术进步一等奖、2012 年度国家能源科技进步奖二等奖及 2015 年度中国专利优秀奖等科技奖项。2016 年被评为全国优秀首席信息官、国电科环集团首席技术带头人。

宋尚勇

天津市特变电工变压器有限公司首席信息官，软件工程高级工程师，滨海新区两化融合推进联盟专家委员会专家，主要负责企业信息化软硬件系统规划建设和运维管理。具有 25 年制造业管理信息化经验，曾担任天津 NEC 公司信息中心科长，浪潮通软制造业信息化部总经理、高级咨询顾问。

曾组织规划和实施了 10 多个企业信息化项目，包括 ERP 系统、MES 系统和 SCM 系统等。“搭建一体化企业资源管理平台”荣获 2013 年度中国制造业信息化助推管理提升最佳实践奖。个人曾被评为数字化企业网 2013 年度中国制造业杰出 CIO、中国首席信息官联盟 2014 年度全国百佳首席信息官。

孙春荣

卡斯柯信号有限公司信息管理部信息总监。自 2010 年，开始从事企业信息化建设工作。近几年，先后组织了公司 ERP、BPM、BI、CRM、HCM、SRM、信息安全、项目管理等系统的信息化建设项目，为公司建立了一套规范、高效、精益、安全的一体化管理平台，推动企业管理变革和管理提升，提升公司的整体管理能力与信息化建设水平，提升公司核心竞争能力。

（1）2010—2011 年，主持卡斯柯信号有限公司信息化建设一期工程。全面引进先进的 SAP ERP 各个业务系统，建立与公司的发展战略目标相一致的、能够覆盖公司各种生产和管理业务的、满足公司持续发展需要的统一信息化平台。该平台以市场和客户需求为导向，实现了企业内外资源优化配置，消除了生产经营过程中无效的环节和劳动，实现了信息流、物流、资金流、价值流和业务流的有机集成，提高了生产管理水平和效率，提高了企业综合竞争力。

（2）2010—2011 年，主持卡斯柯信息安全管理体系建设项目实施，基于 ISO 27001 国际信息安全标准化，建设卡斯柯信息安全管理体系，并获得了 BSI 颁发的 ISO 27001 信息安全管理体系国际认证证书。同时，通过数据防泄露（DLP）、域控及准入控制、桌面云应用等安全系统的部署，建立了卡斯柯信息安全管理边界，为公司信息化建设和规范化管理奠定了坚实的基础。

（3）2011 年 9 月至 2012 年 5 月，主持卡斯柯信号有限公司信息化建设二期工程。在卡斯柯 SAP ERP、项目管理系统 EPM、业务流程管理 K2 BPM 等系统的基础上实施卡斯柯商务智能系统（BI）建设。该系统以 SAP 数据仓库 BW/BO 为基础，从公司业务分析与管理决策支持的角度出发，通过统一管理语言、统一管理口径、最终统一管理信息，实现管理分析一体化平台，为公司的管理分析与决策支持提供量化理性的全面支撑，公司高层可通过系统实时了解公司的生产经营状况、市场跟踪状态、财务状况、员工情况等，并可由最终宏观数据逐级跟踪分解到具体微观数据，了解问题的关键所在，从而增强企业洞察力和综合竞争力。同时实施了 SAP 员工自助 ESS/经理自助 MSS 系统。

（4）2011—2012 年，主持研发桌面云系统建设项目的实施工作。项目通过虚拟化技术和云计算技术，在公司建立一套独立于办公网络的研发环境，实现研发信息和数据的统一集中安全管理，避免研发信息和数据的外泄和损失，从而增强研发信息资产的安全管控能力，优化研发桌面管理和维护，提高桌面可用性和灵活性。桌面云一期项目于 2011 年 10 月上线使用，二期项目于 2013 年 2 月上线运行。

（5）2013 年 5 月起至今，主持卡斯柯信号有限公司信息化建设三期项目的实施工作。主要包括：客户关系管理（CRM）、人力资本管理（HCM）、供应商关系管理（SRM）、资金管理系统（TMS）、全面预算管理（BPC）、公司治理、风险管理、合规系统（GRC）等。

孙健

上海交通大学博士生导师、山西北斗位汛电子技术有限公司技术总监/首席科学家。自 2010 年以来，共发表 SCI 论文 29 篇，其中，第一作者 SCI 收录 14 篇（最高影响因子达 5.63，他引总数超过 200 次），EI 论文 63 篇。获发明专利 7 项（含 2 项待授权）、软件著作权 2 项，主持参与国家自然基金、“863”计划等国家及省部级研究项目 11 项。于 2012 年入选上海市土木工程学会道路与交通工程分会委员，并于 2012 年入选国家交通运输部交通运输科技项目专家及国家科技奖励评审专家、担任太原市公交都市专家组专家、兰州新区智库专家组专家等。

研究方向：北斗技术及行车安全管理、城市区域多交叉口协调联动控制研究、城市综合交通规划和土地利用一体化研究、实时交通安全和交通监控研究。

主要论著：Daniel，Jian Sun. *A Lane-Changing Model for Urban Arterial Streets*，ISBN: 978-3-639-76996-8，Scholars' Press，2015 年 10 月；曾小清，孙健．世博交通启示录，ISBN: 978- 7-5608-4878-5，同济大学出版社，2012.

田红兵

北京新奥集团有限公司办公室副主任、信息中心负责人。中央党校国际政治专业在职研究生，高级经济师（企业管理专业），信息系统项目管理师（高级），2013 年参加首批“全国两化深度融合干部培训班”。

1991—2000 年就职于北京市公路局；2000—2010 年就职于北京路桥集团鑫实公司；2010 年至今就职于北京新奥集团。

曾负责企业网站、办公自动化系统、资产管理平台、文档管理系统、合同管理系统、ERP 系统等软件系统建设和开发，负责企业信息化规划、发展规划、混合云平台、CIO 知识体系、企业信息化水平测评体系标准等的研究与实施。

担任北京市经信委、国资委信息化专家咨询委员会专家，多次担任北京市经信委信息化研究课题验收、信息化项目评审专家；担任北京市国资委信息系统项目评审、验收专家，企业信息化水平测评专家。2014—2016年连续三年被中国CIO联盟评为全国百佳首席信息官。主持的基于信息化系统的“土地一级开发档案同步规范化管理体系的创建”获北京市第二十九届企业管理现代化创新成果二等奖，“以零信息孤岛为目标的企业信息化管理机制的构建与实施”获第三十届北京市企业管理现代化创新成果二等奖。

王方

本钢集团有限公司战略规划部处长、本钢板材设备部信息处处长。毕业于天津大学计算机及应用专业。1989—2008年在本钢炼钢厂工作，主要从事铁水预处理、转炉、精炼、连铸等生产工序过程控制系统的建设，以及一级基础自动化的升级改造技术、运行管理等工作。2008年至今在本钢集团任设备部信息处任处长、战略规划部任处长，主要从事本钢信息化五级架构下基础自动化、二级过程控制、MES、ERP、协同办公、决策分析等各系统的规划、方案论证、设计审查、实施及运维管理，同时负责网络平台、主机系统平台的技术与运行管理等工作，现在主要负责信息化规划的编制、智能制造计划的落实、大数据平台建设方案的审定等工作。在本钢的信息化建设与管理过程中，不断取得新的成就。

2000年获得本溪市优秀青年科技人才、本溪市第二届自然科学青年学科带头人称号；2002年参加“本钢炼钢工艺优化及技术进步”项目获中国钢铁工业协会、中国金属学会“冶金科学技术奖”二等奖；2008年获第四届本溪市自然科学学科带头人称号；2010年被本溪市信息化工作领导小组聘任为本溪市网络与信息安全专家组成员；2012年“建设集团化信息化平台推动集团管控的实践”项目获2012年度企业管理进步成果奖辽宁省一等奖、中钢协三等奖；2013年“本钢信息化ERP系统优化及技术进步”获中钢协2013年冶金科学技术奖；2013年被辽宁省科技厅选定为辽宁省科技专家。

王斯嘉

东方航空股份有限公司首席信息专家。自迈入中国民航信息化行业以来，以杰出的专业能力与领导力，带领着团队不断创新、努力进取，取得了诸多荣誉与成就。由其带领团队研发的收益管理系统、本地离港系统均为中国民航业首创。特别是近几年，随着信息化被列入东航的发展战略，王斯嘉带领队伍在东航信息化建设的道路上一路高歌猛进，取得了骄人成绩。在他带领下，开创了国内民航业在驾驶舱使用iPad作为EFB设备替代纸质资料的先河；东航成为国内首家运行空地实时互联服务的航空公司；公司生产运行各领域均实现信息化覆盖；移动端日点击量达到600万次。无论信息化能力还是水平，东航已跃居国内民航业领军地位。被评为2015年度全国百佳CIO、2015年度上海十佳优秀首席信息官、2016年度全国百佳CIO。

王曦雁

1967年7月出生，山西金仕达卫宁软件科技有限公司（原山西导通信息科技有限公司）总经理。1989年毕业于山西经济管理学院，2003年山西大学工商管理硕士结业，2005年于美国NPU获得工商管理硕士学位。1995年任职中国国政发展有限公司财务部主任，担任山西省工商联常委、太原市高新区企业家联合会常务理事。

吴宇

交通银行上海市分行信息技术部总经理，高级工程师。经历了银行从微机到多用户、从局域网到互联网、从分布到大集中的 IT 发展过程。在交通银行数据大集中、上海世博会金融科技保障、交通银行“531”工程等系统升级换代和重大保障任务中，以扎实的专业知识和丰富的工作经验，攻克一道道技术难题，取得一个个建设成就。

20 世纪 90 年代起，先后主持开发的《交通银行外汇宝系统》获中国人民银行金融科技进步二等奖、《交通银行 Call Center 系统》获交通银行科研进步二等奖、《世博会 POS 间直联混用》获 2010 年度上海金融创新成果三等奖。近年来，领导和主持开发的《交通银行上海市分行对公理财产品管理系统》《养老金代发系统》《跨行资金管理平台》《分行特色报表查询平台》等几十个业务交易处理和信息数据管理系统都处于行业领先水平，取得了较好的经济效益和社会效益。交通银行上海市分行 IT 建设多次获得中国人民银行上海分行的上海市银行业科技工作竞赛一等奖，连续在交通银行总行考核中取得第一名的成绩。

熊坚

九江萍钢钢铁有限公司总经理、总工程师、党委副书记，曾任萍乡钢铁有限责任公司总经理助理兼总工程师，九江萍钢钢铁有限公司副总经理、工会主席。

九钢公司近几年来在熊坚的带领下，深入开展两化融合建设，不断完善提升信息化环境下的新型工业能力。先后建成过程控制、远程集中控制、监控视频、数据传输、移动办公等 8 大板块，共计开发、升级改造 56 个项目，累计投资 4500 万元。通过深入开展两化融合，大大提高了公司的劳动生产率，据 2015 年中钢协公布的人均劳动生产率排名统计，九钢公司 2015 年人均劳动生产率 809.93 吨/人，跃居全行业第 5 名。2016 年各项设备的生产能力与生产效率更上一个新台阶，产品产量实现显著增长，主要经济技术指标得到进一步提升，企业盈利能力大幅度提升，2016 年 1～5 月九钢吨钢盈利进入了全国前两名，排名全国第 2 位；1～6 月利润比 2015 年同期增加了 6 亿元。

杨小勇

宝舜科技股份有限公司 IT 中心 CIO。曾就读于安阳师范学院、华东师范大学软件工程专业。曾担任安阳师范学院附中中学教师；曾就职于金蝶集团、用友集团从事软件行业 7 年。加入宝舜集团后，引领企业结合企业本身情况制定“互联网+”行动计划，推动移动互联网、云计算、大数据、物联网等与企业结合。带领企业信息方面成就如下：河南省“互联网+”工业创新示范企业；河南省智能制造车间试点；工信部公布的两化融合贯标示范单位；河南 CIO 联盟副理事长；代表企业荣获 IT 经理世界、新金融世界等组织的 2016 年度中国优秀 CIO；代表企业 e-works 组织制造业 CIO 评选荣获 2016 年中国制造业优秀 CIO。

叶虹

上海汽车进出口有限公司组织系统与信息部执行总监。有超过 20 多年的汽车整车制造行业的工作经验；主要负责企业组织架构设计、制度流程管理和企业信息化建设；主持了进出口贸易的信息化建设工作，作

为灯塔项目该汽车行业贸易系统解决方案获得了中国计算机用户协会授权颁发的金龙奖一等奖，并在行业内得到推广。被《IT 经理人世界》评为中国优秀 CIO，被上海首席信息官联盟评为首届上海二十佳首席信息官。

张柏山

福建福清核电有限公司总会计师。毕业于浙江大学工商管理专业，高级会计师。1991—2012 年在核电秦山联营有限公司工作，历任副科长、科长、副处长、处长；2012—2013 年在中核核电运行管理有限公司财务中心运行财务处任处长；2013 年至今任福建福清核电有限公司总会计师，主管公司信息化工作和财务工作。在主持信息化工作期间，大力推进公司信息化建设，取得了丰富成果。其中，主持的《福建福清核电有限公司业财一体化系统（FFBUS）》项目被中国电力企业联合会授予 2014 年中电联电力行业信息化优秀成果三等奖；《福建福清核电有限公司业财一体化系统研制与开发》项目被中核集团公司授予 2015 年中核集团公司科学技术奖三等奖。

郑鸿

内蒙古云制造工程技术研究中心主任，中国兵器内蒙古一机集团万佳信息工程有限公司副总经理，研究员，高级工程师。

承担国家科技支撑计划项目“面向区域装备制造行业中小企业云制造资源共享平台研发及应用示范”，承担省级项目：内蒙古中小企业科技创新服务平台、面向装备制造业中小企业云制造服务共享平台研发与应用示范、面向装备制造中小企业信息化开展云终端关键技术研究及应用、面向装备行业中小企业云制造资源服务平台研发与应用、数控机床改造联网暨网络协同制造平台研发与应用、基于“互联网+”制造企业设备运维系统开发及应用示范、面向外贸企业云服务资源服务平台、面向外贸企业智慧信息化云服务服务平台、内蒙古网络协同制造云平台等的研发运营推广。

参与主持内蒙一机集团公司科研、工艺、管理信息化软件研发和信息化建设重点项目，包括数控机床统一编解码系统、数控刀辅具工艺参数化系统研究、物流系统、CAD/CAE/CAM 一体化系统研究等重大科研和信息化建设专项。

赵超

联合汽车电子有限公司信息技术总监。有丰富的信息技术行业经验，负责企业信息化建设工作，因其出色的领导能力在公司 IT 战略规划的制定实施及业务应用系统的开发、维护中取得有目共睹的出色成绩，领导了信息安全体系的建立和实施审核等工作，带领信息技术部取得先进班组等一系列荣誉称号。

郑鸿飞

正泰电气股份有限公司信息管理部信息总监。获得华中科技大学软件工程专业硕士学位。1998 年参加工作时任正泰计算机系统公司技术员、副经理；浙江正泰电器股份有限公司信息管理部经理。现任正泰电气股份有限公司信息总监、上海 CIO 联盟会员、上海信息化理事会理事。获得荣誉包括 2013 年度中国优秀 CIO、2014 年度中国信息化建设杰出 CIO、2014 年度全国优秀首席信息官、2014 年度中国制造业优秀 CIO、2015 年度上海十佳优秀首席信息官、2016 年全国百家首席信息官、2016 年度中国信息化建设杰出 CIO。

拥有 19 年制造业信息化建设经历，熟悉复杂项目制造的集团型信息化整体建设方案。带领团队获得中国企业信息化 500 强、松江区两化融合示范企业、上海市两化融合示范企业和国家首批两化融合管理体系贯标试点企业等荣誉。主持了国家“863”课题 1 项、浙江省科技攻关课题 1 项和上海市科研计划、信息化发展专项课题 4 项。

近年主要在公司原有信息化建设的基础上，开展了上海市信息化发展专项资金项目“高压/超高压系列变压器设计制造一体化能源综合优化系统研究与应用”、上海市“科技创新行动计划”高新技术领域项目“国际输变电 EPC 协同制造与服务系统研究及应用”、松江区两化融合项目“智能制造技术的应用”、组织能效优化 IT 专项、电气二次设计系统（EB）、工程二次设计（ETAP）、供方电商平台、电缆分销电商平台、制造可视化项目、电磁仿真平台优化项目、成套设备设计制造模块化项目、财务共享服务中心系统、中行农行银企直联项目、业务需求管理平台、OA 移动应用平台、工作管理平台、指纹考勤管理系统、终端安全管理系统、文档安全加密项目、服务器虚拟化项目、正泰私有云项目、松江园区三期与西安区域工厂弱电工程、通信 IP 电话改造项目、传真服务器系统等各类项目 40 余项。各个项目的顺利建成已达到公司在“十二五”期间达到管理全面信息化、应用系统初步集成化的阶段目标，实现了适合“六地三区”发展需要的信息化异地协同办公和共享集成式研发制造，信息化已成为公司业务运营、效能改善不可缺少的一部分。随着管理的不断提升，近阶段的信息化建设重心由运营系统逐渐向研发与制造的深入集成转移，主要围绕“精益研发”和“虚拟制造”两大板块展开，以提升自主产品创新能力，建立差异化竞争优势。

信息化大事记

2015 年是中国信息化高速推进的一年，“互联网+”之风席卷了各行各业，“十三五”规划建议明确提出实施网络强国战略，回顾 2015 年信息化领域重要事件如下。

2015 年 1 月 4 日，微众银行建立的全国首个完全采用自主可控技术的银行全分布式架构投入业务运营。微众银行自主可控分布式架构是作为一家互联网银行在满足业务发展需要、确保科技对业务支撑能力的可持续性发展并全面贯彻国家对于银行业发展自主可控技术的要求为目标的前提下实施的一个关键基础类项目，是微众银行科技发展的基础。该架构所有核心业务系统及金融云平台都部署在分布式架构之上。

2015 年 1 月 21 日，我国启动“网络敲诈和有偿删贴”专项整治工作。国家互联网信息办公室宣布，国家网信办、工业和信息化部、公安部、国家新闻出版广电总局联合启动“网络敲诈和有偿删帖”专项整治工作，力争用半年左右时间，着力解决这一损害群众利益、群众反映强烈的突出问题，努力使网络空间全面清朗起来。

2015 年 1 月 30 日，国务院印发《关于促进云计算创新发展培育信息产业新业态的意见》（以下简称《意见》）。《意见》主要内容如下。一是提出了指导思想、基本原则和发展目标：遵循市场主导、统筹协调、创新驱动、保障安全的基本原则，确定了中长期两个目标。二是提出了六大主要任务，主要包括增强云计算服务能力、提升云计算自主创新能力、探索电子政务云计算发展新模式、加强大数据开发和利用、统筹布局云计算基础设施、提升安全保障能力。三是制定了七项保障措施，主要包括完善市场环境、建立健全相关法规制度、加大财税政策扶持力度、完善投融资政策、建立健全标准规范体系、加强人才队伍建设、积极开展国际合作。

2015 年 2 月 1 日，中共中央、国务院印发《关于加大改革创新力度和加快农业现代化建设的若干意见》。文件提出要加快农业信息化建设，其中包括农业信息管理系统建设。农业管理信息系统主要包括农情管理、质量监控、溯源平台、确权系统、应急指挥等。文件还提出，“建立全程可追溯、互联共享的农产品质量和食品安全信息平台。”

2015 年 2 月 4 日，国家互联网信息办公室发布《互联网用户账号名称管理规定》（以下简称《规定》）。《规定》就账号的名称、头像和简介等对互联网企业、用户的服务和使用行为进行了规范，涉及在博客、微博客、即时通信工具、论坛、贴吧、跟帖评论等互联网信息服务中注册使用的所有账号。《规定》要求“账号管理按照‘后台实名、前台自愿’的原则，充分尊重用户选择个性化名称的权利，重点解决前台名称乱象问题”。

2015 年 2 月 14 日，快的和滴滴两大打车软件公司宣布合并。新公司将实施联合 CEO 制度，滴滴打车 CEO 程维及快的打车 CEO 吕传伟将同时担任联合 CEO。两家公司在人员架构上保持不变，业务继续平行发展，并将保留各自的品牌和业务独立性。

2015 年 3 月 9 日，工业和信息化部印发了《关于开展 2015 年智能制造试点示范专项行动的通知》，并下发了《2015 年智能制造试点示范专项行动实施方案》（以下简称《实施方案》）。《实施方案》明确了专项行动的总体思路和目标，明确要坚持立足国情、统筹规划、分类施策、分步实施的方针，以企业为主体、市场为导向、应用为切入点，持续推进试点示范。

2015 年 3 月 24 日，国务院教育督导委员会办公室发布《全国教育信息化工作专项督导报告》（以下简称《报告》）。《报告》总结了各地推进教育信息化工作的基本做法和主要成效，分析了存在的问题，并提出理顺机制、加大统筹力度、促进信息技术与教学深度融合的督导意见。

2015 年 4 月 17 日，58 同城与赶集网宣布合

并。58 同城宣布战略入股赶集网，获赶集网43.2%股份，58 同城和赶集网两家公司将保持双方品牌独立性，网站及团队均继续保持独立发展与运营。

2015 年 4 月 23 日，教育部、财政部联合印发了《关于开展“教学点数字教育资源全覆盖”项目验收工作的通知》（以下简称《通知》）。《通知》要求从设备配备、教学应用和机制建设方面全面部署检查，以进一步巩固项目成果，持续开展应用，充分发挥效益。

2015 年 5 月 4 日，国务院印发《关于大力发展电子商务加快培育经济新动力的意见》（以下简称《意见》）。《意见》从营造宽松发展环境、促进就业创业、推动转型升级、完善物流基础设施、提升对外开放水平等 8 个方面、29 条意见，对农业、工业、服务业三大产业未来的发展方向均进行了前瞻性引导，且指明了利用电商转型升级的方向。

2015 年 5 月 7 日，上海市政府数据服务网 2.0 版完成建设并上线试运行。开放数据涵盖了经济建设、资源环境、教育科技、道路交通、社会发展、公共安全、文化休闲、卫生健康、民生服务、机构团体、城市建设共 11 个重点领域，累计开放数据资源共 470 项。社会评论认为，数据公开的道路仍然艰辛漫长。

2015 年 5 月 8 日，中俄签署了《中华人民共和国政府和俄罗斯联邦政府关于在保障国际信息安全领域合作协定》（以下简称《协定》）。《协定》规划了中俄开展合作的主要方向，包括建立共同应对国际信息安全威胁的交流和沟通渠道，在打击恐怖主义和犯罪活动、人才培养与科研、计算机应急响应等领域开展合作，并加强在联合国、国际电联、上海合作组织、金砖国家、东盟地区论坛等框架下的合作。

2015 年 5 月 8 日，我国实施制造强国战略的第一个十年行动纲领——《中国制造 2025》正式发布。围绕实现制造强国的战略目标，《中国制造 2025》明确了 9 项战略任务和重点：一是提高国家制造业创新能力；二是推进信息化与工业化深度融合；三是强化工业基础能力；四是加强质量品牌建设；五是全面推行绿色制造；六是大力推动重点领域突破发展，聚焦新一代信息技术产业、高档数控机床和机器人、航空航天装备、海洋工程装备及高技术船舶、先进轨道交通装备、节能与新能源汽车、电力装备、农机装备、新材料、生物医药及高性能医疗器械十大重点领域；七是深入推进制造业结构调整；八是积极发展服务型制造和生产性服务业；九是提高制造业国际化发展水平。

2015 年 5 月 14 日，国家质检总局发布《关于进一步发挥检验检疫职能作用促进跨境电子商务发展的意见》（以下简称《意见》）。《意见》强调，构建符合跨境电子商务发展的检验检疫工作体制机制，建立跨境电子商务清单管理制度，构建跨境电子商务风险监控和质量追溯体系，实施跨境电子商务备案管理。

2015 年 5 月 23 日，首届国际教育信息化大会开幕。此次大会主题为“信息技术与未来教育变革”，由中国与联合国教科文组织共同举办，会期 3 天。其间，还举行了全国教育信息化展览、教育信息化理论研讨等活动。

2015 年 5 月 27 日，2015 年中国计算机网络安全大会（第 12 届）召开。大会由工业和信息化部指导，国家计算机网络应急技术处理协调中心（CNCERT）主办。来自政府和重要信息系统、企业、行业协会、科研院所等单位，以及来自 CNCERT 国际合作伙伴的代表共七百余人参加了大会。大会还同期举办了 2015 中国网络安全技术对抗赛，开展了以移动互联网安全为主题的网络安全专场培训，为网络安全技术爱好者提供了交流、展示、学习网络安全技术的平台。

2015 年 5 月 30 日，国家电子政务外网西北数据中心和灾备中心落户克拉玛依。国家电子政务外网西北数据中心和灾备中心、国家信息中心中国智慧城市发展研究中心西北分中心在新疆克拉玛依市正式揭牌。

2015 年 6 月 3 日，第七届中国云计算大会召开。大会由中国电子学会主办，中国云计算技术与产业联盟、中国大数据专家委员会、中国电子学会云计算专家委员会承办，政府主管领导、院士学者、企业领袖围绕云计算未来趋势及当前实践应用现状进行了精彩的论述与剖析。

2015 年 6 月 6 日，中国互联网协会“互联网+政务创新”工作组成立。工作组由国内信息技术及互联网领域的上百家知名企事业单位和个人共同发起成立，该工作组的成立预示着我国互联网、移动互联网技术在中央部委及各省、市、地、区政务领域更深层次推进、融合。

2015 年 6 月 10 日，国务院审议通过《关于促进跨境电子商务健康快速发展的指导意见》（以下简称《指导意见》）。《指导意见》概括起来主要有四个方面的内容。一是提出了发展跨境电子商务的主要目标，既普遍支持国内企业利用电子商务开展对外贸易，又要突出重点，鼓励有实力的企业做大做强，两个方面是兼顾的。二是明确支持政策的主要方向，包括优化海关监管措施、完善检验检疫监管政策措施、明确规范进出口税收政策、完善电子商务支付结算管理和提供财政金融支持等。三是加强保障体系建设，对建设综合服务体系、规范跨境电子商务经营行为、发挥行业组织作用、加强与“一带一路”等国家多双边国际合作等提出跨境电子商务发展的相关要求。四是组织实施提出具体要求，国务院有关部门要完善配套措施，做好指导和服务等相关工作，各级地方政府要切实抓好组织落实，履行服务督导和监管的责任。

2015 年 6 月 16 日，新锐大数据公司“星图数据”在北京发布了国内首个大数据开放平台——“蜂巢”。“蜂巢”（Data Comb）大数据开放平台将开放星图数据自有的大数据体系，并引入第三方数据源和数据开发者，面向各行业提供“大数据+”应用服务，实现多方共赢的大数据商业化生态圈。

2015 年 6 月 24 日，《“互联网+”行动指导意见》出台。2015 年 3 月，国务院总理李克强在十二届人大三次会议所作政府工作报告中提出，“制定‘互联网+’行动计划”。2015 年 6 月 24 日，国务院常务会议通过《“互联网+”行动指导意见》，明确了推进“互联网+”，促进创业创新、协同制造、现代农业、智慧能源、普惠金融、公共服务、高效物流、电子商务、便捷交通、绿色生态、人工智能等若干能形成新产业模式的重点领域发展目标任务。社会评论认为，“互联网+”成为 2015 年最热词之一。

2015 年 6 月 29 日，《中国互联网禁毒公约》（以下简称《公约》）发布。《公约》共 14 条，从总则、禁止行为、责任和义务三个部分进行了阐述，由国家禁毒委员会办公室、中国互联网协会、中央宣传部、中央网信办、最高人民法院、最高人民检察院、公安部、工业和信息化部、国家工商行政管理总局、国家邮政局联合拟发。

2015 年 6 月，《中华人民共和国网络安全法（草案）》出台。全国人大常委会第十五次会议初次审议了《中华人民共和国网络安全法（草案）》，并在 2015 年 7 月向社会各界公开征求意见。社会评论认为，《中华人民共和国网络安全法（草案）》的出台，预示着建设网络强国的制度保障正在努力迈出坚实的一步。

2015 年 7 月 1 日，我国首次以法律形式提出“维护国家网络空间主权”。十二届全国人大常委会第十五次会议表决通过了新的《中华人民共和国国家安全法》。国家主席习近平签署第 29 号主席令予以公布。《中华人民共和国国家安全法》对政治安全、国土安全、军事安全、文化安全、科技安全等 11 个领域的国家安全任务进行了明确，自公布之日起施行。

2015 年 7 月 18 日，由央行会同有关部委制

定的《关于促进互联网金融健康发展的指导意见》（以下简称《意见》）正式发布。《意见》提出了一系列鼓励创新、支持互联网金融稳步发展的政策措施，积极鼓励互联网金融平台、产品和服务创新，鼓励从业机构相互合作，拓宽从业机构融资渠道，坚持简政放权和落实、完善财税政策，推动信用基础设施建设和配套服务体系建设。社会评论认为，中国互联网金融创新有望走在世界前列。

2015年7月21日，2015（第十四届）中国互联网大会召开。本届互联网大会以“产业融合，互联共享”为主题，大会为期三天，围绕“产业融合，互联共享”，共开设未来畅想、产业融合、众创空间、E路护航、我@生活、技术殿堂6大板块，由30场论坛组成，全方位、多角度深刻诠释“互联网+”概念，全景立体展示“互联网+”最新成果。

2015年7月22日，工业和信息化部着力推进“互联网+”战略行动。一是以智能制造为切入点，大力推进“互联网+”制造。二是以创业创新为重点，加快推进“互联网+”小微企业。三是以高速宽带网络建设为抓手，提升信息基础设施支撑水平。四是以关键技术和产品为突破口，提升电子信息产业支撑水平。五是加强体系建设，完善政策法规和标准规范。

2015年8月3日，中国互联网发展基金会正式成立。中国互联网发展基金会在北京正式挂牌，标志着中国同时也是全球范围内第一家互联网领域的公募基金会正式成立。中国互联网发展基金会（China Internet Development Foundation，CIDF）是经国务院批准、民政部登记注册、由国家互联网信息办公室主管并具有独立法人地位的全国性公募基金会。

2015年8月10日，国务院整合公共资源交易平台，要求实现交易全程电子化。国务院印发了《整合建立统一的公共资源交易平台工作方案》（以下简称《方案》），《方案》明确，2017年6月底前要在全国范围内形成规则统一、公开透明、服务高效、监督规范的公共资源交易平台体系，基本实现公共资源交易全过程电子化。在此基础上，逐步推动其他公共资源进入统一平台进行交易，实现公共资源交易平台从依托有形场所向以电子化平台为主转变。

2015年8月31日，国务院印发《促进大数据发展行动纲要》（以下简称《纲要》）。《纲要》分发展形势和重要意义、指导思想和总体目标、主要任务、政策机制4部分。主要任务是：加快政府数据开放共享，推动资源整合，提升治理能力；推动产业创新发展，培育新兴业态，助力经济转型；强化安全保障，提高管理水平，促进健康发展。《纲要》提出未来5～10年我国大数据发展和应用应实现的目标。《纲要》是我国发布的首个大数据国家行动计划，旨在全面推进我国大数据发展和应用，加快建设数据强国。《纲要》提出从政府大数据、大数据产业、大数据安全保障体系三个方面着手推进大数据领域的十大工程。

2015年9月23日，第八届中美互联网论坛在美国举行。中国国家互联网信息办公室主任鲁炜发表题为“互信互利，合作共赢”的主旨演讲，7家中美企业签署了合作协议。

2015年10月8日，美团、大众点评宣布合并。

2015年10月10日，《关于深化改革进一步推进出租汽车行业健康发展的指导意见（征求意见稿）》和《网络预约出租汽车经营服务管理暂行办法（征求意见稿）》公布，并进行为期一个月的公开征求意见。根据上述新规，“专车”等新业态纳入出租汽车管理范畴，同时对网约车经营者、车辆和驾驶员实行许可管理。社会评论认为，网络约车政策将是对政府主管部门在互联网创新面前的一次考验。

2015年10月，网络强国战略、国家大数据战略列入“十三五”规划建议。十八届五中全会审议通过《中共中央关于制定国民经济和社会发展第十三个五年规划的建议》，指出：实施网络强国战略，实施“互联网+”行动计划，发展分享经济，实施国家大数据战略。社会评论认为，“十三五”是中国由网络大国向网络强国迈进的关键期。

2015年10月，阿里巴巴宣布56亿美元收购合一集团（优酷土豆），创下中国互联网“第一并购”。

2015年11月3～5日，首届中国互联网安全领袖峰会召开。峰会由中央网信办网络安全协调局指导，腾讯集团、中国信息安全认证中心、中国金融认证中心、中国电子技术标准化研究院共同主办。

2015年11月11日，“双十一”成交额破千亿元。“双十一”期间电商平台全网成交额高达1229.37亿元，较2014年的805亿元增长52.7%。

2015年11月25日，工业和信息化部印发《国务院关于积极推进“互联网+”行动的指导意见》行动计划（2015—2018年）的通知。

2015年12月7日，世纪佳缘与百合网合并。百合网通过使用公司自有资金、定向发行股份获得的资金及银行贷款进行收购世纪佳缘发行在外的全部ADS和普通股。

2015年12月，欧洲物理学会公布了2015年度国际物理学领域的十项重大突破。中国科学技术大学教授潘建伟、陆朝阳等完成的科研成果“多自由度量子隐形传态”入选并名列榜首。2015年年初启动建设的量子通信京沪线干线有望于2016年完成验收。有评论认为，中国在量子通信领域已处领先地位，产业化应用在即。

2015年12月，工业和信息化部与三大运营商纷纷公布了最新运营数据，我国4G用户数突破3亿人大关。2015年前11个月，我国4G用户总数已经达到3.56亿人，仅2015年新增的4G用户数就接近美国的总人口。目前我国3G用户数则为4.08亿人，到2016年1月，国内4G用户数就会超过3G用户。社会评论认为，移动互联的时代步伐难以阻挡。

2015年12月16～18日，第二届世界互联网大会在乌镇举行。习近平主席出席并发表主旨演讲，参观互联网之光博览会。习近平主席在主旨演讲中提出了推进全球互联网治理体系变革的四项原则和共同构建网络空间命运共同体的五点主张。大会共有2000多名嘉宾参会，来自全球五大洲120多个国家和地区。与会来宾通过10场分论坛，发言探讨了22个互联网议题，内容涉及互联网创新、数字中国、“互联网+”、互联网文化与传播、互联网技术与标准、互联网金融、网络安全等。会议还发布了《乌镇倡议》。社会评论认为，互联网世界正因乌镇而改变。

国际资料篇

世界信息化发展现状

【世界信息化发展特点】

（一）信息基础设施更新换代加速

近年来，不但是发达国家，很多发展中国家从带动国家经济发展的角度都提出了国家宽带战略，提出了在普及率或速率方面的发展目标，并相应提出了具体的政策和措施。世界主要国家纷纷加快超高速光纤宽带基础设施升级。根据ITU跟踪调查结果，2015年全球已实施了宽带计划和政策的国家达到148个，但其增速在近几年有所减缓。2015年年底，全球移动蜂窝用户数将达到71亿人，基本接近全球人口总数，平均每百人中就有97个移动蜂窝用户；移动宽带用户数将达35亿人，占全部移动蜂窝用户数的48.8%，移动宽带用户数以4.4∶1的比例超过固定宽带用户数（2014年该比例为3∶1）。亚太地区移动宽带的增长主导了全球市场的增长态势，该地区移动宽带用户数占全球用户数的比例从2014年的45%上升至2015年的50%以上。与此同时，下一代互联网和新型网络架构正成为未来发展的关键基础设施，物联网、云计算、大数据、工业互联网等应用基础设施即将助推经济社会转型发展。据IC Insights调查，2015年年初，全球大数据市场规模实现53.2%的增长，远快于整个信息和通信技术市场的增长速度；受各国战略引领和市场推动，全球范围内与物联网连接的子系统与各种设备内部的网络通信、感测与控制功能相关的半导体组件市场规模有望成长29%，达到624亿美元。

（二）智慧产业成为传统产业智能转型的必然产物

在全球范围内智能制造、智慧城市正在快速发展，这使得传统产业智能化改造，催生一批新兴的智慧产业。集成电路、人工智能、量子通信、虚拟现实、3D打印等新技术在经济社会各领域应用深度和广度日益扩大，推动着产业的智能化转型；无人驾驶汽车、无人飞机、数控机床、智能机器人、智慧家庭、可穿戴设备等高度智能化产品的商业化步伐不断加快。麦肯锡、思科等认为，未来10年万物互联（IoE）带来的商业价值将达到19万亿美元，连接到互联网的设备数量将从目前的百亿级增加到千亿级。信息物理生产系统（CPS）正在引领制造方式的变革，制造装备正从制造单元向智能工厂和智能生产演进；智能制造整体解决方案推动企业从产品制造转向提供具有丰富内涵的产品和服务。全球研发设计、生产制造、服务交易等资源配置体系通过信息技术加速重组，网络众包、异地协同设计、大规模个性化定制、精准供应链管理等新模式构建企业新竞争优势。美国“工业互联网”战略和德国“工业4.0”战略都聚焦于智能制造这一未来产业竞争制高点。同时，在世界范围内智慧城市的蓬勃发展已成为助推经济增长、社会转型的重要一极。英国、日本、韩国、加拿大纷纷制定相应战略，通过鼓励发展智慧城市相关的新技术、新产品、新模式、新业态，特别是信息技术与服务业的融合创新，促进信息消费、拉动经济增长，同时带来良好的社会效益。

（三）数字竞争力成为构筑国家综合优势的关键所在

世界主要国家围绕建立数字竞争优势，不断强化信息化战略布局，加快核心技术产业的建设，不断强化信息化背景下的技术发展主导权。国家间的信息资源开发利用和控制权之争正上升为国家间战略竞争。发达国家不断增强对全球尖端信息科技的掌控能力，构建国家数字竞争力成为各国国家战略的优先选择。

2015年7月，美国正式启动国家战略性计算计划（National Strategic Computing Initiative，NSCI），旨在使高性能计算（HPC）研发与部署最大限度地造福于经济竞争与科学发现。美国也是率先将量子通信列入国家战略、国防和安全的研发计划，《保持国家竞争力》计划更是把量子通信作为重点支持的方向，量子密码通信（量子密钥）、量子计算等技术取得阶段性进展。2015年10月，俄罗斯公布“国家技术计划”首批四个市场网络发展路线图，其核心目标是发展未来15～20年具有广阔前景的新兴高技术市场，培育若干具备国际影响力的技术型大企业，以应对由信息技术引发的新一轮全球技术革命的迅速兴起。欧盟发布了《量子信息处理和通信：欧洲研究现状、愿景与目标战略报告》，明确提出欧洲未来5年和10年量子通信发展的中长期目标，包括实现地面量子通信网络、星地量子通信、空地一体的千公里级量子通信网络等，并将量子中继和星地量子通信、实现上千公里量级量子密钥分配作为战略发展重点。2015年年底，法国公布了Developpementet Numerique（开发和数字化）行动计划，其重点在于促进发展中国家的数字化系统，更好地发挥发展中国家的数字化潜力，包括提高宽带普及率、促进开放和多元文化的互联网发展、促进企业发展及创新、进行数字技能培训等。

（四）云计算+大数据模式奠基信息经济新阶段

近年来全球数据规模爆发式提升，如今数据作为一种生产要素，介入了财富创造的过程，实现着由信息技术到数据技术的升级。根据Wikibon的数据显示，2015年年初全球大数据市场规模达到285亿美元，同比增长53.20%，2015—2017年全球大数据市场规模分别可达到383亿美元、452亿美元和500亿美元。同时根据IDC的数据，2015年年初全球云计算市场规模大约为1520亿美元，与此前Gratner的预测较为一致；同时IDC还预计到2020年全球将有3万亿美元通信技术增量由云计算产生。根据IDC的预测，2015年，82%的新应用都运行在云计算平台上，而到2020年，云计算业务将占所有IT系统的27%。可以看到，随着当前经济形态由工业经济逐步向信息经济加速转变，基础设施的巨变也日益彰显。同时，根据全球云计算+大数据的应用情况，云计算+大数据产业应用正在加速落地，正从移动互联网、电子商务、游戏等中小企业用户用云为主，发展到传统大中型企业上云加速，金融、政府、能源、交通、制造等行业用户纷纷着手采购云计算服务，未来云计算+数据的市场应用前景较为广阔。新的基础设施如云、网、端三部分正发挥着越来越重要的作用。我们认为目前中国已全面进入信息经济发展的新阶段，而云计算作为新信息基础设施的核心，未来将有望推动技术发展从“传统的计算机+软件范式”转向“云计算+数据”模式的转型，无疑也将担负起信息经济新阶段的重任。

（五）“零”边际成本驱动共享经济“无边界”扩张

随着“零边际成本社会”的发展，“协同共享”这一新的经济模式将不断壮大。以Uber和Airbnb为例，其惊人的成长速度在传统经济模式下是不可想象的，也正是得益于共享经济这种对“沉没”的闲置资源进行再利用的经济模式，它们才能以如此“轻”的资产而调动如此广阔的资源，从而获得自身爆炸式的发展。在美国，最典型的共享经济代表者Uber和Airbnb已加入了“百亿美元俱乐部”，并分别成为全球估值第1和第3的创业公司。Uber成立于2010年，目前已进入全球58个国家的311个城市，2015年年初全球交易额30亿美元，是没有汽车的全球最大出租车公司；Airbnb成立于2008年，目前用户遍布190个国家近34000个城市，2015年年初全球交易额40亿美元，是没有房产的全球最大住宿服务提供商。据 Crowd Companies 统计，截至 2015 年 1 月，共享经济已涉足交通、房屋、能源、物流、娱乐等十多个领域，并且仍以惊人的速度在拓展。共享经济同样也是 2015 年夏季达沃斯论坛中的热点词汇，各国纷纷意识到共享经济是拉动经济增长的新途径，互联网更是推动发展的强大动力，是发展分享经济的重要推手。

【世界信息化发展存在的主要问题】

（一）世界各经济体间差距日益扩大

据国际电联发布新版《衡量信息社会报告 2015》统计，韩国位居国际电联 ICT 发展指数（IDI）排行榜榜首，紧随其后的是排名第 2 位的丹麦和第 3 位的冰岛。

2015 年，几乎所有接受调查的国家的 IDI 排名均有所提升。在过去五年中，IDI 值分布居中和垫底的国家之间的差距正在拉大。最不发达国家的 IDI 增长低于其他发展中国家，尤其在 IDI “使用”分指数方面落后，这可能影响到其受益于 ICT 发展的能力。不同区域之间的 IDI 平均值相差悬殊。37 个非洲国家中有 29 个处于 2015 年 IDI 最低的 1/4 国家的行列，其中包括 11 个排名垫底的国家，凸显了解决非洲和其他区域数字差距问题的重要性。美洲约 29 个国家进入了全球前一半国家的行列。亚太地区 ICT 发展参差不齐，也反映出经济发展水平之间的巨大差异。独联体（CIS）地区国家的变化幅度最小，反映出该地区经济在一定程度上的相似性。该地区所有国家在世界排名中均处于中等偏上。在欧洲，除阿尔巴尼亚外，平均值高于全球 IDI 均值 5.03，在全球 IDI 排名中均在中等以上，反映出该地区高度的经济发展水平。

（二）全球范围内网络延伸遭遇发展瓶颈

据国际电联发布新版《衡量信息社会报告 2015》统计，虽然互联网上网人数空前增长，但从历年比较来看增幅趋缓。截至 2015 年年底，全球约 46%的家庭将可在家中上网，而 2014 年和 2010 年的数字分别为 44%和 30%。在发达国家，现已有 81.3%的家庭拥有住宅互联网接入，发展中国家的比例为 34.1%，而联合国 48 个最不发达国家的比例仅为 6.7%。最新数据表明，互联网使用增长放缓，在增速达到 2014 年的 7.4%以后，2015 年的全球增长为 6.9%。移动宽带依然是发展最为迅速的业务，全球移动宽带订户数量在五年间增长了三倍多，从 2010 年的 8 亿元增至 2015 年的约 35 亿人。然而，移动网络覆盖在延伸至最后 5 亿人遭遇了瓶颈。蜂窝移动业务目前已覆盖全球 95%以上的人口，这意味着世界上依然有约 3.5 亿人居住在移动网络尚未覆盖的地区，而一年前这一数字为 4.5 亿人，呈逐年递减的趋势，但递减的速率却在逐年减小。

（三）数据和网络信息安全仍然是各国关注重点

目前，全球互联网覆盖的国家和地区越来越多，全世界网民数量超过 25 亿人，部分发达国家网络普及率接近 100%，移动互联网络覆盖全球人口的 90%。网络新边疆的行程，扩大了各国国家安全的领域，成为新的挑战和问题。网络空间呈现政治化、军事化、情报化的趋势，网络空间主权呈现前所未有的挑战。从“震网”病毒、“火焰”病毒到“棱镜门”事件，再从 DDos、APT 等大规模、高级可持续性网络攻击到全球针对金融机构、电信网络及普通民众的网络诈骗行为，使各国不得不认识到问题的严峻性和迫切性。面对网络与信息安全面临的新竞争环境，各国把网络安全战略政策的制定和落实，网络组织机构的建设和完善列为重要任务。截至 2015 年，全球发布网络空间安全战略的国家已经超过 60 个。同时，以云计算、大数据、移动互联网为代表的新一代信息技术的发展和应用，带来了网络和信息安全的新挑战，云安全、数据安全、移动安全形势成为世界范围内关注的焦点，移动安全威胁等呈现跨平台趋势。

（四）数字及网络监管成为各国面临的新挑战

互联网在造福人类的同时，也催生了一个更为复杂的社会生态环境。网络空间治理与物理世界治理既有继承性和一致性，也面临监管缺失、规则重构等诸多新的问题。2015 年，TPP 缔约方披露了 TPP 协定全文文本，其中，“电信”章节鼓励网络接入竞争规则也适用于移动网络供应商，对于稀缺电信资源的分配和使用，包括频率、号段、网路权（Rights-of-way）等，它们承诺以一种客观、及时、透明和非歧视的方式进行管理；在“电子商务”章节中，确保互联网和数字经济的驱动力——全球信息和数据的自由流动，但须遵循合法的公共政策目标，如个人信息保护等。同时，为了打破欧盟境内的数字市场壁垒，欧盟委员会公布了“欧洲数字一体化市场”（Digital Single Market）战略的详细规划。同时，欧洲议会投票通过了欧盟理事会一项有关确立互联网接入服务的“网络中立”（Net Neutrality）原则的提案，意味着“网络中立”原则已在欧盟层面以法律形式确立。网络中立原则的确立，是欧盟建立电信单一市场，进而构建数字单一市场战略的重要步骤。

（五）宽带成本和可承受性困扰各国可持续发展

《衡量信息社会报告 2015》显示，蜂窝移动业务的价格在全球范围内持续下降。最不发达国家的蜂窝移动价格指数也在不断下滑，从 2008 年占人均国民总收入的 29%降至 2014 年年底的 14%。过去一年出现的最大幅度的移动宽带价格下降，使全球业务价格的可承受性平均提高了 20%～30%。到 2015 年年初，111 个经济体（采自 160 个经济体提供的数据），包括世界上所有发达国家和 67 个发展中国家，都达到了宽带数字发展委员会确定的宽带业务费用不超过月平均工资 5%的目标。然而，22 个发展中国家的宽带价格依然占人均国民总收入的 20%以上。报告还指出，尽管移动宽带价格在可承受性方面的成果颇丰，但固定宽带价格在经历了若干年的持续下降后，又于 2013—2014 年有所抬升。尤其在最不发达国家，固定宽带业务依然令人无法承受，致使多数最不发达国家在固定宽带价格指标方面垫底。2014 年平均固定宽带价格指标从 2013 年的占人均国民总收入的 70%飙升至 98%，而这不利于提高世界上最贫困国家已然极其低下的固定宽带采用率。

世界物联网发展情况

【发展特点】

（一）全球物联网市场不断壮大，应用范围大规模普及

受各国战略引领和市场推动，2015 年，与物联网相关的产业市场规模预计将增加 29%，达到 624 亿美元。到 2025 年，全球物联网的产业规模将会超过 10 万亿美元。IC Insights 预计，2015 年，整体物联网上的全球联网设备量达到 132 亿台；2020 年，全球联网设备预计超过 250 亿台，而同时互联网用户约 44 亿人。当前，全球物联网应用呈现加速发展态势，在公共市场的应用开始显现。

（二）M2M 应用模式成为物联网发展主流，业务助推移动通信运营商新高点

随着物联网产业生态系统的深入发展，全球

范围内，产业界已普遍注重以 M2M（Machine to Machine，机器到机器、物联网）模式来推进物联网的发展。Ericsson（爱立信）公司在所发布的相关报告中预计，到 2020 年年底，基于移动通信网络物联网业务系统的 M2M 物联网设备数将达到 8 亿台。物联网业务引起全球移动通信运营商对其落地应用的高度关注，纷纷提前布局，以期在未来获得竞争先机。目前，基于第二代移动通信 2G 的 GSM 网络所提供的 M2M 业务占到了总量的近 80%。在北美，几乎所有的移动通信终端设备都支持接入第三代或第四代移动通信网络，而 M2M 物联网是唯一还在使用第二代移动通信 2G 网络的通信业务；预计在未来 2～3 年的时间里，西欧也将会出现北美现在的这种情况。

（三）半导体行业并购活动趋于常态，行业巨头加快布局工业物联网芯片市场

2015 年，半导体行业出现多次大型并购活动，对整个半导体行业格局产生重大影响。一方面，工业物联网市场对半导体传感芯片和移动芯片需求持续增长；另一方面，半导体芯片研发生产成本逐渐上升，半导体厂商正试图通过资本并购，加快布局工业物联网新兴市场，拉动业务增长，巩固市场地位。荷兰恩智浦半导体公司宣布，将以约 118 亿美元的现金加股票方式收购飞思卡尔半导体公司，此次收购将扩大恩智浦半导体在汽车与工业智能传感芯片领域的影响力；赛普拉斯半导体和飞索半导体宣布，两家公司价值 50 亿美元的全股票免税合并交易正式完成，此次合并将显著提升赛普拉斯半导体在全球汽车、工业和物联网领域的市场地位；新加坡半导体厂商安华高科技（Avago Technologies）宣布将以 370 亿美元的现金加股票方式收购美国博通公司，拓展汽车、工业和无线网络互联等领域芯片市场，此次收购是半导体行业史上规模最大的合并交易；英特尔宣布以 167 亿美元收购 Altera，这是英特尔史上最大一次收购，Altera 的芯片主要用于电信和无线通信设备，涉及军事装备、汽车、工业互联等领域。

（四）智慧城市成为物联网集成应用的综合平台，物联网技术广泛用于城市基础设施管理

物联网成为各国智慧城市发展的核心基础要素，在城市管理、节能减排、能源管理、智能交通等领域进行广泛应用，“前端设备智能化+后端服务平台化+大数据分析”成为通用模式。智慧城市中物联网应用呈现两大特点：智慧城市通过物联网应用汇集海量感知数据；依托城市综合管理运营平台和大数据分析，实现对城市运行状态的精确把握和智能管理。国际智慧城市建设重点方向之一是构建多种应用互联互通、海量数据汇集共享的智慧城市综合性管理平台，打破传统物联网应用规模小、分散化的模式。西班牙巴塞罗那智慧城市平台，可将环境和能源、交通、水资源管理、生活质量等不同领域的传感数据进行整合并分析处理；桑坦德“城市脉搏”项目致力于建立智慧城市平台，汇聚遍布全城的传感器和“人体传感器”数据，各类应用通过 API 调用平台的大数据处理能力，并通过移动 APP 提供城市管理和生活服务。国际智慧城市建设重视物联网技术在城市重要基础设施管理方面的应用，希望增强交通、能源等重点领域服务能力，促进城市绿色、低碳发展。在电力领域，物联网感知与电网、分布式电源等设施深度融合，实现了能源生产消费全流程实时监测和预测预警，如英国布里斯托的 3e3 住宅项目集成了太阳能等可再生能源，通过对家庭能源消耗的实时监控和管理，实现节省能源、降低二氧化碳排放。在交通领域，通过物联网建设“人—车—路”高度协同的互动型交通基础设施，利用互联的充电桩、收费点、控制中心等基础设施，为用户提供随时随地缴费、交互式地图导引等服务。例如，德国法兰克福正在开发多模式交通导航系统，基于对各类交通设施地上地下全面立体感知定位，实现行人、自行车、公共汽车和火车、出租车、私人汽车的协同高效出行。

（五）物联网标准化持续推进，开放式架构成为重点

目前，物联网标准化工作在持续推进，物联网架构标准的研究成为热点和重点。在行业领

域，标准化不断深化，其中工业、家居两个领域标准化成为产业布局和竞争的焦点。在工业领域，美国工业互联网联盟（IIC）和国家标准技术研究院（NIST）积极研究制定工业互联网标准，2015 年 6 月，IIC 发布了工业互联网参考架构，并逐步推进重点方向的技术研究；德国"工业 4.0"战略提出参考模型 RAMI 4.0，并提出网络通信、微电子、安全、数据分析等重点领域的研发方向。在智能家居领域，技术和标准呈现百花齐放的局面，Allseen 联盟、开放互联联盟（OIC）、Thread 联盟三大阵营正在推进各标准之间的互联互通。业界试图打造开放式物联网架构。开放统一的物联网架构是物联网爆发式增长的基石，各标准组织都在加紧研究。欧盟持续推进 IoT-A 相关研究，已经发布 IoT ARM1.0（架构参考模型），涉及域模型、信息模型、功能模型、通信模型、安全模型，目前正在推进 IoT ARM2.0 研究。ISO/IEC JTC1 启动物联网参考架构研制，提出六域模型。IEEE 启动了 P2413 物联网体系架构（SAIoT）研究，旨在尽快形成国际统一的物联网体系架构。ITU-T 2015 年新成立的 SG20，专门设立了物联网架构和协议的研究课题。oneM2M 标准化组织在 2015 年 1 月发布 M2M 业务层 R1 标准，涉及需求、功能架构、安全、协议、终端管理等，在 2016 年年中发布 R2 标准。物联网架构标准的复杂性和高难度，使其至今未取得实质性突破，标准的成熟和推广有待时日。

【重点地区物联网发展概况】

（一）美国

美国是最早研究物联网技术的国家。美国国防部率先开始对传感器和计算机网络技术进行研究，这就是今天我们所熟知的物联网技术的基础。一方面，政府以大量资金持续支持物联网相关技术产业发展，2015 年宣布投入 1.6 亿美元推动智慧城市计划，将物联网应用试验平台的建设作为首要任务。美国能源部组建"智能制造创新机构"，投入多达 7000 万美元推动先进传感器、控制器、平台和制造建模技术的研发。另一方面，为推动技术应用发展，美国政府加大政策支持力度。2014 年 7 月，美国联邦通信委员会（FCC）发布了电子标签新指南，建议带屏幕的消费电子设备可在屏幕上显示数字标签，从而取代原来的固定铭牌或蚀刻标签；美国加州发放无人驾驶汽车许可，谷歌、奥迪和奔驰成为首批获得许可的企业；智能物流领域，美国邮政局采用物联网技术改善邮政营运、基础设施以及产品与服务；工业制造领域，美国政府将以物联网技术为根基的网络物理系统（CPS）列为扶持重点，并加快以 CPS 为核心的"工业互联网"（Industrial Internet）战略布局。尤其是物联网在美军应用中较为成熟，主要集中于 C^4ISR 系统和火力控制系统，在物流管理、训练和模拟、移动等方面应用有限，集中度不高。

（二）欧盟

物联网可以提高生产率并促进经济增长，在此轮物联网发展的浪潮中，欧盟已经处于领先位置，欧盟围绕物联网技术和应用做了不少创新性工作。欧盟重构物联网创新生态体系。欧盟在 2015 年成立了横跨欧盟及产业界的物联网创新联盟（AIOTI），并投入 5000 万欧元，通过咨询委员会和推进委员会统领新的"四横七纵"体系架构，将包括原有 IERC、地平线 2020 在内的 11 个工作组纳入旗下，统筹原本散落在不同部门和组织的能力资源，协同推进欧盟物联网整体跨越式创新发展。其中，四横指项目设置、价值链重塑、标准化、政策导向四大横向基础支撑，七纵指家居、农业、可穿戴、智慧城市、交通、环保和制造七大行业纵深领域。创新联盟的建立是欧盟落实物联网发展战略的又一重要举措，将对欧盟物联网发展和创新起到强有力的驱动作用。

此外，欧盟及其成员国还加大物联网投资力度、欧盟计划 2016 年投入超过 1 亿欧元支持物联网大范围示范和未来物联网重点领域；英国政府追加投资 4500 万英镑，并向由英国电信、劳斯莱斯、处理器厂商 ARM 和军用品厂商 BAE 等 40 余家公司组成的 HyperCat 联盟注资，用于研发 HyperCat 标准，为物联网开发通用规范；德国政府投资 2 亿欧元支持工业 4.0，并投入 800 万欧元加强物联网信息安全领域的研发。从目前的发展来看，欧盟的物联网已经在医药、能源、电力等重要领域广泛应用，同时也应用在一些传统领域，如物流、制造、零售等行业，智能目标推动了信息交换，提高了生产周期的效率。

（三）日本

为了借助物联网技术实现未来新型社会，日本政府 2015 年 10 月 23 日成立产学官合作组织“物联网推进联盟”，联盟将由企业相关人士和专家建立工作组，就物联网技术的研发测试及先进示范项目制定计划。除了向政府提出政策建议外，还将就网络安全对策等展开讨论。根据 IDC Japan 发布的《日本物联网市场调查》数据显示，对企业的抽样调查中，物联网使用率为 4.9%。其中，企业中工业部门物联网使用率最高，且是最早开始利用物联网发展的，物联网使用率达 6.7%；其次是物流运输部门（物联网使用率为 5.0%）、公共基础设施部门（物联网使用率为 3.2%）、金融部门（物联网使用率为 1.3%）。从物联网的用途来看，用于检测故障、监控设备运行状态的企业最多（占 9/10），远程监测消费者设备以分析消费者用于营销途径的占 30%。

世界智能制造发展情况

【发展特点】

（一）跨国公司持续加大智能制造投入，与传统制造业各环节结合日益紧密

目前，智能制造领域跨国企业正在积极依托软硬件产品及系统，加快制造业要素和资源的识别交互与信息集成，针对不同行业提供系统解决方案，推动制造业的信息化、网络化、智能化发展。沃尔沃的智能车载交互系统可实现与 Apple Watch 和 Android Wear 的无缝连接，通过智能手表可调节车内设置、开关车门等功能，通过车载 SIM 卡智能交互系统可以在事故、故障或失窃情况下提供定位和追踪服务。福特正在给汽车配备更多的广角摄像头，包括一个提供 180° 前方及后方视野的新系统，能够帮助驾驶员看清各个角落。通用汽车公司宣布扩建其加拿大安大略省奥沙瓦市的工程中心，致力于研究车联网系统、汽车与智能手机互联软件和控制系统等。福特汽车公司组建了一支全球性团队，致力于开发适用范围更广的辅助驾驶技术，福特将与一些科技企业开展合作，推动“福特智能移动”（Ford Smart Mobility）计划的实施。日本欧姆龙公司 2 亿美元收购美国爱德普公司，通过整合爱德普在智能工业机器人领域的技术和产品优势，为汽车、数字设备、食品饮料加工和包装等行业提供完整的系统解决方案。富士康启动实施了“百万机器人”计划，规划提出在未来 3 年内由自动化设备、机器人取代 7 成左右的人力劳动。此外，互联网企业开始投资实体经济，充分发挥自身信息技术领域的优势。

（二）工业机器人智能化程度逐渐提升，不断向细分领域推广应用

随着工业机器人逐渐向细分领域推广应用，人机协作、智能深度学习等技术将成为工业机器

人未来的发展方向。目前已有部分工业机器人厂商开展研发与合作，并推出了相应的产品。例如，ABB推出人机协作的双臂工业机器人YuMi；安川电机开发出用于人机协作的小型6轴机器人MotoMINI，具有轻量、高速、高精度等特点，能够实现多品种少批量的生产；日本宣布与Preferred Networks（PFN）公司合作研发深度学习技术与机器学习技术，应用于工业用机器人、机床、射出成型机等。目前，工业机器人逐步应用于航空、汽车、电子等工业制造领域，在2014年销售的23万个机器人当中10万个应用于汽车行业。按区域划分，亚洲是现在工业机器人使用最大的地区，占世界范围内机器人使用的50%，其次是美洲（包括北美、南美），最后是欧洲。在机器人密度方面，韩国每10000个员工中有478个工业机器人。日本和德国的机器人密度也是比较大的。

（三）工业控制管理软件功能日益丰富，智能化决策分析将成为工业软件系统升级趋势

工业控制管理软件趋于网络可视化和功能集成化，在传统的监控管理基础上，逐渐向自动分析识别和提供智能化决策方向延伸。工业控制管理软件与云计算、大数据、互联网等技术相结合，将促进软件系统平台走向网络化、云端化，依靠大数据和云计算，实现故障预警和用户行为分析，并提供智能化和个性化的解决方案。目前已有部分工业软件产品呈现出这一发展趋势。2015年4月13日，施耐德电气发布基于Web的可交互式应用软件Wonder-Ware Alarm Adviser，用来对历史报警数据进行可视化分析，帮助用户按照报警优先级别、持续时间、出现频率和管理区域对警报进行过滤和审查；5月29日，横河电机集团发布基于网络的实时操作管理软件，利用工业云计算、工业SaaS、工业物联网等技术，连接传感器、设备和工厂设施，实现远程访问数据，为调度、运营、监视控制系统环境提供综合的解决方案；6月2日，西门子发布工业网络监控管理软件Sinema Server，可自动检测网络中的所有Profinet和以太网设备，帮助用户及时发现潜在故障，为制定预防措施提供依据。

（四）工业互联网市场潜力巨大，领先型运营商涉足工业互联网领域

各大运营商纷纷抢夺“工业互联网”商业蛋糕，AT&T凭借成熟M2M应用与GE开展合作。AT&T宣布和GE公司签署全球合作协议，两家公司期望通过这款M2M无线通信系统，让使用者能够在全球任何地方对GE的机器设备进行远程跟踪、管理、记录和操作，提升制造企业的生产效率。GE选择AT&T作为合作伙伴，共同开发工业互联网应用，除了AT&T强大的通信网络能力以外，主要还考虑了AT&T成熟的M2M应用。T-Mobile以汽车制造为突破口树立ICT服务品牌。目前，T-Mobile的ICT服务覆盖14个行业，其中，工业制造业、行政服务部门、交通运输业、仓储和邮政业、金融业的渗透率最高、产品覆盖最广，取得众多成功案例。Verizon通过兼并与合作进入工业互联网领域运营商。Verizon以工业制造的M2M应用和车联网为切入口，开始向工业互联网领域不断扩张。

【重点地区发展概况】

（一）美国

在国际金融危机后，实体经济的战略地位日益凸显，制造业依然是新一轮产业革命的绝对重心，也是国家经济竞争力的关键所在。在金融危机中受到重创的美国为了保持在全球制造业的领先优势，自2009年起密集出台了一系列政策文件，如《重振美国制造业框架》《先进制造业伙伴计划》《先进制造业国家战略计划》《制造业创新中心网络发展规划》等。这些政策的最终目标是推动制造业回归本土，通过产业升级化解高成本压力，通过大力发展支撑未来经济增长的高端产业，以保持世界创新领先者的绝对主导地位。

“工业互联网”的概念最早由通用电气于2012年提出，随后AT&T、通用电气、思科、英特尔和IBM五家行业龙头企业宣布成立工业互联网联盟（IIC），以期破除技术壁垒，促进机械世界和数字世界的融合，实现智能制造

的快速推进。由于以信息技术深度应用为核心的“工业互联网”概念与美国先进制造业发展战略高度一致，很快被确立为美国的国家战略，成为美国《先进制造业国家战略计划》的重要组成部分。美国工业互联网联盟是工业互联网深入应用的主导者和推动者，联盟力图通过制定通用标准，打破技术壁垒，使不同企业的产品可以实现数据共享和互联互通。这些标准一旦建立起来，将有助于硬件和软件开发商创建与物联网完全兼容的产品，最终实现网络、计算机、传感器、云计算系统、机器设备及其他类型的各种实体的全面连接和信息共享，进而推动整个工业产业链效率及生产过程智能化水平的全面提高。

（二）德国

随着制造业的战略地位日益凸显，竞争也愈演愈烈，德国日益感到来自其他国家的压力。在此背景下，德国产业界提出“工业4.0”的概念，并成为德国《高技术战略2020》中的十大未来项目之一，从而上升为国家战略。

德国“工业4.0”偏重生产制造的“硬”环节，其基本理念是强化制造业基础，向未来互联网融合。核心是基于信息物理系统（Cyber Physical System，CPS）实现人、设备与产品的互联互通、相互识别和有效交流，并利用网络空间的高级计算能力形成对生产过程和生产模式的全面改造和革新，从而形成高度灵活、个性化、数字化、智能化、绿色化的智能制造模式。在这种模式下，生产由集中向分散转变，规模效应不再是核心追求；产品的个性化定制、柔性生产得以实现；用户可以全面、实时地参与生产和价值创造的全过程。德国“工业4.0”战略的要点可以概括为：建设一个网络——信息物理系统网络；研究两大主题——智能工厂和智能生产；实现三项集成——横向集成、纵向集成、端对端的集成；实施八项计划。“工业4.0”战略的未来愿景是使德国成为新一代工业智能生产技术的主导，助推德国在保持制造业领先地位的前提下再次提升其全球竞争力。

（三）日本

第二次世界大战之后，日本为了实现经济腾飞，根据不同时期世界经济局势及本国经济发展特点及时出台了一些产业政策来引领发展重点和发展方向。战后的《倍增计划》《e-JAPAN》战略及2014年公布的《3D打印制造革命计划（2014—2019）》《新策略性工业基础技术升级支援计划》《机器人开发五年计划（2015—2019）》等对产业发展及经济增长都起到了重要的引领和带动作用。为了抓住第四次工业革命的先机，保持日本制造业的长久不衰，提升电子信息产业的国际竞争力，2015年6月9日，日本经济产业省公布了《2015年版制造白皮书》（以下简称《白皮书》），以期为制造业特别是电子信息制造业发展提供方向引领。《白皮书》虽然不是战略规划，也不是指导制造业发展的纲领性文件，仅仅只是对全球及日本制造业发展情况的综合分析和研判，但文中提出了未来日本制造业的发展重点和发展方向，这对日本制造业的再次腾飞起着至关重要的作用。《白皮书》认为，在制造业进入不断转型的智能化时代，美国和德国相继提出振兴制造业的发展规划，大力促进云计算、大数据、物联网等新一代信息技术与制造业的融合，极大改进了生产方式、提高了生产效率。日本虽然在机械设备制造、汽车及关键零部件制造方面占据优势地位，但在电子信息领域，日本企业逐渐显示出与美国、德国企业的差距，目前日本企业在世界知名的大数据公司、物联网企业、软件企业中难觅其踪。因此，日本制造业要想抢占高端制造业的发展先机，抓住第四次工业革命的发展机遇，继续保持持久的竞争优势，就必须进行制造业的结构调整，大力发展机器人、下一代清洁能源汽车、再生医疗及3D打印等高附加值的尖端技术产业，促进大数据、物联网及软件等先进技术在制造业中的渗透和应用，通过实施智能制造实现制造业的转型升级。

世界智慧城市发展情况

【发展特点】

（一）物联网驱动智慧城市向纵深方向发展

物联网成为各国智慧城市发展的核心基础要素，在城市管理、节能减排、能源管理、智能交通等领域实现了广泛应用，"前端设备智能化+后端服务平台化+大数据分析"成为通用模式。在城市管理领域，通过物联网应用汇集海量感知数据，实现对城市运行状态的精确把握和智能管理。例如，西班牙桑坦德通过"城市脉搏"项目致力于建立智慧城市平台，汇聚遍布全城的传感器和"人体传感器"数据，各类应用通过 API 调用平台的大数据处理能力，并通过移动 APP 提供城市管理和生活服务。在电力领域，物联网感知与电网、分布式电源等设施深度融合，实现能源生产消费全流程实时监测和预测预警，如英国布里斯托的 3e 住宅项目集成了太阳能等可再生能源，通过对家庭能源消耗的实时监控和管理，实现节省能源、降低二氧化碳排放。在交通领域，通过物联网建设"人—车—路"高度协同的互动型交通基础设施，利用互联的充电桩、收费点、控制中心等基础设施，为用户提供随时随地缴费、交互式地图导引等服务。例如，德国法兰克福正在开发多模式交通导航系统，基于对各类交通设施地上地下全面立体感知定位，实现行人、自行车、公共汽车、出租车、私人汽车的协同高效出行。

（二）智慧城市建设不断催生新兴业态

从全球来看，智慧城市催生的新业态在应对金融危机持续影响、加快经济复苏进程、引领新兴经济创新发展等方面的重要作用日渐凸显。世界各地在智慧城市建设应用中，通过鼓励新技术、新产品、新模式、新业态的研发设计、推广应用，带动全社会的创新意识，形成了新的经济增长点。2014 年 12 月，韩国国会通过 2015 年政府总预算，研发预算大幅增加 62%，达 18.9 兆韩元，约合 200 亿美元；而刺激创业资金为 3.5 兆韩元（超过 30 亿美元），大幅超越 2014 年的 1.0 兆韩元。《数字加拿大 150 计划》提出将投资 2 亿加元支持中小企业采用数字技术进行创新。同时，许多地方在推进智慧城市新业态上，十分注重信息技术与服务业的融合创新，服务业门类众多，与信息技术融合创新点较多，引发了远程教育、互联网金融、电子商务等新兴业态，进一步刺激了居民的新兴消费需求，不仅拓展了巨大的经济发展空间，带动了经济持续增长，而且不断创造良好的社会效益。

（三）智慧城市成为拉动经济增长的新动力

从经济视角解读智慧城市，除了其自身发展对经济直接增长贡献巨大以外，其更大作用是创造了一个泛在互联、智能可控的发展环境，通过宽带网络、智能应用的部署，可以加速资源的有效集聚，大幅提高其他领域工作效率，进而促进 GDP 的快速增长。分析报告指出，固定宽带普及率每提升 10%，将为发展中国家带来 1.35% 的 GDP 增长；为发达国家带来 1.19%的 GDP 增长；而增加 20%的 ICT 投资可带来 1%的 GDP 增长。欧洲通过高速宽带的部署已创建了 100

万个工作机会，带来近 8500 亿欧元的经济收益。到 2025 年，互联网在非洲引发的农业、零售、医疗领域变革，将为非洲带来 3000 亿美元的年 GDP 增长量。

（四）“智慧”加速城市溢出效应

随着信息流、商品流、资金流、人流不断加速，全球城市群、都市圈渐渐涌现，城市之间的界限愈加模糊，核心城市的辐射作用愈加明显。通过智慧城市建设，利用互联网超越时空约束的特性，让核心城市公共服务平台、数据中心等设施、平台、产品、应用向周边辐射，加速了城市群化这一进程，带动经济相对落后地区发展，形成合力，进而提升以中心城市为核心的区域整体经济水平。例如，北美五大湖城市群依靠高度发达的信息网络，发掘城市个体之间的内在联系，共同构成了一个相对完整的城市集群电子商务网络。电子商务加快了五大湖城市群经济有机综合体的形成，通过高效的信息技术手段和分工明确的专业化协同合作，使得生产要素、服务要素、管理要素、交易要素等在各个经济体之间流转的时间和空间距离大幅缩短，投资回报率和要素收益率显著提升，实现了各个城市经济体的协调发展。伦敦城市群则通过开放数据，让各级机构、公务员和其他数据捐助者把数据积累到公共数据库 London Datastore，利用数据共享带动了整个区域的协同发展。

【重点地区发展概况】

（一）美国

作为全球智慧城市的主要倡导者和最大受益者，美国凭借其在信息技术领域的绝对优势，领跑全球智慧城市发展。对美国政府而言，智慧城市建设是保持和重夺国家竞争优势、刺激美国经济的一个银弹，因而逐步将其上升到国家战略层面。

2015 年 9 月，美国联邦政府发布了“白宫智慧城市行动倡议”，提出将在减少交通堵塞、维护社区治安、提高地区经济生产总值、加强环境保护、优化城市公共服务等方面加大研究和项目实施力度，预计资金投入将超过 1.6 亿美元，相关新技术合作项目将超过 25 项。该倡议明确了四大关键战略：一是搭建物联网和智能应用平台，建立跨部门的协同合作机制；二是大力支持举办民间科技合作活动，鼓励不同城市间展开合作；三是充分整合和优化配置联邦政府已有的政策和资源，集中投入智慧城市建设；四是积极推动国际合作，将亚洲和非洲作为未来智慧城市技术和产品的主要出口市场。在倡议的实施过程中，美国国家科学基金会、国家标准与技术研究院、国土安全部及其他相关职能部门都将积极参与，在智慧城市基础设施部署、优先领域解决方案研制和市场应用等方面开展工作，各级城市、高校、企业和社会组织等将加强合作，运用市场力量对联邦政府投资以外的领域开展补充建设。同时，美国还发布了“智慧互联社会框架”，强调加强智慧城市解决方案的基础研究和创新成果转化及其推广应用，并对从研究、开发到应用全流程环节提出了具体目标和实施路径。

当前，美国不仅在自身智慧城市建设上取得了积极进展，在技术和产品对外输出方面也享受到了巨大的经济效益。一方面，美国智慧城市在质量和数量上都占据了世界领先地位。根据智慧社区论坛（Intelligent Community Forum，ICF）历年智慧城市全球榜单评选结果，截至 2015 年，共有 51 个美国城市进入全球排行榜，达到智慧城市评选总数（210 个）的 24.3%，位列其后的是加拿大（40 个）和澳大利亚（24 个）。其中，ICF 2015 年智慧城市最佳实践全球前七强中，美国城市占有三席（Arlington County，Virginia；Columbus，Ohio；Mitchell，South Dakota）。另外，根据西班牙纳瓦拉大学 2015 年 5 月世界智慧城市能力报告研究结果，美国有 10 个城市被评定为 A-RA 中高级别，智慧城市建设综合能力居世界第一。另一方面，美国企业在全球智慧城市建设热潮中收益颇多。美国拥有大量从事智慧城市建设的企业，包括谷歌、微软、甲骨文、IBM、惠普、EMC、英特尔、思科、苹果、Facebook、亚马逊、戴尔、GE、高通、新云、数字集团和霍尼韦尔等，均在云计算、大数据、软件服务外包等领域拥有先进技术和产品优势。随着世界智慧城市建设需求上升，这些企业的市场空间持续扩张，不仅加快了资本积累的速度，而且日益强化了其在市场中的主导地位。《财富中国》2015 年 7 月统计数据显示，世界财富 500 强中有 128 个美国企业，其营业总收入达到 8.692 亿美元，其中 IBM、英特尔、思科、EMC 和亚马逊等 15 家企业均涉及智慧城市解决方案业务。同时，智慧城市也成为中小微企业创新发展的孵化场，硅谷、波士顿和芝加哥等地拥有数以千计的以智慧城市为主攻领域的中小微企业，未来成长空间不可估量。

（二）新加坡

2015 年，新加坡提出“智慧国家 2025”计划，这个计划是新加坡之前提出的“智慧城市 2015”目标的升级版，计划十年内建成全球第一个智慧国家。新加坡建设智慧国家的核心理念是“3C”：连接（Connect）、收集（Collect）和理解（Comprehend）。其中，“连接”是指全国范围内建立一个实际速率快、可扩展性强、建设成本低的统一的信息通信基础设施；“收集”是指在允许范围内，利用覆盖全国的传感终端和传输网络采集、整合、管理和共享实时有效数据；“理解”是指对实时采集的数据在一定保护手段下进行分析挖掘，从而对民众需求展开预测判断以提供更准确、更快捷的民生服务。

在以信息通信技术为驱动的智能化国度和全球化都市建设目标引领下，新加坡一直大力发展信息通信基础设施，并将其作为智慧城市建设的重要抓手。目前，新加坡信息通信水平已经位居世界前列，网络速率、基础架构、数据传输能力全球领先，汇集了东南亚超过 50% 的商业数据托管及中立运营商数据中心，承载了东南亚地区 1/2 以上的数据量，新加坡由此成为全球数据管理枢纽城市之一。截至 2015 年，新加坡新一代宽带网络覆盖率达到 97%，网络接入速率最高达到 1GB，宽带网络用户数超过 25 万户，宽带服务市场基本形成超过 17 家服务提供商相互竞争、优势互补、共同发展的格局，家庭和企业用户可自由定制符合自身需求的光纤宽带网络接入服务方案。无线网络建设成效也十分突出，全国共部署了超过 7500 个无线网络公共热点，这意味着平均 1 平方公里范围就拥有 10 个公共热点，访问速率高达 1Mbps，无线用户数超过 210 万人。在“智慧国家 2025”战略中，新加坡将部署下一代基础设施和通用技术架构，在现有的连接基础设施之上，渐进式部署地面（AG）设施和异构网（HetNet）技术以实现异构网络之间的互联互通，如在街灯、公交站或交通路口部署传感器，建立起异构网络，让手机和平板可以在移动网络和无线网络之间进行无缝切换。同时，国家也预留了频谱来建立新的超级 WLAN，具有更广的覆盖范围，且功率要求低于标准的无线网络。目前，裕廊湖区正在全面开展 HetNet 试点计划。

随着传感设施和网络部署的加快推进，新加坡逐步将战略重点转向数据的采集和传输，并已推出传感网、物联网和特定领域产品的一系列标准，为数据共享和分析准备了条件。目前正在实施的一项重点工作是推动数据开放，为支持智慧国家决策提供扎实的数据资源基础。新加坡首先建立了全国统一的开放数据平台 data.gov.sg，整合并开放了来自 60 多个公共部门或机构的 8600 多个数据集，促成了 100 多项包括停车、公厕、野猫管理等在内的新兴应用。新加坡的一些职能部门在开放数据方面也做出了自身的努力，例如，土地管理局开放了地理数据，陆路交通管理局开放了交通数据，为企业或个人开发位置服务、交通管理等方面的应用软件提供了数据支持。

（三）日本

日本智慧城市建设把重心放在绿色低碳和循环经济上，致力于建立资源节约型智慧技术服务体系，通过先进技术的应用和服务，在有效降低家庭和社会能源消费开支的基础上充分满足使用需求，显著降低对能源和资源的外部依赖。2015 年，日本政府发布了“I-Japan 战略”（智慧日本），加大了数字信息技术在生产和生活中的部署力度，旨在基本建成一个充满活力的数字化社会。“I-Japan 战略”围绕新技术的研发和推广应用，以网络基础设施建设为支撑，以政府治理、医疗健康、教育教学三大领域为实施重点，在电子政务、远程医疗、在线教育等方面展开了积极的探索。其中，智慧城市新技术研发与应用十分注重与家庭和人的生活习惯直接对接，紧密贴合人的日常生活需求，具有较强的实用性，如积极开发了可视化能源管理软件，使人通过卡通冰块面积的变化掌握家庭总用电量，并进行远程智能操控家用电器；将电动车的充电系统与家庭电网对接，便于人们把车里多余电量供给家庭应急使用。

在政府的号召下，丰田、松下电器、日立、东芝集团、三井不动产等日本本土民营企业基于自身技术优势，大力发展智能化节能管理解决方案，主导了松下—腾沢智能城市、丰田智能低碳示范小区、三井—柏叶智慧城市等多个知名的智慧城市建设项目。

资源匮乏一直是制约日本经济社会发展的掣肘，为有效应对能源危机，日本大力实施智能电网战略，并致力于将日本智慧电网标准向全世界推广，以此抢占电力智能管理市场主导权地位。为推动电动汽车有效接入电网，东京电力公司、富士集团和三菱公司建立了战略合作关系，联合制定了电动汽车接入电网的领先标准。日本还凭借大型锂离子蓄电池技术优势，与美国开展合作，旨在将自身蓄电池技术推广为国际标准。在智能电网应用方面，横滨市、丰田市、关西文化学术研究都市、北九州市都开展了智能电网/智能城市测试验证，包括能源使用的可视化、家电的控制、供应方根据能源需求状况促使消费者进行消费调整的需求响应、电动汽车与家庭的结合、蓄电系统的优化设计、电动汽车充电系统及交通系统建设等。通过这些技术集成，构建区域能源管理系统，以实现区域范围内能源的整体优化使用。

（四）英国

英国智慧城市建设重心在于促进信息通信技术应用和城市发展战略（可持续性、公民福利和经济发展）的深度融合，从而破解城市发展难题，构建形成可持续发展能力强的、面向未来的新型城市。具体来讲，即充分运用智能传感、大数据预测、消费者需求分析、智能决策等核心技术，加强交通、社区、急救、供水、教育、建筑、健康和安全八大城市管理系统集成，实现城市经济发展、生活品质和公共安全水平的提升。为加快推动智慧技术的产业转化，英国技术战略委员会设立了未来城市技术创新中心（Future Cities Catapult），旨在推动与智慧城市发展相关的科技成果转化，促进城市、企业与大学合作开发商业化的城市整合系统解决方案满足城市未来的发展需求，其已开展的智慧城市项目包括大曼彻斯特的数据同步方案（Greater Manchester Data Synchronisation Programme，GMDSP）、感知伦敦（Sensing London）、无障碍城市（Cities Unlocked）等。根据英国政府近期发布的《支出审查报告》，未来 4 年，英国将在公共部门投入 18 亿英镑（约合人民币 176 亿元）用于发展数字技术和转化项目，强化英国政府作为数字领导者的地位。

当前，英国许多城市结合自身发展需求，开展了各具特色的智慧城市建设试点。格拉斯哥市以改善资源效率、可持续的人口流动、环境的可持续性、经济繁荣为核心目标，重点打造开放数据平台、城市运行中心和智能路灯管理系统，获得英国技术战略委员会 2400 万英镑的投资，以及欧盟 1500 万欧元的资助。纽卡斯尔市充分利用市立大学在可持续发展、能源、计算机科学、交通和城市规划等方面的研究力量，通过建立经济和科学中心助力智慧城市发展。曼彻斯特市通过开放数据和开发基于开放数据的应用，改进城市服务、降低政府成本同时使市民受益。伯明翰市制定了智慧城市路线图，重点关注经济发展、幸福生活、城市流动性和环境挑战。

世界农业信息化发展情况

【发展特点】

（一）以农业大数据应用为核心的创业创新持续升温

当前，大数据技术开始在全球农业中得到广泛运用，并成为资本与农业产业巨头投资的方向。通过收集土壤、病害、天气等农业数据并进行分析处理，在最佳播种时间、用什么类型的种子及在哪里种植等方面提供最优解决方案，从而最大限度减少对环境影响的基础上实现粮食产量的大幅提升。包括孟山都在内的农业产业领先公司都涉及农业大数据应用服务领域，通过对有关天气和作物生长的海量数据进行分析，帮助农户提高玉米、大豆等作物的单产，避免肥料和农药的过量使用。《孟山都 2015 年可持续发展报告》显示，其设定的降低作物保护产品运营中温室气体排放目标已完成 73%、提升全球种子生产运营中灌溉水的应用效率已完成 35%、在美国 100 万英亩农田上帮助农民更高效使用肥料以减少温室气体排放目标已完成 20%，这一过程中其农业大数据解决方案在粮食生产、改善环境、实现可持续发展方面的实践取得了积极效果。未来粮食安全生产将越来越依赖适应性强、长势良好的作物，这意味着大数据在农业中的应用潜力不可估量。数字化农业网络公司 Farmers Business Network 在 2015 年 5 月完成新一轮规模达 1500 万美元的融资，其业务重点在利用大数据系统分析作物产量、天气和种植数据，为农民提供增加产量、减少肥料和农药浪费的咨询服务。这笔投资由 Google Ventures 领投，而 Google Ventures 还在持续关注、评估和投资与分析天气和作物生产数据有关的其他创业公司。

（二）人工智能在农业领域中的应用逐步展开

利用无人机、卫星遥感等技术对土地、气候、苗情等信息进行实时监测，采用机器人替代传统机械进行智能耕作、精准控制，这些人工智能在农业生产中的新探索推动农业智能化的进一步升级。旧金山初创公司 Ceres Imaging 在 2015 年年初获得 90 万美元的融资，其主要业务模式是采用集成了传感器、摄像头等设备的无人机空中搜索大范围农场的实时数据，为农场主提供农田光谱信息监测土地和农作物状况，帮助农民更好地进行作物管理、实施合理的施肥和灌溉计划。下一步，Ceres Imaging 计划将收集到的数据进行交易，转变为“数据即服务”的 2C 服务公司。农业科技和农业自动化技术服务商，Blue River Technology 主打农业机器人，其机器人产品能够自动识别农作物，判断幼苗间距是否过小或哪些杂草应该清除，从而优化农业生产方式、减少化学农药在粮食生产中的使用。

（三）农产品电子商务平台微创新层出不穷

全球领先的农产品电子商务平台不再把业务重点放在简单的农产品在线买卖，而是从模式创新到供应链重构，不断探索建设基于平台的农产品采购生态体系，实现农村电商的可持续发展。Local Harvest 深耕供应链上下游环节，实现消费端和供给端的双向整合。在消费端，Local Harvest 利用谷歌地图自动定位消费者所在地，支持消费者就近购买本地农产品，利用社区宅配物流体系实现即时配送，同时提供各种消费者参与农产品生产和销售方式，增强消费者用户黏性；在供给端，自主开发了具备在线订单、会员、配送和财务等管理功能的软件 CSAware，为农场主提供有偿的农场日常管理服务，还从食物配送交易额中收取2%佣金。Farmigo创新了基于在线交易平台的“食物社区”团购模式，将地理位置相邻的消费者划定为同一“食物社区”，并通过平台直接关联周边的中小农场，经过订单统一征集、统一发送、统一配送，极大地降低了物流和采购成本。

【重点国家和地区农业信息化发展情况】

（一）英国

在英国“农业技术战略”实施的两年期内，英国创新署农业信息技术创新中心日臻完善，构建了较为健全的农业科研资助体系，以及集投资公司、研究机构、农业生产等产学研要素为一体的协作体系。创新中心在英国农业技术领导委员会和开放数据政策的引导下，搭建了贯穿农业全产业链的数据采集和分析平台，建立了数据成果共享机制，为提升农业生产效率提供整体解决方案，使得各方参与者能够最大限度地进行农业数据资源再利用。该中心还致力于开发相关软件及农业应用解决方案，支持各类用户对数据的整合开发和应用推广。在中心的协作框架下，包括洛桑研究中心、雷丁大学、苏格兰农业学院、全国农业植物学会等英国农业领域的领先机构和企业都积极参与中心工作，洛桑研究中心发挥数据建模和统计服务所长，雷丁大学提供科学服务，全国农业植物学会和苏格兰农业学院则负责农业技术资料交流等。中心成立以来，一直得到英国政府的大力支持，在金融危机尚未消退、政府开支大幅削减的背景下，2015年春季英国政府在中心建设上仍提供了1200万英镑的预算拨款。

（二）美国

当前，美国农业信息化发展水平处于全球领先地位，通过网络建设、信息资源管理、先进技术应用等多种方式建立了覆盖全国的农业信息化支撑服务体系，为全国农业水平的整体提升提供了有力支持。

围绕农业信息资源共享和利用，美国在信息网络、数据中心、信息服务体系、政策保障等方面着手进行了全方位部署。自20世纪90年代起，美国就采用政府与社会资本相结合的方式，每年专项拨款10亿美元引导农田物联网和农村高速宽带网建设，积极采集整合农业数据资源并面向全社会开放，支持发展了一大批农业大数据服务企业，为精细化农业生产和农场管理提供服务解决方案，显著提升了农业生产效率。同时，美国还支持建设了一批较大规模的涉农信息数据中心，建立了集农业信息收集发布系统、农业教育科研推广系统、公司系统和民间服务组织系统等为一体的四级农业信息服务体系，积极推进农业数据资源的共建共享。为维护信息主体权益、强化数据资源使用保障，美国建立完善了从信息资源采集到发布的立法管理体系，树立了严格的监督机制，以法律保护的形式确保了数据资源的真实性和有效性，以及知识产权归属权等内容，为促进农业信息数据资源的共享发挥了积极作用。

此外，美国还十分重视遥感、地理信息系统、全球定位系统、智能装备等技术的应用，为全国农业科学决策系统的建立夯实了基础。当前，美国大中型农场的农机设备均已安装了全球定位系统，通过实时接收和分析卫星遥感遥测信息，从而帮助农场主对土壤施肥、作物生产、环境监测等进行精准化管理。美国农场还广泛采用智能技术，应用自动灌溉系统基于环境温度、土壤成分等数据实现科学灌溉，应用智能仓储系统基于粮仓温度、湿度等数据实现农作物仓储的远程调控，应用智能农机装备实现高速作业和精细化农作物生产管理。

（三）法国

截至目前，法国已经建立了十分完备的农业信息数据库，数据库信息覆盖种植、渔业、畜牧、农产品加工等农业全领域。在此基础上，法国正在着力打造一个“大农业”体系，逐步将高新技术研发、商业咨询、法律政策、互联网应用等行业纳入这个综合性体系内，为法国农民在线获取农业市场行情、开拓市场新空间提供决策支持。此外，农民还可以通过专业化农业协会享受更为详尽的农业信息资讯有偿服务，从而能够及时调整农产品种植方案、实现效率最大化。

政府、农业合作组织、企业共同构成法国“三位一体”农业信息化服务体系，从不同角度、面向不同需求提供信息技术支持服务，与法国以中小农场为主体的“精耕细作”型生产模式相得益彰。法国政府作为农业公共服务的主体，其职责重点是定期发布农业生产信息、监督管理农产品销售环节、跟踪发布国际大宗商品和主要农产品价格动态变化信息等。农业合作组织带有半官方色彩，数量众多，职责明晰，形式灵活多样，多数与农民进行直接交流，在法国农业信息化建设中起到重要的推手作用，如法国最大的农业工会组织——全法农业工会联合会主要向农民提供有关法律、科技、农场管理等咨询服务。为了支持农业合作组织发展、确保提供更符合农民实际需求的信息服务，法国政府对农业合作组织提供了税收、管理等各类政策优惠支持。企业在为农业信息化提供服务方面具有商业模式灵活、服务内容丰富的优势，已逐步发展出面向农民特定需求的定制化、多样化服务。

（四）德国

目前，德国正在大力实施“数字农业”战略，其核心是深化大数据和云计算等新一代信息技术在农业生产中的应用，基于云平台对农业生产数据进行分析处理，用于指导大型农业智能机械的精细作业。在“数字农业”发展过程中，德国在农业技术研发上投入大量支持资金，以充分激发大型企业创新主体活力，统计显示，仅2014年，德国技术研发上投入就达到54亿欧元。知名行业应用解决方案服务商SAP研发的“数字农业”解决方案实现了农民在线实时查看农场生产情况，包括作物分布、光照强度、土壤成分、肥料投放等，从而为优化生产、提升产量提供决策支持。农业机械制造商科乐收集团（CLAAS）与德国电信开展合作，利用传感器和移动通信技术促进机器设备之间的通信和数据交换，并对机器数据进行实时分析，支持收割过程的全自动化管理。德国电信发展了数字化奶牛养殖监控技术，通过温度计和传感器等设备监控奶牛受孕、产崽等信息，并自动将监控信息发送给养殖户。

信息通信技术在农业生产中的广泛应用使得德国农民工作效率大幅提升。大型农业机械通过全球卫星定位导航控制系统（GPS）实现精准生产，作业误差可控制在几厘米之内。初创企业365FarmNet创新开发了一套专业服务于农场主的应用软件，除了提供土地信息、种养殖规划、实时监控等服务功能外，还与企业建立了合作关系，通过实时联系直接获取相关咨询帮助。

（五）日本

物联网技术应用和网上农场兴起为日本农业发展开拓了一条集约化发展道路。

日本十分注重农业物联网的推广应用，其正在实施的物联网推广计划提出，到2020年日本农业信息技术化规模达600亿日元（约人民币30亿元），农业云技术使用率达75%。目前，日本温室种植的物联网普及率已超过50%，农户普遍通过温室中布设的传感器实时监测温度、湿度、土壤墒情、溶液浓度、作物生长等参数，并通过数据管理中心进行远程调控。在政府的大力引导下，日本农业开始引入育苗移栽、耕耘施肥、果实采摘等各类小型化、智能化农用机器人，显著提升了农业生产效能。

日本网络农场是曾经风靡网络的QQ农场游戏的现实蓝本，是较早实现以销定产的农业生产模式创新，即根据需求进行作物栽培，推动日本农民从劳作者角色向生产者、经营者和服务者角色转变。其经营模式具体为：消费者租赁农场地块，通过在线平台选定在该地块栽种的作物，下达浇水、施肥、采摘等各种指令，由农场专人负责执行指令、对地块进行经营管理，并通过上传照片、视频等方式让消费者动态跟踪作物生长情况；待作物成熟，农场就负责将农产品寄送给消费者；消费者还可通过网上商城与其他签约种植户进行农产品买卖交易，取得一定收入；即便因为天气等不可抗力因素导致农作物减产，消费者会与农场共同承担歉收风险；消费者亦可将租赁的地块当作休闲度假的场地，在假期亲自劳作，并与农民交流，学习更多的农业知识。

世界公共服务信息化发展情况

【教育信息化】

（一）发展特点

1. “云+端”正在成为教育信息化重要的基础设施

随着云计算技术的日益成熟，建设和应用教育云平台，促进优质教育资源共享，实现教育共享服务，推动教育方式创新，正在成为世界各国教育信息化基础设施部署和建设的重中之重。以美国肯塔基州派克县为例，其与 IBM 建立合作关系，充分利用过时废弃的 1400 台计算机资源，基于IBM的数据中心搭建了服务于该学区1万多名学生的教育云服务平台，实现教育服务的云端虚拟化调配，预计未来五年为该县节省超过半数的软、硬件和人员维护支出费用。谷歌、微软等信息服务龙头企业也积极与教育机构展开战略合作，为各类教育机构开展教育活动提供云服务支持。例如，微软公司赞助了埃塞俄比亚教师 25 万台预装了微软 Azure 云平台的笔记本电脑，通过 Azure 云服务帮助教师设计课程表、记录学生信息和教学情况等，大大减少了学校的信息技术支出成本。随着网络基础设施在教育领域的普及，以及信息通信技术设备的迅猛发展，在云计算、共享服务的支持下，越来越多的移动学习终端开始进入课堂，与早期的台式计算机相比，便携式上网本、平板电脑、电子阅读器、智能手机，甚至可穿戴设备等越来越受到青睐。

2. 互联网应用推动教学方式持续创新

互联网技术与教育教学的深度融合，催生了创客教育（Maker Education）、游戏教学、“微”课堂等一系列新型教学方式，各类基于互联网的创新教育实践不断涌现，悄然推动着教学模式的变革。创客教育是创客运动与体验教育、项目教学法、DIY 教育等理念结合的产物，通过在校内设立开放的创客空间，以特定的学习任务为导向，以学生为中心，倡导主动提问、主动创造，推动学生在分组协作中主动思考、动手创建、精益求精，既实现了知识的传授，又促进了学生主动学习能力的培养和提升，将学生从旧知识的消费者变为新知识的创造者。

3. 数字资源建设呈现“内容+工具+服务”的体系化发展态势

数字资源是教育信息化的基础和核心，其建设的重心逐步从数字教育内容本身向“数字内容+辅助资源应用的智能工具+用户提供的支持服务”体系方向转移。从用户角度考虑，数字内容的收集、获取、传递、应用等都需要智能工具的辅助，并且离不开咨询、评测、共享等一系列支持服务，将内容、工具和服务建设进行统筹建设，增强用户数字资源应用的体验感，是目前各国教育信息化建设的新方向。

4. 学习空间向多功能、多形态、特色化方向逐步转变

在新一代信息技术的支持下，以教室为主的传统学习空间逐渐转型，虚拟学习空间初步发展，以满足教与学的不同需求。欧洲学校联盟建立了未来教室实验室（The Future Classroom Lab），在物理空间上将互动区、展示区、探究区、创造区、交换区、发展区共六个开放式主题区域和一个会议室进行组合，每个区域都能被快速、灵活地改造成适应小组学习、配对学习或独立学习需求的空间形态，并提供主题分享和互动演讲的场所，这些重塑学习空间的尝试，为新型学习空间如何支持课堂听讲，以及促进学生自主研究和团队协作学习等方面的研究提供支持。学习空间的虚拟化更是将课堂教学从线下转为线上线下互通，从校内转为校内外结合，从师生关系转

为老师、学生和家长之间的互动，其良好的交互性和生动的参与感，增加了学生自主学习的黏性，实现了真正意义上的因材施教。

5. 全球不同区域教育信息化发展路径各有不同

通过对教育信息化的市场研究发现：在技术和经济实力的支持下，北美地区教育信息化基础设施建设比较完善，整体发展水平位居全球领先地位，特别是对于地广人稀的加拿大来说，远程教育和终身学习已经成为其教育信息化发展的特色和亮点。在欧盟主导制定的信息基础设施一体化建设战略下，欧洲地区各国教育信息化建设也呈现一体化发展趋向，欧盟提出的教育领域的信息化一揽子发展计划涵盖了各国教育信息化发展的未来图景。亚太地区是教育信息化高速发展的重要实验室，由于受教育人数、在线教育、专业化教育、企业人才教育等方面的需求和市场规模的急剧扩大，其教育信息化在多样化、特色化、个性化等方面的探索和创新始终引领着世界潮流。随着观念的改善和投资的加大，南美地区的教育信息化基础设施建设水准有较大提升，在破除发展瓶颈、推进智慧教育方面紧跟世界发展步伐。在社会稳定中推进教育与信息技术的融合发展成为非洲（撒哈拉以南地区）教育信息化发展的主要思路。

6. 慕课（MOOCs）教育发展有所减缓

前几年高速发展的 MOOCs 开始进入疲软态势，其对传统高等教育的改变远远没有达到之前预期的“颠覆”或“变革”，甚至可以说改变的程度微乎其微。

2015 年有关调查显示，MOOCs 的绝大部分用户是已经具备自主学习能力、希望在专业领域进一步深造的大学生及以上人士，而在技能教育、情感教育、幼儿教育、职业教育等特殊领域所能发挥的作用并不显著。

（二）重点国家和地区教育信息化发展情况

1. 美国

为推进美国教育数字化发展，美国总统奥巴马提出了“连接学校”（ConnectED）的倡议，其愿景是：确保美国学生在学校和图书馆能够接入宽带，用上价格实惠的设备和高质量的数字教育内容，并为教育工作者向基于数字技术的教学环境转变提供支持，到 2018 年，使 99%美国学生所在的教室和图书馆都配备下一代宽带连接。为实现这一倡议，美国公共和私营部门在教育信息化建设上资金投入规模达到前所未有的高度。联邦通信委员会（FCC）通过 E-Rate 项目承诺在五年内为学校和图书馆的宽带连接（特别是 Wi-Fi）投资 50 亿美元，并且每年通过 E-Rate 项目再拨出 15 亿美元支持扩大所有学校和图书馆的高速网络覆盖；到目前为止，其额外投入资金增加至 80 亿美元。各类互联网企业也积极参与这项计划，已免费向学校提供了超过 20 亿美元的先进教育信息技术。

2015 年以来，围绕“连接学校”计划，美国推出两项新措施，一是鼓励图书出版商向低收入家庭的学生免费开放电子图书，目前已有多家出版商以合同约定形式同意提供相应支持；二是推动地方政府和学校为学生办理借书证，为低收入家庭学生提供更多的接触数字内容的机会，纽约公共图书馆正在积极参与图书馆电子阅读器程序的设计工作，苹果公司则承诺为低收入学校提供价值 1 亿美元的数字技术支持。美国政府还陆续向 29 个州共 114 所贫困学校的学生每人发放一台 iPad，向学校老师发放一台 iPad 和一台 Mac 电脑，还为这些学校教室配备 AppleTV 机顶盒，并派遣专业教育团队，帮助这些学校更好地使用新设备。

基于网络平台的个性化教育在美国也得到了发展。谷歌前高管 Ventilla 创办了 K-12 个性化教育机构 Altschool，旨在通过技术平台和微型学校推行个性化教育，充分挖掘每个孩子在阅读、算数、艺术、体育等方面的独特天分。Ventilla 带领技术团队自主开发了众多适用于数字学习的应用软件，为 Altschool 提供技术和设备支持。

2. 法国

法国将教育信息化建设重点放在推动学校宽带网络发展、开发数字教育工具及发展新型数字教育服务等领域。为了创新发展数字化教育，在“未来投资计划”框架下，法国教育部推动实施了多项数字化教育计划，集合了工业部门、研究所、科研与发展部门、社会组织等多个主体，共同推动教学技术发展和信息化环境下的教学方式创新。教育部还同私营出版商合作开发数字学习教材，并向12个学区共69所中学试点推广数字教科书；启动实施“互动课堂计划”，引导针对社区教育、学生和家长的数字化服务系统多样化发展；部署推动“高速网络计划”，推动全国所有中学接入高质量信息网络，保证9000所未被接入光纤网络的学校也能够享受到高速网络。根据法国国会议员、艾朗古尔市市长让—米歇尔•富尔古斯（Jean-Michel Fourgous）向法国教育部提交的《数字化学校成功之路》（*Getting Digital Schools Right*）报告及相关研究，2015年5月，法国总统奥朗德在全国数字化教育研讨会上确立了“数字化校园”教育战略规划，计划三年内共计投资10亿欧元用于完善数字化教育资源与设备，并将500所中小学纳入教育数字化系统建设当中。

3．俄罗斯

由于俄罗斯地理区域辽阔，教育水平的地区差异较大，俄罗斯教育信息化建设将重点放在数字资源和开放教育的建设上，2015年则把重点放在中小学教材电子化上。自2015年年初起，俄罗斯教育部持续开展了中小学电子版教材认证工作，并从联邦教材推荐目录中删除了未参加认证的教材；修订了《联邦教材推荐目录制定办法》，明确规定自2015年9月起，所有入选联邦教材推荐目录的中小学教材均须配套电子版，电子版教材应包含基本的视听内容，具有人机交互功能，能够适配多种操作系统，特别是能在移动设备上使用，必须通过非商业机构、俄罗斯科学院和教育科学院的专业认证；允许教育机构、教师、学生及家长自行商讨决定采用何种教材（纸质版、电子版或二者兼用）教学。此外，俄罗斯教师培训与职业技能提升研究院还积极开展培训，通过派遣专业人员指导地方教师信息化教学，提升电子教材的使用效率。

2015年4月，俄罗斯教科部组织召开开放教育委员会会议，会议在网络开放课程可广泛用于高校之间的合作议题上达成共识，明确支持俄罗斯高校信息中心建设，对学生通过网络开放课程获取的知识和技能水平展开评估，为大学生自由选择符合自身需求和特点的教育服务铺平道路。会议还倡导成立了国家开放教育信息平台联盟，首批招募了莫斯科国立大学、圣彼得堡国立大学、俄罗斯高等经济研究大学、莫斯科工程物理学院、莫斯科国立钢铁合金学院、圣彼得堡信息技术、机械与光学大学、乌拉尔国立大学共八所高校成员，并一致承诺3年内分别投入5000万卢布（约合人民币602.5万元）用于俄罗斯网络开放课程的推广和应用，以及高质量的教育服务上。

在远程教育方面，俄罗斯联邦政府俄语委员会和俄罗斯教育与科学部发起了俄语学习的远程教育项目，与该国9个地区高校机构合作开发了语言学习远程教育系统，帮助注册用户基于自身俄语基础参加相应级别的俄语培训，并可在每一学习阶段完成后，参加相应水平测试，获取电子版结业证书，其中初级、基础、一级水平的学习服务面向公众免费开放。

【医疗卫生信息化】

（一）发展特点

1．新一代信息技术推动医疗救治向健康管理模式转变

互联网新技术为疾病治疗带来了质的飞跃。物联网突破了时空界限，实现了对人体健康特征的持续监测，大数据赋予健康管理即时处理能力，通过对所监测体征进行响应、相应知识推送和预警、后续相应措施的及时实施等对个人健康进行全方位覆盖和个性化干预，从而颠覆传统医疗以“救治”为主的模式，为健康管理服务方式提供了技术支持和基础平台。

2015年全球互联网医疗投融资市场持续火热，但投资重点更为聚焦，市场表现更为成熟。随着互联网医疗产业的不断扩大，直接或通过供应商、保险公司和其他利益相关者等服务50岁以上消费者的初创公司，正越来越多地吸引着投资。美国医疗市场产生了互联网医疗的资本联姻案例，例如，美国克利夫兰诊所与电信巨头Cox Communications公司共同组建战略性合资公司，重点将推动Cox宽带服务向医院和医疗保健公司拓展，以及积极发展个性化数字家庭保健服务；GE风投公司与斯坦福大学医疗保健部开展合作，联手打造全新数字医疗有效性评估机构Evidation

Health，继而与奥克斯纳医疗系统建立合作关系，顺利融入健康活动平台公司综合交易系统中；Meridian Health 联手生物医疗和保健集团 NetScientific 创建了一个专注于数字健康销售的公司 Triventis Health，通过自主研发设备对 NetScientific 的数字健康产品提供数据分析和远程监控支持，推动数字健康产品服务化转型。这预示着互联网医疗产业在融合传统医疗产业的同时，有着无可比拟的发展前景和潜力。

2．远程医疗的竞合态势日趋激烈

远程医疗正在逐步改变全球医院的传统医疗系统，带来医疗救治模式的创新，但是在专利争夺和监管缺失方面所遭遇的挑战，使得远程医疗的成长道路并非一帆风顺。2015 年，除医疗信息服务企业外，有条件的医院也开始在远程医疗领域布局。例如，托马斯杰斐逊大学医院在投资新建的紧急护理中心中配套了远程视频访问系统，新增了面向远程患者的医疗服务；华盛顿卫生机构 MultiCare 也宣称将为华盛顿患者提供医生远程视频访问服务；克利夫兰诊所也发布远程视频访问应用 MyCare Online，为患者提供 24 小时紧急护理访问服务。互联网医疗巨头 Teladoc、American Well 和 Doctor on Demand 的远程医疗业务实现了迅猛增长，Teladoc 成为全球首家 IPO 的在线问诊公司，上市首日市值超 10 亿美元。但是，此三家公司都深陷专利争夺大战中，Teladoc 甚至因此丢失价值 150 美元的大客户——医疗保健公司 HighMark 的续约。在立法和法律监管方面，美国得克萨斯州全年接收涉及远程医疗的法案超过 200 项，Teladoc 对得克萨斯州医学委员会的反垄断诉讼案还未盖棺定论，美国国家医药局联合会通过了远程医疗的医疗执照许可法案，但使其生效还需要多达七个州投票通过。美国医学协会设立了一系列新的医疗保险 CPT 代号，为远程医疗报销流程建立了标准规范，有望一改远程医疗保险市场的混乱局面。

3．电子病历系统在全球范围内加快普及

目前，全球主要医疗体系都致力于电子病历系统建设。根据 Markets and Marketsd 调查报告，全球电子病历市场由 2009 年的 43.55 亿美元扩大至 2015 年的超百亿美元，年复合成长率约为 14.9%。美国和欧亚地区先进国家已基本实现本国纸质病历向电子病历的顺利转化，并且开始大规模推广电子健康档案（Electronic Health Record），促进医疗信息跨医院、跨区域共享。英国国家医疗保健服务体系（National Health Service）在建成全国性电子病历系统的基础上，发展了医疗影像交换服务（Integrated Care Records Service，ICRS），实现了医患资源从文字到影像的医院间传输共享。美国不仅投入大量资金，在全国医疗保健系统推广应用电子病历，还制定了“治疗参与美国联邦医疗保险（Medicare）的病人、使用已获认证的电子病历系统的医生获得更高的退税率”等多项税收优惠政策，鼓励医生积极使用电子病历。2015 年 7 月，美国国防部与 Cerner（赛纳）、Leidos 和 Accenture（埃森哲）组建的合作联盟签下了电子病历系统合约，在军队卫生系统内部署电子病历综合解决方案。在政府引导下，南美各国医疗机构也积极投资引进电子病历系统，阿根廷、哥伦比亚及墨西哥电子病历市场价值预计在 2017 年将高达 3.26 亿美元，巴西的电子病历系统市场成长更为迅猛，预计年均增速为 15%，到 2018 年将达到 336 万美元的规模。

4．移动智能终端成为慢性疾病管理的关键入口

越来越多的医疗卫生系统开始积极引入旨在帮助患者进行慢性疾病管理的移动智能设备。2015 年 4 月，美国医疗机构 Partners Health Care 与三星开展合作，共同开发预装了慢性病管理软件的移动设备。LifeMap Solutions 正在与纽约西奈山医院、国立犹太医学中心呼吸中心（NJHRI）合作开发一个嵌入了慢性阻塞性肺病管理软件的智能吸入器，计划通过移动应用程序自动调节慢性病患者的氧气吸入量。远程疾病监控公司 Sentrian 搭建了远程智能平台，采用配置了生物传感器的终端对慢性病患者进行远程监控，通过机器学习技术为每位患者定制警报参数。智能手机心电图公司 AliveCor 开展了自主研发的心脏监测器临床测试试验，结果表明，该监测器在检测心房颤动方面的功能优越，误报率仅为 3%，该公司的智能手机心电图设备也进入了临床应用测试阶段，商用化指日可待。

5．龙头互联网企业进一步强化对医疗信息

化的战略部署

虽然医疗卫生信息化领域涌现出不少初创公司，其商业模式创新前景广阔，但同时也遇到了苹果、谷歌等强大的竞争对手，这些企业凭借其前沿的技术优势和不可比拟的用户市场，在智慧医疗方面展开了强势竞争。苹果在医疗保健上的进展迅猛，从应用软件、平台支持到智能硬件各个层面入手打造基于苹果应用的医疗保健生态。首先，与 IBM 合作开发企业级应用程序，在 2015 年年初陆续推出了患者信息管理、护理人员管理、医院技术辅助、家庭护理辅助等一系列医疗保健应用系统；其次，推出了健康数据共享系统 HealthKit 及其关联应用程序 Apple Health APP，并为应用了 HealthKit 的医院开放数据分享平台服务，斯坦福大学就基于 HealthKit 自主研发了面向患者的 iOS 应用 MyHealth，用于帮助患者查看检验结果和医疗费用、个人管理、预约安排，支持患者通过医院 ClickWell 远程医疗服务对斯坦福大学医生进行视频访问；另外，推出了专注于医学研究的开源平台 ResearchKit，与过半的医疗保健系统合作开发针对特定疾病的应用程序；Apple Watch 在医院的实验性应用初步展开，伦敦国王大学医院和安德森癌症中心基于 Apple Watch 开发了乳腺癌管理系统，帮助患者通过 Apple Watch 在需要的时候直接连接医疗服务团队并进行更好地自我管理。谷歌在可穿戴医疗设备上大力投入，正在研制的可穿戴式医疗传感器可用于对心脏和身体其他健康活动跟踪，同时还联手瑞士制造商诺华共同开发嵌入葡萄糖传感器的智能隐形眼镜，用于帮助糖尿病患者通过测量眼泪中的葡萄糖成分不间断监控自身身体状况。

（二）重点国家和地区发展概况

1. 美国

目前，美国推进数字医疗的重点主要在远程医疗、电子病历、移动医疗、精准医疗和医疗信息化监管等几个方面。

美国目前正在分两步推动远程医疗服务发展。第一步，创建农村远程医疗国家实验室，重点是建设虚拟医院平台和医学多媒体数字图书馆，汇集来自病人、医生和医院等多方诊疗数据，以及权威性医学教材，积极开发适用于农村的远程放射学，聚焦农村精神分裂症探索研制远程诊疗服务解决方案。第二步，建立军队远程医疗管理体系，率先在军队内部试点应用远程医疗咨询系统。

为确保电子病历在全国范围内推广普及，美国进一步加强了电子病历标准化建设。2015 年 4 月，美国医疗保险与医疗补助服务中心（CMS）公布了第三版本的使用电子病历要求指南；另外，美国国家卫生协调局也发布了 2015 年电子病历认证标准，并规定自 2018 年起在美国境内所有医院强制执行该项标准。

美国移动医疗行业呈现出三大发展趋势：一是医生交流类 APP 持续受到欢迎，且 APP 产品专业化程度日益提升，每个产品在其细分领域不断做专、做深；二是面向个人消费者的产品和服务大多已通过美国食品药品监督管理局（FDA）认可，并加深了与专业医疗机构的合作，其销售模式正在从大众市场营销转向由医疗机构推荐；三是投资者十分关注移动医疗项目的盈利情况，能够获得用户或医疗保险公司认可并愿意为此支付的项目普遍受到投资者看好。

结合奥巴马政府大数据发展战略，2015 年年初，美国正式启动“精准医疗计划”，在 2016 年共投入 2.15 亿美元用于资助精准医疗方面的科学研究和创新发展，包括百万人群规模的医疗研究和数据共享、推进高质量数据库建设、制定医疗信息技术领域的一系列标准和要求，以及肿瘤基因组学研究等，最终能够实现临床医生在面对突发疾病时，能够及时准确地掌握病因和最先进的治疗方案，实施精准治疗的理想状态。北岸大学新近研制了“What’s Going Around”软件工具，能够基于电子健康记录（EHR）数据精准标定流感、百日咳等传染性疾病的地理峰值信息，帮助医疗机构及时发布防治信息、精准配置服务资源。

美国正在深入推进基于大数据技术的医疗卫生体系改革。国家质量保证委员会负责统一采集、建立健康计划用户数据集（HE.DIS）并面向公众开放，为公众评判医疗机构服务质量、90% 以上保险公司分析医疗合约机构服务绩效提供了重要依据。该数据集资料来源广泛、质量评价指标体系明确，使得参与医疗保险的消费者倾向于使用这些数据制定个性化保健计划。

2．欧洲

欧洲地区一些领先的医疗保健组织正在积极探索大数据技术在医疗保健中的创新应用，旨在通过数据逻辑掌握影响个人身体健康的多重因素，促进提升医疗保健服务功能完善和效率提升，推动医疗保健从被动治疗向主动预防转变。

西班牙加泰罗尼亚（Catalonia）地区 60%以上的老年人普遍患有慢性疾病，极大地占用了该地区的医疗保健服务资源。加泰罗尼亚医疗保健机构联合当地政府，共同开发了慢性疾病管理系统，并建立了面向患者和医护人员的服务平台，集成了来自 20 多个不同部门数据库中涉及健康方面的数据，能够帮助医护人员全面掌握患者个人身体状况和日常行为，从而针对性地提供改进建议。

目前，丹麦正在大范围推广面向慢性疾病患者的健康管理服务计划。以南部地区为例，针对该区 22%患有慢性疾病的居民医疗服务需求，区政府联合 IBM 共同实施了一项慢性疾病管理试验计划，以患者为中心，搭建医生、药剂师、健康专家等多方实时沟通的信息交互平台，在共同掌握患者状况的基础上进行远程会诊，协同制定针对患者病情的医疗护理方案。

意大利的博尔扎诺法市针对当地老龄化问题，试行了“健康传感器”方案，鼓励当地居民以家庭为单位参与项目建设，通过家庭环境监测数据的实时传递交互，为居民提供健康信息预警，从而促进其生活质量改善。其操作模式是：政府统一采集家庭上传的实时数据，并根据数据集中度情况划定数据正常标准范围，一旦数据超出标准阈值，系统就自动向居民发出预警信息，并支持家庭成员通过移动终端查看数据详情。方案试行调查结果显示，政府在老人医疗保健服务支出降低了 30%以上，2/3 以上老人认为生活保障得到增强，80%以上的家庭认为方案安全可靠并明确表达了支持方案持续推进的意愿。

3．以色列

近两年，数字医疗在以色列实现爆发式增长。2015 年新成立的数字医疗企业数量比 2013 年翻了一番；IVC 研究中心数据显示，以色列初创公司在 2015 年第一季度实现融资 9.94 亿美元，其中医疗健康和生命科学类企业投资额达到 22%，特别是移动医疗领域的初创企业发展势头极为强劲。

一些初创企业在个性化健康管理领域进行了深度探索。MediSafe 开创了基于云平台的移动用药管理模式，用以帮助用户养成正确的用药习惯；当病人服用某种药物时，该应用就会提醒病人，并要求病人在完成服药时点击确认以记录用药情况，病人是否按时服药等信息也能通过网络通知其他家庭成员，确保家人持续跟踪病人的用药情况，减少危急个人生命安全的错误用药行为和因用药不当引起的并发症；除提醒功能外，MediSafe 还监测病人行为、关注和标记他们的服药时间、看医生时间、采集与病情相关的资讯等信息，并通过这些信息的关联分析提醒病人正确服药。智能血糖监测仪 Dario 具有自动记录并报送用户血糖数据的功能，通过实时数据传递，为医护人员诊断病情提供了重要依据；同时，它还能定时提醒用户检查血糖，自动生成直观的血糖变化曲线图，并结合用户热量和碳水化合物摄入情况，为用户提供合理饮食建议。SleepRate 为失眠群体提供了解决方案，其技术关键在于能够通过心率监视器、iPhone 传感器和话筒采集数据，通过分析心率变化检测用户睡眠习惯，自动生成包含总睡眠时间、睡眠阶段状况、醒来的次数和时间长度等相关信息的报告及图表，并提出针对性的改善意见，从而确保睡眠不足的人最大限度地利用能够入眠的时间。Heramed 专注于孕期管理领域，开发了医疗级便携式胎儿健康监测产品 Compass，帮助准妈妈通过智能手机实时准确地监测胎儿情况，并可直接关联电子病历，实时报送更新数据，实现移动医疗综合管理。

在人工智能与医疗保健结合的医疗电子领域，以色列初创公司也发掘了一些市场机会。以色列本土智能手机 Sesame Enable 植入了机器视觉、手势感应和智能语音技术，实现丧失行动功能的患者通过语音和简单指令便可使用手机。uMoove 致力于独创的眼球追踪技术在智能手机上实现商用，并为此自主开发了专利算法和移动应用软件 uHealth，帮助提升注意力、提高工作效率。专为残疾人研发语音翻译技术的初创企业

Voiceitt 发布了一款新型应用 Talkitt，可将有言语障碍的人的模糊发音转化为能听懂的话语，帮助其实现正常交流。以色列理工学院基于新研发的 NaNose 气味分析技术，自主开发了可进行气味分析的 SniffPhone，配套安装了气味感应器和智能软件，用于自动感知分析用户呼出的气体，并通过与后台搜索数据进行对比，判断用户是否患上严重疾病，从而大幅降低疾病的诊断成本。

除了个人产品外，以色列还设立了世界一流的医疗保健信息化体系。作为经合组织成员国中第一个使用电子医疗档案的国家，以色列进一步研发了先进的电子医疗整合平台，被经合组织称为“设立了完美的国际标准”。同时，以色列积累了 20 年的电子档案数据，为初创企业的业务拓展和商业模式创新提供了丰富的信息源泉。

世界信息基础设施发展情况

【发展特点】

（一）各国相继出台宽带发展新战略，互联网覆盖面日益扩大

当前，将宽带列入国家性战略的国家数量不断增长。据 ITU 跟踪调查结果，截至 2014 年，世界上大约有 140 个国家制定了相关的国家宽带计划、战略或政策；另外，将有 13 个国家计划推出这样的措施（见图 1）。当前，全球已悄然实现了网络的大规模覆盖。国际电联发布的 2015 年度《衡量信息社会报告》显示，2000—2015 年，互联网用户普及率几乎提高了 7 倍，上网人数已达 32 亿人，占全球人口的 43.4%。截至 2015 年年底，全球几乎 46%的家庭可在家上网。在发达国家，现已有 81.3%的家庭拥有住宅互联网接入；发展中国家的互联网用户数量在五年中（2010—2015 年）近乎翻番。

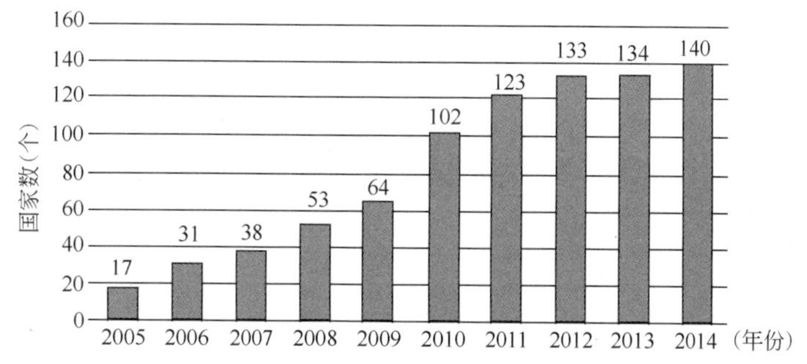

图 1　制定国家宽带计划的国家数

资料来源：国际电联，2015 年 3 月。

（二）宽带降费进程加快，光纤宽带对固网业务的拉动作用日益显著

各国政府通过适当的监管和市场力量，固定宽带价格占人均国民总收入的比重下降了 65%，宽带服务价格变得更加优惠。2008—2011 年，发展中国家的宽带服务价格急剧下降。根据《2014 年全球宽带状况报告》数据显示，目前在 111 个国家中，宽带价格是可承受的，基本（固定或移动）宽带一揽子服务的成本低于人均国民总收入（GNI）的 5%。传统固定电话业务在全球范围内不同程度走向饱和与衰退，固网业务的发展面临增长乏力的困境。在此背景下，光纤正成为带动固网业务复苏的核心驱动力。北美 Verizon 等企业的光纤用户已占到宽带用户的 70%，光纤接入收入占固网业务收入的比重已接近 70%，带动固网业务收入持续增长。

（三）5G 技术研究步伐加速，SDN 成为下一代无线网络重要组成部分

国际电信联盟公布了 5G 技术标准化的时间表，5G 技术的正式名称为 IMT-2020，5G 标准将在 2020 年制定完成。研究 5G 毫米波移动无线接入技术的国际联盟 mmMAGIC 正进行相关技术研发。有关国际标准化组织已初步明确 2016 年正式启动标准研制，欧洲、韩国和日本等国家都成立了一些 5G 研究或推进组织，提出了 5G 商用时间表，发布了一系列研究报告、白皮书等，众多手机生产企业已针对部分 5G 关键技术研制出概念样机。越来越多的运营商意识到，可以将 SDN 架构用于提高业务提供和资源分配的灵活性，如德国电信、Telstra 等运营商开始在 OSS/BSS 和策略控制等网元引入 SDN 架构，加快提供新业务的速度和灵活性。

2014 年的 MWC_L、SDN 成为一个亮点。十余家公司宣布了运营商级的 SDN 和网络功能虚拟化产品。AT&T 已经宣布首批助其迁移至软件定义网络（SDN）并实现网络功能虚拟化（NFV）的厂商名单，其中包括全球最大的移动通信设备商爱立信、自称网络协作专家的 Tail-F Systems 和云计算网络公司 Metaswitch，他们将负责提供设计和部署建议。同时，AT&T 公司还与 Affirmed Networks 合作，致力于研发虚拟演进分组核心网络（vEPC），而爱立信还将在集成与转换服务方面为其提供专业咨询意见。AT&T 在开放网络峰会上宣布将利用 SDN 转向更灵活的组网策略，将推出用户定义的网络云。AT&T 计划提供基于用户需求的弹性网络服务，就像今天云服务提供商提供的云计算和存储服务一样。传统电信网络可能需要相当长的时间（或许 10 年）来调整、适应 SDN 的新架构。但是，随着业务流量的快速增长和降低成本压力的不断加大，电信运营商可能会被迫加快其转变速度。

【重点地区发展概况】

（一）韩国

韩国是全球网络基础设施最为完善、网速最快的国家。国际电信联盟（ITU）公布的一份最新报告显示，韩国在通信基础设施方面位列各国之首。根据 Akamai 发布的《2015 年第三季度互联网状况报告》显示，韩国宽带网络的平均连接速度达 20.5Mbps。

LTE 基站建设方面。根据韩国通信委员会和中央无线电管理办公室的统计数据，SK 电讯的 LTE 建设全国领先，拥有大约 17.32 万座 LTE 基站，LG U+拥有 14.65 万座 LTE 基站，韩国电信拥有 12.70 万座 LTE 基站。而在 LTE-A 基站方面，韩国电信、SK 电讯和 LG U+三大运营商拥有的基站数分别达 10.80 万座、6.39 万座、3.76 万座。

5G 推进方面。韩国从两方面入手，一方面韩国成立了 5G 论坛，论坛的目标是制定韩国 5G 的发展战略，推动韩国 5G 的概念、需求、技术及产业化的相关研究，目前成员有十多家单位；另一方面韩国启动了 Giga Korea 项目，这个项目不光致力于 5G 通信技术，还包括终端和业务，是比较全面的一个项目。

（二）新加坡

随着电子商务、电子政务、数字医疗和数字教育等应用系统的广泛应用，新加坡居民对宽带网络的需求高涨。根据 Akamai 公布的《2015 年全球网速排行榜》最新数据显示，新加坡平均网速已位列全球前 10 位，其网速峰值全球第 2 位。

当前，新加坡 4G 网速仍在逐步提升，电信

运营商推出速率达到300Mbps的4G网络连接，比现有移动网速快一倍。第一通（M1）公司2015年5月已将乌节路和裕廊地区一些地点的移动网络服务速度提升到300Mbps，并表示会在2015年年底之前把高速网络扩大到全岛。新加坡电信开通了300Mbps的4G移动网络服务，高速网络覆盖率已经覆盖全国，包括中央商业区、樟宜机场，以及一些受欢迎的商场；同时，使用能支持300Mbps网速智慧型手机或平板电脑的用户，无须支付额外费用便能享用网速更高的服务。星和移动先在全岛一些区域逐步开通150Mbps网速，之后开始把4G网络服务提升到300Mbps网速。

（三）英国

经过近年来的大力发展，英国已经成为全球宽带发展的一个后起之秀。根据欧盟委员会的数据，英国已经基本实现了向全体国民提供固定宽带覆盖的目标。

英国每百名居民中有43.3人拥有固定互联网连接。其中，34.1人拥有144kbps或更高速度的连接，8.7人达到30Mbps或更高，只有0.5人达到100Mbps或更高速度。达到144kbps和30Mbps的用户数量高于欧盟的平均水平，但达到100Mbps的用户比例比欧盟平均值1.6%低。英国政府公布的最新《宽带发展数据》显示，英国已有300万座楼宇被宽带覆盖，计划到2017年实现95%的英国楼宇覆盖24Mbps及以上的宽带。为此，英国投资了7.9亿英镑以确保到2017年95%的英国地区都能接入超高速宽带。其中，英国政府拨款5.3亿英镑用于“宽带传播英国”（BDUK）项目中农村高速宽带的部署。另外，扩展超高速互联网服务被纳入基础设施财政预算。英国政府还投资1000万英镑探索在偏远地区部署超高速宽带网络的办法。在英国宽带普及项目中，有2/3的资金来自政府。

维珍媒体是英国电信运营企业的亮点，它联合奇尔特恩地方议会在切舍姆小镇铺设了“英国第一条智能人行道”，智能人行道将Wi-Fi装置安装在了地下，并由防水树脂覆盖，Wi-Fi接收器则安装在街道的电缆架及交通灯柱上，其网络访问的有效范围为80米。它能为上面的行人提供Wi-Fi热点。智能人行道覆盖了切舍姆大街及Lowndes公园部分区域，行人可从80米开外的地方接收信号，享受到最快速度达166Mbps的网速。凡是通过切舍姆中心的居民、企业和游客都可获取免费Wi-Fi服务。

（四）澳大利亚

澳大利亚国家宽带网络（NBN）目前的第四代固定—无线网络实践已处于世界领先地位，第五代网络是澳大利亚这一宽带网络项目推行的最后一步。截至2015年，澳大利亚国家宽带网络TD-LTE建设全部完成。截至2015年6月底，宽带用户数已达到26.8万户。

同时，得益于澳洲政府致力打造的国家宽带网络（NBN）计划，澳洲在网速和费用问题上有了较大改观。网速方面，澳大利亚电信（Telstra）旗下的25Mbps—5Mbps（下载—上传速度）的固定—无线网络产品，与国际同行的同类网络产品相比速度快了7倍，菲律宾长途电话公司（PLDT）同类产品每月网络数据流量为70GB，而澳大利亚电信则达到500GB。资费方面，澳大利亚电信的产品资费也比其他国际同行（比较对象：德国电信T-Mobile捷克公司推出的同类产品）低出4倍之多；在1GB数据流量的价格（以美元为单位进行比较）方面，澳大利亚电信的产品价格为17美分/GB，比较对象新西兰网络公司iiNet和德国电信捷克公司的产品价格为79美分/GB，加拿大运营商泰勒斯（Telus）该项比较价格最高，达到6.88美元/GB。

尽管事实上固定无线接入网络服务的部署成本比其他服务高很多，澳大利亚国家宽带网络却因交叉补贴政策受到质疑，即固定无线接入网络用户与城市用户所缴费用相当，但是固定网络服务城市人口的成本要低很多。澳大利亚政府近来已经开始关注交叉补贴政策的问题，可能将通过在部分地区设定价格上限来解决这一问题。

世界电子商务发展情况

【发展特点】

（一）电子商务企业成为资本市场的主角，电子商务服务业呈协同式、集群式发展

近年来，电子商务在资本市场备受追捧。据了解，2015 年已有 16 家电商企业成功上市，成为迄今上市数量最多的一年。其中，印度和澳大利亚各有 1 家，中国和美国各有 4 家，而西欧则高达 6 家。同时，已有多家电子商务企业成功首次公开募股（IPO），如阿里巴巴和京东上市伊始便跻身世界最大电商之列。O2O 和移动电商备受风险投资关注，成为私募市场中的热点，融资额一再创新高。例如，美国的打车服务软件 Uber 即将获得一轮新融资，这轮新融资至少将获得 10 亿美元投资，融资后，Uber 的估值将达到 350 亿～400 亿美元；韩国电商 Coupang 募集到了两轮共约 4 亿美元的融资，使得该公司的估值超过了 20 亿美元。创业公司在资本的推动下实现了高速发展，甚至有的公司在不到一年的时间便达到估值 10 亿美元的规模。

近年来，电商服务业呈现出协同式、集群式发展。一是表现在产业协同发展上，电商企业已成为新兴技术密集产业，是大数据、云计算、物联网、智能终端等新兴技术活跃的领域，与信息制造业、信息服务业、金融服务业、物流服务业等的每一次突破形成了极大的联动效应。二是政策推动集群式发展，随着电子商务与各个领域日益广泛和深度融合，电子商务所紧密关联的信息基础设施、物流基础设施等已成为基本的商业基础设施，各国纷纷加强有关建设，尤其是在发展中国家，重点推动部分区域的电子商务基础设施建设，形成了电子商务产业集群。例如，阿里研究院数据显示，截至 2015 年 3 月，中国全国电商园区数量超过 510 家；此外，还在大批产业园、软件园等聚集了不同规模的网商和电商服务商，形成了电子商务服务集聚化发展的特征。又如，韩国政府持续推动信息网络村庄平台计划（The Information Network Village Platform，INVIL），以支持偏远地区电子商务发展并改善生活水平，目前，韩国已有 357 个这样的信息网络村庄，在线销售额超过了 3900 万美元。

（二）网络促销持续成为电子商务时代特征，移动端成为电子商务交易渠道主流

面对疲软的经济形势和严峻的业内形势，电商平台为了抢占市场，弥补资金周转不足的现状，纷纷以网络促销为手段，以期推广新产品、降低囤积产品的数量并补充自身的现金流。电商促销节便是其中主要的形式之一。全球最著名的两个电商促销节分别是美国的“黑色星期五”和中国的“双十一”。据全美零售联盟（NRF）统计，美国 2014 年的整个圣诞假日购物季销售额高达 6169 亿美元，其中以黑色星期五、超级星期六、网购星期一等的销量最大。美国市场研究公司 comScore 发布研究报告称，2014 年“网购星期一”全美桌面网络购物额同比增长 17%，达到创纪录的 20.4 亿美元。美国最大“Shopping Day”是感恩节后的“黑色星期五”，据研究机构 ShopperTrak 的统计，在 2014 年的黑色星期五，电子商务已占全部销售额的 20%，该日产生的桌

面网购额为 15.1 亿美元。由效果营销科技公司 Criteo 发布的《2015 年第三季度移动电子商务报告》表明，50%的电子商务交易涉及跨屏，APP 为零售商贡献了更高的转化率和超过 50%的销售量，智能手机成为消费者购物首选。那些在早期就对 APP 进行优化的电商公司已获得了良好的回报。在零售行业，注重 APP 体验的品牌，从 APP 中获得了 60%的移动收入。这相比第二季度的 50%有所上升，大大超过桌面端带来的收益。而对于重视 APP 的旅游品牌来说，约 50%的移动业务收入是来自 APP 的。

（三）全球跨境电子商务市场增速明显，发展中国家跨境电商占比高于发达国家

由于电商用户数量极速膨胀，交易平台服务、物流配送、电子支付等电子商务服务业已初具规模，跨境电商增长动力强劲。联合国贸易和发展会议预计，2015 年跨境电子商务将占到世界贸易总额的 40%左右。美国、英国、德国、澳大利亚、巴西和中国是目前最重要的跨境网上购物市场，仅这些市场 2018 年的跨境电子商务收入预计将达 3070 亿美元。最受这些市场消费者欢迎的跨境网上购物目的国依次是美国（45%）、英国（37%）、中国（26%）、加拿大（18%）、澳大利亚（16%）和德国（14%）。根据波士顿咨询公司的预计，到 2025 年，亚洲市场跨境电子商务收入将约占全球总收入的 40%，将成为全球电子商务的中心。此外，发展中国家跨境电子商务占本国电子商务比例高于发达国家。万国邮政联盟（UPU）关于国际邮政包裹的数据很好地诠释了近几年跨境电子商务的发展趋势：2011—2014 年，国际包裹增长了 48%，其中以发展中国家所占份额最大，尤其是亚洲和大洋洲的国家。亚洲和大洋洲地区在全球跨境电子商务出口中的比例从 25.5%增长到 32.9%，进口比例从 15%增长到 23.9%。发展中国家 B2C 和 C2C 跨境电子商务比发达国家所占份额要大得多。在亚洲，印度和新加坡跨境电子商务占电子商务总额的一半以上。在拉丁美洲，哥伦比亚、巴拉圭、委内瑞拉跨境电子商务在电子商务总额中也占了很大份额。

【重点地区发展概况】

（一）美国

美国电子商务交易额增速明显。2014 年全年电商交易额高达 3590 亿美元，比 2013 年增长了 11.5%，比 2002 年翻了五番，显示出强劲的增长势头。

老用户线上销售额的提高是美国电子商务的主要增长动力。据 eMarketer 统计，截至 2014 年，美国的互联网用户约为 2.5 亿户，渗透率高达 77.8%。美国人口调查局的数字显示，2014 年美国电子商务用户规模达 1.98 亿户，占成年总人口数的 78%，也就是说，约 4/5 的互联网用户属于网购人群。如此高的互联网用户渗透率和网购渗透率意味着美国电子商务的增长将更多来自老用户线上销售额的提高，而不是吸引新用户的参与。

美国电子商务在零售业增长显著。从贸易、零售和税收额角度来看，美国的电子商务在各行业中的占比都在增长，尤其是制造业和零售业的增长更加显著。电商促销节销售额稳步增长。根据 Adobe 公司的分析数据，2015 年，美国“黑色星期五”/恩节期间的网购销售额达到了 45 亿美元。IBM 亦指出，“黑色星期五”那天的表现超出了平日均值 134.45 美元。

移动电子商务贡献巨大。2015 年“黑色星期五”/感恩节期间基于移动设备的交易额占总销售额的 35%。美国网上零售在线设备中，智能手机和平板电脑共占有 60%的时间，占据了绝大多数访问量。

美国跨境电子商务发达。美国的电子商务市场全球最大，并拥有众多优秀品牌，再加上美国的通货膨胀率较低，使得美国电子商务网站成为全球在线采购的主要目的地，为美国带来了巨大的收益。据欧洲电子商务网站 yStats 统计，2014 年，美国在全球跨境电子商务出口额中排名第 1 位。2014 年，使用“由亚马逊发货”服务的全球活跃卖家数量同比增长 65%。据统计，整个 2014 年，来自全球 100 多个国家的亚马逊卖家通过“由亚马逊发货”服务为 185 个国家的用户提供了服务。

（二）欧盟

欧洲总体的电子商务发展水平较高。在联合国《2015 年信息经济报告》中，有 6 个欧洲地区国家位居全球 B2C 电子商务发展指数前十位。其中，欧洲国家快递服务、安全服务、互联网基础设施等比较完善，营造了较为良好的电子商务发展环境。2014 年欧盟地区电子商务比 2013 年略有增长。欧盟统计局数据显示，2014 年欧盟 28 国电子商务占企业收益的比重为 15%，比 2013 年的 14%增长了 1 个百分点。但从近几年的数据看，自 2010 年以来，其收益占比一直在 14%左右来回波动，从总体上看，欧盟地区总体的电子商务市场总体进展不大，欧洲地区的电子商务进入一个发展平台期，2014 年欧洲电子商务销售额为 4238 亿欧元，同比增长 14.3%，全球排名第 2 位，仅次于亚太地区。2015 年，欧洲电子商务市场实现了两位数的增长，营业额为 4770 亿欧元，增长 12.5%。

同时，欧洲也是全球最大的跨境电子商务市场，其中斯堪的纳维亚、比利时、荷兰、卢森堡等国家是欧洲跨境电商购买的主力国家。欧洲的智能移动设备普及率很高，移动电话渗透率已经超过了 100%，移动设备的增加在一定程度上刺激了电子商务的发展，为消费者网上购物提供了便利。欧洲超过一半的在线零售商都开辟了跨境销售服务，同时欧盟成员国的在线买家数量也在不断扩大。

英国是欧洲地区电子商务发展较为领先的国家。在联合国电子商务发展指数中，英国位居全球第 9 位，在投递服务、安全服务、互联网使用等方面都处于前列，这表明英国的电子商务发展环境良好。这也推动了英国在电子商务规模、消费者网购频次、移动购物、跨境购物等方面都处于领先地位。从电子商务规模占零售业比重来看，2014 年英国以 13%的比重位居全球第 1 位，未来几年仍将领先全球；从网购频次看，欧洲投递公司（Hermes）于 2014 年 11 月发布的调查数据显示，目前英国经常网购的消费者比重为 27%，远高于法国（14%）和德国（10%）；从移动端购物来看，英国有 23%的人经常通过移动端购物，远高于德国（11%）和法国（9%）；从跨境购物来看，英国网站更为吸引人，约有 1/3 的德国和法国顾客在英国网站上购物，比来自中国和美国的顾客还多。

2015 年以来，法国电子商务的发展超出预期，第二季度同比增速为 16%，创下了近三年以来的巅峰。亚马逊、Cdiscount 和 Fnac 是法国人首选电子商务网站。其中，亚马逊是法国最受欢迎的购物网站。2015 年 1～3 月，亚马逊成为法国人点击量最大的网站。根据法国电子商务及远程销售联合会公布的数据显示，平均每月访问该网站的客户为 16832000 人。这一数据远大于排在第 2 位的法国本土电子商务网站 Cdiscount（访问该网站的客户为 10501000 人），而排在第 3 位和第 4 位的依次为法国 Fnac 网站（访问该网站的客户为 8847000 人）和易趣 eBay（访问该网站的客户为 7989000 人），排在第 5 位的是 Voyage-sncf.com 网站（访问该网站的客户为 6768000 人）。但是，这些吸引了大量的访问量及销售量的网站，却远离常态。目前，法国电商网站达到 164200 个，但是其中 96.2%的网站年订单营业收入都没有达到 100 多万欧元；只有 6000 个网站的营业收入在此之上。在这些商务网站之中，有 3/4 的商家并不只是依靠他们的网站盈利，他们往往还拥有一个或多个实体店（90%零售业）。

（三）俄罗斯

俄罗斯的电子商务刚刚起步，正处于成长期。随着近几年俄罗斯网络渗透率的迅猛增长，网上顾客和零售商的数量也随之出现明显增长的趋势。截至 2014 年，俄罗斯具有 6900 万成年网络用户，网络渗透率高达 59%。移动宽带用户在 2014 年达到了 9200 万人，智能手机渗透率达到了 14%，而平板电脑的渗透率也达到了 14%。俄罗斯的电子商务具有发展需求和发展潜力。俄罗斯地广人稀，尤其是远东等偏远地区，零售业十分不发达。电子商务是使得该地的居民能够获得物美价廉商品的重要手段之一，因此电子商务的需求较大。俄罗斯电子商务营销手段较落后，没有引入同行的网络营销方式，现阶段采用的手段主要是广告投入，形式较单一，营销成本相对较低。俄罗斯绝大多数网店都集中在大城市，二三线城市的电子商务几乎处于真空状态，发展空间大，从中心城市向周边辐射将是今后俄罗斯B2C市场发展的趋势。

俄罗斯消费者偏爱跨境网购。在2012年，便有不低于400万的俄罗斯消费者通过跨境网购在海外购买了不下1600万订单的商品，交易额超过了20亿美元。这主要是因为跨境网站上能够买到在俄罗斯国内买不到的商品，同时由于俄罗斯的海关政策极其宽松，只对重量超过31千克或价值超过1000欧元的网购包裹征税，这使得大多数俄国跨境网购者享受了免税的待遇。

摩根士丹利预测，随着网络的广泛普及，俄罗斯网民数量将在2015年年底增至8700万人，同时电子支付模式的推广和二三线城市电子商务市场潜力的不断释放，2015年俄罗斯电子商务市场规模有望达到360亿美元，并在2020年达到500亿美元。

（四）韩国

近年，韩国移动电子商务发展迅速。移动购物交易额则由2013年的65600亿韩元大幅增长了125.8%，达到了2014年的148090亿韩元，使得韩国成为仅次于中国和日本的亚太地区第三大电子商务零售市场，也是全世界第七大电子商务零售市场。

社交电子商务优势明显。据DMC发布的报告，2014年有超过2/3的互联网用户通过社交电子商务购买了产品。报告显示，通过社交电子商务购买产品的用户在性别上具有差别，通过社交电子商务购买的女性消费者占女性互联网用户的比例高达75.2%，而这一数字在男性上只有60.9%；同时，女性进行网络购物的比例比男性高了8.1%。但报告同时也显示，年龄在社交购物习惯上影响甚微。

移动电子商务发展迅速。移动电子商务的发展速度远高于电子商务或者总零售额，截至2014年年底，移动电子商务零售额比2013年年底增长了79.2%，是同期电子商务零售额增长速度的4倍。据eMarketer预测，2015年韩国移动电子商务零售额将达到150亿美元，达到电子商务零售额的37.5%和国家总体零售额的4.2%。

据eMarketer统计，韩国在亚太地区的互联网渗透率排在第3位，仅次于日本和澳大利亚。而如此庞大的互联网用户中，有近2760万消费者至少会完成一次网络购物，这一用户数量占所有互联网用户的3/4。因此，在该地区，韩国电子商务消费者绝对数量仅次于中国、印度和日本，名列第4位。根据电子商务交易额排名，韩国电商在亚太地区的排名也较靠前。据eMarketer预计，2015年，韩国电子商务零售额将达到该地区的第3位，仅次于中国和日本；同时，电子商务零售额占总零售额的比例排名更高，仅次于中国，名列第2位。

（五）印度

近年来，印度电子商务发展迅猛。2014年，印度电子商务交易额高达8152.5亿卢比，同比增长53%。旅游、电子跟踪、金融服务和整容等相关行业在技术驱动型电子商务的推动下，增速明显。据保守估计，如果印度电子商务能保持33%的增长率，那么2015年其整体交易额将超过1亿卢比。

作为印度国内两家主要的电商企业，Flipkart和Snapdeal采取多种措施开展竞争。Flipkart向大众开放了电子支付服务，力求激励更多的印度人通过网络购买产品；Snapdeal推出当日送达服务，如果顾客下午一点之前订购了符合条件的产品，则当日货物便能够送到消费者的手上。同时，Flipkart和Snapdeal还展开了大规模的融资，Flipkart通过现有投资者完成了新一轮2亿美元的融资，而Snapdeal则获得有eBay领投的5000万美元融资。

印度电商纷纷进入“在线教育”市场。随着印度电子商务的发展及企业间愈演愈烈的竞争，电商巨头已经不满足仅仅争夺传统零售市场份额，纷纷开始将目标转移到在线教育上。据印度评级和研究机构调查，印度2014—2015年度教育市场规模约5.9万亿卢比。为了争夺这一庞大市场，Flipkart.com、Snapdeal.com和Groupon.co.in等印度电商市场佼佼者，纷纷打造在线教育平台，向用户提供多种在线课程和培训素材，甚至可以帮助用户更便利地获得证书或工商学位。

印度电子商务零售总额占其总零售额份额较少。据eMarketer最新统计，2014年印度电子商务零售额达到了53亿美元，并预计在2015年有45.2%的增长，并达到76.9亿美元，但其在印度总零售额的占比仍只有0.9%。即使在之后能够保持两位数的实际增长率，到2018年，印度电子商务零售额占比仍然只有1.4%。

造成印度电子商务营业额增长缓慢的原因众多。原因之一是印度电子商务渗透率较低，印度2014年只有不到1/4的互联网用户曾经在互联网上购买商品。据eMarketer预测，直到2018年这一占比仍只有29%。另一主要阻碍印度电子商务发展的原因是教育的缺乏，据Accenture调查，印度农村地区人民受教育程度普遍较低，他们要么不相信互联网，要么不知道该如何通过网络进行购物。

世界云计算发展情况

【发展特点】

（一）产业链各环节企业积极开展合作

在难以通过竞争“制敌”的背景下，不同产业或不同产业领域的产业生态体系的合作就成为建立更强竞争优势的新途径。微软、甲骨文、Salesforce.com积极扩展合作伙伴，建设Azure生态圈。微软、Salesforce.com结成战略合作伙伴，Salesforce.com CRM SaaS应用将与微软Office 365工具进行整合；Salesforce将使用微软Azure的IaaS云托管其Exact Target营销产品。阿朗、英特尔在云计算及信息安全领域开展合作。思科、德国电信、BT集团和Equinix投资10亿美元同合作伙伴一起构建全球性云计算网络，思科计划将全球各地的数百个数据中心和云供应商连接起来，构建一个全球性的云计算网络，将公共云和私有云接在一起，允许企业在不同的云和数据中心之间移动数据流。

（二）云服务由价格战转向功能战

随着IaaS云市场的逐渐成熟，云服务商的竞争焦点变成看谁能提供更为先进的功能，新产品、新服务不断涌现。例如，Mongo宣布在Microsoft Azure和Google Compute Engine平台上提供企业级服务；UnitedStack发布UOS 2.0，统一架构的公有云+托管云；微软推出Azure平台机器学习和实时分析服务，并公布称其最新、最大的G系列虚拟机实例已经可供访问，并随时可用；谷歌计算引擎全面提供Autoscaler服务；AWS发布CloudTrail处理库等。Joyent在巴黎召开的OpenStack峰会宣布将其核心产品——开源的云管理平台SmartDataCenter和对象存储系统Manta开源；开源的云计算开发包Apachejclouds 1.8.0发布。

（三）云计算领域的标准建设取得实质性进展

2014年以来，第一代云计算国际标准出炉，该领域的技术标准建设取得实质性进展，有助于云计算服务业的持续发展。国际标准化组织（ISO）和国际电工委员会（IEC）发布了ISO/IEC 17788：2014《信息技术云计算 概述和词汇》和ISO/IEC 17789：2014《信息技术云计算 参考架构》两个云计算的国际标准。目前，ISO/IEC.ITC l/SC 38酝酿的三个新标准：云计算——服务水平协议；云计算——互操作性和可移植性；云计算——数据和流程跨设备和云服务，将以第一代云计算国际标准为基础。

【重点地区发展概况】

（一）荷兰

荷兰位于欧洲西偏北部，是欧盟主要成员国之一。历史上，荷兰的造船及航海运输业在全球处于领先地位，一度成为大航海时代的全球霸主。当前，荷兰仍拥有风车、郁金香等国家名片，在全球享有较高的美誉。随着信息科技的不断进步，云计算、大数据、移动互联网等新兴领域为全球各国开启了一扇抢位发展的大门，荷兰也依托其在地理、气候、能源等多个优势，聚焦计算中心建设和运营，推动整个云计算产业发展，实现了依托云计算的经济社会整体升级。

荷兰以数据中心为主体，实现单点突破，对整个欧洲的云计算产业发展起到非常积极且十分重要的作用，是欧洲云计算产业发展的重要支点。据调查，荷兰是欧洲新建数据中心最受欢迎的五个所在地之一（其余四国分别为英国、法国、德国和西班牙），其产业集中程度也远高于其他四国。

荷兰在发展云计算产业中，将其定位为欧洲云计算数据中心的主要基地，聚焦数据中心的建设和运营，推动了整个国家乃至整个欧洲云计算产业的发展。荷兰的主机托管服务公司 iTricity 已经为荷兰、比利时、德国、卢森堡等多个国家的课题提供主机托管服务，行业覆盖领域包括了政府、金融、医疗、汽车、体育等。iTricity 与 IBM 合作，在阿姆斯特丹建立了全新的技术领先的云计算中心，进一步扩大市场服务范围，增强服务能力。iTricity 的成功经验带动了全球各大企业在荷兰进行数据中心等云计算产业的布局。Equinix、Interxion、Evoswitch 在内的多家企业均启动了在荷兰的数据中心建设项目。在原有数据中心的基础上，云计算托管商 DigitalOcean 在荷兰阿姆斯特丹建立新的线上数据中心。除了新建数据中心之外，部分企业如 Servlnt 公司，计划将其自身已有的欧洲数据中心迁移至荷兰。

荷兰结合自身优势，以数据中心为核心，云计算产业注重绿色、环保、节能，这些都是当前数据中心产业发展的重要趋势。可以看出，荷兰不仅在产业定位中准确瞄准了数据中心，此外还确立了数据中心的发展原则，这些原则有助于荷兰的数据中心产业升级，保持荷兰在该领域的持续领先地位。此外，通过释放产业发展溢出效应，为进一步扩大产业规模、提高云计算服务附加值带来了广阔的空间。

（二）澳大利亚

澳大利亚政府已经意识到云计算的战略意义，并出台了《澳大利亚云计算战略》，布局云计算总体发展。2014 年，澳大利亚财政部公布《澳大利亚政府云计算政策》（第三版），进一步推动云计算产业发展。新政策强制要求政府机构使用云服务，适用于将要更换或升级 IT 设施的非法人联邦实体。按照新政策，这些实体在运行面向公众的网站及从事测试和研发时需要采用云服务，并应考虑在运营系统上使用云计算，还要研究其他部门和机构的云服务是否可以拿来使用。当前，云计算已经广泛应用于澳大利亚的银行和金融行业。根据《云就绪指数》（*Cloud Readiness Index*）报告，澳大利亚被定位为部署云服务的理想国度之一。

（三）英国

英国由国家 CIO 发布了《数字英国报告》，呼吁政府部门建立统一的政府云。2014 年，英国政府宣布正式采用“政府云服务（G-Cloud）”，并通过五个措施推进政府云服务发展。一是积累客户群，为 3 万名左右公有部门的用户提供服务。二是吸引供应商，确保公平竞争，让不同规模的供应商都能参与政府合同投标。三是完善产品目录，满足用户需求。四是改进流程，解决安全认证。五是打造新型数字市场，完善 CloudStore 市场功能。2015 年，英国已经至少有 50%的信息技术资源通过公共云服务网络来购买。

世界移动互联网发展情况

【发展特点】

（一）全球快速向移动宽带网络迁移，3G/4G覆盖面不断扩大

据国际电信联盟（ITU）近日发布的年度互联网调查报告显示，目前全球移动宽带用户比例达到 47.2%，高于固网宽带的 10.8%，以及安装互联网服务的家庭比例的 46.4%。而且，固网和移动宽带用户数的差距正在不断地拉大。2015年，全球 69%的人口将由 3G 移动宽带覆盖。此外，3G 移动宽带也在迅速扩至农村地区。据国际电联估计，截至 2015 年年底，3G 移动宽带将覆盖全球 29%的农村人口，将有 89%的城区人口可接入 3G 移动宽带。4G 移动通信网络正以更快的速度得到部署。截至 2015 年 1 月末，全球正式实现规模商用的 4G 移动通信网络达到 352个（与 2014 年同期相比，新增了 88 个），至此，全球超过一半的国家或地区（一共为 124个）实现了每个国家或地区都有一个 4G 移动通信基础网络运营商。此外，2014 年年末，全球4G 移动通信连接数总量相比 2013 年年末不止翻了一番——前者的数值大约为 5 亿户（具体数值为 4.9 亿户），而后者的数值为 2 亿户。全球范围内，截至 2015 年 1 月末：欧洲的 4G 移动通信网络数量最多，超过全球已商用 4G 移动通信网络总数的 30%——108 个。

（二）LTE 正在不断地进行后续演进，商用网络数量快速提高

用户体验质量改善需求、更大无线接入速率需求、LTE 终端设备市场的极度繁荣这三大因素驱动着 LTE 移动通信网络市场普及率的不断提升。尤其是后者，截至目前，全球一共有超过 300家的 LTE 终端设备供应商，终端种类已经超过3000 款（包括 LTE-FDD 和 TD-LTE 两种制式）。仅过去一年，LTE 终端设备就新增了将近 1500款。目前，已有 138 个国家正式推出了 393 个 LTE商用网络。全球一共有 34 个国家正式商用了 54个 TD-LTE 移动通信网络，其中有 16 个 TD-LTE与 LTE-FDD 混合型网络。另外，LTE-Advanced（LTE-A）载波聚合网络的商用数量正在快速提高，无线频谱资源利用效率越来越高。目前，移动通信基础网络运营商最高可聚合 40MHz 的FDD 频谱，从而可提供高达 225～300Mbit/s 的下行数据传输速率。截至目前，全球一共有 39 个国家推出了 64 个 LTE-A 商用网络。

（三）移动芯片市场集中化态势明显，巨头通过资本运作强化市场竞争地位

高通、联发科、展讯、美满科技和英特尔这五家排名前五的厂商占据基带芯片市场超过 90%的份额，其他厂商（除三星、海思自给自足外）的生存空间被极大压缩，以德州仪器、博通为代表的国际知名厂商已相继退出。此外，资本运作成为巨头抢占市场、巩固地位的共同选择，其中，英特尔通过 90 亿元人民币入股紫光、结盟瑞芯微、大幅补贴白牌平板厂商提升市场地位，2014年 X86 平板电脑实现 4600 万的突破性出货；高通不断强化移动芯片优势地位，以 25 亿美元并购英国 GPS、蓝牙通信、物联网芯片商 CSR，大

力布局前瞻性产业领域。

【重点地区发展概况】

（一）美国

目前，美国的移动手机注册用户 3.29 亿户，手机渗透率为 103%。美国的 4G 网络主要分布在沿海区域，东部与西部相比，东部分布较广一些。4G 网络覆盖率接近 100%。Verizon Wireless、AT&T Wireless、Sprint Nextel、T-Mobile USA 是美国四大主流移动运营商。其中，Verizon Wireless 公司占据 41.06%的市场份额，拥有 8500 万最富有的用户，也就是所谓的后付费签约用户；AT&T Wireless 占据 33.82%的份额，拥有 7000 万用户；而 Sprint 和 T-Mobile 远远落后于前两家，市场份额分别为 13.04%和 12.08%，这两家的低利润预付费用户占大多数。AT&T 称自己拥有美国最快的 3G 网络，信号好，资费较便宜。

美国智能手机有 1.9 亿部，智能手机普及率为 77%左右。苹果依旧是美国最大的手机品牌，占据 41.3%的市场份额。三星成为安卓系统手机里的老大、份额为 27%。LG、Motorola、HTC 排在之后。操作系统方面，Android 和 iOS 占据 93%以上的份额，微软的 WP、黑莓、塞班等系统仅占很小的份额。

（二）欧洲

据 GSMA（GMS 协会）发布的《移动经济：2015 欧洲》（*The Mobile Economy：Europe 2015*）研究数据预测，随着该地区市场受益于机器对机器（M2M）通信等新移动技术的普及带来的生产力和工作效率的提高，到 2020 年，该产业对欧洲国内生产总值（GDP）的贡献将从 2014 年的 5000 亿欧元增加至 6000 亿欧元。据该报告称，到 2020 年，移动运营商针对 4G 网络质量及旨在覆盖整个欧洲的持续投资，将使 4G 网络占移动连接的 60%，而目前仅占 20%。

尽管宏观经济和监管条件受到挑战，但过去几年，欧洲移动运营商仍大举投资 4G 领域。在接下来几年里，移动运营商对 4G 部署、容量和频谱的投资能够得以延续。目前，欧洲的移动用户享有远超全球平均水平的下载速度，而且将利用下一代网络和设备可能产生的一系列创新服务。

欧洲是一个在移动领域高度成熟的地区，且用户普及率高。到 2015 年年底，欧洲将拥有 4.3 亿户唯一移动用户，相当于该地区总人口的 79%。这使得欧洲成为全球移动普及率最高的地区，其普及率高出北美地区近 10 个百分点。因此，该地区未来的用户增长空间十分有限：据预计，到 2020 年，欧洲的唯一移动用户数将达到 4.5 亿户，相当于届时该地区预期人口的 81%。

4G 覆盖范围的扩大和智能手机的日益普及将带动向 4G 网络的迁移。2015 年年初，4G 网络的覆盖范围涵盖了欧洲 80% 以上的人口，这一数字预计到 2020 年前将超过 95%。提高 4G 设备普及率的因素包括不断扩大的覆盖范围、以更广泛的价格提供更多的可用设备，以及音乐和视频流媒体服务的使用增加。据预计，到 2020 年，智能手机将占欧洲移动连接的 76%，高于 2015 年的 60%。

此外，4G 覆盖范围的扩大和 4G 支持设备的更多采用也将促使移动数据使用量增加。据思科（Cisco）称，西欧的月均数据使用量将从 2014 年的每月不到 1GB 增加到 2019 年的近 6GB，其中复合年增长率（CAGR）为 45%。许多欧洲运营商在报告中称，目前 4G 客户使用的数据量为 3G 用户的两倍以上。据这份报告显示，移动数据服务的收入也将帮助许多运营商在经历一段时期的负增长后重新实现服务收入增长。

移动为整个欧洲带来经济增长，同时推动创新。欧洲移动产业在 2014 年创造的 5000 亿欧元相当于该地区 GDP 的 3.2%。该产业还直接或间接地为 380 万个就业岗位提供了支持，并以各种税收形式贡献了大约 840 亿欧元的资金。除了税收贡献，移动运营商还将通过频谱费用支付为公共资金作出贡献。例如，2014 年，希腊、匈牙利和爱沙尼亚等国家的频谱牌照分配为各自政府创造了总计约 7 亿欧元的公共资金。

移动产业是欧洲领先的数字创新，特别是在移动商务、智能制造、智能家居和智能健康等领域。移动网络也将为物联网（IoT）机会提供平台：到 2020 年，欧洲的蜂窝 M2M 连接数量预计将从 2015 年的 6800 万个增加到 1.82 亿个，复合年增长率为22%。另外，该地区对低功耗广域网（LPWA）解决方案的使用兴趣也在日渐高涨，这将在连接一系列物联网设备方面起到重要的作用。

（三）中东地区

随着智能手机在中东市场的渗透率增长和日渐成熟，越来越多的移动广告主在寻找中东移动流量。中东地区本土内移动Web开发公司有一定数量，移动应用开发数量还较少。手游开发公司的数量偏低，主要以主机游戏（PS3、Xbox等）开发为主。

从区域上来看，以色列、埃及、阿联酋、沙特、约旦移动开发公司较活跃。中东地区，特别是阿联酋、沙特电子商务较为发达，网购习惯较好。从全球移动网络分布来看，虽然近些年中东区域的网络基础设施快速发展，很多国家大力推广3G，甚至4G网络，但与发达国家相比，仍然还有很大的差距。2014年中东地区数字广告支出规模为20.44亿美元，2015年中东地区数字广告支出规模在25亿美元左右。2014年中东地区移动广告支出规模在9亿美元左右，2015年，中东地区的移动广告支出增长率预估为59%，移动广告支出规模估计在14亿美元。

随着中东地区国家对互联网、移动互联网、所需技术、物理环境的大力支持与推进，该地区的互联网用户人数约1.5亿户，移动技术服务的普及率已大大提升，现在很多阿拉伯国家的普及率已经超过100%。2012年以来，中东地区互联网普及率增长了2000%。中东地区的年轻用户则对网络、手机、高级轿车等更为迷恋，在网络上交友、聊天、玩游戏，如Facebook、Twitter、Whatsapp、Online Games等都是他们最常光顾的。中东地区所使用的主要网站还有Yahoo、MSN、Google之类的国际性网站，本地最大的阿拉伯语网站是Maktoob。

（四）拉美地区

拉美地区一直是移动产品出海的热门区域之一，其庞大的手机用户群及安卓低端手机为主力设备的特点使得该市场特色鲜明，在此背景下，YeahMobi联合APP应对该地区移动互联网，游戏、广告市场的背景已经各项数据做一统计分析，充分呈现该地区移动基础现状，以帮助出海企业进一步了解该地区市场的特点。

2015年年初，拉美地区移动手机用户达到4.39亿户，手机普及率72%，高于全球手机的覆盖率（51%）；拉美地区智能手机普及率仅为24%，低于全球智能手机普及率（38.5%）。智能手机发展缓慢，是影响该地区整体移动广告增长的重要因素。该区域移动网络仍以3G和2G网络为主；地域上来看，沿海城市（如墨西哥及巴西）3G覆盖较好；巴西内陆部分及玻利维亚地区仍以2G网为主，甚至无移动网络覆盖。

从各国移动环境来看，墨西哥有9760万手机用户，智能手机普及率37.0%，约3700万智能手机用户，互联网用户约2500万户。巴西移动手机持有量2.82亿部。其中，3G手机1.49亿部，4G手机775万部。巴西智能手机普及率32.4%，到2020年达到72.2%。巴西近90%的人都拥有Android智能手机，巴西互联网用户数达6900万户。智利手机用户2450万户，目前4G用户仅占0.4%。互联网用户30万部。在固定宽带和移动3G宽带业务普及率方面，智利继续领先于巴西和哥伦比亚等拉美国家。近几年，得益于政府大力发展3G、4G网络和推广智能手机，智利已经发展成为拉美地区网民数量最多的国家之一。除了大力推进网络建设，智利政府还非常重视贫困人群的上网问题。

阿根廷的手机持有量6000万部，其中4500万部是活跃用户，手机普及率达到了130%；1270万智能手机用户，智能手机普及率30.6%；预计2020年智能手机普及率将达到72%。互联网用户1800万户，平均每人每天在互联网上花费的时间长达7.2个小时。其中，大部分时间用于在线观看电影或电视节目网站，其余时间则被社交网络和在线音乐所占据。

哥伦比亚是拉丁美洲第三大经济体，目前，哥伦比亚拥有2400万移动用户，拉丁美洲第四大移动市场，在哥伦比亚15～64岁的人群中，手机拥有率达到94%，其中80%为使用移动互联网的网民。智能手机的普及率达26%。互联网用户已达1060万户。哥伦比亚全境主要城市已覆盖3G网络。为满足日益增长的移动互联网服务需求，哥伦比亚政府正在大力推动 4G 网络的设施建设。据哥伦比亚电信部门预计，到 2020 年，哥伦比全国使用移动互联网的手机、平板电脑等终端设备的数量将达到 4 亿部。

秘鲁是拉美地区第五大互联网用户市场。互联网用户数 580 万户。2013 年手机活跃用户达 2000 万户，其中智能手机普及率 17.2%，预计 2020 年将达到 57.4%。委内瑞拉属拉丁美洲地区经济较为发达的国家之一，石油产业是其经济命脉，收入占财政总收入的 70%以上。2013 年，手机用户 3100 万户，智能手机用户 1266 万户。安卓系统手机占 39.7%；黑莓系统占到了 30.92%；Windows Phone 占 5.4%；iOS 占 4.1%；其他操作系统占了剩下的 19.8%。LTE 手机只取得了市场的 0.6%。到 2014 年，互联网用户达 1160 万户。

在巴拉圭，67%的移动用户用手机上网。巴拉圭的平均网费则高达 168 美元，29.5%的家庭拥有电脑，25.1%的家庭使用互联网。

移动购物环境方面。拉美地区的支付是一个很大的障碍：大部分南美的用户主要以信用卡支付，信用卡非常不方便，即便用户想要支付，也会产生很大的障碍。跟拉美的移动运营商建立良好的合作伙伴关系，这样就给游戏的开发商提供了很好的机会，把这样一个支付服务的功能嵌入到游戏当中，如一键式的支付，给他们的用户提供了非常快捷方便的支付服务。墨西哥有 2/3 的 B2C 电子商务是通过信用卡支付的，货到付款屈居第 2 位；巴西流行信用卡分期付款，很多人买个很便宜的东西也要分很多期付，违约的很多；PagSeguro 是巴西门户 UOL 下的支付服务，有点类似腾讯旗下的财付通；在巴西，大约有 80%的人口拥有银行产品，如信用卡和借记卡，继信用卡之后，Boleto 是巴西地区最常用的支付方式。巴西主要的物流方式还停留在巴西邮局所提供的服务。尽管国内两大航空公司（Tam、Gol）、TexEncomendas、长途汽车公司 Pluma 都推出了自己的物流服务，但邮费太贵；巴西的电子商务行业在巴西现状相当于中国的 2010 年前后。

阿根廷地区，录入系统的现金支付屈居于在线卡支付排名第 2 位，此类的系统包括 PagoFacil 和 RapiPago。秘鲁电子商务现在面临的最大障碍是：说服消费者改变传统的购物方式转而接纳在线购物的方式。此外，秘鲁应向消费者提供更多的在线支付渠道，使他们上网购物变得更加快捷。在全球移动电商快速发展之际，秘鲁移动电商技术依然滞后。因此秘鲁应推出更多的移动电商平台，为日益增多的智能手机和平板电脑用户提供服务。54%的拉美的智能手机用户在移动端购买产品或服务；40%的墨西哥移动用户用手机购买产品；阿根廷 15%的手机用户进行在线支付。

基础数据篇

2011—2015年全国电子信息产业主要经济指标完成情况

指　　标	单　位	2011年	2012年	2013年	2014年	2015年
主营业务收入	万亿元	9.3	11.0	12.4	14	15.4
固定资产投资*	亿元	9076.5	9591.5	10828	12065	13775
进口总额	亿美元	4680	4888	5495	5340	5277
出口总额	亿美元	6612	6980	7807	7897	7811

注：带“*”数据为500万元以上项目完成的固定资产投资额。

数据来源：工业和信息化部历年电子信息产业统计公报。

2011—2015年全国电子信息产品制造业主要经济指标完成情况

指　　标	单　位	2011年	2012年	2013年	2014年	2015年
主营业务收入	亿元	74909	84619	93202	102988	111318
工业增加值增长率	%	—	12.1	11.3	12.2	10.5
利润总额	亿元	3300	3506	4152	5052	5602
税金总额	亿元	1245	1513	1845	2021	2470

注：表中为规模以上制造业数据。

数据来源：工业和信息化部历年电子信息产业经济运行公报、统计公报。

2011—2015年全国主要电子信息产品产量情况

指　　标	单　位	2011年	2012年	2013年	2014年	2015年
集成电路	亿块	719.52	779.61	903.46	1015.53	1087.20
程控交换机	万线	3034.04	2829.08	2698.53	2148.15	1880.30
微型计算机	万部	32036.93	31806.71	35348.41	35079.63	31418.7
笔记本电脑	万部	29031.9*	25289.37	24041.53	22728.73	17436.03

续表

指　标	单　位	2011 年	2012 年	2013 年	2014 年	2015 年
移动通信手机	万部	113257.71	118154.57	152343.90	168202.75	181261.4
彩色电视机	万台	12231.34	12823.52	12745.21	14128.90	14475.73
数字激光视盘机*	万台	16008	12578	9557	8866	7226

数据来源：带“*”数据来自工业和信息化部，其他数据来自《中国统计年鉴》。

2011—2015 年全国主要电子信息产品出口情况

指　标	单　位	2011 年	2012 年	2013 年	2014 年	2015 年
集成电路	亿块	904.4	—	—	—	—
微型计算机	万部	24374.53	—	33674.8	—	—
笔记本电脑	万部	23400.24	—	32668.2	—	—
移动通信手机	亿部	8.75	10.1	11.9	13.1	13.4
彩色电视机	万台	6537	6148	5959	7406	7183
数字激光视盘机	万台	13247	10497	8954	8267	6722

数据来源：工业和信息化部。

2011—2015 年全国软件和信息技术服务业主要经济指标完成情况

指　标	单　位	2011 年	2012 年	2013 年	2014 年	2015 年
软件业务收入	亿元	18849.0	24793.8	30587.5	37026.4	42847.9
软件产品收入	亿元	6192.2	7857.2	9876.8	12198.5	13656.1
信息技术服务收入	亿元	9583.1	12944.9	16030.5	18711.1	22211.0
嵌入式系统软件收入	亿元	3073.8	3991.6	4680.1	6116.8	6980.8
软件业务出口	亿美元	346.2	394.2	469.1	486.7	494.9

注：本表统计口径为主营业务收入 100 万元以上的软件和信息技术服务业等企业。

数据来源：《中国统计年鉴》。

2015年全国各省（直辖市、自治区）软件和信息技术服务业发展情况

地　　区	软件业务收入（万元）	软件产品收入（万元）	信息技术服务收入（万元）	嵌入式系统软件收入（万元）	软件业务出口（万美元）
北　京	54228650.4	21712261.4	32373906.6	142482.3	227364.0
天　津	10078452.5	2502559.2	6161888.4	1414004.9	9024.5
河　北	1844661.0	337104.4	1487961.0	19595.6	4158.1
山　西	241540.6	116209.6	122467.7	2863.4	—
内蒙古	300979.6	134460.0	164821.8	1697.8	73.4
辽　宁	30342198.5	10852226.8	17012133.9	2477837.7	445697.6
吉　林	4405089.2	1275661.3	2555652.1	573775.7	11018.8
黑龙江	1506690.5	653839.3	729242.4	123608.8	4159.3
上　海	33813496.9	11852434.9	20158202.4	1802859.6	351541.5
江　苏	70623774.5	16334771.3	28386536.0	25902467.2	770884.0
浙　江	30374128.8	9632211.4	18275180.4	2466737.1	279730.6
安　徽	2055823.9	854767.2	1060560.2	140496.5	11806.0
福　建	18271747.3	6281802.7	10589140.5	1400804.1	33425.3
江　西	863578.4	299471.4	553095.9	11011.1	10903.1
山　东	37199485.6	13915898.8	16244562.1	7039024.7	139927.3
河　南	2785437.3	771779.6	1709729.1	303928.6	513.0
湖　北	10152364.6	5331530.3	4251274.4	569559.9	13281.0
湖　南	3492193.8	2036253.8	1001317.3	454622.7	5633.9
广　东	71051485.2	17236891.6	31290890.5	22523703.2	2393628.2
广　西	747206.9	89928.0	652087.7	5191.2	102.9
海　南	427822.5	112095.8	315726.7	—	1754.1
重　庆	8533469.2	2002533.8	5398205.5	1132730.0	19785.9
四　川	21259096.4	8297107.8	12821204.8	140783.7	139414.3
贵　州	1102422.1	424495.3	659196.9	18730.0	—
云　南	442406.7	114547.9	326127.5	1731.3	260.0
陕　西	11397368.5	3165409.1	7116147.4	1115812.0	73949.9
甘　肃	356781.6	114628.8	236476.6	5676.3	519.0
青　海	12142.1	2962.1	8507.2	672.8	147.0
宁　夏	114051.1	45573.4	53001.7	15476.1	—
新　疆	454613.0	60015.1	394269.3	328.7	—

注：本表统计口径为主营业务收入100万元以上的软件和信息技术服务业等企业。

数据来源：《中国统计年鉴》。

2014—2015 年全国通信业务主要经济指标完成情况

指 标	单 位	2014 年	2015 年
通信业务总量*	亿元	21834.4	28425.0
电信业务总量*	亿元	18138.3	23346.3
邮政业务总量*	亿元	3696.1	5078.7
通信业务收入	亿元	14744.4	15290.7
电信业务收入	亿元	11541.1	11251.4
邮政业务收入**	亿元	3203.3	4039.3
电信固定资产投资额	亿元	3993.6	4539.1

注：通信业务总量按 2010 年不变价格计算，邮政业务总量为规模以上（年业务收入 200 万元以上）邮政业法人企业数据。

数据来源：带“*”数据来自《中国统计年鉴》，带“**”数据来自国家邮政局，其他数据来自工业和信息化部。

2014—2015 年全国通信业务使用情况

指 标	单 位	2014 年	2015 年
移动电话通话时长	亿分钟	59012.7	57648.9
固定本地电话通话时长	亿分钟	2613.9	2251.1
固定长途电话通话时长	亿分钟	530.1	472.6
移动短信业务量	亿条	7674.2	6991.8

数据来源：《中国统计年鉴》。

2014—2015 年全国通信网络基础设施发展情况

指　标	单　位	2014 年	2015 年
光缆总长度	万公里	2061.25	2486.33
长途光缆线路长度	万公里	92.8	96.5
固定长途电话交换机容量	万路端	982.9	811.1
局用交换机容量	万门	40517.1	26446.5
移动电话交换机容量	万户	205024.9	218150.0
移动电话基站	万个	350.8	465.6
互联网宽带接入端口	万个	40546.1	57709.4

数据来源：《中国统计年鉴》。

2014—2015 年全国电话用户发展情况

指　标	单　位	2014 年	2015 年
固定电话用户	万户	24943.0	23099.6
城市电话用户	万户	17627.9	17320.8
农村电话用户	万户	7315.1	5778.9
移动电话用户	万户	128609.3	127139.7
3G 移动电话用户	万户	48525.5	27573.0
4G 移动电话用户	万户	9728.4	43038.1

注：2015 年移动电话用户及 3G 移动电话用户统计口径有调整，与往年不可比较。

数据来源：《中国统计年鉴》。

2014—2015 年全国电话普及情况

指 标	单 位	2014 年	2015 年
电话普及率*	部/百人	112.26	109.30
固定电话普及率	部/百人	18.24	16.80
移动电话普及率	部/百人	94.03	92.49
已通宽带行政村比重	%	93.50	94.80

注：带“*”数据包括固定电话和移动电话；2015 年移动电话用户口径有调整，移动电话普及率与往年不可比较。

数据来源：《中国统计年鉴》。

2013—2015 年全国居民家庭平均每百户固定电话、移动电话、计算机拥有量

单位：台/百户

指 标	2013 年	2014 年	2015 年
固定电话	41.6	48.2	—
其中：城镇居民	48.6	55.5	—
农村居民	32.6	38.9	—
移动电话	203.2	215.9	224.8
其中：城镇居民	206.1	216.6	223.8
农村居民	199.5	215.0	226.1
计算机	48.9	53.0	55.5
其中：城镇居民	71.5	76.2	78.5
农村居民	20.0	23.5	25.7

数据来源：《中国统计年鉴》。

2015年全国各省（直辖市、自治区）邮电业务量

地　　区	邮电业务总量（亿元）	电信业务总量（亿元）	邮政业务总量（亿元）
北　　京	1181.88	923.36	258.52
天　　津	321.05	261.00	60.05
河　　北	997.93	866.46	131.47
山　　西	515.93	472.80	43.13
内 蒙 古	400.30	377.07	23.23
辽　　宁	804.47	729.40	75.07
吉　　林	387.26	351.13	36.13
黑 龙 江	511.44	459.29	52.15
上　　海	1164.51	778.76	385.75
江　　苏	2316.49	1800.47	516.02
浙　　江	2424.55	1613.54	811.01
安　　徽	823.46	707.27	116.19
福　　建	1077.84	860.61	217.23
江　　西	620.07	550.37	69.70
山　　东	1474.59	1269.06	205.53
河　　南	1328.15	1164.37	163.78
湖　　北	965.75	828.34	137.41
湖　　南	906.66	802.51	104.15
广　　东	4378.78	3150.03	1228.75
广　　西	651.53	607.89	43.64
海　　南	183.92	171.31	12.61
重　　庆	554.56	493.55	61.01
四　　川	1297.59	1159.02	138.57
贵　　州	515.16	481.39	33.77
云　　南	792.58	757.28	35.30
西　　藏	56.38	53.79	2.59
陕　　西	760.97	699.49	61.48
甘　　肃	365.61	349.29	16.32
青　　海	105.38	101.65	3.73
宁　　夏	135.42	123.23	12.19
新　　疆	404.80	382.55	22.25

注：邮电业务总量按2010年不变价格计算。

数据来源：《中国统计年鉴》。

2015年全国各省（直辖市、自治区）电话用户数

地　区	固定电话年末用户（万户）	移动电话年末用户（万户）	3G移动电话年末用户（万户）	4G移动电话年末用户（万户）
北　京	784.6	3944.4	849.6	1434.7
天　津	343.8	1369.7	349.4	455.0
河　北	978.2	6135.6	1283.8	1996.3
山　西	444.6	3241.4	699.8	941.3
内蒙古	324.5	2377.1	501.2	702.3
辽　宁	1036.2	4289.8	904.6	1301.0
吉　林	572.3	2511.5	499.8	658.9
黑龙江	596.0	3329.8	705.6	845.7
上　海	797.3	3132.4	822.1	1219.9
江　苏	1973.0	7993.1	1676.9	3404.9
浙　江	1471.0	7283.7	1371.0	2946.6
安　徽	739.4	4188.3	886.8	1347.0
福　建	888.5	4154.0	746.1	1542.4
江　西	568.4	3030.4	622.2	1119.5
山　东	1118.0	9088.8	1970.0	2259.3
河　南	1009.7	7537.4	1574.6	2413.9
湖　北	872.5	4530.5	948.5	1599.7
湖　南	787.0	4692.0	1108.3	1508.5
广　东	2807.1	14479.7	3089.1	5595.3
广　西	439.7	3594.9	666.7	1297.6
海　南	171.0	894.1	178.4	353.5
重　庆	559.6	2737.7	600.6	955.6
四　川	1353.4	6798.3	1688.6	2097.4
贵　州	312.5	2941.5	533.9	994.7
云　南	377.5	3740.1	708.7	1360.2
西　藏	34.9	268.7	130.3	0.9
陕　西	723.3	3567.1	629.6	1549.7
甘　肃	326.0	2105.3	454.6	726.7
青　海	104.2	517.1	152.8	141.5
宁　夏	84.4	636.6	141.1	263.8
新　疆	501.2	2028.4	1078.5	4.4

数据来源：《中国统计年鉴》。

2015 年全国各省（直辖市、自治区）电信主要通信能力

地　区	固定长途电话交换机容量（路端）	局用交换机容量（万门）	移动电话交换机容量（万户）	光缆线路总长度（公里）	长途光缆线路长度（公里）	互联网宽带接入端口（万个）
北　京	514740	1592.5	5102.0	275461	4088	1580.5
天　津	117778	531.8	2435.0	163995	3714	470.2
河　北	269500	1125.6	11781.7	1031586	36794	2948.5
山　西	302370	542.6	5021.2	765679	30891	1345.9
内蒙古	127944	385.7	6257.3	465966	71490	916.0
辽　宁	485698	1627.4	13111.2	770702	24636	2710.8
吉　林	86288	554.8	3731.0	394073	23877	987.2
黑龙江	359997	1070.0	7318.7	550690	46513	1308.8
上　海	716262	1200.5	4424.0	475025	5142	1464.8
江　苏	375551	1758.8	10633.1	2511543	38840	4697.3
浙　江	851520	1211.1	11423.7	2072207	26300	4768.9
安　徽	144090	634.0	8407.8	972903	30944	2211.5
福　建	95082	922.4	8203.6	831927	23278	2335.3
江　西	207480	720.4	4085.9	593135	21115	1693.2
山　东	312543	1523.5	11970.4	1371672	36737	4003.4
河　南	328980	1044.0	11713.0	1231505	33578	3241.9
湖　北	169976	920.4	8753.3	930329	31706	2061.1
湖　南	463700	815.7	7276.4	1076349	40875	1931.8
广　东	640014	2844.7	22025.8	1645703	56136	4765.5
广　西	287285	1318.8	5181.1	652917	38953	1530.9
海　南	41108	115.3	1572.4	152717	3376	398.4
重　庆	65016	451.7	3887.6	654413	7606	1349.4
四　川	373920	783.6	15691.3	1617009	60268	3117.9
贵　州	62810	590.4	4908.0	656959	35562	875.8
云　南	199044	667.2	5894.1	795267	49361	1151.1
西　藏	12870	11.5	448.0	120440	33073	51.0
陕　西	199697	581.7	5105.5	708295	29199	1539.3
甘　肃	72017	276.4	2997.0	481774	32446	820.5
青　海	92582	44.6	1308.0	146152	40560	208.1
宁　夏	61401	124.0	1224.0	115695	10848	200.8
新　疆	27930	453.8	6258.0	631259	37375	1023.8

注：电话交换机容量中不包括用户交换机容量。

数据来源：《中国统计年鉴》。

2015年全国各省（直辖市、自治区）通信类消费价格指数

地　区	通信类总体	通信工具	通信服务
北　京	98.4	81.7	99.9
天　津	99.7	98.0	99.8
河　北	100.4	102.6	100.1
山　西	99.5	92.3	100.1
内蒙古	99.2	97.1	99.8
辽　宁	99.7	96.6	100.0
吉　林	100.1	100.1	100.1
黑龙江	99.9	101.1	99.7
上　海	98.2	92.4	98.8
江　苏	100.0	100.0	100.1
浙　江	99.6	96.4	99.9
安　徽	98.1	97.0	98.3
福　建	99.9	99.6	100.0
江　西	99.3	94.5	100.0
山　东	100.5	102.8	100.1
河　南	99.2	93.8	100.0
湖　北	99.6	98.0	99.9
湖　南	99.8	99.0	99.9
广　东	99.1	93.8	99.8
广　西	99.5	96.0	100.3
海　南	99.5	89.0	100.3
重　庆	98.4	90.8	100.1
四　川	99.8	97.1	100.1
贵　州	99.3	93.1	100.2
云　南	100.1	99.9	100.2
西　藏	100.0	99.7	100.2
陕　西	98.9	94.8	99.6
甘　肃	99.6	98.2	99.7
青　海	98.6	94.5	99.5
宁　夏	99.9	98.5	100.1
新　疆	99.4	96.3	99.9

数据来源：《中国统计年鉴》。

2015 年全国各地区广播电视发展情况

地　　区	广播综合人口覆盖率（%）	电视综合人口覆盖率（%）	有线广播电视用户（万户）	数字电视用户（万户）	有线广播电视入户率（%）
北　　京	100.00	100.00	569.1	506.7	108.88
天　　津	100.00	100.00	344.4	318.6	97.99
河　　北	99.35	99.27	922.5	822.0	39.19
山　　西	98.47	99.31	519.8	382.4	39.55
内 蒙 古	99.05	99.10	347.3	306.5	41.61
辽　　宁	99.00	99.07	934.6	782.6	61.69
吉　　林	98.64	98.76	595.4	543.4	59.06
黑 龙 江	98.64	98.84	685.7	619.7	45.71
上　　海	100.00	100.00	745.5	670.7	139.98
江　　苏	100.00	100.00	2225.9	1761.1	91.40
浙　　江	99.60	99.69	1562.6	1519.9	95.83
安　　徽	98.77	98.93	830.0	507.4	39.10
福　　建	98.68	98.94	730.7	689.2	69.07
江　　西	97.62	98.64	669.8	573.1	52.82
山　　东	98.78	98.55	1806.8	1700.6	58.53
河　　南	98.28	98.43	1013.3	586.7	31.89
湖　　北	99.08	98.98	1067.8	984.2	52.05
湖　　南	94.06	97.98	1133.6	1013.1	55.47
广　　东	99.90	99.90	1972.8	1487.4	90.38
广　　西	96.74	98.31	670.0	479.9	42.77
海　　南	96.51	95.48	115.3	98.7	43.45
重　　庆	98.62	99.07	478.0	386.5	38.28
四　　川	97.14	98.24	1367.4	1085.4	43.02
贵　　州	92.30	95.97	421.9	421.9	33.10
云　　南	96.70	97.68	442.4	427.2	30.95
西　　藏	94.83	95.96	23.5	16.9	31.75
陕　　西	98.06	98.71	694.9	543.3	54.90
甘　　肃	98.01	98.47	233.6	191.8	28.19
青　　海	98.01	98.00	69.2	68.9	39.31
宁　　夏	96.62	99.24	102.4	72.0	48.77
新　　疆	96.60	97.04	270.8	208.0	34.47
兵　　团	98.50	99.50	—	—	75.00

数据来源：《中国统计年鉴》《新疆生产建设兵团 2015 年国民经济和社会发展统计公报》。

2011—2015 年全国各地区网民规模和互联网普及率

地区	2011 年		2012 年		2013 年		2014 年		2015 年	
	网民数（万人）	普及率（%）	网民数（万人）	普及率（%）	网民数（万人）	普及率（%）	网民数（万人）	普及率（%）	网民数（万人）	普及率（%）
北京	1379	70.3	1458	72.2	1556	75.2	1593	75.3	1647	76.5
天津	719	55.6	793	58.5	866	61.3	904	61.4	956	63.0
河北	2597	36.1	3008	41.5	3389	46.5	3603	49.1	3731	50.5
山西	1405	39.3	1589	44.2	1755	48.6	1838	50.6	1975	54.2
内蒙古	854	34.6	965	38.9	1093	43.9	1142	45.7	1259	50.3
辽宁	2092	47.8	2199	50.2	2453	55.9	2580	58.8	2731	62.2
吉林	966	35.2	1062	38.6	1163	42.3	1243	45.2	1313	47.7
黑龙江	1206	31.5	1329	34.7	1514	39.5	1599	41.7	1707	44.5
上海	1525	66.2	1606	63.1	1683	70.7	1716	71.1	1773	73.1
江苏	3685	46.8	3952	50.0	4095	51.7	4272	53.8	4416	55.5
浙江	3052	56.1	3221	59.0	3330	60.8	3458	62.9	3596	65.3
安徽	1585	26.6	1869	31.3	2150	35.9	2225	36.9	2395	39.4
福建	2102	57.0	2280	61.3	2402	64.1	2471	65.5	2648	69.6
江西	1088	24.4	1267	28.5	1468	32.6	1543	34.1	1759	38.7
山东	3625	37.8	3866	40.1	4329	44.7	4634	47.6	4789	48.9
河南	2582	27.5	2856	30.4	3283	34.9	3474	36.9	3703	39.2
湖北	2129	37.2	2309	40.1	2491	43.1	2625	45.3	2723	46.8
湖南	1936	29.5	2200	33.3	2410	36.3	2579	38.6	2685	39.9
广东	6300	60.4	6627	63.1	6992	66.0	7286	68.5	7768	72.4
广西	1353	29.4	1586	34.2	1774	37.9	1848	39.2	2033	42.8
海南	338	38.9	384	43.7	411	46.4	421	47.0	466	51.6
重庆	1068	37.0	1195	40.9	1293	43.9	1357	45.7	1445	48.3
四川	2229	27.7	2562	31.8	2835	35.1	3022	37.3	3260	40.0
贵州	840	24.2	991	28.6	1146	32.9	1222	34.9	1346	38.4
云南	1140	24.8	1321	28.5	1528	32.8	1643	35.1	1761	37.4
西藏	90	29.9	101	33.3	115	37.4	123	39.4	142	44.6
陕西	1429	38.3	1551	41.5	1689	45.0	1745	46.4	1886	50.0
甘肃	700	27.4	795	31.0	894	34.7	951	36.8	1005	38.8
青海	208	36.9	238	41.9	274	47.8	289	50.0	318	54.5
宁夏	207	32.8	258	40.3	283	43.7	295	45.1	326	49.3
新疆	882	40.4	962	43.6	1094	49.0	1139	50.3	1262	54.9

数据来源：中国互联网络信息中心。

2011—2015 年全国互联网用户发展情况

指　标	单　位	2011 年	2012 年	2013 年	2014 年	2015 年
互联网普及率	%	38.3	42.1	45.8	47.9	50.3
互联网上网人数	万人	51310	56400	61758	64875	68826
手机上网人数	万人	35558	41997	50006	55678	61981
互联网宽带接入用户数*	万人	15000.1	17518.3	18890.9	20048.3	25946.6
互联网拨号接入用户数*	万人	550.7	569.8	485.1	441.6	331.6

数据来源：中国互联网络信息中心，带“*”数据来自《中国统计年鉴》。

2011—2015 年全国互联网资源发展情况

指　标	单位	2011 年	2012 年	2013 年	2014 年	2015 年
IPv4 地址数	万个	33044	33053	33031	33199	33652
IPv6 地址数	块/32	9398	12535	16670	18797	20594
域名数	万个	774.8	1341	1844	2060	3102
.CN 域名数	万个	352.9	750.8	1082.9	1108.9	1636.4
网站数	万个	229.6	268.1	320.1	334.9	422.9
国际出口带宽	Mbps	1389529	1899792	3406824	4118663	5392116

数据来源：中国互联网络信息中心。

2015 年全国按行业分企业信息化及电子商务情况（表 1）

行　业	企业数（家）	期末使用计算机数（台）	每百人使用计算机数（台）	企业拥有网站数（个）	每百家企业拥有网站数（个）
总计	913481	42658164	23	523340	57
采矿业	13717	1199791	17	5391	39
制造业	351138	16117817	19	244148	70
电力、热力、燃气及水生产和供应业	9912	2001048	61	5607	57
建筑业	91363	3551863	8	40274	44
批发和零售业	180428	5006199	43	83828	46
交通运输、仓储和邮政业	36642	2116692	27	16347	45
住宿和餐饮业	43967	927149	23	22563	51
信息传输、软件和信息技术服务业	13802	4666431	128	15474	112
房地产业	98605	2027254	38	41277	42
租赁和商务服务业	29836	1747031	35	19370	65
科学研究和技术服务业	18944	1840553	72	12882	68
水利、环境和公共设施管理业	4729	131849	19	2708	57
居民服务、修理和其他服务业	5626	115846	14	2553	45
教育	4362	459754	93	2895	66
卫生和社会工作	4238	320271	47	3446	81
文化、体育和娱乐业	6172	428616	65	4577	74

数据来源：《中国统计年鉴》。

2015 年全国按行业分企业信息化及电子商务情况（表 2）

行业	有电子商务交易活动		电子商务销售额（亿元）	电子商务采购额（亿元）
	企业数（家）	比重（%）		
总计	87436	9.6	91724.2	53499.1
采矿业	299	2.2	191.4	489.5
制造业	35800	10.2	38715.0	23805.9
电力、热力、燃气及水生产和供应业	556	5.6	73.9	5124.1
建筑业	3731	4.1	86.5	2172.2
批发和零售业	16156	9.0	37859.0	19396.7
交通运输、仓储和邮政业	2128	5.8	3275.0	292.6
住宿和餐饮业	13549	30.8	436.7	35.8
信息传输、软件和信息技术服务业	3457	25.0	7829.6	866.0
房地产业	4082	4.1	73.1	51.5
租赁和商务服务业	2837	9.5	2345.4	1013.1
科学研究和技术服务业	1609	8.5	559.3	214.5
水利、环境和公共设施管理业	632	13.4	36.3	10.8
居民服务、修理和其他服务业	430	7.6	15.8	5.3
教育	275	6.3	20.8	1.1
卫生和社会工作	332	7.8	3.8	14.3
文化、体育和娱乐业	1563	25.3	202.7	5.7

注：有电子商务交易活动的企业是指通过互联网开展电子商务销售或采购的企业。

数据来源：《中国统计年鉴》。

2015 年全国各省市信息化发展基础数据

指　　标	单　位	北京市
电子信息制造业		
工业总产值（现价）*	亿元	1851.66
产品销售收入*	亿元	2657.44
利润总额*	亿元	52.49
软件和信息服务业收入	亿元	6231.5
软件和信息服务业增加值	亿元	2372.7
集成电路产量	亿块	50.12
移动通信手机产量*	万部	9269.29
微型计算机产量*	万部	801.87
移动通信手机销量（限额以上）	万部	29293.74
微型计算机销量（限额以上）	万台	3341.29
彩色电视机销量（限额以上）	万台	1038.40
通信业		
通信业务总量	亿元	991.20
电信业务总量	亿元	923.36
邮政业务总量	亿元	67.84
长途光缆纤芯长度	芯公里	198183
长途电话交换机容量	万路端	48.7
局用交换机容量	万门	1587.4
移动通信交换机容量	万户	5102.0
固定电话用户总数	万户	784.7
移动电话用户总数	万户	4051.6
3G 移动电话用户数	万户	1451.1
主线普及率	线/百人	36.2
移动电话普及率	部/百人	186.7
互联网上网人数	万人	1647
互联网宽带接入用户数	万户	491.7
广播电视		
广播综合人口覆盖率	%	100
广播电台（中央）	座	2
广播电台（地方）	座	1
公共广播节目套数（中央）	套	23
公共广播节目套数（地方）	套	25
电视综合人口覆盖率	%	100
无线电视综合覆盖率	%	99.75
电视台（中央）	座	1

指　　标	单　位	天津市
电子信息产品制造业		
工业总产值	亿元	3349.2
主营业务收入	亿元	3223.5
利税总额	亿元	270.4
利润总额	亿元	183.2
集成电路产量	亿块	14.9
移动通信手机产量	万部	7315.62
电子计算机整机产量	万台	2933.06
电子元件产量	亿只	5443.22
通信业		
电信业务总量	亿元	261.8
电信业增加值	亿元	85.7
电信固定资产投资额	亿元	53.3
移动通信交换机容量	万户	2435
固定电话用户总数	万户	343.8
移动电话用户总数	万户	1405.8
电话普及率	%	115.4
移动电话普及率	%	92.7
广播电视		
广播综合人口覆盖率	%	100
电视综合人口覆盖率	%	100
有线电视用户	万户	344.4
数字电视用户	万户	318.6
有线电视普及率	%	97.99
计算机与网络		
宽带上网用户数	万户	246.4
手机上网用户数	万户	958.1
科研与人才		
专利授权数	件	37342
普通高等学校在校学生数*	万人	51.29

续表

指　　标	单　位	北京市
电视台（地方）	座	1
公共电视节目套数（中央）	套	43
公共电视节目套数（地方）	套	26
有线电视用户	万户	569.13
有线电视入户率	%	108.88
数字电视用户数	万户	460.0
科研与人才		
专利授权数	件	94031
科研与开发（R&D）经费内部支出额	亿元	1384.02
R&D 经费内部支出占 GDP 比重	%	6.01
技术合同成交额	亿元	3452.6
从事科技活动人员总数	万人	74.75
普通高等学校在校学生数**	万人	59.34
电子信息产业		
主营业务收入	亿元	1247.10
利润总额	亿元	86.14
电子信息产品制造业		
产品销售收入	亿元	995.97
集成电路产量	万块	4546.7
程控交换机产量	万线	13.4
单晶硅产量	万千克	524.1
太阳能电池产量	万千瓦	399.7
通信业		
电信业务总量*	亿元	863.1
电信业务收入	亿元	452.4
通信固定资产投资额	亿元	210.5
光缆总长度	万公里	103
固定电话用户数	万户	978.2
移动电话用户数	万户	6367.2
3G 移动电话用户数	万户	1910.6
4G 移动电话用户数	万户	1798.8
电话普及率	%	100.2
移动电话普及率	%	86.2
广播电视		
广播综合人口覆盖率	%	99.35
广播电台	座	12
广播节目套数	套	133
电视综合人口覆盖率	%	99.27

指　　标	单　位	天津市
电子信息产业		
主营业务收入	亿元	708.8
增加值	亿元	171.7
利润总额	亿元	37.7
电了信息产品制造业		
主营业务收入	亿元	668.4
增加值	亿元	153.6
利润总额	亿元	33.9
通信业		
电信业务总量	亿元	472.8
固定通信业务总量	亿元	82.8
移动通信业务总量	亿元	390
电信业务收入	亿元	248.5
电信业增加值	亿元	129
通信固定资产投资额	亿元	134.3
光缆总长度	万芯公里	76.6
长途光缆总长度	万公里	3.1
局用交换机容量	万门	542.6
移动通信交换机容量	万户	5021.2
固定电话用户数	万户	444.6
移动电话用户数	万户	3241.4
3G 移动电话用户数	万户	699.8
4G 移动电话用户数	万户	941.3
电话普及率	%	101
移动电话普及率	%	88.9

续表

指　　标	单　位	北京市	指　　标	单　位	天津市
电视台	座	12	广播电视		
电视节目套数	套	178	广播综合人口覆盖率	%	98.47
有线电视用户	万户	915.9	广播电视台	座	114
数字电视用户	万户	821.7	公共广播节目套数	套	111
计算机与网络			电视综合人口覆盖率	%	99.31
互联网普及率	%	50.5	电视台	座	2
上网用户总数	万户	4547.5	公共电视节目套数	套	116
宽带上网用户数	万户	1226.5	有线电视用户数	万户	519.8
手机上网用户数	万户	3321	数字电视用户数	万户	382.4
科研与人才			有线电视普及率	%	39.54
专利授权数	件	30130	有线电视传输网干线网络	万公里	10.91

指　　标	单　位	河北省	指　　标	单　位	山西省
科研与开发（R&D）经费支出额	亿元	340	计算机与网络		
R&D 经费支出占 GDP 比重	%	1.14	互联网普及率	%	19.8
普通高等学校在校学生数*	万人	117.9	上网用户总数	万户	2822.5
			手机上网用户数	万户	2098.6
			宽带上网用户数	万户	723.9
			科研与人才		
			专利授权数	件	9863
			科研与开发（R&D）经费支出额	亿元	132.5
			R&D 经费支出占 GDP 比重	%	1.03
			从事科技活动人员总数	万人	13.9
			普通高等学校在校学生人数*	万人	88.4

指　　标	单　位	内蒙古自治区	指　　标	单　位	辽宁省
通信业			电子信息产品制造业		
电信业务总量	亿元	377.07	移动通信手持机产量	万部	1614.5
长途光缆总长度	万公里	7.15	彩色电视机产量	万部	287.9
局用交换机容量	万门	385.7	通信业		
固定电话用户总数	万户	353.83	电信业务总量	亿元	707.0
移动电话用户总数	万户	2535.61	光缆总长度	万公里	75.6
3G 移动电话用户数	万户	501.2	固定电话用户总数	万户	1036.2
4G 移动电话用户数	万户	702.3	移动电话用户总数	万户	4429.6
电话普及率	%	116.05	电话普及率	%	128.0
广播电视			移动电话普及率	%	102.4
广播综合人口覆盖率	%	99.05	宽带上网用户数	万户	839.0
电视综合人口覆盖率	%	99.10	手机上网用户数	万户	3161.0
有线电视用户	万户	347.3	广播电视		
计算机与网络			广播综合人口覆盖率	%	99.0
其中：宽带上网用户数	万户	327.97	电视综合人口覆盖率	%	99.07
科研与人才			有线电视用户	万户	952.1
专利授权数	件	5522	数字电视用户	万户	794.1
技术市场成交额	亿元	15.39	科研与人才		
普通高等学校在校学生人数*	万人	42.08	专利授权数	件	25182

续表

指　　标	单　位	内蒙古自治区

指　　标	单　位	辽宁省
科研与开发（R&D）经费支出额	亿元	459.1
R&D 经费支出占 GDP 比重	%	1.60
教育经费占 GDP 比重	%	2.13
从事科技活动人员总数	万人	29.7
普通高等学校在校学生人数*	万人	100.6

指　　标	单　位	吉林省
电子信息产业		
产品销售收入	亿元	511.5
工业增加值	亿元	133.4
利润总额	亿元	26.5
通信业		
电信业务总量	亿元	353.3
电信业务收入	亿元	174.9
电信固定资产投资额	亿元	85.6
光缆总长度	万公里	32.5
长途光缆总长度	万公里	2.3
局用交换机容量	万门	591.2
移动通信交换机容量	万户	3835
固定电话用户数	万户	572.3
移动电话用户数	万户	2604.1
3G 电话用户数	万户	822.7
电话普及率	%	115.5
移动电话普及率	%	94.7
宽带上网用户数	万户	426.4
手机上网用户数	万户	1720.3
广播电视		
广播综合人口覆盖率	%	98.64
广播电台	座	10
广播节目套数	套	73
电视综合人口覆盖率	%	98.76
电视台	座	10
电视节目套数	套	76
有线电视用户	万户	595.43
数字电视用户	万户	543.44
有线电视普及率	%	58.6
有线电视传输网干线网络	万公里	9.55
科研与人才		
专利授权数	件	8878
科研与开发（R&D）经费支出额	亿元	141
R&D 经费支出占 GDP 比重	%	0.99
教育经费占 GDP 比重	%	3.52
从事科技活动人员总数	万人	14.1
普通高等学校在校学生数*	万人	63.3

指　　标	单　位	黑龙江省
电子信息产业		
主营业务收入	亿元	295.42
利润总额	亿元	42.78
电子信息产品制造业		
主营业务收入	亿元	144.72
利润总额	亿元	20.92
微型计算机产量	万台	1.7
电子元件产量	亿只	1.8
微型计算机销量	万台	1.7
电子元件销量	亿只	1.8
通信业		
电信业务总量	亿元	459.29
光缆总长度	万公里	55.1
长途光缆总长度	万公里	4.65
局用交换机容量	万门	1070
移动通信交换机容量	万户	7318.7
固定电话用户总数	万户	596.0
移动电话用户总数	万户	3329.8
3G 移动电话用户数	万户	705.6
4G 移动电话用户数	万户	845.7
电话普及率	%	102.99
移动电话普及率	%	87.36
广播电视		
广播综合人口覆盖率	%	98.64
广播电台	座	14
广播节目套数	套	101
电视综合人口覆盖率	%	98.84
电视台	座	15
电视节目套数	套	117
有线电视用户	万户	685.68
数字电视用户	万户	619.67
有线电视普及率	%	45.71
有线电视传输网干线网络	万公里	17.86
计算机与网络		
互联网普及率		44.5
宽带上网用户数	万户	519.5
手机上网用户数	万户	2009
科研与人才		
专利授权数	件	18942
普通高等学校在校学生数*	万人	73.52

续表

指　　标	单　位	上海市	指　　标	单　位	江苏省
电子信息产业			电子信息制造业		
电子信息产业增加值	亿元	2747.64	产品销售收入	亿元	31200
集成电路产量	亿块	217.36	集成电路产量	亿块	369.5
移动通信手机产量	万部	6747.50	程控交换机产量	万线	0.8
通信业			移动通信手机产量	万台	4690.9
电信业务总量	亿元	780.3	微型计算机产量	万部	5911.6
固定电话用户总数	万户	797.3	彩色电视机产量	万只	1626.2
移动电话用户总数	万户	3259.9	通信业		
移动电话普及率	%	134.4	通信业务总量	亿元	2280.6
广播电视			电信业务总量	亿元	1764.6
广播节目综合人口覆盖率	%	100	邮政业务总量	亿元	516
广播节目套数	套	21	通信业务收入	亿元	1244.3
电视节目综合人口覆盖率	%	100	电信业务收入	亿元	837.1
电视节目套数	套	25	邮政业务收入	亿元	407.2
有线电视用户数	万户	754.83	通信固定资产投资额	亿元	304.2
数字电视用户数	万户	640.42	光缆总长度	万公里	251.2
电子商务			长途光缆总长度	万公里	3.9
电子商务交易额	亿元	16452	局用交换机容量	万门	1758.8
其中：B2B 交易额	亿元	12312	移动通信交换机容量	万户	10633.1
网络购物交易额	亿元	4140	固定电话用户总数	万户	1973.0
计算机和网络			移动电话用户总数	万户	8227.3
互联网用户数	万户	1773	电话普及率	%	128.1
互联网用户普及率	%	73.1	主线普及率	%	24.8
宽带上网用户数	万户	551.1	移动电话普及率	%	103.4
科研与人才			上网用户总数	万户	2183.1
专利授权数	件	60623	广播电视		
科研与开发（R&D）经费支出额	亿元	925	广播综合人口覆盖率	%	100
R&D 经费支出占 GDP 比重	%	3.7	广播电台	座	14
普通高等学校在校学生数*	万人	51.16	电视综合人口覆盖率	%	100
			电视台	座	14
			有线电视用户	万户	2285.5
			科研与人才		
			专利授权数	万件	25.03
			科研与开发（R&D）经费支出额	亿元	1788
			R&D 经费支出占 GDP 比重	%	2.55
			从事科技活动人员总数	万人	120.3
			普通高等学校在校学生数*	万人	171.6

续表

指　　标	单　位	浙江省	指　　标	单　位	安徽省
电子信息产业			电子信息制造业		
主营业务收入	亿元	13426	工业总产值（现行价）	亿元	2806.73
增加值	亿元	2853	工业销售产值	亿元	2655.01
利润总额	亿元	1270	主营业务收入	亿元	2535.75
电子信息制造业			出口交货值	亿元	783.25
主营业务收入	亿元	6431.49	税金总额	亿元	47.21
增加值	亿元	1388.80	利润总额	亿元	160.33
利润总额	亿元	481.19	彩色电视机产量	万台	1176.9
通信业			微型计算机产量	万部	1801.47
电信业务总量	亿元	1581	液晶显示屏产量	万片	26562
电信业务收入	亿元	744	移动通信手持机产量	万台	64.3
光缆线路长度	万公里	207.2	集成电路产量	万块	24572.9
长途光缆线路长度	万公里	2.61	彩色电视机销量	万台	1176.9
局用交换机容量	万门	1132	微型计算机销量	万部	1801.47
移动通信交换机容量	万户	11423	液晶显示屏销量	万片	26562
固定电话用户总数	万户	1500	移动通信手持机销量	万台	64.3
移动电话用户总数	万户	7466.4	集成电路销量	万块	24572.9
3G 移动电话用户数	万户	1535.9	软件产业		
4G 移动电话用户数	万户	2949.1	软件业务收入	亿元	205.58
电话普及率	%	165.47	软件产品销售收入	亿元	85.48
移动电话普及率	%	135.6	软件业务出口收入	万美元	11806
广播电视			固定资产投资额	亿元	11.68
广播综合人口覆盖率	%	99.6	税金总额	亿元	9.76
广播电台	座	78	利润总额	亿元	40.57
电视综合人口覆盖率	%	99.70	通信业		
电视台	座	78	通信业务总量	亿元	815
有线广播电视用户数	万户	1538	电信业务总量	亿元	698.8
有线广播电视普及率	%	94.36	邮政业务总量	亿元	116.2
计算机与网络			电信业务收入	亿元	373.2
互联网普及率	%	65.30	通信固定资产投资额	亿元	136.9
宽带上网用户数	万户	1872.5	本地网光缆纤芯长度	万芯公里	1842.1
手机上网用户数	万户	3337.1	长途光缆纤芯长度	万芯公里	91
科研与人才			局用交换机容量	万门	633.98
专利授权数	件	235000	移动通信交换机容量	万户	8302.7
科研与开发（R&D）经费支出额	亿元	999.24	固定电话用户总数	万户	739.4
R&D 经费支出占 GDP 比重	%	2.33	移动电话用户总数	万户	4232.6

续表

指　标	单　位	浙江省	指　标	单　位	安徽省
教育经费占GDP比重	%	2.62	宽带上网用户数	万户	887.9
从事科技活动人员总数	万人	34.19	广播电视		
普通高等学校在校学生数*	万人	104.28	广播综合人口覆盖率	%	98.76
			广播电台	座	14
			电视综合人口覆盖率	%	98.92
			电视台	座	14
			有线电视用户	万户	830
			科研与人才		
			专利授权数	件	59039
			科研与开发（R&D）经费支出额	亿元	432
			R&D经费支出占GDP比重	%	1.96
			从事科技活动人员总数	万人	18.7
			普通高等学校在校学生数*	万人	118.1

指　标	单　位	福建省	指　标	单　位	江西省
电子信息产业			电子信息产品制造业		
工业增加值	亿元	728.91	产品销售收入	亿元	1300
电子信息产品制造业			彩色电视机产量	万台	23.6
集成电路产量	亿块	0.74	通信业		
移动通信手机产量	万台	2133.56	电信业务总量	亿元	529.7
微型计算机产量	万台	818.78	固定电话用户总数	万户	568.4
彩色电视机产量	万台	1428.14	移动电话用户总数	万户	3045.2
通信业			3G移动电话用户数	万户	832.1
电信业务总量	亿元	848.66	电话普及率	%	79.8
电信业务收入	亿元	427.9	移动电话普及率	%	67.3
电信业增加值	亿元	231.92	广播电视		
通信固定资产投资额	亿元	150	广播综合人口覆盖率	%	97.44
光缆总长度	万公里	83.19	广播电台	座	8
移动通信交换机容量	万户	8203.6	电视台	座	10
固定电话用户总数	万户	889	有线电视用户	万户	677
移动电话用户总数	万户	4240	数字电视用户	万户	580.6
3G移动电话用户数	万户	1197.9	有线电视普及率	%	98.6
4G移动电话用户数	万户	1401.2	计算机与网络		
电话普及率	%	134.8	互联网普及率	%	38.7
移动电话普及率	%	111.4	上网用户总数	万户	1759
广播电视			宽带上网用户数	万户	442
广播综合人口覆盖率	%	98.68	科研与人才		
广播电台	座	6	专利授权数	件	36936
电视综合人口覆盖率	%	98.94	科研与开发（R&D）经费支出额	亿元	165.6

续表

指　标	单　位	福建省
电视台	座	6
有线电视用户	万户	730.44
数字电视用户	万户	688.96
有线电视普及率	%	69.05
计算机与网络		
互联网普及率	%	104.1
上网用户总数	万户	3964
宽带上网用户数	万户	916
手机上网用户数	万户	3048
科研与人才		
专利授权数	件	61621
科研与开发（R&D）经费支出额	亿元	400
R&D 经费支出占 GDP 比重	%	1.5
普通高等学校在校学生数*	万人	91.32

指　标	单　位	江西省
R&D 经费支出占 GDP 比重	%	0.99

指　标	单　位	山东省
电子信息产业		
产品销售收入	亿元	13600
利润总额	亿元	831.2
电子信息制造业		
主营业务收入	亿元	9849.98
利润总额	亿元	591.42
移动通信手机产量	万台	6732.6
微型计算机产量	万台	23.2
彩色电视机产量	万台	1766.9
电子元件产量	亿只	169.8
通信业		
电信业务总量	亿元	1246
电信业务收入	亿元	637.8
通信固定资产投资额	亿元	242.9
光缆总长度	万公里	127.4
长途光缆总长度	万公里	3.3
移动通信交换机容量	万户	11946.4
固定电话用户总数	万户	1117.1
移动电话用户总数	万户	9413.8
3G 移动电话用户数	万户	3075.1
4G 移动电话用户数	万户	1893.4
电话普及率	%	112.3
移动电话普及率	%	95

指　标	单　位	河南省
通信业		
电信业务总量	亿元	1153.50
电信业务收入	亿元	553.00
电信业增加值	亿元	298.90
电信固定资产投资额	亿元	296.50
光缆总长度	万公里	122.40
长途光缆总长度	万公里	3.19
局用交换机容量	万门	131.30
移动通信交换机容量	万户	11731.00
固定电话用户总数	万户	1009.70
移动电话用户总数	万户	7975.10
3G 移动电话用户数	万户	2829.90
4G 移动电话用户数	万户	2075.90
电话普及率	%	95.20
移动电话普及率	%	84.50
广播电视		
广播综合人口覆盖率	%	98.28
广播电台	座	18
广播节目套数	套	154
电视综合人口覆盖率	%	98.43
电视台	座	18
电视节目套数	套	167
有线电视用户	万户	1013.31

续表

指　　标	单　位	山东省	指　　标	单　位	河南省
广播电视			数字电视用户	万户	586.75
广播综合人口覆盖率	%	98.78	有线电视普及率	%	31.89
广播节目套数	套	162	有线电视传输网	万公里	18.29
电视综合人口覆盖率	%	98.55	计算机与网络		
电视节目套数	套	224	互联网普及率	%	77.90
有线电视用户	万户	1806.77	上网用户总数	万户	6626.90
数字电视用户	万户	1700.64	宽带上网用户数	万户	1228.50
有线电视普及率	%	58.53	手机上网用户数	万户	5398.40
有线电视传输网干线网络	万公里	36.47	科研与人才		
计算机与网络			专利授权数	件	47766
互联网普及率	%	48.9	科研与开发（R&D）经费支出额	亿元	440
宽带上网用户数	万户	1625.1	R&D 经费支出占 GDP 比重	%	1.41
手机上网用户数	万户	5646.1	教育经费占 GDP 比重	%	4.70
科研与人才			从事科技活动人员总数	万人	24
专利授权数	件	17000	普通高等学校在校学生数*	万人	212.
科研与开发（R&D）经费支出额	亿元	1404.9			
R&D 经费支出占 GDP 比重	%	2.23			
教育经费占 GDP 比重	%	2.68			
从事科技活动人员总数	万人	34.2			
普通高等学校在校学生数*	万人	190.1			

指　　标	单　位	湖北省	指　　标	单　位	湖南省
电子信息产业			通信业		
主营业务收入	亿元	4681	电信业务总量	亿元	893.7
增加值	亿元	1184	电信业务收入	亿元	408
利润总额	亿元	213	电信固定资产投资额	亿元	145
电子信息制造业			局用交换机容量	万门	467.0
主营业务收入	亿元	3662	固定电话用户总数	万户	787.1
增加值	亿元	761	移动电话用户总数	万户	4859.1
利润总额	亿元	123	移动电话普及率	%	71.1
集成电路产量	万片	376	宽带上网用户数	万户	889.7
程控交换机产量	线	18300	广播电视		
移动通信手机产量	万部	5497.13	广播综合人口覆盖率	%	94.06
微型计算机产量	万台	161.37	广播电台	座	13
集成电路销量	万片	368	电视综合人口覆盖率	%	97.98
程控交换机销量	线	18300	电视台	座	15
移动通信手机销量	万部	5480.59	科研与人才		
微型计算机销量	万台	161.37	专利授权数	件	34075
通信业			普通高等学校在校学生数*	万人	118.1
电信业务总量	亿元	825			
电信业务收入	亿元	409			

续表

指　　标	单　位	湖北省	指　　标	单　位	湖南省
电信业增加值	亿元	197			
电信固定资产投资额	亿元	138			
光缆总长度	万公里	92.8			
长途光缆总长度	万公里	3.1			
局用交换机容量	万门	917.2			
移动通信交换机容量	万户	8748.7			
固定电话用户总数	万户	872			
移动电话用户总数	万户	4650			
3G 移动电话用户数	万户	1367			
4G 移动电话用户数	万户	1392			
电话普及率	%	95.2			
移动电话普及率	%	80.2			
广播电视					
广播综合人口覆盖率	%	99.08			
广播电台	座	6			
广播节目套数	套	87			
电视综合人口覆盖率	%	98.98			
电视台	座	8			
电视节目套数	套	113			
有线电视用户	万户	1067.8			
数字电视用户	万户	984.18			
有线电视入户率	%	52.05			
有线电视传输干线网络总长	万公里	25.03			
计算机与网络					
互联网普及率	%	70.6			
宽带上网用户数	万户	983			
手机上网用户数	万户	3115			

指　　标	单　位	广东省	指　　标	单　位	广西壮族自治区
软件业			软件产业		
主营业务收入	亿元	7105.1	主营业务收入	亿元	74.72
利润总额	亿元	1160.1	软件产品收入	亿元	8.99
电子信息制造业			软件业务出口额	万美元	102.9
主营业务收入	亿元	28002.6	通信业		
工业增加值	亿元	7175.2	电信业务总量	亿元	607.89
工业销售产值	亿元	32716.2	局用交换机容量	万门	1318.8
出口交货值	亿元	17139.5	固定电话用户总数	万户	439.7
利润总额	亿元	1257.4	移动电话用户总数	万户	3594.9
税金总额	亿元	675.1	电话普及率	%	84.12

续表

指　标	单 位	广东省	指　标	单 位	广西壮族自治区
集成电路产量	亿块	162.6	广播电视		
程控交换机产量（含移动通信交换机）	万线	1246.9	广播综合人口覆盖率	%	96.74
移动通信手机产量	万部	84447.8	电视综合人口覆盖率	%	98.31
微型计算机产量	万部	3241.7	有线电视用户	万户	670
彩色电视机产量	万台	7003.6	数字电视用户数	万户	479.9
电子元件产量	万只	14778.9	有线广播电视普及率	%	42.77
发光二极管（LED）产量	亿只	2739.4	计算机与网络		
通信业			互联网普及率	%	42.8
电信业务总量	亿元	3168.7	上网用户总数	万户	2033
固定通信业务总量	亿元	532.8	宽带上网用户数	万户	715.8
移动通信业务总量	亿元	2635.9	科研与人才		
电信业务收入	亿元	1486.2	专利授权数	件	13573
电信业增加值	亿元	880.5	技术合同成交额	亿元	7.31
电信固定资产投资额	亿元	436.7	普通高等学校在校学生数*	万人	75.12
光缆总长度	万公里	161.1			
长途光缆总长度	万公里	5.3			
局用交换机容量	万门	1214.1			
移动通信交换机容量	万户	22025.8			
固定电话用户总数	万户	2807.1			
移动电话用户总数	万户	14552.0			
3G 移动电话用户数	万户	3089.1			
4G 移动电话用户数	万户	5595.3			
固定电话普及率	%	26.2			
移动电话普及率	%	135.7			
广播电视					
广播综合人口覆盖率	%	99.9			
广播电台	座	105			
公共广播节目套数	套	143			
电视综合人口覆盖率	%	99.9			
电视台	座	105			
公共电视节目套数	套	74			
有线电视用户	万户	2301.34			
数字电视用户	万户	1815.45			
有线广播电视传输网干线网络	万公里	22.5			
计算机与网络					
互联网普及率	%	24.5			
宽带上网用户数	万户	2630.3			
手机上网用户数	万户	10293.1			
科研与人才					
专利授权量	件	241176			

续表

指　　标	单　位	海南省
电子信息产业		
主营业务收入	亿元	370.81
电子信息制造业		
主营业务收入	亿元	41.74
通信业		
电信业务总量	亿元	170.39
电信业务收入	亿元	91.88
电信业增加值	亿元	46.93
电信固定资产投资额	亿元	34.24
光缆总长度	万公里	6.27
长途光缆线路长度	万公里	0.34
局用交换机容量	万门	27.56
移动通信交换机容量	万户	1532.4
固定电话用户总数	万户	171.01
移动电话用户总数	万户	920.48
3G 移动电话用户数	万户	258.2
主线普及率	%	19.10
移动电话普及率	%	102.81
广播电视		
广播综合人口覆盖率	%	96.51
广播电台	座	19
广播节目套数	套	24
电视综合人口覆盖率	%	95.48
电视台	座	19
电视节目套数	套	16
有线电视用户	万户	213.56
数字电视用户	万户	146.81
有线电视入户率	%	43.45
计算机与网络		
互联网普及率	%	51.6
上网用户总数	万户	916.87
宽带上网用户数	万户	133.86
手机上网用户数	万户	783.01
科研与人才		
专利授权数	件	2060
科研与开发（R&D）经费支出额	亿元	16.97
R&D 经费支出占 GDP 比重	%	0.46
从事科技活动人员总数	万人	2.65
普通高等学校在校学生数*	万人	18.29

指　　标	单　位	重庆市
电子信息产业		
主营业务收入	亿元	5558.4
电子信息产品制造业		
主营业务收入	亿元	4075.6
移动通信手机产量	万台	17605
微型计算机产量	万台	6180.8
通信业		
电信业务总量	亿元	438.62
电信业务收入	亿元	222.1
光缆总长度	万公里	65.4
移动通信交换机容量	万户	3887.6
固定电话用户总数	万户	565.0
移动电话用户总数	万户	2788.8
电话普及率	%	111.2
移动电话普及率	%	92.5
广播电视		
广播综合人口覆盖率	%	98.61
电视综合人口覆盖率	%	99.06
有线电视用户	万户	478.0
数字电视用户	万户	386.5
计算机与网络		
互联网普及率	%	48.3
上网用户总数	万户	2794.5
宽带上网用户数	万户	696.5
手机上网用户数	万户	2185.9
科研与人才		
专利授权数	件	38900
科研与开发（R&D）经费支出额	亿元	240
R&D 经费支出占 GDP 比重	%	1.53
从事科技活动人员总数	万人	10.16
普通高等学校在校学生**	万人	86.80

续表

指　标	单　位	四川省
电子信息产业		
主营业务收入	亿元	6344.5
利润总额	亿元	380.4
电子信息制造业		
主营业务收入	亿元	3496.3
利润总额	亿元	48.3
集成电路产量	亿块	36.97
移动通信手机产量	万台	3375.3
微型计算机产量	万台	6342.71
彩色电视机产量	万台	1055.7
电子元件产量	亿只	80.85
移动通信手机销量	万台	3114.5
微型计算机销量	万台	6355.41
彩色电视机销量	万台	970.7
电子元件销量	亿只	85.31
通信业		
电信业务总量	亿元	1142.5
电信业务收入	亿元	541.7
电信业增加值	亿元	246.9
电信固定资产投资额	亿元	219.6
光缆总长度	万皮长公里	161.5
长途光缆总长度	万皮长公里	5.98
局用交换机容量	万门	755
移动通信交换机容量	万户	15691
固定电话用户总数	万户	1353
移动电话用户总数	万户	6872
3G 移动电话用户数	万户	2049
4G 移动电话用户数	万户	1979
电话普及率	%	101
移动电话普及率	%	84.4
广播电视		
广播综合人口覆盖率	%	97.1
广播电台	座	1
电视综合人口覆盖率	%	98.3
电视台	座	1
广播电视台	座	165
有线广播电视用户数	万户	1598
计算机与网络		
互联网普及率	%	40.0
宽带上网用户数	万户	
网民数	万人	3260
固定互联网用户	万户	1026
移动互联网用户	万户	5477
科研与人才		
专利授权数	件	64953
科研与开发（R&D）经费支出额	亿元	490.7
R&D 经费支出占 GDP 比重	%	1.63
地方公共财政支出中教育支出占 GDP 比重	%	4.1
普通高等学校在校学生数*	万人	138.8

指　标	单　位	贵州省
电子信息制造业		
集成电路产量	万块	3079.68
彩色电视机产量	万部	138.64
通信业		
电信业务总量	亿元	481.01
电信业务收入	亿元	226.37
电信业增加值	亿元	107.0
电信固定资产投资额	亿元	108.3
光缆总长度	万公里	64.0
固定电话用户总数	万户	348.5
移动电话用户总数	万户	3172.3
3G 移动电话用户数	万户	471
4G 移动电话用户数	万户	1733.1
电话普及率	%	100.5
移动电话普及率	%	91.5
广播电视		
广播综合人口覆盖率	%	92.3
电视综合人口覆盖率	%	96.0
有线电视用户	万户	425.1
数字电视用户	万户	1
计算机与网络		
互联网普及率	%	38.4
上网用户总数	万户	2536
宽带上网用户数	万户	1346
手机上网用户数	万户	1190
科研与人才		
专利授权数	件	14115
普通高等学校在校学生数*	万人	50.09

续表

指　　标	单　位	云南省	指　　标	单　位	西藏自治区
通信业			通信业		
电信业务总量	亿元	756.14	电信业务总量	亿元	53.75
固定电话用户总数	万户	377.5	电信业务收入	亿元	38.87
移动电话用户总数	万户	3789.8	电信业增加值	亿元	7.72
3G 移动电话用户数	万户	823	电信固定资产投资额	亿元	24.15
4G 移动电话用户数	万户	1325.6	光缆总长度	万公里	12.04
电话普及率	%	88.92	长途光缆总长度	万公里	3.31
宽带上网用户数	万户	455	固定电话用户总数	万户	34.9
手机上网用户数	万户	2777.7	移动电话用户总数	万户	271.6
广播电视			3G 移动电话用户数	万户	133.7
广播综合人口覆盖率	%	96.69	电话普及率	%	105
广播电台	座	8	移动电话普及率	%	85
电视综合人口覆盖率	%	97.67	广播电视		
电视台	座	8	广播综合人口覆盖率	%	94.83
有线电视用户	万户	427.2	广播电台	座	1
科研与人才			广播节目套数	套	5
专利授权数	件	11658	电视综合人口覆盖率	%	95.96
普通高等学校在校学生数*	万人	82.54	电视台	座	2
			电视节目套数	套	5
			有线电视用户	万户	23.50
			数字电视用户	万户	16.86
			有线电视普及率	%	31.75
			有线电视传输网干线网络	万公里	0.43
			计算机与网络		
			手机上网用户数	万户	158.3
			科研与人才		
			专利授权数	件	198
			普通高等学校在校学生数*	万人	3.57

续表

指　标	单　位	陕西省	指　标	单　位	甘肃省
电子信息产业			电子信息产业		
产品销售收入	亿元	1940.4	主营业务收入	亿元	124.35
电子信息制造业			利润总额	亿元	9.90
主营业务收入	亿元	917.4	电子信息产品制造业		
集成电路产量	亿只	1.4	主营业务收入	亿元	70.11
电子元件产量	亿只	92.1	利润总额	亿元	6.30
集成电路销量	亿只	1	集成电路产量	亿块	134.62
电子元件销量	亿只	82.8	通信业		
通信业			电信业务总量	亿元	347.29
电信业务总量	亿元	695.6	电信业务收入	亿元	173.75
电信业务收入	亿元	319.9	电信业增加值	亿元	93.67
电信业增加值	亿元	174.1	电信固定资产投资额	亿元	78.13
电信固定资产投资额	亿元	125.6	光缆总长度	万公里	46.82
光缆总长度	万公里	70.8	长途光缆总长度	万公里	3.24
长途光缆总长度	万公里	2.9	局用交换机容量	万门	278.1
局用交换机容量	万门	247.0	移动通信交换机容量	万户	2997.0
移动通信交换机容量	万户	5105.48	固定电话用户总数	万户	325.99
固定电话用户总数	万户	723.28	移动电话用户总数	万户	2108.1
移动电话用户总数	万户	3649.65	3G 移动电话用户数	万户	553.96
3G 移动电话用户数	万户	924.19	主线普及率	%	12.60
4G 移动电话用户数	万户	1421.17	移动电话普及率	%	81.40
电话普及率	%	116.2	广播电视		
移动电话普及率	%	97.0	广播综合人口覆盖率	%	98.01
广播电视			广播电台	座	2
广播综合人口覆盖率	%	98.06	广播节目套数	套	94
广播电台*	座	10	电视综合人口覆盖率	%	98.47
广播节目套数	套	107	电视台	座	4
电视综合人口覆盖率	%	98.71	电视节目套数	套	110
电视台*	座	10	有线电视用户	万户	233.58
电视节目套数	套	123	数字电视用户	万户	191.78
有线电视用户	万户	694.86	有线电视普及率	%	28.19
数字电视用户	万户	543.28	有线电视传输网干线网络	万公里	5.65
有线电视普及率	%	54.9	计算机与网络		
有线电视传输网干线网络	万公里	3.84	上网用户总数	万户	1844.13
计算机与网络			宽带上网用户数	万户	245.34
上网用户总数	万户	3398.9	手机上网用户数	万户	1598.79
宽带上网用户数	万户	605.42	科研与人才		
手机上网用户数	万户	2793.48	专利授权数	件	6912
科研与人才			科研与开发（R&D）经费支出额	亿元	82.72
专利授权数	件	33350	R&D 经费支出占 GDP 比重	%	1.22
科研与开发（R&D）经费支出额	亿元	393.17	教育经费占 GDP 比重	%	9.54
R&D 经费支出占 GDP 比重	%	2.18	从事科技活动人员总数	万人	7.47
从事科技活动人员总数	万人	24.17	普通高等学校在校学生数*	万人	45.05
普通高等学校在校学生数**	万人	126.76			

续表

指　　标	单　位	青海省
通信业		
电信业务总量	亿元	101.71
固定通信业务总量	亿元	14.97
移动通信业务总量	亿元	86.74
电信业务收入	亿元	51.97
电信固定资产投资额	亿元	26.8
光缆总长度	万公里	14.6
长途光缆总长度	万公里	4.1
局用交换机容量	万门	44.6
移动通信交换机容量	万户	1308
固定电话用户总数	万户	101.4
移动电话用户总数	万户	517.5
3G 移动电话用户数	万户	152.8
4G 移动电话用户数	万户	141.5
电话普及率	%	101.6
移动电话普及率	%	88.7
广播电视		
广播综合人口覆盖率	%	98.01
广播电台	座	1
广播节目套数	套	15
电视综合人口覆盖率	%	98
电视台	座	5
电视节目套数	套	17
有线电视用户	万户	69.16
数字电视用户	万户	68.94
有线电视普及率	%	39.31
有线电视传输网干线网络	万公里	0.59
计算机与网络		
宽带上网用户数	万户	83.1
手机上网用户数	万户	375.9
科研与人才		
专利授权数	件	1217

指　　标	单　位	宁夏回族自治区
电子信息产品制造业		
主营业务收入	亿元	86.8
增加值	亿元	
利润总额	亿元	2.3
通信业		
电信业务总量	亿元	123.4
电信业务收入	亿元	59
电信业增加值	亿元	28.8
电信固定资产投资额	亿元	32.4
光缆总长度	万公里	11.4
长途光缆总长度	万公里	1.1
局用交换机容量	万门	129.4
移动通信交换机容量	万户	1224
固定电话用户数	万户	84.4
移动电话用户数	万户	661
3G 移动电话用户数	万户	205.5
4G 移动电话用户数	万户	247.6
电话普及率	%	112.7
移动电话普及率	%	99.9
广播电视		
广播综合人口覆盖率	%	96.62
广播电台	座	1
广播节目套数	套	27
电视综合人口覆盖率	%	99.24
电视台	座	2
电视节目套数	套	29
有线电视用户	万户	104.27
数字电视用户	万户	103.14
计算机与网络		
互联网普及率	%	49.3
宽带上网用户数	万户	86.1
手机上网用户数	万户	515.0
科研与人才		
专利授权数	件	1865
科研与开发（R&D）经费支出额	亿元	23.86
R&D 经费支出占 GDP 比重	%	0.87
从事科技活动人员总数	万人	3.12

续表

指　标	单 位	新疆维吾尔自治区	指　标	单 位	新疆生产建设兵团
通信业			农牧团场固定电话普及率	部/百户	56
电信业务总量	亿元	379.78	农牧团场移动电话普及率	部/百户	216
光缆总长度	万公里	61.16	农牧团场家用电脑普及率	部/百户	47
局用交换机容量	万门	453.9	城镇居民固定电话普及率	部/百户	71
固定电话用户总数	万户	523.6	城镇居民移动电话普及率	部/百户	196
移动电话用户总数	万户	2067.2	城镇居民家用电脑普及率	部/百户	70
主线普及率	%	22.8	广播综合人口覆盖率	%	98.5
移动电话普及率	%	90.8	电视综合人口覆盖率	%	99.5
上网用户总数	万户	322.60			
广播电视					
广播综合人口覆盖率	%	96.6			
广播电台	座	6			
广播节目套数	套	172			
电视综合人口覆盖率	%	97.04			
电视台	座	8			
电视节目套数	套	220			
有线电视用户数	万户	217.73			
数字电视用户数	万户	207.85			
科研与人才					
专利授权数	件	8761			
R&D 经费支出占 GDP 比重	%	0.56			
普通高等学校在校学生数*	万人	30.47			

指　标	单 位	香港特别行政区	指　标	单 位	澳门特别行政区
电话服务	万条操作线路	421.1	固网电话用户	万户	14.6
其中：住宅	万条操作线路	235.6	移动电话用户	万户	67.7
商用	万条操作线路	185.5	储值卡	万户	121.9
对外电话通信量—拨出	万分钟	835118	对外电话通信量—拨出	万分钟	31587
对外电话通信量—拨入	万分钟	200167	对外电话通信量—拨入	万分钟	22141
公共无线电传呼接收器	个	34924	互联网登记用户	万户	33.9
移动电话用户	个	7971884	互联网总使用时数	万小时	106369
储值智能卡	个	16774732			
互联网服务商数目	个	215			
拨号上网登记用户户口	个	200283			
以私人租用线路接驳的已登记客户户口	个	2263			
宽带互联网用户户口	个	2335662			

续表

指　　标	单　位	台湾省	指　　标	单　位	大连市
便携式电脑产量	万台	58.6	电子信息产业		
显示器产量	万台	156.6	主营业务收入	亿元	2176.5
主机板产量	万片	2195.6	增加值	亿元	301.6
光碟片产量	亿片	50.8	利润总额	亿元	108.2
印刷电路板产量	万平方米	96129.3	电子信息制造业		
电子电容器产量	亿只	2188.8	主营业务收入	亿元	670.5
数控机床产量	台	9396	增加值	亿元	138.6
市内电话用户数	万户	1189	利润总额	亿元	51.2
移动电话用户数	万户	2936.9	集成电路产量	万块	14428
国际互联网用户数	万户	811.2	程控交换机产量	万线	61
国际电话去话分钟数	万分钟	223069	移动通信交换机产量	万信道	26.63
			移动通信手机产量	万部	0
			集成电路销量	万块	13239
			程控交换机销量	万线	61
			移动通信交换机销量	万信道	26.63
			移动通信手机销量	万部	0
			通信业		
			电信业务总量	亿元	153.1
			固定电话用户总数	万户	229
			移动电话用户总数	万户	726.2
			电话普及率	%	160.9
			移动电话普及率	%	122.3
			广播电视		
			广播电台	座	1
			广播节目套数	套	7
			电视台	座	1
			电视节目套数	套	7
			有线电视用户数	万户	226
			数字电视用户数	万户	210
			计算机与网络		
			宽带上网用户数	万户	129.4
			科研与人才		
			专利授权数	件	7181
			普通高等学校在校学生数*	万人	29

续表

指　标	单　位	宁波市	指　标	单　位	厦门市
固定电话用户数	万户	269.0	电子信息产业		
移动电话用户数	万户	1257.0	工业总产值	亿元	1835.43
上网用户总数	万户	302.0	产品销售收入	亿元	1779.22
广播电台	座	9	利润总额	亿元	62.10
公共广播节目套数	套	14	移动通信手机产量	万部	419.17
电视台	座	9	微型计算机产量	万台	795.23
公共电视节目套数	套	13	彩色电视机产量	万台	1061.61
有线电视用户数	万户	250.1	电子元件产量	亿只	46.49
专利授权数	件	46088	通信业		
R&D 经费支出占 GDP 比重	%	2.41	电信业务总量	亿元	142.26
普通高等学校在校学生数*	万人	15.58	固定电话用户总数	万户	131.22
			移动电话用户总数	万户	583.65
			3G 移动电话用户数	万户	168.76
			4G 移动电话用户数	万户	223.07
			宽带上网用户数	万户	144.45
			广播电视		
			广播综合人口覆盖率	%	100
			广播电台	座	1
			广播节目套数	套	7
			电视综合人口覆盖率	%	100
			电视台	座	4
			电视节目套数	套	10
			有线电视入户率	%	121.86
			科研与人才		
			专利授权数	件	12467
			科研与开发（R&D）经费支出额	亿元	103.42
			从事科技活动人员总数	万人	11.26
			普通高等学校在校学生数*	万人	16.49

续表

指　　标	单　位	青岛市
通信业		
电信业务总量	亿元	176.4
固定电话用户数	万户	213.8
移动电话用户数	万户	1335.6
广播电视		
广播电台	座	8
广播节目套数	套	13
电视台	座	10
电视节目套数	套	15
有线电视用户	万户	217.54
科研与人才		
专利授权数	件	5170
科研与开发（R&D）经费支出额	亿元	263.7
R&D 经费支出占 GDP 比重	%	2.8
普通高等学校在校学生数*	万人	32

指　　标	单　位	深圳市
电子信息产业		
电子信息产业主营业务收入	亿元	18673.6
电子信息产品制造业主营业务收入	亿元	14171.6
电子信息产品制造业增加值	亿元	4214.95
电子信息产品制造业利润总额	亿元	881.3
集成电路产量	亿块	131.13
程控交换机产量	万线	1179.82
移动通信基站设备产量	万信道	28210.29
移动通信手机产量	万部	37030.95
微型计算机产量	万台	2779.36
彩色电视机产量	万台	3545.93
电子元件产量	亿只	1119.13
通信业		
电信业务总量	亿元	615.71
电信业务收入	亿元	350.05
通信固定资产投资额	亿元	62.45
光缆总长度	万公里	16.71
长途光缆总长度	万公里	0.97
局用交换机容量	万门	715
固定电话用户总数	万户	754.12
移动电话用户总数	万户	2621.47
3G 移动电话用户数	万户	568.4
4G 移动电话用户数	万户	1123.4
固定电话普及率	%	66.27
移动电话普及率	%	230.38
广播电视		
广播综合人口覆盖率	%	100
广播电台	座	1
电视综合人口覆盖率	%	100
电视台	座	2
有线电视用户	万户	408
数字电视用户	万户	232.7
有线电视普及率	%	100
计算机与网络		
互联网普及率	%	86.2
宽带上网用户数	万户	521.03
科研与人才		
专利授权数	件	72120
科研与开发（R&D）经费支出额	亿元	708.87
R&D 经费支出占 GDP 比重	%	4.05
教育经费占 GDP 比重	%	1.70
从事科技活动人员总数	万人	135.30
普通高等学校在校学生数*	万人	11.40

2015年按国家或地区统计的电子信息产品出口情况

单位：万美元

国家或地区	出口总计	通信设备	广播电视设备	计算机	家用电子电器	电子元件	电子器件	电子材料	电子仪器设备
中国香港特别行政区	21661753.69	6786074.06	228407.14	4059563.67	1301122.88	2693149.67	5717847.75	80626.97	794961.55
美国	14441062.48	3755893.57	136539.86	5614551.47	2574225.4	1070113.73	717316.84	31603.76	540817.85
韩国	4440736.39	1836683.71	54502.92	465144.29	236917.95	307601.41	1325088.35	81078.72	133719.03
日本	4433966.18	1099248.06	35037.63	1080709.25	801995.42	363015.37	793871.02	67406.01	192683.41
荷兰	3202506.54	939827.71	26191.85	1476872.03	400862.26	135708.88	130627.27	10790.23	81626.31
中国台湾地区	2306901.12	188655.32	12847.95	256356.41	109157.92	229450.37	1255707.88	169907.19	84818.08
德国	2238396.64	345606.67	19614.24	929916.57	335168.87	252214.6	205729.43	24103.23	126043.03
新加坡	1847250.93	275835.27	7675.09	510122.96	106429.65	168708.27	690688.27	3409.64	84381.78
印度	1664125.49	475156.66	16610.74	376508.99	267633.24	170128.69	280743.5	19021.5	58322.18
英国	1447143.83	342761.94	15926.39	488689.44	307200.11	129660.32	88938.17	7773.14	66194.32
墨西哥	1417769.25	334165.45	6287.43	354736.25	213653.6	126161.86	313154.19	6935.21	62675.27
越南	1371264.55	472608.26	54712.68	96275.11	88372.43	347132.97	245485.01	6175.39	60502.71
马来西亚	1145285.95	151211.87	7301.52	154984.77	128210.17	175115.31	418465.95	30380.02	79616.33
泰国	1039327.67	306029.93	13237.59	212410.15	169643.02	141610.78	133686	15953.6	46756.6
阿联酋	965469.42	352193.03	4552.21	297900.29	163777.24	76481.66	33213.16	9494.05	27857.77
澳大利亚	914256.26	191546.5	5911.76	347462.64	212211.19	81635.64	48844.36	2637.42	24006.76
巴西	684642.13	125258.16	14338.75	89320.37	160498.61	93180.26	168492.41	2644.11	30909.46
法国	668131.59	153085.4	7039.33	167773.96	163567.71	61502.18	83491.1	1268.66	30403.24
加拿大	636616.36	197204.01	9398.48	181265.54	145061.07	58834.19	20080.6	512.26	24260.2
捷克	621620.45	165380.15	1018.59	287560.23	91103.96	31790.21	23894.45	325.6	20547.26
俄罗斯	620924.12	185879.16	3535.12	144597.7	149280.38	57966.2	46008.31	3890.37	29766.88
印度尼西亚	616168.87	189533.69	6394.41	106511.23	101818.62	90095.04	78520.74	7035.12	36260.02
意大利	605684.32	176367.59	3123.05	179731.86	108442.46	77781.42	19935.38	2965.52	37337.03
波兰	544550.12	87504.05	1968.48	150763.66	93597.99	38248.63	146061.13	1936.96	24469.22
土耳其	495717.9	147402.11	2958.35	95851.14	83625.04	53094.86	84904.14	4638.83	23243.43
菲律宾	483219.77	78521.66	4748	71969.53	80898.43	73082.07	127736.42	22298.18	23965.48
西班牙	392145.14	136555.1	2887.69	68309.48	96817.41	48506.97	13838.9	2644.8	22584.78

续表

国家或地区	出口总计	通信设备	广播电视设备	计算机	家用电子电器	电子元件	电子器件	电子材料	电子仪器设备
匈牙利	354477.05	152957.64	1484.54	43660.67	42453.79	31964.1	63328.14	293.49	18334.69
南非	347386.56	96644.97	3355.04	78303.1	91643.58	32104.29	29754.14	674.6	14906.85
沙特阿拉伯	311549.28	73491.82	1308.42	20298.37	168986.66	25237.48	9025.97	1287.14	11913.44
阿根廷	254368.71	75202.68	2090.97	26051.17	97519.18	18641.39	25928.15	1043.21	7891.96
智利	240130.39	63635.49	1404.83	36594.41	63325.8	18563.82	49954.56	273.75	6377.73
巴基斯坦	237753.29	68432.11	1129.97	9920.42	51513.09	36340.55	53292.8	1584.35	15540
伊朗	226091.07	50087.76	2836.4	22543.9	73499.71	29201.45	29624.08	2827.11	15470.67
卢森堡	222100.93	81855.84	3.56	139394.17	272.57	209.47	65.22	2.2	297.9
比利时	196976.34	18313.46	3092.71	57414.91	47813.06	38630.5	19193.48	692.85	11825.37
斯洛伐克	193778.74	17243.14	3586.77	43470.52	14079.84	14264.36	89512.16	300.07	11321.88
哥伦比亚	191390.26	73741.77	1149.56	43022.15	41236.77	17849.63	6710.66	542.53	7137.18
埃及	177692.26	44767.96	1409.66	10884.71	47239.63	24001.12	32880.84	966.28	15542.05
尼日利亚	177195.54	32306.03	2602.05	11133.8	59153.04	37393.87	14381.83	804.81	19420.1
阿尔及利亚	155760.83	50390.76	863.87	10575.65	63692.8	9701.65	15926.79	148.53	4460.79
孟加拉国	150728.29	30830.5	1083.26	14198.95	41275.68	31627.26	15799.81	825.83	15087

注：数据均根据海关总署有关数据整理，仅取排名前 42 名的国家和地区。

2015年按国家或地区统计的电子信息产品进口情况

单位：万美元

国家或地区	进口总计	通信设备	广播电视设备	计算机	家用电子电器	电子元件	电子器件	电子材料	电子仪器设备
中国	11713026.7	2747469.81	113104.85	1898976.8	574107.21	1486787.25	4335167.31	44160.61	513252.85
韩国	10770528.91	905898.87	43179.84	650460.9	312690.92	553549.11	7589738.51	183780.29	531230.48
中国台湾地区	10400921.8	203451.88	13562.42	361185.8	210894.88	644684.17	8588312.94	164806.66	214023.05
日本	5083736.53	345597.16	76777.07	467559.07	149932.34	774278.88	2055495.31	155159.56	1058937.13
马来西亚	3515328.85	89716.34	2704.11	258568	31153.57	186344.82	2841947.53	10533.22	94361.24
美国	2455194.77	90542.71	6387.97	163131.03	42965.27	135758.91	1334077.11	60422.36	621909.41
德国	1395229.1	38939.58	7174.59	106097.56	78308.37	138758.31	340367.33	77043.5	608539.88
泰国	1384058.51	147311.73	8025.27	569977.78	83806.11	117755.17	415133.2	152.47	41896.78
菲律宾	1323212.63	56056.35	12372.56	401617.93	19345.27	104084.45	698528.77	88.85	31118.45
越南	1219456.74	174865.39	68179.12	81269.33	223795.43	200042.49	433889.98	46.82	37368.18
新加坡	1166540.87	12713.97	2858.33	146878.9	99534.32	91854.44	628630.58	8774.45	175295.88
墨西哥	386560.63	37052.75	610.24	28186.21	9274.34	39170.74	230900.87	6.05	41359.42
中国香港特别行政区	182562.09	48248.24	41517.79	7665.56	3773.93	9753.09	37037.7	219.74	34346.05
法国	181945.81	15533.12	1057.61	23722.65	9888	24920.11	47851.93	976.93	57995.46
英国	145741.55	8339.71	799.54	8558.44	4986.02	14161.57	49989.85	1703.67	57202.76
印度尼西亚	135800.05	2589.45	379.21	20579.92	9932.26	65721.25	16539.38	479.42	19579.16
荷兰	109255.81	1967.04	73.1	4966.47	4209.01	3367.03	7691.21	60.22	86921.72
以色列	105920.82	7679.28	89.51	5461	4440.53	8185.15	47420.7	3809.08	28835.57
意大利	92335.52	5344.56	1257.58	10074.82	5372.11	15827.54	19837.52	1455.62	33165.77
奥地利	82754.43	5688.07	55.58	2927.18	6191.67	11155.95	31605.93	1365.21	23764.84
瑞士	79750.19	2847.63	42.56	4858.92	3772.53	20132.23	10087.13	318.77	37690.41
加拿大	79010.6	6842.65	2957.74	4992.32	4827.11	4465.98	37132.79	136.19	17655.82
匈牙利	72188.63	1369.77	553.87	23632.03	5709.59	9080.2	7324.36	50.17	24468.64
捷克	70057.1	5802.9	1167.53	5366.66	21649.14	24552.31	2250.25	91.71	9176.6
爱尔兰	66198.14	514.59	8.14	18963.79	10178.72	1213.34	26059.24	673.53	8586.79
比利时	57237.72	30782.35	116.66	2081.12	2005.76	1497.76	8496.33	601.91	11655.82
挪威	48512.21	16141.55	316.1	11252.92	3527.58	1044.92	1499.18	3934.8	10795.15

续表

国家或地区	进口总计	通信设备	广播电视设备	计算机	家用电子电器	电子元件	电子器件	电子材料	电子仪器设备
瑞典	48361.72	8675.17	684.87	3683.23	4517.82	4380.42	1512.01	221.08	24687.11
哥斯达黎加	43726.16	90.67	219.73	95.49	2.05	21464.65	21689.32	7.17	157.08
马耳他	39569.67	31.73	55.92	184.09	291.6	7750.71	31188.76	—	66.86
印度	38715.39	3777.1	44.6	2586.79	2730.78	10958.19	6816.66	4617.59	7183.67
丹麦	32462.63	2489.04	196.01	5987.46	1332.33	4382.24	2115.22	637.76	15322.57
波兰	26195.4	6651.51	86.4	4298.84	1346.12	6197.21	2940.36	115.17	4559.81
芬兰	24972.93	4371.22	25.35	2769.57	454.03	3235.11	597.51	752.61	12767.53
斯洛伐克	20943.39	84.08	115.81	1466.66	5821.14	3559.87	879.22	—	9016.59
西班牙	19628.68	1118.48	18.88	2251.24	5335.41	6990.46	489.24	46.85	3378.14
摩洛哥	19123.13	121.04	—	1.44	35.47	295.27	18509.55	1.62	158.73
罗马尼亚	17836.5	3009.01	8.2	5402.52	1982.11	2569.17	77.32	0.09	4788.09
葡萄牙	17423.85	981.42	306.93	428.47	5636.09	6516.55	2629.44	0.54	924.41
澳大利亚	12818.2	3860.57	78.32	773.76	790.23	957.56	1486.32	425.45	4446
波多黎各	9344.19	591.18	—	7483.81	93.93	13.87	102.4	1040.39	18.62
巴西	9138.63	379.67	67.6	299.49	2584.44	4682.4	539.26	8.7	577.07

注：数据均根据海关总署有关数据整理，仅取排名前 42 名的国家和地区。

2015 年按贸易方式划分的电子信息产品出口情况统计

单位：万美元

贸易方式	出口总计	通信设备	广播电视设备	计算机	家用电子电器	电子元件	电子器件	电子材料	电子仪器设备
进料加工贸易	44767707.06	13979208.52	478665.28	14745145.95	5913022.9	2833412.81	5386865.97	153247.92	1278137.7
一般贸易	19883595.05	6239945.49	200250.99	1471742.96	3692904.62	3918498.48	2574355.7	437601.64	1348295.18
保税区仓储转口货物	8141286.75	716990.3	28528.42	1841004.35	420580.44	561785.21	4357664.49	26621.46	188112.07
来料加工装配贸易	2922369.82	278596.99	13865.29	773710.94	260053.73	160489.27	1226107.63	29786.26	179759.72
保税仓库进出境货物	1604662.19	154398.81	20994.99	527360.78	116686.47	329840	358326.4	2054.16	95000.59
其他	464480.25	74651.14	16274.38	21475.06	109299.5	136220.74	56070.25	5125.96	45363.23
边境小额贸易	211820.97	23953.27	2037.32	6554.8	46442.56	96056.56	25483.58	340.10	10952.77
对外承包工程出口货物	101635.28	11457.05	626.05	17059.95	9868.62	43826.03	2296.92	277.75	16222.9
国家间、国际组织无偿援助和赠送的物资	8353.61	1362.95	337.14	2630.76	1450.29	1077.45	275.90	0.26	1218.86
出料加工贸易	2632.2	—	—	—	—	3.39	1860.86	766.26	1.70
租赁贸易	482.85	246.98	1.08	139.76	1.68	19.14	5.01	—	69.21
其他捐赠物资	113.04	58.27	—	0.08	—	0.02	—	—	54.67
易货贸易	8.09	—	—	—	0.56	1.18	—	0.21	6.13

注：数据均根据海关总署有关数据整理。

2015年按贸易方式划分的电子信息产品进口情况统计

单位：万美元

贸易方式	进口总计	通信设备	广播电视设备	计算机	家用电子电器	电子元件	电子器件	电子材料	电子仪器设备
进料加工贸易	22195005.67	2801400.97	260791.66	1718791.69	1041418.64	2360675.23	13156101.66	278594.73	577231.09
一般贸易	13569475.19	1357537.5	96612.81	1516722.13	516545.68	1091996.14	5907678.89	241166.36	2841215.67
保税区仓储转口货物	10143951.56	477265.83	35059.26	1674761.99	231960.25	769447.72	6482976.95	130967.53	341512.02
来料加工装配贸易	3780990.46	101388.57	6967.78	219559.19	154453.3	275532.9	2944566.31	52335.96	26186.45
保税仓库进出境货物	2354513.5	304656.49	7438.69	177417.17	26784.56	289213.62	1427991.31	24245.02	96766.64
出口加工区进口设备	442574.6	1784.17	85.73	11314.43	2728.06	3654.65	1235.91	334.90	421436.76
外商投资企业作为投资进口的设备、物品	171131.35	165.54	13.13	2766.93	1342.3	379.49	108.96	0.10	166354.9
其他	72021.29	9078.06	577.80	10015.25	3204.5	4466.36	17154.66	2324.63	25200.01
加工贸易进口设备	38164.48	5.91	—	142.82	0.15	1.89	0.08	—	38013.62
出料加工贸易	3516.89	—	—	—	—	1.72	1593.17	1918.06	3.93
租赁贸易	943.12	0.25	5.3	377	0.88	3.55	—	—	556.16
免税品	356.23	28.61	0.16	7.1	159.85	93.39	0.3	—	66.82
国家间、国际组织无偿援助和赠送的物资	242.7	—	—	—	—	—	—	—	242.7
边境小额贸易	128.66	9.94	—	—	0.69	0.01	0.02	—	118.01
其他捐赠物资	29.95	—	—	—	2.88	—	—	—	27.07
易货贸易	19.72	—	—	—	—	—	0.16	—	19.56
免税外汇商品	0.77	—	—	—	0.15	0.18	—	—	0.44

注：数据均根据海关总署有关数据整理。

2015 年不同行业两化融合关键指标统计

指　　标	全国	原材料	装备	消费品	电子信息
数字化与自动化					
数字化研发设计工具普及率	61.1%	48.5%	76.5%	54.7%	73.9%
关键工序数控化率	45.4%	59.8%	35.4%	41.8%	51.8%
关键业务环节全面信息化的企业比例	36.8%	28.8%	43.1%	34.0%	51.1%
应用电子商务的企业比例	52.9%	44.7%	53.2%	55.6%	62.3%
集成互联					
实现管控集成的企业比例	18.0%	15.0%	19.6%	16.8%	27.0%
实现产供销集成的企业比例	16.8%	13.7%	16.8%	17.1%	24.6%
智能协同					
实现产业链协同的企业比例	6.2%	5.3%	5.2%	7.1%	7.9%

2015 年信息系统安全产品生产量、销售量和出口量汇总统计

产品名称	计量单位	企业数（家）	本年生产量	本年销售量	本年出口量
边界防护类设备和系统					
防火墙、防水墙	台	2	15487	15537	—
虚拟专用网设备（VPN）	台	4	12805	12808	—
数据保护类设备和系统					
数据备份系统	套	3	8055	8054	—
数据防拷贝设备	套	1	2635	2706	—
安全检测类设备和系统					
入侵检测系统	套	3	1145	1163	—
安全智能卡类设备和系统	套	18	479660661	475544377	213174025
密钥管理类设备和系统	套	7	302439	301772	10

2010—2014 年世界各国每千人互联网用户数

单位：户

国家和地区	2010 年	2011 年	2012 年	2013 年	2014 年
世界	293.47	320.19	355.81	379.91	406.89
阿富汗	40.00	50.00	54.55	59.00	63.90
阿尔巴尼亚	450.00	490.00	546.56	601.00	601.00
阿尔及利亚	125.00	140.00	152.28	165.00	180.90
安道尔共和国	810.00	810.00	864.34	940.00	959.00
安哥拉	100.00	147.76	169.37	191.00	212.60
安提瓜和巴布达	470.00	530.00	590.00	634.00	640.00
阿根廷	450.00	510.00	558.00	599.00	647.00
亚美尼亚	250.00	320.00	391.60	463.00	463.00
澳大利亚	760.00	794.88	790.00	830.00	845.60
奥地利	751.70	787.40	800.30	806.19	810.00
阿塞拜疆	460.00	500.00	542.00	587.00	610.00
巴哈马	430.00	650.00	717.48	720.00	769.20
巴林	550.00	770.00	880.00	900.00	910.00
孟加拉国	37.00	50.00	57.50	65.00	96.00
巴巴多斯	681.00	717.66	733.30	750.00	766.70
白俄罗斯	318.00	396.49	469.10	541.70	590.20
比利时	750.00	816.10	807.20	821.70	850.00
伯利兹	140.00	187.00	250.00	317.00	387.00
贝宁	31.30	41.48	45.00	49.00	53.00
百慕大	842.10	883.36	912.99	953.00	968.00
不丹	136.00	210.00	254.30	299.00	343.70
玻利维亚	224.00	300.00	355.00	395.00	390.20
波黑	520.00	600.00	653.56	679.00	608.00
博茨瓦纳	60.00	80.00	115.00	150.00	185.00
巴西	406.50	456.90	485.60	516.00	576.00
文莱达鲁萨兰国	530.00	560.00	602.73	645.00	687.70
保加利亚	462.30	479.80	519.00	530.62	554.90
布基纳法索	24.00	30.00	37.25	44.00	94.00
布隆迪	10.00	11.10	12.20	13.00	13.80
柬埔寨	12.60	31.00	49.40	60.00	90.00
喀麦隆	43.00	50.00	56.99	64.00	110.00

续表

国家和地区	2010 年	2011 年	2012 年	2013 年	2014 年
加拿大	803.00	830.00	830.00	858.00	871.20
佛得角	300.00	320.00	347.40	375.00	402.60
中非	20.00	22.00	30.00	35.00	40.30
乍得	17.00	19.00	21.00	23.00	25.00
智利	450.00	522.50	614.18	665.00	723.50
中国	343.00	383.00	423.00	458.00	493.00
哥伦比亚	365.00	403.51	489.80	517.00	525.70
科摩罗	51.00	55.00	59.75	65.00	69.80
刚果（金）	7.20	12.00	16.80	22.00	30.00
刚果（布）	50.00	56.00	61.07	66.00	71.10
哥斯达黎加	365.00	392.12	475.00	459.60	494.10
科特迪瓦	21.00	22.00	23.79	26.00	146.00
克罗地亚	565.50	577.90	619.40	667.48	685.70
古巴	159.00	160.17	256.42	257.09	300.00
塞浦路斯	529.90	568.60	606.90	654.55	693.30
捷克	688.20	704.90	734.30	741.10	797.10
丹麦	887.20	898.10	922.60	946.30	959.90
吉布提	65.00	70.00	82.67	95.00	107.10
多米尼克	474.50	513.14	551.77	590.00	628.60
多米尼加共和国	314.00	380.00	412.00	459.00	495.80
厄瓜多尔	290.30	313.67	351.35	403.54	430.00
阿拉伯埃及共和国	314.20	398.30	440.00	495.60	317.00
萨尔瓦多	159.00	189.00	203.21	231.09	297.00
赤道几内亚	60.00	115.00	139.43	164.00	188.60
厄立特里亚	6.10	7.00	8.00	9.00	9.90
爱沙尼亚	741.00	765.00	783.90	800.04	842.40
埃塞俄比亚	7.50	11.00	14.83	19.00	29.00
法罗群岛	752.00	807.32	853.35	900.00	946.60
斐济	200.00	280.00	337.42	371.00	418.00
芬兰	868.90	887.10	898.80	915.14	923.80
法国	772.80	778.20	814.40	819.20	837.50
法属波利尼西亚	490.00	490.00	528.77	568.00	606.80
加蓬	72.30	80.00	86.17	92.00	98.10
冈比亚	92.00	108.70	124.49	140.00	155.60
格鲁吉亚	269.00	315.20	369.40	431.00	489.00
德国	820.00	812.70	823.50	839.61	861.90
加纳	78.00	141.10	123.00	123.00	189.00
希腊	444.00	516.50	550.70	598.66	632.10
格陵兰	630.00	640.00	648.96	658.00	667.00

续表

国家和地区	2010年	2011年	2012年	2013年	2014年
格林纳达	270.00	300.00	320.00	350.00	373.80
关岛	540.40	577.00	615.34	654.00	692.70
危地马拉	105.00	123.00	160.00	197.00	234.00
几内亚	10.00	13.00	14.90	16.00	17.20
几内亚比绍共和国	24.50	26.72	28.94	31.00	33.20
圭亚那	299.00	310.00	330.00	330.00	373.50
海地	83.70	90.00	98.00	106.00	114.00
洪都拉斯	110.90	159.00	181.20	178.00	190.80
中国香港	720.00	722.00	729.00	742.00	745.60
匈牙利	650.00	680.20	705.80	726.44	761.30
冰岛	933.90	948.20	962.10	965.47	981.60
印度	75.00	100.70	125.80	151.00	180.00
印度尼西亚	109.20	111.10	147.00	158.20	171.40
伊朗伊斯兰共和国	147.00	210.00	275.00	314.00	393.50
伊拉克	25.00	50.00	71.00	92.00	113.00
爱尔兰	698.50	748.90	769.20	782.48	796.90
以色列	675.00	688.74	708.00	708.00	714.50
意大利	536.80	543.90	558.30	584.59	619.60
牙买加	276.70	374.39	337.90	378.00	405.00
日本	782.10	790.54	862.50	862.50	905.80
约旦	272.00	349.00	410.00	442.00	440.00
哈萨克斯坦	316.00	506.00	533.16	540.00	548.90
肯尼亚	140.00	280.00	321.00	390.00	434.00
基里巴斯	90.70	100.00	107.47	115.00	122.50
韩国	837.00	837.59	840.73	847.70	843.30
科威特	614.00	657.69	704.50	754.60	787.00
吉尔吉斯共和国	184.00	200.00	217.20	234.00	283.00
老挝	70.00	90.00	107.48	125.00	142.60
拉脱维亚	684.20	697.50	731.20	752.34	758.30
黎巴嫩	436.80	520.00	612.50	705.00	747.00
莱索托	38.60	42.25	45.90	50.00	110.00
利比亚	140.00	140.00	—	165.00	177.60
列支敦士登	800.00	850.00	894.08	938.00	952.10
立陶宛	621.20	636.40	672.30	684.53	721.30
卢森堡	906.20	900.30	919.50	937.77	946.70
中国澳门	551.98	602.04	613.10	658.00	697.80
马其顿	519.00	567.00	574.50	612.00	680.60
马达加斯加	17.00	19.00	20.55	22.00	37.00
马拉维	22.60	33.30	43.51	54.00	58.30

续表

国家和地区	2010 年	2011 年	2012 年	2013 年	2014 年
马来西亚	563.00	610.00	658.00	669.70	675.00
马尔代夫	265.30	340.00	389.30	441.00	492.80
马里	19.00	20.00	21.69	23.00	70.00
马耳他	630.00	680.20	682.00	689.14	731.70
马绍尔群岛	70.00	80.60	100.00	117.00	168.00
毛里塔尼亚	40.00	45.00	53.69	62.00	107.00
毛里求斯	283.30	349.50	354.20	390.00	414.40
墨西哥	310.50	371.76	397.50	434.60	443.90
密克罗尼西亚联邦	200.00	228.00	259.74	278.00	296.50
摩尔多瓦	323.00	380.00	433.70	488.00	466.00
蒙古	102.00	125.00	164.00	177.00	270.00
摩洛哥	520.00	461.07	554.16	560.00	568.00
莫桑比克	41.70	43.00	48.49	54.00	59.40
缅甸	2.50	9.80	10.69	12.00	21.00
纳米比亚	116.00	120.00	129.41	139.00	148.40
尼泊尔	79.30	90.00	111.49	133.00	154.40
荷兰	907.20	914.20	928.60	939.56	931.70
新喀里多尼亚	420.00	500.00	580.00	660.00	700.00
新西兰	804.60	812.30	820.00	827.80	855.00
尼加拉瓜	100.00	106.00	135.00	155.00	176.00
尼日尔	8.30	13.00	14.08	17.00	19.50
尼日利亚	240.00	284.30	328.00	380.00	426.80
挪威	933.90	934.90	946.50	950.53	963.00
阿曼	358.28	480.00	600.00	664.50	702.20
巴拿马	401.00	427.00	403.02	429.00	449.20
巴布亚新几内亚	12.80	20.00	35.00	65.00	93.80
巴拉圭	198.00	247.64	293.40	369.00	430.00
秘鲁	347.70	360.10	382.00	392.00	402.00
菲律宾	250.00	290.00	362.35	370.00	396.90
波兰	623.20	619.50	623.10	628.49	666.00
葡萄牙	533.00	552.50	603.40	620.96	645.90
波多黎各	453.00	480.00	690.00	739.00	787.80
卡塔尔	690.00	690.00	693.00	853.00	914.90
罗马尼亚	399.30	400.10	458.80	497.65	540.80
俄罗斯	430.00	490.00	638.00	614.00	705.20
卢旺达	80.00	70.00	80.24	87.00	106.00
萨摩亚	70.00	110.00	129.22	153.00	212.00
圣多美和普林西比	187.50	201.61	215.72	230.00	244.10
沙特阿拉伯	410.00	475.00	540.00	605.00	637.00

续表

国家和地区	2010 年	2011 年	2012 年	2013 年	2014 年
塞内加尔	160.00	175.00	192.04	209.00	177.00
塞尔维亚和黑山	409.00	422.00	481.00	515.00	535.00
塞舌尔	410.00	431.64	470.76	504.00	542.60
塞拉利昂	5.80	9.00	13.00	17.00	21.00
新加坡	710.00	710.00	720.00	730.00	820.00
斯洛伐克	757.10	744.40	767.10	778.83	799.80
斯洛文尼亚	700.00	673.40	683.50	726.76	715.90
所罗门群岛	50.00	60.00	69.97	80.00	90.00
索马里	—	12.50	13.77	15.00	16.30
南非	240.00	339.70	410.00	489.00	490.00
西班牙	658.00	676.00	698.10	715.72	761.90
斯里兰卡	120.00	150.00	182.85	219.00	258.00
圣基茨和尼维斯	760.00	776.00	793.49	800.00	654.00
圣卢西亚	433.00	450.00	348.20	352.00	510.00
圣文森特和格林纳丁斯	385.00	430.10	475.20	520.00	564.80
苏丹	167.00	173.04	210.00	227.00	246.40
苏里南	315.90	320.00	346.81	374.00	159.00
斯威士兰	110.40	181.30	207.82	247.00	271.00
瑞典	900.00	927.70	931.80	947.84	925.20
瑞士	839.00	851.93	852.00	867.00	870.00
阿拉伯叙利亚共和国	207.00	225.00	243.00	262.00	280.90
塔吉克斯坦	115.50	130.30	145.10	160.00	174.90
坦桑尼亚	29.00	35.00	39.50	44.00	48.60
泰国	224.00	236.70	264.60	289.40	348.90
多哥	30.00	35.00	40.00	45.00	57.00
汤加	160.00	250.00	348.61	350.00	400.00
特立尼达和多巴哥	485.00	552.00	595.16	638.00	651.00
突尼斯	368.00	391.00	414.42	438.00	461.60
土耳其	398.20	430.66	451.30	462.50	510.40
土库曼斯坦	30.00	50.00	71.96	96.00	122.00
乌干达	125.00	130.14	146.90	162.00	177.10
乌克兰	233.00	287.08	352.70	418.00	434.00
阿联酋	680.00	780.00	850.00	880.00	904.00
英国	850.00	853.80	874.80	898.44	916.10
美国	716.90	697.29	793.00	842.00	873.60
乌拉圭	464.00	514.05	544.54	581.00	614.60
乌兹别克斯坦	200.00	302.00	365.21	382.00	435.50
瓦努阿图	80.00	92.00	105.98	113.00	188.00
委内瑞拉玻利瓦尔共和国	373.70	402.20	490.50	549.00	570.00

续表

国家和地区	2010 年	2011 年	2012 年	2013 年	2014 年
越南	306.50	350.70	394.90	439.00	483.10
美属维京群岛	312.20	356.00	405.48	453.00	500.70
约旦河西岸和加沙地带	374.00	410.80	434.00	466.00	536.70
也门共和国	123.50	149.05	174.47	200.00	225.50
赞比亚	100.00	115.00	134.68	154.00	173.40
津巴布韦	115.00	157.00	170.90	185.00	198.90

数据来源：世界银行数据库。

2010—2014 年世界各国每千人宽带用户数

单位：户

国家和地区	2010 年	2011 年	2012 年	2013 年	2014 年
世界	77.75	88.84	90.92	94.89	105.58
阿富汗	0.05	—	0.05	0.05	0.05
阿尔巴尼亚	33.50	40.64	50.60	57.53	65.74
阿尔及利亚	24.28	25.97	30.01	32.65	40.06
安道尔共和国	314.50	330.87	343.35	345.54	358.94
安哥拉	1.02	1.24	2.03	2.22	4.13
安提瓜和巴布达	81.61	68.06	46.37	44.84	118.30
阿根廷	99.59	111.93	125.29	138.55	155.73
亚美尼亚	28.74	51.93	69.64	78.76	91.45
澳大利亚	239.91	237.99	243.42	250.14	276.60
奥地利	241.49	246.42	250.24	260.15	276.67
阿塞拜疆	50.58	103.03	137.56	170.33	199.48
巴哈马	68.52	42.30	—	41.07	201.71
巴林	54.03	141.56	132.01	131.55	213.95
孟加拉国	2.74	3.07	3.88	6.32	19.51
巴巴多斯	200.40	215.20	236.15	238.19	271.72
白俄罗斯	175.52	221.92	269.10	297.65	288.40
比利时	306.78	320.61	332.66	343.95	359.93
伯利兹	28.89	30.66	30.78	31.33	29.14
贝宁	0.38	0.40	0.46	0.42	4.01
百慕大	617.39	—	—	613.70	530.56
不丹	12.10	18.14	22.60	27.17	32.63
玻利维亚	9.45	6.38	10.54	13.28	15.93
波黑	79.95	94.94	106.10	117.59	141.81

续表

国家和地区	2010 年	2011 年	2012 年	2013 年	2014 年
博茨瓦纳	6.08	7.91	9.40	10.68	16.33
巴西	67.96	85.59	91.55	100.77	116.76
文莱达鲁萨兰国	54.17	57.03	48.15	57.07	71.50
保加利亚	147.28	167.01	179.48	189.69	206.60
布基纳法索	0.88	0.88	0.87	0.77	0.31
布隆迪	0.04	0.04	0.05	0.01	0.16
柬埔寨	2.48	1.51	2.00	2.16	4.29
喀麦隆	0.29	0.51	0.64	0.76	0.71
加拿大	307.03	316.98	324.77	332.84	353.78
佛得角	32.96	43.49	40.16	42.52	34.43
智利	103.73	115.44	123.34	122.51	140.84
中国	92.91	114.35	127.21	136.34	143.84
哥伦比亚	55.91	70.04	81.62	92.85	102.73
科摩罗	0.48	0.57	1.72	1.77	2.10
刚果（金）	—	—	0.08	0.07	0.11
哥斯达黎加	84.86	87.31	93.24	97.21	105.22
科特迪瓦	—	—	2.33	2.77	6.10
克罗地亚	185.30	199.19	206.70	215.37	230.45
古巴	0.33	0.39	0.44	0.48	0.69
塞浦路斯	175.29	188.03	192.27	199.13	211.27
捷克	144.97	157.27	163.99	170.34	278.83
丹麦	371.94	375.74	388.01	401.74	413.45
吉布提	9.66	13.35	17.34	20.28	22.68
多米尼克	116.78	116.34	118.58	148.15	157.59
多米尼加共和国	36.93	39.79	43.47	46.61	56.99
厄瓜多尔	13.19	40.59	52.85	63.39	82.57
阿拉伯埃及共和国	18.57	23.22	28.33	32.60	36.79
萨尔瓦多	28.19	32.93	38.44	44.53	49.96
赤道几内亚	1.70	1.88	2.01	4.65	4.99
爱沙尼亚	240.24	245.12	254.67	265.38	289.00
埃塞俄比亚	0.05	0.05	0.07	2.53	4.88
法罗群岛	317.34	321.73	329.74	337.59	349.82
斐济	27.02	26.79	15.45	11.96	14.01
芬兰	285.54	294.80	303.75	308.96	323.05
法国	337.45	357.79	374.98	387.92	401.74
法属波利尼西亚	120.30	132.90	146.81	162.19	177.75
加蓬	2.62	2.82	3.06	5.32	6.31
冈比亚	0.21	0.25	0.28	0.24	1.44
格鲁吉亚	52.61	74.21	90.04	102.42	121.53

续表

国家和地区	2010 年	2011 年	2012 年	2013 年	2014 年
德国	314.27	327.96	337.04	345.76	357.80
加纳	2.06	2.52	2.58	2.66	2.65
希腊	202.56	221.49	241.39	261.51	283.60
格陵兰	218.02	208.90	199.15	189.52	181.93
格林纳达	137.92	139.65	151.68	169.98	182.87
关岛	18.82	—	—	18.17	17.91
危地马拉	18.06	—	18.15	18.02	27.35
圭亚那	0.05	0.05	0.06	0.07	56.27
中国香港	299.47	316.91	311.69	307.54	314.24
匈牙利	205.48	220.89	228.65	241.20	273.47
冰岛	336.47	341.59	342.61	351.48	359.15
印度	9.12	10.93	12.11	11.61	12.43
印度尼西亚	9.47	11.22	12.08	13.01	11.90
伊朗伊斯兰共和国	12.92	23.51	40.25	56.18	94.63
爱尔兰	210.72	219.70	227.20	242.38	269.12
以色列	237.45	249.13	253.40	256.69	272.43
意大利	215.86	221.17	221.45	222.99	235.37
牙买加	42.56	42.93	44.44	47.61	54.15
日本	267.69	273.83	283.76	288.37	293.11
约旦	30.33	29.70	28.12	28.26	46.87
哈萨克斯坦	54.62	74.13	97.85	116.01	129.34
肯尼亚	0.10	1.01	0.99	1.29	1.86
韩国	354.84	366.47	372.47	380.35	387.76
科威特	15.38	15.04	14.46	13.95	13.80
吉尔吉斯共和国	3.92	6.84	8.79	9.62	41.58
老挝	0.88	0.97	1.14	1.33	1.64
拉脱维亚	208.02	220.62	233.50	246.79	247.41
黎巴嫩	69.80	82.85	97.05	99.54	227.98
莱索托	0.20	0.66	0.71	1.10	0.72
利比亚	12.05	11.47	10.93	10.43	10.04
列支敦士登	422.20	399.36	305.24	324.98	419.69
立陶宛	192.48	203.97	211.49	220.11	266.55
卢森堡	331.51	328.76	324.01	334.89	348.01
中国澳门	247.05	252.00	259.70	268.01	280.63
马其顿	113.13	123.21	136.97	156.99	167.94
马达加斯加	0.25	0.32	0.39	0.61	1.05
马拉维	0.07	0.07	0.08	0.17	0.51
马来西亚	64.92	74.33	84.13	82.21	101.40
马尔代夫	46.51	52.54	52.77	58.37	56.44

续表

国家和地区	2010年	2011年	2012年	2013年	2014年
马里	0.17	0.16	0.22	0.19	0.19
马耳他	285.42	293.58	310.50	327.62	352.34
毛里塔尼亚	1.61	1.65	1.76	1.94	2.01
毛里求斯	75.57	94.58	112.14	125.36	145.70
墨西哥	94.17	99.43	105.23	111.39	104.79
密克罗尼西亚联邦	9.63	—	—	19.92	29.76
摩尔多瓦	75.31	100.23	118.71	133.94	147.11
蒙古	26.43	32.27	37.50	49.22	68.45
摩洛哥	15.76	18.37	20.96	25.33	29.66
莫桑比克	0.61	0.86	0.81	0.70	0.76
缅甸	0.44	0.35	1.21	1.79	2.67
纳米比亚	4.32	8.34	11.77	12.93	17.55
尼泊尔	2.18	3.49	6.23	7.51	8.91
荷兰	380.92	389.89	398.11	400.79	407.74
新喀里多尼亚	155.03	171.21	189.21	208.97	224.38
新西兰	240.38	258.27	278.04	292.07	309.80
尼加拉瓜	12.59	14.41	16.91	21.66	24.77
尼日尔	0.09	0.13	0.21	0.36	0.50
尼日利亚	0.62	—	0.08	0.09	0.09
挪威	345.12	352.88	363.27	364.30	388.28
阿曼	18.33	17.38	21.49	26.22	45.09
巴拿马	70.22	75.62	77.50	77.07	78.98
巴布亚新几内亚	0.89	1.07	1.28	1.54	1.77
巴拉圭	4.36	9.41	11.91	15.85	24.34
秘鲁	31.15	40.19	47.45	51.83	57.43
菲律宾	18.43	18.84	22.20	26.15	232.19
波兰	129.86	147.16	155.84	156.08	189.27
葡萄牙	198.71	211.61	225.41	238.37	256.68
波多黎各	148.67	150.77	155.12	162.69	165.69
卡塔尔	82.33	85.30	89.58	99.36	99.05
罗马尼亚	136.31	149.62	161.71	173.28	185.21
俄罗斯	109.32	121.45	144.61	166.17	175.13
卢旺达	0.24	0.45	0.24	0.24	0.24
萨摩亚	1.08	—	—	1.05	10.54
圣马力诺	194.16	210.58	316.89	325.33	369.82
圣多美和普林西比	3.28	4.02	4.14	5.07	5.56
沙特阿拉伯	54.90	56.80	69.49	73.25	233.84
塞内加尔	6.07	6.95	6.96	7.55	7.10
塞尔维亚和黑山	101.30	117.26	129.14	139.33	155.67

续表

国家和地区	2010 年	2011 年	2012 年	2013 年	2014 年
塞舌尔	68.83	98.04	110.34	129.40	126.75
新加坡	249.81	256.15	254.41	257.00	267.17
斯洛伐克	127.80	137.26	146.61	155.22	218.41
斯洛文尼亚	227.52	236.50	242.77	249.64	265.51
所罗门群岛	4.79	4.52	3.88	3.36	2.33
南非	14.44	17.46	21.14	30.60	32.11
西班牙	228.08	237.47	243.75	255.71	272.68
斯里兰卡	11.00	17.16	16.78	19.91	26.47
圣基茨和尼维斯	278.88	237.87	242.61	245.43	255.53
圣卢西亚	115.51	119.04	135.86	137.16	153.97
圣文森特和格林纳丁斯	114.37	121.15	124.49	133.52	149.19
苏丹	0.31	0.48	0.67	1.18	0.54
苏里南	28.85	43.72	54.75	68.79	85.31
斯威士兰	1.65	2.29	2.79	3.36	4.02
瑞典	319.40	320.11	322.76	325.53	340.70
瑞士	371.81	388.67	401.46	430.09	424.73
阿拉伯叙利亚共和国	3.24	5.56	11.06	15.81	22.80
塔吉克斯坦	0.62	0.64	0.67	0.71	0.73
坦桑尼亚	0.07	0.58	0.83	1.05	1.67
泰国	48.97	57.41	65.16	73.51	84.69
多哥	0.61	0.80	1.06	1.01	1.80
汤加	10.57	12.43	14.29	16.14	17.02
特立尼达和多巴哥	109.20	116.26	137.54	145.56	175.66
突尼斯	45.32	51.98	48.54	47.71	44.84
土耳其	98.25	103.76	106.20	111.87	116.91
土库曼斯坦	0.14	0.22	0.27	0.34	0.43
乌干达	0.41	1.01	1.06	1.10	2.92
乌克兰	64.16	69.20	80.02	88.31	92.94
阿联酋	93.21	97.14	103.39	111.14	115.58
英国	308.28	329.23	344.34	357.31	373.76
美国	265.04	274.51	284.53	285.40	310.59
乌拉圭	108.98	134.53	165.85	211.32	245.78
乌兹别克斯坦	4.25	5.25	7.45	10.59	18.66
瓦努阿图	2.12	1.39	1.25	1.19	17.69
委内瑞拉玻利瓦尔共和国	55.96	60.40	67.02	73.11	77.80
越南	41.21	42.69	48.97	56.19	64.84
美属维京群岛	85.54	—	—	85.34	85.21
也门共和国	3.69	4.68	7.01	10.52	13.62
赞比亚	0.78	1.17	1.05	0.75	1.42
津巴布韦	2.52	2.55	5.21	7.32	10.43

数据来源：世界银行数据库。

2010—2014 年世界各国信息和通信技术产品出口占产品出口总量的比重

单位：%

国家和地区	2010 年	2011 年	2012 年	2013 年	2014 年
世界	11.04	10.01	10.38	9.79	10.83
阿尔巴尼亚	0.84	0.52	0.39	0.36	0.07
阿根廷	0.11	0.10	0.10	0.15	0.23
亚美尼亚	0.75	0.73	1.26	0.16	0.26
澳大利亚	0.96	0.85	0.88	0.92	1.08
奥地利	3.95	3.79	3.89	4.21	4.28
巴哈马	0.16	1.69	0.23	0.26	0.62
巴林	0.25	0.57	—	—	1.71
巴巴多斯	1.51	0.66	0.76	0.70	0.77
白俄罗斯	0.50	0.38	0.63	0.66	0.56
比利时	2.33	2.19	2.06	1.74	1.75
波黑	0.15	0.14	0.19	0.18	0.17
博茨瓦纳	0.27	0.14	0.19	0.10	0.11
巴西	1.01	0.70	0.55	0.48	0.39
保加利亚	2.47	2.13	1.96	2.35	2.52
布吉纳法索	0.01	0.04	—	0.04	0.03
布隆迪	0.41	0.18	0.15	—	0.57
柬埔寨	0.09	0.05	0.18	1.23	—
喀麦隆	0.02	0.04	0.02	—	0.03
加拿大	2.76	2.48	2.27	2.10	1.93
智利	0.37	0.36	0.34	0.40	0.50
中国	29.12	26.76	27.06	27.42	25.94
哥伦比亚	0.15	0.10	0.12	0.15	0.18
哥斯达黎加	19.91	19.49	19.45	21.87	—
克罗地亚	2.10	1.55	1.89	1.45	2.01
塞浦路斯	9.17	5.64	3.48	3.88	4.98
捷克	15.01	15.33	14.53	13.09	13.42
丹麦	3.62	3.44	3.49	3.34	3.61
多米尼克	2.45	—	7.77	—	—
多米尼加共和国	1.98	2.07	0.93	—	1.01

续表

国家和地区	2010 年	2011 年	2012 年	2013 年	2014 年
厄瓜多尔	0.12	0.12	0.07	0.07	0.05
阿拉伯埃及共和国	0.14	0.23	0.24	0.42	2.84
萨尔瓦多	0.33	0.32	0.37	0.45	0.39
爱沙尼亚	7.95	11.47	10.89	11.61	12.72
埃塞俄比亚	0.15	0.13	0.16	0.08	0.18
斐济	0.24	0.83	0.83	0.83	4.33
芬兰	6.36	4.92	3.98	2.31	2.62
法国	4.41	4.27	4.08	3.96	3.86
法属波利尼西亚	0.79	0.52	0.41	0.52	0.86
冈比亚	0.23	0.11	—	0.10	0.14
格鲁吉亚	0.24	0.30	0.46	0.69	0.63
德国	5.09	4.60	4.41	4.27	4.52
加纳	0.02	0.05	0.05	0.19	—
希腊	2.50	2.01	1.68	1.36	2.41
危地马拉	0.88	0.32	0.32	0.25	0.24
几内亚	—	—	—	—	0.04
圭亚那	0.06	0.28	0.09	0.08	0.09
洪都拉斯	0.15	0.20	0.29	—	0.17
中国香港	44.16	42.48	42.18	41.54	45.50
匈牙利	25.59	21.58	17.39	14.80	11.95
冰岛	0.07	0.07	0.17	0.10	0.15
印度	2.00	2.18	1.98	1.59	0.97
印度尼西亚	4.98	3.86	4.06	3.62	3.47
伊朗伊斯兰共和国	0.04	0.01	—	—	—
爱尔兰	7.49	5.78	5.76	5.83	5.75
以色列	12.29	10.69	11.70	11.84	11.19
意大利	2.15	2.10	—	1.75	1.67
牙买加	0.39	0.74	0.39	0.34	0.29
日本	10.67	9.23	9.15	8.64	8.37
约旦	1.29	1.47	—	1.39	1.89
哈萨克斯坦	0.05	0.14	0.44	0.34	0.84
肯尼亚	1.35	—	—	—	—
韩国	21.40	17.99	17.16	19.14	19.79
科威特	—	—	—	0.05	0.06
吉尔吉斯斯坦	0.56	0.24	0.08	0.06	—
拉脱维亚	5.77	5.39	6.14	7.67	9.80
黎巴嫩	7.11	0.95	0.65	0.86	1.04
立陶宛	2.71	2.40	2.27	2.43	2.94
卢森堡	2.87	2.87	2.74	2.04	1.99

续表

国家和地区	2010 年	2011 年	2012 年	2013 年	2014 年
中国澳门	4.60	5.20	14.86	—	12.17
马达加斯加	0.24	0.22	0.13	0.11	0.06
马拉维	0.36	0.24	—	0.06	0.63
马来西亚	34.01	29.44	27.92	28.18	28.73
马里	0.10	0.09	0.05	—	—
马耳他	30.87	22.89	20.20	18.80	15.17
毛里求斯	1.12	0.55	0.76	2.84	11.76
墨西哥	20.17	16.98	16.85	16.27	16.03
摩尔多瓦	0.68	0.56	0.26	0.17	0.20
蒙古	—	—	—	0.19	0.07
摩洛哥	3.77	3.26	3.08	2.87	2.71
莫桑比克	0.11	0.02	0.01	0.11	0.03
纳米比亚	0.52	0.63	0.65	0.64	0.87
荷兰	12.46	11.91	10.20	10.33	10.82
新西兰	1.20	1.18	1.13	0.98	0.88
尼加拉瓜	0.14	0.14	0.18	—	0.08
尼日尔	0.33	0.27	0.19	0.45	0.40
挪威	1.43	1.04	0.79	0.80	0.88
阿曼	0.10	0.14	0.11	0.09	—
巴基斯坦	0.20	0.24	0.24	0.23	0.19
巴拿马	9.60	7.87	—	—	—
巴拉圭	0.08	0.07	0.09	0.05	0.14
秘鲁	0.08	0.05	0.08	0.12	0.10
菲律宾	26.77	22.74	29.47	31.60	34.62
波兰	9.63	7.04	7.04	6.82	7.74
葡萄牙	3.98	3.83	3.38	2.70	2.28
卡塔尔	0.04	0.02	—	—	0.00
罗马尼亚	8.39	7.82	4.99	3.97	3.83
俄罗斯	0.22	0.24	0.31	0.42	0.80
卢旺达	0.61	0.47	0.23	0.46	1.12
萨摩亚	0.10	0.51	0.14	0.06	0.37
沙特阿拉伯	0.11	0.11	—	0.22	—
塞内加尔	0.38	0.44	0.31	—	0.36
塞尔维亚	1.63	1.42	2.11	1.50	1.39
新加坡	34.33	28.91	28.40	29.94	29.95
斯洛伐克	19.13	16.10	16.60	17.55	17.63
斯洛文尼亚	2.18	1.92	1.79	1.67	1.88
南非	0.97	0.82	1.05	1.22	1.59
西班牙	2.19	1.53	1.27	1.07	1.13

续表

国家和地区	2010 年	2011 年	2012 年	2013 年	2014 年
斯里兰卡	0.46	0.39	0.50	0.30	0.62
圣文森特和格林纳丁斯	1.35	0.67	2.48	—	—
苏丹	0.01	0.01	0.01	—	—
瑞典	9.72	9.17	7.22	6.72	6.92
瑞士	1.64	1.47	1.45	1.48	—
坦桑尼亚	0.35	0.15	0.14	0.17	0.40
泰国	18.93	15.57	16.04	15.59	16.03
多哥	0.21	0.07	0.04	0.03	0.78
特立尼达和多巴哥	0.05	—	—	—	—
突尼斯	6.53	7.38	—	5.85	—
土耳其	1.84	1.66	1.74	1.45	1.52
乌干达	5.65	6.35	6.55	2.32	0.67
乌克兰	1.07	0.89	1.10	0.93	0.96
英国	5.97	5.00	4.24	3.82	4.16
美国	10.54	9.50	9.02	8.87	8.97
乌拉圭	0.05	0.06	0.09	0.08	0.10
委内瑞拉玻利瓦尔共和国	0.02	0.01	—	0.00	—
越南	7.91	11.64	—	24.54	23.97
也门共和国	0.04	0.01	0.01	0.01	0.08
赞比亚	0.04	0.04	—	0.23	0.10
津巴布韦	0.04	0.03	0.04	0.04	0.06

数据来源：世界银行数据库。

2010—2014 年世界各国信息和通信技术产品进口占产品进口总量的比重

单位：%

国家和地区	2010 年	2011 年	2012 年	2013 年	2014 年
世界	12.46	11.06	11.25	11.06	11.61
阿尔巴尼亚	4.11	3.60	2.97	2.97	1.02
阿尔及利亚	2.96	3.40	4.03	4.15	5.08
阿根廷	9.06	3.80	8.29	8.51	7.35
亚美尼亚	4.66	4.20	3.69	2.98	3.51
澳大利亚	10.64	9.80	8.89	8.86	9.18
奥地利	5.80	4.90	5.14	5.24	5.25
阿塞拜疆	3.47	3.50	3.31	2.41	2.97
巴哈马	2.83	2.70	3.89	2.90	3.00
巴林	4.44	5.80	—	—	3.77
巴巴多斯	6.13	5.00	4.43	5.43	5.37
白俄罗斯	2.45	1.70	2.44	3.62	3.17
比利时	3.54	3.40	3.10	2.75	2.88
伯利兹	3.65	2.40	3.56	2.83	2.94
玻利维亚	3.40	3.30	3.24	2.74	3.73
波黑	2.89	2.60	2.68	2.80	2.93
博茨瓦纳	3.10	2.50	2.45	2.23	2.57
巴西	9.46	8.80	8.82	8.65	8.79
保加利亚	5.64	5.60	6.20	4.71	4.93
布吉纳法索	2.54	3.20	—	1.85	2.35
布隆迪	5.81	1.71	1.94	—	4.48
柬埔寨	2.55	2.10	1.68	1.48	—
喀麦隆	2.56	2.80	2.71	—	4.21
加拿大	8.43	8.00	7.32	7.30	6.87
佛得角	7.55	3.30	3.67	3.89	4.41
智利	8.19	7.10	7.26	7.64	7.18
中国	20.40	18.00	19.56	20.55	19.72
哥伦比亚	9.63	8.50	8.97	9.95	10.17
哥斯达黎加	17.72	18.20	18.31	18.47	—
克罗地亚	5.52	4.20	4.35	5.45	4.86
塞浦路斯	4.75	4.60	4.11	4.44	4.26

续表

国家和地区	2010 年	2011 年	2012 年	2013 年	2014 年
捷克	17.79	15.80	14.73	13.69	14.11
丹麦	7.94	7.90	8.22	7.26	7.28
多米尼克	4.81	—	4.31	—	—
多米尼加共和国	4.76	3.50	3.24	—	3.67
厄瓜多尔	6.29	6.31	6.43	6.64	6.58
萨尔瓦多	5.39	5.03	5.01	4.98	5.16
爱沙尼亚	9.64	11.43	10.67	10.72	11.49
埃塞俄比亚	8.38	3.83	3.45	3.33	4.56
斐济	3.87	3.67	4.25	3.66	5.72
芬兰	8.23	7.13	6.91	5.77	6.24
法国	7.33	6.54	6.22	6.25	6.21
法属波利尼西亚	6.01	5.64	5.17	5.37	4.95
冈比亚	1.46	1.90	—	1.76	2.20
格鲁吉亚	5.32	4.92	4.90	5.10	5.50
德国	9.16	7.95	7.55	7.20	7.74
加纳	7.13	5.30	4.42	3.77	—
希腊	4.98	5.00	5.10	3.95	4.17
危地马拉	6.81	6.00	5.65	5.65	5.87
几内亚	—	—	—	—	3.20
圭亚那	2.91	3.62	5.80	2.45	2.34
洪都拉斯	5.87	4.79	5.00	—	5.20
中国香港	42.76	40.41	40.79	38.76	43.52
匈牙利	21.20	17.48	16.15	15.10	12.51
冰岛	4.26	4.37	4.09	4.79	5.12
印度	6.31	5.97	5.31	5.78	6.31
印度尼西亚	8.49	7.41	7.08	7.09	7.00
伊朗伊斯兰共和国	3.63	4.60	—	—	—
爱尔兰	10.18	9.33	9.02	9.01	9.44
以色列	9.20	8.73	8.86	8.76	9.00
意大利	7.73	6.21	—	4.64	4.81
牙买加	3.88	2.87	2.50	2.58	3.65
日本	12.00	10.14	10.24	10.89	11.26
约旦	4.26	4.10	—	3.45	3.17
哈萨克斯坦	4.97	5.74	5.81	5.83	5.99
肯尼亚	7.22	—	—	—	—
韩国	11.88	10.43	9.79	10.44	11.42
科威特	—	—	—	6.84	7.21
吉尔吉斯斯坦	2.71	3.82	2.34	2.21	—
拉脱维亚	6.42	5.44	5.96	7.02	8.95

续表

国家和地区	2010 年	2011 年	2012 年	2013 年	2014 年
黎巴嫩	2.79	2.34	2.18	3.14	2.52
立陶宛	4.12	3.70	3.63	3.61	4.07
卢森堡	4.93	4.02	4.06	3.79	3.96
中国澳门	12.63	13.20	14.49	—	12.35
马其顿	4.83	3.69	4.01	4.01	3.92
马达加斯加	3.13	2.56	2.38	1.41	2.47
马拉维	5.15	3.54	—	2.15	3.37
马来西亚	29.80	25.62	23.09	22.61	23.08
马里	2.57	2.95	3.62	—	—
马耳他	15.43	13.00	10.88	11.49	6.86
毛里求斯	5.07	4.35	5.12	5.60	9.70
墨西哥	19.23	17.28	16.51	17.11	16.34
摩尔多瓦	3.94	3.45	3.34	3.32	3.10
蒙古	—	—	—	3.46	3.88
摩洛哥	5.87	4.78	3.51	3.61	3.80
莫桑比克	1.83	1.48	2.25	3.01	3.97
纳米比亚	3.59	3.62	3.10	3.51	3.02
荷兰	14.54	12.85	12.09	12.56	12.90
新西兰	8.32	8.03	7.67	7.55	6.91
尼加拉瓜	4.77	4.40	4.13	4.39	5.25
尼日尔	1.95	3.19	1.85	2.67	2.86
挪威	7.45	6.92	7.07	6.91	6.89
阿曼	2.40	2.91	2.98	2.38	3.01
巴基斯坦	3.35	3.56	4.36	3.79	4.59
巴拿马	9.57	8.08	—	5.26	4.86
巴拉圭	27.01	21.56	19.11	17.78	14.55
秘鲁	7.48	7.39	7.82	7.85	8.99
菲律宾	31.63	13.16	24.75	23.21	20.89
波兰	9.81	7.33	8.20	8.62	8.88
葡萄牙	5.72	5.01	5.06	4.68	4.67
卡塔尔	4.28	—	—	5.57	5.57
罗马尼亚	9.30	7.98	6.77	7.06	7.08
俄罗斯	8.53	7.16	7.50	6.84	7.88
卢旺达	—	7.04	7.80	7.05	9.17
萨摩亚	2.37	2.76	2.74	2.71	3.76
沙特阿拉伯	7.17	7.99	—	7.41	—
塞内加尔	3.27	2.68	2.18	—	2.76
塞尔维亚	4.22	3.92	3.78	3.72	3.17
新加坡	27.85	23.54	23.41	24.87	24.48

续表

国家和地区	2010年	2011年	2012年	2013年	2014年
斯洛伐克	15.62	11.53	12.81	14.23	14.50
斯洛文尼亚	4.66	3.97	3.57	3.28	3.75
南非	9.44	8.38	7.64	8.18	7.82
西班牙	6.68	5.24	4.62	4.54	4.60
斯里兰卡	2.95	3.54	3.72	3.78	3.39
圣文森特和格林纳丁斯	3.67	3.60	—	—	—
苏丹	3.95	3.68	3.80	—	—
瑞典	11.34	10.67	10.05	9.72	9.89
瑞士	5.88	5.59	5.45	5.58	4.08
阿拉伯叙利亚共和国	2.22	—	—	—	—
坦桑尼亚	3.77	3.66	3.63	3.44	3.08
泰国	14.18	11.92	11.82	11.30	12.62
多哥	5.07	4.52	1.86	1.34	—
特立尼达和多巴哥	3.07	—	—	—	—
突尼斯	6.31	6.63	—	4.96	—
土耳其	4.47	3.83	4.18	4.57	5.09
乌干达	7.42	7.82	6.63	5.39	4.26
乌克兰	3.19	2.59	3.77	3.79	3.56
英国	9.36	8.19	7.30	7.86	7.82
美国	14.24	12.84	12.82	12.96	13.06
乌拉圭	5.64	5.26	5.64	6.09	6.95
委内瑞拉玻利瓦尔共和国	7.57	6.39	—	4.19	—
越南	8.40	10.17	—	19.93	19.14
也门共和国	1.34	0.99	1.03	1.16	1.33
赞比亚	2.35	2.97	—	2.22	2.48
津巴布韦	5.53	2.84	3.37	3.78	3.87

数据来源：世界银行数据库。

附　录

2015 年中国政府网站绩效评估排名

（一）部委网站绩效评估前 20 名

排　名	部　委	健康指数	信息公开指数	办事服务指数	互动交流指数	回应关切指数	网站功能指数	优秀案例指数	总分（分）
1	商务部	0.87	0.69	0.68	0.74	0.74	0.72	0.90	84.6
2	质检总局	0.88	0.65	0.65	0.73	0.79	0.65	0.85	83.3
2	税务总局	0.87	0.67	0.61	0.72	0.76	0.71	0.90	83.3
3	林业局	0.84	0.65	0.63	0.76	0.69	0.73	0.90	82.3
4	交通运输部	0.88	0.68	0.62	0.74	0.69	0.48	0.85	80.2
5	工业和信息化部	0.83	0.64	0.63	0.72	0.79	0.67	0.60	78.7
6	工商总局	0.83	0.58	0.58	0.69	0.59	0.60	0.90	76.2
7	食品药品监管总局	0.82	0.58	0.59	0.65	0.61	0.60	0.90	75.7
8	农业部	0.81	0.56	0.60	0.72	0.58	0.60	0.85	74.8
9	发展改革委	0.85	0.59	0.56	0.68	0.60	0.47	0.75	73.5
10	海关总署	0.84	0.59	0.58	0.68	0.56	0.41	0.80	72.7
10	公安部	0.84	0.64	0.57	0.71	0.61	0.41	0.60	72.7
11	水利部	0.84	0.54	0.56	0.67	0.59	0.38	0.85	72.0
12	科技部	0.85	0.56	0.60	0.69	0.61	0.51	0.50	71.6
13	国土资源部	0.82	0.55	0.63	0.64	0.60	0.47	0.55	70.1
14	安全监管总局	0.80	0.52	0.52	0.64	0.59	0.38	0.85	69.4
15	卫生计生委	0.80	0.50	0.51	0.72	0.57	0.36	0.80	68.5
16	财政部	0.80	0.57	0.60	0.66	0.59	0.35	0.50	67.8
17	文化部	0.80	0.58	0.52	0.63	0.61	0.35	0.50	67.1
18	证监会	0.80	0.61	0.53	0.68	0.54	0.32	0.50	66.9
19	教育部	0.82	0.52	0.57	0.65	0.49	0.40	0.50	66.0
20	邮政局	0.80	0.50	0.55	0.73	0.60	0.27	0.50	65.5

（二）省级政府网站评估前20名

排　名	省（市）	健康指数	信息公开指数	办事服务指数	互动交流指数	回应关切指数	网站功能指数	优秀创新案例	总分（分）
1	北京	0.89	0.85	0.73	0.83	0.63	0.78	0.90	89.4
2	上海	0.88	0.83	0.70	0.82	0.65	0.76	0.90	88.3
3	四川	0.82	0.86	0.71	0.81	0.65	0.78	0.90	87.3
4	广东	0.85	0.81	0.76	0.78	0.60	0.72	0.90	86.4
5	浙江	0.83	0.78	0.79	0.75	0.54	0.72	0.90	84.8
6	福建	0.75	0.78	0.76	0.76	0.63	0.71	0.85	82.5
6	海南	0.77	0.74	0.76	0.75	0.64	0.72	0.85	82.5
7	湖北	0.83	0.71	0.68	0.75	0.60	0.72	0.85	81.7
8	湖南	0.86	0.74	0.58	0.75	0.63	0.66	0.75	80.5
8	安徽	0.80	0.72	0.67	0.76	0.64	0.73	0.75	80.5
9	江苏	0.86	0.63	0.68	0.71	0.63	0.65	0.70	78.7
10	江西	0.84	0.62	0.66	0.68	0.58	0.67	0.75	77.5
11	贵州	0.81	0.66	0.64	0.62	0.58	0.62	0.85	76.9
12	广西	0.85	0.61	0.61	0.58	0.43	0.72	0.85	75.2
13	内蒙古	0.83	0.62	0.59	0.63	0.63	0.64	0.65	74.9
14	陕西	0.80	0.63	0.61	0.70	0.60	0.63	0.55	73.7
15	河北	0.79	0.59	0.55	0.66	0.58	0.58	0.65	71.2
16	云南	0.77	0.58	0.53	0.53	0.52	0.58	0.70	68.5
17	山东	0.75	0.58	0.46	0.62	0.39	0.56	0.75	66.7
18	甘肃	0.77	0.55	0.48	0.60	0.49	0.55	0.50	65.1
19	辽宁	0.77	0.55	0.46	0.61	0.43	0.51	0.55	64.4
20	天津	0.76	0.51	0.45	0.56	0.48	0.52	0.60	63.6

（三）副省级城市政府网站评估结果

排　名	副省级城市	健康指数	信息公开指数	办事服务指数	互动交流指数	回应关切指数	网站功能指数	优秀创新案例	总分（分）
1	深圳	0.84	0.87	0.67	0.71	0.79	0.70	0.85	85.9
2	青岛	0.85	0.86	0.62	0.74	0.76	0.71	0.80	84.4
3	成都	0.81	0.86	0.63	0.64	0.83	0.64	0.90	83.3
4	广州	0.81	0.80	0.65	0.74	0.79	0.64	0.70	81.5
4	武汉	0.82	0.77	0.60	0.65	0.81	0.67	0.90	81.5
5	济南	0.82	0.81	0.59	0.72	0.74	0.63	0.75	80.4
6	西安	0.81	0.72	0.62	0.74	0.70	0.63	0.80	79.5
6	南京	0.82	0.76	0.62	0.70	0.70	0.62	0.75	79.5
7	厦门	0.77	0.79	0.59	0.70	0.76	0.61	0.70	77.7
8	杭州	0.80	0.75	0.48	0.58	0.66	0.54	0.50	70.7
9	哈尔滨	0.75	0.74	0.48	0.56	0.58	0.51	0.45	67.1
10	大连	0.76	0.64	0.46	0.59	0.64	0.52	0.50	66.7
11	沈阳	0.77	0.64	0.44	0.51	0.54	0.46	0.50	64.3
12	宁波	0.74	0.68	0.41	0.52	0.51	0.49	0.55	63.8

（四）省会城市政府网站评估前20名

排　名	省会城市	健康指数	信息公开指数	办事服务指数	互动交流指数	回应关切指数	网站功能指数	优秀创新案例	总分（分）
1	成都	0.81	0.86	0.63	0.64	0.83	0.64	0.90	83.3
2	长沙	0.82	0.83	0.62	0.70	0.76	0.60	0.90	82.4
3	广州	0.81	0.80	0.65	0.74	0.79	0.64	0.70	81.5
3	武汉	0.82	0.77	0.60	0.65	0.81	0.67	0.90	81.5
4	济南	0.82	0.81	0.59	0.72	0.74	0.63	0.75	80.4
5	西安	0.81	0.72	0.62	0.74	0.70	0.63	0.80	79.5
5	南京	0.82	0.76	0.62	0.70	0.70	0.62	0.75	79.5
6	福州	0.81	0.80	0.58	0.65	0.70	0.58	0.80	78.4
7	合肥	0.78	0.82	0.62	0.65	0.65	0.57	0.75	77.7
8	贵阳	0.79	0.79	0.53	0.61	0.73	0.57	0.60	74.2
9	太原	0.80	0.81	0.50	0.57	0.70	0.56	0.55	73.2
10	南宁	0.74	0.81	0.61	0.57	0.58	0.66	0.45	72.6
11	南昌	0.78	0.78	0.46	0.59	0.70	0.61	0.50	71.0
12	杭州	0.80	0.75	0.48	0.58	0.66	0.54	0.50	70.7
13	哈尔滨	0.75	0.74	0.48	0.56	0.58	0.51	0.45	67.1
14	昆明	0.74	0.69	0.49	0.52	0.61	0.46	0.50	66.2
15	沈阳	0.81	0.64	0.40	0.51	0.54	0.46	0.50	64.3
16	海口	0.71	0.64	0.43	0.56	0.53	0.46	0.50	62.8
17	郑州	0.71	0.65	0.39	0.52	0.58	0.46	0.50	61.6
18	长春	0.71	0.60	0.42	0.56	0.51	0.42	0.45	60.7
19	石家庄	0.72	0.56	0.38	0.53	0.53	0.44	0.50	59.7
20	兰州	0.67	0.55	0.37	0.54	0.51	0.42	0.45	57.0

（五）地市政府网站评估前20名

排　名	地市政府	健康情况	信息公开指数	办事服务指数	互动交流指数	回应关切指数	网站功能指数	优秀创新案例	总分（分）
1	佛山	0.85	0.72	0.64	0.71	0.64	0.67	0.90	81.7
2	苏州	0.83	0.71	0.63	0.68	0.70	0.66	0.90	80.8
3	宿迁	0.83	0.71	0.63	0.62	0.71	0.64	0.85	79.3
4	柳州	0.82	0.71	0.59	0.69	0.73	0.67	0.80	78.9
5	凉山州	0.81	0.71	0.60	0.70	0.68	0.69	0.75	78.2
6	潍坊	0.81	0.71	0.55	0.68	0.68	0.73	0.75	77.2
6	无锡	0.85	0.68	0.62	0.66	0.69	0.66	0.60	77.2
7	中山	0.81	0.73	0.60	0.65	0.74	0.64	0.60	76.7
8	温州	0.84	0.70	0.57	0.64	0.70	0.65	0.65	76.5
9	镇江	0.81	0.67	0.58	0.73	0.70	0.62	0.70	76.2
10	鄂尔多斯	0.80	0.70	0.55	0.63	0.66	0.59	0.85	76.0
11	南平	0.82	0.68	0.58	0.66	0.65	0.69	0.60	75.5
12	六安	0.82	0.71	0.58	0.58	0.66	0.65	0.65	75.3

续表

排　名	城市政府	健康情况	信息公开指数	办事服务指数	互动交流指数	回应关切指数	网站功能指数	优秀创新案例	总分（分）
13	龙岩	0.82	0.71	0.59	0.57	0.64	0.61	0.65	74.9
14	攀枝花	0.81	0.73	0.55	0.69	0.61	0.57	0.65	74.6
15	郴州	0.83	0.69	0.52	0.61	0.56	0.61	0.75	74.0
16	宁德	0.81	0.71	0.53	0.67	0.56	0.49	0.75	73.4
17	威海	0.81	0.71	0.53	0.65	0.60	0.61	0.55	72.8
18	宜昌	0.83	0.71	0.54	0.58	0.59	0.45	0.65	72.1
19	汕头	0.81	0.68	0.53	0.65	0.55	0.55	0.60	71.8
20	江门	0.82	0.60	0.51	0.68	0.54	0.62	0.65	71.4

（六）区县政府网站评估前20名

排　名	区县政府	所属省市	健康指数	信息公开指数	办事服务指数	互动交流指数	回应关切指数	网站功能指数	优秀创新案例	总分（分）
1	思明区	厦门市	0.83	0.68	0.57	0.70	0.61	0.61	0.55	74.4
2	福田区	深圳市	0.80	0.68	0.61	0.70	0.60	0.65	0.50	74.0
3	禅城区	佛山市	0.81	0.68	0.55	0.73	0.43	0.65	0.70	73.8
4	罗湖区	深圳市	0.81	0.71	0.60	0.56	0.49	0.64	0.50	72.3
5	大兴区	北京市	0.81	0.68	0.55	0.52	0.59	0.62	0.60	71.9
6	崂山区	青岛市	0.80	0.68	0.58	0.54	0.54	0.41	0.75	71.4
6	武昌区	武汉市	0.79	0.69	0.57	0.60	0.55	0.63	0.50	71.4
7	西城区	北京市	0.81	0.67	0.55	0.65	0.56	0.60	0.45	70.9
8	顺德区	佛山市	0.78	0.70	0.55	0.48	0.44	0.52	0.80	70.7
9	静安区	上海市	0.78	0.56	0.59	0.56	0.64	0.64	0.55	70.2
10	横琴新区	珠海市	0.79	0.69	0.52	0.61	0.51	0.47	0.65	70.1
11	仪征市	扬州市	0.75	0.62	0.53	0.47	0.54	0.57	0.90	70.0
12	鼓楼区	福州市	0.77	0.64	0.53	0.63	0.53	0.53	0.65	69.7
13	东城区	北京市	0.77	0.67	0.50	0.61	0.45	0.51	0.75	69.6
14	余姚市	宁波市	0.82	0.62	0.56	0.62	0.60	0.39	0.50	69.1
15	南山区	深圳市	0.79	0.62	0.50	0.46	0.43	0.55	0.85	68.9
16	海淀区	北京市	0.82	0.67	0.48	0.50	0.53	0.51	0.65	68.8
17	翔安区	厦门市	0.74	0.60	0.55	0.60	0.61	0.65	0.50	68.6
18	余杭区	杭州市	0.75	0.68	0.51	0.60	0.55	0.63	0.50	68.5
19	未央区	西安市	0.77	0.66	0.53	0.40	0.28	0.63	0.80	68.1
20	集美区	厦门市	0.80	0.60	0.45	0.42	0.45	0.59	0.85	67.8

国务院办公厅第一次全国政府网站普查情况

（一）各地区政府网站抽查合格率

序　号	省（自治、市）	运行网站总数（个）	抽查网站数（个）	抽查合格网站数（个）	抽查不合格网站数（个）	抽查合格率
1	北京	1065	69	67	2	97.10%
2	天津	398	37	34	3	91.89%
3	河北	1988	159	143	16	89.94%
4	山西	1315	111	93	18	83.78%
5	内蒙古	2208	149	133	16	89.26%
6	辽宁	1319	108	91	17	84.26%
7	吉林	853	68	59	9	86.76%
8	黑龙江	1399	115	95	20	82.61%
9	上海	713	49	47	2	95.92%
10	江苏	3929	232	219	13	94.40%
11	浙江	3623	213	204	9	95.77%
12	安徽	3169	203	191	12	94.09%
13	福建	2612	159	145	14	91.19%
14	江西	1786	123	114	9	92.68%
15	山东	3951	252	231	21	91.67%
16	河南	2260	196	173	23	88.27%
17	湖北	3067	190	174	16	91.58%
18	湖南	3692	229	218	11	95.20%
19	广东	4496	277	262	15	94.58%
20	广西	1874	135	122	13	90.37%
21	海南	283	37	33	4	89.19%
22	重庆	1008	87	75	12	86.21%
23	四川	4282	278	264	14	94.96%
24	贵州	1785	124	113	11	91.13%
25	云南	3728	233	194	39	83.26%
26	西藏	163	29	23	6	79.31%
27	陕西	2993	189	171	18	90.48%

续表

序　号	省（自治区、市）	运行网站总数（个）	抽查网站数（个）	抽查合格网站数（个）	抽查不合格网站数（个）	抽查合格率
28	甘肃	1639	116	103	13	88.79%
29	青海	319	36	29	7	80.56%
30	宁夏	291	23	19	4	82.61%
31	新疆	1745	127	100	27	78.74%
32	新疆生产建设兵团	205	23	19	4	82.61%
合计		64158	4376	3958	418	90.45%

（二）国务院部门及其内设、垂直管理机构政府网站抽查合格率

序　号	部　门	运行网站总数（个）	抽查网站数（个）	抽查合格网站数（个）	抽查不合格网站数（个）	抽查合格率
1	外交部	9	1	1	0	100.00%
2	发展改革委	7	1	1	0	100.00%
3	教育部	55	3	3	0	100.00%
4	科技部	8	1	1	0	100.00%
5	工业和信息化部	46	2	2	0	100.00%
6	国家民委	14	1	1	0	100.00%
7	公安部	17	1	1	0	100.00%
8	民政部	8	1	1	0	100.00%
9	司法部	2	1	1	0	100.00%
10	财政部	2	1	1	0	100.00%
11	人力资源社会保障部	9	1	1	0	100.00%
12	国土资源部	2	1	1	0	100.00%
13	环境保护部	9	1	1	0	100.00%
14	住房城乡建设部	7	1	1	0	100.00%
15	交通运输部	102	5	5	0	100.00%
16	水利部	36	2	2	0	100.00%
17	农业部	13	1	1	0	100.00%
18	商务部	9	1	1	0	100.00%
19	文化部	4	1	1	0	100.00%
20	卫生计生委	7	1	1	0	100.00%
21	人民银行	3	1	1	0	100.00%
22	审计署	1	1	1	0	100.00%
23	国资委	4	1	1	0	100.00%
24	海关总署	45	3	3	0	100.00%
25	税务总局	498	66	66	0	100.00%
26	工商总局	12	1	1	0	100.00%
27	质检总局	368	18	18	0	100.00%
28	新闻出版广电总局	5	1	1	0	100.00%
29	体育总局	5	1	1	0	100.00%
30	安全监管总局	69	4	4	0	100.00%
31	食品药品监管总局	1	1	1	0	100.00%

续表

序　号	部　门	运行网站总数（个）	抽查网站数（个）	抽查合格网站数（个）	抽查不合格网站数（个）	抽查合格率
32	统计局	54	4	3	1	75.00%
33	林业局	13	1	1	0	100.00%
34	知识产权局	11	1	1	0	100.00%
35	旅游局	1	1	1	0	100.00%
36	宗教局	1	1	1	0	100.00%
37	参事室	1	1	1	0	100.00%
38	国管局	3	1	1	0	100.00%
39	侨办	1	1	1	0	100.00%
40	港澳办	1	1	1	0	100.00%
41	法制办	1	1	1	0	100.00%
42	中科院	33	2	2	0	100.00%
43	社科院	2	1	1	0	100.00%
44	工程院	1	1	1	0	100.00%
45	发展研究中心	1	1	1	0	100.00%
46	行政学院	2	1	1	0	100.00%
47	地震局	29	2	2	0	100.00%
48	气象局	157	9	9	0	100.00%
49	银监会	1	1	1	0	100.00%
50	证监会	1	1	1	0	100.00%
51	保监会	42	2	2	0	100.00%
52	社保基金会	1	1	1	0	100.00%
53	自然科学基金会	1	1	1	0	100.00%
54	信访局	1	1	1	0	100.00%
55	粮食局	1	1	1	0	100.00%
56	能源局	20	1	1	0	100.00%
57	国防科工局	3	1	1	0	100.00%
58	烟草局	93	5	5	0	100.00%
59	外专局	2	1	1	0	100.00%
60	公务员局	1	1	1	0	100.00%
61	海洋局	15	1	1	0	100.00%
62	测绘地信局	5	1	1	0	100.00%
63	铁路局	1	1	1	0	100.00%
64	民航局	8	2	2	0	100.00%
65	邮政局	367	18	16	2	88.89%
66	文物局	2	1	1	0	100.00%
67	中医药局	1	1	1	0	100.00%
68	外汇局	37	2	2	0	100.00%
69	扶贫办	1	1	1	0	100.00%
70	三峡办	1	1	1	0	100.00%
71	南水北调办	1	1	1	0	100.00%
合计		2295	203	200	3	98.52%

（三）抽查发现的不合格政府网站名单

序　号	省（自治区、市）/部门	不合格网站	网站标识码
1	北京	“门头沟区军庄镇人民政府”网	1101090031
2	北京	“北京市通州区发展和改革委员会”网	1101120018
3	天津	“天津市南开区环境卫生管理局”网	1201040002
4	天津	宁河县“天津一宁河现代产业区”网	1202210003
5	天津	“静海县房地产管理局”网	1202230012
6	河北	唐山市“古冶区司法局”网	1302040004
7	河北	“乐亭县工业和信息化局”网	1302250008
8	河北	秦皇岛市山海关区“山海关公安分局”网	1303030003
9	河北	“青龙满族自治县人力资源和社会保障局”网	1303210011
10	河北	邯郸市“丛台区公安分局”网	1304030008
11	河北	“邢台县公安局”网	1305210011
12	河北	“隆尧县人民政府”网	1305250007
13	河北	“平乡县交通运输局”网	1305320008
14	河北	“唐县食品药品监督管理局”网	1306270046
15	河北	“保定市安新县国土资源局”网	1306320009
16	河北	“怀安县司法局”网	1307280002
17	河北	“沧县食品药品监督管理局”网	1309210004
18	河北	“固安县环境保护局”网	1310220008
19	河北	“永清县司法局”网	1310230003
20	河北	香河县“香河旅游网”	1310240008
21	河北	“大厂县国土资源局”网	1310280002
22	山西	“阳泉市国土资源局”网	1403000024
23	山西	阳泉市“阳泉农机”网	1403000044
24	山西	“潞城市国土资源局”网	1404810003
25	山西	“沁水县安全生产监督管理局　沁水县煤炭工业局”网	1405210001
26	山西	“泽州县林业局”网	1405250018
27	山西	“泽州县下村镇人民政府”网	1405250022
28	山西	“应县教育信息网”	1406220003
29	山西	平遥县“平遥统计信息网”	1407280007
30	山西	“绛县房产信息网”	1408260003
31	山西	“永济市虞乡镇人民政府”网	1408810056
32	山西	“忻州市经济和信息化委员会　忻州市人民政府国有资产监督管理委员会”网	1409000026
33	山西	定襄县“定襄环境保护网”	1409210003
34	山西	“洪洞县山头乡人民政府”网	1410240015
35	山西	“乡宁县发展和改革局”网	1410290002
36	山西	“乡宁县工商和质量监督管理局”网	1410290006
37	山西	“侯马市住房保障和城乡建设管理局”网	1410810001
38	山西	“吕梁市农机局”网	1411000019

续表

序　号	省（自治区、市）/部门	不合格网站	网站标识码
39	山西	“吕梁市司法局”网	1411000026
40	内蒙古	呼和浩特市“呼和浩特—回民区科学技术局”网	1501030030
41	内蒙古	呼和浩特市“呼和浩特—回民区人民政府法制办公室”网	1501030043
42	内蒙古	“内蒙古自治区达茂旗工商行政管理局”网	1502230013
43	内蒙古	巴林左旗“中国笤帚之乡　十三敖包镇”网	1504220019
44	内蒙古	“巴林左旗司法行政网”	1504220020
45	内蒙古	“科尔沁左翼中旗 统计局”网	1505210030
46	内蒙古	“科尔沁左翼中旗 民政局”网	1505210032
47	内蒙古	“霍林郭勒市国土资源局”网	1505810009
48	内蒙古	“牙克石市公安局”网	1507820010
49	内蒙古	额尔古纳市“额尔古纳统计信息网”	1507840007
50	内蒙古	“巴彦淖尔市临河区狼山镇人民政府”网	1508020018
51	内蒙古	“巴彦淖尔市甘其毛都口岸加工园区（基地）管委会”网	1508240037
52	内蒙古	“乌拉特中旗扶贫开发办公室”网	1508240042
53	内蒙古	“乌兰浩特市林业局”网	1522010019
54	内蒙古	“科尔沁右翼前旗索伦镇人民政府”网	1522210019
55	内蒙古	突泉县“九龙乡人民政府”网	1522240007
56	辽宁	沈阳市苏家屯区“浑河农业信息网”	2101110004
57	辽宁	大连市西岗区“大连·西岗”网	2102030006
58	辽宁	“鞍山市体育局”网	2103000016
59	辽宁	“丹东市人力资源和社会保障局”网	2106000012
60	辽宁	“丹东市振兴区人民政府”网	2106030001
61	辽宁	“盖州市高屯镇人民政府”网	2108810004
62	辽宁	“辽阳市人民防空办公室”网	2110000022
63	辽宁	辽阳市“白塔区政府信息网”	2110020001
64	辽宁	盘锦市“盘锦教育信息网”	2111000018
65	辽宁	铁岭市银州区“铁岭银州”网	2112020001
66	辽宁	“调兵山市公共资源交易中心”网	2112810005
67	辽宁	“朝阳市人民防空办公室”网	2113000007
68	辽宁	“喀左县食品安全监督所”网	2113240043
69	辽宁	葫芦岛市连山区“中国连山”网	2114020018
70	辽宁	“绥中县城乡规划局”网	2114210004
71	辽宁	“绥中县国土资源局”网	2114210007
72	辽宁	“建昌县教育局”网	2114220010
73	吉林	桦甸市“中国·桦甸——中国优秀旅游城市”网（桦甸市旅游局）	2202820012
74	吉林	“伊通满族自治县经济开发区”网	2203230004
75	吉林	“双辽市卫生局”网	2203820017
76	吉林	双辽市“双辽教育”网	2203820029
77	吉林	“抚松县市场监督管理局”网	2206210006

续表

序 号	省（自治区、市）/部门	不合格网站	网站标识码
78	吉林	“白城市洮北区人民政府海明街道办事处”网	2208020015
79	吉林	延吉市“延吉科技信息网”	2224010018
80	吉林	“延吉市朝阳川镇人民政府”网	2224010020
81	吉林	龙井市“东盛涌镇政府网”	2224050003
82	黑龙江	“黑龙江省公路局”网	2300000039
83	黑龙江	哈尔滨市“阿城区国土资源局”网	2301120003
84	黑龙江	齐齐哈尔市“昂昂溪区”网	2302050001
85	黑龙江	“鸡西市司法局”网	2303000031
86	黑龙江	鸡西市滴道区“滴道教育网”	2303040003
87	黑龙江	“集贤县政府网”	2305210003
88	黑龙江	“大庆市大同区高台子镇”网	2306060004
89	黑龙江	“肇州县水务局”网	2306210014
90	黑龙江	伊春市“南岔区人民政府”网	2307030001
91	黑龙江	“伊春市南岔区农业局”网	2307030002
92	黑龙江	“伊春市南岔区工业和科技信息化局”网	2307030005
93	黑龙江	伊春市“友好区审计局”网	2307040016
94	黑龙江	“伊春市友好区财政局”网	2307040022
95	黑龙江	“嘉荫县经贸和科技信息化局”网	2307220026
96	黑龙江	“汤原县就业创业服务网”	2308280006
97	黑龙江	七台河市新兴区“七台河—新兴区”网	2309020001
98	黑龙江	林口县“林口价格信息网”	2310250003
99	黑龙江	绥化市北林区“绥化北林食品药品监督网”	2312020003
100	黑龙江	“兰西县科学技术与信息产业局 兰西县信息化领导小组办公室”网	2312220003
101	黑龙江	呼玛县“中国•呼玛”网	2327210002
102	上海	嘉定区“嘉定真新街道”网	3101140037
103	上海	“上海市松江区政府法制信息网”	3101170048
104	江苏	宜兴市“杨巷镇人民政府”网	3202820025
105	江苏	“宜兴市太湖水污染防治办公室”网	3202820037
106	江苏	徐州市“贾汪区住房和城乡建设局”网	3203050002
107	江苏	徐州市贾汪区“大泉街道办事处”网	3203050024
108	江苏	“徐州市铜山区环境保护局”网	3203120007
109	江苏	“新沂市人民防空办公室”网	3203810034
110	江苏	“太仓市环境保护局”网	3205850032
111	江苏	太仓市“璜泾镇”网	3205850033
112	江苏	“响水县卫生和计划生育委员会”网	3209210028
113	江苏	“滨海县司法行政网”	3209220014
114	江苏	“扬州市广陵区沙头镇人民政府”网	3210020017
115	江苏	“扬州市江都区吴桥镇人民政府”网	3210120018

续表

序　号	省（自治区、市）/部门	不合格网站	网站标识码
116	江苏	扬州市“江都审计”网	3210120020
117	浙江	宁波市“鄞州区住房公积金管理中心”网	3302120075
118	浙江	象山县“走进晓塘”网	3302250010
119	浙江	洞头县“霓屿前沿”网	3303220003
120	浙江	嘉善县“嘉善科技信息网”	3304210021
121	浙江	湖州市“吴兴区道场乡”网	3305020026
122	浙江	常山县“常山地名网”	3308220011
123	浙江	“常山县现代农业园区管委会”网	3308220014
124	浙江	“仙居县城市管理行政执法局”网	3310240040
125	浙江	温岭市城南镇“灵秀城南”网	3310810010
126	安徽	五河县“五河司法行政网”	3403220002
127	安徽	“五河县科技局（知识产权局）”网	3403220012
128	安徽	“固镇县水务局”网	3403230018
129	安徽	固镇县“固镇科技工作网”	3403230023
130	安徽	含山县“含山水务”网	3405220017
131	安徽	“含山县市场监督管理局”网	3405220044
132	安徽	“濉溪县科技工作网”	3406210008
133	安徽	安庆市大观区“安庆·大观审计”网	3408030005
134	安徽	安庆市“宜秀区财政局”网	3408110005
135	安徽	“怀宁县卫生局”网	3408220010
136	安徽	黄山市“徽州区科技信息网”	3410040017
137	安徽	“界首市市容管理局 界首市城市管理执法局”网	3412820036
138	福建	“罗源县人民防空办公室”网	3501230002
139	福建	长乐市“长乐公安公众服务网”	3501820025
140	福建	“莆田市城厢区文广局”网	3503020022
141	福建	宁化县“宁化科技信息网”	3504240005
142	福建	建宁县“中国·建宁粮食局”网	3504300022
143	福建	“云霄县国土资源局”网	3506220018
144	福建	“龙海市卫生和计划生育局”网	3506810035
145	福建	“松溪县审计局”网	3507240009
146	福建	“邵武市人口和计划生育局”网	3507810049
147	福建	上杭县“中国—上杭移民网”	3508230023
148	福建	“连城县国土资源局”网	3508250004
149	福建	“连城县普法网”	3508250007
150	福建	“宁德市柘荣县人民政府农业局”网	3509260024
151	福建	福安市“福安卫生信息网”	3509810050
152	江西	“乐平市涪口镇”网	3602810001
153	江西	“乐平市粮食局”网	3602810029
154	江西	“莲花县劳动就业服务管理局”网	3603210001

续表

序 号	省（自治区、市）/部门	不合格网站	网站标识码
155	江西	“莲花县坊楼镇人民政府”网	3603210003
156	江西	万载县“万载统计信息网”	3609220002
157	江西	崇仁县“崇仁财政”网	3610240005
158	江西	“上饶县统计局”网	3611210003
159	江西	鄱阳县“中国湖城・鄱阳”网	3611280009
160	江西	“万年县计划生育幸福家庭工程”网	3611290001
161	山东	“淄博市交通运输局”网	3703000009
162	山东	枣庄市“枣庄仲裁委员会”网	3704000030
163	山东	烟台市“芝罘区政务服务大厅”网	3706020003
164	山东	长岛县“中国长岛”网	3706340005
165	山东	“嘉祥县公共资源交易网”	3708290022
166	山东	泰安市泰山区“泰山社会组织网”	3709020015
167	山东	宁阳县“宁阳经信网”	3709210015
168	山东	“威海市财政局”网	3710000051
169	山东	威海市“威海临港区农业经济发展办公室”网	3710920008
170	山东	莱芜市“钢城区两生双百信息网”	3712030005
171	山东	“费县交通运输局”网	3713250005
172	山东	“临沭县城市管理局”网	3713290030
173	山东	德州市“德城区二屯镇”网	3714020027
174	山东	德州市“陵城区人口和计划生育局”网	3714210014
175	山东	“平原县张华镇政府”网	3714260003
176	山东	“临清市行政服务中心”网	3715810004
177	山东	沾化县“中共沾化县委、沾化县人民政府信访局”网	3716240006
178	山东	博兴县“中共博兴县委、博兴县人民政府信访局”网	3716250004
179	山东	“邹平县疾病预防控制中心”网	3716260018
180	山东	“菏泽市人民政府国有资产监督管理委员会”网	3717000005
181	山东	郓城县“郓城人力资源和社会保障信息网”	3717250005
182	河南	“郑州市人民政府”网	4101000002
183	河南	“杞县公共资源交易网”	4102210001
184	河南	“宜阳县行政服务中心”网	4103270003
185	河南	安阳市殷都区“殷都教育网”	4105050009
186	河南	“林州市公安局”网	4105810009
187	河南	“河南省封丘县国土资源局”网	4107270002
188	河南	孟州市“孟州公安网”	4108830012
189	河南	“卢氏县招投标交易中心”网	4112240006
190	河南	“义马市环境保护局”网	4112810016
191	河南	“淅川县公共资源交易中心”网	4113260032
192	河南	“商丘市人民政府”网	4114000003
193	河南	商丘市“商丘旅游网”	4114000020

续表

序　号	省（自治区、市）/部门	不合格网站	网站标识码
194	河南	“睢县公共资源交易中心”网	4114220014
195	河南	“信阳市质量技术监督局”网	4115000055
196	河南	新县“文明千斤网”	4115230003
197	河南	“沈丘县林业局”网	4116240004
198	河南	淮阳县“淮阳人力资源网”	4116260008
199	河南	“驻马店市审计局”网	4117000012
200	河南	“上蔡县工商行政管理局”网	4117220004
201	河南	“正阳县公共资源交易中心”网	4117240008
202	河南	“遂平县国土资源局”网	4117280011
203	河南	“济源市司法局　济源普法网”	4190010044
204	河南	“兰考县民政局”网	4102250008
205	湖北	武汉市“蔡甸区经济和信息化局”网	4201140014
206	湖北	宜昌市点军区“宜昌点军政府网”	4205040001
207	湖北	“鄂州市人力资源和社会保障局”网	4207000008
208	湖北	鄂州市梁子湖区“中国·梁子湖”网	4207020001
209	湖北	“鄂州市国土资源局梁子湖分局”网	4207020005
210	湖北	云梦县“云梦审计”网	4209230008
211	湖北	“荆州市交通运输局”网	4210000045
212	湖北	“松滋市安全生产监督管理局”网	4210870015
213	湖北	“英山县人力资源和社会保障局”网	4211240003
214	湖北	“随州市人力资源和社会保障局”网	4213000033
215	湖北	“随州市曾都区何店镇人民政府”网	4213030004
216	湖北	随州市“曾都区卫生和计划生育局”网	4213030017
217	湖北	“随县公共资源交易网　随县公共资源交易监督管理局　随县公共资源交易中心”网	4213210019
218	湖北	“广水市武胜关镇　广水经济开发区”网	4213810011
219	湖北	“仙桃市民政局”网	4290040057
220	湖北	“神农架林区人力资源和社会保障局”网	4290210010
221	湖南	“茶陵县国土资源局”网	4302240004
222	湖南	炎陵县“炎陵统计”网	4302250045
223	湖南	邵阳市“邵阳·水利”网	4305000014
224	湖南	“邵阳市大祥区国土资源分局”网	4305030002
225	湖南	“常德市散装水泥和墙体材料革新管理办公室”网	4307000069
226	湖南	常德市鼎城区“十美堂镇人民政府”网	4307030061
227	湖南	“石门县二都乡人民政府”网	4307260030
228	湖南	“慈利县国土资源局”网	4308210006
229	湖南	江永县“江永旅游网”	4311250011
230	湖南	“蓝山县阳光三农网”	4311270011
231	湖南	“湖南省龙山县发展和改革局”网	4331300021

续表

序　号	省（自治区、市）/部门	不合格网站	网站标识码
232	广东	“广东省韶关航道局”网	4400000140
233	广东	“始兴县文化广电新闻出版局”网	4402220002
234	广东	珠海市金湾区“珠海·金湾”网	4404040004
235	广东	开平市“开平地情网”	4407830062
236	广东	“遂溪县地情网”	4408230011
237	广东	“梅州市住房公积金管理中心梅县经办业务分理处”网	4414210070
238	广东	“梅州市梅县区人民防空办公室”网	4414210071
239	广东	五华县“广东五华经济开发区”网	4414240038
240	广东	“五华县外事侨务局 五华县归国华侨联合会”网	4414240049
241	广东	“陆丰市甲子镇人民政府”网	4415810007
242	广东	“河源市人民防空办公室”网	4416000032
243	广东	阳江市阳东区“阳东地情网”	4417230006
244	广东	潮州市“潮州民政网”	4451000021
245	广东	潮州市潮安区“潮安旅游”网	4451030005
246	广东	揭阳市“揭阳空港经济区社会保障局”网	4452000079
247	广西	柳州市柳北区“柳州柳北民政”网	4502050006
248	广西	龙胜县“桂林·龙胜”网	4503280007
249	广西	玉林市“广西玉柴工业园”网	4509000014
250	广西	“玉林市散装水泥信息网”	4509000059
251	广西	兴业县“玉林兴业民政”网	4509240009
252	广西	北流市“塘岸镇人民政府”网	4509810021
253	广西	北流市“玉林北流民政”网	4509810030
254	广西	“百色市网上公安局靖西县局”网	4510250008
255	广西	“靖西县烤烟生产办公室”网	4510250061
256	广西	那坡县“那坡招商网”	4510260001
257	广西	乐业县“百色乐业民政”网	4510280006
258	广西	河池市金城江区“河池金城江民政”网	4512020007
259	广西	“武宣县卫生和计划生育局”网	4513230007
260	海南	“琼海市商务局”网	4690020022
261	海南	“琼海市教育局”网	4690020036
262	海南	“东方市司法局”网	4690070007
263	海南	“临高县教育局”网	4690240003
264	重庆	“重庆市渝中区人民政府”网	5001030001
265	重庆	重庆市“沙坪坝区卫生监督网”	5001060004
266	重庆	“重庆市江津区柏林镇政府”网	5001160029
267	重庆	“重庆市潼南区文化委员会（重庆市潼南区体育局） 重庆市潼南区文学艺术界联合会”网	5002230017
268	重庆	“重庆市璧山区国土资源和房屋管理局”网	5002270007
269	重庆	城口县“城口工业园区”网	5002290009

续表

序　号	省（自治区、市）/部门	不合格网站	网站标识码
270	重庆	“武隆县扶贫信息网”	5002320004
271	重庆	“武隆县和顺镇人民政府”网	5002320039
272	重庆	“重庆市武隆县公共资源综合交易网”	5002320059
273	重庆	“云阳县教育委员会”网	5002350001
274	重庆	“重庆市巫山县国土资源和房屋管理局”网	5002370010
275	重庆	秀山土家族苗族自治县“秀山水务网”	5002410024
276	四川	“泸州市卫生和计划生育委员会”网	5105000034
277	四川	“合江县文化体育广播电视局”网	5105220009
278	四川	德阳市旌阳区“中国·德新”网	5106030002
279	四川	德阳市“旌阳区质量技术监督局”网	5106030005
280	四川	“德阳市中江县畜牧局”网	5106230008
281	四川	绵竹市“绵竹新市”网	5106830020
282	四川	遂宁市“安居区产学研合作信息网”	5109040007
283	四川	“南充市卫生和计划生育委员会”网	5113000044
284	四川	“仪陇卫生网”网	5113240021
285	四川	“眉山市国有资产监督管理委员会”网	5114000037
286	四川	武胜县“白坪乡人民政府”网	5116220021
287	四川	开江县“拔妙乡人民政府”网	5117230051
288	四川	资阳市“资阳合作经济网”	5120000022
289	四川	“阿坝县司法局”网	5132310004
290	贵州	遵义市“红花岗区发展改革局”网	5203020005
291	贵州	遵义市“红花岗区公安分局”网	5203020043
292	贵州	余庆县“大乌江镇”网	5203290010
293	贵州	“习水县投资促进局”网	5203300009
294	贵州	“赤水市住房和城乡建设局”网	5203810042
295	贵州	“玉屏侗族自治县民族宗教事务局”网	5206220028
296	贵州	“镇远县国土资源局”网	5226250024
297	贵州	“天柱县招商和商务局·政务”网	5226270032
298	贵州	“榕江县人民政府政务服务中心”网	5226320006
299	贵州	“榕江县忠诚镇人民政府”网	5226320021
300	贵州	“榕江县司法局”网	5226320043
301	云南	禄劝彝族苗族自治县“皎平渡镇政务信息网”	5301280016
302	云南	“沾益县电子政务门户网站”	5303280003
303	云南	“沾益县食品药品监督管理局”网	5303280048
304	云南	“宣威市羊场镇人民政府信息公开网”	5303810040
305	云南	“宣威市发展和改革局”网	5303810048
306	云南	“宣威市人口和计划生育局”网	5303810056
307	云南	“通海县国土资源局”网	5304230004
308	云南	“保山市隆阳区商务局”网	5305020006

续表

序　号	省（自治区、市）/部门	不合格网站	网站标识码
309	云南	“鲁甸县发改局政府信息公开网站”	5306210025
310	云南	“鲁甸县茨院乡政府信息公开网站”	5306210045
311	云南	“盐津县安全生产监督管理局”网	5306230045
312	云南	“大关县安监局”网	5306240011
313	云南	“云南省昭通市彝良县龙海乡数字乡村 新农村建设信息网”	5306280018
314	云南	“彝良县奎香苗族彝族乡政府信息公开网”	5306280036
315	云南	“水富县司法局”网	5306300005
316	云南	“丽江市外事侨务办公室”网	5307000007
317	云南	“永胜县民宗局”网	5307220021
318	云南	“西盟县民宗局政府信息公开网站”	5308290024
319	云南	临沧市“临翔区马台乡”网	5309020012
320	云南	“临沧市国土资源局临翔分局”网	5309020037
321	云南	“凤庆县防汛抗旱指挥网”	5309210017
322	云南	“耿马傣族佤族自治县农业局”网	5309260007
323	云南	“沧源县扶贫办”网	5309270014
324	云南	“牟定县人民政府”网	5323230004
325	云南	“南华县人民政府”网	5323240009
326	云南	“文山州环境保护局”网	5326000012
327	云南	“砚山县稼依华侨管理区”网	5326220013
328	云南	“西畴县道路运输管理局”网	5326230004
329	云南	“马关县木厂镇人民政府政府信息公开网站”	5326250023
330	云南	“马关县马白镇人民政府政府信息公开网站”	5326250036
331	云南	“广南县粮食局”网	5326270028
332	云南	“广南县信访局”网	5326270044
333	云南	“西双版纳州供销合作社”网	5328000047
334	云南	景洪市“景洪科技网”	5328010048
335	云南	“大理白族自治州体育局”网	5329000038
336	云南	“德宏州发展和改革委员会”网	5331000019
337	云南	“盈江县卫生局”网	5331230026
338	云南	“兰坪县通甸镇人民政府”网	5333250049
339	云南	维西傈僳族自治县“中国・维西”网	5334230003
340	西藏	“拉萨市环境保护局”网	5401000005
341	西藏	墨竹工卡县“西藏墨竹工卡”网	5401270001
342	西藏	“山南地区工业和信息化局”网	5422000018
343	西藏	“日喀则市国土资源局”网	5423000046
344	西藏	日喀则市“西藏日喀则旅游网”	5423000057
345	西藏	“西藏自治区林芝地区住房和城乡建设局”网	5426000014
346	陕西	“铜川市耀州区惠塬工业园区”网	6102040018
347	陕西	咸阳市“杨陵区司法局”网	6104030034

续表

序　号	省（自治区、市）/部门	不合格网站	网站标识码
348	陕西	三原县“马额镇”网	6104220020
349	陕西	三原县“徐木乡”网	6104220023
350	陕西	乾县“中国・乾县”网	6104240024
351	陕西	“礼泉县科技局”网	6104250004
352	陕西	“礼泉县南坊镇”网	6104250036
353	陕西	“渭南市体育局”网	6105000004
354	陕西	“渭南市质量技术监督局”网	6105000021
355	陕西	“大荔县许庄镇”网	6105230029
356	陕西	汉中市“汉中非税收入网”	6107000012
357	陕西	宁强县“汉中宁强民政”网	6107260018
358	陕西	镇巴县“泾洋公众信息网”	6107280004
359	陕西	“镇巴县财政局”网	6107280014
360	陕西	镇巴县“镇巴交通政务网”	6107280021
361	陕西	“榆林市物价局”网	6108000051
362	陕西	佳县“中国・佳县”网	6108280002
363	陕西	“吴堡县审计局”网	6108290006
364	甘肃	“兰州市七里河区西湖街道政务网”	6201030002
365	甘肃	“金昌市防震减灾管理局”网	6203000038
366	甘肃	靖远县“靖安乡人民政府”网	6204210010
367	甘肃	肃南裕固族自治县“肃南林业”网	6207210002
368	甘肃	山丹县“山丹地情网”	6207250004
369	甘肃	“庄浪县民政局”网	6208250031
370	甘肃	酒泉市肃州区“肃州卫生监督”网	6209020025
371	甘肃	“肃北县国土资源局”网	6209230001
372	甘肃	“宁县财政局”网	6210260007
373	甘肃	成县城关镇“醉美城关”网	6212210010
374	甘肃	“积石山县财政局”网	6229270007
375	甘肃	迭部县“迭部统计信息网”	6230240006
376	甘肃	“玛曲县科学技术局”网	6230250004
377	青海	“西宁市人民防空网”	6301000002
378	青海	西宁市“西宁农业信息网”	6301000010
379	青海	“海北州林业”网	6322000017
380	青海	果洛藏族自治州“果洛科技”网	6326000002
381	青海	“格尔木市国土资源局”网	6328010002
382	青海	“格尔木市统计信息网”	6328010006
383	青海	“格尔木市公安局”网	6328010018
384	宁夏	贺兰县“贺兰教育网”	6401220001
385	宁夏	“固原市人民政府”网	6404000021
386	宁夏	固原市“原州区人民政府”网	6404020001

续表

序 号	省（自治区、市）/部门	不合格网站	网站标识码
387	宁夏	“海原县网上公安局”网	6405220004
388	新疆	克拉玛依市乌尔禾区“乌尔禾文体旅游局”网	6502050003
389	新疆	“鄯善县人力资源和社会保障网”	6521220003
390	新疆	“哈密市人力资源和社会保障网”	6522010021
391	新疆	“巴里坤县政府网”	6522220001
392	新疆	“伊吾县文化体育广播影视新闻出版〈版权〉局”网	6522230005
393	新疆	“昌吉州政务服务和公共资源交易管理局”网	6523000006
394	新疆	“若羌县环境保护局”网	6528240017
395	新疆	“博湖县统计信息网”	6528290007
396	新疆	“柯坪县商务和经济信息化委员会”网	6529290002
397	新疆	“柯坪县农业局”网	6529290005
398	新疆	“柯坪县人力资源和社会保障局”网	6529290006
399	新疆	“柯坪县盖孜力乡人民政府”网	6529290009
400	新疆	“柯坪县教育和科学技术局”网	6529290019
401	新疆	阿克陶县“新疆 阿克陶”网	6530220001
402	新疆	“喀什地区安全生产监督管理局”网	6531000019
403	新疆	喀什地区“喀什交通网”	6531000021
404	新疆	疏附县“新疆疏附信息网”	6531210001
405	新疆	“莎车县人民政府”网	6531250001
406	新疆	“叶城县人力资源与社会保障网”	6531260002
407	新疆	“和田地区交通运输局”网	6532000014
408	新疆	伊宁市“国家级伊宁边境经济合作区”网	6540020004
409	新疆	“伊宁县人社局创业服务网”	6540210001
410	新疆	尼勒克县“新疆·尼勒克”网	6540280008
411	新疆	“乌苏市人民政府网”	6542020010
412	新疆	沙湾县“沙湾社区服务网”	6542230002
413	新疆	“布尔津县教育局”网	6543210002
414	新疆	吉木乃县“中国·吉木乃”网	6543260001
415	新疆生产建设兵团	“新疆生产建设兵团第一师五团 新疆维吾尔自治区阿拉尔市沙河镇”网	BT01000007
416	新疆生产建设兵团	“四师七十团”网	BT04000005
417	新疆生产建设兵团	“四师六十八团”网	BT04000009
418	新疆生产建设兵团	“新疆石河子市供销合作社”网	BT08000017
419	统计局	“国家统计局莆田调查队”网	bm36000067
420	邮政局	“红河哈尼族彝族自治州邮政管理局”网	bm71250015
421	邮政局	“阿里地区邮政管理局”网	bm71260008

2016 年中国互联网企业 100 强名单

排　名	公司名称	主要品牌
1	阿里巴巴集团	阿里巴巴、淘宝、天猫
2	腾讯公司	腾讯、QQ、微信
3	百度公司	百度
4	京东集团	京东
5	奇虎 360 科技有限公司	360 安全卫士
6	搜狐公司	搜狐、搜狗、畅游
7	网易公司	网易、有道
8	携程计算机技术（上海）有限公司	携程旅行网、途风旅行网
9	广州唯品会信息科技有限公司	唯品会、乐蜂网
10	苏宁云商集团股份有限公司	苏宁易购、苏宁红孩子、PPTV
11	北京新美大科技有限公司	美团、大众点评
12	网宿科技股份有限公司	网宿 CDN、网宿科技云分发平台
13	小米科技有限责任公司	小米、MIUI、多看
14	新浪公司	新浪网、新浪微博
15	乐视网信息技术（北京）股份有限公司	乐视网、乐视 TV、乐视商城
16	北京搜房科技发展有限公司	房天下
17	北京五八信息技术有限公司	58 同城
18	三七互娱（上海）科技有限公司	37 游戏
19	东方财富信息股份有限公司	东方财富网、天天基金网
20	新华网股份有限公司	新华网
21	鹏博士电信传媒集团股份有限公司	长城宽带、宽带通
22	四三九九网络股份有限公司	4399 小游戏
23	易车公司	易车网、易车二手车、易湃
24	上海二三四五网络科技有限公司	2345 网址导航
25	北京车之家信息技术有限公司	汽车之家
26	广州多益网络科技有限公司	多益游戏、战盟
27	福建网龙计算机网络信息技术有限公司	网龙、熊猫看书
28	深圳市迅雷网络技术有限公司	迅雷、迅雷游戏

续表

排　名	公司名称	主要品牌
29	乐居控股有限责任公司	乐居、房牛加
30	途牛公司	途牛网
31	同程网络科技股份有限公司	同程旅游
32	上海景域文化传播股份有限公司	驴妈妈旅游网
33	恒诚科技发展（北京）有限公司	宜人贷
34	人人贷商务顾问（北京）有限公司	人人贷
35	人民网股份有限公司	人民网、人民视讯、环球网
36	联动优势科技有限公司	U付、U信、U惠
37	竞技世界（北京）网络技术有限公司	JJ比赛平台、JJ斗地主
38	第一视频集团有限公司	第一视频、第一游戏网
39	游族网络股份有限公司	游族网络
40	上海钢银电子商务股份有限公司	钢银
41	焦点科技股份有限公司	中国制造网、新一站保险网
42	福建新中冠信息科技集团有限公司	喜购宝
43	杭州边锋网络技术有限公司	边锋网络棋牌游戏世界
44	广州创思信息技术有限公司	9377游戏
45	杭州卷瓜网络有限公司	蘑菇街
46	北京天盈九州网络技术有限公司	凤凰新媒体、凤凰网
47	福建利嘉电子商务有限公司	你他购
48	北京暴风科技股份有限公司	暴风影音、暴风游戏
49	杭州顺网科技股份有限公司	顺网娱乐在线
50	北京小桔科技有限公司	滴滴出行
51	北京寺库商贸有限公司	寺库网、寺库金融
52	上海钢富电子商务有限公司	找钢网
53	深圳市梦网科技发展有限公司	梦网科技
54	上海陆家嘴国际金融资产交易市场股份有限公司	陆金所
55	湖南快乐阳光互动娱乐传媒有限公司	芒果TV网、湖南IPTV
56	云游控股有限公司	91wan、菲音游戏
57	贵阳朗玛信息技术股份有限公司	39健康网、贵健康
58	山东开创集团股份有限公司	开创云
59	上海拍拍贷金融信息服务有限公司	拍拍贷
60	北京六间房科技有限公司	六间房
61	北京猎豹移动科技有限公司	猎豹清理大师、猎豹浏览器
62	河南锐之旗信息技术有限公司	锐之旗、企汇网
63	四川省艾普网络股份有限公司	艾普宽带、艾普网络
64	咪咕数字传媒有限公司	咪咕阅读、灵犀、手机报
65	河南中钢网电子商务有限公司	中钢网
66	浙江齐聚科技有限公司	呱呱社区
67	上海东方网股份有限公司	东方网

续表

排　名	公司名称	主要品牌
68	上海格瓦商务信息咨询有限公司	格瓦拉
69	有米科技股份有限公司	有米广告、ADXMI、米汇
70	深圳市珍爱网信息技术有限公司	珍爱网
71	上海帝联信息科技股份有限公司	EasyCDN
72	佳缘国际有限公司	世纪佳缘网、爱真心网
73	广州摩拉网络科技有限公司	梦芭莎、若缇诗
74	武汉奇米网络科技有限公司	卷皮
75	趣游（厦门）科技有限公司	哥们网、牛A网页游戏
76	银联商务有限公司	天天富
77	二六三网络通信股份有限公司	263云通信、263企业邮箱
78	苏州蜗牛数字科技股份有限公司	蜗牛游戏
79	江苏三六五网络股份有限公司	365淘房
80	广州百田信息科技有限公司	奥比岛、奥拉星
81	郑州悉知信息技术有限公司	世界工厂网
82	九机网（原云南三九手机网）	九机网
83	北京空中信使信息技术有限公司	空中网
84	湖南竞网智赢网络技术有限公司	智营销
85	杭州泰一指尚科技有限公司	泰一舆情
86	黑龙江龙采科技集团有限责任公司	龙采MX
87	金华比奇网络技术有限公司	5173（中国网络游戏服务网）
88	中铁物资集团钢之家电子商务有限公司	中国大宗物资网
89	浙江省公众信息产业有限公司	翼游中国
90	上海巨人网络科技有限公司	巨人游戏
91	大汉电子商务有限公司	大大买钢
92	迅付信息科技有限公司	环迅支付
93	好享购物股份有限公司	好享购物
94	绿网天下（福建）网络科技股份有限公司	绿网天下
95	上海车团网络信息技术有限公司	车团网
96	重庆秒银科技有限公司	秒赚
97	浙江国技互联信息技术有限公司	国技互联
98	福建中金在线网络股份有限公司	中金在线
99	天翼阅读文化传播有限公司	天翼阅读、氧气听书
100	湖北盛天网络技术股份有限公司	易乐游、58游戏

资料来源：中国互联网协会。

2016 年（第三十届）中国电子信息百强企业名单

排　名	公司名称	排　名	公司名称
1	华为技术有限公司	32	深圳欧菲光科技股份有限公司
2	联想集团	33	上海贝尔股份有限公司
3	中国电子信息产业集团有限公司	34	万马联合控股集团公司
4	海尔集团	35	广州无线电集团有限公司
5	中兴通讯股份有限公司	36	康佳集团股份有限公司
6	TCL 集团股份有限公司	37	永鼎集团有限公司
7	四川长虹电子控股集团有限公司	38	震雄铜业集团有限公司
8	海信集团有限公司	39	福建省电子信息（集团）有限责任公司
9	北大方正集团有限公司	40	中利科技集团股份有限公司
10	比亚迪股份有限公司	41	深圳华强集团有限公司
11	天能集团	42	大全集团有限公司
12	浪潮集团有限公司	43	润峰电力有限公司
13	京东方科技集团股份有限公司	44	中芯国际集成电路制造有限公司
14	亨通集团有限公司	45	华勤通讯技术有限公司
15	小米通讯技术有限公司	46	株洲中车时代电气股份有限公司
16	上海仪电（集团）有限公司	47	浙江富春江通信集团有限公司
17	创维集团有限公司	48	歌尔声学股份有限公司
18	紫光集团有限公司	49	许继集团有限公司
19	杭州海康威视数字技术股份有限公司	50	陕西电子信息集团有限公司
20	航天信息股份有限公司	51	宇龙计算机通信科技（深圳）有限公司
21	同方股份有限公司	52	东旭集团有限公司
22	南京南瑞集团公司	53	天马微电子股份有限公司
23	中天科技集团有限公司	54	舜宇集团有限公司
24	晶龙实业集团有限公司	55	上海斐讯数据通信技术有限公司
25	大唐电信科技产业集团	56	浙江大华技术股份有限公司
26	武汉邮电科学研究院	57	浙江晶科能源有限公司
27	富通集团有限公司	58	江苏协鑫硅材料科技发展有限公司
28	四川九洲电器集团有限责任公司	59	普联技术有限公司
29	河南森源集团有限公司	60	闻泰通讯股份有限公司
30	通鼎集团有限公司	61	中国四联仪器仪表集团有限公司
31	江苏宏图高科技股份有限公司	62	蓝思科技（长沙）有限公司

续表

排名	公司名称	排名	公司名称
63	宁波均胜电子股份有限公司	82	哈尔滨光宇集团股份有限公司
64	东软集团股份有限公司	83	风帆股份有限公司
65	侨兴集团有限公司	84	南通华达微电子集团有限公司
66	江苏中能硅业科技发展有限公司	85	骆驼集团股份有限公司
67	江苏新潮科技集团有限公司	86	横店集团东磁有限公司
68	中冶赛迪集团有限公司	87	深圳市华讯方舟科技有限公司
69	铜陵精达铜材（集团）有限责任公司	88	深圳市兆驰股份有限公司
70	广东生益科技股份有限公司	89	深圳市泰衡诺科技有限公司
71	惠科电子（深圳）有限公司	90	广州佳都集团有限公司
72	中国华录集团有限公司	91	浙大网新科技股份有限公司
73	深圳市共进电子股份有限公司	92	山东鲁鑫贵金属有限公司
74	安徽天康（集团）股份有限公司	93	浙江南都电源动力股份有限公司
75	双登集团股份有限公司	94	深圳市康冠技术有限公司
76	福州福大自动化科技有限公司	95	阳光电源股份有限公司
77	上海华虹（集团）有限公司	96	中航光电科技股份有限公司
78	万利达集团有限公司	97	北京华胜天成科技股份有限公司
79	欣旺达电子股份有限公司	98	厦门宏发电声股份有限公司
80	深圳市神舟电脑股份有限公司	99	华润微电子有限公司
81	普天东方通信集团	100	河南科隆集团有限公司

资料来源：中国电子信息行业联合会。

2016年（第15届）中国软件业务收入前百家企业名单

序　号	企业名称	软件业务收入（万元）
1	华为技术有限公司	17861603
2	中兴通讯股份有限公司	4600000
3	海尔集团公司	4122240
4	浪潮集团有限公司	1615323
5	海信集团有限公司	1128593
6	南京南瑞集团公司	1051215
7	杭州海康威视数字技术股份有限公司	1016933
8	中国银联股份有限公司	924136
9	株洲南车时代电气股份有限公司	921335
10	航天信息股份有限公司	913412
11	浙江大华技术股份有限公司	755837
12	同方股份有限公司	700372
13	熊猫电子集团有限公司	689509
14	金山软件有限公司	567611
15	东华软件股份公司	562014
16	上海华东电脑股份有限公司	542363
17	江苏集群信息产业股份有限公司	521143
18	北京中软国际信息技术有限公司	515709
19	武汉邮电科学研究院	514446
20	浙大网新科技股份有限公司	501283
21	文思海辉技术有限公司	490662
22	深圳市华讯方舟科技有限公司	489531
23	东软集团股份有限公司	487700
24	软通动力信息技术（集团）有限公司	476019
25	亚信科技（中国）有限公司	474037
26	福州福大自动化科技有限公司	471056
27	江苏省通信服务有限公司	457181
28	国电南京自动化股份有限公司	427741

续表

序　号	企业名称	软件业务收入（万元）
29	大唐电信科技股份有限公司	426066
30	广州佳都集团有限公司	421653
31	上海宝信软件股份有限公司	392958
32	北京小米移动软件有限公司	386793
33	太极计算机股份有限公司	378327
34	上海华讯网络系统有限公司	373628
35	中国软件与技术服务股份有限公司	360160
36	神州数码系统集成服务有限公司	348136
37	北京全路通信信号研究设计院集团有限公司	338128
38	大族激光科技产业集团股份有限公司	336714
39	中科软科技股份有限公司	327828
40	中国民航信息网络股份有限公司	318107
41	中国电子科技网络信息安全有限公司	310435
42	福建星网锐捷通讯股份有限公司	301100
43	用友网络科技股份有限公司	296598
44	广州广电运通金融电子股份有限公司	291857
45	四川省通信产业服务有限公司	291218
46	上海贝尔软件有限公司	281532
47	阿里云计算有限公司	273484
48	石化盈科信息技术有限责任公司	268077
49	北京神州泰岳软件股份有限公司	264654
50	深圳市金证科技股份有限公司	258565
51	北京中电普华信息技术有限公司	255798
52	北京京东尚科信息技术有限公司	251681
53	中控科技集团有限公司	241786
54	科大讯飞股份有限公司	239331
55	深圳市欧珀通信软件有限公司	239114
56	广州海格通信集团股份有限公司	238348
57	四川九洲电器集团有限责任公司	233097
58	北京中油瑞飞信息技术有限责任公司	220172
59	信雅达系统工程股份有限公司	219126
60	国网通信亿力电力科技股份有限公司	209972
61	卡斯柯信号有限公司	207638
62	东方电子集团有限公司	207333
63	银江股份有限公司	204594
64	北京华胜天成科技股份有限公司	202451
65	新大陆科技集团有限公司	199653
66	平安科技（深圳）有限公司	198138
67	东莞市步步高通信软件有限公司	197269

续表

序　号	企业名称	软件业务收入（万元）
68	深圳创维数字技术有限公司	195379
69	中冶赛迪集团有限公司	193854
70	山东中创软件工程股份有限公司	192613
71	恒生电子股份有限公司	190307
72	万达信息股份有限公司	186525
73	江苏金智集团有限公司	185310
74	高德信息技术有限公司	172220
75	博彦科技股份有限公司	171809
76	深圳怡化电脑股份有限公司	170723
77	先锋软件股份有限公司	170603
78	深圳天源迪科信息技术股份有限公司	167740
79	深圳市大疆创新科技有限公司	164967
80	金蝶软件（中国）有限公司	161497
81	南京联创科技集团股份有限公司	160607
82	北明软件有限公司	160087
83	恒宝股份有限公司	158924
84	广联达软件股份有限公司	153943
85	天津天地伟业数码科技有限公司	152248
86	云南南天电子信息产业股份有限公司	152132
87	启明星辰信息技术集团股份有限公司	151411
88	北京四方继保自动化股份有限公司	151383
89	北京四维图新科技股份有限公司	150615
90	北京宇信科技集团股份有限公司	146778
91	江苏润和科技投资集团有限公司	146215
92	北大方正集团有限公司	144628
93	博雅软件股份有限公司	141722
94	启明信息技术股份有限公司	138374
95	江苏国光信息产业股份有限公司	135597
96	广州杰赛科技股份有限公司	135582
97	北京华宇软件股份有限公司	135167
98	武汉天喻信息产业股份有限公司	134719
99	大连华信计算机技术股份有限公司	133415
100	北京易华录信息技术股份有限公司	133355

资料来源：工业和信息化部。

2015年中国电子学会科学技术奖获奖名单

（排名不分先后）

（一）自然科学类一等奖：3项

项目名称	主要完成单位
航空交通态势计算理论和方法	北京航空航天大学、中国科学技术大学
阻变存储器机理与性能调控	中国科学院微电子研究所
大规模网络多媒体的感知计算理论及优化模型	清华大学

（二）技术发明类一等奖：2项

项目名称	主要完成单位
视觉密码技术及其在票据防伪和视频水印中的应用	清华大学、中国印钞造币总公司、中国人民解放军信息工程大学、北京金石威视科技发展有限公司
监控视频高效编码与智能分析技术及其在城市智能交通中的应用	北京大学、青岛海信网络科技股份有限公司

（三）科技进步类一等奖：5项

项目名称	主要完成单位
网络化中文办公服务平台及应用	珠海金山办公软件有限公司
立体视觉感知、建模关键技术及应用	清华大学、凌云光技术集团有限责任公司、中源智人科技（深圳）股份有限公司、深圳市环球数码科技有限公司
混合云存储系统关键技术与应用	华中科技大学、北京大学、清华大学、深圳市迅雷网络技术有限公司、中国航天科工集团第二研究院七〇六所、武汉天喻信息产业股份有限公司
新一代移动互联网多媒体及安全接入系统	中兴通讯股份有限公司、西安邮电大学、西安交通大学、中国移动通信集团设计院有限公司、西安中兴新软件有限责任公司
预失真线性化技术及其在移动通信中的应用	北京邮电大学、中兴通讯股份有限公司

（四）自然科学类二等奖：3项

项目名称	主要完成单位
数字集成系统测试及可靠计算基础理论	清华大学
小波域图像表示与稀疏性目标感知	北京航空航天大学、中国科学院大学、深圳大学
生物网络数据挖掘理论方法及应用研究	西安电子科技大学

（五）技术发明类二等奖：1项

项目名称	主要完成单位
野外快速病原微生物侦检的关键技术及应用	上海交通大学、第四军医大学、苏州工业园区晨健抗体组药物开发有限公司、上海赛安生物医药科技有限公司、西安天隆科技有限公司

（六）科技进步类二等奖：15项

项目名称	主要完成单位
超高灵敏度太赫兹超导探测器技术及应用	中国科学院紫金山天文台
机电装备数字样机共性关键技术研究与应用	中国电子科技集团公司第三十八研究所、西安电子科技大学
地面数字电视单频网组网与网络优化关键技术及应用	国家新闻出版广电总局广播科学研究院、清华大学
基于国产CPU/OS的长城飞腾计算机	中国长城计算机深圳股份有限公司
面向智慧城市的智能电网综合能量管理系统及应用	中国电力科学研究院、国网天津市电力公司、国网电力科学研究院
综采成套装备监测及智能控制系统	中国矿业大学、中平能化集团机械制造有限公司、平顶山天安煤业股份有限公司
城市智能交通业务体系创新与规模实践	中国移动通信集团江苏有限公司、东南大学、大唐电信科技股份有限公司
深度动态背光控制的超高清液晶显示关键技术及应用	青岛海信电器股份有限公司、东南大学
精密机电系统故障诊断与预报技术的研究与应用	长春工业大学、中国人民解放军第二炮兵工程大学
超低功耗蓝牙射频SOC的研发及产业化	无锡中星微电子有限公司
TFT-LCD G6 0.5T基板玻璃技术研发及产业化	彩虹显示器件股份有限公司
AV6418高性能微型光时域反射计	中国电子科技集团公司第四十一研究所
集成BIM和多源空间信息的建设工程全生命周期管理平台研发与应用	昆明安泰得软件股份有限公司、武汉大学、云南省交通运输厅信息中心、云南省交通运输厅工程质量监督局、北京市遥感信息研究所
高科技厂房建筑结构微振动控制技术	中国电子工程设计院、世源科技工程有限公司
JUW系列微型高可靠恒温继电器	中国电子科技集团公司第四十研究所

（七）技术发明类三等奖：2项

项目名称	主要完成单位
支持软件定义网络（SDN）的高性能以太网交换芯片CTC5160	盛科网络（苏州）有限公司
新型高稳定掺铒光子晶体光纤光源	深圳大学

（八）科技进步类三等奖：27项

项目名称	主要完成单位
基于MIMO技术的新一代移动通信天线研发与产业化	东南大学,江苏亨鑫科技有限公司
基础软件标准体系建设关键标准研制及应用	工业和信息化部电子工业标准化研究院
2G/3G/4G天馈系统研究与在网质量检测及性能优化	中国移动通信集团设计院有限公司
先进氦资源循环利用技术和装备	安徽万瑞冷电科技有限公司、中国电子科技集团公司第十六研究所
办公设备与系统信息安全关键技术标准研制及应用	中国电子技术标准化研究院、北京工业大学
网站安全防护产品关键测评技术及应用	公安部第三研究所、中国合格评定国家认可中心
安全可靠办公信息系统软硬件集成适配关键技术与应用	中国软件与技术服务股份有限公司、中软信息系统工程有限公司
工业控制系统在线安全监测平台及关键技术	工业和信息化部电子科学技术情报研究所

续表

项目名称	主要完成单位
SC9600 安全采集远程终端单元（RTU）	北京国际系统控制有限公司
面向智能电网在线分析的云计算平台技术及其应用	中国电力科学研究院、国网福建省电力有限公司
厄瓜多尔公共交通安全系统	中国电子进出口总公司、北京辰安信息科技有限公司
线网客流模型及 AFC 区域中心设计应用	南京熊猫电子股份有限公司、南京熊猫信息产业有限公司
智慧农业感知管理系统	潍坊果壳视界信息科技有限公司
面向电力安全培训的互动化技术研究及应用	国网智能电网研究院、中国电力科学研究院
智能远程调制解调控制系统关键技术研究与应用	江苏理工学院、常州安费诺福洋通信设备有限公司
AVS+高清编码器关键技术及设备	国家新闻出版广电总局广播科学研究院、广州柯维新数码科技有限公司、中关村视听产业技术创新联盟
广播电视监管关键技术研究及应用	国家新闻出版广电总局监管中心、中广电广播电影电视设计研究院、中国科学院自动化研究所、国家新闻出版广电总局广播电视规划院、国家新闻出版广电总局广播科学研究院
大型公共液晶监视器	福建捷联电子有限公司
65 寸 4K×2K 高分辨率液晶面板	南京中电熊猫液晶显示科技有限公司
一种新型的提高高铁切换成功率的设备——多路信号差分控制器	中国移动通信集团设计院有限公司
高性能同轴电缆宽带接入（HINOC）技术研发及行业应用	国家新闻出版广电总局广播科学研究院、北京大学、西安电子科技大学、国家新闻出版广电总局广播电视规划院
SMA-KFD005 型射频同轴连接器	中国电子科技集团公司第四十研究所
太阳能光伏渔业应用系统	山东中晶新能源有限公司
B315 彩色滤光片	南京中电熊猫液晶材料科技有限公司
面向极弱光新型硅基光电探测器及 CMOS 集成读出电路研发	湘潭大学、长沙韶光半导体有限公司
光纤陀螺光纤环应力分布和温度特性校准技术研究	中国电子科技集团公司第四十一研究所
电动汽车用高压大电流连接器及其线束研究开发	临沂市海纳电子有限公司

两化融合管理体系贯标咨询服务机构第二批推荐名单

（按首字拼音排序）

序 号	贯标咨询服务机构名称
1	埃森哲（中国）有限公司
2	安徽电信规划设计有限责任公司
3	安徽合慧信息管理咨询有限公司
4	安徽阶梯咨询设计有限公司
5	安徽马钢自动化信息技术有限公司
6	安徽迈立信息科技有限公司（合肥市企业信息化促进中心）
7	安徽企盟动力信息技术服务有限公司
8	安徽省电子产品监督检验所
9	安徽宇宸工程科技有限公司
10	安徽中科大国祯信息科技有限责任公司
11	安世亚太科技股份有限公司
12	北京达江科技贸易公司
13	北京大陆航星质量认证中心股份有限公司
14	北京东方纵横认证中心
15	北京国环咨询中心
16	北京国网信通埃森哲信息技术有限公司
17	北京国研趋势管理咨询中心
18	北京汉信信息技术有限责任公司
19	北京和利时系统工程有限公司
20	北京华胜天成科技股份有限公司
21	北京江南天安科技有限公司
22	北京京诚鼎宇管理系统有限公司
23	北京经纬纺机新技术有限公司
24	北京久其软件股份有限公司
25	北京卡达克数据技术中心
26	北京力行节能技术有限公司
27	北京联合智业企业发展研究院
28	北京润成国际标准技术有限公司

续表

序　号	贯标咨询服务机构名称
29	北京三一智造科技有限公司
30	北京世纪拓普管理顾问有限公司
31	北京数码易知科技发展有限责任公司
32	北京泰瑞特认证中心
33	北京天航质诚科技有限公司
34	北京中百信工程咨询有限公司
35	北京中电大禹咨询有限公司
36	北京中航捷诚设计咨询有限公司
37	北京中基宏宇管理咨询有限公司
38	北京中建协认证中心有限公司
39	毕马威企业咨询（中国）有限公司天津分公司
40	成都市信息化技术应用发展中心
41	成都绎达企业咨询有限公司
42	成都综效企业管理咨询有限公司
43	重庆爱克雷斯质量管理咨询有限公司
44	重庆巨冠企业管理咨询有限公司
45	重庆市两化融合节能降耗技术应用中心有限公司
46	重庆市小苹果科技有限公司
47	德州精益管理信息咨询有限公司
48	鼎捷软件股份有限公司
49	东莞市物联网产业促进会
50	方圆标志认证集团有限公司
51	福建省质协咨询中心
52	福州睿信企业管理咨询有限公司
53	甘肃工大电子科技有限公司
54	工业和信息化部软件与集成电路促进中心
55	广东东方纵横认证有限公司
56	广东建诚工程咨询有限公司
57	广东省清洁生产协会
58	广东省信息消费协会
59	广西博士海意信息科技有限公司
60	广西力行能源管理科技有限公司
61	广西两化融合促进中心（南宁两化融合信息科技有限公司）
62	广州海颐软件有限公司
63	广州普金计算机科技股份有限公司
64	广州市天剑计算机系统工程有限公司
65	贵州卓讯软件股份有限公司
66	国润创投（北京）科技有限公司
67	国网信息通信产业集团有限公司

续表

序　号	贯标咨询服务机构名称
68	杭州德凯万泰认证有限公司
69	杭州万泰认证有限公司
70	合肥天帷信息安全技术有限公司
71	合肥万顺信息科技有限公司
72	河南环宇博创科技有限公司
73	河南省电子规划研究院有限责任公司
74	河南省科学院应用物理研究所有限公司
75	河南省睿泰信信息技术有限公司
76	河南源讯信息技术股份有限公司
77	黑龙江立高科技股份有限公司
78	湖北赛乐氏信息技术有限公司
79	湖北省电子信息产品质量监督检验院
80	湖南省企业技术创新服务中心
81	湖南天助我也信息产业服务有限公司
82	机械科学研究院浙江分院有限公司
83	建材工业质量认证管理中心
84	江苏畅远信息科技有限公司
85	江苏风云网络服务有限公司
86	江苏海宝软件股份有限公司
87	江苏蓝创信息技术服务有限公司
88	江苏赛联信息产业研究院股份有限公司
89	江苏省电子信息产品质量监督检验研究院
90	江苏省工程咨询中心
91	江苏省软件行业协会
92	江苏思特瑞信息技术有限公司
93	江苏新世纪信息科技有限公司
94	江苏中天科技软件技术有限公司
95	江西省工业和信息产品监督检验院
96	浪潮通用软件有限公司
97	柳州市两化融合促进中心
98	南昌思创企管策划有限公司
99	南京福瑞泽信息科技有限公司
100	南京科远自动化集团股份有限公司
101	南京朗坤软件有限公司
102	南宁市中小企业服务中心
103	内蒙古伊泰信息技术有限公司
104	内蒙古自治区电子信息产品质量检验院
105	宁波东海蓝帆科技有限公司
106	宁波江北弗瑞德企业管理顾问有限公司

续表

序 号	贯标咨询服务机构名称
107	普华永道管理咨询（上海）有限公司
108	青岛市企业投资与技术咨询中心
109	三明学院
110	厦门市迈丹科技开发有限公司
111	厦门信息化与工业化融合促进中心
112	山东省物联网协会
113	山东世通检测评价技术服务有限公司
114	山东星智技术交流中心
115	山东正中计算机网络技术咨询有限公司
116	山东众志电子有限公司
117	山西省电子信息技术应用促进中心
118	陕西艾特信息化工程咨询有限责任公司
119	上海广通质量技术服务中心
120	上海华东电信研究院
121	上海浦东软件平台有限公司
122	上海企源科技股份有限公司
123	上海视野和周信息科技有限公司
124	上海信息投资咨询有限公司
125	上海永颢科技发展有限公司
126	深圳市冠智达实业有限公司
127	神华和利时信息技术有限公司
128	四川省高科技产业化协会
129	苏州市卓博科技咨询有限公司
130	天津爱波瑞科技发展有限公司
131	天津市道本致远科技有限公司
132	天津市鼎成现代集成制造技术工程有限公司
133	天津市普迅电力信息技术有限公司
134	天津市企业联合会
135	通标标准技术服务有限公司广州分公司
136	万隆国际咨询集团有限公司
137	威海赛宝工业信息技术研究院
138	温州中普知识产权有限公司
139	武汉东浦信息技术有限公司
140	武汉凌云交汇软件有限责任公司
141	武汉智和信企业管理咨询有限责任公司
142	西安高压电器研究院有限责任公司
143	西安美林数据技术股份有限公司
144	徐州中矿微星软件股份有限公司
145	冶金工业规划研究院

续表

序 号	贯标咨询服务机构名称
146	冶金自动化研究设计院
147	浙江科能企业管理有限公司
148	浙江瑞玲企业管理股份有限公司
149	浙江省工业经济研究所（浙江省技术创新服务中心）
150	镇江道博科技信息有限公司
151	中船重工建筑工程设计研究院有限责任公司
152	中国电信集团系统集成有限责任公司
153	中国机电一体化技术应用协会
154	中国建材检验认证集团股份有限公司
155	中国平煤神马集团平顶山信息通信技术开发公司
156	中国石油大港油田信息中心
157	中国移动通信集团设计院有限公司重庆分公司
158	中国中元国际工程有限公司
159	中海油信息科技有限公司
160	中机生产力促进中心

2015 年和 2010 年世界各经济体信息化发展指数排名

国家和地区	2015 年排名	2015 年 IDI 值	2010 年排名	2010 年 IDI 值
韩国	1	8.93	1	8.64
丹麦	2	8.88	4	8.18
冰岛	3	8.86	3	8.19
英国	4	8.75	10	7.62
瑞典	5	8.67	2	8.43
卢森堡	6	8.59	8	7.82
瑞士	7	8.56	12	7.60
荷兰	8	8.53	7	7.82
中国香港	9	8.52	13	7.41
挪威	10	8.49	5	8.16
日本	11	8.47	9	7.73
芬兰	12	8.36	6	7.96
澳大利亚	13	8.29	15	7.32
德国	14	8.22	17	7.28
美国	15	8.19	16	7.30
新西兰	16	8.14	19	7.17
法国	17	8.12	18	7.22
摩纳哥	18	8.10	22	7.01
新加坡	19	8.08	11	7.62
爱沙尼亚	20	8.05	25	6.70
比利时	21	7.88	24	6.76
爱尔兰	22	7.82	20	7.04
加拿大	23	7.76	21	7.03
中国澳门	24	7.73	14	7.38
奥地利	25	7.67	23	6.90
西班牙	26	7.66	30	6.53
巴林	27	7.63	48	5.42
安道尔	28	7.60	29	6.60

续表

国家和地区	2015年排名	2015年IDI值	2010年排名	2010年IDI值
巴巴多斯	29	7.57	38	6.04
马耳他	30	7.52	28	6.67
卡塔尔	31	7.44	37	6.10
阿拉伯联合酋长国	32	7.32	49	5.38
斯洛文尼亚	33	7.23	27	6.69
捷克	34	7.21	33	6.30
以色列	35	7.19	26	6.69
白俄罗斯	36	7.18	50	5.30
拉脱维亚	37	7.16	34	6.22
意大利	38	7.12	31	6.38
希腊	39	7.09	35	6.20
立陶宛	40	7.08	39	6.02
沙特阿拉伯	41	7.05	56	4.96
克罗地亚	42	7.00	42	5.82
葡萄牙	43	6.93	36	6.15
波兰	44	6.91	32	6.38
俄罗斯	45	6.91	46	5.57
科威特	46	6.83	45	5.64
斯洛伐克	47	6.82	40	5.96
匈牙利	48	6.82	41	5.92
乌拉圭	49	6.70	52	5.19
保加利亚	50	6.52	47	5.45
塞尔维亚	51	6.45	51	5.29
阿根廷	52	6.40	54	5.02
塞浦路斯	53	6.37	44	5.75
阿曼	54	6.33	68	4.41
智利	55	6.31	59	4.90
黎巴嫩	56	6.29	77	4.18
哥斯达黎加	57	6.20	80	4.07
哈萨克斯坦	58	6.20	62	4.81
罗马尼亚	59	6.11	55	4.99
马其顿	60	6.07	57	4.96
巴西	61	6.03	73	4.29
安提瓜和巴布达	62	5.93	58	4.91
圣基茨和尼维斯	63	5.92	43	5.80
马来西亚	64	5.90	61	4.85
黑山	65	5.90	60	4.89
摩尔多瓦	66	5.81	74	4.28
阿塞拜疆	67	5.79	76	4.21

续表

国家和地区	2015 年排名	2015 年 IDI 值	2010 年排名	2010 年 IDI 值
圣文森特和格林纳丁斯	68	5.69	63	4.69
土耳其	69	5.58	67	4.56
特立尼达和多巴哥	70	5.57	65	4.58
文莱	71	5.53	53	5.05
委内瑞拉	72	5.48	71	4.36
毛里求斯	73	5.41	72	4.31
泰国	74	5.36	92	3.62
哥伦比亚	75	5.32	83	3.91
亚美尼亚	76	5.32	78	4.10
波斯尼亚和黑塞哥维那	77	5.28	75	4.28
格鲁吉亚	78	5.25	85	3.76
乌克兰	79	5.23	69	4.41
多米尼加	80	5.12	66	4.56
马尔代夫	81	5.08	82	3.92
中国	82	5.05	87	3.69
格林纳达	83	5.05	64	4.67
蒙古	84	5.00	97	3.52
苏里南共和国	85	4.99	100	3.39
圣卢西亚	86	4.98	70	4.39
塞舌尔	87	4.96	81	3.98
南非	88	4.90	88	3.65
巴拿马	89	4.87	79	4.07
厄瓜多尔	90	4.81	90	3.65
伊朗	91	4.79	99	3.48
约旦	92	4.75	84	3.82
突尼斯	93	4.73	93	3.62
阿尔巴尼亚	94	4.73	89	3.65
墨西哥	95	4.68	86	3.70
佛得角共和国	96	4.62	107	3.14
吉尔吉斯斯坦	97	4.62	112	3.02
菲律宾	98	4.57	105	3.16
摩洛哥	99	4.47	96	3.55
埃及	100	4.40	98	3.48
斐济	101	4.33	102	3.28
越南	102	4.28	94	3.61
多米尼加	103	4.26	101	3.38
秘鲁	104	4.26	91	3.64
牙买加	105	4.23	95	3.60
萨尔瓦多	106	4.20	110	3.10

续表

国家和地区	2015 年排名	2015 年 IDI 值	2010 年排名	2010 年 IDI 值
玻利维亚	107	4.08	113	3.00
印度尼西亚	108	3.94	109	3.11
加纳	109	3.90	130	1.98
汤加	110	3.82	111	3.08
博兹瓦纳	111	3.82	117	2.86
巴拉圭	112	3.79	108	3.11
阿尔及利亚	113	3.71	114	2.99
圭亚那	114	3.65	103	3.24
斯里兰卡	115	3.64	115	2.97
伯利兹	116	3.56	104	3.17
叙利亚	117	3.48	106	3.14
纳米比亚共和国	118	3.41	120	2.63
不丹	119	3.35	128	2.02
洪都拉斯	120	3.33	116	2.94
危地马拉	121	3.26	118	2.86
萨摩亚群岛	122	3.11	121	2.43
尼加拉瓜	123	3.04	123	2.40
肯尼亚	124	3.02	126	2.09
瓦努阿图	125	2.93	124	2.19
苏丹	126	2.93	127	2.05
津巴布韦	127	2.90	132	1.97
莱索托	128	2.81	141	1.74
古巴	129	2.79	119	2.66
柬埔寨	130	2.74	131	1.98
印度	131	2.69	125	2.14
塞内加尔	132	2.68	137	1.80
加蓬	133	2.68	122	2.41
尼日利亚	134	2.61	133	1.96
冈比亚	135	2.60	129	1.99
尼泊尔	136	2.59	140	1.75
科特迪瓦	137	2.51	142	1.74
老挝	138	2.45	135	1.92
所罗门群岛	139	2.42	139	1.78
安哥拉	140	2.32	144	1.68
刚果	141	2.27	136	1.83
缅甸	142	2.27	150	1.58
巴基斯坦	143	2.24	138	1.79
孟加拉国	144	2.22	148	1.61
马里	145	2.22	155	1.46

续表

国家和地区	2015 年排名	2015 年 IDI 值	2010 年排名	2010 年 IDI 值
赤道几内亚	146	2.21	134	1.96
喀麦隆	147	2.19	149	1.60
吉布提共和国	148	2.19	143	1.69
乌干达	149	2.14	151	1.57
毛里塔尼亚	150	2.07	146	1.63
贝宁	151	2.05	147	1.63
多哥	152	2.04	145	1.64
赞比亚	153	2.04	152	1.55
卢旺达	154	2.04	154	1.47
利比里亚	155	1.86	161	1.24
阿富汗	156	1.83	156	1.37
坦桑尼亚	157	1.82	153	1.54
莫桑比克	158	1.82	160	1.28
布基纳法索	159	1.77	164	1.13
刚果金	160	1.65	162	1.23
南苏丹	161	1.63	—	—
几内亚比绍共和国	162	1.61	158	1.33
马拉维	163	1.61	159	1.33
马达加斯加岛	164	1.51	157	1.34
埃塞俄比亚	165	1.45	165	1.07
厄立特里亚	166	1.22	163	1.14
乍得	167	1.17	166	0.88

资料来源：国际电联。

2012—2015年世界各经济体信息化程度排名

国家和地区	2015年得分	2015年排名	2014年得分	2014年排名	2013年得分	2013年排名	2012年得分	2012年排名
新加坡	6.0	1	6.0	1	5.97	2	5.96	2
芬兰	6.0	2	6.0	2	6.04	1	5.98	1
瑞典	5.8	3	5.8	3	5.93	3	5.91	3
挪威	5.8	4	5.8	5	5.70	5	5.66	5
美国	5.8	5	5.6	7	5.61	7	5.57	9
荷兰	5.8	6	5.8	4	5.79	4	5.81	4
瑞士	5.8	7	5.7	6	5.62	6	5.66	6
英国	5.7	8	5.6	8	5.54	9	5.64	7
卢森堡	5.7	9	5.6	9	5.53	11	5.37	16
日本	5.6	10	5.6	10	5.41	16	5.24	21
丹麦	5.6	11	5.5	15	5.50	13	5.58	8
中国香港	5.6	12	5.5	14	5.60	8	5.40	14
韩国	5.6	13	5.5	12	5.54	10	5.46	11
加拿大	5.6	14	5.5	11	5.41	17	5.44	12
德国	5.6	15	5.5	13	5.50	12	5.43	13
冰岛	5.5	16	5.4	19	5.30	19	5.31	17
新西兰	5.5	17	5.5	17	5.27	20	5.25	20
澳大利亚	5.5	18	5.5	16	5.40	18	5.26	18
中国台湾	5.5	19	5.5	18	5.47	14	5.47	10
奥地利	5.4	20	5.4	20	5.26	22	5.25	19
以色列	5.4	21	5.4	21	5.42	15	5.39	15
爱沙尼亚	5.4	22	5.3	22	5.27	21	5.12	22
比利时	5.4	23	5.3	24	5.06	27	5.10	24
法国	5.3	24	5.2	26	5.09	25	5.06	26
爱尔兰	5.3	25	5.2	25	5.07	26	5.05	27
阿拉伯联合酋长国	5.3	26	5.3	23	5.20	24	5.07	25
卡塔尔	5.2	27	5.1	27	5.22	23	5.10	23
巴林	5.1	28	4.9	30	4.86	29	4.83	29

续表

国家和地区	2015 年得分	2015 年排名	2014 年得分	2014 年排名	2013 年得分	2013 年排名	2012 年得分	2012 年排名
立陶宛	4.9	29	4.9	31	4.78	31	4.72	32
葡萄牙	4.9	30	4.9	28	4.73	33	4.67	33
马来西亚	4.9	31	4.9	32	4.83	30	4.82	30
拉脱维亚	4.8	32	4.7	33	4.58	39	4.43	41
沙特阿拉伯	4.8	33	4.7	35	4.78	32	4.82	31
马耳他	4.8	34	4.9	29	4.96	28	4.90	28
西班牙	4.8	35	4.7	34	4.69	34	4.51	38
捷克共和国	4.7	36	4.5	43	4.49	42	4.38	42
斯洛文尼亚	4.7	37	4.6	37	4.60	36	4.53	37
智利	4.6	38	4.6	38	4.61	35	4.59	34
哈萨克斯坦	4.6	39	4.5	40	4.58	38	4.32	43
塞浦路斯	4.6	40	4.7	36	4.60	37	4.59	35
俄罗斯	4.5	41	4.5	41	4.30	50	4.13	54
波兰	4.5	42	4.4	50	4.24	54	4.19	49
乌拉圭	4.5	43	4.5	46	4.22	56	4.16	52
哥斯达黎加	4.5	44	4.4	49	4.25	53	4.15	53
意大利	4.4	45	4.3	55	4.18	58	4.18	50
马其顿	4.4	46	4.4	47	4.19	57	3.89	67
斯洛伐克共和国	4.4	47	4.2	59	4.12	59	3.95	61
土耳其	4.4	48	4.4	48	4.30	51	4.22	45
毛里求斯	4.4	49	4.5	45	4.31	48	4.12	55
匈牙利	4.4	50	4.3	53	4.32	47	4.29	44
黑山共和国	4.3	51	4.3	56	4.27	52	4.20	48
阿曼	4.3	52	4.5	42	4.56	40	4.48	40
阿塞拜疆	4.3	53	4.3	57	4.31	49	4.11	56
克罗地亚	4.3	54	4.3	54	4.34	46	4.17	51
巴拿马	4.3	55	4.4	51	4.36	43	4.22	46
亚美尼亚	4.3	56	4.2	58	4.03	65	3.76	82
外蒙古	4.3	57	4.2	61	4.07	61	4.01	59
格鲁吉亚	4.3	58	4.2	60	4.09	60	3.93	65
中国	4.2	59	4.2	62	4.05	62	4.03	58
约旦	4.2	60	4.3	52	4.36	44	4.20	47
科威特	4.2	61	4.0	72	3.96	72	3.94	62
泰国	4.2	62	4.0	67	4.01	67	3.86	74
斯里兰卡	4.2	63	4.1	65	3.94	76	3.88	69
乌克兰	4.2	64	4.0	71	3.87	81	3.87	73
南非	4.2	65	4.0	75	3.98	70	3.87	70
罗马尼亚	4.1	66	4.2	63	3.95	75	3.86	75
特立尼达和多巴哥	4.1	67	4.0	70	3.97	71	3.87	72

续表

国家和地区	2015年得分	2015年排名	2014年得分	2014年排名	2013年得分	2013年排名	2012年得分	2012年排名
哥伦比亚	4.1	68	4.1	64	4.05	63	3.91	66
保加利亚	4.1	69	4.0	73	3.96	73	3.87	71
希腊	4.1	70	4.1	66	3.95	74	3.93	64
摩尔多瓦	4.0	71	4.0	68	3.89	77	3.84	77
巴西	4.0	72	3.9	84	3.98	69	3.97	60
印度尼西亚	4.0	73	3.9	79	4.04	64	3.84	76
塞舌尔	4.0	74	4.0	74	4.02	66	3.80	79
塞尔维亚	4.0	75	4.0	77	3.88	80	3.70	87
墨西哥	4.0	76	4.0	69	3.89	79	3.93	63
菲律宾	4.0	77	4.0	76	3.89	78	3.73	86
摩洛哥	3.9	78	3.9	78	3.61	99	3.64	89
越南	3.9	79	3.9	85	3.84	84	3.74	84
卢旺达	3.9	80	3.9	83	3.78	85	3.68	88
突尼斯	3.9	81	3.9	81	3.77	87	—	—
厄瓜多尔	3.9	82	—	—	—	—	—	—
牙买加	3.9	83	3.9	82	3.77	86	3.74	85
阿尔巴尼亚	3.9	84	3.7	92	3.66	95	3.75	83
佛得角	3.8	85	3.8	87	3.73	89	3.78	81
肯尼亚	3.8	86	3.8	86	3.71	92	3.54	92
不丹	3.8	87	3.7	88	3.68	94	—	—
黎巴嫩	3.8	88	3.5	99	3.64	97	3.53	94
阿根廷	3.8	89	3.7	91	3.53	100	3.47	99
秘鲁	3.8	90	3.7	90	3.73	90	3.39	103
印度	3.8	91	3.7	89	3.85	83	3.88	68
伊朗	3.7	92	3.6	96	3.42	104	3.43	101
萨尔瓦多	3.7	93	3.9	80	3.63	98	3.53	93
洪都拉斯	3.7	94	3.5	100	3.24	116	3.32	109
吉尔吉斯共和国	3.7	95	3.5	98	3.22	118	3.09	118
埃及	3.7	96	3.6	94	3.71	91	3.78	80
波斯尼亚和黑塞哥维那	3.6	97	—	—	—	—	—	—
多米尼加共和国	3.6	98	3.6	95	3.69	93	3.62	90
纳米比亚	3.6	99	3.5	102	3.41	105	3.29	111
圭亚那	3.6	100	3.7	93	3.77	88	3.45	100
博茨瓦纳	3.5	101	3.4	104	3.43	103	3.50	96
加纳	3.5	102	3.5	101	3.65	96	3.51	95
危地马拉	3.5	103	3.3	107	3.52	101	3.42	102
老挝	3.4	104	3.6	97	3.34	109	—	—
巴拉圭	3.4	105	3.4	105	3.47	102	3.37	104

续表

国家和地区	2015 年得分	2015 年排名	2014 年得分	2014 年排名	2013 年得分	2013 年排名	2012 年得分	2012 年排名
科特迪瓦	3.4	106	3.2	115	3.14	122	3.00	120
塞内加尔	3.4	107	3.3	106	3.30	114	3.33	107
委内瑞拉	3.4	108	3.4	103	3.39	106	3.33	108
柬埔寨	3.4	109	3.3	110	3.36	108	3.34	106
巴基斯坦	3.4	110	3.3	112	3.33	111	3.35	105
玻利维亚	3.3	111	3.3	111	3.21	120	3.01	119
孟加拉国	3.3	112	3.3	109	3.21	119	3.22	114
赞比亚	3.3	113	3.3	108	3.38	107	3.47	98
塔吉克斯坦	3.3	114	3.2	117	—	—	—	—
莱索托	3.3	115	3.0	124	2.88	133	2.68	138
赞比亚	3.2	116	3.2	114	3.34	110	3.19	115
阿尔及利亚	3.2	117	3.1	120	2.98	129	2.78	131
尼泊尔	3.2	118	3.2	118	3.09	123	2.93	126
尼日利亚	3.2	119	3.2	119	3.31	112	3.27	113
埃塞俄比亚	3.1	120	2.9	130	2.95	130	2.85	128
乌干达	3.1	121	3.2	116	3.25	115	3.30	110
津巴布韦	3.0	122	3.1	121	3.24	117	3.17	116
莫桑比克	3.0	123	2.9	129	2.77	137	2.76	133
喀麦隆	3.0	124	3.0	126	2.94	131	2.95	124
加蓬	2.9	125	3.0	122	2.98	128	2.97	121
坦桑尼亚	2.9	126	3.0	123	3.04	125	2.92	127
马里	2.9	127	3.0	127	3.00	127	2.97	122
贝宁	2.9	128	—	—	—	—	—	—
斯威士兰	2.9	129	3.0	125	3.00	126	2.69	136
利比里亚	2.8	130	—	—	—	—	—	—
尼加拉瓜	2.8	131	2.9	128	3.08	124	2.93	125
马拉维	2.7	132	2.8	133	2.90	132	2.83	129
缅甸	2.7	133	2.5	139	2.35	146	—	—
几内亚	2.6	134	2.4	142	2.48	145	2.61	140
马达加斯加	2.6	135	2.7	135	2.74	139	2.69	137
毛里塔尼亚	2.5	136	2.5	138	2.61	142	2.71	135
海地	2.5	137	2.5	137	2.52	143	2.58	141
布隆迪	2.4	138	2.4	141	2.31	147	2.30	144
乍得	2.2	139	2.3	143	2.22	148	2.53	142

资料来源：世界经济论坛。